教育心理学者たちの世紀

ジェームズ、ヴィゴツキー、ブルーナー、バンデューラら16人の偉大な業績とその影響

［編集］バリー・J・ジマーマン、デイル・H・シャンク

［訳］塚野州一

- William James
- Alfred Binet
- John Dewey
- Edward L. Thorndike
- Lewis M. Terman
- Maria Montessori
- Lev S. Vygotsky
- Burrhus F. Skinner
- Jean Piaget
- Lee J. Cronbach
- Robert M. Gagné
- Benjamin S. Bloom
- Nathaniel L. Gage
- Jerome S. Bruner
- Albert Bandura
- Ann L. Brown

福村出版

EDUCATIONAL PSYCHOLOGY
edited by Barry J. Zimmerman and Dale H. Schunk
Copyright © 2003 by Lawrence Erlbaum Associates, Inc.
All Rights Reserved. Authorized translation from
English language edition published by Routledge, an
imprint of Taylor & Francis Group LLC.

Japanese translation published by arrangement with
Taylor & Francis Group LLC through The English
Agency (Japan) Ltd.

序　文

　本書は，教育・発達心理学の発展過程を，19世紀後半の哲学的基盤から21世紀の現在の研究到達点まで詳細に検討したものである。この分野の歴史が，創生期（1890年から1920年まで），隆盛期（1920年から1960年まで），現代（1960年から現在まで）の3つの時代区分で記述されている。それぞれの時期は，教育理論，研究，実践に影響を与えた重要な社会的，政治的，歴史的出来事について述べた概観の章から始まる。さらに概観の章の筆者たちは，その時代の主な理論的，方法論的，教育的研究について述べ，それらの研究が教育心理学の進歩をどのように変えたかを論述している。

　この歴史をさらに個人的関係で理解するために，筆者たちはそれぞれの時代にこの分野に影響力のある貢献をした個々人の伝記の章を盛り込んだ。私たちは，教育心理学の方向を変えた個人的方法と集団的方法で時代に意欲的に応えた真の人間としてのこれらの先駆的学者たちを読者に知ってもらいたいのである。これらの伝記の章は学者の人生についての記述を含んでいる。歴史的出来事，社会の影響，その人の個人的対応などである。筆者たちはまた，理論，研究，実践に関する教育の分野の学者の主な心理学的貢献についても述べている。最後に研究者の影響と遺産について論じられている。この伝記的アプローチは，研究者の理論と研究の記述にとどまらず，研究者の生涯に影響を与えた出来事の洞察を含むように企画されている。研究者の最も著名な考えと科学的発見を極力記述するために特別の努力が払われた。これらの研究成果には，多くの研究者たちの民族，ジェンダー，宗教，地理的範囲や社会的身分の顕著な障壁を乗り越えようとする奮闘があったのである。科学的研究と同様に人間の鍛錬の歴史を理解することは，21世紀の学問への寄与を志す若い学徒にとってとりわけ重要である。

　本書は，私たちの知る限りでは，今日までの歴史をとらえるための最も包括

的な努力であるが，教育心理学分野の歴史を解説する最初の書ではない。先行する有力な論考（Hilgard, 1996; O'Donnell & Levin, 2001）があるが，それらは研究テーマ，理論，方法論，研究結果の年代的変化のみに中心が置かれてきた。

　アメリカ心理学会教育心理学部門（第15部門）の諮問委員会は，その着想と発見がこの分野の性格と方向を形作ったと判断された16人の研究者たちを選んだ。これらの研究者たちは，この分野に重要な寄与をした60人以上のリストから委員会によって選び出されたのである。研究者の歴史的影響は，その人の存命中では判断することは難しいので，20世紀末近くに活躍した他の研究者たちの貢献は間違いなく過小評価されるし，のちの時代により広く認められるかもしれない。概観の章は，3つの主な時期それぞれにおける広範囲の学者たちの寄与について述べることによって，伝記的章を補完するように企画されている。諮問委員会を構成するのは以下の人たちである。デイビッド・バリナー（David Berliner），アニータ・ウールフォーク・ホイ（Anita Wolfolk Hoy），リチャード・メイヤー（Richard Mayer），ウィルバート・マッキーチー（Wilbert McKeachie），マイケル・プレスリー（Michael Pressley），故リチャード・スノー（Richard Snow），クレア・アレン・ウェインシュテイン（Claire Ellen Weinstein），ジョアンナ・ウィリアムズ（Joanna Williams）。いくつもの章の筆者たちの選考に参加し，有益な提案をしてくださった諮問委員の方々に，私たちは感謝する。とりわけ本書の各章を執筆した委員の方々に謝意を表したい。

　それぞれの章の筆者たちは，当該の心理学者や時代背景について熟知した専門家である。略伝の章を執筆した多くの人たちは，20世紀後半に活躍した研究者たちを個人的によく知っていたり，彼らと一緒に研究したりした人たちである。編集者である私たちには，これらの有益な章を読むことは非常に楽しみであり，これらの称賛すべき研究者たちの貢献を記録し説明する筆者たちの献身とスキルに感謝する。最後に，この歴史的書に対して多大な支援を賜ったアメリカ心理学会第15部門（教育心理学）の実行委員に謝辞を申し述べる。

文 献

Hilgard, E. R. (1996). History of educational psychology. In D. Berliner & R. Calfee (Eds.), *Handbook of educational psychology* (pp. 990-1004). New York: Macmillan.

O'Donnell, A. M., & Levin, J. R. (2001). Educational psychology's healthy growing pains. *Educational Psychologist, 36*, 73-82.

Walberg, H. J., & Haertel, G. D. (1992). Educational psychology's first century. *Journal of Educational Psychology, 84*, 6-19.

日本語版への序文

　教育心理学の分野は，前世紀に，理論，研究方法，教育への適用で飛躍的に発展した。この歴史についての書物『教育心理学：貢献の世紀』(Zimmerman & Schunk, 2003) の作成は，アメリカ心理学会教育心理学部門の後援によるものである。本書の第1の目標は，この分野の歩みを変える重要な貢献をした学者を特定することであった。次の目標は，この研究者たちが大きな貢献をするために時代の課題をどのように乗り越えたかを個人の状況から記述することであった。後者の目標をやり遂げるために，筆者たちは，それぞれの章の中で伝記的方法をとることが必要だった。シャンク教授と私は，この両方の目標を非常に高いレベルでやり遂げた筆者たちの研究成果に心から敬意を払うものである。筆者たちの語りは，研究者たちの研究の魅力的な説明となっており，この分野の方向形成に優れた影響をもたらすと思われる。本書の書評は非常に好評であったし，私たちはこの歴史についての書物がいま日本人の読者に役立つことを非常にうれしく思っている。私たちは塚野州一教授のこの良訳をお勧めする。彼は教育心理学研究の日本語訳の努力の最先端にいてくれたのである。

　　バリー・J・ジマーマン，博士
　　　特別名誉教授

2017年6月1日

目 次

序 文 ……………………………………………………………………………… 3

日本語版への序文 ………………………………………………………………… 6
　　　　　　　　　　　　　　　　　　　　　バリー・J・ジマーマン

Ⅰ
創生期：1890年から1920年まで

第1章　1890年から1920年までの教育心理学 ……………………………… 16
　　　　　　　　　　　　　　　バァーノン・C・ホール（シラキュース大学）

　教育心理学と密接に関係した社会的状況　16
　教育心理学の領域　20
　1920年の教育心理学　62

第2章　ウィリアム・ジェームズ：我らが合衆国の父 ………………………… 68
　　　　　　　　　　　　　　　　　　フランク・パハレス（エモリー大学）

　愛情と研究の生活　69
　心理学への貢献　76
　ウィリアム・ジェームズと教育心理学　82
　ジェームズ派の伝統　88
　謝　辞　97

第3章　教育心理学へのアルフレッド・ビネーの貢献 ……………………… 102
　　　　　　　リンダ・ジャービン，ロバート・J・スターンバーグ（イェール大学）

　理論と研究──教育分野への主な貢献　105
　教育心理学の分野への影響　113

ビネー──時代の先を行くパイオニア　117

第4章　デューイの心理学の展開 ……………………………………………… 121
　　　　　　　　　　　　　　エリック・ブレドー（バージニア大学）
　　伝記的背景　124
　　新しい心理学　131
　　自己実現──認知，感情，意思の役割　133
　　ウィリアム・ジェームズとダーウィンの影響　136
　　反射弓概念への批判　138
　　情動の理論　141
　　私たちはどう考えるか　145
　　民主主義と教育　148
　　結　論　153

第5章　教育心理学へのE・L・ソーンダイクの不朽の貢献 ……………… 163
　　　　　　　　　リチャード・E・メイヤー（カリフォルニア大学サンタバーバラ校）
　　E・L・ソーンダイクとは誰か？　164
　　略　伝　169
　　教育心理学における考えに対するソーンダイクの不朽の貢献　184
　　教育心理学の成果に対するソーンダイクの不朽の貢献　193
　　教育心理学の価値へのソーンダイクの不朽の貢献　199
　　ソーンダイクの不朽の貢献に対する評価　204
　　結　論　210
　　謝　辞　211

第6章　ルイス・M・ターマン：能力テストの開発のパイオニア ……… 217
　　　　　　　　　　　　　ジョン・F・フェルドゥーセン（パデュー大学）
　　ターマンの青年期と教育　217

ターマンのスタンフォードでのキャリアの見どころ　221
　　主な心理学的達成　228
　　心理学，教育学，学派に及ぼしたターマンの業績の評価　231
　　ターマンの不朽の遺産　234

第7章　マリア・モンテッソーリ：教育心理学への貢献 ……………… 238
　　　　　　　　　　ジェラルド・L・ガットエック（ロヨラ大学シカゴ校）
　伝記の概観　238
　モンテッソーリの教育の心理学的貢献　245
　モンテッソーリのインパクトの評価　252
　結論——この分野のモンテッソーリの遺産　256

隆盛期：1920年から1960年まで

第8章　隆盛期：1920年から1960年までの教育心理学 ……………… 260
　　　　　　　　　　　J・ウィリアム・アッシャー（パデュー大学）
　1920年代と1930年代の教育心理学　261
　1940年代の教育心理学　270
　1950年代の教育心理学　272
　要　約　278

第9章　レフ・S・ヴィゴツキーの教育論：
　　　　発達の文化的—歴史的，個人間的，個人的アプローチ ………… 283
　　　　　　　　　　ジョナサン・タッジ，シェリル・スクリムシャー
　　　　　　　　　　　　　（ノースカロライナ大学グリーンズボロ校）
　ヴィゴツキーの生涯の概観　284

教育への心理学的貢献　286
　評　価　298
　結　論　303
　謝　辞　306

第10章　B・F・スキナー：教育心理学における行動分析者　314
エドワード・K・モリス（カンザス大学）

　知的，文化的，個人的文脈　315
　実験的行動分析　319
　概念的行動分析　322
　応用行動分析　325
　教　育　326
　結　論　337
　謝　辞　339

第11章　ジャン・ピアジェ：学習研究とアメリカの教育　344
C・J・ブレーナード（アリゾナ大学）

　ピアジェの学究生活　346
　子どもの学習Ⅰ──学習─発達関係についてのピアジェ　353
　子どもの学習Ⅱ──指導法についてのピアジェ　366
　ピアジェ理論と学習理論──追記　383

第12章　リー・J・クロンバックの教育心理学に対する貢献　389
ハガイ・クーパーミンツ（コロラド大学ボルダー校）

　リー・J・クロンバック──略伝　390
　測定の問題　392
　相互作用的アプローチ　398
　プログラムの評価　401

リー・クロンバックの遺産　404

第13章　ロバート・ミルズ・ガニェの遺産　408
ペギー・A・アートマー（パデュー大学），
マーシー・P・ドリスコル，ウォルター・W・ワガー（フロリダ州立大学）

歴史的背景の影響　408

社会文化的背景の影響　411

遺産の構築　414

遺産の影響　434

遺産の影響の評価　437

結　論　440

現代の教育心理学：1960年から現在まで

第14章　現代の教育心理学：1960年から現在まで　446
マイケル・プレスリー（ミシガン州立大学），
アリシア・D・ロエイリグ（ノートルダム大学）

20世紀末の教育心理学　446

現代教育心理学を要約した書籍　447

Journal of Educational Psychology: 1997-98　451

1960年代初期の教育心理学　454

現代の教育心理学の認知的変容　461

最後のコメント　482

謝　辞　484

第 15 章　ベンジャミン・S・ブルーム：その人生，研究，遺産 ………… 491
ローリン・W・アンダーソン（サウスカロライナ大学）

彼の人生　492
彼の研究　497
彼の遺産　512
謝　辞　514

第 16 章　パスツールの象限に該当する業績：
　　　　　N・L・ゲイジの教育心理学への寄与 …………………………………… 522
デイビッド・C・バーリナー（アリゾナ州立大学）

背　景　525
貢献 1──『教授研究ハンドブック』　531
貢献 2──教授の研究と開発のスタンフォード大学センター　532
貢献 3──ダレス会議　533
いくつかの追加貢献　534
結　論　542
謝　辞　543

第 17 章　『教育の過程』から『教育という文化』へ：
　　　　　ジェローム・ブルーナーの教育への貢献の知的経歴 …………… 546
ナンシー・C・ルッケハウス（南カリフォルニア大学），
パトリシア・M・グリーンフィールド（カリフォルニア大学ロサンゼルス校）

情報源と視点　546
ブルーナーの経歴としての心理学と人類学　547
『教育の過程』へとつながる出来事　549
『教育の過程』──構造主義者的方法　553
認知発達の役割　554
文化，認知発達，教育　555

人間，学習のコース（MACOS）　558
　　ヘッドスタート計画と 1960 年代　563
　　人の終焉，学習の過程（MACOS）　564
　　ナラティブと文化心理学　565
　　教育と文化心理学の関連性　568
　　教育心理学へのブルーナーの遺産　570

第 18 章　アルバート・バンデューラの研究業績と教育心理学への貢献 ……… 575
　　　　　　　バリー・J・ジマーマン（ニューヨーク市立大学大学院センター），
　　　　　　　デイル・H・シャンク（ノースカロライナ大学グリーンズボロ校）
　　研究者として　576
　　バンデューラの人間の発達と教育に対する貢献　587
　　バンデューラの教育分野への寄与の評価　598
　　バンデューラの遺産　604

第 19 章　アン・L・ブラウン：学習と教授の理論モデルの発展 ……… 611
　　　　　　　アンヌマリー・サリバン・パリンクサー（ミシガン大学）
　　不十分なパフォーマンスにおける方略活動の役割　613
　　文章理解の基礎研究　615
　　相互教授研究　618
　　学習者たちの共同体を育成する　621

訳者あとがき ……… 632

人名索引 ……… 642

事項索引 ……… 648

I

創生期：1890年から1920年まで

第1章

1890年から1920年までの教育心理学

バァーノン・C・ホール
(シラキュース大学)

　1890年から1920年にかけては，教育心理学の黄金時代であった。現代心理学はその揺籃期にあり，当時の多くの最も著名な心理学者たちはその分野との一体感を強く持っていた。ここには，6代にわたるアメリカ心理学会の会長たち(キャッテル〈Cattell〉，デューイ〈Dewey〉，ホール〈Hall〉，ジャッド〈Judd〉，シーショア〈Seashore〉，およびソーンダイク〈Thorndike〉)と心理学に貢献した他の数人(例えば，ブライアン〈Bryan〉，ジェームズ〈James〉，ミュンスターバーグ〈Munsterberg〉，ウォーレン〈Warren〉，ウッドワース〈Woodworth〉とヤーキーズ〈Yerkes〉)を含んでいる。また，教育心理学者たちは心理学という科学が教育に大きな変革をもたらすと信じていたし，あらゆるレベルの多くの教育者たちは新しい科学に期待を抱いていた。何よりもまず，教育心理学と関係が深く，教育心理学に影響を与えているこの時期のいくつかの出来事を想起することが，当時の教育心理学の歴史的理解に役立つと思われる。

教育心理学と密接に関係した社会的状況

移　民

　1840年と1920年の間に，3700万の人々が合衆国へ移住した。その中には，600万のドイツ人，450万のアイルランド人，475万のイタリア人，420万の

イングランド人，スコットランド人，ウェールズ人が含まれていた。これらの人々は，生活改善を求め，あるいは故郷で抱えている困難から逃れようとしていたのである。彼らの大部分はエリス島を経由してやってきた。

　この移民は少なくとも2つ点で教育心理学に影響を与えた。まず，これらの移民は教育を必要とした。アメリカは読み書きのできる人たちが必要だとする考えを常に支持してきた。また，多くの州が1918年（Good, 1964, p. 376）の後半にミシシッピ州とともに義務出席法を通過させたように，この時期には小学校と中等学校の拡充が急がれていた。例えば，公立と非公立学校の9～12年生の在籍者数が1890年の35万9949人から1920年の250万176人に増加した（Good, 1964, p. 253）。これは，国が小学校，中等学校の教師を必要としたことを意味する。そのような教師は過去には高校や師範学校で養成されてきた。1862年（国が公有地を大学設立のために払い下げ，基金として使った）と1890年（追加の年次歳出）のモリル法の通過により，新しい大学が創設され，既存の大学は公有地の供与を受けた。この資金は農業研修をするのに役立ち，1890年から1900年の間，これらの大学は教育学部や教育学校を創設した。その多くには，教育心理学の学部や課程が含まれていた。P・B・ブーン（P. B. Boon）（Good, p. 331に引用）は，1904年に，480の短大，大学のうちの250が教育の課程を設置した（Charles, 1987，多数の主要大学におけるこの発展の記述を参照）と報告した。さらに，師範学校は新しい大学の基準に合うようにプログラムを格上げした。格上げする1つのやり方は，教育心理学の課程を加えることであった。多くの若い教育心理学者たちがこれらの師範学校で最初の職を得たのである。

　この移民が教育心理学に影響を与えた第2の点は，入国した非常に多くの望ましくない外国人を抱え込んだことに対しての国家的関心であった。そのような関心から，出入国管理と帰化サービスとしてエリス島で移民をふるいにかけ始めたのである。このことは，教育心理学者たちに新しい知能テストを使用し，移民の能力を評価する機会を与えた。この評価の結果は，新しい移民を制限するための新たな理由づけとして使用された。

創生期：1890 年から 1920 年まで　　　　　　　　　　　　　　　　　　　　Ｉ

科学と技術の急速な発展

　1890 年から 1920 年の間に，アメリカ人は生活のあらゆる面で大きな変化を経験した。ポップコーン，ピーナツバター，ティーバッグが登場し，フランクフルトとハンバーグが初めてパンにはさまれた。アメリカで最初のピザ店が開店した。もっと大事なことは，輸送の主な手段として自動車が馬に代わり，飛行機が最初の飛行をし，X 線写真とファスナーが考案され，ラジオと電話が大西洋を越えて送信され，アインシュタインが相対性理論を発表した。世界は，私たちが科学と技術の力を借りると何ができるのかを学んだのである。

　だが，科学は教育者たちからことごとく歓迎されたのではない。南北戦争の直後に，大学は規律と忠誠心の育成に関心を持っていた。科学はこの世界における人間の地位を低下させるように見えたし，カリキュラムに位置づけるにはやさしすぎると感じる人もいた（Veysey, 1965 参照）。その一方で，ドイツの大学は科学者を養成し，そこで教育を受けたアメリカ人は，アメリカの大学も同じようにすべきだと考えた。さらに，科学の果実は受け取らないわけにはいかず，大学は科学研究の場所として特定された。それ以前からこの時期にかけて，いくつかの大学が一般に多くの科学研究，特に心理学研究を提供するものとして設立された。1869 年にコーネル大学，1876 年にジョンズ・ホプキンス大学が，いずれも富裕なクエーカー教徒によって創設された。ジョンズ・ホプキンス大学はもっぱら，アメリカの最初の研究大学となることを企図して建てられたとされている。1889 年のクラーク大学に続き，1891 年にはスタンフォード大学が，1892 年にはシカゴ大学が創設された。教員養成カレッジは 1898 年にコロンビア大学と連携した。これらの大学は，ハーバード大学とイェール大学とともに，教育心理学の発展にとってきわめて重要だった。そこは，大学院生が科学者の助手となり，未来の科学者となる場所でもあった。これは膨大な数の大学院生がいたことを意味するのではない。1900 年，合衆国にはわずか 5668 人の大学院生しかいなかった（Veysey, p. 269）。他方，これらの学生たちは熱心な集団だった。実際，現在のアメリカのすべての教育心理学者たちは，この時期に訓練された教授たちの研究の遺産を直接たどることができる。

心理学者たちは，大きな進歩を遂げる他の分野の科学者たちを観察した。そうやって研究結果の応用が世界を変える様子を悟っていったのだ。彼らは自分たちも同じことができると考えた。教育のシステムは彼らが貢献できる格好の場であり，教育心理学は彼らが使う手段であった。実際，科学には教育の分野でもまったく違ったものを作り出せるのだという強い信念があった。教育が心理学であり得る特質と程度，心理学が教育に貢献できる特質と程度については，いまでも検討されているのである。

進歩主義運動

1900年ごろに進歩主義運動が登場し，それはアメリカ人の生活全体に影響を与えた。この運動は労働者と都市の中産階層市民の連合によって推進された。南北戦争後に，アメリカ人は最低限の統治を支援し，社会的はみ出し者は底辺に落ちるかもしれないが，成功した正直な人たちにリーダーシップを与える競争の原理に頼ったのである。運の悪いことに，このことは大金持ちと巨大ビジネスの不正なオーナーによる支配にしばしばつながった。多くの市役所は，ニューヨーク市のタマニー派の機械[訳注1]のような政治家たちによって買収された。多くのガス，電気，水道の設備が私物化され，極端な利益を上げた。このことが，大規模な買収へとつながり，地方自治体と国家の改革を必要とした。市民たちは，醜聞を暴く人々として知られるジャーナリストたちのグループによってこれらの問題に気づかされたのである。

進歩主義運動の成果は，上院議員の直接選挙，労働者の補償を含む労働法，主な政党の直接予備選挙，公選された役職者のリコールのための住民投票，禁酒法，女性の参政権を含んでいた。進歩主義運動は教育も含んでいた。また，進歩主義教育の創始者の1人だったジョン・デューイ（John Dewey）は，教育改革と社会改革の両方に関わっていたのである。

世界大戦

1914年に始まり，アメリカが1916年に参戦した第1次世界大戦により，

学校におけるドイツ語とドイツ歴史教育は除かれた。また，ドイツ系アメリカ人の高等教育機関への参入は戦争前に停止されていた。教育心理学に関する戦争の主な影響は，αテストとβテストを発展させ，検査する機会が生じたことであった。これが戦争の取り組みに大きな違いを生み出したかどうかは疑わしいが，テストを一般の人たちに身近なものとさせたことは間違いなく，戦後に残されたこれらのテストのコピーは公立学校に配布されたのである。

ダーウィン主義

　1859年にチャールズ・ダーウィン（Charles Darwin）(1809-1882)によって発表された進化論とその受容は，「多くの人たちからその世紀の最も偉大な科学業績として考えられている」(Boring, 1957, p. 470)。その考えは新しいものではないが，ダーウィンが示した新しいデータは総じて説得力があった。この理論は，西欧世界で広く受け入れられていた「創世記」に含まれている創造物の説明に異議を申し立てるものだった。ダーウィンは，人間は明らかにかなりの知的能力を持つ動物だが，他の点では他の動物と変わらないと主張した。この考えは，人間の行動を理解する方法としての低次な動物の研究へとつながる。次のようなことがガードナー・マーフィー（Gardner Murphy）によって提案されてきた。「19世紀の後半の4分の1における心理学に及ぼすダーウィン主義の影響は，おそらく，それが今日存在するように科学を形成する唯一の要素として働いている」(Murphy, 1949, p. 116)。教育心理学に関して，この時期の著名な研究者のすべてがダーウィン主義者であり，ダーウィンの理論は彼らの世界観に大きな影響を及ぼしていた。

教育心理学の領域

　心理学は科学の広い分野の1つである。その分野は現在アメリカ心理学会の中に50以上の独立した区分がある。1つの応用分野としての教育心理学は，学習，測定，発達のより基本的な分野だとおおむね認められてきた。このこと

は，心理学が教育に寄与したのはこの分野だけだということではなく，教育心理学者たちがこの時期に集中したことを意味する。これらの分野は独立しているのではなく，実際には心理学者たちは複数の領域で活躍しており，彼らは次に述べるような相対的に独立した歴史を持っているのである。

学 習

教育者たち　　歴史家たちは，教室の学習に影響するものについて議論するとき，ほとんどの場合，教育と心理学の両方に影響を与えた多くの人々の名前をあげる。そこには，フアン・ビベス（Juan Vives）（1492-1540）とヨハン・ハインリッヒ・ペスタロッチ（Johann Heinrich Pestalozzi）（1746-1827）が含まれる。ビベスは特に，女性の教育を支援し，自然の勉強を勧め，学習方法としての帰納法を提唱した。ペスタロッチは，直接的なもの，簡易なもの，具体的なものから，間接的なもの，複雑なもの，抽象的なものへ，ゆっくりと累積的に進むことを主張した。彼はまた「直観教授」として知られるようになった方法も発展させた。それは，具体的なものから始めて，ものとその具体的特性に命名し，読解や算数のようなもっと抽象的な学習へと進むやり方である。3人目はフリードリヒ・フレーベル（Frederich Froebel）（1782-1853）で，彼は幼稚園運動の創始者として知られている。1800年代後半にアメリカの教育に影響を与えた人々はそれぞれの理論を持っていた。例えば，ペスタロッチの考えは，初代の教育委員長であるヘンリー・バーナード（Henry Bernard）によって合衆国に紹介された。オースティン・シェルドン（Austin Sheldon）（1823-1897）は，ニューヨークのオスウィーゴの公立学校と師範学校を創設した指導者だが，イギリスのペスタロッチ・グループから伝わった教材をカナダで入手した。シェルドンはまた教員養成のためにペスタロッチの最初の助手の息子を起用した。

　フランシス・W・パーカー（Francis W. Parker）（1837-1902）もまた，ペスタロッチとフレーベルの思想を取り入れていた。パーカーは，南北戦争で大佐を務め，その後，自分の人生を教育に注いだのである。ヨーロッパを旅して当時の教育理論に精通するようになってから，彼はマサチューセッツのクインシーの学校組織を積極的に改革したという評判を得たのだった。彼はそこで，教員

養成のための「シカゴ州立師範学校」の創設を進めた。彼はマコーミック家から資金を援助され，教員養成施設と私立学校を創設した。彼の創設したパーカー学校はいまも存在している。彼は具体的教材の使用といくつかの教科を1つの授業にまとめることを奨励した。デューイはシカゴ大学にいるときに自分の子どもたちをパーカー学校へ送り，パーカーを進歩主義教育の父と呼んだ。

　1800年代の中期および後期には，学校はさまざまな点で変化しつつあった。それが今日のような組織へとつながっているのである。これは，選任された教育委員会に対応する管理者や校長の管理組織を含んでいる。この時期の最も影響力のある教育者の1人が，教育心理学の議論の中でしばしば引用されるウィリアム・トリー・ハリス（William Torrie Harris）(1835-1909) である。ハリスは33歳のときに，セントルイスの教育長になった。この職は，市が多くの問題を抱えていたのでやさしいものではなかった。多くの移民がセントルイスに定住した。そこには6万人のドイツ人が含まれていて，彼らは母国語で教えられるクラスを望んでいたのである。また教育的困難を抱える渡り労働者の大きな混成グループが存在し，南北戦争から生じた市の北部人居住区と南部人居住区の境界にはまだ緊張が残っていた。

　ハリスはとてつもないエネルギーの持ち主であり，多くの新しいアイデアを持っていた。前任者からの教えもあったが，彼は柔軟な進級というポリシーを継続した。学生たちは10週ごとに評価され，これらの評価の結果によって進級できた。彼は，教授法も含めたあらゆる管理を包括する監督組織を作った。幼稚園を導入し，そこには黒人の子どもたちも入れた。夜間クラスも設け，音楽，体育，美術もカリキュラムに加えられた。さらに最初の読解を容易にする特別なアルファベットを考案した。また，のちにハリス教員養成カレッジとなる師範学校も設立した。管理職を辞めたあと，1889年から1906年にかけて第2代合衆国教育委員長になった。

　この時期の教育心理学にとってさらに重要なことは，ヨハン・フリードリヒ・ヘルバルト（Johann Fredrich Herbart）(1776-1841) の思想の導入であった。ヘルバルトは，科学的心理学の発展を信じ教育に強い関心を抱いていたので，教育心理学の父あるいはまた科学教育の父と呼ばれている。さらに，彼は無意識の概念と意識閾（思考が意識されるようになるために超えねばならない限界）を導

入したと言われている。その導入はフロイト（Freud）とフェヒナー（Fechner）の理論化への道をひらいた。彼の使用した「統覚（apperception）」という用語は，そのテーマについてのヴント（Wundt）の考えに影響を与えた。

　何人かのアメリカ人たちがヘルバルトを知るようになり，彼の教育思想を学ぶためにドイツの大学に入学した。この中に，チャールス・デ・ガーモ（Charles De Garmo）がいた。彼はA・F・ラング（A. F. Lang）と一緒にヘルバルトの著作を英訳した。1896 年，ガーモは『ヘルバルトとヘルバルト派（*Herbart and the Herbatians*）』を上梓した。ヘルバルトの教員養成と教員プレゼンテーションの5段階は，明らかに現代とのつながりを持っている。そして何人かの人たちは，その5段階を今日の授業計画の先例だと認めている。教師たちは古い教材をレビューし，新しい教材を提示する前に準拠する要旨を示すようにと助言された。プレゼンテーションのあとで，この新しい教材は以前に学んだものと関連づけられ，新しい教材の利用の仕方がそのとき教えられた。彼はまた動機づけに関心を持つことの大切さを強調した。動機づけはジェームズ，デューイにとっても主要なテーマであった。ヘルバルトの能力心理学の否定はこの時期に支持された。ヘルバルトの影響は 1902 年のヘルバルト・クラブの設立となり，そのクラブはその後，国立ヘルバルト協会となり，ついには教育研究の国立学会となった。この学会によっていまも刊行されている年報は非常に影響力があり，時には教育心理学の大学院生の必読文献となってきた。

心理学者たち　　心理学でも何人かの巨人が存在した。まず，ウィリアム・ジェームズ（William James）（1842-1910）である。彼の『心理学の原理（*Principles of Psychology*）』（1890）はこれまで書かれた中でまぎれもなく最も長く読まれている心理学テキストである。ジェームズはアメリカ史上最も興味深い心理学者および哲学者の1人である。彼はいずれの分野でも学位を取得しなかったが　アメリカ心理学会とアメリカ哲学会の両方で会長になった。彼は心理学のただ1つの小規模な実験で知られており，この分野で実験研究をしている人たちをよく批判した。しかし，空前絶後の影響を与えた心理学者の1人として広く認められている（例えば，Korn, Davis, & Davis, 1991）。

創生期：1890年から1920年まで　　　　　　　　　　　　　　　　　　　　　　　　I

　ジェームズの父は1代で富を得て，家族は旅行に多くの時間を費やし，その間，子どもたちはニューヨーク，ブルゴーニュ，ジュネーブといった場所で私立学校に通った。ウィリアムと有名な弟のヘンリー (Henry) は南北戦争の間兵役を避けたが，年少の弟たちは入隊した。1860年，ウィリアムは短期間，美術の勉強をした。その後1861年に，化学の学生としてハーバード大学に入学した。彼は医学の学位取得を決意したあとで心理学に専攻を変えた。1864年，彼は医学学校に入学したが学位取得前に，ハーバード大学の生物学者ルイ・アガシー (Louis Agassiz) と研究のためアマゾンへ旅した。少しの間，健康を損ねたのち，アメリカへ戻った。医学学位の取得直後，ジェームズはうつ病と不健康な時期を過ごしたが，その間も研究を続けた。ヨーロッパで回復の治療を受けている間，彼はヴィルヘルム・ヴント (Wilhelm Wundt) を含む多くの著名な人物と知り合いになった。1869年，彼はついに医学の学位を手にした。そのとき彼は，またうつ病の時期に入り，心理的危機を経験した。1872年ジェームズはハーバード大学で心理学を指導するように依頼され，1年間その仕事に就いた。翌年のヨーロッパ旅行のあと，彼はハーバード大学に戻り，生理学と心理学の授業を教えた。1875年，彼は心理学の実証実験室を開設し，1878年に彼の有名な心理学の本を執筆する契約にサインした。
　ジェームズは楽天的で積極的だったが，うつ病の重い発作を経験していた。こうした時期には，彼は自殺願望も抱いた。彼は優れた教師であり，他の人たちに大きな影響力を持っていた。彼は他人から求められるタイプであった。彼はまさしく，学生が自分の指導教授となってほしいタイプの人物だったのである。

　彼の純真さ，謙虚さ，真摯な誠実さゆえに，彼の名前が知られているところでは，友人ができた。彼のドグマと偏見からの自由，真実と公平さへの愛着のおかげで，彼は偉大な科学者と哲学者たちと深いつながりを持つようになった。そして，彼の親しみやすさ，信頼性，適切なマナー，仲間とはよい関係でありたいという願いから，多くの人々が証言したように，彼は自分のすべての学生から愛された。彼は，この国の他のどんな哲学者や教育者よりも多くの若い人たちを支援したと言われてきたのである。(Baldwin, 1911, p.

370)

　ジェームズはダーウィン主義者であり，その理論の心理学への導入に尽くした。機能主義者とプラグマティストとして，彼は応用心理学の力強い提唱者だった。彼は『心理学についての教師への講義——そして人生の理想についての学生への講義 (Talks to Teachers on Psychology: And to Students on Some of Life's Ideals)』(1912) という著書によって，教育心理学では特に記憶されている。本書はケンブリッジ大学の教師たちに対して毎週行われたオリジナルな講義集で，3つの結論の章は女子大学の学生向け講義集であった。

　ダーウィン主義者の1人として，彼は，人間は本能を（他の動物よりも多く）受け継いできていると考えた。したがって，本能についての講義が行われたのは驚くことではなかったのである。彼は，本能に，謙虚さ，恐れ，愛，好奇心，模倣，所有を含めている。所有に関しては，彼は興味深いコメントをした。「この本能（所有）の深さと根源は，なにがしかの心理学的不信を共産主義の理想郷というすべての極端な形態の上にあらかじめ投げているように見える。私的所有権は人間の本質が変わるまで実際は廃止され得ない」(James, 1912, p. 56)。これらの本能のいくつかは，「本能の一時性の法則」に従う。その法則は，本能は頂点に達すると急激に低下するということを意味する。彼は，誕生後の短期間，母親を追いかける鳥の例（刻印づけと呼んでいる）をあげる。これらの短い本能は人間の子どもにも生じ，「芸術や数学の天才児は隆盛期を迎えるものの，多くの場合それはわずか数ヶ月の期間である」(p. 61) が，観察している親が教師よりも本能を活かす好位置にいることを彼は認めている。教師は，有効な習慣を発達させるためにより長く続く本能についての知識を認知し使用しなくてはならない。というのは「教育は行動のためのものであり，習慣は行動からなるのだから」(p. 66)。心理学に関する長編の本の中で彼の最もよく引用される章の1つは，習慣についてであり，彼は教師に同じ講義をしたのだった。

　本全体は興味深いものであり，彼の記憶と能力心理学の扱いはまったく独創的であり，現代に通じるのである。彼の主張は，記憶は体系化されると促進されるということである。「そこで，手短に言うと，同じ外的経験を持つ2人の

うち，自分の経験を最もよいと考え，それらの経験を最も体系化された互いの関係に組み込む人が，最もよく記憶する」(James, 1912, p. 123)。このように，1つの記憶能力の代わりに，私たちは歴史や化学のような，知識領域の周りに体系化された多くの独立した記憶能力を持っているのである。次の例は，私たちがスポーツのスクリプト（例えば，野球）を使用した最近の研究を検討するときに特に当てはまる。そのスクリプトから，再生には能力よりも知識領域がより大切であることがわかる（例えば，Walker, 1987）。「勉強では劣等生の大学のアスリートが，さまざまな技能と試合における『記録』の知識で驚かせて，スポーツについては生き字引であること示す」(p. 128)。ジェームズは，記憶術は，歴史家が年代について検討するやり方と対照的に，「年代について『考える』非常に貧弱で，つまらない，馬鹿げた方法」であり，詰め込み勉強は，私たちはそのような短時間ではほとんど記憶できないので下手なやり方だと指摘した。彼は効果的方法を使ってある事柄を記憶することに価値があると考えたのだ。

　ジェームズが教育心理学に貢献したもう1つのやり方は，ソーンダイクやデューイのような当時の他の心理学者への影響を通じたものである。この人たちはこの時期の教育心理学に最も影響力があった。彼と最も近い関係にあったのはソーンダイク（1874-1949）だった。ジェームズは多くの実験を行ったわけではなかったが，彼はソーンダイクがニワトリを使った有名な研究を続けるために地下室を使うことを許可していた。また，ヨーロッパでの勉強をやめてキャッテルと一緒にジョンズ・ホプキンス大学で研究を続けることをソーンダイクが勧めたのである。ソーンダイクは，常にジェームズの影響を認めていた。ジェームズのよく知られた研究――その研究は一領域の記憶が全体の記憶を向上させるかどうかに関するものだったが――を論じるときも，最初の転移研究（Thorndike & Woodworth, 1901a）の報告においても，のちには彼の広く引用された教育心理学テキスト（Thorndike, 1913）の中でも，それは同様であった。

　ソーンダイクはこの時代の学習分野の巨人であった。彼の業績や人生の詳細を見ると，彼が仕事熱心でそれを愛していたことは明らかである。ミステリー小説を読みブリッジをする他は，彼は仕事だけが趣味だったのである（Joncich, 1968参照）。息子の説明では，彼が試験の題材を探すためにベッドの中で百科

事典を読んだり (Thorndike, 1991)，同僚にどれくらい1つの相関を計算しなければならないかを語っている (Veysey, 1965) 様子は，仕事への愛情を証明するものだという。教育心理学における彼の使命は教育を向上させる科学的実験と理論を使うことだった。

多くの他の心理学者たちのように，ソーンダイクは司祭家庭の出身で，1891年から1895年にウェズリアン・カレッジで抜群の学部成績を収めたのち，ハーバード大学に進み，そこでジェームズと知り合って，1897年に修士号を取得した。それから，コロンビア大学へ入学してキャッテルとともに勉強し，1897年に博士号を取得した。西部女子大学で短期間過ごしてから，コロンビア大学へ戻り，そこで65歳の退職まで過ごした。週平均1論文，たくさんの心理学の著作，読解と算数の一連の入門書を発表し，いくつかの検査を考案するかたわら，彼は4人の子どもたちを育て上げ，彼らは全員学士号より上の学位を取得し，そのうちの1人は著名な心理学者になった。

彼の心理学と教育における位置は，転移と能力心理学に関するR・S・ウッドフース (R. S. Woodworth) との共著である一連の研究で確保されている (Thorndike & Woodworth, 1901a, b, c)。能力心理学者たちは，ある教科の訓練はそのような訓練が多くの他の分野への転移をもたらすので特有だと主張する。「教育理論家たちの論争の1つは，訓練の特有な形態が心的な一般的能力を向上させる範囲についてである。ラテン語や数学の勉強は一般的な推論の力を向上させるのだろうか？ 科学における実験研究はあらゆる種類の事実を観察する力を訓練するのだろうか？ 色のついたスティックを比べることはあらゆる種類の識別感覚を育てるのだろうか」(Thorndike, 1913, p. 358) ？ ソーンダイクとウッドワースの研究は，転移の範囲を実証的に確かめるようにデザインされた。

実際の研究は面白い読み物である。課題は重要な分野の転移を検証するために入念に選ばれた。強度の評価は，お茶のテスター，タバコのバイヤー，小麦のテスターか大工によって使用されている課題と似ているので選ばれた。それは，強度の判定に高い熟達性を持つか，ぼんやりとだがある感覚データを識別する繊細さに高い熟達性を持っている。それは現実の生活の中で訓練される感覚によくある例のようである (Thorndike & Woodworth, 1901a, p. 249)。彼らはま

た,「どんな小さな細部にも注意する学習」に対応するように設計された文字の一定の組み合わせを含む語の観察の訓練と「記憶の一般能力」に関する記憶の訓練も使用した。要するに,課題の「サンプルは,表象的心的機能としての特性,量的解釈への順応性,それに部分的には利便性によって選ばれたのである」(p. 250)。

一般的な方法は,2課題を予備テストし,1つを訓練し,それから2課題を事後テストする。研究には比較的少ないサンプル(4～6)を使用し,訓練前,訓練後,転移課題の個々の遂行を報告する。有意差のあるテストはなく,事前,事後の個々の遂行の観察では大きな転移効果はないという結論となった。ソーンダイクは,2課題間の転移は2課題に共有された同一の要素で決まると結論した。

これは,その当時の心理学者たち全員がこれらの結果を認めたことを意味するのではない。問題に取り組み,広いプラスの転移のエビデンスを見出したそれ以上に多くの研究がある。例えば,1907年,クーバー(Coover)とエンジェル(Angell)はソーンダイクとウッドワースの研究を強く批判し,能力心理学を支持するプラスの転移効果を見出した多くの他の実験に言及した。自身の研究で彼らは,同じ要素の説明が改善の説明として使えない,異なっている訓練研究を選択しようとした。最初の研究で,彼らは学生に音の弁別訓練をし,明かりの弁別をテストした。第2の研究で,彼らはカード分類の訓練をし,「タイプライターの応答」のテストをした。その実験は,a, t, e, n の文字がスクリーンに現れたときの反応時間と,その文字をタイプする際の誤答を測定したのである。これらの研究に付け加えられた2つの特徴がある。まず,それらは事前事後テストだけを行う統制題材であった。ソーンダイクとウッドワースは,のちの研究では統制題材を含めていて,それらを最初に使用したとボーリング(Boring)(1953)によって認められていたが,デヒュー(Dehue)(2000)は,心理学的研究においてそのような統制の重要性を強調したのはクーバーとエンジェルが最初だと言う。第2に,クーバーとエンジェルは,内観は転移の性質をよく理解するために使用すべきだと考えていた。彼らは最初の研究において転移のはっきりしたエビデンスを見つけたが,第2の研究では内観的報告に頼らなければならなかった。ソーンダイクはその後,自分の教科書の中

で第2の研究の結果を詳細に報告し（Thorndike, 1913, p. 407），反応時間と誤答の転移がほとんどないことを示した。

　W・H・ウィンチ（W. H. Winch）もたくさんの転移研究を行った。それは広く報告されている。例えば，1909年の *Psychological Bulletin* の中で，彼が詩や教科の記憶訓練の一連の研究を行ったと報告されている（研究は最初 *British Journal of Psychology* に掲載され，彼はかなりの転移を見つけていた）。のちになって彼は，数の計算の向上から算数推理の向上への転移は見出せなかったと報告した（Winch, 1911）。

　1914年に，ネリー・ヘウィン（Nellie Hewins）博士は，高校の生徒が生物学と生物学以外の教材の観察と叙述について事前事後テストをするかなり洗練された研究を報告した。実験群の訓練は生物学の教材の観察と叙述の2週間の練習から構成された。生徒の3クラスが事前テストの順位に基づいて実験群と統制群に個々に割り当てられた（最初に，最も平均点の高い生徒は統制群にあてられ，次点の生徒は実験群にあてられる）。有意差の見出されたテストはなかったが，事後テストの結果から，実験群は統制群よりも，生物学教材と生物学以外の教材の両方で，叙述の正確さの点で優れていることが明らかになった。

　それはともかく，次の教育心理学の本（Stroud, 1946; Trow, 1950）は，訓練の転移を論ずるとき，ソーンダイクとウッドワースの論文を引用し，転移についての能力心理学の位置を否定する確信を彼らに与えた。このことは，心理学の歴史（例えば，Hergenhahn, 1997）と教育の歴史（例えば，Good, 1964）の教科書で正しいと認められている。これらの研究は *Psychological Review*（Langfeld, 1943）に掲載された最も影響力のある論文として50周年記念号にも引用されている。

　教育心理学領域の中で最もよく知られたソーンダイクの本は，実際には3冊であり，その中で，「教育心理学の主要な事実を全体で示したのである」（Thorndike, 1913, p. vii）。1冊目の本は，彼がアメリカ心理学会（APA）の会長を務めたのち，1913年に発行され，それにはジェームズ，キャッテル，そしてスタンレー・ホール（Stanley Hall）に対する献辞がある。ホールに対しては，「あの具体的人間性に対する勇敢な支持者である。彼の学説を私はしばしば攻撃するが，その才能を私は常に尊敬している」（p. vii）と述べている。「人間の

生まれつきの資質について述べた」（p. vii）最初の本でホールの反復発生理論を体系的に批判しているので，このことは興味深い。

2冊目の本は「練習による心的機能の向上と疲労による低下などの，一般の学習の法則を扱っている」(Thorndike, 1913, p. vii)。3冊目の本は個人差とその原因を扱っている。この本は「これらの変数を生じる性，民族，直系家系，成熟，訓練の影響を扱っているため，今日では最も議論の的になっている（p. vii)。ここでソーンダイクは，多くの課題で女性よりも男性に多くの可変性があると主張している。さらに彼は，「遠隔家系の影響」という包括的な見出しのもとで民族差に取り組んだ（p. 206)。（ゴールトン〈Galton〉から）示された知能の民族分布は，最近の『正規分布曲線（*Bell Curve*)』(Herrnstein & Murray, 1994) にある同じ分布と驚くほど似ているのである。

一人称をよく使い，熱意と確信に満ちているところは，いかにもソーンダイクの本である。この本は，彼の主な主張を裏づけるために常に用いられる多くの研究を盛り込んでいる。それは気軽に読めるような本ではなく，文学や教育心理学を教えるとき，どのくらいの教師が実際に時間をかけて詳しく目を通すか疑問になる本である。

彼の転移の理論の節は，能力心理学について述べることから始まり，ウッドロー・ウィルソンを含む，理論を支持する多くの現代の心理学者たちと教育管理者たちを引用している。（これはウィルソンがプリンストンの学長だったときのことである。ある人たちによれば，ウィルソンは，ジョンズ・ホプキンス大学にスタンレー・ホールといたとき，ホールと一緒に心理学者になろうと考えていたという。）大人の時期の望ましい習慣をつけるためのラテン語の教授に関する彼の概説は，書き方に関するよい例である。

　　学校で退屈なことや面倒なことをするのは，社会に出て真実や正義のために働く力と意欲を与えるためだという意見は，いまでもよく教育に浸透している単純な言葉のうえだけの考え方である。まず，それによって形成された習慣（学校で嫌なことをする習慣）は往々にしてそれをしないことになり得る。例えば，アメリカの高校で教えるラテン語では，ラテン語に引きつけられて学習習慣を身につけるのは全体でせいぜい2人の生徒であろう。次に，

それによって形成される習慣は，しばしば，目的もなく自分を嫌なものに服従させることで善が魔法のようにもたらされる，という迷信的な厳格主義を盲目的に信頼することからきている。しかし，そんなふうにはならないだろう。第3に，習慣は，もう1年惨めなことを繰り返すか卒業できないような，もっとひどく惨めなことを避けるために不快なことをするようなものである。ここには，遠い未来の目的のためにいまの衝動を制圧するという価値がある。しかし，その遠い未来の目的がそれほどお粗末なものではなく，またいまの衝動を制圧することが何か価値ある永久的な利益を生み出す手段となるのなら，価値はずっと大きいものになることだろう。(p. 423)

使用されている教育心理学の教科書についての調査で，アルフレッド・ホール＝クエスト（Alfred Hall-Quest）は1915年に，これらの3冊が一緒になってソーンダイクを最も人気のある著者にしたと報告した。唯一の最も人気のある本はS・S・コルビン（S. S. Colvin）の『学習過程（The Learning Process）』(1911)だった。その本は調査の部分が多く，ソーンダイクの本よりも独断的な提示は少なかった。使われた他の本の著者たちには，バグリー（Bagley），ジェームズ，ジャッド，キルパトリック（Kilpatrick）も入っていた。

現代の教育者たちと心理学者たちが，ソーンダイクの業績と遺産に対して違った見方を持っているのは興味深いことだ。教育評論家たちは，人間には不適当な学習理論を発展させるために動物実験の結果を使った人物と見ている。他の人たちは，彼をデューイによって提案されたいちだんと社会的に責任のある教育システムをしのいだ勝利者と見ている（Church, 1971）。他方で，多くの心理学者たちは，彼を熱心で，非常に業績を上げた心理学者であり，さまざまな領域で多くの積極的で持続する貢献をしたと評価している。

また重要なことは，ナオミ・ナーズワーシー（Naomi Norsworthy）とレタ・ホリングワース（Leta Hollingworth）の人生に影響を与えたことである。彼の最初の伝記作家は「ソーンダイクは，女性に対しては学生や同僚と同じように，学問的偏見がない」（Joncich, 1968, p. 221）と言う。ナーズワーシー（1877-1916）は，1904年に学位論文を完成させ，コロンビア大学の初の女性博士号取得者となった。コロンビア大学の1人の教職員として，彼女は優れた教師

としての評判を得ており，また有望な研究者でもあった。最初のソーンダイクとウッドワースの論文の中で，ナーズワーシーがいくつかの課題の正確さと速度の間の転移を見出せなかったとして，彼女の研究を引用している。

ソーンダイクは1908年の彼女の助教授への昇進を支持したし，キャッテルに対抗する最有力候補にあげた (Joncich, 1968)。ナーズワーシーは，人生の後半を母親の介護にあてた。母親はがんであり，その後まもなくナーズワーシーもがんにかかり，1916年のクリスマスの日に亡くなった。キャッテルは，「研究に熟練した，真に偉大な教師であり，気高い女性であった」として彼女を記憶している (Joncich, 1968, p. 222)。

レタ・ステッター・ホリングワース (Leta Stetter Hollingworth) (1886-1939) は優れた女性であった。ネブラスカ西部で祖父母とアルコール中毒の父親によって育てられたが，彼女はいつも作家になることを切望していた。クラスに8人の生徒しかいない高校を終えると，彼女はネブラスカ大学に進んだ。彼女はファイ・ベータ・カッパ (Phi Beta Kappa)[訳注2]に選ばれる抜群の学生経歴を持ち，クラスの詩人にもなっていた。卒業して彼女はネブラスカの小さな町で2年間教え，その後，大学時代のボーイフレンドと結婚し，ニューヨークへ移った。そこで彼女の夫はコロンビア大学の助手になった。彼はついにはアメリカ心理学会の会長になり，自分の妻の伝記も書いている。

レタはニューヨークに着いたとき，教職に就きたいと思ったが，学校は既婚の女性を教師として雇ってくれなかった。その後，彼女は教員養成カレッジで授業を持ち，ソーンダイクと2つのクラスを担当して，心理学に気持ちが動いた。ソーンダイクは彼女を教師としては印象づけられなかったが，彼女は彼の考えが面白いと思った。彼女はソーンダイクが自分の学位論文に助言しようとしたことに驚いた。その論文は心的遂行における月経の影響というテーマであった。のちになって彼女は，男性が女性よりも大きな可変性を示すという理論をソーンダイクが受容したことに疑問を投げかけている。論拠は通常のダーウィン派の用語で書かれていた。女性は現状維持だが，男性は大きな可変性によって進化的前進を遂げる。ホリングワースは，与えられたエビデンス（知的障害の施設と重要な場所では女性より男性のほうが多い）は説得力がなく，入念な実証的テストの準備にとりかかる必要があると信じていた。彼女の次の研究

は理論に反論する膨大なエビデンスを作ることであり，彼女はそれをソーンダイクが受け入れると信じていた（2人はあとで親友になった）。彼女は，ナーズワーシーをコロンビア大学に移し，障害児の分野で目覚ましい仕事を続けた（Hollingworth, 1990 & Shields, 1991 参照）。

この時期のもう1人の重要人物はジョン・デューイ（1859-1952）である。デューイもソーンダイクと同様，1度も海外留学をしなかった。彼は1879年にバーモント大学で学士号を取り，1884年にジョンズ・ホプキンス大学で博士号を取得した。彼は10年間ミシガン大学で過ごし，1894年シカゴ大学で哲学部，心理学部，教育学部の学部長になった。1904年，彼はコロンビア大学に移り，そこで以後の研究生活を過ごした。1896年に発行された彼の論文「心理学の反射弓概念（The Reflex Arc Concept in Psychology）」は最初の機能主義者の見解としていまでも引用されている。その中で，彼はものを小さな単位に分解することは人間の心を理解するやり方ではないと述べている。1899年，彼はアメリカ心理学会の会長に選出された。

デューイの教育への主要な影響は進歩主義教育運動への参加によるものである。そのとき彼はシカゴ大学にいた。政治活動家でもあったデューイは，文化の中の変化は教室の変化を伴うのだと信じていた。教室は生徒たちが現代世界のよき市民になることを用意すべきである。そこで教室は民主的であるべきで，子どもたちが決定し，なすことによって学ぶ自由を与えなくてはならない。どんな形の訓練も講義もよくないのだ。

1896年，彼は妻とともにシカゴ大学の付属小学校を開校して校長となった。1900年に彼は『学校と社会（School and Society）』のタイトルで学校を描いた1冊の本を発行した。この本は幾度となく増刷を重ね，全国の教師たちの間に広まり，ついには世界中に広まった。それは今日でも多くの教育と教育心理学のコースで使用されている。この本は3つの講義と創設3年後の彼の学校の記述からなる。それは，社会的秩序の中の学校の位置と子どもの性格についての彼の見方を含んでいる。彼は，子どもたちは好奇心があり活動的であること，自分の興味を探求する自由が与えられるのが学びに最適なのだということを信じていた。最初の講義で彼は，農家から工場に至る社会における変化が学校組織の変化をどのくらい必要とするかを述べ，教室は生徒たちがもっと広い

社会で暮らすための訓練が行われる小さな共同体でなくてはならないのだと述べている。

　学校が社会の子どもそれぞれを小さな共同体の中のメンバーにし，子どもを奉仕の精神で満たし，効果的な自己指針の道具を与えたうえで，導き入れ訓練するとき，私たちは，価値のある素晴らしい調和のとれた大きな社会の最深で最善の保証を持つことになろう。(p. 44)

「学校と子どもの生活（The School and the Life of the Child）」と称する第2の講義は，料理をすることや糸から布を作ろうとして綿とウールとの違いを判断する活発な子どもの学習の例を示している。それを読むとすぐに自分の子どもをそんな学校へやりたくなる。最終章「教育の無駄（Waste in Education）」では，教育の異なる場所（幼稚園，小学校，中学・高等学校，師範学校，大学）は別々の歴史と目的をどれほど持っているかが述べられている。さらに，教育は学校外の生活から分離されてきた。彼の学校は，これらの要素をすべてまとめるように設計されていた。そこでこれらの要素は1つの共通の目的を持ち，子どもが教育と社会の関係を全体として理解するのを支援するのである。

　子どもは自分が家で学んだものを学校に持ち込んでそれを使うことができる。また学校で学んだものを家で使うのである。これらは，バラバラに解体し，結び合わせる2つの大きなものである。子どもが学校外で得た経験のすべてを学校へ持って来させ，それを毎日の生活で直接使ったものと一緒にそのまま残しておく。子どもは健康な身体で，多少いやいやながら伝統的な学校へやってくる。実際は，彼は身体と心を自分と一緒に持ち込みはしない。彼は心を残してやってくる。というのは学校ではそれを使うすべがないのだから。(p. 97)

彼は，自分の学校は実演学校であり，自分はすべての学校が自分の学校のようになることを期待しているのではなく，モデルとして使われることを期待していると言って章を結んでいる。

1　1890年から1920年までの教育心理学

　　作業モデルはコピーされたものではない。それは原理とそれを実行する方															法の実行可能性を示すことである。そこで（私たち自身のポイントへ戻るために）私たちは，ここで，統一の問題，学校のシステムそれ自体の編成を解決したいのであり，また，すべての教育のそのような組織化の可能性と必要性を示すために学校のシステムを人生に密接に関係させることによってこれを解決したいのである。(p. 110)

　いくつかの学校が，さまざまな名称と哲学を持った進歩主義学校として，国中に実際に創設された。これらには，マリエッタ・ジョンソン（Marietta Johnson）によって，1907年に建てられたアラバマ州フェアホープのオーガニック教育学校，ミズーリ大学で1904年にジュニアス・L・メリアム（Junius L. Merian）によって創設された実験小学校，ウィリアム・ワート（William Wirt）によって開発され1908年にインディアナ州のゲイリーに制定されたゲイリー・プラン，それにカールトン・ウォシュバーン（Carleton Washburn）によって1919年に始められたウィネトカ・プランが含まれている。1915年，デューイは自分の娘と一緒に『明日の学校（*Schools of Tomorrow*）』を出版した。広く流布したこの本で，これらの学校をいくつか取り上げている。進歩主義教育学会は1919年に結成され，1955年まで続いた。

　おそらく革新的な学校で最もよく知られたのはゲイリー・プランであろう。それは最高時には1000校を上回り，ニューヨーク市でも採用が検討された。このプランは課題—勉強—遊びのプランとして説明され，ワートによって進められた。彼は計画を実行するためにゲイリーに戻った。このプランのかなり詳細な記述は，トラバース（Travers）(1983)にも見られる。特徴は，1日8時限（というのは，そうでないと子どもたちは，授業を抜け出して遊ぶだろう）であり，同じ学校の建物の中ですべての年齢の子どもが過ごす（多くの仲間の指導がある），子どもたちは食事の準備と建物の維持を含む学校運営のすべての面に参加する，教師は家庭訪問をする，実社会で活用するあらゆる課程を教える，小学校で科学の授業を始める，大人の授業をするというものである。

　トラバース(1983)によれば，そのプランの最も魅力的な部分は，その経済性であった。子どもに生活費，帳簿，食事の準備で援助することは，上質の教

育を施しても経費は減ったのである。1915年，管理者は学校が優れていることに自信があったので，評価を求めた。この評価はプログラムを破綻に導いた。

アダム・フレクスナー（Adam Flexner）は，彼自身が伝統校の創設者だったが，評価の実施のために雇われた。彼のやり方は，ゲイリーの生徒たちの測定値を入手し，さまざまな基準グループと測定値を比べることだった。問題はこれらの比較群と使用された実際の測度値を中心に展開した。ゲイリーは外国生まれで英語力の劣っている者が大きな比率を占める特別な生徒たちの母集団を対象にした。ゲイリーの子どもたちは，親が外国生まれでない子どもたちと比較すると測定値は劣っていた。さらに，使用されたテストにより測定されたものは標準カリキュラムで教えられたスキルであり，ゲイリーの学校で教えられた特別なスキルや能力ではなかった。とにかく，評価をまとめると7分冊になるという大事業だった。その結果は，ゲイリーの子どもたちは測定されたほとんどの分野で対照群よりも成績が悪いというものである。このことがゲイリー・システムの最終的な廃止につながった。

デューイが研究に従事しなかったことは留意すべきであり，彼の1915年の本はそれらの学校の記述だけで終わっている。しかしながら，進歩主義学校と伝統的学校の比較を試みる雑誌の論文が時折見受けられる。例えば，ミズーリ大学の進歩主義学校の校長だったジュニアス・L・メリアムは *Journal of Educational Psychology* に論文を発表した。その論文は次の指摘をしている。伝統的小学校は生徒たちの高校の準備として設計されているが，たいていの生徒たちは高校へは行かないので，もっと適切な方法として小学生に「生徒のより身近な要求」の準備をさせるべきであろう。このように，彼の学校では生徒たちは次の4つの勉強に取り組んだのである。

1. 自然観察と労働活動。
2. 現在関心のあるゲームをすること。
3. 手仕事，すなわちすぐに役に立つものを作ること。
4. 物語，絵画，音楽を楽しむこと。(p. 361)

伝統的教科には正規の訓練はなかった。メリアムは，この学校に就学した生徒たちと伝統的小学校に就学した生徒たちを高校の成績で比較した。その結果は，進歩主義学校の生徒たちがわずかにまさっていたが，それも取るに足らないものだった。

これらの進歩主義的教育者たちの努力にもかかわらず，教育はデューイが推奨し予測した点では変化がなかった。なぜ学校が変わらなかったかについて多くの意見があった。ある人たちは，ソーンダイクや主流の教育心理学者たちが進歩主義的な目的を取り上げなかったせいだと批判した（Church, 1971）。彼らは，教育心理学者たちが子どもの可能性よりもハードサイエンスや限界の研究をやりすぎたと主張した。チャーチ（Church）は 1910 年から 1920 年の間の教育心理学の文献を調べて，「教育の社会的役割に対する関心の驚くほどの欠如と社会的サービス教育が何を実行するのかと行われる目的は何かについての計画的な明細の不足」に気づいた（p. 391）。私は，*Journal of Educational Psychology* の最近号を読んでも，校内暴力や学校内のドラッグ使用についての論文を見つけられないという同じ結論に至るだろうと考えている。

進歩主義教育が普遍的広がりを見せなかったのにはもう 1 つの理由があると思われる。まず，デューイは実験検証には関心がないようであった。彼は学校の記述を公表したが，それは実験によって得られたデータの記述ではない。次に，そのような学校の教師になることは想像以上に難しいのである。生徒たちに情報を選択させ魅力的なやり方で学習させるよりも，教材を与えテストをするほうがはるかにやさしいのだ。そのような教師を師範学校や大学で養成するには，教員養成カリキュラムを変革する必要があっただろう。デューイは教員養成には関心がなかった。事実，彼がシカゴを去った 1 つの理由は，学部が彼の学校を教員養成研究所と合併することを提案したからだった（Thorne & Henley, 1997）。デューイはとりわけ優れた教師だったわけではないと言ってもいいだろう。ジョンシック（Joncich）(1968) は，生徒たちが「彼は授業に出るのを忘れてしまったときが最高だったのです」と言ったことを引用している（p. 217）。

デューイとソーンダイクはコロンビア大学で一緒にいるときにまったく別々に物事を見ていた。ソーンダイクは，自分はデューイを理解していなかった

と言っている (Joncich, 1968)。2人の執筆スタイルがまったく違っていたのは明らかである。教育への2人のスタイルとアプローチを比較するよい方法は，デューイのアメリカ心理学会の会長演説 (Dewey, 1900a) とソーンダイクの *Journal of Educational Psychology* (Thorndike, 1910) の最初の号の論文を読むことである。だが彼らはお互いを尊敬していた。ソーンダイクは自分の1913年の教科書の中でデューイの興味への原理を積極的に評価していた。

> デューイによってはっきりと，かつ熱心に主張されている，学校の課題は問題意識を呼び起こすように，生徒に必要性を感じさせ，その必要性を満足させるためにはっきりと課題をさせるようにという考えは，もしその生徒がその達成が満足する必要に応じて，その達成が与える解釈が持つ問題に応じて課題にアプローチするとしたら，少なくとも生徒たちがもっと早く進むという合意の範囲まではみんなから受け入れられるであろう。(Thorndike, 1913, p. 225)

心理学専攻の大学院生ならみな知っているように，この時期の多くのアメリカ人の学生たちと心理学者たちは，大学院教育を受ける際にはドイツに移住したのである。移住はかなり短期間であり，1881年から1895年までだけであった。ドイツの大学は，自分たちの分野で大事だと感じていることを講義し研究する自由を教員に与えていることで知られている。このような研究のサポートは世界でも珍しかったようである。これらの大学の教授陣は，マンダリアン・クラスとしてときどき言及される社会の特権的な階層に由来するものである。教育費は安く（ドイツで1年間勉強する費用はジョンズ・ホプキンス大学の1年分の3分の1でしかないとベイジー〈Veysey〉(1965) は見積もっている），そしてドイツの学位を取得すると相当な権威を得られた。

合衆国から移住した多くの学生たちは，ヴントがライプツィヒで研究していた心理学という新しい科学に関心を持った。ヴントの心理学の主題は，非常に狭くかつ非応用的なものとして，しばしば説明されたり誤解されたりしている (Blumenthal, 1975参照)。主な関心は心の構造を究明するものだったが，ヴントは言語や社会心理学についても広範囲に執筆していた。学生たちが受けた教育

1　1890年から1920年までの教育心理学

は非常に広い範囲に及んだ。学生たちは心理学とあとでテストされる関心のある他の2つの領域を勉強する必要があった。さらに，アメリカ人がドイツで学習した心理学は，合衆国へ持ち帰る心理学ではなかった。合衆国のヴントの弟子としてよく記述されるティチェナー（Tichener）は，ヴントの心理学とは違う心理学を学んだとのちに語っている（Leathy, 1981）。

　帰国した多くのアメリカ人たちは，教育心理学のパイオニアになった。これには，自分のドイツの学位を使って個人差に長い間関心を持ち続けたジェームズ・マッキーン・キャッテル（James McKeen Cattell），ライトナー・ウィットマー（Lightner Witmer）（1867-1956），ジョージ・フレデリック・アープ（George Frederick Arps）（1874-1939），エドマンド・バーク・ヒューイ（Edmund Burke Huey）（1870-1917），G・スタンレー・ホール（1844-1924），チャールズ・ハバード・ジャド（Charles Hubbard Judd）（1873-1946）が含まれていた。ヴントの他の2人の教え子，ティチェナーとミュンスターバーグはアメリカ人ではなかったが，アメリカの大学に採用され，研究や指導学生たちを通して教育心理学に貢献したのである（Benjamin, Durkin, Link, Vestal, & Acord, 1992はヴントのアメリカ人の教え子たちのリストを提供している）。ドイツで教育を受けた研究者たちの最も有名な1人はチャールズ・ジャドだった。

　ジャドは司祭になろうとして大学に入り，ちょうどソーンダイクと同じときにウェズリアン大学に通学した。（彼らは当時会合したとは言っていないが接触があったに違いない。例えば，ソーンダイクはジャドを引き継いでサッカー協会の会長になっている。）2人ともA・C・アームストロング（A. C. Armstrong）教授の指導で心理学への関心を持ったようである。ジャドはアームストロングがアメリカ心理学会の早期の総会に連れて行ったことを認めている。そこで彼はジェームズとデューイに会い，キャッテルの実験室を訪ねた。ウェズリアン大学を卒業後，彼は司祭の友人から金を借りることができ，ヨーロッパに行ってライプツィヒで大学院の勉強をした。ジャドは副専攻として解剖学と教育学を選択した。ジャドはとりわけヴントの人格に影響を受けたようで，ヴントにならって自分のその後の行動を形成していった。さらに，ドイツにいる間に彼はヴントの『心理学原理（*Grundriss der Psychologie*）』の英訳にとりかかった。

　アメリカへ戻ると，彼はウェズリアン大学でソーンダイクを押さえて教員に

選ばれ 2 年間教えた。彼はそれから 2 年間ニューヨーク大学へ行き，そこで教育学生たちに設定された基準を引き上げるように要求するトラブルに巻き込まれる。自伝 (Judd, 1918b) の中で彼は，自分はそのような制度の変化は緩やかであるべきだということを学んだと述べている。シンシナティ大学で 1 年過ごしたあとで，彼はイェール大学の正式な教授職を獲得した。イェール大学にいる間，彼は『教師のための発生心理学 (Genetic Psychology for Teachers)』と彼の有名な「転移」研究を発刊した (Judd, 1908)。1909 年，彼はアメリカ心理学会の会長に選出され，シカゴ大学に移り，デューイの後任となった。

ジャドは多作な研究者であり，これら教員養成組織の高い基準の擁護者であった。シカゴ大学で彼は教育学校の初代校長だった。その学校はのちに学部になった。彼は教員養成学部の入学と卒業の要件を他の大学と同じ基準に合わせた。彼は満たさなくてはならないポストに有資格候補者がいないことに気がつき，自分がその地位のために教育する有資格大学院生を選別することにとりかかった。シカゴ大学のキャリアの終わりには，彼の学部の 15 名中 10 名の教授が彼の指導によるものだった。彼はまた学部から刊行されていた 3 冊のジャーナルの基準を上げ，The Elementary School Journal の編集者になった。ジャドのオリジナル論文を読みたいと思う人はこのジャーナルの編集者に相談すればいい。彼はこのジャーナルに 1914 年まで毎号執筆した。

ジャドの教育心理学の見方はいくつかの点でユニークだった。まず，彼は社会現象としての教育の重要性を強調した。次に，彼は心理学的プロセスの固有の主題について述べていて，1915 年に『教科の心理学 (Psychology of School Subjects)』を著した。第 3 には，ジャドは当時のジェームズや他の心理学者たちほど本能が重要だとは考えていなかった。彼は，私たちが人間の優れた知能をもっと強調すべきだと考えていた。それこそが進化の重要な産物なのだと。第 4 に，ジャドはソーンダイクの転移の考えと結合理論には反対だった。彼は，転移は同一要素から説明できない複雑なものであり，結合主義者たちが考える学習は状況の固有なタイプ（例えば，つづり字）だけに生じるのだと考えていた。彼は，転移は指導が実際にどのように行われるかによると述べていた。教師が転移を教えると転移は起きるのだと。彼の転移についての有名な論文は教育心理学専攻の大学院コースの必読文献だった。彼は，屈折の原理を教えら

れた学生たちがあとでその原理の適用を求められる課題でその原理を使うことに気がついた。その研究は，数年後ジャドが使ったようなダーツ投げではなくエアガンを使用することに置き換えられた（Hendrickson & Schroeder, 1941）。結局，彼は発達主義者であり，ソーンダイクと対照的に，認知的な発達の時期というものが存在すると信じていた。

ジャドの見方は，ソーンダイクよりも現在の学習の認知的見方に非常に近いものであった。そこで，彼がソーンダイクよりも歴史の本の中でなぜそれほど著名ではないのかと疑問に思われるだろう。もちろん，彼が 685 本の論文や本を著したと自分で言うように，決して研究量が不足しているせいではない。

他の学習研究　この時期にはかなり多くの学習の研究がある。例えば電信係についての有名な研究が，インディアナ大学で行われた（Bryan & Harter, 1899）。ハーター（Harter）は鉄道の電信係だった。彼は学習が進むにつれて熟達の度合いが変化することに気がついた。変化を記録したこれらの研究は，数年間，学習曲線を示すために教育心理学のテキストに引用された（例えば，Stroud, 1946; Trow, 1950）。また，自動性の例としていまでも引用されている（Sternberg, 1999）。クラーク大学の学生だったブライアン（Bryan）は，1904 年にアメリカ心理学会の会長になり，のちにインディアナ大学の学長になった。

多くの学習研究を掲載した *Journal of Educational Psychology* は 1910 年に創刊された。それは 9 月から翌年 6 月まで毎月発行され年間 3 ドルの価格だった。4 人の編集委員会は，ベル（Bell），シーショア，バグリー，ホイップル（Whipple）で構成されていた。ベルは編集長であり，ハーバード大学で博士号を取る前にベルリン大学とライプツィヒ大学に在学したことがあった。シーショアはイェール大学で博士号を取り，アイオワ大学で研究生活を送った。彼はソーンダイクのアメリカ心理学会の会長職を引き継ぎ，「音楽的才能のシーショア測定」訳注3 を含むいくつかの検査の開発でよく知られている。バグリーとホイップルはともにティチェナーの教え子であり，コーネル大学から博士号を取得している。

このころ，*Journal of Educational Psychology* は，あらゆるレベルの心理学者たちと教育者たちに適用される情報と出版販路を提供したという点でユニー

クであった。編集委員のリストを作る代わりに，このジャーナルは40名の協力者のリストを作った。このリストは当時の最も著名な心理学者たちを多く含んでおり，また3名の教育長と1名の校長（アンナ・J・マッキーグ〈Anna J. McKeag〉は，ただ1人女性でリストアップされた）も含んでいた。最初の10号には，296名の論文の著者と共著者の名前が載った。このうちの40名は師範学校在職で，34名は小学校か中等学校（教師と校長）の勤務であり，または教育職に積極的に取り組んでいた人たち（教育長，教育局勤務の教育委員会のメンバーなど）であった。

　研究論文の他に，書評，指導の提案（例えば，ノートを見ないで講義するほうがよい），当時の問題の論評（例えば，教育局設立の重要性），授業の提示についての報告（ナーズワーシーは，最もすばやく学習する生徒たちは最も多い情報も保持していることを示す例を報告した）と，研究結果についての投書と意見が掲載された。例えば，1919年の手紙の中で，ボストンの教育調査・測定局のA・W・カロム（A. W. Kallom）は，自分の結果は，生徒のテスト得点は夏に低下するという公立第9学校からのM・ガーフィンケル（M. Garfinker）の結果と一致したと報告した。

　心理学の学習研究を信じている著者たちは教育に大きな貢献をするし，十分な研究で一般的な学習原理が明らかになることは諸論文から感じられたのである。そこで，これらの原理の適用が教育の向上をもたらすことになるであろう。

測定

　この時期，測定におびただしい関心が寄せられていた。これには，新しい統計的技法につながる知能テストとアチーブメントテストの開発が含まれている。さらに，新しい項目タイプと得点化の方法がまず提示された。アメリカ人は個人差に関心があり，学校管理者は自分たちの生徒がどうすればよく勉強するようになるかを知りたがっていた。測定が*Journal of Educational Psychology*の創刊時から主要なテーマであったことは驚くことではない（Ball, 1984参照）。

1890年から1920年までの教育心理学

知能検査の発達　　ジェンセン（Jensen）(1987) は以下の指摘をした。

　心的能力の概念は，私たちが今日そう考えているように，人間の思考の歴史では驚くほど最近発生したものだ。19世紀後半以前の神学と哲学の文献の中には心の概念と能力の概念との間の結びつきのエビデンスはほとんどない。その出現を遅らせているのは心的能力の中の能力の見方である。心的能力の個人差の概念は，19世紀以前では哲学的思考では非常に珍しかった。その時代以前の指導的な神学者たち，哲学者たち，政治・社会思想家たちは，心的能力の個人差の問題に明らかに関心がなかったのである。(p. 63)

　さらに驚いたことに，知能の概念は，フランスとは対照的に，アメリカとイギリスですぐに受け入れられた。一方フランスでは，最も優れたテストが作られ，ヨーロッパで知能の概念の受容は遅かった。トラバース (1983) は，それはハーバート・スペンサー（Herbert Spencer）の示した社会的ダーウィン主義と非常によく適合するからだという。社会的ダーウィン主義は，当時アメリカに存在した社会的階層を正当化することで受け入れられたのである。当然のこととして，賢い人々は金持ちになり，愚かな人々は救われない。ある程度，進歩には反動があるという見方の結果である。

　ほとんどの心理学のテキストでも知能検査の発展の説明をしている。普通は，ダーウィンのいとこのフランシス・ゴールトン（Francis Galton）(1833-1911) の貢献についての記述から始まる。ゴールトンは明らかに天才であり，お金のための仕事は一切せず，自分に興味のあるものをだけを研究して生涯を過ごした（Forrest, 1991 参照）。彼の多様な領域における多くの貢献は実に驚くべきものだった。彼は最初の天気図を作った。指紋が身元確認に有効であることを見出し，スコットランドヤード（ロンドン警視庁）が指紋を使うことに確信を持たせるし，相関係数を見つけ出し，いくつかのタイプのエンジンとゴールトン・ホイッスル（それは初期の心理学実験室で使われた）を発明した。彼は心理学の興味のある問題には，実に自分の時間の半分以下しかあてていなかった。

　ゴールトンの心理学の研究は，1869年に発行された『遺伝的天才（*Hereditary Genius*）』の執筆から始まった。同書の中で彼は，才能は環境よりも遺伝の結

果であると主張した。公表された死亡記事を才能の操作的定義として用いて，著名な人々に遺伝的関係が近いほど有能である人となる可能性が高いことを彼は示すことができた。彼は，著名になる3つの遺伝特性は，知能，熱意，難しい仕事に取り組む能力であると考えていた。彼は，これらの能力を直接測定しようとはしなかったが，それらは正規分布曲線に似た分布をすると考えていた。ゴールトンは，自分の遺伝の研究に基づく提案として，社会が有能な個人の交配を促進すべきだと信じていた。この優生学の強調は，生涯を通じて彼にとって重要であり続けたのである。

1884年，彼は私費で人体計測実験室を開設し，データを収集し始めた。そのデータは，力，反応時間，感覚識別，身長，体重の測定値であった。まもなく他の人々が同じ実験室を作ってデータを集めだした。

ジェームズ・マッキーン・キャッテル（1860-1944）は1886年にヴントと学位論文を完成し，その後1888年にゴールトンを訪問した。ラファイエット・カレッジを卒業後，ヨーロッパに旅をし，そこでフランス語とドイツ語に習熟するようになり，新しい心理学を学んだ。ライプツィヒに滞在中，論文を書き，そのことによってジョンズ・ホプキンス大学のフェローシップになった。フェローシップが延長されなかったので，彼はドイツへ戻り，ヴントから博士号を受けた。

キャッテルはゴールトンの研究を他のところで遂行するのに適役だった。彼は，データを収集することが大切で，何が重要なデータかはあとで明らかになるという見方をしていた。マイケル・ソカル（Michael Sokal）は，キャッテルの生涯についての指折りの専門家だが，キャッテルの測定の研究歴について短いが非常に面白い記述をしていた（Sokal, 1987b）。ソカルは，キャッテルのラファイエット・カレッジの学部時代のよく考えられた理論がなくとも，データ収集が大事だという考えを突き止めた。ラファイエット・カレッジでキャッテルはベーコン哲学に引かれていたのである。その考えは，よいデータの有効性はいずれ理解されるというものである。このように，キャッテルは膨大な量のデータを集め，これらのデータはやがて利用されるようになることが広く公表されたのである。援助を求めていた教師たちはキャッテルの文献に注意を払った。

キャッテルは，1889年にペンシルベニア大学で研究提携を始め，学部生の心理学実験室を創設した。1891年，彼はコロンビア大学へ移り，最初の3年間を実験室の発展に費やした。そこで彼はデータ収集と，自分のテストを学生たちに受けさせるようコロンビア大学の学長を説得することに多くの時間を割いたのだった。1895年，彼はアメリカ心理学会の会長に選出された。会長在任の間，彼は「心的，身体的特性を収集する多様な心理学的実験室間の共同の実行可能性を検討する」委員会の委員を選任した（Sokal, p. 34 に引用）。この委員会は心的計測値の収集を支援する最終報告を1897年に発表したが，他の出来事が割り込んできた。ソカルは，最初は検査に関心があったものの，そのプログラムのいくつかは断念したと報告している。そのとき，キャッテルの方法について重要な試練が訪れた。

その物語はクラーク・ウィスラー（Clark Wissler）とともに始まる。彼は，1887年，インディアナ大学を卒業し，キャッテルと研究をするためにコロンビア大学にやってきた。コロンビア大学にいる間，ウィスラーは相関の算出法を学び，キャッテルの別の測度との比較を行い，また学年ごとの比較をした。彼は，キャッテルの測度は自分を含めた他の値と有意な相関はないが，学年間では非常に相関があることを見出した（Wissler, 1901）。このことが人体計測の心理検査活動を終わらせたのである。キャッテルは実験心理学をやめたが，心理学における影響力を持ち続けた。ビネー（Binet）に移る前に，相関の測度のいくつかの失敗は，妥当性のない測度よりも諸要素の作用によるものだったことが指摘されなくてはならない。スピアマン（Spearman）が議論している時点まで戻ろう。だが，知能（Deary & Stough, 1996, Jensen, 1982）と他の情報処理スキル（例えば，Hunt, 1978）の相関として反応時間に対する関心が最近復活したことがあった。さらに，キャッテルの他のいくつかの測度は，特殊な検査で使われてきたし，彼が発見したいくつかの現象（例えば，語の中に含まれる文字はそれが単独で示されるときよりも早く識別できる）は，知覚と読解現象を理解しようとする現在の認知心理学者たちの関心を呼んできたのだった。

アルフレッド・ビネー（Alfred Binet）（1857-1911）は医師の息子であった。彼は法律と医学を勉強した。その後，異常心理学に，ついには心的遅滞へと関心を深化させたのだった。1895年，彼は生理学的心理学実験所長になった。

創生期：1890年から1920年まで

それは彼が，自分の研究を最も多く発表した L'Anne Psychologique を創刊したときであった。知能の尺度を求めて，ドットカウンティング，反応時間，頭部測定，手相占い，話し方の流暢さを追究したがあまりうまくいかなかった。1904年，パリの公立学校の心的遅滞の生徒たちの教育の方法を研究するフランスの国家教育省によって指名された委員会は，そのような生徒たちを特殊学級に隔離することを決めた。残念なことに，委員たちは健常な心的能力を持つ生徒たちと心的遅滞の生徒たちを見分けるよい方法を持ち合わせていなかった。そこで彼らはビネーと医師のテオドール・シモン（Theodore Simon）に信頼できる分類システムを考案するよう依頼した。1905年，ビネーは適切な方法を求める中で，ブリン（Blinn）博士（ボクリューズ・アジール〈収容施設〉の医師）とその教え子のM・ダマイェ（M. Damaye）博士による短い論文を見つけた。それは彼が「心的弱さの診断に科学的方法を適用しようとする最初の試み」だと考えたものであった（Binet & Simon, 1916, p. 28）。この方法は20問の標準化された質問で構成されていた。彼はいくつかの欠陥（すべての項目は同じ重み付けがされていて，分類の得点が除かれていない）を指摘しているが，自分の測度にこの技術といくつかの項目を取り入れた。ブリンの名前はその年の後半からビネーの大部分の研究の記述から消えてしまったようだが，ビネーは自分の最初のテスト項目を発表した。ビネーの主な貢献の1つは，テストにパスできる年齢によって，項目が分類できることを示したことであった。1908年に等級付けされた最初の尺度が公表され，1911年に彼は最初の尺度を発表した（その年にビネーとゴールトンは亡くなった）。

ここで，チャールズ・ゴダード（Charles Goddard）（1866-1957）が登場する。ゴダードはクエーカー教徒（このように社会的に関わっていた）であり，最初の2つの学士号をハバフォード大学で取得した。教師と校長を勤めたのち，彼はクラーク大学の医学課程に入学した。ホールの指導のもとで1899年に博士号を取得して，ゴダードはウェストチェスター州立教員養成カレッジの教授になった。1906年に，彼はニュージャージー州バインランドの知的障害者教育学校の研究指導員になった。あるべき姿を求めて，ゴダードは1908年の春にヨーロッパに行き，バインランドと似た多くの施設を訪問した。ドクロリ（Decroly）博士とデガード（Degard）女史がビネーの項目を使用していたブリュッセルで，

ゴダードはビネーの知能テストを初めて見てその重要性に気づいた。ゼンダーランド（Zenderland）（1987）が指摘したように，ビネーとゴダードにはいくつかの共通点があった。2人ともアカデミックな心理学の圏外にあり，児童研究運動に関わり，その運動では彼らは障害を持った教師と仕事に携わり，医療関係者や医療の考え方になじんでいた。ゴダードはヨーロッパから戻ると，すぐにバインランドで新しい項目を使用してデータを集め始め，その結果に大いに興奮させられた。検査得点は，教授陣による非公式の診断と非常によく対応したのである。さらに，検査はそれぞれの子どもについて分類の基盤を提供する固有な得点を出した。その後，ゴダードは医師会の子どもの分類システム（例えば，軽愚）の採用にこぎつけたのである。そのシステムはまだ残っている。ゴダードは，ビネーの研究の翻訳とアメリカでのその普及にも着手した。

　ゴダードはダーウィン主義者を自認し，知能に何よりも優先するのは遺伝だと考えていた。当時メンデル（Mendel）の研究が流布し，ゴダードはメンデルの結果が自分の立場を支持すると考えていた。おそらくゴダード（1913）の最も有名な文献で，彼は1人の人物の2家系の子孫を追跡した。マーティン・カリカック・シニア（Martin Kallikak, Sr.）は，はじめ女性のバーテンダーの間の子どもの父親になった。のちになってカリカックは裕福な女性と結婚した。ゴダードは2人の女性の子孫を追跡し，女性バーテンダーの子孫には多くの社会的不適応者が含まれ，それに対して妻の子孫には主に成功した人たちが含まれていることを見出したのである。他の同じ研究にも同じ結果が見られたと言われている（例えば，ジュークス家，山地の住民，ナム・ファミリー）。

　ゴダードは，当時の他の多くの人たちのように，低い知能は善悪の区別ができない能力のなさを意味していると考えていたので，彼は優生学と自発的（意欲をそそって）な避妊手術を提唱した。彼はまた知的遅滞の人たちを隔離することも支援した。とりわけ，ゴダードはニューヨークの公立学校のコンサルタントとして行動し，子どもたちを特殊学級へ分類するためにビネー検査の自分の版を使うことを勧めた。これはプラスとマイナスの2つの効果を持った。多くの子どものうち，特に身体障害を持つ子どもは間違ってこれらの特殊学級に入れられることがある。さらに，これらの学級は教師が望ましくないと判断した健全な子どもを送る場所として使われることがある。ゴダードの検査を使

うと，そのような子どもが，より適切な配置のためにこれらの学級を離れることが許される。他方で，子どもたちが一度ゴダードの検査に基づいてそのような学級に入れられると，彼らに期待をかける者はほとんどいなくなる。彼の哲学をさらに広げて適用すると，検査の高得点の子どもたちは，それは遺伝的能力のせいなので，問題解決の訓練は必要がないことになる。

　Journal of Educational Psychology の 1914 年 6 月号で，J・カールトン・ベル (J. Carleton Bell) は，自分の教師を殺害したジーン・ジアンニ (Jean Gianini) のケースを報告している。裁判は「知的障害における非医学的専門家の鑑定（H・ゴダード博士）と知的障害の法的身分の一般的考察を証拠として採用した最初の例となった」(Bell, 1914b, p. 362) のだ。ゴダードはビネー検査を使って，ジアンニは 10 歳の精神年齢であって明らかに知的障害であると判定した。ジアンニは「精神異常のせいで」無罪判決を受けた。

　ゴダードを教育心理学の歴史から除く傾向（Hilgard, 1996 参照）があり，多くの人たちは彼がとった行動や考えを嫌うが，あくまでその時代の考え方を反映しただけで，彼がアメリカにおけるビネー尺度を翻訳し普及させた最初の人であるという事実は残っている。

　ルイス・ターマン (Louis Terman) (1877-1956) もまた忠実なダーウィン主義者で，クラーク大学の出身であった。ターマンはインディアナの農家の家族に 14 人中の 12 番目の子として生まれた。彼はインディアナのダンビルの中央師範学校に入学し，そのあとで，田舎の学校の教師と高校の校長になった。インディアナ大学から学士号と修士号を取得後，ターマンはクラーク大学でフェローシップを受理した。彼は，自分のアドバイザーであるサンフォード (Sanford) と一緒に 1905 年に博士号を取得した（ホールは個人差には関心がなかった）。彼は高校の校長として在任し，ロサンゼルス州立師範学校の職に就いた。1910 年，スタンフォード大学での長い在職期間が始まる。そこで彼は，1922 年に心理学部長になり，1942 年の退職までその地位にあった。(彼は E・B・ヒューイ〈E. B. Huey〉が断ったあとを引き継いだ。ヒューイは読解についての有名な本〈Huey, 1908〉を書いている。有望な教育心理学者であったヒューイは若くして亡くなっている。) このように，教育歴，経験，考え方の点で，ゴダードとターマンはよく似ていたのである。違いはターマンが最初，天才から愚者までの領

域に興味を持ち，のちに天才に興味を持つようになったことである。(彼の学位論文は「天才と愚者——7人の優秀児と7人のおろかな少年の知的過程の研究 (Genius and Stupidity: A Study of Some of the Intellectual Processes of Seven Bright and Seven Stupid Boys)」だった。この研究で，彼はビネーが以前の検査作成で使用したいくつかの項目を使用した。) 2人は理解し合い，ゴダードがターマンに1916年のビネーの研究の翻訳本を献呈した (その本は1980年にターマンの注をつけ限定版で発行された) ことが知られている。ターマンの貢献は検査を修正し標準化することだった。1910年，彼とチャイルズ (Childs) は1908年改訂版を使って396人の生徒たちを検査し，1912年にその結果を発表した (Terman & Childs, 1912)。ターマンは1916年に，1920年以前では最もよく知られている尺度を発表した。

　知能検査の採点システムの開発において，少なくとも3つの方法が提唱された。ビネーは，特定の年齢の基準を報告した。それに対してヤーキーズは，いくつかの基準と比較して結果が評価される一般的点数尺度法を唱導した。ビネー・シモン尺度の1916年改訂版の中でターマンは，知能指数を使ったウィリアム・シュテルン (William Stern) によって推奨された手続きを採用した。知能指数は精神年齢と暦年齢との比率である。このシステムは標準得点が数年後に導入されるまで使用されていた。

　ターマンの著書『知能の測定 (The Measurement of Intelligence)』(1916) を読むと，彼とゴダードの違いはほとんどないことがわかるだろう。彼はゴダードの研究を引用し，IQテストの低得点の者は不道徳的である可能性があると主張した。彼はまた，売春婦，非行少年，少年院入所者たちの低いIQ得点，荒廃した家族の研究を引用している。彼はすべての犯罪者が低知能ではないことを認めているが，道徳は判断を必要とするので，低知能の人たち全部に犯罪者の可能性があると考えていた。ここで彼は，道徳の原理を理解するための十分な知能を獲得するまでは，すべての子どもたちは不道徳的であるという発達の理論を示している。他のグループに対する知能検査の利用に目を向けると，ターマンは，職業適性を確認し，民族差を判定し，子どもたちを正確な段階に置くために知能検査を使用することの正しさを説明している。ターマンがウォルター・リップマン (Walter Lippman) との有名な論争をしたのは，1920年以

後のことである。

　最も有効で最も使用された知能検査の発展がおおむね非理論的だったことは興味深いことである。ビネーは高次心的スキルの測定が知能の指標を獲得するのに必要だと信じていたが，彼は1つの理論をはっきりと打ち立てなかった。ゴダードもターマンも知能検査の実践的適用に関心を持っていたが，知能の理論的分析はしなかったのである。知能の2つの最初の理論はスピアマンとソーンダイクによるものである。ソーンダイクの理論は1920年以後に発表され，スピアマンは1904年に最初の論文を発表した。

　同じころ，ビネーは自分の新しいテストを試しており，チャールズ・スピアマン（Charles Spearman）(1863-1945) は，もう1つの企画にとりかかっていた。イギリスの軍隊での仕事を終えると，彼は心理学の新しい仕事を始めようと決めた。彼はライプツィヒでヴントと研究し，1904年に博士号を取得した。同じ年に彼は自分の著名な研究「一般的知能，客観的に測定，評価されたもの(General Intelligence, Objectively Determined and Measured)」(Spearman, 1904) を発表した。

　この論文は，心理学ではかなりの経験的活動があったものの有効な結果はほとんど得られていないのだという書き出しで始まる。

> 　教育に例をとろう。これは，他のすべてのものにまして若い研究者たちのエネルギーと才能を吸収してきたし，またそのような方法の特に有益な分野を提供するように見える，実践的問題の系列である。けれどもこのときに，この主題のすべての面倒な実験と豊富な文献にかかわらず，きわめて重要な多くの明確な情報がこれ以降明らかになったとあえて主張する有能で偏見のない判定者はほとんどいない。(Spearman, 1904, p. 203)

　彼がやりたかったことは，実験室研究の結果が実生活と関連していることを，「あらゆる精神的傾向と，とりわけいわゆる『心理検査』とより広い一般性と関心を結びつけるものを，確実に判定する目的」のために，相関を使って示すことだった。この場合，彼は，「際立った能力を持つ人」はまた「重さのわずかな違いの非常にわずかな区別」をするというゴールトンの観察を追究し

ている (p. 207)。

　論文の中でスピアマンは，心的能力間の関係を判定する先行の試みについて優れたレビューを行った。彼は，バグリー，ビネー，シーショア，もちろんソーンダイク，それにウッドワース，ウィスラーも含む，さらに多くの著名な心理学者たちによって行われた膨大な研究を突き止めていた。スピアマンのこのレビューからの結論は，過去の研究は「いかなる相関もきっぱりと否定する」(Spearman, 1904, p. 219) ように見えるというものだった。このことは，その研究を十分検討してきたスピアマンを思いとどまらせず，彼は4つの不備に気づいたのであった。まず，ウィスラーだけが「相関の最初の基本的要件，つまり『正確な量的表現』を獲得した」(p. 223)。次に，「確率誤差」を計算した人は誰もいない (p. 223)。第3に，解決しようとしていた問題を明示した者は誰もおらず，第4に，観察の誤差を考慮した者は誰もいなかった。そこでスピアマンは実際の生活能力（等級の序列，教師による明るさの評点，普通の仲間の評点）の3つの測度に，音，光，重さの測度を入手して相関させることを始めた。

　多くの誤差（例えば，発酵度）を修正したあとで，スピアマンは，「実験条件に応じて大きさが絶えず変わる——感覚弁別のすべての形態と実際の生活のもっと複雑な知的活動との対応が実際に生じることが見られる」と結論した。ウィスラー（彼は重さと上下動の知覚を含めていた）の異なる結果を説明して，スピアマンは，測定のエラー（3人がすぐに測定され，多くの測度を入手するために使用されたのはわずか45分だった）とウィスラーの被験者の母集団の過剰な同質性のせいだと述べている。スピアマンは，自分の実験の結果は「知的活動のすべての部分は，共通の1つの基本的機能（あるいは機能のグループ）を持っているが，他方で活動の残りの要素と固有の要素は，どんな場合でも，他のすべてのものとはまったく異なっているように見える」(p. 284) という結論を証明したと考えた。スピアマンの知能の2要因説の最初の説明はこのようなものだった。

　これらの結果からいくつかの結論が導かれる。まず，実験的結果に基づいた知能理論がいまも存在する。この理論はいまでも議論されている。次に，私たちはいま統計的手法を持っている。それは因子分析になり，特性論と因子論の

主要な統計的方法として発展した（それは能力心理学のいくつかの教理からそれほどずれていない）。第3に，私たちは，ビネーのテストがなぜ学校の成績をうまく予測したように見えるかを説明できた。それは，ビネーの課題と学校の成績の両方がg因子（一般因子）への負荷が大きいからである。

　もちろん，スピアマンの方法を批判した人たちがいたし，他の実験結果もあった。ソーンダイク（1913）は特性を詳細に論じ，スピアマンの2因子説について議論して次のように述べている。「教理は，知的活動のすべての部分がプラスの相関があること——それはだいたい正しいが——を求めているのではなく，1つの共通因子によってどの場合もお互いに結びつけられている——それは間違い——のである」(p. 364)。このように，ヒルガード（Hilgard）(1987)が指摘したように，「そこで，特殊能力のあるgを支持したスピアマンと，gのない特殊能力を支持したソーンダイクが存在した」(p. 475) のである。ソーンダイクの知能の理論は，1927年に発行された測定の本に含まれていたが，それは知能が発達したS-R結合の数に基づいていることを示唆していた。その理論は，因子分析と特性論，因子理論が普及している間に姿を消した。

検査と戦争　　前述のように，第1次世界大戦は，アメリカの心理学者たちに現実の目的に自分たちの検査の使用を推奨する機会を与えた。戦争遂行の中でこれらの検査の重要性の理由は大きく変化したが，検査にそれほど影響力のないことは明らかである（Sokal, 1987a）。戦争遂行への貢献に関心を持つ心理学者たちの初期の会合で，フォン・メイハウザー（von Mayrhauser）(1987) は，当時の最もよく知られた産業心理学者ウォルター・ディル・スコット（Walter Dill Scott）とアメリカ心理学会の会長ロバート・ミーンズ・ヤーキーズ（Robert Means Yerkes）の間の決定的対立を記録していた。スコットは産業向けの応用心理学者として数年を過ごし，他方ヤーキーズは人間を含むさまざまな動物種の知能の階層を研究する実験心理学者であった。2人はそれぞれ別の方法をたどったあとで，ヤーキーズは能力がないかもしれない新兵は個別知能検査を受けるべきだと提案した。これは明らかに実行不可能であり，いくつか試みたあとに，ヤーキーズは軍事利用の個別知能検査を使用しないように説得された。ニュージャージー州のバインランドにおける新兵の心理学的検査方法に関する

アメリカ心理学会委員会（ヤーキーズの指導のもと，ゴダード，ターマン，ホイップル，ウッドワースを含む）の会合で，集団検査の新しい方法が導入された。その方法は，新たに開発された多肢選択形式をグループ提示することであった。アーサー・オーティス（Arthur Otis）(1884-1963) は，ターマンの大学院生だったが，ターマンがバインランドへ持ち込んだ集団テストを発展させた。（トラバース〈1983〉によれば，プレゼンテーションの集団方法の始まりは，グループ用の項目を与え個別に得られたものとして結果を報告する代わりに，多くの生徒たちにテストを個別に実施する割り当てを完成させるオーティスの試みだった。）バインランドの会合で発展した集団テストは軍隊 α テストになり，そのテストは 170 万人以上の新兵に実施された。この大量なテストの結果は，1921 年に公表された。それはさまざまな国出身の新兵の相対的結果を含んでいた。「黒人の知能」について 1 章があてられており，その章はアメリカの黒人の多くの不利な状況に言及していなかった。またこれらのテストに基づく見解は，1930 年代までは実際に問題にされなかったのである。

　多肢選択項目の起源に関してはいくつかの推論はあったのだが，サメルソン（Samelson）(1987) は，フレデリック・J・ケリー（Frederick J. Kelly）を創始者だと考え，それをリストにあげた。1914～1915 年のカンザス黙読検査にその名はあるが，ケリーは，カンザス州エンポリアの州立師範学校の訓練学校長だった。彼は「教師の指標の非信頼性」(Samelson, 1987, p. 118) について教員養成カレッジで博士論文を書いた。そして唯一の正解を求め，「テストの管理と得点化の時間と労力」(p. 119) を減らすテストのフォーマットを追究していた。ケリーはのちにカンザス大学の教育学部長，ミネソタ大学学生部長，最後に，教育庁の高等教育部長になった。軍隊 α テストはターマン，オーティス，ケリーへと引き継がれたように見える。アメリカの多肢選択項目の出現は，この時期の他の方法よりも指導と検査に大きな影響を与えた。当初から人々は，ただ表面的知識を測定するという弱点に気づいていたが，その利便性は数年間人気を持ち続けたのである。

　Journal of Educational Psychology の最初の号で W・A・マッコール（W. A. McCall）(1920) は新しい真偽項目を称賛する論文を書いた。この形式の多くの長所の中に，やりやすさ，教師のお気に入り，生徒のお気に入りがあり，それ

は「本当に公正なテストで，この価値ある性格特性を満足した形で測定する技術の始まりを示す」(McCall, 1920, p. 45) ものであった。

測定と教育研究　知能検査の発展に加え，その利用についての多くの活動，他の測定の発展，この時期一般の教育研究があった。教育心理学の文献にまれに言及されているが，ジョゼフ・メイヤー・ライス (Joseph Mayer Rice) (1857-1934) は合衆国の教育研究の創始者だった。ライスは小児科医であり，1888年，イエナとライプツィヒで心理学と教育を学ぶためにドイツに旅した。その際，彼は多くのドイツの教室を訪問した。合衆国へ戻ると，彼はアメリカの36都市の教室を1人で観察し，ドイツで見たものと比べた。彼は公開討論会と1冊の本の中で自分の見たものについて発表した。大まかに言えばライスは「たいていの学校では機械的な教え方で，限られたカリキュラムであり，教科書にだけ頼り，抑圧的な教え方である」ことを見出したのである (Good, 1964, p. 397)。これらの出版物が一般市民の激しい抗議を生じさせなかったので，彼は自分の実績データを収集した。実際に，彼は1895年から1903年の相当量の実績データを集めて公表した。1903年，彼は教育研究学会を組織しようとしたが，当時の正統的な教育研究者たちからの支持を得られなかったので成功しなかった。ライスの努力はトラバース (1983) が詳述している。

　教育研究の援助はラッセル・セージ財団，教育局，カーネギー財団のような機関から始まった。資金が援助されたプロジェクトの多くは，教育を評価し向上させようとする調査やテストであった。また，学校組織，州当局，自分たちの研究組織を設立しようとする大学を支援する全体的な運動もあった。多数の論文が *Journal of Educational Psychology* に発表された。上述の組織の局長と教師のものも含まれていた。*Journal of Educational Psychology* の論説の中で，J・カールトン・ベル (1914a) は，ニューオーリンズの部門の活動について次のように述べている。

　　「今日人々は伝統的方法に疑問や不安を示し始めており，学校への質問，学校調査，それに学校活動のすべての分野の効果についての客観的基準を求めている。進歩的な管理者たちはこの態度変化をすぐに活用し，学校の利益

にコミュニティのリソースを組織し，学校の仕事のさまざまな側面にもっと光を当てようとするどんな機会でもとらえている」(pp. 107-109)

そのような活動はフレデリック・W・テイラー（Frederick W. Taylor）によって知られるようになった一般的な効率運動と同じだと見られてきた。テイラーは1911年に『科学的管理の原理（*The Principles of Scientific Management*)』を発刊し，自分の管理方法について述べている。学校のこれらの考えのいくつかを改善することへの関心があったのだ。

学校の組織はまた外部の調査官や心理学者たちによっても評価されている。人々は（例えばジャッドのような）そのような評価で割増金を稼いでいた。教育局は国家規模の調査も手がけており，国家教育基準が話題になっていた。*Journal of Educational Psychology* は多くのテストや論評を掲載していて，それらはそのようなテストの結果が教育の向上をもたらすと信じさせたのだ。例えば1920年1月号で，ベルはEQ（教育指数）の概念を以下のように述べている。

EQの測定を提供するための標準テストの開発，これらのテストを教育上の尺度に結合すること，さまざまな年齢と環境条件の教育的基準を決めること，与えられた手段によって与えられた時間で生み出される教育変化の量，IQとEQの間の相関は，教育研究者たちがいま取り組んでいる興味深い問題である。(p. 47)

あいにく，研究によって，よい教育の明るい見通しは，誰もが期待し目覚めるようにはにわかには具体化されないが，やがてそれは実現する。ヨハンニングメール（Johanningmer）(1969) はウィリアム・バグリー（William Bagley）のこの楽観的な見通しについて記録していた。

発達心理学

Journal of Educational Psychology の最初の号は「精神分析と教育（Psycho-

創生期：1890年から1920年まで　　　　　　　　　　　　　　　　　　　　　　　　　Ⅰ

analysis and Education)」というアーネスト・ジョーンズ（Earnest Jones）（1910）の論文を含んでいたが，教育心理学の最初の数年は発達心理学が優勢だったのではない。発達の問題に関心を持っていた教育心理学の第一人者は，G・スタンレー・ホール（1844-1924）であった。彼はマサチューセッツの田舎の農家で育てられた。彼の母親は彼が大学へ行くことを望んでいた。大学へ通うことは身の周りでは普通の選択ではなかったが，彼は同意した。彼は友人にはその計画を知らせなかった（Veysey, 1965参照）。ユニオン神学校を卒業したあと彼は劇場，教会，博物館・美術館に出かけてニューヨーク市内の散策を楽しんでいたが，外国でもっと勉強するように勧められた。彼は少額のローンができ，ボンとベルリンで，神学，哲学，医学を勉強した。1871年にアメリカへ戻ると，彼は初め家庭教師として，それからアンティオキア大学の語学教師として雇用された。彼はそれからハーバード大学へ進み，そこでジェームズとともに研究し，心理学の学位を取得した（これが心理学の最初の博士号だということには異議を唱える人たちがいる。他の人たちは哲学部の推薦で与えられたもので心理学の学位として認められたのではないと言う）。次に彼は再度のヨーロッパ行きを果たし，ヘルムホルツ（Helmholtz）に師事し，それからヴントの最初の学生として彼から教えを受けた。

　アメリカに戻ると結婚したが，ハーバード大学の学長から教育の講義を頼まれるまで無職だった。1882年，ホールはジョンズ・ホプキンス大学に招かれ，1884年に心理学と教育学の教授に指名された。彼はすでに民家に心理学実験室を設けていた。ジョンズ・ホプキンス大学の彼の教え子には，ジョゼフ・ジャストロウ（Joseph Jastrow），エドモンド・サンフォード（Edmund Sanford）（ホールがクラーク大学から連れてきた），ジェームズ・マッキーン・キャッテルがいた。彼はまた知らない人からジャーナルの資金として500ドルを提供され，*American Journal of Psychology* を創刊した（その人は，心霊研究のジャーナルを支援しているつもりだった）。

　ジョゼフ・ギルマン・クラーク（Joseph Gilman Clark）は1888年にホールに話を持ちかけ，自分が資金を提供している高等教育の新しい組織を預かるように要請した。彼はそれを受諾し，ヨーロッパに1年旅をして，そこで新しい学校のアイデアを集めながら有意義な時間を過ごした。ホールは1889年にク

ラーク大学を設立し，そこで彼は学究生活の後半を過ごした。この数年間はクラークとホールの意見の違いから生じた経済的問題で悩まされ，その後，彼の最初の学部の多くをシカゴ大学へ手放したのである（Veysey, 1965 and Watson, 1971 参照）。しかし，多くの人たちが，研究し学習する多くの自由があるのがよい学習環境であると考えていることをクラークは示した。ホールが主催し批評したセミナーは，実はこの環境の見せ場としてよく言及されている。

ホールは，科学者というよりも創始者，メンター，設立者であった。1891年，彼は *Pedagogical Seminary*（現在の *Journal of Genetic Psychology*）を創刊した。1991年に刊行されたこのジャーナルの100周年号には，このときに発表されたいくつかの研究が掲載されている。1892年，彼はアメリカ心理学会を組織して初代の会長となった。1893年，ホールは *Princeton Review* に「子どもの心の内容（The Contents of Children's Minds）」を発表した。それは児童研究運動のきっかけとなったものだった。この運動とその終焉の歴史はダビッドソン（Davidson）とベンジャミン（Benjamin）（1987）によって記録されている。彼らはこの運動を「時代の大衆心理学」として描いている（p. 54）。

ホールは子どもたちから情報を入手する質問紙法を支持した。彼はドイツで子どもたちを対象にした質問紙の使用を観察し，その方法をアメリカへ持ち込んだ。彼は多くのテーマについて何千人もの子どもたちから情報を収集した。これらの質問紙法から得られたデータは，方法論的見地から一般に批判されている。その使われ方は次のようなものである。子どもたちは小グループで頻繁に質問され，手続きと質問は標準化されずに，主な質問がなされた。にもかかわらず，集められた多くの情報は興味深く，子どもたちは予想以上に知らないと記録された。教師は子どもが何を知っているかをもっと学ぶべきであることは明らかである。ホールは，道徳性がいつ発達し，その発達には誰が大切なのか（道徳性の意識は，かなりあとで，影響力のある教師，親，友人によって発達する）など，道徳性の研究も行った。

ホールは青年期についての彼の名著によって記憶されている（Hall, 1904）。この本で述べられている反復発生の理論は，ダーウィンに依拠したものだったが，大変な議論をまき起こした。この理論は，「受胎の瞬間から成熟期までのどの子どもも，その低次の始まりから人類がたどってきた発達のどの段階

創生期：1890年から1920年まで　　　　　　　　　　　　　　　　　　　　　　　　　　I

をも，最初は早く，それからゆっくりと反復発生する」(Hall, 1923, p. 380) というものである。このように，子どもたちは，類人霊長類（就学前），前文明期（小学校），初期文明期（青年期）の行動に対応する3段階を通過するというのである。

　のちに，彼は教育を対象にした2巻の本を発行した (Hall, 1910)。明らかに，彼の考えはデューイの考えとは対応しない。小学校は厳しい教師に管理される訓練の短い期間で構成されるべきだ。子どもは推論能力がないと考えられ，そこで記憶による基本的なものの獲得が必要なのだ。反復発生理論の外延として，ホールは，子どもたちは系統発生尺度の低次の動物の負の本能的行動をしばしば示し，またこれらの行動は現れるはずで，さもなければ大人の時期に見られるだろうと主張した。このことは，児童期と青年期を本能行動の研究に適した時期にする。彼はまた，性教育は男女別に行われるべきだと説いた。ホールの理論と提唱がどれほど教育と教育心理学に影響を与えたかを判断することは難しい。ソーンダイクとジャッドはともに，彼の見解を無視する傾向にあった。そしてホールは，*Journal of Educational Psychology* においては考えを公表しなかった。でも彼の考えは当時の教育心理学のテキストには述べられている。例えば，コルビンとバグリーは，遊びのよくない行動を議論するときに，次のように述べている。

　　からかいやいじめや喧嘩のようなもののいくつかは，おそらくいまでは役に立たないどころではない。それらは，人間の生活のけだものの段階の残存物，虫垂のようなものであり，厄介ものだが，考慮しなくてはならないのだ。ホール博士は，そのような粗野な行動は，急に抑え込んではならないと考えていた。これらの粗野な衝動に影響する出口を与えると，子どもは比較的無害な方法で衝動から解放されるのである。しかし仮に，これらの傾向が非常に強いもので，突然抑えられると，その背後にある本能は，ホールの言うように，児童期の後半あるいは成人期に，深刻な結果を引き起こすのである。そこで自由遊びは，それは未熟であるしおそらく性格の点ではいくぶん粗野であるけれども，ある範囲の中で許されるべきなのだ。(Colvin & Bagley, 1913, p. 43)

1890年から1920年までの教育心理学

　この時期の幼児期教育の重要な改革は，イタリアの最初の女性医師マリア・モンテッソーリ（Marie Montessori）によって進められた。1906年，モンテッソーリ博士は，政府所有の住居と共同住宅地域に住む年少の子どもたちの教育プログラムを開発するように依頼された。モンテッソーリは，ローマの精神科のクリニックと関係があり，知的障害の子どもたちを専門に研究していた。彼女は，スパンコールについての自分の研究を基礎にして，自分自身の研究を向上させることに取り組んでいた。一方で，ローマ大学で実験心理学を学び，小学校で仕事をしていた。彼女の成功の知らせは急速に広がり，すぐに他の国から人々がやってくるようになった。

　モンテッソーリは，1912年，合衆国を訪れ，ホワイトハウスでレセプションを受け，彼女の最初の講義がカーネギーホールで行われた。モンテッソーリ協会が，アレクサンダー・グラハム・ベル（Alexander Graham Bell）夫人を最初の会長に，大統領ウィルソンの娘を書記にしてアメリカで結成された。学校はベル夫人の住居をはじめとして国中に設置された。モンテッソーリは1915年にアメリカを再訪し，サンフランシスコで世界フェアを開いた。モンテッソーリ・メソッドについて評価する多くの論文が現れた。例えば，1912年にハワード・C・ウォーレン（Howard C. Warren）（当時のアメリカ心理学会会長）は *Journal of Educational Psychology* にそれを評価する論文を発表した。彼は注意深くモンテッソーリ・プログラムを叙述し，その成功を讃えた。彼が強調した評価の特徴は，デューイによって支持されたものと似ているように思われた。「学校の目的は，実践的訓練であり，未来へ向けた真に価値あるステップである」(Warren, 1912, p. 124)。彼は次のように続けて述べる。「子どもたちは訓練されないままになっている。彼らは小さな机の低い椅子に座る。しばしば別の位置に移動する。彼らは自由に行き来する」(p. 124)。彼はまた，報酬あるいは罰がないことに言及する。「達成の喜びは，十分な報酬のように見える」(p. 124)。社会的関連性が強調されている。「社会学者たちの特別に関心のある第2の点は，社会的共同体に及ぼす学校の影響である。特に，より貧困な居住施設では，礼儀正しさ，セルフコントロール，個人の自発性を教えることは，親に影響し，社会生活向上の要因とみなされるのである」(p. 123)。

　ウォーレンは感覚訓練を好み，「モンテッソーリは，特に初期には，教育の

目的は自然の回路に沿って子どものエネルギーを訓練することである，すなわち，突然新しいものを始めるよりもすでに存在している運動と知覚の力を向上させることだ，と主張している」(p. 126) と言う。彼はまた子どもの自己信頼にも注意を払っている。「カサ・デ・バンビーニでは，あらゆる努力が，子ども自身の教育をやり遂げるためになされている。自己信頼，自発性，セルフコントローが促進される。そしてその結果，生徒たちは，ずっと上の年齢ではあまり見られないような態度をとり，意志の強さを持つのである」(p. 131)。

ウォーレンは読解と算数の進歩に特に印象づけられた。「私は，4歳や5歳の平均児童の能力で読み書きができるとは期待していなかった。おまけに，私たちがこれらの学校の勉強の進歩的発達を検討すると，これらの達成が自然に，また容易になされていることがわかる」(p. 132)。彼はこれらの子どもたちがどれくらいビネー・シモン尺度で得点するかについて驚嘆しながら言及して結んでいる。

2年後にアメリカで出版された1冊のモノグラフに，ある人たち（例えば，Lilliard, 1972）が次の40年間アメリカでモンテッソーリ学校が廃止されていたことに原因があると考えていたと記述されている。ウィリアム・ハード・キルパトリック（William Heard Kilpatrick）博士（1871-1965）は，よく知られた教育者だった。彼はジョージア州のホワイト・プレインズの出身で，マーサー大学から最初の2つの学士号を，コロンビア大学から博士号を取得した。1901年，彼は教員養成カレッジの教員に採用され，退職までそこに在職した。彼は優秀な教師として知られ，1918年にプロジェクト・メソッドについて述べた重要な論文を発表した（Kilpatrick, 1918）。その方法は生徒たちが社会的学習，目的学習に取り組むように設計されていた。それは，それぞれの生徒がすべてを習得する，目的，計画，実行，判断の4つの面を含んでいた。プロジェクト・メソッドは，進歩主義教育者たちに広く受け入れられ，構成主義的教育者たちと一緒に最近返り咲いたのだ。進歩主義教育学会の委員会に奉仕した進歩主義の指導者であるキルパトリックは，ベニントン（進歩主義大学）の創始者であり，生涯デューイの崇拝者だった。実際，彼は自著原稿への論評に対して，デューイ（とナオミ・ナーズワーシー〈Naomi Norsworthy〉）に謝辞を述べている。イタリアを訪れモンテッソーリについて書くのは誰がふさわしいのだろうか？

ワォーレンとキルパトリックが同じ学校を訪問したことは考えにくい。キルパトリックは子どもに自由を与えたいと思い，読みの訓練に感銘を受けたように見えたが，彼は明らかに学校やモンテッソーリ博士が好きではなかった。彼は，子どもの独立した行動に示された社会的交流の不足は子どもたちにのちの社会的成功を約束しないと考えていた。さらに，彼は準備された感覚訓練のタイプは棄却された能力心理学の信念を前提としていると考えた。彼は，彼女が能力心理学の論争とその拒否について耳にしていたのか疑問に思っていた。「ここで私たちは一般的原理の陳腐な理論のほとんどの耳標を持っている。『子どもは色の種類を知るようになるのではなく……彼は自分の感覚，知的動きを練り上げるのである』，そしてそれは心と身体についての同じ古い比喩である」(Kilpatrick, 1914, p. 46)。彼は，モンテッソーリは彼女の考えをセガン（Seguin）から引き継いだと考えていた。「セガンの考えは1846年に最初に公表された。私たちは，モンテッソーリ夫人が棄却された教義をまだ持っているので，彼女は，教育理論の現在の発展のはるか50数年後方の，19世紀半ばに本質的には属しているのだと特に考えている」(p. 63)。

キルパトリックは，デューイに比べてモンテッソーリのことは気に入らなかった。2人は自由という考えを共有しているが，デューイの考えのほうがまだましだ。例えば，教育の手段を論じる中で，キルパトリックは次のように言う。

> 確かな具体的な装置としてまとめられた簡単な方法は，一般の関心を非常に引きつける。デューイ教授は，自分の求めるシンプルなやり方の教育を手に入れられなかった。だがモンテッソーリ夫人にはそれができた。なぜなら，彼女は，ただ教育の非常に狭い概念を持ち，公式的で組織的感覚訓練の価値についての批判だらけの理論を持ち続けられたからである。(p. 64)

モノグラフは教育者向けに書かれており，キルパトリックは尊敬される教育者だったので，モンテッソーリの学校がなぜアメリカから姿を消したのかを理解するのはわけのないことだ。ハント（Hunt）(Montessori, 1964)は，アメリカのモンテッソーリ学校の消滅についての別の理由を考えた。彼は，彼女の考えは当時の時代風潮に根本的に反していたからだと述べている。

1920年の教育心理学

　1920年の教育心理学はまだ心理学の領域の発展途上の分野であった。創造的な巨人たちの多くが存命してまだ活躍していた（例えば，デューイ，ゴダード，ホール，スピアマン，ターマン，ソーンダイク）。さらに心理学者たちの新たなグループがその分野にとりかかろうとしていた。新たな測定の手段が作り出される段階であり，最初のいくつかの学習理論が開発され，進歩主義教育が活発になり，希望が語られていた。*Journal of Educational Psychology* は順調に発展し，新しいジャーナルも現れてきていた。教師たちは錯綜したメッセージを受けていて，新しい科学の明るい見通しには疑いも持つようになっていたが，まだ教育心理学者たちの間には，心理学という応用科学は学校をもっとよく効率的にしてくれるだろうという楽観的気分があった。それは教育心理学者たちにとってはまだよい時代だったのである。

訳注

1——ニューヨーク市政における腐敗政治組織。
2——1776年に創立された成績優秀な大学生の友愛会であり，このメンバーになることは大学生たちにとって最大の栄誉と言われている。
3——音楽の才能を見るためにシーショアが考案した，ピッチ，ラウドネス，テンポ，音色，リズムを区別する能力を測定する手順。

文献

Baldwin, B. T. (1911). William James' contributions to education, *Journal of Educational Psychology, 2*, 369-382.

Ball, S. (1984). Educational psychology as an academic chameleon: An editorial assessment after 75 years. *Journal of Educational Psychology, 76*, 993-999.

Bell, J. C. (1914a). Research in public schools. *Journal of Educational Psychology, 5*, 106-108.

Bell, J. C. (1914b). Feeble-mindedness in the courts. *Journal of Educational Psychology, 6*,

361-362.

Bell, J. C. (1920). The educational quotient. *Journal of Educational Psychology, 9*, 45-47.

Benjamin, L. T., Durkin, M., Link, M., Vestal, M., & Acord, J. (1992). Wundt's American doctoral students. *American Psychologist, 47*, 123-131.

Binet, A., & Simon, T. (1916). *The development of intelligence in children.* The Training School at Vineland, NJ.

Blumenthal, A. L. (1975). A reappraisal of Wilhelm Wundt. *American Psychologist, 30*, 1081-1088.

Boring, E. G. (1953). The nature and history of experimental control. *American Journal of Psychology, 67*, 573-589.

Boring, E. G. (1957). *A history of experimental psychology* (2nd ed.). New York: Appleton-Century-Crofts.

Bryan, W. L., & Harter, N. (1899). Studies on the telegraphic language. The acquisition of a hierarchy of habits. *The Psychological Review, VI*, 346-375.

Charles, D. C. (1987). The emergence of educational psychology. In J. A. Glover & R. R. Ronning (Eds.), *Historical foundations of educational psychology* (pp. 17-38). New York: Plenum.

Church, R. L. (1971). Educational psychology and social reform in the progressive era. *History of Education Quarterly*, 390-403.

Colvin, S. S. (1911). *The learning process.* New York: Macmillan.

Colvin, S. S., & Bagley, W. C. (1913). *Human Behavior: A first book in psychology for teachers.* New York: Macmillan.

Coover, J. E., & Angell, F. (1907). General practice effect of special exercise. *American Journal of Psychology, 18*, 328-340.

Costa, P. T., & McCrae, R. R. (1992). 4 ways 5 factors are basic. *Personality and Individual Differences, 13*, 653-665.

Davidson, E. S., & Benjamin, L. T. (1987). A history of the child study movement in America. In J. A. Glover & R. R. Ronning (Eds.), *Historical foundations of educational psychology* (pp. 41-59). New York: Plenum.

Deary, I. J., & Stough, C. (1996). Intelligence and inspection time. *American Psychologist, 51*, 599-608.

DeGarmo, C. (1920). [Review of the book Psychology and the teacher]. *Journal of Eaucational Psychology, 11*, 1142-1144.

Dehue, T. (2000). From deception trials to control reagents. *American Psychologist, 55*, 264-268.

Dewey, J. (1896). The reflex arc concept in psychology. *Psychological Review, 3*, 357-370.
Dewey, J. (1900a). Psychology and social practice. *Psychological Review, 7*, 105-124.
Dewey, 1. (1900b). *School and society*. Chicago: University of Chicago Press.
Dewey, J., & Dewey, E. (1915). *Schools of tomorrow*. New York: Dutton.
Forrest, D. W. (1991). Francis Galton. In G. A. Kimble, M. L. Wertheimer, & C. L. White (Eds.), *Portraits of pioneers in psychology* (pp. 1-18). Hillsdale, NJ: Lawrence Erlbaum Associates.
Goddard, H. H. (1913). *The Kallikak family, A study of heredity and feeblemindedness*. New York: Macmillan.
Good, H. G. (1964). *A history of American education*. New York: Macmillan.
Hall, G. S. (1904). *Adolescence: Its psychology and its relations to physiology, anthropology, sociology, sex, crime, religion, and education* (Vols. 1-2). New York: Appleton.
Hall, G. S. (1910). *Educational Problems*. New York: Appleton.
Hall, G. S. (1923). *Life and confessions of a psychologist*. New York: Appleton-Century-Crofts.
Hall-Quest, A. L. (1915). Present tendencies in educational psychology. *Journal of Educational Psychology, 6*, 601-614.
Hendrickson, G., & Schroeder, W. H. (1941). Transfer of training in learning to hit a submerged target. *Journal of Educational Psychology, 32*, 205-213.
Herrnstein, R. J., & Murray, C. (1994). *The bell curve*. New York: The Free Press.
Hergenhahn, B. R. (1997). *An introduction to the history of psychology* (3rd ed.). Monterey, CA: Brooks/Cole.
Hewins, N. P. (1914). The doctrine of formal discipline in the light of experimental investigation. *Journal of Educational Psychology, 5*, 168-174.
Hilgard, E. R. (1987). *Psychology in America*. Orlando, FL: Harcourt Brace Jovanovich.
Hilgard, E. R. (1996). History of educational psychology. In E. C. Berliner & R. C. Calfee (Eds.), *Handbook of Educational Psychology* (pp. 990-1004). New York: Macmillan.
Hollingworth, H. L. (1990). *Leta Stetter Hollingworth*. Boston, MA: Anger Publishing.
Huey, E. B. (1908). *The psychology and study of reading*. New York: Macmillan.
Hunt, E. B. (1978). Mechanics of verbal ability. *Psychological Review, 85*, 109-130.
James, W. (1890). *The principles of psychology* (Vols. 1 & 2). New York: Holt, Rinehart & Winston.
James, W. (1912). *Talks to teachers on psychology: And to students on some of life's ideals*. New York: Holt, Rinehart & Winston.

Jensen, A. R. (1982). The chronomety of intelligence. In R. J. Sternberg (Ed.), *Advances in the psychology of human intelligence* (Vol. 1) (pp. 255-310). Hillsdale, NJ: Lawrence Erlbaum Associates.

Jensen, A. R. (1987). Individual differences in mental ability. In J. A. Glover & R. R. Ronning (Eds.), *Historical foundations of educational psychology* (pp. 61-88). New York: Plenum.

Johanningmeir, E. V. (1969). William Chandler Bagley's changing views on the relationship between psychology and education. *History of Education Quarterly*, 3-23.

Joncich, G. (1968). *The sane positivist: A biography of E. L. Thorndike*. Middletown, CT: Wesleyan University Press.

Judd, C. H. (1908). The relation of special training to general intelligence. *Educational Review*, *36*, 28-42.

Judd, C. H. (1918b). In C. Murchinson (Ed.), *A history of psychology in autobiography* (Vol. 3) (pp. 207-236). New York: Russell & Russell.

Kilpatrick, W. H. (1914). *The Montessori system examined*. Boston: Houghton Mifflin.

Kilpatrick, W. H. (1918). The project method. *Teachers College Record*, *19*(4), 319-335.

Korn, J. H., Davis, R, & Davis, S. F. (1991). Historians' and chairpersons' judgments eminence among psychologists. *American Psychologist*, *46*, 789-792.

Langfeld, H. S. (1943). Jubilee of the Psychological Review: Fifty volumes of the Psychological Review. *Psychological Review*, *50*, 143-155.

Leahey, T. H. (1981). The mistaken mirror: On Wundt's and Titchener's psychologies. *Journal of the History of the Behavioral Sciences*, *17*, 173-182.

Lillard, P. P. (1972). *Montessori: A modern approach*. New York: Schocken.

McCall, W. A. (1920). A new kind of school examination. *Journal of Educational Research*, *1*, 33-46.

Meriam, J. L. (1915). How well may pupils be prepared for high school work without studying arithmetic, grammar, etc.? *Journal of Educational Psychology*, *6*, 361-364.

Montessori, M. (1964). *The Montessori method*. New York: Schocken.

Munsterberg, H. (1909). *Psychology and the teacher*. New York: Appleton.

Murphy, G. (1949). *Historical introduction to modern psychology* (Rev. ed.). New York: Harcourt, Brace.

Ross, B. (1991). William James: Spoiled child of American psychology. In G. A. Kimble, M. L. Wertheimer, & C. L. White (Eds.), *Portraits of pioneers in psychology* (pp. 13-25). Hillsdale, NJ: Lawrence Erlbaum Associates.

Samelson, F. (1987). Was early mental testing: (a) racist inspired, (b) objective science,

(c) a technology for democracy, (d) the origin of the multiple-choice exams, (mark the right answer). In Michael Sokal (Ed.), *Psychological testing and American society* (pp. 113-127). New Brunswick, NJ: Rutgers University Press.

Shields, S. A. (1991). Leta Stetter Hollingworth: "Literature of Opinion" and the study of individual differences. In G. A. Kimble, M. L. Wertheimer, & C. L. White (Eds.), *Portraits of pioneers in psychology* (pp. 243-256). Hillsdale, NJ: Lawrence Erlbaum Assoociates.

Sokal, M. (1987a). Introduction: Psychological testing and historical scholarship — questions, contrasts and context. In Michael Sokal (Ed.), *Psychological testing and American society* (pp. 1-20). New Brunswick, NJ: Rutgers University Press.

Sokal, M. (1987b). James McKeen Cattell and mental anthropometry. In Michael Sokal (Ed.), *Psychological testing and American society* (pp. 21-45). New Brunswick, NJ: Rutgers University Press.

Spearman, C. E. (1904). General intelligence: Objectively determined and measured. *American Journal of Psychology, 15*, 201-293.

Sternberg, R J. (1999). *Cognitive psychology* (2nd ed.). Fort Worth, TX: Harcourt Brace.

Stroud, J. B. (1946). *Psychology in education*. New York: Longmans, Green.

Terman, L. M., & Childs, H. G. (1912). A tentative revision and extension of the Binet-Simon measuring scale of intelligence. *Journal of Educational Psychology, 3*, 61-74, 133-143, 198-208, 277-289.

Terman, L. M. (1916). *The measurement of intelligence*. Boston: Houghton Mifflin.

Thorndike, E. L., & Woodworth, R. S. (1901a). The influence of improvement in one mental function upon the efficiency of other functions. *Psychological Review, 8*, 247-261.

Thorndike, E. L., & Woodworth, R. S. (1901b). The influence of improvement in one mental function upon the efficiency of other functions. *Psychological Review, 8*, 384-395.

Thorndike, E. L., & Woodworth, R. S. (1901c). The influence of improvement in one mental function upon the efficiency of other functions. *Psychological Review, 8*, 553-564.

Thorndike, E. L. (1910). The contribution of psychology to education. *Journal of Educational Psychology, 1*, 5-12.

Thorndike, E. L. (1913). *Educational psychology* (Vols. 1-3). New York: Mason.

Thorndike, R. L. (1991). Edward L. Thorndike: A professional and personal appreciation. In G. A. Kimble, M. L. Wertheimer, & C. L. White (Eds.), *Portraits of pioneers in psychology* (pp. 138-152). Hillsdale, NJ: Lawrence Erlbaum Associates.

Thorne, B. M., & Henley, T. B. (1997). *Connections in the history of psychology*. Boston: Houghton Mifflin.

Travers, R. M. W. (1983). How research has changed American schools: A history from 1840 to the present. Kalamazoo, MI: Mythos.

Trow, W. C. (1950). *Educational psychology* (2nd ed.). Boston: Houghton Mifflin.

Veysey, L. R. (1965). *The emergence of the American university*. Chicago: The University of Chicago Press.

von Mayrhauser, R. (1987). The manager, the medic, and the mediator: The clash of professional psychological styles and the wartime origins of group mental testing. In M. Sokal (Ed.), *Psychological testing and American society* (pp. 128-157). New Brunswick, NJ: Rutgers University Press.

Walker, C. H. (1987). Relative importance of domain knowledge and overall aptitude on acquisitions of domain related information. *Cognition and Instruction, 1*, 25-42.

Warren, H. C. (1912). The "house of childhood": A new primary system. *Journal of Educational Psychology, 3*, 121-132.

Watson, R. I. (1971). *The great psychologists* (3rd ed.). Philadelphia: Lippincott.

Winch, W. H. (1911). Further work on numerical accuracy in school children. Does improvement in numerical accuracy transfer? *Journal of Educational Psychology, 2*, 262-271.

Wissler, C. (1901). The correlation of mental and physical tests. *Psychological Review Monographs* (Suppl. 3, No. 6).

Woody, C. (1920). The administration of the psychology prerequisite to courses in education. *Journal of Educational Psychology, XI*, 61-77.

Woolfolk, A. E. (1998). *Educational Psychology* (7th ed.). Boston: Allyn & Bacon.

Zenderland, L. (1987). The debate over diagnosis: Henry Herbert Goddard and the medical acceptance of intelligence testing. In M. Sokal (Ed.), *Psychological testing and American society* (pp. 46-75). New Brunswick, NJ: Rutgers University Press.

第2章

ウィリアム・ジェームズ：我らが合衆国の父

フランク・パハレス
（エモリー大学）

　半世紀以上も前，学生の1人がウィリアム・ジェームズ（William James）を称賛し始め，こう打ち明けた。「ジェームズ教授について新たに重要な（意義ある）ことを簡単に言うのはまずできません」（Delabarre, 1943, p. 125）。もしそれが，ジェームズの研究も，そして彼自身をもよく知っている人にとって真実ならば，私の苦境を想像してほしい。そこで，私もまたウィリアム・ジェームズについては新たに重要なことは何も言えないと思っていることを，最初から告白させてほしい。
　しかし，私は1つの点において幸運である。
　ほとんどの読者は，彼の名前やアメリカ心理学の父という名誉ある肩書や，おそらく彼のユーモラスな逸話や聡明な金言さえも知るようになるだろうが，彼の作品の多くを実際に読んだり，彼の人生のもっと一般的な事実さえも熟知する人はほとんどいないだろう（Allport, 1943）。であるから，手に入らぬのに，無理をして特別なことにまで手を伸ばす必要はないだろう。おそらく，私の控えめな目的（狙い）は，単に，本書の読者に，数多の（人間の）中でも最も注目に値するこの人のことをよく知ってほしい，ということにすぎない。
　だが編集者たちは単に親しんでもらうことでは満足しないだろう。本書は100年に及ぶ教育心理学の貢献について扱ったものだ。そこで私は，ジェームズによって現在の教育と教育心理学に残された遺産について，その概要を述べ，評価するように適切な指示を受けている。また私は幸いなことに，少なくともこれに関するいくつかのとりとめのない考えとして記述できる材料を

持っている。編集者たちはまた，ジェームズの教育学者に対する非常に重要な4つの問題——学習者の性質，学習の性質，指導の最適な条件，重要な学習の性質——の指導の結果について，私に述べるよう依頼してきた。ここでもまた幸いなことに，ジェームズはこれらの視点についての明確な見取り図をかなり残していたのだ。だが本章を始める前に，準備している私の独断を明らかにしたい。私はこの人物と研究についての客観性には意味がないと言うことができる。というのは，私は30年以上にわたって，ウィリアム・ジェームズに傾倒してきた。彼の研究や活動について読んできた。指導を求めて彼を読んだ。またひらめきを得ようとして読んだ。自分の気持ちが沈んだときにも読んだ。自分は本当に何を考えるべきかを求めて読んだ。学ぶために読み，失望させられたことはなかった。私の称賛はお世辞と隣り合わせである。この人物の叡智，彼の思考の気品，彼の非常識な良識の純真さの深淵を理解することに失敗する者がいるだろうか。心して読まれたい。まずは略歴の描写から始めよう。

愛情と研究の生活 [1]

　ウィリアム・ジェームズは，1842年1月11日ニューヨーク市で，裕福で洗練された信仰の厚い家庭に生まれた。彼の父ヘンリー (Henry) は，神学に染まり，5人の子どもを溺愛し，当時の文学と哲学の指導者たちと親交があり，家族を連れて幾度もヨーロッパに長期間滞在した。彼の大陸への旅は，自分の葛藤する心の発作を鎮めようとする主に神学的で哲学的な意味を持つ長期旅行だったのである。彼の右足は，少年時代の事故で被った火傷を治療し損ねたあとで切断された。彼の気持ちは決して癒されることはなかった。愛情深い父として，彼は子どもたちに，彼らがいつの日か知識の深さと広がりによって同郷の人とはかけ離れた存在となるような教育を与えようとした。このために，彼は子どもたちをよい学校へ入れ，優れた家庭教師を雇い，子どもたちを博物館に足繁く出入りさせ，定期的に講演や劇場へ行かせたのである。ウィリアムと2人のきょうだいは父親の進歩的な教育的努力が実を結んだのだろう。弟のヘンリー (Henry) はアメリカの最も有名な作家の1人となり，妹のアリ

ス（Alice）は，その死後，日記が出版されて文学的な高い評価を得たのであった。

ウィリアムがわずか1歳のとき，家族は2年間，ヨーロッパへ出かけた。彼の青年期の初め，家族はもう1度旅行をした。ウィリアムはイギリスとフランスで学校に通い，何人もの家庭教師についた。彼は16歳で国に戻ると，フランス語を流暢に話し，読み，書いた。1年後，彼がロードアイランドのニューポートの学校に通っているとき，ダーウィンの『種の起源（The Origin of Species）』が発行された。2年後にヨーロッパへ戻って，今度はドイツとスイスで学校に通い，家庭教師についた。ジュネーブ・アカデミーに学生としてまず入学した。このときまでにウィリアムは，ドイツ語を自分の外国語のレパートリーに加えていた。

ウィリアム・ジェームズは19歳でハーバード大学のローレンス科学学校で医学の授業を受ける前に，大陸のほとんどの主要な博物館に精通し，5言語に習熟していた。彼は家によく出入りするさまざまな一流人物に会っていた。そこには，カーライル（Carlyle），グリーリー（Greeley），ジョン・スチュアート・ミル（John Stuart Mill），テニスン（Tennyson），ソロー（Thoreau），それにジェームズの祖父ラルフ・ワルドー・エマーソン（Ralph Waldo Emerson）が含まれる。彼は最初画家になりたいと思い，有名な芸術家ウィリアム・モリス・ハント（William Morris Hunt）に師事した。だが，彼はこの分野の才能はないと考えるようになり，他の道を探すことを決心した。彼は父の希望に従って，もっと伝統的な昇進経路を探そうとした。彼はハーバード大学に入り，比較解剖学を学び始めた。

ジェームズがハーバード大学で自分の研究を始めたとき南北戦争が勃発した。彼の弟たち，ウィルキー（Wilky）とボブ（Bob）は入隊したが，ウィリアムとヘンリー・ジュニアは健康問題を訴えて入隊しなかった。ウィリアムは神経衰弱症と，弱視，消化器疾患，自殺想念を伴うひどいうつ病を含む慢性的病気で悩んでいたのだった。その後，彼は1865年に自分の研究を中断し，ナチュラリストのルイ・アガシー（Louis Agassiz）とアマゾンの探検に参加するまで健康状態はよくなった。しかし，ここでもまたジェームズは医学的病気に悩まされる。2年後，彼はフランスとドイツに旅行し，そこでは18ヶ月間

ひどい背中の痛みを和らげるために「入浴療法」を続けた。彼はまたその機会を利用して哲学書を幅広く読んだ。特にカント（Kant），シラー（Schiller），ゲーテ（Goethe），ヘルダー（Herder）を，ヘルマン・フォン・ヘルムホルツ（Hermann von Helmholz）や他の優れたヨーロッパの実験心理学者たちの指導のもとで学ぶ機会を持った。彼は課程の研究を終えて帰国し，1869年にハーバード大学医学部から学位を受けた。その医学博士号がウィリアム・ジェームズが取得した唯一の学位だったのである。卒業後およそ3年間，ジェームズは家族の家で生活した。彼のうつ病の発作は，親しくしていた若い女性が亡くなったあとに高まり，その後，病状は長く続いた。彼はのちになって自分のうつ病を霊的，存在的，目的的，意思的な深い危機への降下として描いている（James, 1902/1990, p. 136）。彼は心を損なうパニック発作と幻覚で悩んでいた。彼の父も同じ症状で悩んでいて，魂の救済を求める努力によって発作から逃れようとした。ウィリアムは自分の慢性病が乗り越えられない生物学的運命に根ざすのではないかと心配していた。彼は不安をひた隠しにしていた。そして心的不安を扱った本を読み，ジャーナル論文を書いていた。1870年4月の夜，心理学に対する熱意に変化が生じ始めた。彼は，シャルル・ルヌーヴィエ（Charles Renouvier）による合理心理学の論文を読んだあとで，自由意志は錯覚ではなく，彼が自分の心的状態を変えるために使用できるのだと信じるようになったと，自分の論文で述べている。自分は仮定された生物学的運命の奴隷である必要はないのだ。「私の自由意志の最初の行為は自由意志を信じることである」と彼は書いている。

　医学部を出て3年，時にジェームズは30歳であり，何らかの形で哲学に専念しようという漠然とした望み以外には何の展望も計画もなかった。ジェームズの隣人でかつての教師であるハーバード大学学長チャールズ・エリオット（Charles Eliot）が，彼にハーバード大学の哲学を教えるポストを年600ドルという安い給料で提供したのは恰好の時期だったのである。彼の受諾は取りも直さず一流の経歴のスタートとなった。というのは，ジェームズが，優れた教師，巧みな雄弁家，そしてもちろん並はずれた思想家，執筆者となったからである。それはまた彼の魂の再生を示すものであった。ジェームズは教えることに専念した。彼の学生は，彼を厳しい指導者として，生き生きとしたユーモラ

スな講義者で思いやりのある魂の友として次のように記述している。「彼に会うと，生きている意味を常に自覚させられる」と。

だがたいていの新米教師そうであるように，最初の年はジェームズをくたくたにさせた。充電のために，彼は弟のヘンリーとイタリアに旅をし，講義再開に合わせて 1874 年秋に帰国した。翌年，彼は生理学と心理学の関係についての大学院の講義を申し出，さらに合衆国で最初の実験心理学の実験室を設置した。1876 年，彼は国の最初の心理学の助教授となった。「我が国最初の心理学の講義を私がやったのである」と彼は書いている。2 年後『心理学の原理 (*Principles of Psychology*)』を書き始めた。その完成には 12 年かかった。彼はまたアリス・ホウ・ギベンス（Alice Howe Gibbens）と婚約した。

ジェームズはアリスに，自分の結婚の申し込みを断って自分の心理状態に気をつけたほうがいいと注意した。さらに彼女に自分の神経衰弱症，重い抑うつの発作，自殺想念，いつまでも残る心理的危機を打ち明けたのである。また自分は容易にもっと悪くなるかもしれないとも言った。彼女は思い切ってウィリアムと 1878 年 6 月 20 日に結婚した。彼の神経衰弱症はすぐによくなった。

ジェームズの関心を簡単に引きつける学問分野はなかった。彼は教えることを生理学から心理学に切り替え，1879 年，哲学に移行した。翌年，彼は哲学の助教授になった。次の 10 年間に 5 人の子どもの第 1 子が誕生した。10 年間は，教えること，一流誌の多くの論文の執筆，本国とヨーロッパでの優れた人物との会合に力を入れた。だが，その 10 年間は個人的悲劇に見舞われたときでもあった。母親を 1882 年に亡くし，その前年に父親が亡くなっていた。3 年後，第 3 子のハーマン（Herman）が 1 歳足らずで気管支肺炎で亡くなった。10 年の末に，家族はケンブリッジの新居に引っ越した。1890 年 9 月 25 日，ホルト（Holt）は『心理学の原理』を 2 巻セット 6 ドルで販売した（ディーラー割引後は 5 ドルであった）。

いろいろな意味で 2 巻の著作は心理学書であると同程度に哲学書でもあった。それはまた文学作品でもあり，伝記でもあり，告白書であった。論調と内容から，それが非常に個人的色彩の強いことが多数の読者にはわかっていたが，評価が高く大方に積極的に論評された。ジェームズは「私には，ある人たちが持っているような文筆の才能はない」と控えめに述べているが，彼が本書

とその後の著書で使った明解なスタイルと豊かな文学的語り口により，実際に彼がジェームズ兄弟の中の本物の作家であり，心理学について書く作家であるという高い評価を得たのであった。他方，ヘンリーは，小説を書く真の心理学者だった。しかしそれは，多くの彼の弟子から与えられるいつもの称賛ではなかった。「それは文学だ」と高名なヴィルヘルム・ヴント（Wilhelm Wundt）は『心理学の原理』について言っている。「それは素晴らしいが，心理学ではない」。彼の出版社から講義で人気が得られるようなわかりやすい本を書くように勧められて，ジェームズはのちに，2 巻を 1 冊の『心理学——短期コース（*Psychology: The Briefer Course*）』に簡約した。まもなく完成した本は「ザ・ジェームズ」として，縮刷版は「ザ・ジミー」として知られるようになった。長い間この 2 冊は，アメリカの大学生にとって数世代にわたる標準的教科書になっている。

1892 年は，教育と教育心理学の学生にとって幸先のよい年となった。その年の 6 月に，ウィリアム・ジェームズはケンブリッジ[2]の教師たちに向けた心理学の 12 回講義の最初の講義を行ったからである。講演への謝礼は 50 ドルだった。彼の講義は回を重ねるたびに聴衆の規模が大きくなるほど巧みであり，魅力があった。『心理学の原理』と講義の成功のあとで，ジェームズは爽快だったが疲れもした。疲労したジェームズはいつも旅に出るのだった。彼はハーバード大学から 1 年の有給休暇をとり，自分の実験室をヒューゴー・ミュンスターバーグ（Hugo Münsterberg）に委任した。そして彼は父のように，家族を連れてヨーロッパに出かけた。そこで彼は自分の子どもたちをフィレンツェのイギリス学校に入学させた。

帰国すると，彼は経済恐慌でアメリカが荒廃していることを目の当たりにした。その恐慌で蓄えをすっかり使い果たしたのだ。さらに，彼は自国のアイデンティティと乖離するかと不安になった。「人はコスモポリタンになるべきではない，人の魂はバラバラになり，自分の国がよその国に見える」と彼は書いている。彼は自分の文化的アイデンティティを取り戻すことを決心し，社会的，政治的目的による真剣な活動時期を開始した。政治的行動の増加は，心理学への興味の減少によっても特徴づけられた。彼は友人に「自分はできるだけ早く心理学から解放されたい」と書いている。ヴントが先頭に立ったヨーロッ

創生期：1890年から1920年まで　　　　　　　　　　　　　　　　　　　　　I

パの実験主義は，いまやアメリカの心理学で花開いたのである。それは，ただ目に見える経験だけが科学的関心を評価する，人間の機能の客観的見方を強調したものであった。ジェームズは，それが取るに足らない，思慮のない，知的消化不良であることに気づいていた。行動主義者運動の成功の高まりに落胆させられたが，彼は自分の生涯を通して心理学の内観的見方と戦い続け，アメリカ哲学会とアメリカ心理学会の両方の組織の委員長として力を尽くし，両学会の積極的メンバーでもあり続けた。

　世紀の末年に，ジェームズは幅広く講義をし，政治的に積極的であり，彼の成長する魂と哲学的関心との調和を保った『信念と大衆哲学における他の論文 (The Will to Believe and Other Essays in Popular Philosophy)』を出版した。彼の教師向けの講義はまとめられて，『心理学についての教師への講義——そして人生の理想についての学生への講義 (Talks to Teachers on Psychology: And to Students on Some of Life's Ideals)』として刊行された。カリフォルニア大学バークレー校で行われた「哲学的概念と実践の結果 (Philosophical Conceptions and Practical Results)」と題する講義で，彼はプラグマティズムの方法についての最初の説明を提案した。それは，チャールズ・サンダース・パース (Charles Sanders Peirce) から評価された考えであり，ジェームズが駆使し発展させた思想である。

　心臓の異常がジェームズを襲い，また健康状態が悪化した。彼はヨーロッパで回復に向かいながら新世紀を迎え，そこで2年間滞在した。「部分的な超自然主義者」であると公言して，ジェームズは，この時期，高い精神性と宗教への関心を深めたのである。彼がスコットランドで行ったギフォード講義は，『宗教的経験の多様性 (The Varieties of Religious Experiences)』というタイトルの新しい本の基礎を作った。母国へ戻り，彼の社会運動は続いた。そして彼は，アメリカは武力侵略と帝国主義が強まっていると感じ，それに反対する一連の主張を書いた。彼は1903年にハーバード大学から名誉学位を授与されたときは喜んだが，その後すぐに弟のヘンリーとのヨーロッパの長期休暇に戻ったのである。

　1906年，ジェームズは招待を受けてスタンフォード大学で1学期を過ごし，そこにいる間，サンフランシスコをほとんど壊滅させた地震を経験した。

ジェームズとアリスは，災害にはただいくらかの陶器をなくしただけで，無傷のまま生き延びた。その年の後半，彼は，ボストンでローウェル講義を行った。のちの『プラグマティズム——古い思考のための新しい名前（*Pragmatism: A New Name for Old Ways of Thinking*）』の基礎となる講義である。ジェームズはいまや哲学と心理学の両方で高名の絶頂期にあった。プラグマティズムは中傷者よりも支持者のほうが多かったが，それは新進気鋭のイギリスの哲学者カニング・シラー（Canning Schiller）と，アメリカの教育者，哲学者，心理学者であるジョン・デューイ（John Dewey）のような力強い協力者たちによって推進されていたのである。だがジェームズは卓越した代弁者であった。

　ウィリアム・ジェームズは，ハーバード大学での最後の授業を1907年1月22日火曜日に行った。この日，彼の教室は，指導学生，かつての学生，同僚，ハーバード大学の管理者たちであふれ返っていた。アリスさえ講義を聴くために忍び込んだほどだった。大学院生と指導助手の委員が彼に銀のインク壺を贈呈した。教え子の卒業生が優勝杯を進呈した。贈り物は，自分たちの教授の仕事ぶりと愛への評価に対する学生の謝辞を示すものだった。もしジークムント・フロイト（Sigmund Freud）の愛と仕事は人間性の要石という表現が当たっているなら，ジェームズの学生たちは最も人間らしい人物から教えを受けたことに心底から気づいていたのであろう。ジェームズは「自分はどれほどの心温まる世界に囲まれていたのだろうか」という感想を持ち，本当に感激し驚いたのだった。

　彼はもちろん，退職後はくつろぎたいと願っていた。しかし講義の要請が引きも切らなかった。彼が当時行ったわずかな講義ではホールが満杯になった。オックスフォードでのヒバート講義は，1909年の『多元的世界（*Pluralistic Universe*）』として出版された。同年『真実の意味（*The Meaning of Truth*）』が出版された。同年9月，彼はクラーク大学の祝賀会に出席し，そこでジークムント・フロイトとカール・ユング（Carl Jung）に会った。彼はユングをとても好きになったが，フロイトのことは「固定した考えにとらわれた人」であると感じた。3人は史上に残る写真に写っている。

　しかしジェームズはよい健康状態ではなかった。彼の健康は悪化していた。彼はヨーロッパへ最後の短い旅をし，療養中のヘンリーを訪ね，ニューハン

プシャーのチョコルアの自宅に戻る前にドイツのナウハイムの温泉に入浴した。そこで 1910 年 8 月 26 日の午後 2 時 30 分前、ウィリアム・ジェームズは妻のアリスの手に抱かれて亡くなった。68 歳だった。検視の結果は拡張型心筋症だった。死後 2 年たって多くの論文が集められ、『急進的経験主義の論文（*Essays in Radical Empiricism*）』として発行された。

心理学への貢献

ウィリアム・ジェームズが 1890 年に『心理学の原理』（以下、『原理』）を刊行するまで、ルソー（Rousseau）の生得説の原理は、心理学の分野で、ロック（Locke）のタブラ・ラサ（白紙）としての人の心のモデルを支持する連合主義者たちから攻撃を受けていた。ロシアの反射学の学派は、主にイワン・パブロフ（Ivan Pavlov）の研究と彼の条件反射の原理の発見によって今日心理学の学生たちによく知られているが、ヨーロッパの要素主義心理学者たちに大きな影響を与えていた。それらは人間の機能のただ目に見える経験だけが科学的精査の価値があるように考える反唯心論者の考え方である。この実証主義的な考え方は、構造主義者エドワード・ティチェナー（Edward Tichener）たちによって合衆国へ渡った。先鋭的な行動主義のジョン・ワトソン（John Watson）と B・F・スキナー（B. F. Skinner）派の聡明な先駆者たちは、原理をとらえる過程にあった。そして彼らは、自己知覚と他の内面的、心的状態が科学的心理学において意味がないという原理を求めたのであった。さらに、心と身体の二元論の考えが原理の中で依然としてよく浸透していたのである。

これらはジェームズに納得のできる考えではなかった。彼は芸術と哲学によって心理学に到達し、内観抜きの心理学には人間の機能の複雑さの説明は望めないと考えたのである。自分自身の心理学を理解するのは、自分自身の意識する心を調べることによる。自分が考えたことは心理学の正しい原理であるという彼の思想を発展させたのは主にこの方法によってである。結局、ジェームズ（1890/1981a）は、「内観的観察は、私たちが何よりも常に依拠すべきものだ」と主張したのである (p. 185)。

ジェームズが自分の心理学に植えつけ，新たに生まれた実証主義的影響を避けてきた主な考えに関しては，一般的な見解の一致がある。もちろん，機能主義，急進的経験主義，多元論の基本的な考えがある。ジェームズはまた自己過程を強調し，自由意志に対する深い信念を表明した。そして彼は心的結合が人間の機能の発達に果たす決定的役割を強く主張した。さらに，それによってこれらの思想が評価される方法である，プラグマティズムが存在するのである。

　19世紀末になって，心と身体の二元論という普及した考えと，20世紀の大半アメリカの心理学で優勢であり成長しつつあった実証主義理論に反対したのは，主にデューイの機能主義であった。構造と機能の結合が成立したダーウィンの進化論の思想に最初は影響されて，機能主義は，心と身体の相互作用的性質と，ジェームズが「意識の流れ」として描いた統一的で動的性質を強調した。ジェームズ（1899/1958）によれば，心的過程は，心的過程がそれ自体をその世界と環境に適応させようとする点で個人を助ける意味では機能的である。すなわち，「人間は，彼がどうあろうと，主に実際的存在であり，彼の心は彼をこの世界の生活に適応させる点で助けとなるのだ」(p. 34)。

　おそらく機能主義の最も特定できる特徴は，心的状態が他者との相互関係と因果関係によって明らかにされるという主張である。さらに，心的出来事は，それらが発散する感覚的入力とそれらが生じる行動的出力との関係で理解されなければならないので，機能主義者たちは，考えの連合についての心的機能とルールの要素は別々には研究できないと主張した。これらの要素は，毎日の生活をするときの人間存在の意識的行為との関連でだけ理解される思考の絶えざる流れの機能でしかない。意識それ自体は，適応的で機能的であり，個人が自己調整できるようにするのだと，ジェームズは主張した。

　ジョン・ロック（John Locke）の経験主義のように，ジェームズの急進的経験主義は，真の世界は心の中にあるもっと大きな世界の外延であるというデカルト派の二元論的見方を抜け出している。ロックの経験主義が心理学の本源としての個人の経験した現実だけに中心を置いた実証主義的見方の土台となったのに対して，ジェームズの現実の「急進的」見方は明白な現象主義的傾向を持つものであった（Allport, 1943; Hilgard, 1987; Wilshire, 1968）。ジェームズにとって，心的出来事は現実の表象としての目に見える出来事と等しい基礎に基づ

くものだった。実際，ジェームズは経験と現実をほとんど区別しなかったのである（Boller, 1979）。心的出来事は外的世界の単なる機能であろうとなかろうと，出来事はその世界の人間の機能に別々に影響するのだ。それゆえに，「考え，感情，感覚，知覚，概念，芸術，科学，信仰，意識，無意識，客体，いわゆる幻覚」はそれぞれ関心の対象になり，研究に値するのだ（Barzun, 1983, p. 111）。ジェームズは，個人の直接経験は心理学的真実の本質を表していると考えていた（Allport, 1943）。真実自体はどうかというと，それはまた仮説である。結局，「世界はまだ冒険を求めているのだ」（James, 1907/1975, p. 123）。さらに，心的出来事と物的出来事——直接経験——は，それを個人は自己理解と他者理解の両方で使うが，個人によって選択され解釈されるのである。

　ジェームズ後の数十年間，実証主義的心理学の優位性は，彼の急進的経験主義の銘柄を避けた多くの原理を生み出した（Allport, 1943; Barzun, 1983; Perry, 1958）。彼の心的状態は研究の適切な対象であるというジェームズの主張は，心理学の中の多くの領域で勝利を収めた。それはもちろん，フロイトの心理ダイナミック理論における基本的要素である。さらにそれは人格研究において支持者を集めたのである。具体的には，社会心理学，臨床心理学，児童心理学，異常心理学，教育心理学と学校心理学においてである。

　ジェームズが，心理学のさまざまな見地からそれぞれの問題の解決を考え，他の問題にも同様にすることを勧めることは，彼の学際的考え方，「精神の普遍性」（Taylor, 1996）と一貫性がある。彼は二元論を早くから退けた。二元論とは，現実は独立した互いに還元できない2つの要素に還元されるというものである。彼はまた一元論の問題に取り組んだ。その考えは現実が統一された全体を示しているという考えであり，彼は，それは多くの理由で不完全であることに気づいた。それは個人の経験の動的性格に反し，現実の性格と表現を抑制し，世界についての機械的で絶対的概念を生み出す（Viney, King, & King, 1992）。これはジェームズ（1907/1975）にとって，「すべての哲学問題のまさに中心であり」，彼が世界についての多様な見方を提案することによって解決した。すなわち，「具体的な個人的経験の世界……は想像以上に多様であり，混乱し，濁っていて，痛みを伴い，当惑させられるのである」（p. 18）。これらの経験の理解は，別の方法によっては可能だろうか？　多元主義は，ジェーム

ズにとっては，自分が取り入れる自分の急進的経験主義とプラグマティズム哲学に呼応した信念を意味する。それはまた，世界の事実はそれらが特定の条件に埋め込まれたときにだけ理解できるという彼の確信を表している。

　ジェームズはあらゆる心理学的プロセスに関心を持っていた。また彼の気持ちをそそらない領域もなかった。彼は心霊研究への関心で広く批判され，降霊術の会に出席したことが知られている。『原理』の中で，彼は，習慣，注意，知覚，連合，記憶，推理，本能，情動，想像力，心理学的方法，催眠術にも章を割いた。だが，すべての心理学的プロセスの中で，ジェームズ心理学のはっきりした中心は――自己であった。

　それは，「自己の意識」が『原理』の 2 巻中で最長の章であることで示される。その中でジェームズ（1890/1981b）は，個人の自己の意味を，客体的自己と主体的自己で構成される「二重」として説明している。彼は，知るものとしての自己あるいは「I」と，知られるものとしての自己あるいは「me」を区別した。「I」は純粋自我であり意識それ自体である。「me」はIが意識する多くのものの 1 つで，3 つの要素――身体的あるいは物質的なもの，社会的なもの，精神的なものからなる。ジェームズは 2 つの自己が「別々のもの」ではなく自己の区別される側面だと指摘するのに慎重だった。自己はまた目的的であり，動的であり，積極的である。ジェームズは自己尊重の用語を使用した最初の著者の 1 人であった。彼はその用語を，人がどんな風であり何をやるかを決めることに左右される自己感情と記述した。自己尊重は，努力をして成功するか，絶えず失望にさらされて目標を下げ，ある主張をのむことで高められる，とジェームズは言う。ジェームズの神の信仰は彼の心理学に浸透し，自己理解に大切な役割を果たす（特にIについて）。例えば，思考や意識を結びつける媒体としての魂についての彼の議論は，精神的存在とそのような存在が個人の自己を理解することに果たす役割に関してまで広がっている。彼は，心理学は魂を認めるべきだと主張したのであった。

　ジェームズ自身が哲学的考えと心理学的考えを評価した方法にすべてはつながっている。ウィリアム・ジェームズはアメリカ心理学の父として認められると同様に，アメリカのプラグマティズムの父としても認められている。そのプラグマティズムは彼がチャールズ・サンダース・パースによると認めたもので

創生期：1890年から1920年まで　　　　　　　　　　　　　　　　　　　　　　　　Ｉ

あるが，ジェームズの手によって，20世紀に普及した哲学運動の1つに成長したのであった。それが現代風の「プラグマティック」であることは，道徳的影響と倫理的影響とがそれぞれ別々に，実際的で，功利主義的，相対主義的と同義語になる程度まで，20世紀の最も批判され，誤解され，悪用された哲学上の運動の1つとなったということである。

　もちろん，それはジェームズがプラグマティズムをどのように考え，説明したかということではない。プラグマティズムは彼にとって哲学にまさる方法であり，哲学的議論を解決し，思想の意味と真実に到達する方法だった。「どのように私たちの思想を明らかにするか（How to Make Our Ideas Clear）」と題した1878年の論文の中でパースによって最初に説明されたプラグマティックな方法は，ジェームズ（1907/1975）がそれを定義したように，1つの考えの真相を明らかにすることを狙いとしたものだった。ジェームズは言う。「真実は思想に生じる」。そしてそれは，現実との一致を「私たちが取り入れ，認証し，補強し，証明する」(p. 97) とき，「そのような具体的あるいは抽象的現実である」(p. 101) ときに生じるのだ。プラグマティズムはその実践者に効用の観点から真実の価値を検討することを求める——「考えや信念が真実になることを認めよ，誰の実際の人生でどのような具体的な違いが本当になるのか？　どのように真実は実現されるか？　もし信念が間違っていたら獲得されるものとはどんな経験が異なるのか？　要するに，何が経験期間の真実の金銭価値か」(p. 97)？　プラグマティズムの批判は，普通疑わしい短期間の行為の仮定された効果に基づいている。しかし，考えの現金価値を決めることは，考えが生み出す行為から出てくる実際的，倫理的／道徳的，知的長期間の結果を決めることを必要とするのである。さらに，ジェームズ，デューイのようなプラグマティストには真実はまったく仮のものだが，考えの現金価値を補強する道徳基準は，民主的，進歩的，多元的原理に基づかなければならない（Rorty, 1991）。

　ジェームズ派の文章が彼らの関連した格納庫から引き出されると，それらはプラグマティズムが真実ではなく，実践的であり，有用であり，個人的で利己的であることを求めるという見方を説明し，擁護するために使用できるのである。ジェームズ（1907/1975）は「私たちの考えにおける真実は，その力が働くことを意味する」と書いている（p. 34）。新しい意見は，自分の蓄えた信念

に対する経験の新しさを同化しようとする個人の願望を満足させるのに応じて「真実」とみなされる (p. 36)。「真実とは, 信念に関してよいと証明されたもの, また, はっきりと突き止められる理由でよいというものの名前なのだ。私たちにとってよりよいものを信じる！ これがまさに真実の定義のように思われる」(p. 42)。

　ジェームズ自身 (1907/1975) は,「私たちの生活にそれが役立つと信じさえすれば『真実』であると私が言うのを聞いた人は, なんとおかしなことだと考えるに違いないことに気づいていた」(p. 42)。そこで彼は, プラグマティズムの自分の定義を明確にするとともに, それに伴う道徳的要素を強調することを研究した。だが, デューイのプラグマティズムは, 新世紀に変わるときのアメリカの夢をとらえなかった。個人, 企業家, 競争市場のそれぞれの世界は, 間違った理解による, 自己指向の, 実際的な, 便利な方法を好んだのである。ジェームズは余生を, 自分のプラグマティズムを誤解していると考えた批判者たち, それをほめたたえ自分たちの政治的あるいは哲学的課題を守り知らせるために変形させた形態を使う崇拝者たちに対抗することで費やした。

　彼はまた心理学において強まる個々に分裂する傾向と機械的傾向に反対した。彼はこの「微視的心理学」の不法拡張を恐れた。その心理学はもちろん刻一刻と内観的データを求めつつ, 大規模に, 統計的手法をとって不確実性を除く実験的方法によって続けられた。この方法は多大な辛抱を強いるので, 退屈を感じる人々の国では生じ得なかった (Perry, 1935b, p. 114)。しかし, 行動主義者の心理学の成功が多くなると, その心理学は新しい実験室を動物学習のルーツを発見するための実験室へと変えたのだが, ジェームズを多くの彼の仲間と原理から孤立させたのである。『原理』の出版後まもなく, 彼は正規の心理学に興味を失い始め, 関心を哲学的追究に向けた。彼はまた意識の異常状態, 心理現象と宗教体験への関心も発展させた。彼は自分の心理学の原理と哲学的思索の成果を人間の努力の他の領域に適用し始めた。これらの領域の1つが教育である。

ウィリアム・ジェームズと教育心理学 [3]

『原理』の発刊からわずか1年後の1891年，教育の歴史と技術の助教授のポール・ヘンリー・ヘイナス（Paul Henry Hanus）との取り決めで，ハーバード大学は1906年の教育学部と1920年の教育大学院の創設の事業を開始した。取り決め時期に，ハーバード大学の管理者は教授たちに，自分自身の領域の観点から，教育に関わる問題を対象にすることを提案した。ジェームズはすでにそうしていて，自分の努力の成果を指導に組み込んでいた（ジェームズはおそらく自分の学生から自分の指導の評価を引き出した最初の大学教授だと思われる）。ウィリアム・ジェームズこそ指導の問題を直接対象にした最初のアメリカの心理学者であると言っていいと私は思う。

ハーバード大学がジェームズに，教師を対象にした心理学と教授の間の関係について一連の講義を依頼したとき，ジェームズはその機会を『原理』の新たな発刊への関心を高め自分の大学の収入を増やすチャンスだと見ていた。1892年6月 [2]，彼はケンブリッジ大学の教師たちに「教師の興味についての心理学講義（Talks on Psychology of Interest to Teachers）」のタイトルで最初の講義をした。ハーバード大学のカレンダーによると最初の講義は火曜日の夜に行われた。それから毎週木曜日に続けられた（Baldwin, 1911）。彼はその後，国中で講義をした。『アトランティック・マンスリー（Atlantic Monthly）』の連載が発表されたあとで，それらは集められて，1899年『心理学についての教師への講義，そして人生の理想についての学生への講義』（以下，『講義』）として出版された。『講義』は教員研修員たちの間で評判になった。次の30年間，国中の教員養成課程で盛んに使用され，1929年までに23回増刷された。

『原理』に親しんでいるほとんどの読者は，ウィリアム・ジェームズがパソコンを手にすることがあれば，講義の準備に「切り貼り」を頻繁に使用するであろうとすぐに推察できよう。彼は「ジミー」の執筆でやったように，テキストの内容を作成するにあたって，教育に関係する適切な例，格言，教育的処世訓をどこかに挿入するために「ハサミとのり」を使った。講義と本の両方とも，指導と教育への変わらない関心よりも，金儲けによって刺激を受けてきた

のだと主張する人たちがいる（例えば，Hilgarad, 1987; Simon, 1998）。実際，私信の中でジェームズは，総じて教師に対しては忍耐も称賛もほとんどないことを漏らしていた。彼は講義と次の本には興味なさそうだった。彼はある友人に，『講義』について「どうか教師側をかき分けて進まないように。それは退屈の化身だから」と書いていた。ジェームズは教師の研究と教育の仕事に本当に関心を持っていたのだと主張する人たちもいる（Perry, 1935b）。彼の大学教育に関する小論（例えば，「たこ博士（The Ph.D. octopus）」）[訳注1]は，彼がアメリカの学生たちが少なくとも大学レベルではどのように教育されるかに関心があったという事実を裏づけている。

　ジェームズ（1899/1958）は，聞き手の教師たちに「あなた方はその手に国の未来を握っている」と語り始める。彼はそつなく，彼らが自分の講義から受ける期待を下げていく。彼は教師たちに，心理学の知識は効果的指導を保証しないと警告した。実際，もし科学的心理学が簡単に指導に取り入れられる教授方略や指導方法を提供できると彼らが信じるなら，「大きな，非常に大きな」間違いを犯しただろう。つまり，「心理学は科学であり，教えることは芸術なのだ。そして科学は芸術を直接生み出しはしない」（p. 23）。さらに，心理学の知識は人が想像力や分別を発達させる役には立たない。これらは教授という芸術の中心的なスキルなのだ。彼はさらに続ける。効果的教授に必要な心理学の量は「およそ手のひらに書かれる程度でしかない」（p. 26）。心理学にできることは「間違いから救うことだ。さらに，私たちが何をしているかについてもっと明らかにする。私たちは，理論的にも実践的にも役立つと信じるとすぐに使っているどんな方法についても自信を持つ」（p. 25）。

　心理学が教師に役立たないのなら，ジェームズは何について教えてくれるのだろうか？　そして本章の目的を踏まえると，ジェームズの教育者たちへの決定的に重要な4つの問題についての見方とは何であったのだろうか？　4つの問題とは，学習者の性質，学習の性質，指導の最適な条件，重要な学習の性質であり，指導の結果の問題である。可能な限りこれらの質問に答えるために，ジェームズ自身の言葉を利用してみよう。

　おそらくほとんどの人が，学習者の性質の見方に，生徒は「いくぶん繊細で，衝動的で，結合的で，反応の早い有機体で，一部は定まっているが一部

は未定である」という洞察を与えるジェームズの表現をしばしば引用した（p. 131）。子どもの基本的な性質を理解する際に，ジェームズは自分の生理学的教育に影響を受けた。彼は生徒を，生まれたときから存在する多くの生得的反応を持つ「構造のごく小さな部分である」と見ていた――「私たちはこれまで生物的概念に十分に影響されてきた」(p. 42)。これらの先天的に備わった反応は，恐れ，愛，好奇心（「よりよい認知への欲求である」），所有者であること，構成的であることを含んでいる。子どもたちは，模倣，熱望，喧嘩っ早さ，誇りを含む「野心的欲求」も持っている。

　ジェームズの人間活動の源についての描写には常に緊張関係がある。主張をよくわからせるために誇張した表現に頼ることをいとわずに，ジェームズは「9900 かひょっとしたら 99 万 9000 の私たちの活動は，朝起きてから毎晩寝るまで，まったく自動的で習慣的である」(p. 56)。私たちはすべて「単なる習慣の束であり……ステレオタイプ化された生き物であり，私たちの過去の自己の模倣者でありコピーである」(p. 58)。経験主義者としてジェームズは，個人は印象に反応することによって学び行動すると考えていた。子どもの心はそこでこれらの反応を究明するのに役立つのである。そして学習の決定的特質は，子どもが数多くの完全な反応をすることに成功することである。

　どのようにすれば情報が最もよく習得されるかについてのジェームズの洞察は，経験の豊かな教師たちに知れ渡った。徹底した連合主義者として，彼は，教師は子どもの生得的反応から始め，そしてそれらを新しい情報と教材と結びつけて，子どもが新たな反応を獲得するのを助けるべきだと主張した。「獲得されたどの反応も，概して生得的反応に結びつけられた複雑な関係であるか，同じ対象が最初に誘発する生得的反応の代用品である。教師の技術は，代用品か複雑な関係をもたらすことにある。そして技術の成功は，そこでの生得的な反応傾向と共鳴する知識を想定している」(p. 42)。教材への興味でさえも，結合の過程を通して生じることがある。それ自体では面白くない教材は，子どもがすでに興味を持っている教材と結びつけられることによって興味を持たせることができる。「このようにそれ自体が面白くないものは，生得的に面白いものと同じようにリアルで強くなる興味を借りるのである」(p. 74)。教師の仕事は，子どもが固有に持っている興味を探し出し，新しい課題や活動に適切に

結びつけることである。それでは子どもたちが生得的に持っている興味とは何か？ すべてのものは自分の個人的自己と結びついている。教える対象を個人的適性と結びつけよ。そうすれば教師の仕事はほとんど終了する。

　経験を積んだ熱心な教師として，ジェームズは，教師の仕事は単にやりがいのあるきついものだとは考えていなかった。しかし，効果的な教え方の青写真はごく単純なものだった。すなわち，子どもの生来の興味に注意を払え，提示された教材についての子どもの既有の知識を明らかにせよ，教材を直接的ではっきりした方法で提示せよ，新知識を既有の知識と自然で，論理的で，体系的で，有効的方法で生得的興味に注意深く結びつけよ。しかし，青写真は十分明らかだったが，ジェームズは，「完成は非常に難しい」(p. 82) ことを認め，教師が技能職をどのように実践するかはもちろん，これらの結合がどのように出来上がるかに関して，できるだけ多くの実践的な提案をすることに，真剣に責任を負ったのである。彼は教師たちに，生徒の世界を広げたいなら生徒の生得的傾向をよく知るようにと勧めた。教師が自分たちにやれないことを生徒にさせないことも大切である。というのは「私たちの行為の最深の源は，他者の行為の見える範囲なのだ」から (p. 51)。彼らはまた，抽象的言葉で自分たちの教えを「説く」ことや情報を提示しないように気をつけるべきだ。『講義』はジェームズが教師の教授方略を刺激しようとした方法を例示する文章で満ちていた。

　　もしテーマが非常に抽象的なら，具体例でその性質を説明せよ。よくわからないものなら物語の一部として図で示せ。もしそれが難しいものならば，その習得を個人的利益と結びつけるようにせよ。何よりもまず，それが必ず一定の内面的な変化をもたらすようにせよ。長期間，精神面を維持できる不変のものはないから。生徒が別の話題に迷い込むのを認めよ。彼がまったく別の話題に脱線するのを，たとえあなたが望まなくても。なぜなら，一貫性の中に変化があることが，すべての面白いお喋りや考えの秘訣なのだから。(p. 84)

　ジェームズによれば，面白い教師とさえない教師との違いは，簡単に言え

ば，学習に欠かせない連合と結合を媒介する過程を普通にこなす創作力の有無である。しかし，有能な教師は育てられるのか，生まれつきの能力なのかの議論で，ジェームズはまた生物学側に立つ。「なんと言っても，ある教師たちはもちろん活気づける存在であり，練習を面白くできるが，他の教師たちはそれができないという事実がある。そこで心理学と一般教育学は，ここで自分たちの失敗を認め，課題を実行する人間のパーソナリティのより深い源泉へとその失敗を引き渡す」(pp. 80-81)。

　ジェームズの教育哲学を，進歩主義教育が参入する児童中心運動や，ヒューマニスティックな教育者たちがのちに提案する自己志向的，児童中心的アプローチへの貢献として認めることは難しいことではない。だが，彼が実はどちらかと言うとかなり従来型であったことを記憶にとどめることは重要である。実際ジェームズは，彼が子どもたちの教育の目的について教えられたよりも，どのように教えられるべきかに関しては進歩主義的だった。彼は教育実践の自由放任を説く人たちには容赦しなかった。彼がある程度苦悩しながらヒューマニスティック運動の行きすぎを見ていたことは間違いない。彼の講義の1つに出席した教師が，興味と認識された関係についての決定的重要さの強調は，厳密で面白くない教材は放棄すべきという提案のように聞こえたという苦情を彼に書いたとき，彼はそんな提案はしていないことを明らかにするために教科書を修正したと主張した。彼は聴衆に「柔軟な教育学は学習への古い急坂と岩の多い道をとる。このなまぬるい空気から，努力を支える酸素が除かれているのだ。教育のどのステップも面白くできると考えるのは馬鹿げている。闘争本能に訴えなければならないこともよくあるのだ」と警告した (p. 51)。ジェームズはまた競争的教室環境が学習を最も促進するとずばり公言した。「競争の感情は私たちの根底にある……競技場を1人で走るすべてのランナーで，刺激の力を自分で見つけるランナーはいない。その刺激の力は，追い越すときかとで他のランナーを意識して，他のランナーとの競争が駆り立てるものだ」(pp. 50-51)。

　ジェームズは，習慣と無意識反応には99万9000の個人の毎日の活動の責任があると絶えず強調したが，1000の批判が彼には残っていた。というのは，ここで個人は自由意志を行使するからである。連合主義というジェームズのブ

ランドは，イギリスの連合主義者や学習条件の初期の主唱者のような受動的複合ではなかった。ジェームズにとっては，興味や意思のような作用過程，自己省察と自己評価のような反作用過程は，作り出された連合から生じる行為を決めることができるのである。ちょうどそれらが結合されたものの「優性遺伝」を決めることができるように。それでもジェームズは，これらの過程の重要性を強調した一方で，個人が自由意志を持つことを強調し，他方で個人は基本的に自らが作り出した習慣の創造物であることを同時に主張して，よく批判されたのである。

教育の目的と教師の主要な関心は，「生徒に，人生で最も役立つ習慣の詰め合わせを根づかせることである。教育は行動のためであり，習慣は行動を構成する素材である」(p. 58)。しかし，習慣を植えつける目的は，思いやりのある，独立した，寛容な，活動的な市民の育成を助けることだ。彼らはやがて自分たちの責任のもとに置かれる民主主義を指導するようになるのである(Miller, 1997)。このように教育の中心目的は，情報を伝える手段としてではなく，生徒が自分たちに役立つ情報をどのように見分けるかを支援することなのである。そしてこの評価は道徳原理を伴っている。「頼むから，いますぐ考えよ」と彼は聴衆に訴える。「あなた方はできるときはいつでも，善という考えのもとで生徒に行うことを習慣化することによって生徒を自由にする。横たわる邪悪を示すのではなく，彼らの名誉と誠実への願望を目覚めさせることによって，真実を話すように習慣づけよ」(p. 113)。デューイと同じように，ジェームズにとっても，学校は生徒の性格を作り上げ，民主的価値を分け与えるように特に位置づけられていた。「私たち個人の経験を共有し，知識を蓄えることによってだけ，物事をよく把握でき，生き方のよい方法を考案でき，より民主的で，寛大で，ヒューマンな世界へ向けて進むことができるのである」(p. 164)。

全体として，ジェームズは自分の機能主義者，多元論者，プラグマティックの立場と一致する教育の心理学を提案した。それは，ジェームズが教育者たちに，指導実践が効果的学習を保証するのに必要な連合と結合に適合するように，生徒の要求と関心をよく知ることを勧めたという意味で，主に児童中心的心理学である。だがジェームズは，生徒の要求を知ることと生徒の気まぐれ

におとなしく従うことを決して混同しなかった。当時は確かに進歩的で革新的だったのだが，ジェームズの教育心理学は今日では，自由と強制がそれぞれふさわしい役割を担っている教授と学習についての，伝統的で，ほとんど古い形の，実際的な見方として記述されている（Barzun, 1983）。それは，厳密，努力，野心，競争，喧嘩好き，誇りにあふれている教育心理学である。それは，ジェームズが自分の講義を聴く教師たちに，生徒の注意を集める努力をし，彼らに「闘争本能」を目覚めさせるように勧めたので，さまざまな意味で教授と学習の闘争的見方である。ジェームズの良識的心理学は聴衆の教師たちを引きつけた。それは現代の聴衆も同じように魅了するかもしれない。ジェームズは，教師との面談で親が子どもの担任から聞きたいようなことを言っていたのである。

だがジェームズの教育心理学はまた，性格，礼儀正しさ，忍耐，民主制，知恵，自己評価，それに感受性，意思，愛情の育成にも富んでいた。「教師への講義」^{訳注2}はジェームズの次の観察で終わっている。「私はあなたたちの生徒を，一部は運命づけられていて一部は未定である，小さな感覚的，衝動的，結合的，反応的有機体とし認めることが，独自の優れた知性へと導くと考えざるを得ない。そこで微細な機構の一部として彼を理解せよ。また，彼を準備中のよい人（sub specie boni）として理解し，彼をさらに慈しむなら，完璧な教師になる最も可能性のある位置に立つことになろう」（p. 131）。生徒の個人の興味と性格に関心を持つことが，見事で必要な計画であることを理解するには，現在のアメリカの風景をただ一瞥するだけでよい。

ジェームズ派の伝統

ジェームズの考えは，哲学，政治，社会学，宗教，神学，文学，それに最高裁判所判事のオリバー・ウェンデル・ホームズ（Oliver Wendell Holmes）とルイス・ブランダイス（Louis Brandais）のプラグマティック哲学，法学にも，はっきりと影響を与えていた（Morris, 1950; Posnock, 1997）。これらの分野でジェームズは広く読まれ，学ばれてきている。多くの著名な人物たちがジェームズへ

の賛辞を表してきたし，彼からの知的恩恵を認めている。これらの多くの著名人には，ジョン・デューイ，ジョージ・ハーバート・ミード（George Herbert Mead），チャールズ・クーリー（Charles Cooley），ジョサイア・ロイス（Josiah Royce），チャールズ・パース，ゴードン・オールポート（Gordon Allport），ラインホルド・ニーバー（Reinhold Niebuhr），ガードナー・マーフィ（Gardner Muphy），ヘンリー・マレー（Henry Murry）がおり，また多くのジェームズの教え子，E・L・ソーンダイク（E. L. Thorndike）（賛美者だが弟子ではない），ディキンソン・ミラー（Dickenson Miller），E・B・ホルト（E. B. Holt），ロバート・フロスト（Robert Frost），ガートルード・スタイン（Gertrude Stein），ジェームズ・エンジェル（James Angell），ウォルター・リップマン（Walter Lippman），W・E・デュボイス（W. E. Dubois）が含まれている。デュボイスはかつて「私の人生の2人の最も大切な人は，母とウィリアム・ジェームズだ」（Taylor, 1992）と言った。しかし，彼の心理学における永続する影響，遺産についてはなんと言われるのだろうか？　ジェームズ派の伝統は21世紀になってもこの分野で生き残り，高い評価が続くのだろうか？

　アメリカ心理学会が1977年に75周年を祝ったとき，デイビッド・クレッチ（David Krech）はウィリアム・ジェームズを「私たちの生みの親」として描いた（Barzun, 1983, p. 298）。だが，ジェームズの考えの持続する貢献を評価するより，原理の起源への貢献を認めるほうが容易である。主流の心理学では，20世紀の最初の30年間は，ジョン・ワトソンの実験主義者の考え方が優勢であった。その見方はジェームズのような内省的な唯心論的心理学者たちに対する峻烈な論争で特徴づけられる。およそ20年前まで，B・F・スキナーのオペラント条件づけ理論が，フロイトの心理力動的見方と優劣を競っていたのである。明らかに，ジェームズの人間の機能の考え方に呼応していたのは，ワトソンの実験主義でもスキナー派の行動主義でもなければ，フロイトの精神分析でもなかった。そのためジェームズの見方が，これらの傾向が顕著な数十年間，アメリカの心理学に強い勢力を有していたと言うことはできない。さらに最近では，技術の進歩とコンピュータの出現——それは運動の特徴的象徴となったのだが——に影響された認知心理学が，アメリカの心理学の優勢な勢力となってきた。

認知的理論家と研究者の現在の潮流は内的、心的出来事を強調するので、ジェームズ派の伝統が行動主義の隆盛後に浮上したと考えがちである。実際、いくつかの認知心理学の問題は確かにジェームズを引きつけた。すなわち、自動性、人間の思考の記号化と解読化、情報処理方略、高次思考、問題解決についての問題である。しかし、この新しい心理学は、一部は人工知能、一部は言語性、一部は科学についての論理学と哲学（Myers, 1992）である機械論的な考え方を発展させたし、ジェームズにとっての主要な関心である問題——自己と自己信念、意思、内観（Bruner, 1990, 1996）に関連した問題——を探究することを敬遠したのであった。新しい認知心理学はジェームズ派の性格を全然持たないと言う人たちもいる（Robinson, 1993）。

　ジェームズ派の伝統がどのようにアメリカの心理学に取り入れられているかを判断することは難しい。おそらくハント（Hunt）（1993）の「ジェームズの心理学への影響は、大きいが断片化されている。普及はしたが決して主流ではなかった。ジェームズは組織を作ることを避け、学派を作らず、わずかの大学院生しか指導しなかった。門下生のグループも持たなかった」（p. 164）という結論が巧みな要約だと言えよう。テイラー（Taylor）（1996）も、ジェームズは多くの心理学者たちがたどらなかった道を開いたのだと同様な結論を下した。プラグマティズムにあっては、ジェームズ派のタイプは主流の心理学から長く姿を消している（Robinson, 1993）。

　これらの評価が正しいとすれば、ジェームズは学説への自分の影響力不足にある程度の責任を負わざるを得ない。彼が食い違うかまったく矛盾するようなやり方で考えを再三説明したということは、疑う余地がない。多くのインクが、オールポート（1943）がウィリアム・ジェームズの「生産性パラドックス」と呼んだものに浪費された。例えば、のちに『宗教的経験の多様性』の中で、彼は「意識下の意識」に賛成したが、『原理』の中で、彼は無意識の精神状態には反対した。習慣の役割についての彼の記述は、しばしば自己と個人の意思についての自分の見方と対立しているように見える。決定論と自由意志の両方の意見を提案して批判されたとき、彼は、心理学という科学は、自由意志は真実だという事実があっても、決定論の態度をとって差し支えないのだと説明した。ジェームズの連合主義的傾向は、個人は自由意志を有するという自分の主

張には言及しないため，目的的で選択的な意識としての自己という自分の見方と矛盾すると見られやすい（Allport, 1943; Boring, 1942）。実際，彼の言葉と意図の解釈に基づいて，彼は熱心な現象主義者（Boring, 1942）として，あるいは行動主義者の考えの強い支持者（Dewey, 1940）としてあっさり描かれることがある。多くの人たちは，ジェームズが連合主義的思想の基本的信条のいくつかを広めたことから，行動主義者の運動の成功に貢献したのだと，ずっと主張してきた。事実，刺激—反応のいくつかの起源は，ジェームズの「印象」と「表出」の記述までたどることができる（Bolton, 1930）。ある研究者がジェームズに自分の主張の支持を得ようとすると，彼は自分の立場を強化する十分なエビデンスを見つけるが，またそれに反論する十分なエビデンスも見つけるのである。彼は「何でも一筋縄ではいかない」とがっかりして愚痴を言うのだ（James, 1892/1961, p. xx）。

　ジェームズは，自分が矛盾しているという批判に，自分の考えの断片が文脈から分離されたり抜き取られたりして検討されるので，誰も理解できる人がいないと答えている。指導学生の1人がジェームズの出したいくつかの意見に多くの矛盾点を指摘した論文を読んだあとで，彼は「違った日付の，違った聴衆のための私の発言を取り上げている。しかもそれは違った大学の講演である。内的に矛盾していることを示そうとして全体の哲学の抽象的な要素として，それらを一緒につなぎ合わせている」と怒って答えている（Simon, 1998, 1998, p. xvi）。ジェームズにとっては，「人の見方は，その人についての大きな事実である」（James, 1909/1977, p. 20）。その見方の「中核」をとらえることは，ただ「想像という行為」によってのみできるのである（Bjork, 1997, p. xiii）。

　オールポート（1943）は，ジェームズ派のパラドックスの1つの主な理由は，たいていの心理学者たちとは違って，ジェームズが正面から永続的な「心理学の謎」と積極的に取り組もうとしていることによるものだと，考え方の矛盾の問題をとらえた。さらにジェームズについては，オールポートは「高級な修辞学のパラドックスを扱っているのではない，その1つ1つは，別々の文脈ではまったく真実だが，隣り合っているときに一致しないように見える」のだと書いている（p. 115）。そうではなく，私たちはおおまかに結びつけられた世界の断片を一緒につなぎ合わせようとするプラグマティック思想家を取り上げて

創生期：1890年から1920年まで

いるのだ。もちろん本当は，私たちはジェームズの中に「道の両側にあるよいものをほしがる」人物も見るのである (James, 1907/1975)。つまらない一貫性の問題について自分の立場を述べたエマーソンはウィリアム・ジェームズの名づけ親なのであった。

一貫性がないという指摘に加えて，ジェームズはデューイ (1933) から心理学への「一意専心」が不足していると書かれたことに悩んでいたことはほぼ間違いはない。あっさり言うと，ウィリアム・ジェームズは心理学で囲い込めないことである。そしてその問題は彼の関心を長くは引き止めなかった。彼の学際的な心は，原理にアプローチしようとする彼の関心が多岐にわたることを抑えられなかったのである。これはジェームズが故意に学際的であろうとしたのではないという事実を物語る。「彼は別の方法を考えられなかったのだ」(Bjork, 1997)。このために，ジェームズは心理学のどの分野にも関わったのであり，特定の領域とか集中した領域はなかったのである (Taylor, 1992)。彼がやったことには触れず，彼の思考の豊かさについて考えると，彼が他にやり遂げたことはこの「非体系的心理学者」(Hilgard, 1987) の業績だが，思想の一系列に長く記憶に残るかどうかは疑問である。

ジェームズの心理学は，アメリカではその原型のようには残らなかったのだが，彼がその分野の個々のメンバーに働きかけていたほとんど催眠の誘惑と言っていいことと彼が定期的に受けていた注意について書き留めていることは注目に値する。過去20年間，ジェームズに関する新しい本や何らかの回顧報告のない年はなかったようだ。ある運動が提唱者を必要とし，提唱者が回想においてだけ見出されるときでも，ジェームズは必ずそこにいるように見える。彼は心理学に殺到した行動主義者に影響を与えた。だがヒューマニストたちが行動主義への対抗手段を探し回るとき，彼らは個人に中心を置いた，自己過程と内観の重要性に理解のある心理学であるウィリアム・ジェームズと彼の回答に至ることが多いのである。決定論の相互的性質に関する現在の社会的認知の考え (Bandura, 1986) は，ジェームズの人間の機能についての見方に負っている。その見方は個人と環境がそれぞれ他に相互に影響し合うというものだ。

ウィリアム・ジェームズが心理学の一般領域に及ぼした影響は基本的だがむらがあったと書かれるが，では教育と教育心理学に及ぼした彼の影響とは何だ

ろうか？ 1903年，ジョン・デューイは，自分がシカゴ大学で始めた進歩主義教育運動の「精神的創始者」としてジェームズの『原理』に言及した（Morris, 1950）。デューイによって引き起こされた教育改革は，ジェームズの機能的，多元的心理学によって影響されたものだ。そしてジェームズの「民主主義的気質」も，教育は民主主義の目的に役立つべきという主張も，その方法をデューイの運動に見出したのである。ジェームズの考えはまた，G・スタンレー・ホール（G. Stanley Hall）とエドワード・L・ソーンダイク（Edward L. Thorndike）がのちに広めた，科学的教育学の基礎としても役立っている。

心理学理論は常に教育に影響を及ぼしてきた。そしてジェームズの教育思想は当時の教育界で受け入れられてきたというエビデンスがある。ジェームズの死後1年たって書いた著作の中でボールドウィン（Baldwin）は，ジェームズの人生の後半の20年の間，ほとんどの教育者たちに対して，特にジェームズが自己過程と子どもの要求と心性に注意を求めたことに関して，ジェームズの教育論が有力な影響を与えたと述べている。ボールドウィンはまた，ジェームズは主に——それだけに限らないが——教育心理学者だと主張した。この多少の誇張があるように見える表現は，ボールドウィンが新 *Journal of Educational Psychology* に掲載する賛辞と追悼を組み合わせた論文を執筆した事実に間違いなく基づいているのである。

そこで，ジェームズが重要であると思っていた，精神的な構成概念に関連した彼の提案の現代教育心理学おける影響を，私たちはどのように解釈すべきなのか？ 提案のある部分は，結果はうまくいき，また盛況である。例えば，1996年の『教育心理学ハンドブック（*Handbook of Educational Psychology*）』の動機づけの理論と原理に関しての知識の現在の状態をレビューして，グラハム（Graham）とウィーナー（Weiner）は以下のように見ている。教育心理学における現在の研究は，「動機づけの分野における主な新しい方向であるもの，すなわち，自己の研究，を反映している」（p. 77）。自己の構成概念は学習動機づけの研究において非常に普及しているので，グラハムとウィーナーは，自己はこの分野でいま優勢になろうとしているという結論に達した。習慣における興味と研究も，構成概念が自動性の装いのもとでいま進んでいるけれども，また盛況を続けている。動機づけ研究者たちは，興味，知覚価値，注意，記憶過程，

創生期：1890年から1920年まで　　　　　　　　　　　　　　　　　　　　　　　　　　　Ｉ

　モデリングと模倣，転移の研究においても積極的である。そしてもちろん，ヴィゴツキー（Vygotsky）(1978)の社会的構成主義，ジェームズ自身の知識の理論と一致した有意味な構造という考え方は，多くの教師たち，教員養成者たち，研究者たちの創意を，今日ではとらえているように見える。

　生徒の自己意識とコンピタンスとのその関係についての新たな関心は，ジェームズが心理学研究には不可欠だと考え非常によく解き明かした，自己意識と個人的認知の重要な側面に焦点化した（Markus, 1990; Smith, 1992, Strube, Yost, & Bailey, 1992 参照）。それはまた学習機能の自己信念の強い影響に中心を置いたのである。その自己信念とは，例えば，自己概念，自己効力，自己スキーマ，可能自己である。同じように，概念変化における最新の関心は，ジェームズのこの過程の鮮明な記述にまでさかのぼることができる。実際，私は，概念的変化のプロセスと思想の誠実な説明に関しては，個人がどのように新しい意見に落ち着くかという信念変更のジェームズ報告ほど明確で説得力のあるものはないと考えている（James, 1907/1975）。さらに，心理学的記述と規定の文脈の役割について教育心理学のある領域における新たな評価がある。

　しかし全体として，ジェームズが本当にとらえようとしたものが，教育心理学が普通関係している主要な問題と，彼が関心を持っている問題の回答を求める方法のどちらであるのかは，私にははっきりしない。それでも自己の構成概念，構成主義，社会的認知への現在の魅力，つまり教育心理学研究の核は，実証科学の機械的目的に埋め込まれ続けている（Bruner, 1990, 1996; House, 1991）。研究者たちの目的は，普通は，「人間の普遍性の発見である——これらの普遍性が『異文化間』変動によって妨げられたとしても」(Bruner, 1990, p. 20)。教育の専門家と教育心理学者が文脈をはずれることを嘆いても，普遍的真実の探究をすることは，教育心理学の授業と教員養成プログラムでは普及していただけでなく，深く定着していたのである。この構成主義の時代では，オースティン（Austin）(1962)の前提に誰も異を唱えなかった。その前提は，どのくらい文脈から切り離して考えるか，すなわち理論的定式が用い，教育研究が使用している抽象的用語である，行動，パーソナリティ，思考スタイル，環境の出来事，自己信念をどのように分類するか，という学習で成り立つ教育心理学のコースで教えられるかなりの量よりも，意味をとらえるのに意味があ

るというものである。普遍的絶対と科学的法則に則った実践へと向かうこれらの傾向が，ジェームズの多元主義的で個性記述的感性のまさに核に向かったことは言うまでもない。

その親のしつけの傾向に従って，教育心理学は，量に還元できず統計的査定もできない質問と分析の型で辛抱し続けた。この分野のジャーナルに存在する「きちんとした小さな研究」（Bruner）は，問題追究の方法よりも少ないように見えた（Robinson, 1993）。統計分析への強い興味は現在と同じように当時も一般的だったが，たぶん，ジェームズはほとんど数値だけをやりとりする私たちに，例えば次のような辛辣な言葉を投げかけたであろう。「私としては，運命論者の最も有害で非道徳的のものとして，個人差の重要性を過小評価する，平均，一般的法則，予定の傾向についての現在の社会学的学派の話を考慮せざるを得ない」（James, 1897/1956, p. 262）。ロビンソン（Robinson）（1993）が観察したように，多元主義は「統計的にまとめ凝集させるどの形態」についても個別心理学が懐疑的であることを求めているのである（p. 642）。

心理学の『原理』をもたらし，科学としての心理学を提示し，原理を教師に講義をする人が，普遍的規定，科学的法則の理論化，統計的結果への信頼を拒否するということは不適切ではない。ジェームズ（1909/1978）は，「仮説を検討することは確かにいつも独断することよりもよい」（p. 47）という点をいつも強調した。また彼は，「私たちが局部条件に適当な重みづけをするとき，一般化は作業仮説だが，結論ではない」というクロンバック（Cronbach）の警告（1975）に全面的に同意した。ジェームズ（1907/1975）は自分の原理を，現象についての定まった文脈的理解が必要だと頻繁に警告しながら提案した――「私たちが現実について言うことは，私たちがそれを用いる見方によるのだ」（p. 118）。

彼は，科学の原理が決して統計的分析から導き出されはしないことも，蓄積された観察と統計的結果から引き出された一般化の価値体系が科学的法則の理論化と矛盾することも知っていた（Hammond, 1966; Lewin, 1935）。彼は，優れた科学を特徴づけるものは，それが現象についての特別なもの，特殊なものとも関係した他の現象と関連したものを明らかにすることだと主張した。

それでは，ジェームズ派の伝統に基づく教育心理学の強い願望とは何であろ

うか？　人は，それを考えるのに遠くまで探しに行く必要はない。その願望とは，徹底した文脈依存，プラグマティック，個人主義的，機能主義的，現象主義的，多元主義的，学際的，多面的，あからさまな折衷主義などである。紙数はほとんど尽きてきている。そこでこれらの願望の1つにだけ簡単に触れておこう。ジェームズの教育心理学は，他の社会科学，芸術とヒューマニティ，「ハード」サイエンスとでさえも，絶えず対話をする。学際的研究方法への関心と注目が，学術環境の中で最近急上昇してきた。だが，大学の大部分の心理学部と他学部との間で生じる学際的対話は，他学部で主として行われていると，多くの人たちが主張してきた（Bruner, 1996; Derry, 1992; Gardner, 1992, Taylor, 1996）。言語科目，哲学，文化人類学，社会学，歴史，あるいは法学の教授たちが自分たちの原理に関連した人々や文章の心理学的解釈を明言することは当たり前だが，心理学の教授が自分たちの領域を超えた事柄や問題について公言することはまれである。倫理や宗教の心理学の授業は，心理学部よりも宗教学部や神学校で行われることがよくあるのだ（Taylor, 1996）。ガードナー（Gardner）（1992）は，認知心理学は他の分野で使用されたと主張してきた。教育心理学では，学際的であることはしばしば競合する理論的観点からの変数を自分自身の統計モデルに含めることを意味する。おそらく，もっと重要なことは，ジェームズ派の教育心理学が教職員や生徒たちと絶えず対話をし，その理論的洞察と研究結果を，教師たち，学校管理者たち，教育政策の立案者たちに直接，はっきりと伝えようと努めることである。

　ウィリアム・ジェームズへのこの率直な賛辞を，彼が論文を終えるにあたって引用したように，ジェームズを非常に尊敬していたフィッツジェームズ・ステファン（Fitzjames Stephen）の文章の一部「信じるという意思」を引用して締めくくりたい。ジェームズが他者の言葉で自分の文章を閉じることは，その言葉が特別な意味を持つと彼が考えていたからに違いないのだ。

　　自分自身についてどう考えているか？　世界をどう考えているか？　これらは誰もが自分にとってよいものだと思えるように対応しなければならない問題だ。それらはスフィンクスの謎だ。なんとかして私たちはそれらを解かねばならない……人生のあらゆる重要な取引の中で私たちは暗闇に飛び降り

なければならないことがある……もし私たちが謎に答えないと決めるならそれは1つの選択だ。迷って答えを出さないならそれも選択だ。私たちが行うどんな選択でも、自分の責任でやるのである。

教育心理学はジェームズの伝統を受け入れることを望んでいるのだろうか。すなわち、意味を作り上げる方法を再構築すること、意味を見出す問題を再考すること、選ばれた問題の答えを探す方法を拡張すること、それ自体について考える方法と世界について考える方法を再検討することを望んでいるのだろうか？　そのような再定義と目的の変更は長い十分な内省を必要とする。教育のより広い世界が労働の成果に基づく価値を実際に評価することが求められるだろう。根づいている精神的習慣を打ち壊して新しい考え方になじむことが必要だろう。教師に語りかけることも必要となろう。

謝　辞

バリー・ジマーマン（Barry Zimmerman）の拙稿に対する非常に有効な示唆と思慮に富んだコメントに謝意を表したい。

原　注

(1) 伝記の出典には、バルザム（Barzum）(1983)、ビヨーク（Bjork）(1993)、ハント(1993)、ルイス（Lewis）(1991)、キング（King）(1992)、マティーセン（Mathiesen）(1947)、ミラー（Miller）(1997)、ムーア（Moore）(1965)、ペリー（Perry）(1935a, 1958)、およびサイモン（Simon）(1998) を含む。
(2) 実際の日付の特定は難しい。ある出典は1892年（例えば、Simon, 1998）として記載されている。ジェームズの死の1年後に書かれたバード・ボールドウィン（Bird Baldwin）(1991) は、最初の講義を1891年10月27日と特定して記述した。他の信頼できる出典は1892年の日付である（例えば、Barzun, 1983; Bolton, 1930; Perry, 1935b; ジェームズの「教師への講義」への序説の中のポール・ウッドリング〈Paul Woodring〉）。ジェームズは自分で本の序文の中に「1892年に、私はハーバード大学法人からケンブリッ

ジの教師たちに心理学の講義をするよう依頼された」と書いている。その後，私は1892年を選択した。もちろん，ジェームズの記憶を権威あるものとすべきではない──「私自身，1874～75年にハーバード大学の実験心理学の指導の基礎を築いた」。私はジェームズがかつて書いたことを忘れている（Bolton, 1930, p. 85）。

(3) 他の記述のないときは，示されたページ数はジェームズ（1899/1958）の「教師への講義」による。

訳 注

1──ジェームズのエッセイ。1903年3月，『ハーバード・マンスリー（*Harvard Monthly*）』に発表された。博士号は大学のカタログの単なる装飾物で，本人の教育能力，研究能力を証明するものではないことを皮肉った内容。

2──1899年の『心理学についての教師への講義──そして人生の理想についての学生への講義（*Talks to Teachers on Psychology: And to Students on Some of Life's Ideals*）』のこと。

文 献

Allport, G. W. (1943). Productive paradoxes of William James. *Psychological Review, 50,* 95-120.

Austin, J. L. (1962). *How to do things with words*. Cambridge, MA: Harvard University Press.

Baldwin, B. T. (1911). William James' contribution to education. *Journal of Educational Psychology, 2,* 369-382.

Bandura, A. (1986). *Social foundations of thought and action: A social cognitive theory*. Englewood Cliffs, NJ: Prentice Hall.

Barzun, J. (1983). *A stroll with William James*. Chicago: University of Chicago Press.

Bjork, D. W. (1997). *William James: The center of his vision*. Washington, DC: American Psychological Association.

Boller, P. F. (1979). William James as an educator: Individualism and democracy. *Teachers College Record, 80,* 587-601.

Bolton, F. E. (1930). Great contributors to education: William James. *Progressive Education, 7*(2), 82-88.

Boring, E. G. (1942). Human nature vs. sensation: William James and the psychology of the present. *American Journal of Psychology, 55,* 310-327.

Bruner, J. (1990). *Acts of meaning*. Cambridge, MA: Harvard University Press.

Bruner, J. (1996). *The culture of education*. Cambridge, MA: Harvard University Press.

Brunswik, E. (1943). Organismic achievement and environmental probability. *Psychological Review, 50*, 265-266.

Cronbach, L. (1975). Beyond the two disciplines of psychology. *American Psychologist, 30*, 116-127

Delabarre, E. B. (1943). A student's impression of James in the late '80's. *Psychological Review, 50*, 125-127.

Derry, S. J. (1992). Beyond symbolic processing: Expanding horizons for educational psychology. *Journal of Educational Psychology, 84*, 413-418.

Dewey, J. (1933). *How we think*. Lexington, MA: Heath.

Dewey, J. (1940). The vanishing subject in the psychology of James. *Journal of Philosophy, 37*, 580-599.

Donnelly, M. E. (Ed.). (1992). *Reinterpreting the legacy of William James*. Washington, DC: American Psychological Association.

Gardner, H. (1992). Scientific psychology: Should we bury it or praise it? *New Ideas in Psychology, 10*, 179-190.

Glover, J. A., & Ronning, R. R. (Eds.). (1987). *Historical foundations of educational psychology*. New York: Plenum.

Graham, S., & Weiner, B. (1996). Theories and principles of motivation. In D. C. Berliner & R. C. Calfee (Eds.), *Handbook of educational psychology* (pp. 63-84). New York: Simon & Schuster Macmillan.

Hammond, K. R. (Ed.). (1966). *The psychology of Egon Brunswik*. New York: Holt, Rinehart & Winston.

Hilgard, E. R. (1987). *Psychology in America: A historical survey*. San Diego, CA: Harcourt Brace Jovanovich.

House, E. (1991). Realism in research. *Educational Researcher, 20*, 2-9, 25.

Howard, G. S. (1993). Why William James might be considered the founder of the scientist-practitioner model. *The Counseling Psychologist, 21*, 118-135.

Hunt, N. (1993). *The story of psychology*. New York: Anchor.

James, W. (1956). *The will to believe and other essays in popular philosophy*. New York: Dover. (Original work published in 1897)

James, W. (1958). *Talks to teachers on psychology: And to students on some of life's ideals*. New York: Norton. (Original work published in 1899)

James, W. (1961). *Psychology: The briefer course*. Notre Dame, IN: University of Notre

Dame Press. (Original work published in 1892)
James, W. (1975). *Pragmatism: A new name for old ways of thinking*. Cambridge, MA: Harvard University Press. (Original work published in 1907)
James, W. (1976). *Essays in radical empiricism*. Cambridge, MA: Harvard University Press. (Original work published in 1912)
James, W. (1977). *A pluralistic universe*. Cambridge, MA: Harvard University Press. (Original work published in 1909)
James, W. (1978). *The meaning of truth*. Cambridge, MA: Harvard University Press. (Original work published in 1909)
James, W. (1981a). *The principles of psychology*, Vol. 1. Cambridge, MA: Harvard University Press.
James, W. (1981b). *The principles of psychology*, Vol. 2. Cambridge, MA: Harvard University Press. (Original work published in 1890)
James, W. (1990). *The varieties of religious experience*. New York: Vintage Books. (Original work published in 1902)
King, D. B. (1992). Evolution and revision of the Principles. In M. E. Donnelly (Ed.), *Reinterpreting the legacy of William James* (pp. 67-76). Washington, DC: American Psychological Association.
Lewin, K. (1935). *Dynamic theory of personality*. New York: McGraw-Hill.
Lewis, R. W. B. (1991). *The Jameses: A family narrative*. New York: Farrar, Straus & Giroux.
Markus, H. (1990). On splitting the universe. *Psychological Science, 1,* 181-185.
Mathiessen, F. O. (1947). *The James family: A group biography*. New York: Knopf.
Miller, J. L. (1997). *Democratic temperament: The legacy of William James*. Lawrence, KA: University Press of Kansas.
Moore, E. C. (1965). *William James*. New York: Washington Square Press.
Morris, L. (1950). *William James: The message of a modern mind*. New York: Scribner's.
Myers, G. E. (1992). William James and contemporary psychology. In M. E. Donnelly (Ed.), *Reinterpreting the legacy of William James* (pp. 49-64). Washington, DC: American Psychological Association.
Perry, R. B. (1935a). *The thought and character of William James*, Vol. 1. Boston: Little, Brown.
Perry, R. B. (1935b). *The thought and character of William James*, Vol. 2. Boston: Little, Brown.
Perry, R. B. (1958). *In the spirit of William James*. Bloomington, IN: Indiana University

Press.

Posnock, R. (1997). The influence of William James on American culture. In R. A. Putnam (Ed.), *The Cambridge companion to William James* (pp. 322-342). Cambridge, England: Cambridge University Press.

Robinson, D. N. (1993). Is there a Jamesian tradition in psychology. *American Psychologist, 48*, 638-643.

Rorty, R. (1991). *Objectivity, relativism, and truth.* Cambridge, MA: Cambridge University Press.

Simon, L. (1998). *Genuine reality: A life of William James.* New York: Harcourt Brace.

Smith, M. B. (1992). William James and the psychology of self. In M. E. Donnelly (Ed.), *Reinterpreting the legacy of William James* (pp. 173-188). Washington, DC: American Psychological Association.

Strube, M. J., Yost, J. H., & Bailey, J. R. (1992). William James and contemporary research on the self: The influence of pragmatism, reality, and truth. In M. E. Donnelly (Ed.), *Reinterpreting the legacy of William James* (pp. 189-208). Washington, DC: American Psychological Association.

Taylor, E. (1992). The case for a uniquely American Jamesian tradition in psychology. In M. E. Donnelly (Ed.), *Reinterpreting the legacy of William James* (pp. 3-28). Washington, DC: American Psychological Association.

Taylor, E. (1996). *William James on consciousness beyond the margin.* Princeton, NJ: Princeton University Press.

Viney, W., King, C. L., & King, D. B. (1992). William James on the advantages of a pluralistic psychology. In M. E. Donnelly (Ed.), *Reinterpreting the legacy of William James* (pp. 91-100). Washington, DC: American Psychological Association.

Vygotsky, L. S. (1978). *Mind in society: The development of higher psychological processes.* Cambridge, MA: Harvard University Press.

Wilshire, B. W. (1968). *William James and phenomenology: A study of The Principles of Psychology.* Bloomington, IN: Indiana University Press.

Woodward, W. R. (1992), James's evolutionary epistemology: "Necessary truths and the effects of experience." In M. E. Donnelly (Ed.), *Reinterpreting the legacy of William James* (pp. 153-170). Washington, DC: American Psychological Association.

第3章

教育心理学へのアルフレッド・ビネーの貢献

リンダ・ジャービン，ロバート・J・スターンバーグ
（イェール大学）

　アルフレッド・ビネー（Alfred Binet）は，1857年6月11日，ニースのフランス人街で生まれた。娘のマドレーヌ（Madeleine）によれば（Avanzini, 1974），アルフレッドは学校では成績のよい子どもで，母親は彼が12歳になったばかりのとき，その国の最も優れた学校の1つで勉強するように首都へ送り出そうと考えていたという。ビネーは，遠慮がちで非常に控えめで，楽しそうで愉快な人として娘から記憶されている。彼はまたどうすれば信頼され，毅然とできるかも知っていた。彼自身の言葉によると，自分は仕事をするために生まれ，多作で，しばしば学際的で，専門的共同研究を続けて能力を高めたのだという。高校を卒業してから，1877年[1]に法学の学位を取った。だがその後，医学と生物学の勉強を続けようと考えた。のちに義理の父になったバルビアーニ（Balbiani）の指導のもとで，彼は「昆虫の下位―腸神経組織（The Sub-intestinal Nervous System of Insects）」という学位論文を書き始めた。同時に，彼は劇場の戯曲を書いたのである。生涯を通じて，ビネーの豊富な科学的成果は，アンドレ・ドゥ・ロルド（André de Lorde）と共同で書かれた9本の戯曲の制作と，有名な作家と芸術家につての文芸作品で補完されることになった。

　ビネーは非常に多くの多様なテーマを研究したが，そのほとんどは注目されなかった（Siegler, 1992）。そして彼の著作の年代順のリストは，その研究の関心が，知覚，幻覚，推理，動物の磁力，ヒステリー，心的イメージ，愛のフェティシズム，道徳的責任，裁判証言，二重意識，運動，禁止，言語，聴覚，チェスプレイヤー，記憶，生理学，解剖学，筆跡学，知的疲労，頭蓋測定，被

暗示性，教授法，知能，文学作品，精神遅滞と学習アンダーアチーブメント，魂，異常，心的疎外，知能測定を含んでいるが，それだけではないことを示している（Reuchlin, 1957-58）。完全な文献目録は，アバンジーニ（Avanzini）（1974）によるビネーの著作コレクションとズーザ（Zuza）（1948）で見ることができる。一見したところこれらのテーマは無関連のようだが，全体的なテーマは，ビネーの生活と研究を通して理解できるのである。ビネーの究極のゴールは，人間の心の複雑さを理解することであり，この理解には一般的な心理学と個人差研究の壁を越えることが必要だったのである。彼の目的は，彼が「個人心理学」（Binet, 1898）と呼んだものを確立することだった。人間の心の複雑性と独自性を理解しようとする情熱は，彼が自分の演劇の中で作り上げた性格の中にも示されていた。彼の刊行物では，それらは厳密に分けられずに重複しているのだが，簡潔にすると，心理学者としての彼の経歴は3つの段階に分けられる（Delay, 1958）。すなわち，精神病理学，実験心理学，児童心理学である。

19世紀後半のフランス心理学は精神病理学が中心だった。ビネーの初期の関心も例外ではなかった。この最初の時期では，彼の主な影響力はテオデュール＝アルマンド・リボー（Théodule-Armand Ribot）[2]とジャン＝マルタン・シャルコー（Jean-Martin Charcot）[3]に及んでいる。彼の初期の主な著作は，感覚の領域，ヒステリー，催眠術，人格障害についての研究だった（Binet, 1886; Binet & Fere, 1887; Binet, 1892）。ビネーは1880年から1907年の間，リボーと一緒に研究し，リボーの *Revue Philosophique* に40本以上の論文を公表した。この時期，彼はパリのサルペトリエール病院で著名な神経学者シャルコーのもとで催眠術の研究も始めた。

1891年，ビネーはパリのソルボンヌ大学で生理学的心理学実験室の職に就いた。そこでの彼の研究の焦点は，臨床心理学から生理学的心理学と実験心理学に変わった（Robinson, 1977-78）。精神生理学と実験心理学における当時の主な影響力は，ドイツ，つまりヴント（Wundt）が持っており，彼のライプツィヒの実験室はパリに作られる実験室のモデルになった。ビネーは1895年に生物学の博士論文を完成させた。同年，彼は生理学的心理学実験室長となり，『実験心理学入門（*Introduction to Experimental Psychology*）』を出版した。この年，彼は今日でも発刊されているジャーナル *L'Année Psychologique* を創刊した。

創生期：1890年から1920年まで　　　　　　　　　　　　　　　　　　　　　　　　I

1899年にビネーはテオドール・シモン（Théodore Simon）に出会った。シモンは彼の最も親しく恒常的な協力者になった。同年，彼は心理学的児童研究の自由学会[4]に参加し，1902年その会長に就任した。当時の多くの研究者たちのように，ビネーは神経学者ポール・ブローカ（Paul Broca）の足跡をたどろうと決め，頭蓋の大きさと人の知能のレベルの間に直接的関連があると考えて，骨相学によって知能を研究した（例えば，Binet, 1901a または Gould, 1981 参照）。彼の実験研究は，教師が優れていると考えた学童の頭蓋の大きさを測定し，低学力の児童から得られた測度値と比較するものだが，対照群の頭蓋の大きさと形とに著しい差があることを示したのである。非常に優秀な生徒たち（「エリート」）は低学力の生徒たちよりも大きい頭蓋骨を持っていた（Binet, 1901a）。だが1901年に，彼は「頭の測定によって知能を測定するという考えは……馬鹿げているように見える」という結論を下した（Binet, 1901b, p. 403）。同年の本の中で，彼は低―高学力の生徒たちの頭蓋サイズの違いを示す最初の測度は，おそらく自分自身の被暗示性によるものだと説明した。類いまれな誠実さから，彼は差異を予期して期待したものを見つけてしまったのだと認めている。彼はまた催眠術にも見切りをつけた。自分の2人の娘のために当初開発した新しいテストと問題によって人間の精神についての検査を追究した（Binet, 1890, Binet, 1903）。数年後のピアジェ（Piaget）の場合のように，認知発達についての彼の理論的考えは，彼自身の子どもの観察から生じたのであった。

　精神病理学に専心した最初の時期のあとに，実験心理学に中心を置いた第2期があり，主に児童心理学に専念した第3期はビネーの職業生活の中で際立った時期である。この時期のスタートは1905年であり，同年ビネーとシモンは異常性診断の論文を公表し，その年が実験教育学実験室の幕開けとなった。実験室で彼は教師たちと一緒に研究をした。「グランジュ・オウ・ベル通りの実験室」は，学校の中に開設された。校長のヴァネィ（Vaney）と教育委員会職員の何人かからの協力もあった。ビネーが学習のアンダーアチーブメントの研究と精神測定に主な貢献をしたのはこの時期である。これらの貢献に加えて，児童心理学へのビネーのさらに大きな貢献は，以前に考えられていたように子どもは大人のミニチュアではなく，別の認知機能のルールに従うものだという見方の提起であった（Zazzo, 1958）。1911年10月30日，アルフレッド・ビ

ネーは54歳で突然亡くなった。本章の残りの部分は，ビネーが教育心理学に尽くした膨大で重要な貢献に焦点を当てる。それは正常な機能および低い機能の生徒たちを対象にしている。

理論と研究――教育分野への主な貢献

　ビネーの教育学についての最初の著作は『精神疲労（Mental Fatigue）』の題名で1899年に発表された。『精神疲労』（Binet & Henri, 1898）は宣言書として，また『子どもについての現代の考え方（Modern Ideas about Children）』（1909）は彼の遺言書として見ることができる。これらの本の中で，彼は厳密な実験方法が普及していないことを批判し，教育的選択は全部があまりにも恣意的であり，あるいはどんな理論的構造もない，急いで集積された実験的結果に基づいたものだという事実を強調した（Reuchlin, 1957-58）。私たちはビネーの研究の2つの主なテーマを中心に述べようと思う。すなわち，テーマに関連した学習を研究する実験的方法の使用と，認知的測定道具である計量知能尺度の開発についてである。

教育心理学に実験的方法を適用すること

　ビネーの教育心理学への貢献は，教育学の新しい理論ではなく，教育研究の分野における新しい実験的方法の使用であった。当時の多くの研究は指導の「道徳的影響」に中心を置いたのだが，ビネーは，指導には厳密な科学的学習に適していると考え，教師に教えられて学生が学んだすべての教授法に焦点化した。教育学でも心理学においても観察と実験は必須のものだ。彼の同僚シモンは，指導から生じるこれらの反応を「実験教育学は学生たちの指導に対する反応の研究である」としていた（Simon, 1930, p. 18）。またビネー自身の言葉では，「心理学的，教育学的，教育的問題は，文学理論ではなく，ゆっくりとした，忍耐強い，詳細な事実の研究によって解決されるのである」と言う（Binet, 1904, in Avanzini, 1974, p. 17）。

1898年にビネーとアンリ (Henri) は『精神疲労』を出版した。それは「教育学と心理学叢書」の第1冊であり，教育者たちに関連のある心理学の最近の研究を促進する目的で作られたものであった。その目的は「古い教育学の改革」ではなく「新しい教育学の創造」であった (p. 1)。この新しい教育学は「観察と実験」に基づかなくてはならず，それは結局，「実験的である」必要がある。『精神疲労』の中でビネーとアンリは，教育に適用した実験的方法について最初の記述をした。彼らの方法の記述とそれを適用した実例を見よう。彼らは教育実験を2つのタイプに分けた。すなわち，実験室で行われる実験と教室で行われる実験である。彼らは，研究者は志願した参加者の過程をつぶさに詳細に研究して，最初の実験から始めるべきだと考えた。ほとんどの方法論的問題はその手法で解決され，重要な研究問題が設定された。これらの最初の結果に基づいて，学校場面の実験を続ける実践的プランが練り上げられた。そのプランは，学校の実験は15分以上授業を中断せず，所定の教室を1ヶ月に2度以上は訪問しないというものだった。これら2つの条件が尊重される場合に，彼らは教師たちからほとんど協力が得られ，データはまとめて集められ，その後，研究者が実験室へ戻って分析が行われた。ビネーと彼の協力者たちの実験的研究の例が精神疲労である (Binet & Henri, 1898)。精神疲労の問題，すなわち学校で子どもたちに課せられる作業負荷が非常に負担で生徒たちを疲労させるのではないかという問題は，1886年のフランス医学アカデミーで最初に取り上げられた。同じころ，ドイツの政治家たちが同じ問題を考え，1人の心理学者にその現象の調査を依頼した。精神疲労の現象は，いくつかの教育的選択──例えば，教育プログラムおよび試験の期間，ある教育プログラムおよび試験の年齢制限，それに授業，自由時間，体育，睡眠の配分などであるが──に及ぼす潜在的重要性を持っている。『精神疲労』の中でビネーとアンリ (1898) は，問題が医学アカデミーでどのように議論されたかについて述べた。問題は非常に一般的な用語で取り上げられた。医師たちは自分たちの意見を，どんなエビデンスも示さずに，また関連する実験結果もあげずに示した。ビネーとアンリは，精神疲労が蔓延し，その現象を減らす手段がとられるための唯一の方法は実験研究によるのだと指摘した。ビネーと彼の協力者は，そこで，さまざまな生理学的，心理学的特性に及ぼす知的活動（つまり，主に

集中，注意，知能を含む活動で，主に筋肉の力を含む身体的活動に対立する）の効果の測定を進めたのである。生理学的測度は，心拍数，心拍リズム，血行，脳の血液量，血圧，体温，呼吸のリズム，筋力，消化機能であった。精神疲労の心理的影響は，2つの場面で測られた。すなわち，実験室と教室である。主な実験結果は，精神疲労は精神的活動を低下させ，記憶能力を減退させることを示した。しかしこの影響は，緊張の持続時間と活動中の休息の回数と長さによって変わった。実際，学校場面で行われた調査研究は，生徒たちが測定される日のその時点ではパフォーマンスに効果を持つが（パフォーマンスレベルは日を追って高まる），身体的活動の休息は一般に考えられているのとは逆に，パフォーマンスのレベルを回復させなかったことを示した。これらの結果は，ビネーと別の国々で研究している同僚たちによる言語と数学の評価によって得られた。ビネーとアンリ（1898）は，この研究から3つの主な結論を下した。(a) 知的努力が行われると有機体に影響する，(b) 最初の努力の30分間に増加（心拍数，心拍リズム，血圧，遂行の集中，速度などにおいて）するが，努力が1時間以上続くと全体的に減少が認められる，(c) 精神疲労と非病理的疲労を区別するはっきりした特徴は，それを修復するのに必要な休憩の量である。「普通の」疲労は睡眠と休息で回復するが，精神疲労は容易には回復しない。今日の言葉で言うと，ビネーの精神疲労は燃えつき症候群と同じである。この説明はビネーが実験心理学と定義したものを解説するのに役に立つ。

　ビネーの教育学の問題に科学的に妥当な研究方法を適用しようとする意思は，彼に新たな統計的方法を発展させ，統制群の組織的利用を考えつかせた。統計的考案には，学習結果と社会経済的背景の関係を調べる順位相関係数の利用がある。彼の統制群を使用する試みは，教師たちには必ずしも受け入れられなかったのである。

　ビネーのほとんどの研究は，小学校児童たちか精神遅滞の子どもたちを対象に行われた。ビネーは，教育研究で実験的方法の使用を促進したフランスにおける最初の人物である。1920年の *Journal of Educational Psychology* のフランスの当時の研究のレビューの中で，ビネーの研究は引用された唯一のものだった（Vattier, 1910）。ビネーは調査のこの領域に言及するためにさまざまな言葉（実験的，科学的）を使っている。「実験教育学」は彼の好んだ言葉だった。

実験教育学の概念は2つの概念を含んでいる。すなわち，実験という概念と教育学という概念である。実験は，前述のように，それによって教育学問題にアプローチできる方法に頼るのである。教育学は研究の対象である。研究の目的は，意見や理論（よい教育を構成するものについて）の収集というよりは事実（学習場面の行為と出来事）の収集である。ビネーによれば科学的方法の理想は「理論と実験間の協働」に違いない。つまり，文献を読んで事実を集めるのではなく，直接事実を集める持続した努力である (Binet & Simon, 1908, p. 1)。現代教育学は，それが主張するものの裏づけとなるものを求める限りでは実証科学である。ビネーによれば，教育のあらゆる実験研究は4つの段階をたどる。すなわち，仮説を述べること，事実の収集，データ解釈，そしてその繰り返しである。仮説は「古い教育学」によってしばしば提供される。データの集積については，ビネーはわかりにくい道具の使用は避けるべきだと強く主張した。最善の収集の方法は，検査を扱っている人のために最小限の知識しか義務づけないことである。ビネーはまた調査の質と深さは調査の回数よりも価値があることを強調した。量的データは，できれば順位や数の比較のような統計を使って，注意して集めなければならない。研究の最後の段階は，研究結果の再現である。

認知測定

ビネーの教育心理学の分野への主な研究貢献は，間違いなく認知測定の領域であった。20世紀の初頭から，ビネーは「異常児」(Binet & Simon, 1907) の研究に強い関心を示すようになった。児童の心理学的研究における自由社会のメンバーとしての彼は，異常児の早期発見と彼らに特別教育をする目的で，フランス政府に生徒たちの評価を始めるよう勧めた。1904年，ビネーはフランスの文部大臣から正式に，知的遅滞の学童を識別する方法を作成する委員に任命された。計量知能尺度が，彼の博士課程の指導学生テオドール・シモンの支援で1905年の最初の6ヶ月間に考案されていたのは (Avanzini, 1974)，彼の異常児に対する関心に基づいたものであった。この尺度をもとに，教育によって改善が望めると認められた学習障害の子どもたちが選択されて特別教育学級へ

入れられた。最初の「改善クラス」は 1907 年に開設され，さらに 2 クラスがその年のあとに設けられた。ビネー自身は，異常はある程度克服できると考えていたが，彼はいつも自分の正当性を実験的に測定する重要性を強調し，主に適用される問題を研究して，厳密な実験的方法論を決して忘れることはなかった。ビネーは，これらの特別教育授業をすべての精神遅滞児に利用できるようにするための立法措置が講じられる前に，それらの実際の効果は実験的に測定されなくてはならないと主張した。

　計量知能尺度と，知能のスタンフォード・ビネー尺度として知られているその最も普及したアメリカの翻案についてさらに詳しく説明する前に，まず異常児のビネー理論と特別教育学級の必要性の問題に戻ってみよう。そのことは精神測定検査の必要性につながることになる。

　1907 年に出版された『異常児 (*Abnormal Children*)』の中で，ビネーとシモンは，当時の 2 つの最も普及した立場とは異なる立場をとって，精神遅滞の理論を発展させた。第 1 の立場は，最重度の精神障害（白痴）と認知症の人とのエスキロール（Esquirol）の区別に基づいている。白痴はどんな新しい知識もまったく獲得できない。だから精神的発達は必然的に不可能である。第 2 の立場は，異常児は正常だがずっと幼く，独特な機能のレベルを持ち，精神遅滞で悩んでいるというものだ。ビネーは人間の心が完全になれると考えたので第 1 の立場を認めなかった。彼は第 2 の立場も認めなかった。というのは，それは表面的で部分的にだけ正確な観察に基づいていたからである。ビネーは，獲得から引き起こされる結果と効果は獲得される年齢と関係していると考えていた。だから 6 歳の読みの学習は，12 歳の読みの学習と同じ意味を持たない。異常児を特徴づけるのは，顕著な平衡失調である。ある能力の獲得に非常に遅れがあったとしても，他の能力（認知や身体）の発達は正常である。例えば，12 歳で読みを学習する異常児は，6 歳の正常児が読みを学習するよりも豊富な語彙と学校外の語彙により関心を持つ。ビネーとシモンによれば，異常児は，発達が止まったり遅れたりした正常児ではない。正しくは異なった発達パターンの子どもなのである。このパターンは，正常児の発達パターンと同一の側面があり，他の側面は正常児と異なっていて，不均衡なのだ。異常性を構成する異なる発達的側面の間の均衡が不足しているのだ。異常性は 3 つの

主な成分によって特徴づけられている。すなわち、全体的な発達の遅れ、測定された側面によるこの遅れの不均衡、結果として生じる心の機能の調整の不足である。特別教育が可能であり、また必要であるのは、まさしく異常性が異なった発達パターンとして見られるからであり、単なる遅れではないからである。

　ビネーとシモンによって考案された計量知能尺度の原理的説明は、尺度自体と使用する指針と一緒に1905年に発行された。尺度は、多くの異種の状態や認知的機能の例をサンプルにして、少数の心的操作を深く研究するよりも、誰もが人の知能の一般的レベルのよい見取り図を獲得できるという原理に基づいていた。サンプリングのこの考え方は、いくつかの尺度が加えられる理由を説明する。ビネーの知能を高次の過程として見る考えはそれまでになく、当時では新しいがほとんど挑発的と言えるものだったことを銘記すべきであろう。ビネー以前のほとんどの実験心理学者たちはヴントの例にならっていたが、低次で非常に単純な過程を研究することによって知能は最善の探究がなされるのだと考えていた。ビネーは高次の認知機能を探究しようと考えていただけではなく、以前に単純な過程に適用していたのと同じ実験的厳密さでそれを行おうと考えていた。ビネーは、彼の先輩や同時期の人々の大部分が別々の心的機能を考えていたときに、統合された一般知能の存在を想定した先駆者でもあった。計量知能尺度は30のテストを含んでいた。そのいくつかは明らかに尺度のために作られたものであり、そのいくつかは既存の、つまりフランス人の物理学者ブリン (Blin) とダマヤ (Damaye) によって開発された認知テストの改訂版であった (Minton, 1998)。ビネーはテストを「子どもたちの能力を測定する目的の早期の実験」と定義した (Binet & Simon, 1905, pp. 195-196)。すべてのテストは、2歳から12歳までの母集団の「正常」と「遅滞」のサンプルに基づいて作られていた。さまざまなテストは、運動調整や模倣のような基本的課題から、理解、判断、抽象的推理のような複雑な過程までのあらゆるものを測定した。ビネーはテストのうち、結果のテスト、つまり生徒の到達したレベルを測定する目的のテスト（今日ではアチーブメントテストと呼ばれている）と、分析のテスト、つまり基本的な認知的構成概念を理解する目的のテスト（今日では能力テストと呼ばれている）を区別した。テストは次第に難しくなるように提示

される。そして異なるレベルで区分が，一方では正常児と遅滞児の間に設定され，他方では年少の正常児と年長の正常児との間に設定される。最もやさしいテストは，重度の精神遅滞児を他の遅滞児（当時は「白痴」と呼ばれた）と区分した。中程度の難しさのテストは，重度の遅滞児と中程度の遅滞児（「痴愚」と呼ばれた）を区分した。高度のテストは，軽度の遅滞児（ゴダード〈Goddard〉の「軽愚」に対応する）と同年齢の正常児の間，年少と年長の子どもの間も区分した。教育の行政委員会のメンバーとして，ビネーの主な目的は，認知機能を強化できると考えられた特別教育をするために中程度の遅滞児を識別することだった。

　最初の1905年の測定尺度の公表において，ビネーとシモンは，尺度は子どもたちの当時の適用する認知レベルの指標としてだけ使われるべきであり，この遂行レベルは適切な教育によって変わることを強調した。1905年の尺度は，子どもたちの幅広いサンプルで使用され，そこでテストは年齢レベルに応じて再改定された。尺度の改訂版は1908年に公表され，子どもの「精神年齢」を設定する可能性が出てきたのである。精神年齢は1887年にシャイエ（Chaillé）によって初めて導入された概念であった。所与の年齢群，例えば，6歳の子どもたちの65％から75％がテストで成功すれば，テストはその年齢レベルに相当するものと分類された。このように子どもは，自分の生物学的年齢に対応するレベルよりも，低いか，同じか，高いかの「精神年齢」のテストができるのである。この精神年齢は，所与の年齢群の遂行基準に対応するだけであり，尺度のアメリカ版で想定されたように，子どもが到達する発達的進行段階の指標を示すのではない。所与の精神年齢を持つことは，その年齢の子どもとして機能することを意味するのではない。それはただ，テストの遂行が所与の年齢の大多数の子どもたちができる結果と対応することを意味するだけなのである。ビネーは，知能の固定した測度としてのIQテストの結果の利用にはっきりと釘を刺していた。これらのテストが作られたやり方のせいで，所与の年齢の多くの子どもたちは彼らの年齢を対象としたテストには成功しないことが指摘されなければならなかった（Lippmann, 1922）。

　特別教育の対象の子どもたちを選ぶことを容易にするために，ビネーは白痴，痴愚，軽愚の間に「教育的区別」を導入した。個人の分類は，単なる判断

としてではなく，誤った診断リスクを最小限にする心理学的検査に基づくものと考えられた。まず，学校の教師は，個人的印象に基づくのではなく，研究の結果低い遂行だと判断されたことによる「遅滞の可能性のある」の生徒たちのリストを作る必要があった。だが最初の印象は，校長や地方の視察官によって選ばれた，指導レベルのアチーブメントテストの実施によって補強される必要があった。しかし，正常だが知識のない子どもと，異常な子どもとの間の予想される混同はまだあり得るのである。そこで最終の段階は心理学的検査でなくてはならなかった。ビネーは，尺度は単なる1つの測定の道具であり，「人全体」の観察とその場面のテストを受ける人の反応は，量的テスト結果と同じように重要であることを明確にした。最終的結果よりもビネーを引きつけたのは，そこに到達するまでの道筋であった。ビネーはまた検査される子どもの前の診断を知らないことの重要性も強調した。そうしないと，すでにやり終えた診断を確かめるいわば確認バイアスを犯すことになるのである。

　ビネーの目的は子どもにおける異常性を見つけることであったが，それは子どもを差別することではなかった。ビネーは，精神遅滞の子どもたちは特別教育から恩恵を受けることができるし，またそうなるだろうが，普通の学校システムの中では困るだろうと考えていた。彼の目的は，普通の学校システムに子どもがときどき戻れる特別教育を施すことによって，これらの子どもたちのそれ以上の排斥を防ぐことであった。残念なことに，彼の研究のアメリカの開発者たちは固定したIQを信じていて，ビネーの独創的な考えと意図を大幅に修正していた。多くの同時代の人たちとは対照的に，「異常性」は治療できるとビネーは考えていた。そして彼の教育信念は，教育には実質的に限界がないというものだった。

　繰り返すが，ビネーは，知能を生まれつき固定したものとして考えていたのではなく，増加する存在ととらえていたことを銘記することは大切である。普通の学校システムからまったく恩恵を受けない特別な要求を持つ子どもたちが，特定されて，知的能力を発達させるのに役立つ特別教育を与えられる必要があるのは，知能の弾力性のある性質と教育によって発達する可能性のせいである。しかしこれは，ビネーの検査を合衆国とイギリスへ持ち込んだ「ゴールトン派」の研究者たちの考えではない。スタンフォード・ビネー知能尺度とし

て知られている計量知能尺度のアメリカ版を 1916 年に合衆国へ導入したルイス・ターマン（Lewis Terman）は，IQ の結果を説明するのに遺伝的要素の重要性を強調した。ターマンは，この遺伝的影響はとても強く，それは教育によって変えられないと考えた。ターマンは低い IQ 得点の子どもを特別学級に入れることを勧めた。だがそれは彼らが進歩に必要な特別な配慮が得られるからではなく，普通教育に組み入れられたり，そこから恩恵を受けられる望みがないという理由からだった。計量知能尺度は，正常な機能に最も近い子どもたちの「高度の障害」の識別にも有効であることがわかった。ターマンには，間違いなく，これらの子どもたちの識別は以下のような意味を持つものだったのである。

　究極的には，知的障害の再生産を削減し，犯罪，貧困，産業不効率の膨大な量を除去する結果をもたらすと考えた。いましばしば見過ごされているタイプの「高度の遅れ」のケースは，国が引き受けることが最も大切であることを強調する必要性はほとんどない。(Terman, 1916, p. 545)

認知発達のレベルを測定する精神測定的に妥当な評価尺度の大切さは，異常児の母集団を超えてまもなく一般化され，その分野へのビネーの最も重要な遺産の１つを構成している。ビネー＝シモンの計量知能尺度の子どもの得点と子どもの学校成績間の高い正の相関は，部分的にはテスト項目の学業的な性質によるのだが，尺度が実際に知能を測定していることと，幅広い成功に寄与している証明だと考えられたのである（Eysenck & Kamin, 1981）。

教育心理学の分野への影響

ここで，ビネーの４つの具体的な学習の問題の見方を検討しよう。すなわち，学習者の特性，学習過程の特性，指導の最適条件，重要な学習の特性―指導結果についてである。

創生期：1890年から1920年まで　　　　　　　　　　　　　　　　　　　　　　　　　　Ⅰ

学習者の特性

　学習者の特性は，ビネーの『子どもについての現代の考え方（*Modern Ideas about Children*）』（1909）[5]の中で取り上げられた主要な問題である。20世紀の初めには，子どもは小さい大人，「小人（こびと）」とよく考えられた（Binet, 1909, p. 7）。つまり，質的ではなくただ量的に，大きさなどの身体的属性から認知的スキルまでのあらゆる点で大人とは違っているということである。ビネーは，さまざまな学習者たちの要求にもっとよく対応するために，年齢群の違いだけでなく，決まった年齢の1人ひとりの子どもの違いである個人差の研究の大切さを強調した。教師は，記憶能力の違いを考慮せずに，学習方略，年齢（ビネーの時代では，同じクラスにさまざまな年齢の子どもたちを集めて教えることは珍しくなかった），視力や聴力の能力を優先させて，概念的に教えてはいけない。ビネーと彼のチームが，パリの学校区で，就学するすべての子どもたちに視力と聴力のテストを初めて毎年実施した。ビネーがビクター・アンリ（Victor Henri）と実施した実習教師の研究（Binet, 1909）で，学業能力（学校で教えられた知識に最も近い）に関連するすべてのテストで，彼らの指導者たちから能力があるとされた教師が優れていることを示した。しかし，実践的で繊細なスキルを必要とする他の課題では，それほど能力があるとは考えられない対象者は，クラスのトップの者かまたはそれより優れていることが明らかにされた。ここからビネーとアンリは，（a）すべての生徒が自分の力を示す機会を増やせるようにスキルの広い範囲を測定すること，（b）さまざまな子どもたちの能力のパターンに対応するやり方を教えること（1909, pp. 10-11）が大切だと結論した。しかしながら，個人差を考慮することは，それぞれの子どもがめいめいに合ったやり方で個別に教えられることを意味するのではない。そうではなく，教師には個人の力と集団的学習環境に必要なものとのバランスを見つける努力が必要であることを意味するのである。実際には，これは，例えばもっと大きな学校であるが，一定の年齢レベルの生徒たちが能力パターンに応じて再編成できることを意味するのである。

学習過程の特性

　反復と訓練こそが，ビネーにとっては学習の鍵なのであった（Binet, 1909）。ビネーによれば，どんな領域でも紙上のある文字をタイプするか消すことを学ぶと，実行の正確さと速度は，成績が安定する一定のレベルに到達するまで，繰り返しの練習で上達するのである。この成長曲線はどの領域でも同じである。教育の役割は，子どもたちが能力の最も高いレベルに到達することを支援することである。学習は曲線に従うので，教えるレベルを子どものレベルに合わせるために，子どもが到達したのは学習曲線のどの点かを評価することが大切である。ビネーの言葉では，「幾何学の講義を聴いていて，100回目の定理を教えられたとする。たとえパスカル[6]の知性を持っていようとも，先行の99の定理を教えられていなければ理解できないだろう」（Binet, 1909, pp. 147-148）。ビネーは，いくらかの難しさは役に立ち子どもを成長させるが，あまりそれが頻繁だと子どもにできないものが教えられる教室になると指摘した。『子どもについての現代の考え方』の中で，ビネーが発展させ非常に幅広い表現で討論された考えは，ヴィゴツキー（Vygotsky）と彼の「発達の最近接領域」という考えの研究によってさらに体系的に探求された。子どもの機能のレベルが一度決められると，学習は，反復練習と難しさのレベルが次第に上がることによって向上する。ビネーによれば，学習は練習で進み，そこで生徒たちは聞くだけではなく，自分の知識を使う機会を頻繁に与えられなくてはならない。操作，実際の適用，会社訪問，森の散策のような活動は，推進されなくてはならない。「とりわけ，生徒は活動的でなくてはならない」とビネーは言い（1909, p. 156），アメリカの研究者たちやスペンサー（Spencer）[7]の「行うことによって学ぶ」という考えに言及した（1909, p. 159）。また，理論化されていないしはっきりと命名もされていないが，ビネーの考えは，のちの「構成主義」と定義されたものに近いのである。

指導の最適条件

　ビネー（1909）は，よい指導の鍵は教員養成にあると考えた。そこで彼は未

来の教師に観察を教えることの大切さを強調した。観察を学ぶことによって，教師は個人差に気づくようになり，そのことが，先述したように，彼らの教えるレベルを子どもの知識レベルに合わせるのに役立つのである。ビネーによれば，教育する際の最も頻発する間違いは，「単純なものから複雑なものへ進む」(Binet, 1909, p. 148) ことを忘れることだという。教師の観察スキルを発達させることは，養成期間の実践的で事例ベースの実習に焦点を当てることを増やし，専門家による教育相談をすべての教室の指導員が容易に利用できるようにすることによって可能になるのである。

重要な学習の特性―指導結果

　ビネーは，ある範囲では，子どもたちの認知機能と能力が学習の最適条件に置かれると向上できると考えていた。彼は，認知機能は情動から分離できないし，多くの要素は人間の機能の複雑さを研究するときに考慮しなければならないという考えも持っていた。子どもの発達と満足な状態への広い関心は，ビネーが食習慣と知能の成績との間の関係について行った研究によって例示される (Binet, 1899)。ウルフ (Wolf) (1973) の翻訳では，ビネーは，「知能は発達の影響を受けやすい。練習と訓練，特に適切な方法（教え方の）で，私たちは子どもの注意，記憶，判断を向上させることができる――彼が以前よりもより知的になることを文字どおり助けること……彼が限界に達するそのときまで」(Wolf, 1973, p. 207)。これはビネーが異常児のために推奨した指導方法によって例示される。これらの異常児が識別され特別教育学級へ送られると，彼らの発達を促すためにどんな方法が使用されるのだろうか？　ビネーは異常性が一種の遅滞であるとは考えなかった。彼は異常児に使用される教授法に特別の指針を与えた (Binet & Simon, 1907)。ビネーとシモンは子どもの力を活用し，実際の練習を選び，多くの純粋な分析的活動を減らすことを強調した。もっと多くの指導が教室ではなく工作室で行われるべきであり，教師たちは靴をはいたり手紙を送るような「毎日の活動の練習」に時間をかけることを勧められた。精神機能を再教育し，発達の同調性を増大させる目的で，「精神整形」のような新しい教育も導入された。一例が「彫像ゲーム」である。それは生徒全員が

じっと静止してなくてはならない。この練習は子どもたちの集中，焦点化を向上するのに有効であることが証明された。教室の雰囲気をかなり落ち着かせるのである。多くのこれらの「精神整形」の練習は，今日でもまだ特別教育で使用されている。個々人に合った教え方の重要性も強調されたのである。

ビネー──時代の先を行くパイオニア

　顧みると，ビネーの最もよく知られた心理学と教育の分野への貢献に対する高い評価は，実に皮肉なことに，ビネー自身よりもターマンの研究によるところが多い。知能尺度は森を隠す木になった。同時に，多くのビネーの優れた，また画期的な研究は，大部分が無視された。以前に指摘されたパラドックスである (Piéron, 1958, Reuchilin, 1957-58, Siegler, 1992)。この業績は，知覚，言語，発達，記憶，概念発達，認知の他面の各分野の研究を含んでいる。ビネーは哲学的思索にきっぱりと背を向けて，実証的研究の必要性を主張した研究の方法において，パイオニアでもあった (Fraisse, 1958; Reuchlin, 1957-58)。

　サラソン (Sarason) の論文 (1976) のタイトルを言い換えると，アルフレッド・ビネーと学校心理学の運命は不幸だったということである。前述のように，ビネーの計量知能尺度の目的は，特別支援を必要とする子どもたちの可能性を最大限に活用するために，彼らの同定に有効な検査を発展させることであった。だが可能性を最大限に引き上げるというこの第2の観点はしばしば忘れ去られて，ビネーの尺度は，特別プログラムの使用のために，子どもたちを選び出すよりは取り除くために使われたのである。ビネーは学校心理学者として見られるのだが，ビネーが当時行ったことと多くの学校心理学が到達したこととの間には重大な違いがある。サラソン (1976) とウルフ (1973) によって指摘されたように，ビネーにとって測定尺度は教育を改良し豊かにする手段だったのだが，今日の学校心理学の役割は，心理学者を教育にしっかりと結びつけずに，評価にだけ限定したものになっている。学校心理学者は，子どもが「ラベルづけ」されたあとで，その子どもに何が起きるかについて見通せる力や影響を考えることのない，テスト管理者になってしまった。

かくしてビネーの貢献は，ある意味では，彼の安眠できない誤った方向に踏み込んでしまったのである！

原 注

(1) ビネーの法律の学位の取得，彼の学位論文の日付のような，いくつかの出来事の日付は情報源によって異なる。そんなときは，私たちはアンリ・ピエロン（Henri Piéron）の1958年論文に依拠した。この選択はピエロンのビネーとの実際の協働に基づいているが，歴史的な正確さを保証するものではない。
(2) 1839～1916年。フランスの哲学者で，のち実験心理学と比較心理学の教授。*La Revue Philosophique* の創始者。
(3) 1825～1893年。フランスの医師で，神経病の教授。ヒステリーと催眠の臨床研究でよく知られている。
(4) 児童の心理学研究の自由学会。
(5) 『子どもについての現代の考え方』というタイトルだが，およそ1世紀前に書かれたものだ。内容はまだ妥当であるが，そのスタイルは時代遅れである。ビネーは読者として，父親，教師または社会学者を想定していた。後者の2群はフランス語では男性形である（Binet, 1909, p.2）。
(6) ブレーズ・パスカル（Blaise Pascal），フランスの哲学者で数学者。
(7) 『子どもについての現代の考え方』の中で，ビネーは読者にハーバート・スペンサー（Herbert Spencer）の『教育について（*On Education*）』，ギュスターブ・ル・ボン（Gustave Le Bon）の『教育の心理学（*Psychology of Education*）』，バイス（Buyse）の『教育についてのアメリカの方法（*American Methods of Education*）』について言及した。概してビネーはアメリカの教育研究によって非常に影響を受けていた。

文 献

Avanzini, G. (1974). *A. Binet: Ecrits psychologiques et pédagogiques* [Writings on Psycholgy and Pedagogy]. Toulouse, France: Privat.

Binet, A. (1886). *La psychologie du raisonnement, recherches sur l'hypnotisme* [Psychology of Reasoning, research on hypnotism]. Paris: Alcan.

Binet, A. (1890). Recherches sur les mouvements de quelques jeunes enfants [Research on the movements of some young children.]. *Revue Philosophique, 29*, 297-309.

Binet, A. (1892). *Les altérations de la personnalité* [Personality changes]. Paris: Alcan.

Binet, A. (1898). La mesure en psychologie individuelle [Measurement in Individual Psychology]. *Revue Philosophique, 46*, 113-123.

Binet, A. (1899). Note relative à l'influence du travail intellectuel sur la consommation du pain dans les écoles [A commentary on the influence of intellectual work on the consumption of bread in schools]. *L'Année Psychologique, 5*, 332-335.

Binet, A. (l901a). Recherches sur la technique de la mensuration de la tête vivante [Research on the technique of measuring a living head]. *L'Année Psychologique, 7*, 314-368.

Binet, A. (1901b). Etudes préliminaires de céphalométrie sur 59 enfants d'intelligence inégale, choisis dans les écoles primaires de Paris [Preliminary studies of cephalometry on 59 children of varying levels of intelligence, sampled from primary schools in Paris]. *L'Année Psychologique, 7*, 369-374.

Binet, A. (1903). *L'etude expérimentale de l'intelligence* [Experimental Study of Intelligence]. Paris: Schleicher Frères.

Binet, A. (1909). *Les idées modernes sur les enfants* [Modern ideas about children]. Paris: Flammarion.

Binet, A., & Féré, C. (1887). *Le magnétisme animal* [Animal Magnetism]. Paris: Alcan.

Binet, A., & Henri, V. (1898). *La fatigue intellectuelle* [Intellectual Fatigue]. Paris: Schleicher Frères.

Binet, A., & Simon, T. (1905). Méthodes nouvelles pour le diagnostic du niveau intellectuel des anormaux [New methods for diagnosing intellectual performance in abnormal persons]. *L'Année Psychologique, 11*, 191-244.

Binet, A., & Simon, T. (1907). *Les enfants anormaux* [Abnormal children]. Présentation par Guy Avanzini (1978). Paris: Privat.

Binet, A., & Simon, T. (1908). Le développement de l'intelligence chez les enfants [The development of intelligence in children]. *L'Année Psychologique, 15*, 1-94.

Delay, J. (1958). La vie et l'œuvre d'Alfred Binet [The life and work of Alfred Binet]. *Psychologie Française, 3*, 85-95.

Eysenck, H. J., & Kamin, L. (1981). *The intelligence controversy*. New York: Wiley.

Fraisse, P. (1958). L'œuvre d'Alfred Binet en psychologie expérimentale [Alfred Binet's work in experimental psychology]. *Psychologie Française, 3*, 105-112.

Gould, S. J. (1981). *The mismeasure of man*. New York: Norton.

Jacoby, R., & Glauberman, N. (Eds.). (1995). *The bell curve debate: History, documents, opinions*. New York: Random House.

Lippmann, W. (1995). The mental age of Americans. In R. Jacoby & N. Glauberman, (Eds.),

The bell curve debate: History, documents, opinions. New York: Random House. (Original work published 1922)

Minton, H. L. (1998). Introduction to "New methods for the diagnosis of the intellectual level of subnormals: Alfred Binet and Theodore Simon, 1905." http://psychclassics. yorku.ca/Binet/intro.htm

Piéron, H. (1958). Quelques souvenirs personnels [A few personal memories]. *Psychologie Française, 3,* 89-95.

Reuchlin, M. (1957-58). La mesure de l'intelligence, œuvre paradoxale d'Alfred Binet [The measurement of intelligence — Alfred Binet's paradoxical work]. *Bulletin de Psychologie, 11,* 306-320.

Robinson, D. N. (Ed.). (1977-78). Preface to Binet's "Alterations of personality" and "On double Consciousness". In *Significant contributions to the history of psychology, 1750-1920. Series C. Medical Psychology. Volume V.* Washington, DC: University Publications of America.

Sarason, S. B. (1976). The unfortunate fate of Alfred Binet and school psychology. *Teachers College Record, 77*(4), 579-592.

Siegler, R. S. (1992). The other Alfred Binet. *Developmental Psychology, 28*(2), 179-190.

Simon, T. (1930). *Pédagogie expérimentale* (Ecriture – Lecture – Orthographe) [Experimental psychology (Writing – Reading – Spelling)]. (2nd ed.). Paris: Colin.

Terman, L. (1995). The measurement of intelligence. In R. Jacoby & N. Glauberman, (Eds.), *The bell curve debate: History, documents, opinions.* New York: Random House. (Original work published 1916)

Vattier, G. (1910). Experimental pedagogy in France. *Journal of Educational Psychology, 1,* 389-403.

Wolf, T. H. (1973). *Alfred Binet.* Chicago: University Press of Chicago.

Zazzo, R. (1958). Alfred Binet et la psychologie de l'enfant [Alfred Binet and Child Psychology]. *Psychologie Française, 3,* 113-121.

Zuza, F. (1948). *Alfred Binet et la pédagogie expérimentale* [Alfred Binet and Experimental Psychology]. Paris: J. Vrin Editeur.

第4章

デューイの心理学の展開

エリック・ブレドー
(バージニア大学)

　ジョン・デューイ (John Dewey) は、アメリカの最も影響力を持った哲学者で教育思想家の1人であったが、一般に彼は心理学者としては考えられていない。デューイ自身、自分を心理学者と考えていなかったし、少なくとも彼のほとんどの経歴もそうではなかった。しかし、デューイは心理学の形成期において心理学の分野にかなりの影響を与えた。彼はアメリカの最初の心理学派である機能心理学の創始者の1人であった (Sahakian, 1975)。彼はまたアメリカ心理学会の創生期の会長を務め、オールポート (Allport) からヴィゴツキー (Vygotsky) までの多くの重要な心理学者に影響を与えた。20世紀の教育心理学の発展を正確に理解することは、デューイの貢献抜きにはできないのである。

　デューイ心理学の再考には、学問的、研究的な理由がそれほどあるわけではない。今日の心理学はしばしば非常に細分化されている。認知心理学と行動主義心理学はいくぶん遊離して発展した。また時には2つの別の分野として述べられてきた。認知理論と情動理論もまた、情動的意味とは独立した認知、あるいは対象のない情動に注がれた関心を別々に発展させてきた。さらに難しいことには、個人心理学と社会心理学は、生物心理学と文化心理学がそうであったように、しばしば分離されてきたのである。心理学のそれぞれの相は、さらに理論的に統合された学説を発展させるのを難しくして、他の分野とはほとんど関係なしに発展したり、別の研究と発展するように見える。おそらくさらに大事なことは、人々の行動の相を別々に扱うことは、人を全体としてではな

く，歩く肝臓として患者を見る肝臓専門医のように，非常に間違った治療になりがちで，実践の点でも倫理の点でも問題も生み出すことである。今日の細分化された専門性を修正して精神生活の諸側面の相互関係を強調しているので，デューイ心理学はこうした事情で役に立つのである。

　デューイ心理学の研究は，心理学をそれ自身の社会的で政治的な提案に関係づける別の点でも役に立つ。問題点はよく見過ごされるが，心理学理論が形成される概念は価値のない仮説も含んでいる。ウィリアム・ジェームズ（William James）が言うように，「『概念』『種類』は，目的論的道具である。新しいことを作り出すことへの固有な関心と関連すること以外に，具体的現実の確かな代用である抽象的概念はない」(James, 1987/1956, p. 70) [1]。残念なことに，教育心理学の多くの最もよく知られた諸理論は，人々を受動的で体制順応的だと特徴づける想定を包含してきた。よく組み立てられた課題やよくコントロールされた実験室環境における行動を研究することは，心理学という科学を発展させるために必須だと考えられてきた。だがそうすると，人々が自分の環境を変え，再構築し，再交渉するやり方をなおざりにする傾向が生じる（Newman et al., 1989）。マクダーモット（McDermott）とフード（Hood）は次のように言う。

　　実験手続きは，分析中の人々の取り組みと関心とは無関係な制約を作り出す。そして彼らから自分の行動を組織する多くの通常役に立つリソースを奪うことになる……日常生活を送っている人たちは課題を単純化し，改め，交渉する幅広い手続きを使っているが，実験室の分析は，対象者が実験者によって前もって規定された課題に反応しているという1つの単純化した仮説によって，純度を獲得するのである。(1982, p. 234)

　頻繁に示された結果は，普通の環境でより自由に相互交渉する人々を扱うよりも，統制された，または適合する被験者を管理するのにより適した心理学であった。対照的に，デューイ心理学は，人々が自分たちの環境を合理的に変え再構築するやり方を強調した。人と環境を関係させてみることで，彼は他者への順応よりも成功した行動における人と環境の協働的ダイナミクスを強調した。このような心理学の長所の1つは，ただ技術的に対応するよりも，生活

の民主主義的やり方とより一致しているということだ。それが今日デューイ心理学を再考するもう1つの重要な理由になるのである。

　また一方，デューイ心理学の良識を手に入れることは，挑戦することである。行動主義の創始者の1人のジョン・ワトソン（John Watson）は，「私は哲学の英国学派から何かを獲得した。すなわち，主にヒューム（Hume）から，ロック（Locke）からもいくぶん，ハートレー（Hartley）から少し，カント（Kant）からは何も，そしておかしなことに，ジョン・デューイからは全然得るものはなかった。私は彼が当時何を言っていたかは知らない。そして不幸なことに，私はいまでもわからない」と言った（Watson, 1961, p. 274）。ワトソンがわからないと言ったのは意図的だったのかもしれないが，デューイの思想はときどき理解できかねることがある。1つの難しさは，デューイの研究は70年の経歴にわたって発展してきていて，読者が初期の研究になじんでいることをしばしば前提としているという事実から生じる。そのようななじみがないと，それが全体の流れの中の単なる一部にすぎないことを理解できずに，デューイの一時の強調に対して誇張した見方を持つのである。この長い展開とデューイの「成長」についての強調を前提にして，デューイの思想を発展的に考えたほうがいいだろう。

　以下で私は，デューイ心理学の思想の発展を伝記的概観から始めて，1884年から1916年までの時期に主に焦点を当てて順を追って述べる。私は彼の研究を展開の3段階によってたどる。それは構造的に異なる段階ではなく，相対的焦点と強調の移行を明らかにする方法として考えられるはずである。まずは，デューイが新ヘーゲル学派観念論の強い影響を受けていたときの，「観念論的」段階と呼ばれるものである。そのあとにより自然主義的な「機能的」段階が続く。それはジェームズ（James）の『心理学の原理（Principles of Psychology）』の影響を受けたものである（James, 1980）。第3は「民主主義的」段階であり，『民主主義と教育（Democracy and Education）』（Dewey, 1916）の蓄積によるもので，彼の心理学と新しい社会哲学を非常にはっきりと結びつけるものであった。私は，このようにデューイ心理学を発展的に考察して，彼の思考や情動の研究や彼の心理学と彼の社会思想間の連繋のような，しばしば別々に扱われている研究の各様相間の結合を明らかにしたい。

創生期：1890年から1920年まで　　　　　　　　　　　　　　　　　　　　　　　　　　Ⅰ

伝記的背景

　ジョン・デューイは1859年，バーモント州バーリントンの近くで，アーチボルド（Archibald）とルシナ・リッチ・デューイ（Lucinda Rich Dewey）の子どもとして生まれた。彼の父は農家出身の雑貨店主で，その後たばこ店のオーナーとなった。彼の母は，父より20歳年下だったが，裕福で社会的に著名な農家の生まれだった。ジョンは4人兄弟の3番目で，長男は幼くして亡くなった。心の広いおおらかな父親との関係は「なごやかな」ものだったが，母親は思いやりがあったものの，「道徳や宗教的な見方は狭量で厳格」だった（Dykhuizen, 1973, p. 6）。彼女は熱心な福音主義者となり，デューイははっきりした反感を抱いていたが，幼いデューイにしばしばお前は「神を信じているのか」と尋ねたのだった（Walker, 1997, p. 2）。デューイはのちに，統一の要求をニューイングランドのカルビン派の生活の分割のせいだと考えたのだが（Dewey, 1960），それは愛情深いがまったく性格の異なる両親のせいとも考えられただろう。原因は何であれ，デューイの仕事は対立する位置の間を調整する役割を果たすことにいつも関係していたのである。

　デューイの受けた早期教育は，教育設備の一般的な低い基準の例である，7歳から19歳までの54人の生徒からなる，バーリントン小学校のクラスであった。彼が高校に進むと，ラテン語とギリシャ語，フランス語と英語の文法，英文学，それに数学という，数年間の大学準備のための一般科目の授業を受けた（Dykhuizen, 1973, pp. 4-5）。16歳で卒業するとバーモント大学に進学した。そこでは，初期の学長も8学部の教授陣の何人かも家族の友人であった。そこで彼は，政治哲学と社会哲学には特に関心を持って一般教養の履修を続けた。精神哲学と道徳哲学の教授であるH・A・P・トーリー（H. A. P. Torrey）は，彼にカント派とスコットランド良識哲学の手ほどきをした。だがデューイはあとで，最初の「顕著な哲学的関心」は，T・H・ハックスレー（T. H. Huxley）[(2)]のテキストを使用した生理学のコースで引き起こされたと回想している。これは，デューイに「独立と相互関係の感覚――どの分野のものでも一致しなければならないもの」という考えを与えた。それはまた彼を，無意識に「ハックス

レーの治療の研究から得られた写真の中の人体と同じ性質を持つ世界と人生の要求」に導いた（Dewey, 1960, p. 4）[(3)]。このようにデューイの最初の哲学的動機は，生き生きとした有機的関係で万物を見ることだった（Philips, 1971）。

　20歳で大学を卒業したあと，デューイはペンシルベニア州オイルシティの高校で2年間（1879～1881年），それからバーモント州シャーロットの私立神学校で1年間教えた。彼はオイルシティの生徒たちとうまくやっていたようだったが，シャーロットの生徒たちの指導を続けるのには苦労した。神学校の時期に，彼はトーリーから個別指導を受けるために哲学史に戻り，哲学を自分の生涯の仕事とすることを決めたのである。

　1882年，23歳のとき，デューイはジョンズ・ホプキンス大学で大学院の研究として，「新しいこと」を始めた。研究奨励金の申請を支援して，バーモント大学の学長は次のように書いている。「ジョン・デューイは論理的で，徹底して，しっかりした独立心の持ち主である。彼はいつも穏健で優しい。そして，宗教面では忠実で誠意がある。しかも私の知る限り偏屈な点やどんな欠点もない。ご存知のように彼は控えめである……これは彼を知る人たちが心に抱くただ1つの問題だ……」（Dykhuizen, 1973, p. xxi）。ジョンズ・ホプキンス大学でデューイは，ミシガン大学で教鞭をとった新ヘーゲル派の哲学者G・シルベスター・モリス（G. Sylvester Morris）と仕事をした。モリスはデューイのお気に入りの講師だったが，ドイツ観念論の「確認された真実」について講義をし，デューイに新ヘーゲル主義をしばらく教えたのである。その見方によれば，現実の部分は「生物学的有機体の部分のように相互に関連している有機的統一体」としてとらえられる。実際には，「これらの有限のものを通してより高次な人生を実現する単一の生命や心」だという（Dykhuizen, 1973, p. 34）。デューイはのちに，ヘーゲル（Hegel）の思想は「間違いなく強い情動的切望である統一の欲求」を満足させたと書いている。ヘーゲルの研究は，さまざまな対立する位置を発展的に考えるとき，どのように全体を理解するかを示して統合する試みであった。デューイが言ったように，「主体と客体，物と魂，神と人間の統合は……単なる知的定式化ではない。それは，大いなる解放，自由化として働いたのである」（Dewey, 1960, p. 10）。

　デューイは，（ドイツのヴィルヘルム・ヴント〈Wilhelm Wundt〉との研究に続いて

ハーバード大学のウィリアム・ジェームズ〈William James〉のもとで）アメリカで最初の心理学学位取得者 G・スタンレー・ホール（G. Stanley Hall）と研究した。ホールは心理学の進化論的アプローチについての広範な見方を持っていた。そのアプローチは，その分野を統合し教育改革と社会改革を進めることに役立ったのである（Hall, 1985; Hall, 1909; Hall, 1916）。デューイはホールと生理学的心理学と実験心理学，心理学と倫理学理論，「科学的教育学」の授業を担当した（Dykhuizen, 1973, p. 31）。彼は最初ホールから教えられた「新しい心理学」とモリスから学んでいた哲学との間の密接な関係に気がつかなかったが，晩年，心理学に非常に関心を持つようになった。しかし彼は，ホールが非常に「狭義に科学的」で「哲学を見くびって」いることに気づいた。それは，のちにホールによって反論されたものである（Clifford, 1968, p. 241）。デューイは，チャールズ・サンダース・パース（Charles Saunders Peirce）から論理学のコースを引き継いだが，そのあまりに数学的で科学的な志向に失望したのだった。だが20年後，彼はパースの研究の重要さに気がついたのだった（Dykhuizen, 1973, pp. 30-31）。

1884年，博士号を取得すると，デューイはモリスに頼まれ，ミシガン大学で教鞭をとった。そこで彼は経験心理学，実験心理学，思弁心理学を含む心理学の多くの課程を教えた。彼はまたカント，スペンサー（Spencer），論理学，それに他の教科も教えた（Dykhuizen, 1973, p. 46; Coughlan, 1975, p. 54）。デューイはこの時期に学校研究委員を務めるなど，教育に積極的に関与し始めた。彼はシカゴのジェーン・アダムズ（Jane Adams）のハルハウス（Hull House）で最初の講義を行った。しかし，これらの社会改革との知的関わりを別にすれば，デューイはこの時期には，「どんな社会改革運動にも参加しなかったし，どんな目的にも協力しなかった」（Dykhuizen, 1973, p. 51）。ミシガン大学での2年目に，彼はアリス・チップマン（Alice Chipman）に出会い，結婚した。彼女は学生で，彼の下宿の間借り人だった。彼らの娘のジェーン（Jane）は，「母は偽りも気取りもない優れた心の持ち主だった……（しかも）不屈の勇気を兼ね備えた感性豊かな性質であった」と書いている（Dykhuizen, 1973, p. 53）。ジェーン・デューイは次のように続けている。「母は，当時の生活の分野の解説的，伝統的関心に加えて，デューイの哲学的関心を早く広げることに間違いなく大

きな影響を与えた。とりわけ，以前には理論の問題であったことが，いまは彼女の生き生きとした直接的な人間らしい味わいに触れることによって得られるようになったのである」(Dykhuizen, 1973, p. 54)。

　ミシガン大学の多くの人たちが大切な同僚となった。デューイはジェームズ・ヘイデン・タフツ (James Hayden Tufts) を心理学入門と哲学コースの指導のために採用した。タフツはドイツへ研究に行く前の1年間ミシガン大学に留まり，それからシカゴ大学の職に就いた。そこで彼は，のちにデューイの雇用に応えることになる。ジョージ・ハーバート・ミード (George Herbert Mead) は，ハーバード大学でジョサイア・ロイス (Josiah Royce) と学位論文を完成したばかりだったが，ミシガン大学のタフツの後任になった。ジェーン・デューイは彼らの関係について，「90年代以降，ミードの影響はジェームズのそれと肩を並べた」と書いている (Dykhuizen, 1973, p. 68)。自己の「鏡映」(省察) 理論の著者である社会学者のチャールズ・ホートン・クーリー (Charles Horton Cooley) も同僚だった。ミシガン大学での10年間のうち1年はミネソタ大学にいたが，デューイは最初の著書『心理学 (Psychlogy)』を刊行した (Dewey, 1887)。これは心理学と哲学の関係についての初期の論文と並んで，デューイに「国際的な学問的支持者と評判」を与えたのである (Coughlan, 1975, p. 61)。彼はまたライプニッツ哲学 (Dewey, 1888) についての1冊と倫理学についての2冊の本を出版した。主にマクレラン (McLellan) によって書かれた別の本『応用心理学 (Applied Psychology)』(McLellan & Dewey, 1889) は，デューイ心理学とその教育的提言の理解に役に立つ入門書である。

　1894年にデューイはシカゴ大学へ移った。ロックフェラー財団によるこの新しい大学の学長ウィリアム・レイニー・ハーパー (William Rainey Harper) は，2人の年長の哲学者にポストを提示したが，彼らの辞退後，タフツの推薦でデューイを採用した (Rucker, 1969, p. 4)。デューイは哲学部の学部長に指名された。哲学部には心理学と教育学があり，心理学，教育学，哲学の3分野にまたがる思索を関係づける貴重な機会を提供していた。哲学だけでなく心理学と教育学の研究もできるので，デューイは薄給に不満を漏らしながらも，その仕事に引きつけられていた (Rucker, 1969, p. 7)。彼はまた多くの同僚を雇用する機会を持った。ミシガン大学からジョージ・ハーバート・ミードを迎え

入れ，ミシガン大学の前の指導学生 J・R・エンジェル（J. R. Angell）を採用した。彼はハーバード大学でウィリアム・ジェームズと卒業研究を完成させていた。ミードは，プラグマティズムの社会的―相互作用の見方を発展させたことで頭角を現していた。プラグマティズムは相互作用社会学で非常に影響力を持つようになっていた。機能心理学の展開でエンジェルの仕事は大切になっていた（Angel, 1904; Angel, 1907; Angel, 1961）。これら4人の同僚，デューイ，ミード，エンジェル，タフツは，「新しい哲学の基礎が築かれた1894年から1904年の10年間，シカゴ学派の中核であった」（Rucker, 1969, p. 4）。デューイが親しみやすく優れた同僚を採用した有利な状況の結果，シカゴ・グループは非常に緊密になった。ウィリアム・ジェームズは『論理理論の研究（*Studies in Logical Theory*）』（Dewey, 1903）の出版後に次のように書いている。「シカゴ大学は，ジョン・デューイの計画の10年間の果実を最近の6ヶ月で生み出した。その結果は素晴らしいものだ。真の学派，真の思想である。また重要な思想でもある。みなさんは，そのような街，そのような大学をかつて耳にしたことがあるだろうか？　ここ（ハーバード大学）で，私たちは思想を持っているが，学派ではない。イェール大学では，学派はあるが，思想はない。シカゴは両方を兼ね備えているのだ」（Rucker, 1969, p. 3）。

　シカゴ大学の多くのスタッフは，学長から一般の教員に至るまで，その当時，社会と教育の改革に取り組んでいた。デューイは，ジェーン・アダムズ（アメリカの近代社会福祉の母）が創設した都市の貧困街のハルハウスと呼ばれるセツルメントハウスの理事であり，積極的な参加者であった（Addams, 1990）。ダイキューゼン（Dykhuizen）が，「デューイはハルハウスで出会った有力者から多く影響を受けた。彼よりも急進的で極端な見方を持つ人々との接触は，彼自身の考えを深め鋭くした。『地球上の素朴で謙虚な人々は，（その）優しい愛情は最も損なわれていない』というジェーン・アダムズの一般市民への信頼と信念は，デューイ自身の『教育における指導する力としての民主主義の信念』を強めたのである」（Dykhuizen, 1973, p. 105）。デューイはシカゴの州立学校の改革に関与させられた。そして，教育長であり重要な独自性を持つ教育思想家エラ・フラッグ（Ella Flagg）が大学の大切な同僚になった。デューイはまた実践上の新しい心理学と教育学理論を検証する方法として大学実験学校を始めた。

これはのちにコロネル・パーカー学校と合併し、その校長にアリス・チップマン・デューイ（Alice Chipman Dewey）が就任した。社会と教育の改革の実践に取り組んだのだが、ダイキューゼン（1973, p. 104）は彼の論文の中で、デューイは「当時の激しい問題には全然触れること……はなかった」と述べている。

シカゴ大学で、デューイは哲学コースに加えて多くの教育コースも教えた。そこには、教育心理学、教育哲学、教育方法、教育理論の展開、小学校教育、教育関係の論理的方法、15世紀から17世紀のカリキュラムの展開が含まれていた（Dykhuizen, 1973, p. 87）。彼の最も広く読まれた何冊かの教育研究がこの時期に刊行された。『学校と社会（School and Society）』（Dewey, 1900/1956）、『子どもとカリキュラム（The Child and the Curriculum）』（Dewey, 1902/1956）、ほとんど忘れられている『数の心理学と算数教授の方法の適用（The Psychology of Number and Its Applications to Methods of Teaching Arithmetic）』（McLellan & Dewey, 1895/1905）である。シカゴ時代はデューイの最も重要な心理学的論文のいくつかが発表されている。心理学における反射弓概念への非常に有力な批判（Dewey, 1896）、情動理論の論文（Dewey, 1894; Dewey, 1895）、「意思の訓練に関係する関心（Interest in Relation to Training of the Will）」などである。これらの貢献は、1899年のアメリカ心理学会会長の選出で公式に認められた。彼のプラグマティズム（彼は道具主義と呼んだが）への取り組みのもっと一般的な学問的提言は『論理理論の研究』（Dewey, 1903）[4]の中で述べられている。

デューイは、学長のウィリアム・レイニー・ハーパーと絶えず意見が対立し、学長の妻に実験学校の校長を引き継がせることで口論となり、1904年にシカゴ大学を去った。コロンビア大学はすぐに教員養成カレッジのポストも用意して彼を採用した。コロンビア大学では、彼は自分の研究意欲をかきたて洗練するのに役立つ哲学者たちの広範なグループとつきあうようになった。彼はまた、自分の研究の社会的、文化的側面を広げることを助けたフランツ・ボアズ（Franz Boas）のような文化人類学者とも知己になった。デューイのコロンビア大学での最初の数年間の心理学向けの出版物は、『私たちはどう考えるか（How We Think）』（Dewey, 1910）、『教育の興味と努力（Interest and Effort in Education）』（Dewey, 1913）であった。彼の娘エブリン（Everlyn）（Dewey &

創生期：1890年から1920年まで

Dewey, 1915）と執筆した『明日の学校（*Schools of Tomorrow*）』は進歩主義の学校について書いたものだが，彼が以前タフツとともに書いた『倫理学（*Ethics*）』の改訂版（Dewey & Tufts, 1908/1932）と一緒に刊行された。デューイの研究の社会的で心理学的側面は，この時期に相互に十分に統合され，『民主主義と教育（*Democracy and Education*）』（Dewey, 1916a）の中の教育に適用された。その本で自分の哲学が「最も十分に説明されている」と数年間考えていた（Dewey, 1960）。『哲学の再構成（*Reconstruction in Philosophy*）』（Dewey, 1920），それは日本と中国で行った講義から引用したものだが，多くの伝統的，哲学的問題の再概念化を短くしかもわかりやすい形で要約するのに役立っている。『人間の性質と行為（*Human Nature and Conduct*）』（Dewey, 1922）は，彼の心理学の生物学的側面と社会的側面を倫理学とよく関連づけようとしたものである。彼の最も高く評価されている著作『経験と自然（*Experience and Nature*）』（Dewey, 1929/1958）は，彼の基本原理と精神と自然間の関係へのアプローチについて詳しく述べたものだ。他の著作は，『公衆とその問題（*The Public and Its Problems*）』（Dewey, 1927），民主主義的国家の発展史と『確実性の探求（*The Quest for Certainty*）』（Dewey, 1929/1960），伝統的哲学と宗教の批判である。

コロンビア大学の数年間，デューイは，大学教授のアメリカ学会，アメリカ市民自由組合，社会的研究の新しい学校の創設を支援するために，多くの問題に取り組んだ（Dykhuizen, 1973, pp. 171-172）。1930年に退職後も，デューイは重要な仕事を続けた。そのうち心理学と教育学に最も関連するのは『経験としての芸術（*Art as Experience*）』（Dewey, 1934）と『経験と教育（*Experience and Education*）』（Dewey, 1938/1963）であった。前者は彼の研究を，多くの人たちが彼の「道具主義」に欠けていると考えた，美学と関連させるのに役立った。それに対して後者は，教育経験の性質についての自分の思想のある面を強化することと，過度に単純に子ども中心になったことへの進歩主義教育者批判であった。論理学への彼の接近のより詳細な論述は『論理――問題の理論（*Logic: The Theory of Inquiry*）』（Dewey, 1938）で明らかにされている。彼は1952年に亡くなるまで重要な著作の刊行を続けた。その中の『認識することと認識されること（*Knowing and the Known*）』（Dewey & Bentley, 1949）は，認識することへの方法と位置づけられていて，今日の心理学と最も関連が深い。

新しい心理学

　デューイの初期の著作は，1880年代の合衆国で影響力のあった「新しい心理学」の重要な部分を占める。これは，一方ではドイツの実験的研究の，他方ではダーウィン (Darwin) の進化論の影響を受けていた。ボーリング (Boring) はその分野の歴史の中で「アメリカの心理学は，ドイツの実験主義からその外形を継承したが，ダーウィンから精神を受け継いでいる」と指摘した (Boring, 1929, p. 494)。新しい心理学の要点はジョージ・ハーバート・ミードが友人に書いた手紙から推測できる。「そこにあるのは，100年前の精神哲学者と馬鹿で愚かな活気のある生徒，神経と神経節の探究者，（今日の）教育方法の討論者という対照である」 (Coghlan, 1975, p. 123)。

　新しい心理学は，ロック，ヒューム，ミル (Mill)，レイド (Reid)，ベイン (Bain) の「古い」心理学と対比される。それは機械的であり，おおむね肘掛け椅子の思索に基づいている。ニュートン理論に基づく古い心理学の基礎にある機械的比喩は，進化論に基づく，生きている有機体の新しい心理学の比喩と対比される。後者の比喩は，より活き活きと動的な心理学の基礎を与えることにより，機械という，より活き活きとして，成長し，適応するものとして人を考えることを助ける。進化論の思想は古い思想を押しのけていて (Miller, 1968, p. xi)，進化についての別の概念を働かせるのである。自然論の側では，スペンサー，ダーウィン，ハックスレー，科学者や流行科学に熱心な学者に人気があった。他方，観念論の側では，新ヘーゲル学派の思想がより宗教的志向を持つ知識人の間に流行していた。ダーウィン派の自然主義者と新ヘーゲル学派の観念論者は，実体的には異なっていたが，両者とも進化の過程あるいは発達の過程で形や構造が生じる方法を強調したのである。

　デューイの最初の論文の1本は，新しい心理学を祝福するものであった (Dewey, 1884)。その中で彼は，古い連合心理学者たちは「経験を取り除いてしまい」「それがそれらの論理的箱に適合するまで刈り込まれている」と述べている (Dewey, 1963, pp. 49, 60)。彼らは人を「分析の解剖机に載せ詳細に調べられた，分離された個として取り上げられる，ぴったり接合された精神的機

械として」扱った（Dewey, 1963, pp. 49-50）。対照的に，新しい心理学は，人が心的生活を「すべての生活の法則に従って発達する有機的に統一された過程」としてとらえるのに役立ったのである（Dewey, 1963, p. 57）。「心的生活を真空の中で発達する個々のバラバラなものとして考える」（Dewey, 1963, p. 58）のではなく，新しい心理学は個人を，「彼がそこで生まれ，精神的で霊的滋養を引き出し，その中で，彼がどのように自分固有の機能を遂行するかを，心的で道徳的な残骸になるはずの組織された社会的生活」との関連で考察するのである（Dewey, 1963, p. 58）。デューイの初期の心理学は，それ自体が発展してきた社会的および文化的生活の文脈における個人の発達をはっきりと強調した。

　デューイの新しい心理学についての解釈は，論文の末尾を読めば明白なように，強くヘーゲル学派の見方を与えた。ここで彼は，新しい心理学は知性の発展を「内在する考えや目的が経験の発展を通してそれ自体を実現する1つの有機体」として見ると述べている（Dewey, 1963, pp. 61-62）。実際，社会—文化的発展は，世界の中でそれ自体を実現し内在的になる絶対的精神（つまり神）の過程の一部としてとらえられる。結果として生じるアプローチは，人の性質の真ん中に「神に近づく祭壇にある国の争いのすべての永遠の基礎である献身，犠牲，信仰，理想主義」を見出して，「人の宗教的性質と経験の心理学」を可能にすることによって，「強い倫理傾向」を持つ（p. 62）。ダイキューゼンは次のように考察している。「デューイが（当時は）新しい心理学の基礎的概念——有機体論，力動論，公式主義の否定——と新ヘーゲル学派の基礎的考えとの間に不可欠のアイデンティティを見出したことは明らかである」（Dykhuizen, 1973, p. 38）。

　これと初期の論文（Dewey, 1963a; Dewey, 1963b）の中で，デューイはG・スタンレー・ホールの進化論心理学とシルベスター・モリスの新ヘーゲル学派哲学の間の関係をとり直そうとしている。特徴的なことは，彼は心理学と哲学について，心理学は哲学（物事をその実践的，心理学的意味の観点から見ている）に方法を与え，哲学は心理学に幅広い知的文脈を与える，共通の努力の別々の側面として見ていることである。この心理学を哲学から分けることを嫌うことは，心理学的，論理学的，倫理的，美的関心の間の強い結合のような，いくつかの彼のアプローチの長所を説明する。だがそれは，哲学から独立した科学を発展

させようとする心理学者たちの努力にもかかわらず，受け入れられなかったのである。

自己実現——認知，感情，意思の役割

　デューイの最初の著書『心理学』(Dewey, 1887) は，ミシガン大学で教授陣に加わったあとに出版されたのだが，新しい心理学の最初の教科書でもあった。それは非常に人気を博し，ウィリアム・ジェームズの『心理学の原理』(James, 1890/1950) に取って代わられるまで数版を重ねた。『心理学』の中でデューイは，新しい実験心理学の事実を新ヘーゲル学派のカテゴリーに組織しようとした。ダイキューゼンは，それは読者に「実験心理学の事実は必然的，不可避的に，ドイツの形而上学観念論へと移行することを信じさせた」と述べている (Dykhuizen, 1973, p. 54)。すべての新しい事実を古いワイン用革袋に注ぐ試みの役に立たない結果にもかかわらず，それはデューイが自分の生涯を通して練り上げ修正し続けた概念的に豊かな方法を提供したのである。

　『心理学』は主に，認知，感情，意思がどのように相互に関連し，それらが人の「自己実現 (self-realization)」[5] にどのように働くかを示す取り組みである。これら3つのそれぞれの機能は，「意識」の1つの面であって別々のものではない。認知は具体的な思考や感情の客観性のある，あるいは普遍的な面である。例えば，私たちはある刺激の結果として対象について知るとき，この知識は，私たちは誰か他の人もそれについて知っていることを承知しているのだから普遍的である。感情は意識の主観的ないしは固有の面である。それは，人がどのように刺激の「調子」や様式によって個人的に「影響されて」いるかを含むのである。これらの2つの面は，第3の面で意思に「統合される」(Dewey, 1887)。統合されることが曖昧なので1つの例をあげよう。人が森の中の道で近づいてくる熊を見たとき何が起こるかを考えてみよう。この刺激の客観的または認知的な面は，それは熊であって他のものではないという認知である。情動的または主観的な面は，胃のくぼみの中の沈んでいく気分と恐怖で緊張した筋肉の感じである。これらの面は，注意深く後ずさりを始めるような，あるや

り方で行動する意図に「統合される」。この行為は，客観的刺激と行動のそれぞれの解釈で一致している主観的情動反応を結びつける。

　デューイの初期の心理学は，思考，感情，意思の相互依存を強調しているので今日でも興味深いのである。デューイは，これらの1つの機能を他とは別に強調するのではなく，それぞれは他との関係で理解される必要があると主張した。認知は感情に依存する。例えば，問題に関心がないと，人は単純にそれに関心を持つことはない。認知はまた意思に依存している。現在の志向された活動が認知されている刺激に影響するので，感情は同じように認知に依存している。情動はその対象に依存して変化するので，怒った熊に対する恐怖は，怒った小犬に対するものとは違う。感情もまた意思に依存する。なぜなら感情は目的志向活動の脅威あるいは阻害の結果として生じるからである。意思は，統制された行為が場面の客体的特性に依存するので認知に依存する。結局，意思も，所与の努力が他の活動の目的と矛盾するかどうかを情動的感情が示すから，また感情に依存する。異なる機能が相互に影響する方法を示すことで，デューイの分析は，結びつけられる機能を無視してその生命の断片にだけ注目することによって生命有機体を「解剖」しないようにした。例えば，教育では，子どもの思考だけでなく，情動的感情と実際の意図との関連で，子どもの思考に敏感になるべきであることを示唆したのである。

　デューイの『心理学』は「自己実現」を強調したのでいまでも興味深い。彼は「究極には，人間の行為にたった1つの目標があることは明らかである……それぞれの目標は，より高い目標を持ち，その頂点が自己実現である」（Dewey, 1887, p. 370）と言う。この言葉はいまでは異質に思われるが，しかし，人が彼を「自己実現化（self-actualization）」——カール・ロジャーズ（Carl Rogers）とアブラハム・マズロー（Abraham Maslow）[6]の研究になじみのある概念であるが——を強調したと考えるなら，もっとわかりやすくなる。ヘーゲル学派の思想と一致して，デューイは人を絶えず成長しあるいは「進んでいる」と考えることが必要だと主張した。この考えは，唯一のよい学習は発達のいまの段階に先立っていることだというヴィゴツキーの考えと同じであることがわかる（Vygotsky, 1978）。デューイが人間の行為の目標として自己実現を初期に強調したことは，「成長」についてののちの強調の発端でもあった（Dewey,

1916a)。認知，感情，意思を区別し，発達と関連して複雑に結びつけられている面を彼が強調することは，認知発達，感情発達，道徳発達に対する現在の焦点化と同じである。デューイは，発達のこれらの面をバラバラにするのではなく，それらの相互関係に焦点化した。デューイはまだ新ヘーゲル学派に強く影響されていたので，個人の自己実現を絶対神との統一の大きな過程の部分としてとらえる傾向があった。彼は，自己実現は「現実と理想が1つであるという自己の進展する割り当て——その中に，真実，幸福，正義が1つのパーソナリティに統合されている」であると言う(Dewey, 1887, p. 424)。換言すれば，自己実現は神との一体化へ向かって進む。

　デューイの『心理学』は一部の人たちからは高い評価を得たが，当時の最も著名な心理学者たち，スタンレー・ホールとウィリアム・ジェームズからは批判された。ホールは，「事実はそれ自体のためにはっきりと言うことは許されない……しかし常にシステムに『読み込まれる』」と不満をもらした(Dykhuizen, 1973, p. 55)。実際，「それらのごくわずかは納得がいくが，私たちが信じている多くは基本的に間違っていて誤解されやすい」(Coughlan, 1975, p. 58)。ジェームズは何か新鮮なものを期待したが，デューイが個人の精神生活をより大きな自己の発達の観点で解釈したときに，「特殊性からすべての鋭さと明確性を遠ざけた」と考えてひどくがっかりした(Dykhuizen, 1973, p. 55)。デューイの新ヘーゲル主義はあまりにも形式主義的だったが，それには彼が認知，感情，意思の相互依存をとらえることを助けるという長所があった。それはまた彼を未来の自己実現における現在の機能の役割に敏感にさせて，彼が生活の発展する社会的—歴史的方法の文脈で個人の機能を考えることに役立ったのである。

　デューイの『心理学』の教育的提言は，マクレラン（主著）との共著『応用心理学』の中で精緻化された(McLellan & Dewey, 1889)。同書の全体の原理は「知ることで行うことを学び，行うことで知ることを学ぶ」であり，デューイののちの考えと一致したテーマであった。教育のさまざまな原理が提案されていて，そこには生徒がすでに享受している活動，興味，考えに基づく指導を含んでいる。指導の目的は，意味があり，明確で，実践的なものである。指導の方法は，一度に，関連した方法で，1つのことを教えることである。

創生期:1890年から1920年まで　　　　　　　　　　　　　　　　　　　　　　　　　I

ウィリアム・ジェームズとダーウィンの影響

　デューイの観念論的(ヘーゲル学派的)相は,1884年から1891年の「およそ7年間,有効に存続」(Dewey & Ratner, 1963, p. 13) した。ヘーゲルの思想の拘束をゆるめ,もっと自然主義的方向へ彼を押したのは,ウィリアム・ジェームズの『心理学の原理』(James, 1890/1950) だった (Dewey, 1960)。ジェームズは,合衆国の進化論争のほぼ中心で,5年間ハーバード大学で生理学を教えて,ダーウィンとハックスレーの研究に没頭していた (Bordo, 2002)。彼の研究は,ヘーゲル学派が示唆するよりもっと具体的である心理学の「有機体」的方法の発達をデューイが理解することに役立ったのである。ジェームズの研究の最も新しい点は,彼がダーウィン派の仮定に基づいて自分の心理学を提唱したという事実である。それは心を,適応を援助する目的で発展した自然の機能として考えているのである。ジェームズは次のように言う。

　　私たちの内的能力は,私たちが存在し,その中で私たちの安全と繁栄を確保するように調整した,世界の特徴にあらかじめ順応している……心と世界は……一緒に発展してきた,そしてその結果,いくぶん相互適合である……このもっと新しい見方の主な結果は……私たちの感情と思考の多様なあり方は,外的世界において私たちの反応を形成する効用のせいで,それがいまあるようなものにまで成長したのである。(James, 1892, pp. 3-4)

　この点ははっきりしない。しかしジェームズはそこからいまだに十分に理解されていない興味ある提言を引き出したのである。その主な目的は,有機体がこれまでにない,あるいは偶発的な状況に適応するのを助けることなので,思考が実際の行動の目的のために進化したという考えであった。このように見ると,思考は主に行動のために働くのであり,もののあるがままの状態をただ受動的に説明するためだけではない。ジェームズは「私の思考は終始自分のやることのために働くのであり,私は1度にただ1つしかできない」(James, 1892, p. 355) と言う。有機体はその行動の成功に関係する感情と好みを持っている

ので、思考は情動とも密接に関連している。実際、ジェームズは思考の大部分が情動的関心から引き出されると考えた。心のこの積極的な見方がプラグマティズムの中心である。

ジェームズの説明では、心は静的のものではなく動的機能としても考えられていた。すでに区別された静的存在として基本的考えを持っていて、複雑な考えは感覚の基本的考えの外で形成されるという連合的見方のような、あらゆる実在に関連した概念に彼は反対した。彼はまた、思考は超自然的自我の操作の結果であるという見方に反対した。これは別の静的存在である自我を仮定する。それ自体が説明されなくてはならない。ジェームズの見方では、思考は波に似ている。また思考は相互に織りなす波形のダイナミズムに似ている。この比喩を使うと、波形はその中に多くの形や下位の形を持つことができるので、複雑な考えを基本的部分で構成されるものとして考える必要がない。また思考をするために、動的方法では「思考それ自体が思考者である」から、実体的自我も必要ではない（James, 1982, p. 216）。デューイは次のように言う。大方は静的構造の見方で心を考えているが、「ジェームズには、生活を行動生活の見方で考えることが用意されているのだ」（Dewey, 1960, p. 16）。

ジェームズの研究の大部分が非常にダイナミックだったが、彼は感覚—運動反射の概念を中心に考察を組み立てた。それは心理学の基本単位を与える考えだった。感覚神経と運動神経は脊髄を出入りするときに互いに分かれていたので、心理学は入出力モデルに基づいているように見せた（ベル・マジャンディの法則）[7]。ジェームズは機械的比喩に戻って、「神経組織は、印象を受け取り、個人とその種の保存される反応を放出するための、機械にすぎないことが今日ではよく理解されている」と言う（James, 1892, p. 7）。その結果、行動は、感覚インプット、重要な想像か思考、運動反応の線的連続としてはっきり理解されているように見える。

ミシガン大学時代の後年、デューイは感覚—運動反射が心理学の基本単位を与えるという考えに非常にとらわれるようになった。もしこれがすべての行動と思考の基本単位であるなら、その単位の中に「私たちは世界を示している。そしてその構造から、私たちは主な哲学的考えを読み取るかもしれない。そのような行動はどれもが、凝縮された形態の全体であり、全体の部分ではないの

で,全体を代表する」(Coughlam, 1975, pp. 136-137)。デューイは,統一とは絶対的なものとの一本化であるというヘーゲル学派の概念から,刺激と反応が発達する行動でよく調整されるときに明らかになるように,統一は部分的に連動した行動を伴うという根拠のある概念へ移行を始めた。ダーウィン派の考える生き物は,全部の環境ではなく局部的環境と動的均衡にあることだけが必要だ。しかしながら,2～3年後,古い心理学と同じ二元論に陥っているジェームズ心理学の見解に対する批判を強め始めながら,デューイの熱狂は和らいでいった (Dewey, 1946)。

反射弓概念への批判

デューイのこの「機能」期の最も重要な論文である「心理学における反射弓概念 (The Reflex Arc Concept in Psychology)」(Dewey, 1896) は,反射弓モデルへの批判と心理学のシカゴ・アプローチについての意見表明であった。これは,*Psychological Review* (Bredo, 1998 参照) の初めの50年間に発表された最も影響力のある論文である。解説者は次のように言う。

> 「心理学における反射弓概念」の発表は,人間の行動研究における真に重要なつの1つのターニングポイントとなったのである。それは心理学という科学におけるここ数十年間の最も重要な研究の1つだったのであり,それが修正しようとする何らかの同じ機械的見方に,それがどう呼ばれようとも,傾倒していないすべての学生の間にその位置を保っている……人間の研究が,人のモデルとしての有機ロボットの概念を乗り越えようとするときはいつも,「反射弓」が研究されている[8]。(McKenzie, 1971, pp. xiv-vx)

上述のように,反射の考えは,行動は刺激と反応の連続した結合結果として理解できることを提案している。連続した結合は,感覚と運動ニューロン間の結合と同じだと考えられている。それは心理学が,直線のインプット―アウトプットモデル,のちの刺激―反応 (S-R) あるいは刺激―有機体―反応 (S-O-

R）理論に基づいていることを示唆している。

　ジェームズがそれらを取って変えようとしたが，デューイは反射モデルが古い連合説と自我理論の多くの断片的な仮説をとどめていると考えた。「感覚と思考という古い二元論は，周縁と中心の構造と機能という現在の二元論において繰り返されている。すなわち，身体と魂の古い二元論は，刺激と反応の現在の二元論にはっきりと残っているのである」(Dewey, 1896, pp. 357-358)。換言すれば，反射弓概念に基づく心理学は，心と身体，有機体と環境を，古い心理学によく似た別々のものに分けたのである。それは，もっと動的な関係を誤解して，刺激，中心活動，反応を別々の存在として扱った。独立した出来事として感覚インプットと運動アウトプットに焦点化することによって，それらが並行して相互に影響し，環境によって結びつけられることを無視して，反射理論は，行動の完全なサイクルの単なる「弓」か断片部分に中心を置いたのである。結果として，「反射は包括的単位や有機的単位ではなく，バラバラの部分のパッチワークである」ことになった (p. 358)。デューイが言うように，もし有機体が実際にこのようなものとすれば，有機体の行動は「一連の痙攣にすぎず」，環境の中の「経験の過程の外側」か「有機体内のある自発的変化」の中に見られる，それぞれの痙攣の起源である (p. 360)。そのとき有機体がどのようにして共同でなめらかな形でふるまうかを理解することはできないであろう。同じ批判が，別々の感覚，推理，連続して置かれている運動成分も含むロボットの従来型の方法に今日あびせられていることは興味深い (Brooks, 1991)。

　直線的順序の別々の感覚と運動的出来事に心理学の基礎を置く代わりに，デューイは，行動の基本単位は有機体の反応がそれ自体の刺激を変更することに役立つ目標指向的行為である，と主張した。デューイは「いわゆる反応は，単に刺激に対するのではなく，刺激の中にある」と言う (Dewey, 1896, p. 359)。このように，感覚と運動的出来事は直線的に関係しているのではなく，まず感覚が生じ，それから運動反応が引き起こされるのである。むしろ，感覚と運動的出来事は循環して働き，感覚刺激が運動的出来事の調整を助けるのと同じように，運動的出来事は感覚刺激を変えることを助けるのである。デューイはフィードバックという現代の概念を持たなかったが，彼の概念は，あるター

創生期：1890年から1920年まで   I

ゲットの感覚状態に達するために機能するシステムの概念と少なくとも類似している。

　デューイは，刺激は単なる感覚に帰着させられないし，反応は単なる運動反応に帰着させられないと主張し続けた。知覚と操作は機能的行為であり，機械的インパルスではない。例えば知覚では，感覚インプットは，目を向けたり目を注ぐなどの身体の移動によって修正される。運動活動は対象が認められるまで感覚インプットを修正する。実在としてよりも行為として見ると，「刺激」と「反応」は，コーヒーカップ（刺激）を探してそれを取り上げようと手を伸ばす（反応）ように，それらは両方ともコーヒーを飲むための行為の部分であるが，もっと大きな行為を構成するために一緒に働く知覚的で操作的な下位―行為である。デューイは「刺激と反応は存在の区別ではなく，目的論的区別なのだ。つまり，目的を達するか維持することに関連した，機能と演じられる部分の区別である」（Dewey, 1896, p. 365）。通常，よく調整されたそれぞれの機能は，行為が発達するにつれて他者を修正する。反射弓モデルで仮定されたように，それが，調整されない感覚と運動的出来事に分離されてバラバラになるのは，行為が機能停止になったときだけである。デューイは「統合ではなく区別こそが，真の問題だ」と言う（Dewey, 1895, p. 23）。そこで私たちは，外的出来事への反応に駆り立てられる機械のロボットではなく，自分の目的を達するためにおおむねよく調整された行動を持つ，目的のある俳優として人々を理解したらいいのだ。

　デューイの全体論と統一の追究がどのようにしてこの分析をもたらしたかがわかる。実際，彼は，心理学者は次のことから始めるべきだと言っている。有機体は何をしようとし，それから，有機体の目的行動に無反応な外的区分を負わせるのではなく，この行為が有機体によって下位―行為と下位―下位―行為にどのように分解されるかを理解することである。この方法が，のちの多くの心理学者たちによって採用されない理由の1つは，心理学は，有機体の行動を，観察者に解釈される明確な意図と目的の観点から理解しなければならないので，基本が常に解釈だということにある。これは，目的か意図の観点から解釈の独立した身体的運動に基づく心理学を発展させる心理学における新しい専門職の人たちによる，もっと実証主義的な試みと対立する。

デューイの刺激と反応の分析は，抽象的だが重要な実際の提案をしている。それは，有機体の行動は外的刺激によって単純に決められていないことを示唆した。デューイは数年後に次のように言っている。「どの刺激も活動を導く。それは活動を呼び起こしかき立てるだけでなく，対象へと導く。別の角度から見てみよう。反応は単なる反—作用ではない。妨害されたことに対する抗議である。それは1つの答えである。刺激と反応が互いに調節しているのである」(Dewey, 1916, p. 24)。なぜなら行動は，環境の変化が結果として生じるものと同調した，有機体が何をしようとしているかの結果であり，「ただの外的指示だけでは行えないのである」(Dewey, 1916, p. 25)。そこで，子どもを教育しようとする際には，子どもの特性を無視せずにそれと同調する意味で環境を変えることが必要なのだ。この分析は，行為を，環境によって決定されたものではなく，有機体と環境間の相互作用の結果として見る，はるかに多くの行動の協働モデルを示唆している。デューイは，子どもたちが協働の行為の自覚したパートナーになることを支援するために，子どもたちが他者と共有する思考と価値づけの方法で社会化される方法を示す「方向づけ」の協働アプローチをさらに練り上げた。他と同じように，ここでデューイは，より相互作用的に人と環境間の区分に基づいた伝統的分析を再構成しようとしたのである。

情動の理論

デューイが反射弓論文で取り組み始めた作用の心理学は，初期の『心理学』の中心概念である，より具体的な行動形態における認知，感情，意思を再構想する方法を彼にもたらした。デューイが行動の用語を使用して再研究した最初の概念は，情動であった (Dewey, 1894; Dewey, 1895)。デューイの情動の理論は，ダーウィンとジェームズの理論に基づいているので，デューイの理論に進む前にこれらの他の理論を概観することは有効だと思われる。

『人間と動物における情動の表現 (*The Expression of the Emotions in Man and Animals*)』の中でダーウィン (1889/1904) は，大きな行為の機能的部分に由来するほとんどの情動的表現行動は，新しい意味を獲得すると主張した。例え

ば，犬が怒って歯をむき出すことは，もともとは単に唇をかまない方法にすぎなかった。そのうちに，そのような「実用に結びつけられた習慣」は，怒りの表現のように独自に新しい機能を獲得した。ダーウィンは，大部分の表現上の身振りはこうした起源を持つと考えたが，すでに情動を表現するために使われている身振りは，優越と逆の行動によって表現される服従のような，他の情動（「正反対の」表現）を表すために置き換えられていると彼は記述している。病気の恐怖で震えるような，他の行動は，それ自体明白な機能のない，単なる「直接的神経放電」の結果である。

　ダーウィンの分析では，動物は最初内面の情動を持ち，次にそれを外的行動に表そうとする。例えば，オスの犬はそのテリトリーの中に別のオスを見つけると，怒って，ピリピリしてその怒りを唸って表現する。ウィリアム・ジェームズはこの解釈は順序が逆だと考えた。ジェームズの見方では，外的刺激が，行動の「怒った」形のような身体的反応を引き起こす。そしてこの身体の反応が，内的感情を起こすのである。ジェームズは「反対に私の理論は，身体変化は興奮させる事実の知覚後にすぐに続くということである。つまり，IS 情動を起こすのと同じ変化の感情である」（James，1892, p. 375）。つまり，ダーウィンの理論では内的感情が身体的反応を引き起こすが，他方，ジェームズの理論では身体的反応が内的感情を引き起こすのだ。ジェームズによると「私たちは泣くがゆえに悲しい，殴るから怒る，震えるから怖いのであって，悲しく，怒り，怖いから，泣き，殴り，震えるのではない」（James, 1892, p. 376）。

　デューイはジェームズが出来事の順序を修正したと考えた。だが感情と情動を区別する点でダーウィンとジェームズは間違えたと考えた。デューイが主張したのは，私たちは動物が「怒っている」と言うとき，表現しようとする怒りを動物が内部に持っていると言っているのではないということである。表現する動物は単にある感情を装う俳優にすぎない。こわばって唸り始めた犬は，観察者としての私たちに怒りを表す。「怒っている」ことは，攻撃する可能性が高いということである。ダーウィンは，問題を混同した。というのは，彼は観察者の観点から動物の行動を解釈し，それを動物の頭の内部にある情動にしたからである[9]。しかし，表出行動がおおむね有効な機能を遂行すると彼が考えたのは正しい。情動的態度や身振りは次の行為の準備段階である。デュー

イは「態度（表出行動）の説明に情動をあげることはまったく見当違いである。情動という態度は，役に立つ運動をあげることによって確実に説明される」と言う (Dewey, 1894, p. 556)。そこで観察者は何が起きるかを予想するためにこれらの有効な準備運動を使用するのである。

　さらに，デューイはジェームズが出来事の順序を修正したと考えたが，両者が感情と情動を区別した点で間違ったと考えた。もしダーウィンが情動を持つことと情動の表現を混同したのなら，ジェームズは情動的感情と情動的であることとを混同したのである。ジェームズが「生じてくる同じような変化の感情は情動だ」と書いたとき，彼は間違っていたとデューイは言う。なぜなら「私は怒りの『感情』を持っているだけの人を恐れないし……悲しみの『感情』を持っているだけの人に同情しない」から (Dewey, 1895, p. 17)。怒っていることや悲しみに暮れていることは単なる心の意識された感情ではなく，身体全体の反応である。反応や行動的態度は情動である。そこでこの反応は，私たちが気づくか気づかない程度の感情を引き起こす。しかしこの感情は身体全体の反応それ自体と同じものではない。ここに，意識的，内的感情に基づく伝統的方法に代わる，デューイの情動の行動理論の発展を見ることができるのである。

　どの反応も，有機体が区別している活動の達成と関連しているので，情動的側面を持つが，事態は，行為の中に葛藤があると特に情動的になる。新たな事態では，有機体がすぐに反応しなければならないとき，お互いを抑制する葛藤反応がかき立てられる。犬の唸り声とこわばった姿勢は，攻撃反応と逃走反応の間の葛藤があるので情動的である。何の葛藤もなく，比較的整然として冷静に敵にかみつく仕事にだけ精を出すのなら，それは怖くないアブに食いつくようなものである。情動的な興奮した反応は，あるやり方でやりたい衝動があって，そうするためのはっきりした方法がないときに生じる。デューイは，「情動は，心理学的には習慣と目標の適応か葛藤であり，身体の器質的変化は忠実にやり遂げられる結果であり，具体的には適応の葛藤である」と述べている (Dewey, 1895, p. 30)。デューイは確かに以下のことを認めている。もっと複雑な場合がある。そこでは，情動は俳優か芸術家の力のように意識的に表される。最初の例だが，情動は，行為の１つのラインか別のラインを準備した葛藤する身体反応の出た結果を理解するものとして，あるいは，葛藤や不確実性

を持つ行為が成功裏に仕上げられたときに抑制された反応を解放するものとして，目的論的に理解される。

デューイの情動の新しい理論は，情動を「意識」の1つの側面としてとらえる『心理学』における彼の初期の見方よりももっと行動的である。しかし，それはもっと行動的解釈を前提として，情動，認知，「意思」間の結合を持ち続けている。情動的な反応はその刺激対象によって決まるので，情動は認知と関連している。刺激と反応の「調整の葛藤」は，一貫した反応を引き起こす刺激の解釈を見出すことであり，刺激を明らかにする反応を見出すことである。情動と「意思」は，また，「習慣」として，あるいは実際的活動として再考された「意思」と相互関係がある (Dewey, 1922)。なぜなら，情動反応と感情は，結果である活動と密接に関連しているからである (Dewey, 1934, p. 49)。デューイはのちになって『経験としての芸術』(1934) の中で，情動を芸術的作品の生産と評価の中心に位置づけて（芸術は情動に関連するものではないかもしれないことを認めていたのだが），情動の理論を作り上げた。

デューイ理論の実践の提言は，有機体と環境の交流を含む活動の文脈の中に情動的反応があることに基づいている。人が情動を純粋に内的で主観的なものとして，目的達成を外的で客観的なものとして考えると，「興味」と「努力」，あるいは「関心」と「訓練」の間にはっきりした区分が存在する (Dewey 1897; Dewey, 1913; Dewey, 1916a)。だがもし人が情動を，活動の中に現れるものとして見るなら，動機づけの内的側面と外的側面にはアプリオリな分裂はない。教育的提言は，生徒たちが価値づけ，あるいは彼らが権利や関心を持っている活動を，教室の中に導入する必要があるということである。価値のある協働活動に参加することは，生徒たちが，自分の「内的」欲望と他者の「外的」コントロールの間の反目を経験するよりも，他者の活動と協働で自分の行為の調整を学ぶのに役立つのである。このように，デューイはより協働的で相互的に動機を再考したのである。

私たちはどう考えるか

　このときまでにデューイは，自分の初期の『心理学』の3つの主な概念を修正していた。彼は，意識の主観的状態ではなく行為中の葛藤の観点から，情動を解釈し直した。彼は，「意思」を行為のコントロールされた発達の間，意図的に向けられた過程として再解釈した[10]。最終の概念である認知は，行為の観点で再解釈されたままであった。デューイは『論理理論の研究』の中の認知のより自然主義的理論を精緻化し始めた（Dewey, 1903）。しかし，心理学的提言は，コロンビア大学へ移ったあとで刊行された『私たちはどう考えるか』（Dewey, 1910）の中でもっとはっきりと明かされた。

　『私たちはどう考えるか』は，「省察的」思考とそれが学校の「訓練」によってどれくらい向上させられるかに中心が置かれた。省察的思考は，「それを支持する見方，それが向かう今後の結論の観点から」，信念の「積極的で，辛抱強い，入念な考察」である（Dewey, 1910, p. 6）。それは，権威に基づく信念の受容と同じように，方向づけのない情動的結合を含む白昼夢と対比される。省察的思考を規定して，デューイは「思考の完成した行為」の多少はっきりした段階を描き続けた（Dewey, 1910, pp. 68-78）。思考は「難しさを感じる」最初の段階に始まる。事態がはっきりせず人がどうするかわからないとき，情動的不安が思考を刺激する。第2段階である「観察」では，どこから蒸気が昇っているかを確かめるためにエンジンが止まった車のボンネットの中をのぞくように，故障の性質と場所を探る。第3段階の「示唆」では，観察された事実は，それらが部分となるもっと大きなやり方や考えを示しながら，刺激として誘導的に作用する。例えば，車のフロントから昇る蒸気は車が過熱していることを示している。第4段階の「推論」では，仮説のさらなる提言が演繹的に考え出される。例えば，過熱はラジエーターの液体が減少したせいであり，液体がわずかなのである。最後は第5段階で，思考の「実験的協働，あるいは証明」である（Dewey, 1910, p. 77）。ここで，液体が実際に少ないか，ラジエーターが満タンであるかを確かめ，問題が解決したかを確かめる。もし最初の問題が解決していなければ，思考が，またいくぶん場面を変えて（今度は満タンになっ

創生期：1890年から1920年まで　　　　　　　　　　　　　　　　　　　　　　　　　Ⅰ

たラジエーターの過熱した車)，成功する解決策が見つかるまで同じ段階の循環が始まる。

　この描写は当たり前のように見えるし，それには慣習的直線の説明がしばしば与えられている。だが，あっさり見落とされているデューイの説明の明確な特徴がある。最も大事なことは，彼の分析が進行している活動の文脈に思考を置いていることである。思考は不意に現れるよく定義された問題から始まるのではない。そうではなく，思考は経験された混乱と不確実性から始まるのである。問題の正確な性質は，実際は，困難が解決されるまでわからないのである。こうして見ると，思考は，どのように振る舞うかについての単なる疑いの弁明ではなく，本物の不確実性を含んでいる。ただし，それは「一般原理」に単に生じる「自発的怒り」の場合ではない (Dewey, 1910, p. 12)。思考は行動への実際の提言も持つ。「片手で」問題を解決することは，そうできるなら素晴らしいことかもしれない。しかし，練習で解決を試みるのは実際にやるのと同じではない。換言すれば，実際の思考は場所が定まっているし，取り組まれている。教育への提言は，子どもが本当の不確実性や葛藤（理由の中の）を経験する必要があるし，子どもが学習することを確かめるために，実際に解決を試みることができる必要があるのだ。「状況的認知」を研究する学者たちによって最近示唆されたように，彼らは，問題の部分が何が問題かを見つけ出す全体の課題で生じる本当の問題を研究する必要がある (Brown et al., 1989)。再度，デューイは，個別にそれにアプローチするのではなく，進行する活動の文脈の中の心理学的機能，思考を設定したのである。

　デューイのアプローチはまた，思考を特別な内部過程ではなく，行為として考えたのである。思考は，ただ機能だけは異なるが，他のどんな活動とも似ている。例えば観察は，車のボンネットを開けて内部をのぞき込むような，身体的行為である。可能な選択反応を生じさせる段階である提案は，それが来ていることを示すより大きな行為，または一連の事象の観点から刺激に部分的に応答することである。刺激の意味に対するそのような部分的反応は，行動的に思いつかれた考えが意味するものである。そこで，推論は，一連の刺激によって示唆されている意味に対する，一連の部分的反応である。それは満足する結論が出るまで「考え」や示唆の連鎖を伴う。最後の確認段階は，考え，あるいは

仮説に基づく行為と，そのように行った結果を経験することである。このように考えることは，具体的で身体的活動を伴っている。それは改められた事態の背後にある有機体と環境の相互作用である。デューイは次のように言う。

　　人類の科学史全体は，完全な精神活動の条件は適切な準備が物理的条件を実際に修正する活動を行うまで獲得されないし，また，書籍，絵画，受動的に観察されるが操作されないものでも，さらにそれ以上準備を必要とされないことを示している。(Dewey, 1910, p. 100)

デューイは活動として意識を考えていたので，それは他の習慣のように，明らかに訓練でき，あるいは教えることができるのである。観察は，例えば，拡大鏡，望遠鏡，他の観察の道具を使って学習することで強化される。提案は，まず刺激の1階層のすべての例を検討し，それから別のすべての例を検討するように，異なった刺激をもっと組織的に考慮することによって向上する。演繹的推論は，前提から引き出される結論を保証する形式的論理の規則を使用して改善される。実証することは，人が1度にただ1つの要素を他の要素の恒常は保ちながら変えることを保証する注意深い実験デザインによって向上する。「訓練」思考は，実際の質問——その結論が行為によってテストされ，他者との議論で評価される真の疑問によって刺激されている——の文脈で，そのようなやり方の使用を教えることを意味する。こうしてみると，「知力」は文化的道具を状況に合ったやり方で使う学習に依存しており，有機体内部のものではなく有機体と環境の相互作用を特徴としているのである。さらに，知的行動により，今日スターンバーグ (Sternberg) たちがさまざまな場面でどのように「賢くなるか」を人々に教えたように，教えることができるのである。さらにデューイは，真の問題解決は，念入りに遂行されその結果をテストされるのだが，もっと一般的態度を育成すると言う。一般的態度とは，可能な解決の広い範囲への開示性（「心を開くこと」），解決への広い提言に従いたいこと（「心からの従順」），実際に考えをテストしたいこと（「責任」）といったよい考え方と結合している。

創生期：1890年から1920年まで

民主主義と教育

　この時点でデューイは，自分の初期の心理学の概念——認知，感情，意思のすべてを研究し直した。彼は，それらをもっと具体的，行動的にする，意識の側面ではなく，活動の中の機能として解釈し直した。彼のこれらの機能間の関係の初期の強調は，自己実現（成長か発達）の提言の強調と同様に，保持されていた。残っていたものは，個人の自己実現と彼あるいは彼女が参加する広い社会生活間の関係をさらによく解明した。『民主主義と教育』（Dewey, 1916）はこの試みである。

　哲学者たちが「個人」と「社会」とをさらによく関係づける教育の役割を特定しようとするときは，彼らは非常に頻繁に，いずれかを固定して取り上げる傾向がある。例えば，プラトン（Plato）は，そのような社会で，異なる分野の人々は，彼らに最もふさわしい社会的身分の教育システムによって選択されると言った。三流の男性（と女性）は，食欲の影響を受けていたのだが，商人と職人になることであった。二流の人たちは，情動に影響されているのだが，戦士になりたいのだし，一流の人たちは，理性の影響を受けていて，統治者になりたいのだった。この方法は社会の要請を強調していたが，デューイは，独自の個人としてよりはタイプとして人々を扱ったのだと言った（Dewey, 1916）。ルソー（Rousseau）は，子どもは生まれつき善であり，社会は堕落していると考えて，反対の方法をとった。国の社会的制約は，人間性のほとんど変化しない制約に比べると，対立的で表面的で恣意的である。そこで教育は子どもの自然の発達に基礎を置かなくてはならない（Rousseau, 1762/1974）。だが，ルソーの方法の難点は，教育を制度化することやいかにして子どもを腐敗のない社会に適応させるかを考えることを決して認めないことだった。ヘーゲル（Hegel）に導かれた第3の方略は，個人と社会を固定したものではなく発達するものと見る意味でもっと洗練されていた。この方法では，個人と社会との関係は，個人を社会に，社会を個人に十分に組み込むことによって統合される。プロシアでは文化はおそらく発展の最高レベルに到達したので，国の暗黙の合理性を取り入れるような方法で発達したこの自然のスキームを持つ個人は，自分の発

達の最高レベルに到達した。

　デューイはこれらのスキーマを全部否定した。これらすべてが固定した目的を仮定しているからである。プラトンの見方では，社会生活を将来の適応を認めない固定したパターンに制限した。それはまた社会変化を求める多様性の大きな源である個人の独自性を認めなかった。ルソーの方法は，個人の性質を，筋肉の成長，骨格，脳のような個人の生物的発達でさえも彼らが参加している社会活動に影響され変化することを認めずに，固定したものとして扱った。ヘーゲルの方法は，国内に焦点化し，他の国々との外的関係を無視して，発達には固定した目的があることを前提としていた。それぞれは，固定した目的と，新しい目的が変化を続ける双方向の関係としてよく理解されるものについての一方的見方をとった。

　『民主主義と教育』は，より双方向的で自由なやり方でもって教育を再構成しようとしたものである。これは，教育機能，人間性，社会を再考することである。デューイは教育を，生物的適応と種形成が生物的生活を維持するのと同じように，社会生活の連続を維持する機能を持つものとして考えていた。教育は，子どもたちや移民のような新参者が入って古顔が次第にいなくなり，技術的変化が現存する関係を中断するとき，社会生活を維持するのに役立つのである。こんなふうに見ると，教育は世代間と人々の間で媒介する役割を担い，あるいは違った立場の人々がお互いによく足並みをそろえるのに有効なのである。時としては，教育は非常に古臭いが，それ自体を変える私たち自身のような社会では，制度化されて，教育はもっと民主的形態をとるのである。

　人間性と社会の両方が意味を持つ教育のこの媒介的見方では，もっと変化する動的方法で考えられていなくてはならない。例えば，「社会」に対立する個人の「性質」をとらえるよりは，人間性が実際に社会生活によく適応することをデューイは示唆した。子どもは非常に依存的に生まれて他の動物に比べ可塑性がある (Dewey, 1916, pp. 41-53)[11]。彼らの依存性と無力感は，「非社会的」な特性ではなく，幼児期の社会的有機体の特性である。正しく理解すると，依存性は社会的影響の感受性である。一方で，可塑性（あるいは多数の反応）は，行動が社会的に予測されない方法で形成されるほど十分柔軟である。私たちの個人の性質は高度な社会的存在なので，個人と社会の間に生まれつきの葛藤は

ない。大きな柔軟性と社会的感受性を前提にすると，私たちが何になるかは他者との相互作用に大きく依存しているのである。

「社会」は静的存在ではなく相互作用的存在としてもよく理解されている。デューイは「社会は1語だが，多くのものを含んでいる」と言う（Dewey, 1916, p. 82）。人々は，さまざまな目的に多くのさまざまなやり方で，また「多くの小さなグループがある大きな社会的組織の中で」結びついている（p. 82）。社会は静的なものではなく，人々がお互いに関連して行動する場である。「すべてのものが共通の目的を認識し，それに関心を持って彼らがその観点で固有の活動を調整する」ときに，人々は，共同体（あるいは伝達の単位）を形成するのである（p. 5）。つまり，共同体は，共通の目的を達成するために，人々が他者の期待される行動に対して自分たちの行動を調整するときに生じる。「共同体」は，他者と一緒に優雅に踊るようなものである。それは名詞ではなく，「心を交わす」「共感する」のような動詞である。

このより多元的で動的なやり方を考えると，本当の問題は，「個人」と「社会」をどのように統合するかではなく，異なる先行経験を持つ人々を共通の目的で一緒に行動できるようにすることである。人々をお互いに共同体に参加させることを助けるために，人々（あるいは世代）を調整する過程として考えると，教育はまさにその性質からして社会的である。教育されることは，他者にとっての意味を踏まえて活動を調整できるようになることである。教育は，他者にとっての意味を構わずに正しい順番にメロディーの音符を演奏するように，単に課題達成を改善することではない。教育はまた単なる訓練とも違う。訓練は相互に価値のある活動のパートナーを扱う方法ではなく，他人の目的に役立つ動物に与えるものだ（Dewey, 1916, p. 13）。教育のこの解釈を前提にすると，教育の主なやり方は，共通に価値づけられた参加活動において他者と参加することである。人が，他者と行う自分の行為を調整し，他者と生じる問題を調べて，他者と共同で目的を達成しようとするなら，教育は自然に副作用を生じるのである。

この教育についての双方向的解釈は，古い世代が比較的固定した社会秩序に合わせようとして若い世代をひどく利用すること，あるいは若い世代が気ままに振る舞い古い世代を利用する場合の可能性を残しているのである。しか

し，デューイが強調している教育の種類は，変化と世代間継続の両方を持とうとする民主的社会に生じる。だが，「民主主義」とは本当はどういう意味か？デューイは民主主義を制度の固定した状態ではなく「主に結合された人々の形態，共同の伝え合い体験の形態」ととらえて，民主主義のもっと積極的見方を主張していた（Dewey, 1916, p. 87）。グループや共同体は，もしそのメンバーが共通した（家族内におけるように——金銭的問題が多い職場とは反対の）多くの関心を持つのなら，新しい考えの流入があるようにそのメンバーが他のグループと自由に交流するなら，彼らの共通の関心がガバナンスの一要素として認められるなら，さらに民主的になる傾向があった（Dewey, 1916, pp. 83-86）。デューイはまた，「そのメンバーのすべてが対等のよい関係で参加を準備し，そして結ばれた生活の異なった形態の相互作用を通して制度の柔軟な再適応を保障する社会は，民主主義の範囲である」と述べている（Dewey, 1916, p. 99）。

　そのような民主主義の社会では，人々を固定した目的によって教育することは，条件がすぐ変わるのでほとんど意味がない。むしろ個人は，自分で考えるように教育されることが必要であり，できるだけ柔軟性があるのがよい。彼らは，将来の適応を助けるために過去の問題の結果を使って，現在に合理的に適応する必要がある。そこで教育の目的は，ある固定した目的に到達するのではなく「成長」を続けることである。「成長は人生の特性なので，教育はすべて成長とともにある。すなわち，それは終わりがない。学校教育の価値の基準は，それが絶えざる成長の要求を生み出し，実際にこの望みを効果的に実現する手段を供給する程度である」（Dewey, 1916, p. 53）。多くの人はこれが曖昧であることに気づくが，自分自身の子どもたちを考えると容易に理解できるのだ。私たちの多くは，子どもの生活の目的を指示できたとしても，自分の子どもがそのうちのどれか1つのものになることは望んでいない。それよりも，私たちは子どもが徐々に自分自身の生活を切り開くようになってほしいのである。

　このプロセスでの教師の役割は，生徒たちが，自分たちが行うことの広い意義を見つけ，自分自身の将来の活動を切り開くためにこれらの意義を活用できるように，育つ条件を作り出すことである。これを行うための方法は，参加活動から出てくる問題を対象にして，本当の問題解決に参加することであ

る。デューイは「方法の本質は……省察の本質と同じである」と言う（Dewey, 1916, p. 163）。この意味を詳述して，デューイは思考の完成行為の段階を繰り返し述べている。まず，次のことが重要である。

　生徒は経験をする真の場面を持っている。つまり，彼がそれ自体に関心がある連続する活動がある。第2に……思考への刺激としてこの場面で発達する真の問題がある。第3に，彼が情報を持ちそれに取り組むために必要な観察をする。第4に，秩序立ったやり方で展開させることに責任を負うべきだという提案された解決が彼に生まれてくる。第5に，自分の考えを実施して試し，その意味をはっきりさせ，自力で妥当性を発見する機会と場合が彼は持つのである。（Dewey, 1916, p. 163）

　つまり，教師の仕事は，本物の問題が現れ，あとで使用する可能性が十分あって，教師や仲間の援助で解決する能力の範囲内にある環境を準備することである。今日では，教師は適切に足場づくりをした「発達の最近接領域」を設けるべきだと言ってもいいだろう[12]。このように教育された生徒たちは将来成長を続ける可能性が大きい。というのは，彼らは彼らにとって重要な問題を解決し，問題解決と結果の観察を通じて自分の経験から学ぶからである。この積極的で多様な方法で学ぶと，彼らは将来の学習を享受し，将来の問題に直面すると過去の学習結果を利用できるようになるのである[13]。これは「成長」としての教育である。

　私たちは，このスキーマに，絶対的な神の理想へ向かう社会の中の個人の自己実現についてのいくつかのデューイの初期の強調がどのように保たれているかを知ることができる。だがこれまで，これには多元的で自由な解釈が与えられてきた。ヘーゲル学派の結論的な「個人」と「社会」の統合を探究せずに，彼は社会生活のよい協調的形態と発達し続ける形態の統一を求めたのである。そのような社会生活への鍵は，広い意味での教育である。

結　論

　デューイ心理学は，よく矛盾するように見える多くの関心を相互に関連づけようとした。すなわち，心と身体，認知と情動，学習と発達，個人と社会，生態と文化を相互関連させようとしたのである。機能的で動的な方法でアプローチすることにより，これらの矛盾した心理学的「物事」を統合するという明らかに不可能なことは，理論上および自らが生み出した問題であることが明らかにされた。それは思考の静的方法と対立した方法の結果である。真の問題は，相互作用において動的共同と絶え間のない進行を達成することであり，1つの存在を別の制約に合わせることではない。

　デューイ心理学の主な特質が教育に適用されると，それは，子どもの統合的経験と前進的経験の両方が可能となるやり方を進めることになる。「統合的経験」によって，デューイはできるだけ心から仲間とともにあることを表そうとした。思考している場合，問題は外側から押しつけられるのではなく，意欲的な生活経験と真の疑問から生じるはずだ。解決策は，同じように，実践で確かめられるはずだ。「前進的経験」によって，生徒が家族で学ぶことが学校で活用されるように，学校の経験が相互に築かれその後の生活と幅広い生活で役立つように，子どもの生活経験が形成されるべきだと彼は述べたのである。彼は子どもの特質が，徐々に成長するにつれて，他者との相互作用で調整される教育の形態を求めたのである。

　結果として生じる心理学は，教育者と心理学者の両方を非常に必要とするのである。それは，依拠する立場がなく多数の方法が破綻すると見られることがある。それは，決まった答えや一般的答えを提供しないし，不老不死の薬も万能薬も用意しない。それはまた，教育者が多くの偏った方法かあるいはデューイが分析した「二元論」のいずれかに分けられるという批判を受けやすくする。心理学者たちには，デューイの方法は，ときどき，それ自体を分析することができないように見える。ボーリングは，「……デューイはかなり成功した。彼は反射弓を分析して刺激と反応にすることに，分析することに，全体の行為を分析して反射弓に分析することに，そしてときには，過去と未来からの全体

的協調の分離にも反対した。彼は，それは心理学で扱う必要のある全体性だと主張したのだ」と言う（Boring, 1929, p. 540）。この反分析的論調は，削除や差別が基本的間違いの始まりである場合に，全体性をとらえるのが難しくなるので，始める方法はない。

　デューイの行為における統一の強調は抑制されるのだが，より共感できて的確な解釈は，ボーリングが言うように，彼はすべての境界と区別に反対するのではなく，別のものに課せられている 1 つの場面で発達する境界と区別に反対したのである。1 つの場面の区別は，明らかに別の場合に役立つ。しかし，それぞれの場面は独自のものなので，人はその事態における所与の場面の外側からの区別を単純に強いることはできない。そのためには解釈と判断が必要である。有機体の行動を研究する心理学者にとっては，場面に外的課題の定義を課するよりも，有機体が何をしようとしているのかと有機体を区別する違いを人が理解する必要があることをこれは意味する。結果として生じる心理学は，解釈なしの科学を発達させる目的と矛盾するが，必然的に説明的側面を含む。だが，今日のビデオ装置などでは，実証主義者が夢見てきた機械科学ではないにしても，科学としての心理学を可能にする，反復可能かつ公的に利用できるエビデンスを提供することは簡単である。

　教育者に対しては，デューイ心理学は，非常に矛盾している目的を大きな合流にさせるための価値のある提案をする。生徒が託されている協働活動に参加でき，問題が将来の大人に意味を持つ環境を発展させるのを支援することは，認知，感情，訓練された行動を統一することができる。そのとき，その活動がその中の不確実性を気にかけていれば，密接に関連する感情と認知によって，問題を慎重に研究するよう動機づける可能性が高いであろう。責任ある役を演じることを認められる価値のある活動で，自己訓練（意思）は，外的強制なしにおそらくまた発達する。人は活動を成功させたり，あるいは活動の中断を避けるように調整しなくてはならないからである。活動の個人的側面と社会的側面は，個人が興味やスキルの点で異なっても，活動が労働の分担により共通の目的へと働くとき，また「統合される」のである。

　さまざまな人々が，自分たちが共通して関心を寄せているものの異なる役割を果たしているとき，一緒に研究することにおいてはまだ多くの実際の困難が

あるのだが，個人差と社会的特質の明らかな論理的矛盾は消滅する。これらのやり方で，デューイの動的で交流的な心理学は，しばしば別々で対立する考察を相互関連させ和らげるのに役立つのである。

　デューイ心理学を振り返ると，ジェームズでその頂点に達した意識の初期の内観心理学とワトソンとスキナー（Skinner）の後期行動主義との間で，それがどのように媒介していたかがわかるのである。実在としての心の批判のような，のちに行動主義者たちに取り上げられた彼の多くのテーマの構造主義批判を見出すことができる。しかし，デューイと機能心理学者たちは心をものとして考えることに批判的であっても，彼らは「それ」は非常に大切だとやはり認めたのである。反対に，多くの行動主義者たちは，心の批判を極端に受け止め，ワトソンの場合は声門と声帯の手術まで帰着させ批判を減らしたのである。1950年代の後半に認知への関心が復活して，心はブルーナー（Bruner）とサイモン（Simon）のような多くのリーダーによって，ジェームズをひらめきとして引用するまでに復調した。だが多くの人たちは，心を，関連づけられ統合された行為と別個に切り離して研究した。彼らはまた認知を情動と別個に研究した。情動は無視されるか非常に切り離された形で解釈された（Simon, 1979）。象徴的省察思考は単に有機体の内部で行われているにすぎないのだが，認知心理学は，社会的相互作用とは関係なく認知を研究して，たいていは行動主義心理学の個人的基礎を共有した。デューイは，自分の反射弓理論の批判をいくぶん修正して，墓からよみがえることができ，断片化された方法に対する自分の批判を非常に多くの心理学の研究に適用したのである（Bredo, 1994）。

　今日デューイの方法と非常に一致した傾向が，この事実をあまり認識せずに存在している。関連づけられた認知と関連づけられたロボットについての研究が，思考と活動を，しばしば情動をほとんど強調せずに，よく関係づけようとしている（Suchman, 1987; Lave, 1988; Brown et al., 1989; Clancey, 1992; Greeno & Moore, 1993）。ヴィゴツキー理論に基づく研究は，彼の死後数十年たって合衆国に紹介された。それはデューイの方法にいくぶん似ており，情動への関心はあまりなかったが，学習と発達への社会的相互作用と社会的発展方法を探究したのである（Wertsh, 1985a; Wertsh, 1985b; Wertsh, 1991）。デボラ・メイヤー（Deborah Meier）のような教育者たちは，教育を改定するためにデューイ

派の概念を積極的に使用した（Meier, 1995）。しかし，正当に評価されないままのデューイの方法の側面が残っている。彼は思考についてよく精緻化された行動概念を持っていた。その概念は，認知の理解ではときどきかなり曖昧であるが，関連づけられた認知の最近の研究では明快である。彼はまた，今日普通に見出されているよりも，情動と，認知と行動の情動との関連についての，さらに発展した理論を持っていた。デューイの研究が，同僚のジョージ・ハーバート・ミードの研究とともに発展させられれば，私たちは心と自己の社会的形成を理解する有力な方法を手に入れるのである（Mead, 1934; Reck, 1964）。つまり，デューイはしばしば失われたやり方で心理学に倫理と美学を結びつけたのである（その方法は，彼が認知，情動，行動を結合した方法と似ているのだが，ここでは述べられない）。心理学が発展するにつれて，デューイには，普通認められているよりも教えられるべきことがまだたくさんある。とりわけ，彼の心理学は，私たちが生活をより民主主義的にするためにどのように教育を活用できるかを教えてくれるのである。

原 注

(1) 関連した点で，デニス・フィリップス（Denis Phillips）は，心理学のさまざまな方法はさまざまなメタファーやモデルに基づいており，「教育心理学者たちは自分たちの研究プログラムの背後にある現象のモデルに，これらのモデルが消し去られるようにではなく，研究の他の観点と同様に，モデルが批判と意識的な研究の対象になるように，はっきりした関心を示すべきである」と最近述べている（Phillips, 1996, p. 1013）。
(2) おそらくハックスレー（Huxley, 1881）。
(3) そのテキストはおそらく『生理学の初歩の授業（*Elementary Lessons in Psychology*)』（Huxley, 1881）であろう。デューイがなぜこのような統合的経験に気づいたのかは，それが進化論的関連の合意ではなく解剖学者のマニュアルのようだと考えるとはっきりしない。だが，それは脳と神経組織の構造と機能の非常に明快な考察である（pp. 253-271 参照）。
(4) デューイの論文は『実験論理の小論（*Essays in Experimental Logic*)』（Dewey, 1916b）に転載された。
(5) この精神生活の区分は，魂を思考，感情，意思に分ける古典的区分を反映している。そ

れはまた哲学的関心を真理，美，善意に分ける古典的区分とも関係している。
(6) カール・ロジャーズは，1930年代の教員養成大学の学位論文に取り組んでいるころデューイの影響を受けていた。
(7) この「原理」はスコットランドの医師チャールズ・ベル（Charles Bell）(1774-1842)とフランスの生理学者フランソワ・マジャンディ（Francois Magendie）(1783-1855)にちなんで命名されたものだが，「脊髄の前根はただ運動神経繊維だけを含んでいる，また後根はただ感覚繊維を含んでいるという。2種類の繊維は，1つの神経に統合される。それらは，脊髄への接続においてのみ分離される」（Boring, 1929, pp. 35-36）。ボーリングは「ベルの研究は機能の基本的二分法を設定した。それは1世紀の間ほとんどすべての研究の明確な仮定が神経組織に基づいたままである」と述べている（p. 36）。
(8) 次の解説は，その論文がどのように心理学者たちによって受け止められたかをもっとよく示している。「現代の心理学者の観点から，すべての中のもっと重要な貢献は，「心理学の反射弓概念」という彼の非常に優れた論文に見られる……それは……クルト・レビン（Kurt Lewin）によって説かれたような，有機体と環境の不可分な統一という現代概念の予言のような，ゲシュタルト心理学と有機体心理学の予言であり，人と社会集団の古い二分法を認めない社会心理学の予言である。そしてとりわけ，私は認知の1人の学徒として，知覚―認知生活が学習と一緒の，絶え間ない修正，成長を伴う，それ自身複雑な統一を持つ現代概念の予言を述べよう」（Murphy, 1961, pp. 27, 29）。
(9) 観察者と俳優の見方を混同するという誤りを犯すことは，ジェームズが誤解の具体的形態である「心理学者の誤謬」と呼んだものである。
(10) デューイの用語と強調は年を追ってときどき変わった。のちに書いたように「あらゆる習慣はある種の活動を求めている……わかりやすく意思という語を使用すれば，それらは意思で・あ・る・」（Dewey, 1992, p. 26）。
(11) 『学校と社会』の中でデューイは，会話，個人交流，コミュニケーションの「社会的刺激」と，ものを作るときの「構築刺激」のような他の特性について記述している。3つ目の「研究」の刺激は，おそらく構成的優先の，構成されたコミュニケーションの刺激から生じる。4つ目の「芸術的衝動」も，おそらくコミュニケーションの優先の，コミュニケーションの刺激および構成的刺激から生じる（Dewey, 1900/1956, pp. 43-44）。デューイの概念はヴィゴツキー（1978）のそれと類似していた。ヴィゴツキーの概念では，道具的思考と社会的言語は，「労働」（デューイの「構成的」刺激と似ている）のようなより複雑な機能を形作るためにあとで現れたが，最初は別々の機能であった。
(12) 数年後，デューイは『経験と教育』のこれらの提言を，教育経験の基準は「相互作用」と「継続」であると主張して推敲した（Dewey, 1938/1963）。つまり経験は，もし人が行為の結果を受け，また他者とその意味を議論してそれに積極的に参加できるなら，またもしそれが現在の経験が将来の経験に寄与するように設定されるなら，本当に「教育的」で

ある。

(13) デューイの概念では，文字の転移の訓練はできない。というのは，それぞれの場面は全体として考えると独自だからである。だが，人が概念やスキルをもっと積極的に，しかも多様な状況で学ぶとき，人は新しい場面とその関係を理解できるし，また場面をもっと使用しやすくなるように修正できるのである。

文 献

Addams, J. (1990). *Twenty years at Hull-House*. Urbana: University of Illinois.

Angell, J. R. (1904). *Psychology, An introductory study of the structure and function of human consciousness*. New York: Holt.

Angell, J. R. (1907). The province of functional psychology. *The Psychological Review, XIV*(2): 61-89.

Angell, J. R. (1961). *A history of psychology in autobiography: C. Murchison*. New York: Russell & Russell.

Boring, E. G. (1929). *A history of experimental psychology*. New York: Century.

Bredo, E. (1994). Reconstructing educational psychology: Situated cognition and Deweyian pragmatism. *Educational Psychologist, 29*(1), 23-35.

Bredo, E. (1997). The social construction of learning. In G. Phye (Ed.), *Handbook of academic learning: The construction of knowledge* (pp. 3-43). New York: Academic Press.

Bredo, E. (1998). *The Darwinian center to the vision of William James*. San Diego, CA: American Educational Research Association.

Bredo, E. (1998, May). Evolution, psychology, and John Dewey's critique of the reflex arc concept. *The Elementary School Journal, 98*(5), 447-466.

Bredo, E. (2002). The Darwinian Center to the Vision of William James. In J. Garrison, Ronald Podeschi, and E. Bredo (Eds.), *William James and Education* (pp. 1-26), NY: Teachers College Press.

Brooks, R. A. (1991). New Approaches to Robotic. *Science, 253*, 1227-1232.

Brown, J. S., Collins, A. (1989). Situated cognition and the culture of learning. *Educational Researcher, 18*(1), 32-42.

Clancey, W. J. (1992). *"Situated" means coordinating without deliberation*. Santa Fe, NM: McDonnel Foundation.

Clark, A. (1999). *Being there: Putting brain, body, and world together again*. Cambridge, MA: MIT Press.

Clifford, G. J. (1968). *Edward L. Thorndike: The sane positivist.* Middleton, CT: Wesleyan University Press.

Cole, M. (1996). *Cultural psychology: A once and future discipline.* Cambridge, MA: Harvard University Press.

Cole, M., Engestrom, Y. (Eds). (1997). *Mind, culture, and activity: Seminal papers from The Laboratory of Comparative Human Cognition.* Cambridge, England: Cambridge University Press.

Coughlan, H. (1975). *The young John Dewey.* Chicago: University of Chicago Press.

Darwin, C. (1871/1981). *The descent of man and selection in relation to sex.* Princeton, NJ: Princeton University Press.

Darwin, C. (1889/1904). *The expression of the emotions in man and animals.* London: John Murray.

Dewey, J. (1884). The new psychology. In J. A. Boydston (Ed.), *John Dewey: The early works, 1882-1898* (pp. 48-60). Carbondale: Southern Illinois University Press.

Dewey, J. (1887). *Psychology.* New York: Harper & Brothers.

Dewey, J. (1888). *Leibniz's new essays concerning the human understanding.* Chicago: S. C. Griggs & Co.

Dewey, J. (1894, November). The theory of emotion: 1. Emotional attitudes. *Psychological Review, 1,* 553-569.

Dewey, J. (1895, January). The theory of emotion: 2. The significance of emotions. *Psychological Review, 2,* 13-32.

Dewey, J. (1896). The reflex arc concept in psychology. *Psychological Review, 3,* 356-370.

Dewey, J. (1897, January). The psychology of effort. *Philosophical Review, 4,* 43-56.

Dewey, J. (1900/1956). *The school and society.* Chicago: University of Chicago Press.

Dewey, J. (1902/1956). *The child and the curriculum.* Chicago: University of Chicago Press.

Dewey, J. (1903). *Studies in logical theory.* Chicago: University of Chicago Press.

Dewey, J. (1910). *How we think.* Boston: Heath.

Dewey, J. (1913). *Interest and effort in education.* Boston: Houghton Mifflin.

Dewey, J. (1916a). *Democracy and education.* New York: Macmillan.

Dewey, J. (1916b). *Essays in experimental logic.* New York: Dover.

Dewey, J. (1920). *Reconstruction in philosophy.* New York: Holt.

Dewey, J. (1922). *Human nature and conduct.* New York: Random House.

Dewey, J. (1927). *The public and its problems.* Athens, OH: Swallow Press.

Dewey, J. (1929/1958). *Experience and nature*. New York: Dover.
Dewey, J. (1929/1960). *The quest for certainty: A study of the relation of knowledge and action*. New York: Putnam.
Dewey, J. (1934). *Art as experience*. New York: Putnam.
Dewey, J. (1938). *Logic: The theory of inquiry*. New York: Holt.
Dewey, J. (1938/1963). *Experience and education*. Toronto, Ontario, Canada: Collier.
Dewey, J. (1946). The vanishing subject in the psychology of James. In J. Dewey, *Problems of men*. New York: Philosophical Library.
Dewey, J. (1960). From absolutism to experimentalism. In Richard J. Bernstein, (Ed.), *John Dewey: On Experience, Nature and Freedom* (pp. 3-18). Indianapolis: Bobbs Merrill.
Dewey, J. (1963). The new psychology. In J. Ratner (Ed.), *John Dewey: Philosophy, psychology, and social practice* (pp. 49-62). New York: Putnam.
Dewey, J. (1963a). The psychological standpoint. In J. Ratner (Ed.), *John Dewey: Philosophy, psychology, and social practice* (pp. 87-108). New York: Putnam.
Dewey, J. (1963b). Psychology as philosophic method. In J. Ratuer (Ed.), *John Dewey: Philosophy, psychology, and social practice* (pp. 109-133). New York: Putnam.
Dewey, J., & Ratner, E. J. (1963). *Philosophy, psychology and social practice*. New York: Putnam.
Dewey, J., & Bentley, A. (1949). *Knowing and the known*. Boston: Beacon Press.
Dewey, J., & Dewey, E. (1915). *Schools of tomorrow*. New York: Dutton.
Dewey, J., & Tufts, J. H. (1908/1932). *Ethics*. New York: Holt.
Dykhuizen, G. (1973). *The life and mind of John Dewey*. Carbondale, IL: Southern Illinois University Press.
Greeno, J. G., & Moore, J. L. (1993). Situativity and symbols: Response to Vera and Simon. *Cognitive Science, 17*(1), 49-59.
Hall, G. S. (1885, Feb.-Mar.). The new psychology. *Andover Review, 3*, 170-185.
Hall, G. S. (1909). Evolution and psychology. In *Fifty years of Darwinism: Modern aspects of evolution* (pp. 251-267). New York: Holt.
Hall, G. S. (1916). What we owe to the tree-life of our ape-like ancestors. *Pedagogical Seminary, 23*(1), 94-119.
Huxley, T. H. (1881). *Elementary lessons in physiology*. London: Macmillan.
James, W. (1890/1950). *The principles of psychology*. New York: Dover.
James, W. (1892). *Psychology: Briefer course*. New York: Holt.
James, W. (1897/1956). The sentiment of rationality. In *The Will to Believe* (p. 70), NY: Dover.

Langley, P., & Simon, H. A. (1981). The central role of learning in cognition. In J. R. Anderson, *Cognitive skills and their acquisition* (pp.__). Hillsdale, NJ: Lawrence Erlbaum Associates.

Lave, J. (1988). *Cognition in practice: Mind, mathematics and culture in everyday life.* Cambridge, England: Cambridge University Press.

McDermott, R. P., & Hood, L. (1982). Institutionalized psychology and the ethnography of schooling. In P. Gilmore and A. Gladthorn, *Children in and out of school* (pp.__). Washington, DC: Center for Applied Linguistics.

McKenzie, W. R. (1971). Introduction. In J. A. Boydston (Ed.), *John Dewey: The early works, 1882-1898* (pp.__). Carbondale: Southern Illinois University Press.

McLellan, J. A., & Dewey, J. (1889). *Applied psychology: An introduction to the principles and practice of education.* Boston: Educational Publishing Company.

McLellan, J. A., & Dewey, J. (1895/1905). *The psychology of number and its applications to methods of teaching arithmetic.* New York: Appleton.

Mead, G. H. (1934). *Mind, self, and society: From the standpoint of a social behaviorist.* Chicago: University of Chicago Press.

Meier, D. (1995). *The Power of Their Ideas*, Boston: Beacon Press.

Miller. P. (1968). *American thought: Civil War to World War I.* New York: Holt, Rinehart & Winston.

Murphy, G. (1961). Some Reflections on Dewey's Psychology. University of Colorado Studies in Philosophy, v. 2. (pp. 27, 29).

Newman, D., Griffin, P. (1989). *The construction zone: Working for cognitive change in Schools.* Cambridge, England: Cambridge University Press.

Phillips, D. C. (1971). John Dewey and the organismic archetype. In R. J. W. Selleck (Ed.), *Melbourne studies in education* (pp. 232-271). Melbourne, Australia: Melbourne University Press.

Phillips, D. C. (1996). Philosophical perspectives. In D. C. Berliner & R. C. Calfee (Eds.), *Handbook of educational psychology* (pp.__). New York: Simon & Schuster and Macmillan.

Reck, A. J. (Ed.). (1964). *Selected writings: George Herbert Mead.* New York: Bobbs-Merrill.

Rousseau, J. J. (1974). *Emile.* London: J. M. Dent and Sons.

Rucker, D. (1969). *The Chicago pragmatists.* Minneapolis: University of Minnesota.

Sahakian, W. S. (1975). *History and systems of psychology.* New York: Wiley.

Simon, H. A. (1979). Motivational and Emotional Controls on Cognition. In *Models of Thought* (pp. 29-38). New Haven: Yale University Press.

Suchman, L. A. (1987). *Plans and situated actions: The problem of human-machine communication*. Cambridge, England: Cambridge University Press.

Tiles, J. E. (1988). *Dewey*. London: Routledge.

Vygotsky, L. S. (1978). *Mind in Society: The Development of Higher Psychological Processes*. Cambridge, MA: Harvard University Press.

Walker, L. R. (1997, Summer). John Dewey at Michigan. *Michigan Today*, 2-5.

Watson, J. B. (1961). John Broadus Watson. In C. Murchison (Ed.), *A history of pschology in autobiography* (pp.__). New York: Russell & Russell.

Wertsch, J. V. (Ed.). (1985a). *Culture, communication, and cognition*. Cambridge, England: Cambridge University Press.

Wertsch, J. V. (1985b). *Vygotsky and the social formation of mind*. Cambridge, MA: Harvard University Press.

Wertsch, J. V. (1991). *Voices of the mind: A sociocultural approach to mediated action*. Cambridge, MA: Harvard University Press.

Wilson, E. O. (1978). *On human nature*. New York: Bantam.

第5章

教育心理学へのE・L・ソーンダイクの不朽の貢献

リチャード・E・メイヤー
(カリフォルニア大学サンタバーバラ校)

　教育心理学の物語の中で，E・L・ソーンダイク（E. L. Thorndike）ほど重要な人物はいない。彼の先駆的研究は，科学的分野としての教育心理学を創設することに役立ち，彼の構想は100年以上にわたって教育心理学の性格を方向づけたのである。新世紀が到来して，20世紀の教育心理学の発展を振り返る機会ができた。

　本章では，教育心理学におけるE・L・ソーンダイクの影響について検討する。最初の節では，E・L・ソーンダイク自身と彼の教育心理学への貢献を紹介する。第2節では，略伝だが，ソーンダイクの家庭生活，私生活，職業生活，出版生活の主な出来事を述べる。第3節では，教育心理学の考えに対するソーンダイクの，学習，転移，個人差の概念を激変させた際の彼の役割など，不朽の貢献を要約した。第4節では，教育心理学の成果に対する，科学的に裏打ちされた辞書，教材，テストなどのソーンダイクの不朽の貢献を示した。第5節では，科学的方法におけるゆるぎない信念，数的データの選択，実際的，社会的問題を解決することへの関心を含む，教育心理学の価値へのソーンダイクの不朽の貢献を要約した。第6節では，ソーンダイクの主な貢献に対して簡単な評価を行った。最後に，存続するソーンダイクの遺産の最も価値のある側面は何かを検討し，彼の価値がどのように教育心理学の発展の指針となったのかを特に強調して，結論とした。

E・L・ソーンダイクとは誰か？

　E・L・ソーンダイクは，教育心理学の現代の分野の重要な立役者として広く認められている。彼は，教育の研究を思索と道徳哲学の領域から，方法論的に徹底した実験で集積された実証的データに基づく科学に移行させるという大きな功績によって，自らのこの地位に到達した。教育心理学の歴史的レビューの中でグリンダー（Grinder）(1989, p. 13) は，「E・L・ソーンダイクは，教育心理学を説得力のある科学として確立しようとした……20世紀の最初の人物だった」ことを認めている。50年の間，ソーンダイクはコロンビア大学の教員養成学部で非常に豊かな学問的経歴を積んだ。彼はそこで，教育心理学のまだ無名の分野を創設するために雇用されていたのだった。彼は，1898年から1949年の間に，500以上の出版物でおよそ25万頁という驚くべき出版記録を残したのである。さらに大事なことは，ソーンダイクがその舞台に登場した100年後に，彼が他の誰よりも方向づけを支援した教育心理学の活発な分野を残したことである。彼の量的データへの愛着を踏まえて，私は表5-1にE・L・ソーンダイクのいくつかの数量的事実を載せた。

ソーンダイクの教育心理学への論文はどのようなものか？

　ソーンダイクの研究の広がりと深さを考えると，彼の主要な論文をうまく要約するのは簡単なことではない。ソーンダイクの死去の際の回想的出版で，同僚のアーサー・ゲイツ（Arthur Gates）は，ソーンダイクの最も重要な研究テーマを以下のようなリストにした（年代順のようである）。

　　動物の学習を研究する方法；学習の法則；形式陶冶と訓練の転移の理論への取り組み；教育および教育心理学への統計的方法の導入；学力テストと尺度の開発；算数，代数，読み，綴り，その他の教科を教える詳細な方法と教材；集団知能検査，特に成人の検査の研究；知能理論；仕事と遊びの分析；人に本来備わっている性質についての考え；遺伝―環境問題の研究；心的

表 5-1
E・L・ソーンダイクの精選した記録

出版数：507
出版された頁数（およそ）：25万
Journal of Educational Psychology に掲載された論文数：29
Animal Intelligence でテストされた猫の数：13
高等数学を取り入れた授業数：0
学部と大学院レベルの心理学専攻学生の年数：2
コロンビア大学へ行く前にニューイングランド以外で暮らした年数：0
学位を取得する前にコロンビア大学で過ごした年数：1
コロンビア大学に教員として在籍した年数：50
コロンビア大学の教授になった兄弟の数：2
コロンビア大学の教授になった子どもの数：1

「質的」差異が「量的」に説明されるという考えの発表；語彙の研究；辞書の新しい形；成人学習の研究；社会に関連する人間性の理論。(Gates, 1949a, pp. 241-242)

1949年に彼が亡くなったとき，死亡記事が合衆国と世界中の一流雑誌に掲載された (Gates, 1949a, 1949b; Goodenough, 1950; Humphrey, 1949; Thomson, 1949)。ソーンダイクの貢献についての彼の同僚の見方を概観するために，私は5つの主な死亡記事を引用し，それを教育心理学の9つの着想（表5-2）と教育心理学の5つの業績（表5-3）に分類して，それぞれの論文を書き留めた。ここから，3つの最も共通して引用される着想の理論の論文——ソーンダイクの学習，転移，個人差の理論的進歩——と，3つの最も共通して引用される成果の論文——ソーンダイクの辞書，教材，テスト——を抜き出した。さらに死亡記事は，科学的方法，量的測定，実践の問題への取り組みを含むソーンダイクの基本的価値に言及している。

本章では，教育心理学における着想，成果，価値に対するソーンダイクの最も重要な貢献について考える。これらは表5-4に要約されている。着想に対する彼の貢献を考えると，もし彼が効果の法則——これは心理学において最初に，また最も研究された学習の原理だが——を発見しただけであっても，そのことだけで，ソーンダイクに教育心理学史における名誉ある地位を与えるのに十分であっただろう。だが，この大発見は彼の最初の出版物となり，何百もの

表 5-2
5 本の死亡記事による教育心理学の着想に対するソーンダイクの寄与

<u>学習</u>
学習の法則（1）
心理学の［心理機能的］アプローチの終末の兆しを示した学習の法則の開発（2）
進歩主義教育運動の基礎をもたらしたレディネスと努力の法則の定式化（2）
ソーンダイクの学習の 3 法則（3）
ソーンダイクの学習の基礎研究（4）
よく知られた効果の法則（5）

<u>転移</u>
形式陶冶と彼の訓練の転移についての理論への取り組み（1）
能力理論と形式陶冶理論の解体，教育を大きく変えた成果（2）
カリキュラム研究の個人的，社会的，実用的アプローチの基礎を作った，訓練の転移理論の開発（2）
転移の古典的研究（4）
ある教科の訓練の価値ともっと一般的な訓練の転移の問題（5）
ギリシャ語，ラテン語，数学の学習は……知能を強化すると信じる教育者たちの長年の信念を覆すこと（5）

<u>個人差</u>
知能の理論（1）
知的，質的差が量的に説明されるという着想を弁護すること（1）
個人差の包括的概念の開発とそれらの性格と教育的意味についての多数の研究（2）
知能理論の開発（2）
知能の測定（4）
知力の性質と組織……の理論（5）

<u>学習の生物学的発達的基礎</u>
人間の生まれつきの性質の概念（1）
遺伝と環境の問題の研究（2）
人間の本性──それは教育における興味とレディネスに新たに重要性を与えている──の理論の定式化（2）
遺伝と環境の相互の役割の広範な調査（2）　天才と訓練された熟達者の科学的研究（2）
双生児の研究（4）
子どもの発達（5）
人間の能力に及ぼす遺伝と環境の相対的効果（5）
双生児の測定（5）

<u>教科領域の心理学</u>
語彙の研究（1）
単語の研究（2）
算数の心理学（4）
手書き（5）
算数の心理学……代数の心理学（5）

表 5-2
(つづき)

成人学習
成人学習の調査 (1)
成人教育の基礎を形成する成人の学習に関わる探究 (2)
成人教育の先駆的研究 (4)
成人教育 (5)

社会的問題
社会と関連した人間性の理論 (1)
社会と関連した人間性の理論の開発 (2)
都市,ビジネス,産業などの多くの社会的制度の研究 (2)
コミュニティの研究 (3)
都会と国の質の測定 (5)

動物心理学
動物の学習を研究する方法 (1)
動物の知能と学習の最初の科学的研究をすること(彼の学位論文は動物心理学の先駆けとなった)(2)
動物の群れの最初の広範な研究 (4)
動物行動の研究の変換 (5)

その他
仕事と遊びの分析 (1)
仕事と遊びの原理を教えること (2)
美意識,意味論,興味と態度,職業指導,聡明な子どもたち,少数民族,疲労の研究 (2)
グループ決定の際の討論の効果 (4)
欠乏,興味,態度の心理学 (4) (5)
仕事の減少に及ぼす通風と湿気の影響 (5)
言語分野の研究 (5)

注:(1) = Gates (1949a), (2) = Gates (1949b), (3) = Thompson (1949), (4) = Humphrey (1949), (5) = Goodenough (1950).

入念な実験に基づいた学習についての心理学の初の包括的理論となったのである (Bower & Hilgard, 1981)。

　もし彼が,訓練の転移という最初の科学的研究を行うことによって,今日よく知られた形式陶冶の原理をただ覆しただけでも,教育心理学の歴史にソーンダイクの名前を残すのに十分だったであろう。それどころか,彼は,転移についての心理学初の研究に基づく理論を創出して,新しい課題を学習することがどれほど知識獲得——特にその課題に関する——に役立つのかについて包括的理論を築いたのである (Singley & Anderson, 1989)。

表 5-3
5つの死亡記事に基づく教育心理学に寄与したソーンダイクの成果

辞書
辞書の新しいパターン (1)
辞書の改善された形の開発 (2)
学童に使用される辞書 (5)

テスト
学力検査と尺度の開発 (1)
特に大人のための，集団知能検査 (1)
筆跡や作文のような，遂行の質の測定の尺度の発案 (2)
学力検査運動の開始 (2)
特に優秀な大人のための，集団知能検査の開発 (2)
知能の有名なテスト (3)
筆跡の心理物理学的方法 (4)
児童画の一般的価値の尺度 (4)
知能検査と教育達成のテスト (5)
標準化されたテストと尺度 (5)

教育資料
算数，代数，読み，綴り，その他の教科を教える詳細な方法と教材 (1)
算数，代数，綴り，読み，言語，その他の教科を教える詳細な方法と教材の開発 (2)
ソーンダイクの算数の本 (5)

単語のリスト
教師の3万語の単語集 (4)
有名な教師の単語集……これまでに開発された最も価値のある研究の1冊 (5)

統計的方法
教育と教育心理学に統計的方法を導入すること (1)
教育と心理学に統計的方法を導入すること (2)
計算の作業を減らすために単純化された統計的方法と表 (5)

注：(1) = Gates (1949a)，(2) = Gates (1949b)，(3) = Thompson (1949)，(4) = Humphrey (1949)，(5) = Goodenough (1950).

表 5-4
ソーンダイクの教育心理学における主な考え，成果，価値

着想	成果	価値
学習	辞書	科学的方法
転移	教育資料	数量的データ
個人差	テスト	実践的問題

結局，彼が，能力心理学――心を一般的に心的能力から構成されているものとして見る――の当時よく知れ渡っていた理論を，知能を多成分ととらえる彼の理論で打ち壊しただけでも，教育心理学者のリーダーとしての資格をソーンダイクに与えるのに十分であったであろう。

　実際はそうではなく，彼は，知的達成に固有な知識の役割を認める知的能力における個人差の研究に基づく概念を初めて示したのであった（Sternberg, 1999）。

　成果の領域では，彼が，科学的に企画された世界初の学生向け辞書のセット，教科分野の学業成績に関する世界初の量的テスト，科学に裏づけされた教科を教えるための世界初の本のうちの，これらのいずれか1つを達成しただけでも，彼を史上傑出した教育心理学者たちの1人に位置づけられたであろう。だが彼は，これら3つ全部を，教育実践を根本的に変えた多くの他の業績と同じように自身の成果として主張できたのである。

　価値の領域では，彼がもし実験的方法の役割や量的データの重要性や社会的問題解決のメリットを示したとしたら，これらのうちの1つでも十分な価値を持っただろう。だが他のものと同じように，彼は3つのすべてにうまく焦点化して，私たちの分野の高度な生産的構想――それは教育心理学を21世紀へと導くことが期待できるのだが――を生み出したのである。

略　伝

　E・L・ソーンダイクの貢献の偉大さには頭を悩ますほどだ。機械に関するスキルをほとんど持たない人物（R. L. Thorndike, 1991）が，どのようにして実験装置，問題箱（Burnham, 1972）――それによって動物学習の現代の科学的研究が開始された――を設計し作ったのだろうか（Bitterman, 1969; Bower & Hilgard, 1981; Dewsbury, 1998）？　高等数学の授業を受けていない者（R. L. Thorndike, 1991）が，どのように生徒が学習したかから街の住みやすさまでの最初の量的分析を設計し改良できたのだろうか（Boldyreff, 1949）？　大学院に入るときの主な学習の関心が英語だった者（Joncich, 1968a, 1968b）が，どう

表5-5
E・L・ソーンダイクの人生の出来事

年	主な人生の出来事	主な出版物	主な成果の発表
1874	8月31日，マサチューセッツ州ウィリアムズバーグでメソジスト派牧師の家庭に生まれる		
1895	ウェズリアン大学から学士号を取得		
1896	ハーバード大学から学士号を取得		
1897	ハーバード大学から修士号を取得		
1898	コロンビア大学から博士号を取得	動物の知能（学位論文）	
1899	コロンビア大学教員養成カレッジの教員になり，以後50年勤続		
1900	ボストン出身のマリー・エリザベス・ムートンと結婚		
1901		児童研究ノート（初版）	
		人間性のクラブ（初版と再版）	
1903		教育心理学（初版）	
		児童研究ノート（再版）	
1904		精神的, 社会的測定（初版）	
1905		心理学の要素（初版）	
1906		心理学に基づく教授の原理	
1907		心理学の要素（再版）	
1909			算数の練習
1910		教育心理学（再版）	
1911		動物の知能（改訂版）	ライティングの測定尺度
1912	アメリカ心理学会会長に就任	教育——最初の本	
1913		精神的, 社会的測定（再版）	算数測定尺度
		教育管理	描画測定尺度
		教育心理学，第1巻	
		教育心理学，第2巻	
1914		教育心理学，第3巻	読みの測定尺度
		教育心理学——短縮コース	算数の測定尺度
1915			手書き測定尺度
			スペリングの測定尺度
			読みの測定尺度
1916			審美評価測定尺度
1917			ソーンダイクの算数
1918	第1次世界大戦で陸軍のテスト開発に従事		
1919			高校卒業生向けの知能検査
1920			ソーンダイクの視覚語彙尺度

表 5-5
(つづき)

年	主な人生の出来事	主な出版物	主な成果の発表
1921	共同資金の心理学法人	算数の新しい方法	教師の辞書
			ソーンダイク―マッコール読書尺度
1922		算数の心理学	単語知識のソーンダイクテスト
1923		代数の心理学	描画測定尺度
1924			算数（教科書）
			高校卒業生向けの知能検査（1925 年版）
1925			I.E.R. 知能尺度 CAVD
1926		知能の測定	
1928		成人の学習	
1929		教育の基本原理	スペリングの上達
1931		人間の学習	2 万語の教師の単語帳
			高校卒業生向けの知能検査（1931 年版）
1932		学習の基礎	
1934	アメリカ科学振興協会会長就任	職業成功の予測	
1935		欠乏，興味，態度の心理学	ソーンダイク―センチュリー・ジュニア辞書
		成人の興味	ソーンダイク図書館
1939		あなたの街	
1940	コロンビア大学教員養成カレッジを退職し研究を続ける	人間性と社会的秩序	
		144 の小さな街	
1941			ソーンダイク―センチュリー・シニア辞書
1942			ソーンダイク―センチュリー・ジュニア辞書（改訂版）
1943		人とその仕事	
1944			3 万語の教師の単語帳
1945			ソーンダイク―センチュリー・入門辞書
1947			ソーンダイク・ジュニア辞書（英語版）
1949	8 月 9 日死去	結合主義者の心理学からの精選された著作	

創生期：1890年から1920年まで　　　　　　　　　　　　　　　　　　　　　　Ⅰ

やって心理学の巨人になれたのだろうか？　その答えは，偶然の出来事——出来事の幸運な偶然の一致——と，ソーンダイクの静かな激しさ——自分に降りかかってくる何ものについても研究しようとする意欲——の両方からくる。この略伝の中で，私は，ソーンダイクの家族生活，私生活，研究生活，出版記録を検討した。表5-5には，ソーンダイクの人生の主な出来事，書籍，成果の年代記を示した。

家族生活

　エドワード・リー・ソーンダイク（Edward Lee Thorndike）は，マサチューセッツ州ウィリアムズバーグで，1874年8月31日に生まれた。彼の両親，エドワード・ロバート・ソーンダイク（Edward Roberts Thorndike）とアビー・ラッド・ソーンダイク（Abbie Ladd Thorndike）は，「ほとんど自給自足の農場と開け放しのドア」という単純な社会で育ったニューイングランド地方の人たちであった（Joncich, 1968a, p. 12）。彼の父はメソジスト派の牧師で，ソーンダイクの子ども時代にニューイングランドの信徒たちに尽くした。定期的に移動し，原理主義者の信徒たちの監視下にあった結果，「自立し，家族以外の人たちにはめったに頼らない傾向」を心に深く刻み込んだのだった（Joncich, 1968a, p. 21）。ソーンダイクは，大学院の最終年の1897年にニューヨークに移るまで，ニューイングランドだけで過ごした。ソーンダイクについての最も多くの著作のある伝記作家ジェラルディン・ジョンシック（Geraldine Joncich）によると，「ニューイングランドの環境と結びついた聖職者の家族で」育つことは，ソーンダイクの世代では「科学者になる高い可能性を予測させたものだった」という（Joncich, 1968b, p. 436）。

　グッドイナフ（Goodenough）(1950, p. 291) は，「ソーンダイクの家族は素晴らしかった」と述べている。彼の2人の兄弟はコロンビア大学の教授会メンバーになった。彼の兄アシュレー・ホレース・ソーンダイク（Ashley Horace Thorndike）は英文学科に在籍して学部長を務め，弟リン・ソーンダイク（Lynn Thorndike）は歴史学科に在籍した。妹のミルドレッド・ソーンダイク（Mildred Thorndike）は高校の教師となった。

1900年に，彼は26歳で，ボストン出身のエリザベス・ムートン（Elizabeth Mouton）と結婚した。彼らの4人の子どもは，才能豊かな家風を継承した。一番上のエリザベス（Elizabeth）はバッサーで一時，数学を教えた。エドワード（Edward）はクィーンズ・カレッジで物理学の教授になった。ロバート（Robert）は父親の跡を継いでコロンビア大学の教員養成カレッジの教育心理学教授になった。そして，ハーバード大学で学位を取得したアラン（Alan）は連邦政府で働く物理学研究者になった（Goodenough, 1950）。

　最近の伝記の中で，ソーンダイクの息子ロバート・L・ソーンダイクは，父のことを「穏やかで，遠慮がちで，競争と争いを避け，議論は非生産的だと考える人だった」と回想している（R. L. Thorndike, 1991, p. 139）。ソーンダイクの息子として成長して，「研究と家族こそが父の人生だった」ことを悟ったのである（R. L. Thorndike, 1991, p. 151）。E・L・ソーンダイクは1949年8月9日に亡くなった。彼が亡くなったとき7歳だった孫娘は，彼が「書斎でのほとんどの時間を，デスクに足を置き，口にタバコをくわえて過ごし，いつも気晴らしにタバコの煙で輪を作ったり，彼女に新聞紙で帽子や紙の船を作ったりしくれた」と回想している（R. L. Thorndike, 1991, p. 151）。これは，ソーンダイクの研究と家族への関心を調和させたふさわしいイメージである。

私生活

　ソーンダイクは，一方で，才能豊かで決断力があり，研究熱心で，他方では，無意識的に盾突き，いくぶん非社交的であったと，一般的には描かれている。彼が1927年にストロング職業興味検査を受けたときに，数量的興味は高い得点だったが，社会的興味は低い得点であり，発想への興味は高く，客体への興味は低かった（Jonicich, 1968a）。

　ソーンダイクの才能の豊かさと，決断力，生産性は，非常に優れた彼の経歴に反映されている。彼の教育心理学の教科書は，心理学の経歴の初めに書いたのだが，それは，「ソーンダイクの名前と教育心理学を同義語」にしたのだった（Humphrey, 1949, p. 56）。彼の大学の学長は当初から，ソーンダイクは「人間の心の仕事の新しい知識を人類に与えるように」，また「教育の過程を変え

るように」運命づけられていることを認めていた (Russel, 1949, p. 26)。

今日の教育心理学で技術が至るところに使用されているのとは対照的に，世界で最も影響力を持った心理学者が計算機やタイプライターでさえも全然使わなかったことは面白い（R. L. Thorndike, 1991）。彼の息子は，「私は父がどんな装置でも修理するのを見たことがなかった。また，もし父が自分の最初の動物実験で使用した器具の写真を見ると，その写真がルーブ・ゴールドバーグ（Rube Goldberg）訳注1 の面目をつぶしてしまったことに気づくだろう」（R. L. Thorndike, 1991, p. 145）。自叙伝の中でソーンダイクは，自身の機械に関するスキルの不足を認めている。彼の主な弱点の1つであり，それを彼は「機械器具と物理器具の使用に対する極端な不器用さと嫌悪」と呼んだ（Thorndike, 1936, p. 267）。当然のことながら，彼は絶対に自動車の運転を習わなかった。

モールマン（Moehlman）（1944, p. 19）は，ソーンダイクを「外向的でなれなれしい人ではなく，控えめでほとんど内気だ」と描写している。彼は「専門委員をやったり，感動を与える演説をすることや，気軽に演壇に上がることを避けた」（Moehlman, 1944, p. 19）。彼の息子は自分の父が「社交的な人ではなかったが，彼は自分が会長などを務める機関や委員会の運営はうまくやってのけた」と述べている（R. L. Thorndike, 1991, p. 145）。

コロンビア大学学長の回想によると，ソーンダイクは「委員にはイライラしており，決定については相談しすぎ，概していわゆる民主的管理だった」という（Russel, 1949, p. 28）。彼は，政治，宗教，社会生活には積極的に関与しなかったが，「他の何よりも，データを集め分析したのである」（R. L. Thorndike, 1991, p. 151）。

職業生活

1874年に生まれたソーンダイクは，新たに発展した科学への信頼により，社会的問題はいずれ解決可能だろうという明るい希望が持てるときに成長した。彼の誕生前後の最も重要な科学的出来事は，1859年のダーウィン（Darwin）の『種の起源（The Origin of Species）』の出版であり，科学的心理学の最も重要な出来事は，1879年のヴント（Wund）による世界初の心理学実験室の創設で

あった。

　こうした出来事にもかかわらず，彼の早期教育では科学が強調されることもなく，家族は科学のキャリアを奨励もしなかった。彼はいくつかのマサチューセッツの公立学校に通い，古典のラテン語学校で2年間を送った。皮肉なことに，古典教育の恩恵に挑戦した彼ののちの研究にもかかわらず，彼は早期教育の思い出に残る瞬間としてのロックスバリー・ラテン・スクールでの短い在学を楽しんだように見える。彼は1891年，コネティカット州ミドルタウンのウェズリアン大学に入学し，1895年に英語専攻で学士号を取得した。ソーンダイク（1936, p. 263）は次のように述べている。「ウェズリアン大学の3年生（1893～94年）になるまで，私には心理学という言葉を聞いたり見たりした記憶はなかった。そのとき必修科目でそれを取ったのである」。面白いことに，授業が彼を心理学に引きつけたのではなかった。サリー（Sully）の『心理学（Psychology）』という教科書が特に興味を引いたのでも，A・C・アームストロング（A. C. Armstrong）教授の優れた授業がそうしたのでもなかった（Thorndike, 1936, p. 263）。サリーの本は，心理学を「道徳哲学の最も重要なもの」（Sully, 1889. p. v）として描写しており，その主な方法に内観を使用することを特徴としていた。内観の使用というその考え方は，ソーンダイクが後年その創設に貢献した実験に基盤を置く科学とはまったく対立したものであった（Joncich, 1966）。ソーンダイクは，自分は，実験に基づく事実よりも微細な識別と議論に基づくことを重視する心理学的問題への哲学的アプローチ——それは彼がウェズリアンの学部の課程とのちのハーバード大学でのウィリアム・ジェームズ（William James）との大学院の課程の両方で経験した受け止め方——によっては「ほとんど刺激を受けていない」（Thorndike, 1936, p. 263）と回想している。彼は学部の心理学の授業では見事な成績を収めたのだが，決して『心理学を専攻することは公に』しなかった」（Joncich, 1966, p. 44）。

　ソーンダイクの研究生活をきっぱりと変える学部キャリアの出来事が生じた。懸賞審査——一種の学力コンテスト——の一環として，彼はウィリアム・ジェームズの『心理学の原理（Principles of Psychology）』の数章を読むように言われた。最初に，心理学の将来像に関するビジョンを得た。すなわち，実験に基づく科学である。実験主義者としてのソーンダイクの貢献を予兆して，

ジェームズが実験研究のレビューに自分の教科書の 200 頁以上も割いていることを彼は称賛している。彼は，ジェームズの心理学の教科書は「自分がこれまでに読んだどの科学の本よりも刺激的で，おそらくこれまでのどの本よりも刺激的だ」(Thorndike, 1936, p. 263) ということに気づいたのである。ソーンダイクはこの経験から心理学を大学院の専攻にしようと思ったのではなかったが，ハーバード大学のジェームズの授業をぜひ取りたいと考えた。

ハーバード大学に入学したとき，ソーンダイクは自分が心理学者になるとはまだ考えていなかった。彼は教科課程として英語とフランス語の履修申請をしていた。最初の学期の彼の教科課程は，半分が英語，4 分の 1 が哲学，4 分の 1 が心理学だった (Thorndike, 1936)。だが大学院の最初の年に，「英語の成績」を心理学に肩入れして落としてしまった……そこで 1897 年の秋までに，自分は心理学の学生であり，博士号志望者だと考えるようになった (Thorndike, 1936, p. 264)。あいにく，ソーンダイクが心理学を専攻しようと思ったときには，彼の主任教授ウィリアム・ジェームズはすでに新しい研究を行うことをあきらめ，哲学に戻っていた。だが彼らは 2 人とも，複雑な実験装置を捨てて「形式的論理体系と緩慢な知的分析の嫌悪」(Joncich, 1966, p. 48) を共有していたのであった。

ソーンダイクの大学院のキャリアは，ときに研究テーマの選択がいかに運に左右されるかを物語る。大学の管理者たちがソーンダイクの児童の学習を研究する努力を妨害したので，彼は動物の学習の研究に決めた——つまり，ニワトリの研究である。彼の指導教官ウィリアム・ジェームズは，ニワトリの研究用に構内の実験室のスペースを 2 〜 3 平方フィートしか確保できなかったので，研究プロジェクトはジェームズ家の地下室へ移動した。後年の自叙伝の中でソーンダイクは，ジェームズの自宅の地下室でニワトリを飼育させてくれた厚意を彼の「いつもの弱者への親切と献身」によるものだと考え，「ジェームズ夫人にかけた迷惑は，2 人の年少の子どもたちを楽しませることによっていくぶんやわらいだはず」と願望を述べている (Thorndike, 1936, p. 264)。

ハーバード大学で数年たって，そこで彼は 1896 年に 2 度目の学士号と 1897 年に修士号を取得したのだったが，ソーンダイクはコロンビア大学に移った。この移動によって，彼は失敗したロマンスの舞台を逃れて，ジェーム

ズ・マッキーン・キャッテル（James McKeen Cattell）の助成のもとで研究することができた。ソーンダイクはハーバード大学ですでに認められた学位申請書を持ち込んだ。この研究をコロンビア大学で続けることが認められた——今度はスカマホン・ホールの屋根裏で猫と犬を研究することだった。キャッテルは個人差の幅広い研究で知られていたが，「ソーンダイクの研究には，少なくとも最初の時期にはキャッテルによるものはほとんどなかった」(Joncich, 1966, p. 49)。彼は自分の学位論文「動物の知能（Animal Intelligence）」——彼の指導教官たちが誰も興味を示さなかった研究分野の画期的研究であるが——で1898年に博士号を授与された。彼の論文研究は動物心理学の分野をついには激変させたのだが，ソーンダイクは大学院を終えるとすぐに人間の学習の問題に中心を置いた。彼の論文は，独創的な実験に基づいた，心理科学に専心する才能ある人によって成し遂げられた省察である。

　1898年，大学院を終えるとすぐに，ソーンダイクはクリーブランドのウェスタン・リザーブ女子大学の短大教員として最初の教育職を引き受けた。興味深いことに，大学院生のときに2つの仕事のオファーがあり，彼は安い給料だが高い学問的地位の仕事のほうを選んだ。クリーブランドで1年たった1899年，彼はコロンビア大学の教員養成カレッジの予備教員の依頼を受諾した。彼は，その後50年間教員養成カレッジにとどまり，1940年に退職して，1949年に亡くなるまで名誉教授であった。若きソーンダイク博士を雇用するという運命の決定を回想して，教員養成カレッジ学長ジェームズ・ラッセル（James Russell）は以下のように述べている。

　　当時，教育心理学の用語でもなく学科でもないものが創設された。だが私は，教育理論と実践の明らかに基本となる研究分野には，私が構想している教員養成カレッジとして名前とスポンサーの両方が必要であると考えていた。あるクラスの授業を聴講しあと，私はその仕事にふさわしい人物を見つけて満足だった。私はすぐに彼に講師の依頼をし，彼は珍しくすぐに受諾した。彼がそのようなとんでもない性急さをこれまで後悔したかどうかはわからないが，私は自分の人生の時間であれほど有効に過ごしたときはなかったと考えている。(Russell, 1940, pp. 696-697)

教員養成カレッジに加わって10年とたたないうちに、ソーンダイクは教育心理学の巨匠としての地位を確立していた。*Journal of Educational Psychology*（以下略記する場合は*Journal*）が1910年に創刊されると、E・L・ソーンダイクには「教育への心理学の貢献（The Contribution of Psychology to Education)」という巻頭論文を執筆する名誉が与えられた（Thorndike, 1910)。というのは、彼は「おそらく他の誰よりも教育心理学の定義づけと地位に貢献したからである」（Williams, 1978, pp. 290-291)。彼は*Journal*に2ダース以上の論文を発表し続け、10年以上編集委員を務めた。*Journal of Educational Psychology*——1910年以来の教育心理学の最高の研究定期刊行物——の歴史をレビューして、ウィリアムズ（Williams）(1978, p. 291)はソーンダイクの並はずれた貢献を認めていた。「ソーンダイクの学習と問題解決、および個人差の基礎的研究、彼の実験的方法の強調——実際のところ彼の数多い貢献のすべて——は、教育計画と政策作成の基盤としての実証研究を受容する方向を示すことに役立った。ソーンダイクの影響は以降多年にわたって*Journal*に浸透したのである」。

ソーンダイクは、教育心理学の原理を創造する十分に練り上げられた課題を持って教員養成カレッジにやってきたのではない。そうではなく、彼のキャリアは、動物の学習に関する独創的な論文研究に反映されたのと同じこの出来事を反映している——課題がめぐって来たとき、ソーンダイクは研究にとりかかった。自叙伝の中でソーンダイク（1936, p. 266）は以下のように言う。「私は伝記作家が言うように自分のキャリアを遂行したのではない。そうではなく、それはさまざまな機会と要求の圧力のもとに、複合的に集められてきたのである」。彼の息子はそれをこう表現している。「彼はやらなければならないことでそれに全面的に専念する必要があるような彼の出会ったことをやったのである」（R. L. Thorndike, 1991, p. 151）。

自分の教育の主な欠点を評してソーンダイク（1936）は、自分の実験器具の使用と数量的方法の訓練不足——ソーンダイク世代の心理学専攻の大学院生に普通見られる不平——を指摘している。彼の機械に関するスキルのよく認められている欠陥にもかかわらず、ソーンダイクは問題箱という装置を作った。それは動物学習の研究機器の使用に大きな変化をもたらしたのだ（Burnham,

1972)。高度な機械の訓練不足にもかかわらず，彼は人間の知能から学生の手書きまでのあらゆるものをなんとか定量化することができた。だが，彼の最大の力は，科学的方法の究極の力に対する確固たる信念と教育関連の問題に取り組むために実験を使用する彼の才能であったように見える。

彼が非常に尊敬されたことは，教員養成カレッジのソーンダイクの同僚からの多くの称賛から明らかである（Gates, 1949b; Lorge, 1940, Rock, 1940; Russell, 1940; Woodworth, 1934）。またソーンダイクが自分の研究への彼らのサポートに大きな心地よさを感じたことからも明らかである。「私は後年，自分の判断に同意を求めるようになったのだが，他者からの，特に私が尊敬している人からの信頼のできる意見は非常に大きな刺激となっていた」（Thorndike, 1936, p. 270）。今日，教育心理学の父と認められている人物の注目すべき50年のキャリアは，心理学者としてのわずか2年間の教育と，ハーバード大学のジェームズとコロンビア大学のキャッテル——彼らはこの研究に特に興味があったわけではない——のようなスポンサーの研究に基づいていると述べるのは有意義なことであろう。

1949年に彼が亡くなったとき，彼は世界の指導的教育心理学者としてだけでなく，彼の世代の最も偉大な科学者の1人として世界中から認められていた。「組織的名誉を決して求めなかった」（Moehlman, 1944, p. 19）人物が，アメリカ心理学会とアメリカ科学振興協会の会長，それにニューヨーク科学アカデミー，アメリカ成人教育学会，心理学コーポレーションの会長として尽力してきたのだった。彼は全米科学アカデミーの会員であり，アテネ，シカゴ，エディンバラ，ハーバード，アイオワ，ウェズリアン大学から名誉博士号を得ていた。

出版生活

生涯に，ソーンダイクは，500冊以上を出版した。それは2冊の『教師のカレッジレコード（*Teachers College Record*）』に整然と掲載されている（1940; Lorge, 1949）。量的には，ソーンダイクは，教育心理学とそれ以外のどの主要テーマをも対象にしたおよそ500冊の本に，原著論文25万頁以上を残してい

創生期：1890年から1920年まで　　　　　　　　　　　　　　　　　　　　　　　Ⅰ

る。彼の出版物について詳細に述べることは不可能だが，ソーンダイクの出版人生は，それぞれが独創性に富んだ本と関係したいくつかの主な領域に分けられる。

ソーンダイクの出版キャリアは，「画期的文書」と適切に表現されたものから始まった（Goodenough, 1950, p. 293）。それは「動物の知能」というタイトルのモノグラフとして1898年に発表された学位論文（Thorndike, 1898）である。この100頁のモノグラフ——後年300頁に増補された（Thorndike, 1911）——は，ニワトリ，猫，犬についてのソーンダイクの詳細な研究に基づく学習の法則を示している。方法論に関しては，モノグラフは「動物の行動の研究を不完全なコントロールの観察から前もって計画された実験へと変換させた……そこでは行動は量的用語で記述できる」（Goodenough, 1950, p. 293）。心理学理論に関しては，モノグラフは学習理論について明確に述べており，「ほとんど半世紀の間……アメリカの他のすべての理論を凌駕し」（Bower & Hilgard, 1981, p. 21），その分野に今日でも影響を与え続けている。主な理論的ライバルは，「動物学習の心理学では……主にソーンダイクと一致するか一致しないかが問題だったし，いまでもそうである」（Tolman, 1938, p. 11）と認知していたし，彼の死後も学習研究者たちは，「ソーンダイクが私たちに残した遺産を無視できるような人間の学習の包括的理論はない」ことを正しく認識している（Postman, 1962, p. 397）。

1900年と1905年の間に，ソーンダイクは『児童研究ノート（Notes on Child Study）』（1901）というタイトルの子どもの発達についてのモノグラフと，『人間性のクラブ（The Human Nature Club）』（1901）というタイトルの一般向けの心理学の本を発表した。彼はまた『教育心理学（Educational Psychology）』（1903）というタイトルの教育心理学の彼の最初の教科書，『精神的，社会的測定（Mental and Social Measurements）』（1904）というタイトルの測定についての最初の教科書，『心理学の要素（Elements of Psychology）』（1905）というタイトルの一般心理学の最初の教科書も出版した。それぞれの本はのちに改訂版が発行された。この時期の彼の論文は，心的疲労の研究，猿の学習，双生児の認知能力の測定，Psychological Reviewに発表された学習の転移に関するウッドワース（Woodworth）との3論文の画期的シリーズである（例えば，Thorndike &

Woodworth, 1901)。

　1906年から1910年にかけて，彼は『心理学の要素』(1907)，『教育心理学』(1910) という教科書の重要な第2版，それに『心理学に基づく教授の原理 (*Principles of Teaching Based on Psychology*)』(1906) というタイトルの新刊を発行した。彼の研究論文は，大学入学試験から手書きまで，心理的疲労から精神遅滞までのテーマを扱った。

　1911年から1915年にかけて，彼は「動物の知能」(1911)，『精神的，社会的測定』(1913) の増補第2版を発行した。グッドイナフ (1950, p. 295) は，ソーンダイクの測定の教科書は「教育測定の標準的教科書になった」と記した。というのは，「教育の実際問題への統計的方法の適用が，初めてはっきりとシンプルに示された」からである。おそらく，彼の教科書執筆のキャリアの頂点は，彼の『教育心理学 (*Educational Psychology*)』3巻 (1913, 1913, 1914) とそれに続く『教育心理学──短縮コース (*Educational Psychology Briefer Course*)』(1914) の出版と同時期に訪れた。『教育心理学』の第1巻は学習の生物学的基礎に中心を置いた。第2巻は学習の性質に，第3巻は個人差を含むテーマの分類に焦点を当てた。それらの本によって，「その後数年にわたって，ソーンダイクの名前を教育心理学の分野とほとんど同義語にした」のである (Goodenough, 1950, p. 295)。1944年のソーンダイクの教え方の論文のレビューの中でモールマン (1944, p. 19) は，これらの本よりも「公立学校の教師たちに大きな影響を与えた教科書はなかっただろう」と述べている。ソーンダイクの他の出版物は，知能検査や，教科の訓練の価値についての最初の研究や，作文，描画，手書きの標準検査に中心を置いたものだった。またこの時期にソーンダイクは，彼の師であるウィリアム・ジェームズとジェームズ・マッキーン・キャッテルのあとに続いてアメリカ心理学会の会長に就任した (Bulatao, Fulcher, & Evans, 1992)。

　1916年と1920年の間は，戦争の遂行にソーンダイクの貢献が必要とされた。そこでは，彼はアメリカの軍隊の職員の心理学テストを計画し評価する中心人物だった。彼は，『ソーンダイクの算数，1, 2, 3 (*The Thorndike Arithmetics, Books 1, 2, and 3*)』(1917) と「高校卒業生向けのソーンダイクの知能検査」(1919) の初版，それに他の多くの教育テストを発行した。おそらく

創生期：1890年から1920年まで

この時期の最もよく知られた研究論文は，彼が「文章の理解は問題解決と同じだ」と主張した，Journal of Educational Psychology で発表された「推理としての読書」の分析であった（Thorndike, 1917, p. 431）。この大事な研究について回想したレビューの中で，ストーファー（Stauffer）(1971, p. 443) は，それは「おそらくすべての読書研究の中で最も広く引用される1冊であろう」と見ていたし，オットー（Otto）(1971, p. 435) は，「読書を定義する試みは，おおむねソーンダイクに同意するか同意しないかの問題である」と結論している。

　1921年から1925年までに，ソーンダイクは『教師の単語帳（The Teacher's Word Book)』(1921) の初版を出版した。その本はよく使われる研究ツールとなり，言語科目の教え方を大きく変える基盤となったのである。ソーンダイクの教科の関心は，数学教育の3冊の本『算数の新しい方法（New Methods in Arithmetic)』(1921)，『算数の心理学（The Psychology of Arithmetic)』(1922)，『代数の心理学（The Psychology of Algebra)』(1923)，それに『算数，1，2，3』のような子どもの教科書の改訂版（1924）に反映されている。この時期に，彼は訓練の転移についてかなりの数の論文を発表した。その中で，彼は「ある教育者たちの長年の信念に対抗する圧倒的な証拠を示したのである。その信念とは，ギリシャ語，ラテン語，数学には価値がある……学習に必要とされる頭の体操は精神力を強くするというものだった」(Goodenough, 1950, p. 292)。彼はまた，知的能力の性質と測定についての，知能の一般要素よりも多くの小さな心理的要素の存在をはっきりと主張した論文を作成した。

　1926年と1930年間に，彼と同僚たちは，『知能の測定（The Measurement of Intelligence)』(1926) では知能の検査についての，『成人の学習（Adult Learning)』(1928) では大人は子どものように学ぶかについての，『教育の基本原理（Elementary Principle of Education)』(1929) では教授方法についての研究の状況を要約した。1950年の心理測定の全盛期の終わりごろの著述の中で，グッドイナフ（1950, p. 298) は知能検査の本を，「現在までに現れた知能と測定の最も見事で緊密に結びついた議論」だと性格づけている。第1次世界大戦の心理検査における彼の役割までをフォローアップすると，ソーンダイクは広範に使用された国民知能検査を開発する委員を務めた。だが，彼の知能検査への最も重要な貢献は，彼自身の CAVD 知能検査であった。それは「知能の

測定」をベースにしたものである。彼はまた，綴りについての2冊の教科書を出版し，年齢や性がどのように学習に影響するかを扱った多くの研究論文を発表した。

1930年から1940年の退職までの間，ソーンダイクは『人間の学習（Human Learning）』（1931）と『学習の基礎（Fundamentals of Learning）』（1932）という2冊の本の中に，学習の長期研究プログラムを要約した。彼はまた，罰は報酬ほど効果がないことを示す研究を発表した。そこで彼は自身の効果の法則を修正する必要性をはっきりと認めたのである。言語科目の領域では，彼は『教師の単語帳』（1931）の改訂版と，最初の科学的に企画された学生向け辞書『ソーンダイク—センチュリー・ジュニア辞書（Thorndike-Century Junior Dictionary）』（1935）を出版した。彼の，学生の興味，態度，目的の教育的役割の研究は，『欠乏，興味，態度の心理学（Psychology of Wants, Interests, and Attitudes）』（1935）に要約されている。またこの時期に，彼は心理学ではめったにない名誉である，アメリカ科学振興協会の会長に選ばれている（Gates, 1934）。

1940年の退職の少し前から1949年に亡くなるまで，ソーンダイクは研究課題に主に社会的問題を含むいくつかの新しいテーマを加えた。特に注目すべき都市と州の質を測定する研究は，『あなたの街（Your City）』（1939）と『144の小さな街（144 Smaller Cities）』（1940）に要約されている。医師の割合，犯罪率，教育の平均水準といった，それぞれのコミュニティの300の測度の量的測定に基づいて，ソーンダイクは生活の質を表す3つの一般尺度を考案した。『人間性と社会的秩序（Human Nature and the Social Order）』（1940）の中でソーンダイクは，心理学が広い社会的問題の研究にどのように貢献できるかを示そうとした。『人とその仕事（Man and His Works）』（1943）の中でソーンダイクは，遺伝と環境への理解が人間の生活改善にどのようにつながるかを示した。『結合主義者の心理学からの精選された著作（Selected Writings from a Connectionist's Psychology）』（1949）として，彼は，主に以前に発表された学習の分野の自分の論文の中から22編を集めて刊行した。言語科目の領域で，彼とロージュ（Lorge）は『ソーンダイク—センチュリー・シニア辞書（Thorndike-Century Senior Dictionary）』（1941）と『ソーンダイク—センチュリー・入門辞書（Thorndike-Century Beginning Dictionary）』（1945）と，同じように『教師の

単語帳』(1944) の再々改訂され増補された版を発行した。彼は，意味論，能力測定，人種的不平等の心理学を含む研究論文の豪華なシリーズと同様に，自分の主たる指導教官であるウィリアム・ジェームズとジェームズ・マッキーン・キャッテルの論文についての小論を書いた。*Journal of Educational Psychology* に掲載された彼の最後の研究論文は，50年後に教育心理学で注目されるほとんどのテーマをE・L・ソーンダイクは実証的に研究する準備ができていたことを明示しながら，詩や語彙を記憶する学習方略を検討していた (Thorndike, 1948)。

　著書の50年間のレビューはもちろん精選されており，ソーンダイクの出版物はいつでも同じテーマを追究し続けたことは明らかである。そこには，学習と転移の性質，能力と学習結果の性質と測定，教科の学習に及ぼすさまざまな指導方法の効果，科学的な裏づけのあるテストと教室で使用する教材の創作，社会的問題を解決する広い文脈の中の心理学の役割などが含まれている。

教育心理学における考えに対するソーンダイクの不朽の貢献

　科学革命は，支配的なモデルか理論的枠組みが新しいものに覆され置き換えられたときに生じる (Kuhn, 1970; Leary, 1990)。この見方からすると，ソーンダイクは，学習，転移，個人差に関する基本的な心理学概念を根本から変えるのに重要な役割を果たした。ソーンダイクより前の動物学習の支配的な見方は，主にさまざまな動物の人間のような思考についての逸話に基づいていた。それをスタム (Stam) とカルマノヴィチ (Kalmanovich) (1998, p. 1135) は「擬人化と逸話主義」と呼んだ。これはソーンダイクの学習の科学的に裏づけられた法則によって破壊され，刺激―反応結合の強化と弱体化のような動物学習の新しい概念で置き換えられた。ソーンダイク以前には，転移についての支配的な見方は形式陶冶の原理であった。それはラテン語と幾何のような一定の教科が生徒の知能を一般に向上させるという考えである。この見方は，ソーンダイクと同僚による，ある種の認知課題の学習が他の無関係なものの学習にはめったに強いプラスの効果を及ぼさないことを示した研究によって，壊滅されたの

である。それは，転移の理論によって置き換えられた。その理論はある課題の同一の要素だけが新しい課題の学習にプラスの転移をするというものだ。ソーンダイク以前の能力の支配的な見方は，人間は推論，記憶，知覚のようなある基本的能力のそれぞれの変動レベルを保有しているというものだった。知能は一般的能力からなるという考えとは対照的に，ソーンダイクの研究は，知的な要求課題の遂行はより小さくより固有なスキルの配列を要求することを示した。それぞれの例の中でソーンダイクは，多数の実証的証拠に基づいて当時存在した見方の解体と時間の試練に耐えた新しい見方の構築を助けた変革者として見ることができる。

本節では，教育心理学におけるソーンダイクの不朽の貢献を次の3つの主な領域で検討する。すなわち，(1) 学習の性質，(2) 転移と訓練の性質，(3) 能力と成績の個人差の性質と測定についてである。

学 習

ソーンダイクの効果の法則ほど，心理学において基本的でまた一般的な原理はない。その考えは，満足を伴う反応は同じ状況のもとではこれからも容易に起きるが，不満足を伴う反応はあまり起きそうもないというものだ。ソーンダイク（1911, pp. 244-245）は効果の法則を以下のように説明している。

> 同じ状況で起きるいくつかの反応のうち，動物の満足を伴ったり，それに続いて生じるものは，他のものも同様だが，状況ともっとしっかりと結びつく。そのように結びつきが生じると，反応はもっと起きやすくなる。動物の苦痛を伴ったり，あるいはそれに続いて生じるものは，他のものも同様であるが，弱体化した状況と結びつく。そこで，弱体化した状況との結びつきが生じると，反応は起きにくくなる。満足や苦痛が大きければ，それだけ結びつきの強化や弱体化も大きくなる……

この見方によれば，学習とは，報酬と罰の過程による刺激（S）と反応（R）の結合の強化と弱体化の問題である。

創生期：1890年から1920年まで

その考えは，ソーンダイク論文（Thorndike, 1898）で最初に報告された，ひよこ，猫，犬についての巧みで包括的な一連の研究と後年増補された本（Thorndike, 1911）に基づいている。例えば，空腹の猫が問題箱の中に入れられるとする。問題箱は木製の薄い板と避難口のある密閉された木箱である。外へ出たり近くの食物を食べたりするには，猫は糸の輪を引っ張るような単純な行為をしなくてはならない。それによって仕掛けドアが開く。猫が糸を引くとドアは開き，猫は飛び出して食物を食べる。そうやって全体の手順を別の日にも繰り返すことができる。

ソーンダイクは，猫がしたことと猫が外へ出る所要時間を記録して，念入りに猫の観察をした。彼は，平均して猫は初日の問題解決に時間がかかるが，後続の日にはそれほど時間を必要としないことに気がついた。箱から外に出るのに要する時間（y軸に）を，試行数（x軸に）の関数としてグラフにし，ソーンダイクは動物学習の最初の量的分析をした。それぞれの動物で，曲線は全体的に学習していることを示す下方パターンを示した。さらにソーンダイクは，最初の試行で，猫が糸の輪を爪で捕まえてそれを引き下ろす前に，棒を足で押し，ニャーと鳴いたり，壁に飛びかかるような，不適切な行動を繰り返すことに気がついた。後続の試行では不適切行動の数が減り，成功行動に取り組む傾向が増えることがわかった。そこでソーンダイクは，動物は試行錯誤と偶発的成功により学習するのだと結論した。

ソーンダイクの自身が観察したことへの理論的説明は，ありふれているが深い意味がある。猫は問題箱の中で，閉じ込められた場所にいることに関連した既存の反応から始める。すなわち，シーッと言う，ニャーと鳴く，空いた場所に足を置く，爪のある足をその場所で乱暴に振り回すような反応である。猫は結合したその力に基づいて以前からある反応をする。猫が足を棒に置くような不適切な反応をすると，これは不快な結果となり（箱の中に閉じ込められたままである），そこで状況との結びつきが弱まるのである。すべての不適切反応が十分に弱められると，猫は適切反応をする。すなわち，糸の輪のそばで空中に爪のある足を振る。猫が偶然糸の輪を捕まえてドアを開けると，猫は逃げ出して食べ物を食べ，それがその反応との結合の強化につながるのである。こうして問題箱にいることと不成功反応をすることの結合は次第に弱まり，成功反応

との結合が強くなる。それぞれの反応結果に基づく刺激—反応の結合の強化と弱体化は，効果の法則の根本にあるメカニズムである。

　ソーンダイクの動物研究のプログラムは，私たちの学習の知識を大きく増加させるだけではなく，動物の知能の研究の劇的な変化をもたらしたと言える。ソーンダイクの研究以前には，動物行動の研究はロマネス（Romanes）(1882)の『動物の知能（*Animal Intelligence*）』に要約される動物の人間のような推論についての逸話の解釈に基づいていた。ガレフ（Galef）(1998, p. 1128) は，「ソーンダイクの論文は比較心理学の基礎的文書だと見ることができる」。なぜなら「その中でソーンダイクは動物行動の研究の初期の逸話的で擬人化された内観的アプローチを否定し，比較心理学の研究の100年後でも依然この分野の土台となっているであろう新しい方法を示したのである」。だが，本章での私の焦点は，動物心理学へのソーンダイクの貢献ではなく，教育場面の人間の学習の世界への彼の驚くべき移行にある。

　効果の法則の精緻化における重要なエピソードは，その開始から数十年間に生じた。人間の研究を含む研究量の増大を裏づけとして，ソーンダイクは最も信頼されている自分の心理学の貢献が間違っているという衝撃的な告白をした。効果の法則を発表した30年後に，ソーンダイクは，罰は報酬ほど効果はないと訂正した。事実，罰は学習にはまったくつながらないのである。

> 効果の法則の初期の説明では，それの強化について結合の結果に満足する影響は，それの弱体化について結果に迷惑する影響と同じであるというものだった……いま私は，そのような完全で正確な平行はないと考えている。特に，結果の満足によって結合を強化することは，私たちの実験の見方では，結果の迷惑によって結合を弱体化させるよりも，もっと普遍的で必然的で直接的である。後者はより特殊で，偶発的で……二次的である。(Thorndike, 1932, p. 276)

　罰よりも報酬を重要視することは，間違った答えをした生徒を罰するのをやめることに一役買うなど，教育実践に幅広く影響を与えた。もっと大事なことは，科学者はデータの役割を非常に大事にするので，有力な証拠に直面する

と，自分の最も大事な発見が誤っていたことを認めるにやぶさかでないという科学者の誠実さを，このエピソードが示したことである。例えば，1929年に開催された国際心理学会議で，ソーンダイクは自分の効果の法則の修正についての演説を次のような告白から始めた。「私は，これまで演壇からめったに聴かれない言葉を言おうとしている——私は間違っていた」(Rock, 1940, p. 752)。アメリカ心理学史上でほとんどない出来事だった。

　ソーンダイクの研究は，効果の法則とともに，練習の法則とレディネスの法則のような他の学習の法則を生み出した。その結果が，学習についてのアメリカ心理学の最初の一貫した理論だった。そして，それは結合説と呼ばれるようになった。結合説は，アメリカ心理学のスキナー (Skinner) の画期的研究を含む行動主義者運動の基礎を築いただけでなく，今日でも，認知の結合説モデルのような多様な理論に，またある程度認知の生産システムモデルに生き続けている。ソーンダイクの学習の法則はもはや最高の規定ではないが，彼の実験研究の冒険物語は，どのようにして科学的根拠に基づいた学習の理論を作り出すことができるかを示している。

　ソーンダイクがどのようにして学習の心理学の初の包括的理論を作り上げたかについての物語は，ソーンダイクの専門知識の2つの大事な欠陥も浮き彫りにした。まず，彼の実験装置は彼の機械に関するスキルの不足を反映している。彼の有名な問題箱の写真は，不格好にうちつけられた不ぞろいの木片で組み立てられた壊れやすい箱の装置であることを示している。箱は不要になった梱包用の木箱から作られていて，両側に「ハインツ・ベイクドビーンズ」というラベルが貼られていた (Burnham, 1972, p. 161)。公表された最も詳細な問題箱のコレクションの写真を分析して，バーナム (Burnham) は「このきちんとした描画（最初に公表された問題箱の線画）と，曲がった不ぞろいの側面部と曲がった釘の写真では，かなり違う」と述べている (Burnham, 1972, p. 161)。対照的に，スキナーのような後続の研究者たちは，不細工な問題箱を，光沢のある金属で角が直角の非常に効率的な道具に変えることができた。これがスキナー箱である。ソーンダイクの初めの問題箱の写真をよく見ると，格好のよい装置を作る機械に関するスキルが彼に足りないことがわかる (Burnham, 1972) が，その箱は，彼が学位を取得し，現代動物心理学の創始者として歴史に名

を残すために,確かに機能したのであった (Dewsbury, 1998; Galef, 1998; Stam & Kalmanovich, 1998)。

次に,結合の強化と弱体化についてのソーンダイクの理論的説明は,数学の素養不足を反映している。「動物の知能」(Thorndike, 1898) には,動物の行動――猫が逃げる所要時間――を記述した多くの頁がある。だが基底にある理論は数学用語では述べられていない。対照的に,のちの研究者たちは学習の法則を精密な公式に変換できたのである。ソーンダイクの説明は,おそらく学習理論のハル (Hull) (1943) の包括的数式化のレベルまで達していた。また,ソーンダイクの学習の説明は,たとえハルのような数学的素養が不足していても,それは本当に概念的で方法論的な進歩を示していた。

21世紀の進歩した地点から見ても,次のどれが心理学に最も重要な貢献をするか確かめることは難しい。すなわち,心理学の学習の最初の概念のソーンダイクによる構築,この概念をテストするための基本になる器具類のスキナーによる改善,ハルによるこの概念の数式化である。3つ全部が重要な業績だが,ソーンダイクの不十分な器具類と数学的な専門知識にもかかわらず時間の試練に耐えたのは,反応を強化するものとしてのソーンダイクの学習の基本的概念なのである。

転 移

ソーンダイクの訓練の転移に関する研究は,どのようにすれば科学研究が重要な教育問題に取り組めるのか,またこのプロセスがどのようにして理論と実践の相互関係に左右されるのかについての1つのケーススタディを示している。20世紀の初めには,転移の支配的な理論は形式陶冶の原理であった。すなわち,ある教科は生徒の知力を一般に向上させる役に立つという考えである。この見方はラテン語学校運動の刺激となった。その運動は数世紀にわたってアメリカ教育の一部であった。例えば,形式陶冶の原理によれば,ラテン語(ギリシャ語とヘブライ語も同じように)のような言語と幾何や論理のような数学的トピックを学習することは,「知力の適切な習慣」を生み出すとされた (Rippa, 1980)。ラテン語や他の古典的教科の陶冶の価値は,生徒に彼らの知力

の陶冶，体系的思考などの向上に役立つことに基づいていた。形式陶冶の考えは能力理論に根ざしている。能力理論とは，知力は推論と記憶のような知的能力からなるという考えであり，知力は適切な練習によって向上させられるというものである。

　1800年代後半までに，産業社会の要請と結びついた義務公教育の広範囲にわたる実施の観点から，教育者たちは古典教育の役割に次第に疑問を持つようになった。ソーンダイクたちは，この一触即発の問題を検討するために科学的方法を使った最初の人たちであった（Thorndike & Woodworth, 1901; Thorndike, 1906）。例えば，よく統制された研究では，1種類の課題の学習（例えば，0.5インチと1.5インチの線の長さを比較すること）が別の課題の学習（例えば，6インチと12インチの線の長さを比較すること）に強い効果を及ぼすことはめったにない。学校における研究では，1つの教科の学習は別の関連のない教科にはそれほど関係しない。ラテン語を学ぶことは，もっと一般の教科と同様にプラスの転移はない。結局，ソーンダイクは，1つの認知スキルを高めることは，その2つのスキルが共通した多くの要素を共有している範囲で，別の認知スキルを高めることに気づいたのである。これらの結果からソーンダイクは，同一要素に基づく転移の理論を提案した。すなわち，「1つの心理機能や活動は，それらが部分的に同じであり共通の要素を含む限りにおいて，他のものを向上させるのである」(Thorndike, 1906, p. 243)。例えば，「ラテン語の知識はフランス語を学ぶ力を高める。なぜなら1つのケースで学ばれる多くの事実が他でも必要とされるからである」(p. 243)。

　教室でも実験室でも，ソーンダイクの研究は，転移は一般ではなく特殊であることを繰り返し示した。彼の研究データに対するたゆまぬ探究は，ラテン語の学習が他の種類の学習に影響するという考えに終止符を打ち，形式陶冶の原理をそれ以降廃止に追い込んだのである。「確かにこれらの実験を前にすれば，それを信じる者は誰もいない」と彼は宣言したのである（Thorndike, 1913, p. 417）。現代の研究者たちは転移の証拠を見つけるのに苦労し続けている。だが転移の探究は続いている（Detterman & Sternberg, 1993; Mayer & Wittrock, 1996; McKeough, Lupart, & Marini, 1995）。

　「ただの1つの心理機能の向上は，同じ名前で共通して呼ばれる機能の能

力を向上させる必要はない」(Thorndike, 1903, p. 91)。というのは，「記憶」や「推論」のような能力は存在しないからだ。そうではなく，「知的能力は非常に特殊化し独立した能力の宿主なのだ」(p. 39)。ソーンダイクの研究は，能力心理学を終焉させ，それを今日まだ発展中の一種の認知の領域固有の成分分析で置き換えることに役立ったのである。

個人差

ソーンダイクの主な貢献の3つ目は，知的能力の見方を心理的要素に基づくものから知識獲得に基づくものへと変化させたことである。ソーンダイク時代の知能の有力な理論は，認知課題の個人差は，精神活動の全体の速度 (Galton, 1883) か，精神的エネルギーの量 (Spearman, 1927) のような，個人の一般的な知的能力のレベルによるというものだった。要するに，知能と呼ばれる1つの精神的要素があり，一人一人がその一定量を持っている。加えて，記憶能力，認知能力，推理能力のようなさらに他の特殊な要素があるが，それぞれの要素を個人が一定量持っている。

要素理論とは対照的に，ソーンダイクは，認知的課題の個人差が，知識――特に個人が獲得したS-R結合の数によることを提唱した最初の人であった。さまざまな認知課題に，ソーンダイクは，人々が持つ関連した知識量と人々の認知課題の遂行レベルとの間に密接な関係を見つけたのである (Thorndike et al., 1926; Thorndike, 1913)。スピアマン (Spearman) が一般知能の存在の証拠としてテストの相互相関を解釈したのに対して，ソーンダイクは課題が知識の同じ基底にある多くの部分を必要としている――つまり課題は多くの同じS-R結合を抽出している――証拠として相関を解釈した。フランスのビネー (Binet) の先駆的研究と一致して，ソーンダイクは，知的能力は経験から知識を獲得する能力として，つまり学ぶ能力としてとらえられると説明した。

ソーンダイクは「知能の理論を取り入れた最初のアメリカ人」であり (Jensen, 1987, p. 77)，また学習の研究が知能の性格を理解することと直接関係していることを示した最初の人であった。ソーンダイクの知能の理論はサンプル理論として知られるようになるのだが，ソーンダイクの生涯にわたって好評であっ

た．彼の知能理論の特別版はもはや広くは認められていないが，学ぶ能力としての知能についての彼の基本的見方は，知能の現代の理論における主要テーマである（Sternberg, 1990）．今日，知的能力の成分分析はS-R結合よりも情報処理の段階に焦点化しているが，ソーンダイクの能力についての知識に基づいた見方は，心理要素的見方をしのいでいる．要するに，ソーンダイクのサンプリング理論はもはや広く認められてはいないが，知的能力の現代の理論はソーンダイクの考えと一致しているのである．その考えは，知的課題の遂行はいくつかの一般的な心理的要素のレベルではなく，知識の多くの基本的部分に基づいているというものである．

その他の着想

　教育心理学の考えに対するソーンダイクのいくつかの他の主な貢献は，学習の生物学的基礎，教科領域の心理学，成人学習である．教育心理学に関する彼の画期的な3巻シリーズは，「人間の本性」にあてた1冊から始まったことに注目することが重要であると指摘しておきたい．その本に掲載された彼の多くの神経細胞の線画は，当時の認知神経科学の主張――20世紀後半にはほとんど無視されたのだが，21世紀に入って次第に関心を集めるようになっている――を反映している．彼は学習の一般法則から始めたが，それぞれの教科内で学習を研究する必要性にすぐに気づくようになったことも大切であろう．彼の研究は，読書のような言語教科と算数のような数学の両方で，着想と実践を根本的に変えたのであった．固有領域の学習への焦点化は，認知の領域固有性に関する認知科学の現代のテーマと一致している．

　成人学習の分野では，ソーンダイクは学習のような基本的認知過程のエイジングの影響の理解に努めた．彼の研究は，成人学習の性格を明らかにし成人教育の実践の向上に道を開いた（Lorge, 1940）．さらに，彼の成人学習への関心は，認知的エイジングの進行中の研究に反映されている．その研究は21世紀の最も興味をそそる，また社会的に適切なテーマの1つである．

　ソーンダイクはまた次の着想についても貢献がある．すなわち，児童発達，遊びの役割，興味と態度，特別教育，マイノリティグループ，精神疲労，職業

指導，美学，記号論，社会制度の中の人間の役割である。

教育心理学の成果に対するソーンダイクの不朽の貢献

　本節では，教育心理学の成果に対するソーンダイクの3つの不朽の貢献，すなわち，辞書，教材，テストの領域を検討する。

辞書

　世界初の科学的基礎を持つ学生向けの辞書の開発は，教育心理学のソーンダイクの方法を典型的に示している。つまり，それは教育問題に，数量的データを強調する科学的研究の厳密な方法を使用したものだった。1935年の『ジュニア』，1941年の『シニア』，1942年の『改定版ジュニア』，そして1945年の『入門』といった彼の辞書類の開発は，単に学習の訓練が目的ではなかった。それらはすぐに合衆国の「最も広く使われた学校辞書のシリーズ」になり（Barnhart, 1949, p. 35），それ以後の他の学生向け辞書の在り方に影響を与えたのである。ユーザーに親しまれる教材への現代の関心の先駆けとなり，児童中心教育の古典的見方に一致して，ソーンダイクの辞書は子どもでも使用できるように設計された。バーンハート（Barnhart）（1949, p. 38）は，ソーンダイクの辞書は「学者や物知り顔の人の気に入るようには書かれずに，生徒たちに向けて，特に彼らが英語を理解し使用するのに役立つように書かれていた」と述べている。

　彼が足を踏み入れた他の多くの分野のように，ソーンダイクは辞書編集の分野——辞書作りの原理と方法——を根本的に変えた。彼は，「辞書作りに学習の心理学の原理を適用し，統計的方法を使用した最初の辞書編集者」として広く認められている（Barnhart, 1949, p. 35）。ソーンダイクの辞書は，他の学校の辞書とは，語の選び方，語の定義の仕方，別の定義が載る順番でまったく異なっている。

　まず語の選択を考えてみよう。生徒用の辞書は語の限定数だけを載せるとす

ると，何を基準に語は選択されるのか？　ソーンダイクは，実証的，数量的データを根拠としてこの疑問に答えようとした最初の人だった。ソーンダイクたちは，大人の文学，教科書，市販教材，子どもの読み物を含む279の印刷物から抽出した1億語の言語資料から単語の総数をはじき出した。その結果，最も頻繁に使用された2万語のリストと，出現した100万語あたりの平均回数が示された。このリストは増補されて心理学研究と数年間の読書の指導に役立った。ソーンダイクは頻度リストを使って，例えば，「fabulist（うそつき），fabaceous（豆の），fauce（口峡）のようなめったに使わない大人の言葉や専門用語を除いて，fabulous（素晴らしい），faculty（能力），festivity（祝祭）——それらの語は使う人の日常語彙の部分となるのだが——の説明に多くのスペースをあてること」ができた（Barnhart, 1949, p. 37）。学校の辞書にできるだけ多くの語を詰め込むような通常受け入れられているやり方とは逆に，ソーンダイクは誰もが理解する必要のある基本語選択の科学的に裏づけられた方法を考案したのである。

　次に定義の特殊を考えてみよう。どんなレベルの特殊性で語は定義されなくてはならないのだろうか？　この問題をデータに基づいて科学的に解決するために，ソーンダイクは単語の合計数に基づくわかりやすい原理を考案した。例えば，推定使用の原理に従って，spoonやlittleのような高頻度の簡単な語はできるだけ簡単に定義されるべきなのだ。というのは，年少の子どもたちがそのような語を最も頻繁に調べるからだ。反対に，factitious（党派的な）やfeminine（女性）のような低頻度の難しい語は，年長の生徒がこれらの種類の語を頻繁に調べるから，もっと公式に定義すればいいのである。生徒の知識の考察では，例えば，cowについての次の定義が4年生では理解が難しいことを示唆した。「ウシ属の動物の成熟した雌，または雄牛と呼ばれる別の動物の雄」。これに対して，ソーンダイクの定義は，4年生にもっとなじみのある言葉で示されている。「1. 私たちにミルク，バター，チーズを提供する大きな動物。2. 水牛の雌，象の雌，クジラの雌のような，さまざまな動物の雌」。ソーンダイクのもう1つの定義の原理は，どの言葉もさらに難しい言葉では定義されないことである。例えば，「fable（寓話）」の定義は「真実ではない物語」である。だが別の原理は，意味を明確にする例文を示すことである。例え

ば，facilitate（促進する）の定義は，「やさしくする；負担を減らす；進める，援助する。電気掃除機は家事を楽にする」。それ以前の他の辞書とは対照的に，ソーンダイクの辞書は，推定必要度とユーザーの成熟度に基づいた定義のレベルの詳細を調整し，定義で使用された言葉の難しさをコントロールし，例文を幅広く使用した最初のものだった。

第3に，定義の選択肢の順序づけを考える。語がいくつかの可能な定義を持つときは，どの定義が含まれるまたどのように順序づけられるのか？ この疑問へのソーンダイクの回答は，それらが続いて見られるように似た意味を一緒に集め，使用頻度によって意味を順序づけるのである。例えば，clubの項目は，杖の種類のclubの定義から始まり，仲間のグループとしてのclubの定義で終わる。

1. 武器として使われる末端が厚い木製の重いステッキ。2. クラブか同じようなものでたたく。3. ゴルフクラブのような，ボールでプレイするゲームに使われるステッキやバット。4. 社交クラブ，テニスクラブ，ヨットクラブ，自然研究クラブのような，ある目的で参加した人々の集団。5. クラブによって使用される建物や部屋。6. ある目的で一緒に参加すること。子どもたちは母親の誕生日に花を買うために一緒にお金を出す。(Thorndike, 1935, p. 150)

定義の分類によって，1つの定義を読むと生徒がそのあとの定義の理解がしやすくなるのである。

いくつか候補になる意味があるときに，ソーンダイクの辞書は最も使用頻度の高いものだけを示し，それらを頻度順に並べる。例えば，ソーンダイクの時代に使用された *Oxford English Dictionary*（以下，*OED*）は「従順な(amenable)」について5つの定義を載せていた。ロージュ・ソーンダイクの意味測定は，100万語あたりに「従順な」という単語の2回の出現の定義だけを載せた。そして候補になる5つの意味のうち2つ——「助言を受ける」（これが最も普通）と「責任がある」——だけ出現したので，その2つの定義を含む必要がある。この技法が定義を削減する場合に特に有効だった。「修正する

(amend)」の場合，OED の 29 の定義からロージュ・ソーンダイクの意味測定では 12 に，「設定する (set)」では 544 の定義から 27 に削減できた。

　語の選択，定義の適切性，定義の順序の改良に加えて，ソーンダイクの辞書は，もっと役に立つ発音案内，より大きな文字サイズ，定義に不可分の要素として図を含んでいた。ソーンダイクの辞書は，科学的方法は教育実践を向上できるという彼の不動の信念の優れた例を示している。彼の方法の成功は，以後すべての学校の辞書がソーンダイクの技法の方向をとったという事実に反映されている。こうして，図らずもソーンダイクは「その時代の真っ先にあげられる辞書編集者の 1 人」となったのである（Barnhart, 1949, p. 35）。

教育資料

　ソーンダイクの言語科目の指導の辞書の論文を補完させると，ソーンダイクの算数の本——「ソーンダイク算数」というニックネームがついた——は，数学指導に大きな変化を及ぼした。ジョンシック (1968a, p. 398) は，「ソーンダイクの算数」を，彼の辞書とともに「教育に及ぼしたソーンダイクの直接的影響の最も幅広く認められた証拠」としてあげた。1917 年にそれの紹介をしたときに，算数の指導は，算数のスキルの向上とは直接関係のない多くの事実についての記憶を含んでいた。ソーンダイクは，もっと意味のあるやり方で必須の情報の学習に中心を置いて数学指導を変えようとしていた。

　ソーンダイクは，いくつかの教育原理に基づいたワークブック・シリーズに基礎を置いた。まず，あらゆる問題は現実的でなければならない。例えば，次の問題を考えてみよう。「マリーは 35 枚の紙人形を切り抜いた。そのとき風が 16 枚の人形を吹き飛ばした。何枚の人形が残ったか？」。ソーンダイクによればこの問題は現実的ではない。というのは，風が何枚かの人形を吹き飛ばしたら，マリーは何枚残っているか数えるだろうし，何枚補う必要があるか数えようとするだろう。算数の手順の学習は，当然のことながらなじみの場面で文脈化されなければならない。例えば，3 の掛け算表を学習するには，ヤードをフィートに変換する必要がある。12 の掛け算表を学習するには，フィートをセンチに変換する必要がある。2 桁の小数を加える学習は，ドルとセントに

基づかなければならない。おそらく，最も基本的な原理とは，やさしいのも難しいのも，すべてのテーマが，「単なる頭の体操のため」ではなく内在価値を含むことだ (Joncich, 1968a, p. 398)。推論自体を向上させる練習はない。すべての授業は，どのように加え，引き，掛け，割るかがわかるような教育対象に直接関連した内容に中心を置いている。

　一見すると，ソーンダイクの算数の本は，学習についてのソーンダイクの基本的研究との一致と不一致の両方の要素を含んでいるように見えた。他方で，ソーンダイクは学習を，彼の本が基本的算数の操作の練習を強調しているように，反応を強化するものと見ていた。だが同時に，彼は学習を個々の反応の集積以上のものととらえており，事実間の関係と算数の手順と毎日の経験間の関係を生徒が理解することを支援しようとしていた。ジョンシック (1968a, p. 401) は，ソーンダイクの算数の本は，「算数の操作のステップの純粋に機械的暗記」よりも，算数学習の「意味，洞察，数量関係」を強調していると述べている。基本的スキルの学習と理解した学習間のこの見かけ上の葛藤の解決は，基本的算数スキルの学習は，生徒が一般的原理を学び，原理と現実場面とを結びつけるときもっと効果的であるという考えに示されている。

　普及率が成功の測度なら，ソーンダイクの算数の本は大きな成功を収めた。それは，コロンビア大学の給料よりもソーンダイクにははるかに多い収入をもたらした (Joncich, 1968a)。さらに大切なことは，教育資料は子どもがどのように学ぶかの科学的理論に裏づけられるという考えである。今日の本は，ソーンダイクの時代の本よりももっと活き活きして色彩豊かだが，基本的スキルと高次の理解の相対的位置についての同じ論争は依然として盛んである。おそらく今日の教科書執筆者たちは，よく学習された基本的スキルは高次のスキルの学習を可能にするというソーンダイクの認識からいまだに恩恵を受けている。その認識は，——認知科学者たちは自動化に言及する——低レベル・スキルはバラバラの練習ではなく意味のある文脈内でいっそうよく理解される——認知学者たちが状況性 (situativity) として言及している考えである。

テスト

「存在するものは何であってもいくらかの量がある」。このソーンダイク (1918, p. 16) からの有名な引用句は，彼の教育測定と彼が作り出すのに役立った画期的な新しい測定器具についての見方を典型的に示している。彼の教育テストへの貢献は以下のものである。すなわち彼は，多くの標準化されたテストと作文，描画，筆跡，それに読解能力と算数能力のような学校関係の達成の尺度を開発した。彼は，第1次世界大戦で軍人の選抜に使用された陸軍 α テストと陸軍 β テストや他の心理学的製品を作って評価する委員会のメンバーであった。彼は「高校卒業者向けのソーンダイクの IER 知能検査」を作った。それは「大学進学適性試験」が登場するまで，難関大学の入学試験で使用された。彼は「国家知能検査」を作成した委員会のメンバーだった。そのテストは小学校で広く使用された。コロンビア大学の同僚であるキャッテルとウッドワースと一緒に，彼は 1921 年の心理学コーポレーションの創設に参加した。それは教育テストを専門化するのに役立ったのである。

ソーンダイクの唯一の最も知られたテスト器具は，CAVD 知能検査で，その1つの型は大学入試の選抜にも使われた。それは，完成，算数，語彙，指示という4つの心理課題に中心を置いた。完成項目は，生徒に文章を完成する1語を選択させるものだ。算数項目は，生徒に算数用語問題のある算数問題を解かせるものだ。語彙問題は，「……の反対は何か？」のような語の意味について尋ねるものである。指示項目は，表示された指示を理解する生徒の能力をテストするものである。いくつかの異なる種類のコンテンツ領域を使って，ソーンダイクは知能の多元性を強調した最初の1人だった。テストの優れた特徴は，コンテンツに基づく項目とコンテンツフリーの項目を組み合わせ，優れている（コンテンツフリー項目に裏づけられた）がよく準備されていない（コンテンツ項目に裏づけられた）生徒たちを区別することができた。このようにソーンダイクは能力と成績の識別しやすい測度を1つのテストに統合しようとした。ついには，テストは，比率尺度（真のゼロと等しい単位）で示された得点で測度の進歩を示した。

ソーンダイクは，教育に対する心理学の主な貢献の1つは，個々の生徒の

知識とスキルをはっきり特定する力だと考えていた（Thorndike, 1910）。要するに，測定器具の発達は心理学の最も重要な成果の1つなのである。有効な測定の技術の探究は，新世紀でも最新の研究領域なのである（Anderson et al., 2001）。

その他の成果

その他の重要な成果は，ソーンダイク・ロージュ単語リストである。それは「開発されたすべてのものの中で最も価値のある研究ツールの1つ」（Goodenough, 1950, p. 296）になり，またソーンダイクの教育心理学への統計的方法の応用（Gates, 1949b）になったのである。

教育心理学の価値へのソーンダイクの不朽の貢献

おそらくソーンダイクの考えや業績よりもずっと大切なのは，彼が教育心理学の新たな分野に作り上げた核心的価値，すなわち，科学的方法に対する信念，数量的データへの愛着，教育を向上させようとする願望である。要するに，ソーンダイクの価値の遺産は，実証的研究，数量的データ，現実の問題に基づく，科学としての教育心理学を創設することに役立ったのである。

科学的方法

ソーンダイクが広めた最も顕著な価値は，科学に対するゆるぎない信念であった。ソーンダイクが亡くなったとき，教員養成大学の学長ウィリアム・F・ラッセル（William F. Russell）は次のように手短に述べている。

> ソーンダイクは科学者であった。彼は何の先入観も持たなかった。彼は無駄な憶測や思いつきの観察で真実を学べるとは信じなかった。彼は，人間の心は研究できる，また適切な実験や十分な計測器具があれば秘伝などは必要

ない……心理学に必要なのは,より少ない憶測とより多くの実験であると信じていた。(Russell, 1949, p. 27)

彼の同僚アーサー・ゲイツは,科学がソーンダイクの経歴に果たした重要な役割をはっきりと認めていた。

> ソーンダイク教授の主な人生の目的は,「学習の法則」を確立することではない……また教育心理学を創設し,その父となることでもない。このような多くの類似の業績は,そのうちのどれか1つだけでも彼に永遠の名声を与えたのだが,より大きな目的,つまり,社会的問題の解決における科学的方法に比類のない豊かさを示すための手段にすぎなかった……彼の判断によれば,教育はこの目的を遂行するためのきわめて適切な領域だったのである……彼は自分の主な目的で見事に成功した。実際,未来においても,エドワード・L・ソーンダイクの名前を,いつの時代でも際立って優れた科学者たちのリストにあげると,私は確信している。(Gates, 1949b, p. 31)

自らの仕事を通して,ソーンダイクは「教育科学運動の偉大な先駆者の1人」として認められた (Moehlman, 1944, p. 19)。彼は「教育研究における効果的な科学的方法の使用に最も確実な見通しを与えた人」であるという理由で,1934年アメリカ科学振興協会の会長に選出された (Gates, 1934, p. 88)。彼の息子は,「父は……結合主義者のように見えるが,性格的には体系を作る人ではなく経験主義者であり,調査の指揮者でデータの分析者である」ことを認めていた (R. L. Thorndike, 1991, p. 140)。実際,ソーンダイクは自分を「学者というよりは調査員」(Jonich, 1962, p. 33) として描写している。

ジョンシック (1968, p. 434) は次のように述べている。「自らの仕事全体を通して,ソーンダイクは自身の行動を科学者のモデルにならおうとした。というのは,これこそが彼が最も願っていたものであり,できると確信していたものであり,そうあるべきと考えていたものだからだ」。さらにジョンシック (1966, p. 45) は次のように結論した。「ソーンダイクは自分自身が,価値があると自分が考えている科学として心理学を作り上げることに貢献できると見て

いた。それは，実験的で，客観的で，量的で，役に立つものである」。1934年1月13日のニューヨーク・タイムズの社説は，最も簡潔に次のように述べた。「だが終始一貫して，彼は1人の科学者なのである」(Jonich, 1968b, p. 445)。

　ソーンダイクの科学としての教育心理学の独創的な見方が，1世紀の間，私たちの分野を規定してきた。そして私の希望は教育心理学という科学が繁栄することである。科学はいくつかの教育研究者領域の中でいまは風当たりが強いが (Eisner, 1997)，私は，議論は思索よりも科学的に理にかなったデータで解決されるべきだという考え以上に，私たちの分野の中心に置かれるべき価値あるものはないというソーンダイクの確信と同意見である。ソーンダイクはかつて教育会議で，「科学は，宣言ではなく研究によって築かれたものだ」という言葉を残した (Jonich, 1968b, p. 444)。おそらく，これは新世紀に持ち込される価値のある旗印になるだろう。

量的データ

　ソーンダイクは量的測定に高い価値を置いた。「彼にとって質的差異は，測定をまだ学んでいない人の量的差異にすぎない」(Russell, 1949, p. 27)。ジョンシック (1968a, p. 442) は，ソーンダイクが「心理学は物理科学の確実さと正確さに達しなければならない……と確信している」ことを示した。彼の息子は，父親は「微積分や高等数学の授業を持ったことはなかった……だが彼は，街の備えるべき特性に対する人間の要求と関心による教育達成のあらゆるものの測定に着手した」(R. L. Thorndike, 1991, p. 141) と述べている。

　ソーンダイクは，学習結果の正確で量的な測定を，おそらく教育に対する心理学の最も大きく可能な貢献ととらえていた。ソーンダイク (1903, p. 3) は，彼の最初の教育心理学の教科書を，量的測定の重要性を認めることから始めている。「一般に，心的条件の測定と教育的努力による変化の測定は，大ざっぱで，バラバラで，不完全だ……適正な測定は……正確で……客観的で……完全で……ある」。*Journal of Educational Psychology* の創刊号でソーンダイク (1910, p. 5) は「心理学は……私たちに教育の目的の概念を，教育が行うべき正確な変化の観点に置くこと求めることによって，また私たちが人間に実際に

生じる変化を記述することによって，役立つのだ」と見ていた。ソーンダイクによれば，正確な測定こそ教育向上の鍵である。「心理学は，私たちに人間性の変化をどのように測定するかを教えるものだが，教授方法の結果をどのように判断するかも教えてくれる」(Thorndike, 1910, p. 7)。彼は，曖昧さを嫌って，量的測定を強調したのである。

新世紀という見通しのきく地点から，人間の学習の豊かでまとまったイメージを与えるのを支援して，質的測定が教育心理学の量的測定と一緒に存在するようになった。だが，ソーンダイクの研究レポートの入念なレビューは，彼でも問題箱の中の猫について次の観察のような質的記述をしていたことを示している (Thorndike, 1911, p. 35)。

箱の中に入れられると，猫は監禁から自由になろうとする不快感と衝動のはっきりしたサインを示す。どんな隙間からでも抜け出そうとする。棒や金網を爪でひっかき噛みつく。隙間を爪で強く押し，届くものは何でも爪でひっかく。何であろうとそれをゆるめガタつかせるまで努力を続ける。猫は箱の中のものといがみ合う。

非常にはっきりとしたもので，同じような描写は，人間の学習についての彼の研究の中によく見られる。だが，彼の質的描写は補足であって，普通，量的描写よりも見劣りする。新世紀の有効な授業は，研究問題の回答に収斂するために，ソーンダイクの「証拠に気をつけよ」という助言への忠実さを保持しながら，明らかに量的測定と質的測定を結合しようとすることになるだろう (Goodenough, 1950, p. 301)。

実践上の問題

科学的で量的方向を持ったので，ソーンダイクは多くの分野で研究することができたのだろう。彼の努力を教育心理学へと向けさせたのは，彼の第3の主な価値――社会を改善しようとする決意であった。ジョンシック (1968, p. 368) は次のことを述べている。「ソーンダイクにとって，科学は，適用の明

白な妥当性……を持つ問題を調査するときそれほど科学にはならないのだ」。ロック（Rock）(1940, p. 761) は，ソーンダイクは「問題の理論的側面と実践的側面の両方にほとんど同程度の関心」を持っていたと記している。

ソーンダイクは教育と心理学の間の相互作用関係を認めていた。*Journal of Educational Psychology* の創刊号で，ソーンダイク（1910, p. 12）は次のように書いている。

> 教育という科学は，心理学に豊富な貢献ができるし，また実際に貢献するであろう。心理学によって単純なものから引き出された法則だけでなく，特に準備された実験が，私たちが学校生活の条件のもとで心理的行為を解釈しコントロールすることに役立つ。教室の生活それ自体が，「純粋」心理学への最高の関心についての膨大な数の実験をするための広い実験室なのである。

彼は，ジャーナルが「教育経験の事実から得られた心理学的問題への回答」と「実験室の実験で得られた教育的問題への回答」の両方を扱うだろうと予測した（Thorndike. 1910, p. 12）。ソーンダイクの意欲を高める問題は実践的問題であった。『心理学に基づく教授の原理』の中で，ソーンダイクは以下のようにその課題をまとめている。

> 教育という言葉は多様な意味で使用されている。だが，その使用すべての中で，教育は変化を意味している。そのままでいるように教育される人はいない。もし私たちが誰についてもいかなる違いや変化を生み出せないなら，教育する人はいないだろう……そこで，教育を研究することは，ある変化の存在，性質，原因や価値を常に研究することである。

要するに，ソーンダイクは指導の操作がどのように学習者に変化をうながすかについての実践的で理論的問題に関心を持っていたのである。

最初の教育心理学の教科書の序文で，ソーンダイク（1903, p. v）は，教育心理学は「多くの教育問題に正確な科学の方法を適用する試みだ」と述べてい

る。メイ（May）（1949, p. 34）は，「実践的問題に純粋な科学の原理を関連づける能力」におけるソーンダイクの才能を認めている。だがソーンダイクは理論的問題と実践的問題の区別をいくぶん誤解していた。学習と転移と能力についての興味深い理論的問題は，実践的問題が人間性の機能をよりよく理解することによって解決されることが最善なので，実際的意味を持つ現実場面で検証されることがベストである。新世紀に移っても，ソーンダイクの理論と実践のバランスをとる方法は教育心理学において依然として意味を持つのである。

その他の価値

ソーンダイクの生涯に顕著に見られる他の価値は，生産性，独創性，一貫性，それに実用主義であった。50年間にわたり年におよそ10冊の出版物を発行できたことは，ソーンダイクが多作に価値を置いたことを証明している。ソーンダイクの独創性についての高い評価は，学習，転移，能力，児童発達の理論や，辞書，ワークブック，テキストにおける彼の革新的教育の考案の画期的貢献に現れている。彼の一貫性は，教員養成大学での50年という長い在職期間と研究テーマのたゆまぬ追究に反映されている。彼は，結合主義の創始者としてときどき描かれているが，彼の実用主義的価値は，新しい「主義」を創設するよりも科学的疑問に答えようとする彼の探究に反映されている。つまり，彼は原理を説くよりも回答することにずっと関心を持っていたのである。

教育心理学が20世紀に入ると，多くの教育研究者たちが構成主義の完全版を積極的に求めて，「主義」への関心が再開した。ソーンダイクの，原理の創設ではなく，実践的問題と理論的問題に創造的に向き合う着実でゆるぎのない目的意識は，20世紀の私たちの分野の適切な進路を示してくれているのである。

ソーンダイクの不朽の貢献に対する評価

本節では，ソーンダイクの学習，転移，個人差についての考えと教育心理学

における成果と価値の貢献に対する批判について簡潔に述べよう。

ソーンダイクの学習論に対する批判

　ソーンダイクの学習の法則，特に効果の法則は，教育心理学に対する彼の最も重要な貢献を表している（Rock, 1940）。効果の法則は，学習の最も重要で永続的な原理の1つとして広く認められているし（Bower & Hilgard, 1981），今日でも学習の教科書の中心的支柱である。だが，心理学における最も基本的な原理の1つとしての地位にもかかわらず，ソーンダイクの効果の法則は，私も納得するようないくつかの理由で批判されている。

　まず，ソーンダイクの反応強化としての学習の見方は，間違いではないが不完全だとしてこっぴどく批判されてきた。あらゆる学習はS-R結合を形成するというソーンダイクの申し立てとは逆に，他の人たちは結合の形成は学習の1つのタイプにすぎないと主張した。ゲシュタルト心理学者カトナ（Katona）（1940, pp. 4-5）はこの反対理由を次のように要約した。「結合のうちの1種類をすべての学習の基礎にした普及している理論に対する主な反対の理由は，それが間違っているからではなく，心理学研究の過程において，それが学習の他の種類の公平な研究を妨げてきたことによる」。カトナと仲間のゲシュタルト派の人たちは，学習の別の重要なタイプは，彼らはそれを理解による学習と呼んだが，一貫した構造を心理的に構築することであると主張した。調停の試みにもかかわらず（Brown & Feder, 1934），学習についてのゲシュタルト派と結合主義者の見方はまったく異なっていた（Mayer, 1995）。ゲシュタルト心理学者たちによれば，ソーンダイクの学習概念は，暗記学習を説明するには適切だが，有意味学習の説明には不適切である。つまり，結合主義は学習された反応の保持には関心があるが，創造的問題解決の転移を促進する学習には関心がないというのである（Wertheimer, 1959）。

　この反論を述べる別の方法は，連合を形成することに加えて，学習者たちが一貫した心理的表象を形成し一般的方略を作り出すので，ソーンダイクの学習したことは，つまりS-R結合の概念は不完全だと述べることである。例えば，トールマン（Tolman）（1932）は，さまざまな行動に報酬が与えられた実験室

の動物は，その動物が固有な反応よりも認知地図や仮説を形成したかのように行動することを示した。

　もっと最近では，メイヤー（Mayer）（1992, 1996）は，学習についての教育心理学の概念が，世紀前半の反応強化としての学習から，1960年代と1970年代の情報処理革命の知識獲得としての学習へ，1980年代と1990年代の構成主義革命の知識構成としての学習へと，20世紀の間にどのように進歩したのかを示した。20世紀のその後の発展の文脈にソーンダイクの学習の見方を位置づけると，彼が教育心理学の最初の学習概念を作り出したことが明らかになる。それはまだ発展し続けており，いくつかの発展し続ける学習の概念がいま加えられている。私の見方では，最近の概念，特に構成主義的見方が，教育心理学における最も大切ないくつかの進歩を生み出したのである。

　次に，ソーンダイクの効果の法則の理論的説明は，学習の認知の役割を無視していると批判された。報酬が行動に影響するという圧倒的な証拠があるのだが，基本的メカニズムを自動強化とするソーンダイクの記述には一般的合意はない。ソーンダイクによれば，報酬は学習者の側に認知活動の必要のないS-R結合を自動的に強化するという。反対に，報酬についてののちの研究のレビューは，学習者が行動を意識的に誘導する情報として報酬と罰をときどき使用するという考えともっと一致する（Mayer, 1987）。例えば，潜在的コストの研究は，ある状況下では，報酬が反応を実際に弱める——学習者の報酬についての解釈次第である——ことを示したのである（Lepper & Greene, 1978）。

　今日から見ると，100歳になる効果の法則は機能するが（少なくともある条件下で），ソーンダイクが提起した理由によってではないように思われる。

ソーンダイクの転移論に対する批判

　ソーンダイクの転移の研究は，方法論的に正しい研究が教育の基本的に重要な問題をどのように対象にできるかのモデルとして有効である。同一要素の転移という彼の理論は，100年前にそうであったように今日でも理解されている。すなわち，もし多くの同じ要素を含む課題を学習済みなら新しい課題の学

習は容易である，と。だが，ソーンダイクの転移の理論は，学習の見方のように，不完全だというほどではない。ただし，一般的転移が起きる場面の説明ではうまくいかない。

　ソーンダイクの転移の理論は，理論的，実証的理由で批判されてきた。理論面では，同じ反応が同じ場面で必要とされるときだけ転移が起きると主張するのは行きすぎのように見える。例えば，メクルジョン（Meiklejohn）（1908, p. 126）は，転移のこの固有性を次のように批判した。「黄色いハンマーで釘を打つ学習を考えてみよう。必要なときに隣の人のハンマーを借りて，それが赤色だと気がついたら無力感を感じるだろう」。論理的結論を言うと，ソーンダイクの理論はただ固有な転移の膠着した形だけを認め，そこで一般の経験と矛盾するように見える。今日からすると，ソーンダイクには同一の要素が何を意味するのかをはっきりと定義する理論的道具がないように見える。認知的スキルの転移についての今日の研究は，領域固有の原理，方略，解決方法は，ある場面から別の場面へ転移できるとみなすのである（Mayer & Wittrock, 1996）。

　実証的側面では，ソーンダイクの初期の批判者の1人，ジャド（Judd）（1908）は，ある場面であるスキルを学んだ生徒は，最初の場面と同じ反応が1つもなくても，一般的原理が同じであればそのスキルを転移できることを示した。ウェルトハイマー（Wertheimer）（1959）は，生徒が一般的原理を理解して学習した場合の一般的転移について追加の証拠を提供した。おそらくもっと注目されたのは，ソーンダイクとウッドワース自身の結果が，一般的転移のいくつかの控えめな形の証拠を示したように見えたことである。例えば，一文の中でeとsの両方の文字を含む単語を消す練習をした生徒は，この練習をしなかった生徒よりも違う反応を求める転移課題（例えば，別の2つの文字を含む単語を消す）で優れた成績を収めた。シングレー（Singley）とアンダーソン（Anderson）（1989, p. 5）は，「ソーンダイクは，共通の刺激―反応要素だけによって説明されるよりも多くの転移を見つけたのだ」と述べている。

　結局，ソーンダイクの転移の研究は，研究者たちを一般的転移へと導く条件の識別に挑戦させることによって，まさに今日も残っている健全な研究課題を刺激したのである（Detterman & Sternberg, 1993; Mayer & Wittrock, 1996; McKeough, Lupart, & Marini, 1995; Singley & Anderson, 1989）。明らかに，ソーンダ

イクが言うように，固有の転移だけが起きる場面がある。だが広い転移を導く指導的処置を実証する研究が増加している（Mayer & Wittrock, 1996）。ある意味では，20世紀の間は，研究者たちはソーンダイクが同一の要素で指したものを明らかにしようとしてきた。シングレーとアンダーソン（1989, p. 6）は次のような評価をしている。「ソーンダイクは，間違った理論，形式陶冶の原理を打倒することに成功したのである。その代わり彼は大部分無意味なものを持ってきたのだ。これらの批判にもかかわらず，ソーンダイクは，今日まで転移の議論を支配しているほとんどの問題を明確にしたのである」。

ソーンダイクの個人差への着想に対する批判

ソーンダイクは，学習と転移と同様に，能力の個人差について革新的な新しい見方を示した。彼は能力心理学——推理，記憶，知覚のような一般的能力の概念——を覆すことには成功したが，能力についての彼の固有な理論は存続しなかったのである。能力は固有の知識に依存しているというソーンダイクの概念化は，熟達（Chi, Glaser, & Farr, 1988）と認知能力の固有領域を強調する知能（Sternberg, 1990）の現代理論と驚くほど一致している。けれども，能力の要素の見方があまりにも狭すぎるとして，つまり，能力は人が持つ固有のS-R結合の数に主に依存しているという仮定によって，彼は批判されることがある。

認知課題の遂行の個人差は知識の差と関連しているというソーンダイクの主張は，当時，非常に批判されたが，今日では，基本的には正しいように見える。だが，彼は知識の性質の概念を非常に狭く考える——ただS-R結合にだけ焦点化する——という点で判断を誤った。また，彼の考えは間違いというより不完全だったように見える。スターンバーグ（Sternberg）（1990, p. 91）は，「おそらくソーンダイクの研究の本体は，心理測定の様式ではなく学習理論の様式なので，彼の知能の理論と測定への貢献は決して理解されなかったのだ」と指摘している。だが，結局，能力差の心理測定の方法は学習—理論アプローチの現代版におおむね取って代わったという記述は興味深い。ソーンダイクの固有理論は十分には存続しなかったが，彼の一般的方法はいまでもその分野で有力である。

結局，教育心理学へのソーンダイクの理論的貢献の主な限界は，基本的枠組みとして結合主義にだけ依存していたことである。結合主義に基づく心理学を構築することが主要な業績だったのだが，20世紀は情報処理と構成主義を含むその分野を豊かにするいくつかの他の主な枠組みも生み出したのだった。人間の認知の分析の新しいツールによる蓄積を使って，20世紀後半に研究する研究者たちはソーンダイクが始めた研究を補完したのであった。

ソーンダイクの成果に対する批判

　すべてのソーンダイクの最も評判の高い成果──辞書，教科書，テスト──はもはや最初の形では広く役立つことはないが，これらの領域でのその後の発展は，ソーンダイクの当初の研究にずっと影響されてきた。このように，これらの固有の成果はもはや使用されていないが，彼が成果を生み出すときに使用した原理には，この分野でまだ強い影響力がある。だが，着想への貢献のように，彼が自分の成果を生み出すときに使用した原理は，学習の認知処理の性格についてのよりはっきりした見方，学習したことの分析，学習における社会的文脈の役割を補完してきたのである。

ソーンダイクの価値に対する批判

　結局，ソーンダイクの価値──科学への方法論的厳密さに対する信念，彼の実証的データへの愛情，現実的問題への関心──は教育心理学を方向づけ続けた。だが，彼の価値はいくつかの有益な方法で広がっていった。ソーンダイクが非常に見事に示した実験的方法に加えて，今日の心理学者たちは，自分たちの蓄積した観察的技術とコンピュータ・シミュレーション技術を含む他の科学的方法論を有している。今日の教育心理学者たちは量的データだけに頼らずに，質的測定の適切な使用にも価値を置いている。心理学がどのように教育に適用できるかだけでなく，教育問題からも心理学を豊かにするような双方的関係として，今日の教育心理学者たちはしばしば両者をとらえている（Mayer, 1992）。ソーンダイクから継承した確かな価値を保ちながら，今日の教育心理

学者たちの世代は，それらの価値を興味深い新たな方向へ広げる機会を持っている。

社会的問題についての彼のその後の研究（彼の教育心理学の初期の研究ほど影響力はないのだが）は，優生学のプログラムの修正と人々の性格の量的評価を開発するような問題のある社会的提案を支持したことで批判されてきた（Beatty, 1998）。ソーンダイクの世代の多くの他の進歩主義者のように，社会的問題を解決するための科学への信念が，社会的提案の予測できる結果への判断力を彼から奪ったようである。皮肉なことに，ソーンダイクの社会学への進出という欠陥は，科学的方法と実証的データの現実的提案の根拠づけを自分の価値から捨てたときに生じたのである。

結論

世界の最高の教育心理学者の素晴らしい経歴をレビューすることは，私にとって学ぶことの多い元気づけられる経験であった。私はソーンダイクが亡くなったころに生まれたのだが，本章の検討を通して彼をわずかながら垣間見た気持ちにさせられた。この偉大な人物に知遇を得たという恩恵に感謝している。科学としての教育心理学の最初の100年が経過したいまでも，ソーンダイクが最初に対象にしたいくつかの同じ問題に私たちがまだ取り組んでいることを知って謙虚な気持ちにさせられている。

ソーンダイクが私たちの分野に持ち込んだものは，器具や量的方法の技術的熟達でも科学における厳密な訓練でもなく，むしろ，教育問題についての絶えることのない好奇心，科学の方法により答えが見出せるというしっかりした信念，彼を支えた創造的方法と理論の確かな光明であることは明らかである。

彼の学習，転移，個人差に関する考えは，時間の試練に耐え，1世紀の間，教育心理学の核となるテーマであり続けてきた。彼の成果は，科学の方法が生徒の学びを支援するのに役立つという楽観主義を反映していたし，また，心理学の発見の歴史の真のサクセス・ストーリーであった。だが，私の見方では，ソーンダイクの教育心理学への最も重要な貢献は，彼が私たちの分野に植えつ

けた価値に関係している。これらは私たちの分野を今日依然として形作っている。すなわち，思弁よりも科学を，曖昧な概要よりも念入りな分析と数量化を，純粋に理論的な問題よりも現実的問題の理解を大事にすることである。

20世紀の初めにソーンダイク（1903, p. 3）は教育心理学の課題を次のように巧みに要約した。「教育という仕事は人間の心と身体を変えることだ。これらの変化をコントロールするために，私たちには変化をもたらす原因についての知識が必要なのだ」。この目的を遂行するために，教育心理学という新しい科学は，教育問題に関係した厳密な実験から得られた明確なデータに裏づけられていることが必要である。科学としての教育心理学は第2の世紀に入るので，世界初の教育心理学者の最も重要な寄与は，彼が価値を備蓄したことである。

最後に，教育心理学に対するソーンダイクの最も基本的な遺産は，教育問題の解決における科学の役割に対する彼の見方である。「彼は科学的方法を教育研究の特質にして，教授法実践の中にその活用を示したのである」（Russell, 1949, p. 27）。彼の単刀直入な助言――言葉と行動の両方から集められた――は，100年にわたって，はっきりしたたくさんのデータに基づく理論の基礎となり，データ収集の科学的方法に使用され，現実的提案のできる理論的に興味深い問題の研究に役立ってきた。この助言にならうなら，教育心理学の第2の世紀には明るい展望がある。

謝　辞

カリフォルニア大学サンタバーバラ校中央図書館，カリフォルニア大学デービス校シールド図書館の有効な資料に謝意を表する。また，バリー・ジマーマン（Barry Zimmerman）の有益なコメントに感謝する。本章に関する問い合わせは以下にお願いする。Richard E. Mayer, Department of Psychology, University of California, Santa Barbara, CA93106.

訳 注

1——20世紀のアメリカの漫画家。簡単にできることを手の込んだからくりを用い,それらが次々に連続して作業を行う表現手法を考案し,それによって機械化への道を進む世界を揶揄した。ここではソーンダイクの不器用さをゴールドバーグの巧みな機械と対比している。

文 献

Anderson, L. W., Krathwohl, D. R., Airasian, P. W., Cruikshank, K., Mayer, R. E., Pintrich, P. R., & Raths, J. (2001). *A taxonomy of learning for teaching: A revision of Bloom's taxonomy of educational objectives*. New York: Addison-Wesley-Longman.

Barnhart, C. L. (1949). Contributions of Dr. Thorndike to lexicography. *Teachers College Record, 51*, 35-42.

Beatty, B. (1998). From laws of learning to a science of values: Efficiency and morality in Thorndike's educational psychology. *American Psychologist, 53*, 1145-1152.

Bitterman, M. E. (1969). Thorndike and the problem of animal intelligence. *American Psychologist, 24*, 444-453.

Boldyreff, J. W. (1949). Psychology and the social order. *Teachers College Record, 51*, 762-777.

Bower, G. H., & Hilgard, E. R. (1981). Thorndike's connectionism. In G. H. Bower & E. R. Hilgard, *Theories of learning* (5th ed, pp. 21-48). Englewood Cliffs, NJ: Prentice-Hall.

Bulatao, E. Q., Fulcher, R, & Evans, R. B. (1992). Statistical data on the American Psychological Association. In R. B. Evans, V. S. Sexton, & T. C. Cadwallader (Eds.), *The American Psychological Association: A historical perspective* (pp. 391-394). Washington, DC: American Psychological Association.

Burnham, J. C. (1972). Thorndike's puzzle boxes. *Journal of the History of the Behavioral Sciences, 8*, 159-167.

Brown, J. F., & Feder, D. D. (1934). Thorndike's theory of learning as Gestalt psychology. *Psychological Bulletin, 31*, 426-437.

Chi, M. T. H., Glaser, R., & Farr, M. J. (Eds.). (1988). *The nature of expertise*. Hillsdale, NJ: Lawrence Erlbaum Associates.

Detterman, D. K., & Sternberg, S. J. (Eds.). (1993). *Transfer on trial*. Norwood, NJ: Ablex.

Dewsbury, D. A. (1998). Celebrating E. L. Thorndike a century after *Animal intelligence*. *American Psychologist, 53*, 1121-1124.

Eisner, E. (1997, August-September). The promise and perils of alternate forms of data representation. *Educational Researcher, 26*(6), 4-20.

Galef, B. G. (1998). Edward Thorndike: Revolutionary psychologist, ambiguous biologist. *American Psychologist, 53*, 1128-1134.

Galton, E (1883). *Inquiry into human faculty and its development*. London: Macmillan.

Gates, A. I. (1934). Edward Lee Thorndike: President-elect of the American Association for the Advancement of Science. *Science, 79*, 88-89.

Gates, A. I. (1949a). Edward L. Thorndike 1874-1949. *Psychological Review, 56*, 241-243.

Gates, A. I. (1949b). The writings of Edward L. Thorndike. *Teachers College Record, 51*, 20-31.

Grinder, R. E. (1989). Educational psychology: The master science. In M. C. Wittrock & F. Farley (Eds.), *The future of educational psychology*. Hillsdale, NJ: Lawrence Erlbaum Associates.

Goodenough, F. L. (1950). Edward Lee Thorndike: 1874-1949. *American Journal of Psychology, 63*, 291-301.

Hull, C. L. (1943). *Principles of behavior*. New York: Appleton-Century-Crofts.

Humphrey, G. (1949). Edward Lee Thorndike, 1874-1949. *British Journal of Psychology, 40*, 55-56.

Jensen, A. R. (1987). Individual differences in mental ability. In J. A. Glover & R. R. Ronning (Eds.), *Historical foundations of educational psychology* (pp. 61-88). New York: Plenum.

Joncich, G. (1962). Science: Touchstone for a new age in education. In G. M. Joncich (Ed.), *Psychology and the science of education: Selected writings of Edward L. Thorndike* (pp. 1-26). New York: Teachers College Press.

Joncich, G. (1966). Complex forces and neglected acknowledgments in the making of a young psychologist. Edward L. Thorndike and his teachers. *Journal of the History of the Behavioral Sciences, 2*, 43-50.

Joncich, G. (1968a). *The sane positivist: A biography of Edward L. Thorndike*. Middletown, CT: Wesleyan University Press.

Joncich, G. (1968b). E. L. Thorndike: The psychologist as professional man of science. *American Psychologist, 23*, 434-446.

Judd, C. H. (1908). The relation of special training and general intelligence. *Educational Review, 36*, 28-42.

Katona, G. (1940). *Organizing and memorizing*. New York: Columbia University.

Kuhn, T. S. (1970). *The structure of scientific revolutions*. Chicago: Chicago University

Press.

Leary, D. E. (Ed.). (1990). *Metaphors in the history of psychology*. Cambridge, UK: Cambridge University Press.

Lepper, M. R., & Greene, D. (1978). *The hidden costs of reward*. Hillsdale, NJ: Lawrence Erlbaum Associates.

Lorge, I. (1940). Thorndike's contribution to the psychology of learning of adults. *Teachers College Record, 41*, 778-788.

Lorge, I. (1949). Edwatd L. Thorndike's publications from 1940 to 1949. *Teachers College Record, 51*, 42-45.

May, M. A. (1949). Selected writings from a connectionist's psychology. *Teachers College Record, 51*, 31-34.

Mayer, R. E. (1987). *Educational psychology: A cognitive approach*. New York: HarperCollins.

Mayer, R. E. (1992). Cognition and instruction: On their historical meeting within educational psychology. *Journal of Educational Psychology, 84*, 405-412.

Mayer, R. E. (1995). The search for insight: Grappling with Gestalt psychology's unanswered questions. In R. J. Sternberg & J. E. Davidson (Eds.), *The nature of insight* (pp. 3-32). Cambridge, MA: MIT Press.

Mayer, R. E. (1996). Learners as information processors: Legacies and limitations of educational psychology's second metaphor. *Educational Psychologist, 31*, 151-162.

Mayer, R. E., & Wittrock, M. C. (1996). Problem-solving transfer. In D. C. Berliner & R. C. Calfee (Eds.), *Handbook of educational psychology* (pp. 47-62). New York: Macmillan.

McKeough, A., Lupart, J., & Marini, A. (Eds.). (1995). *Teaching for transfer*. Mahwah, NJ: Lawrence Erlbaum Associates.

Meiklejohn, A. (1908). Is mental training a myth? *Educational Review, 37*, 126-141.

Moehlman, A. B. (1944). Edwatd Lee Thorndike, master teacher. *Nation's Schools, 34*, 19.

Otto, W. (1971). Thorndike's reading as reasoning: Influence and impact. *Reading Research Quarterly, 6*, 435-442.

Postman, L. (1962). Rewatds and punishments in human learning. In L. Postman (Ed.), *Psychology in the making* (pp. 331-401). New York: Knopf.

Rippa, S. A. (1980). *Education in a free society*. New York: Longman.

Rock, R. T., Jr. (1940). Thorndike's contribution to the psychology of learning. *Teachers College Record, 41*, 751-761.

Romanes, G. J. (1882). *Animal intelligence*. New York: Appleton.

Russell, J. E. (1940). An appreciation of E. L. Thorndike. *Teachers College Record, 41,* 696-698.

Russell, W. F. (1949). Edward L. Thorndike, 1874-1949. *Teachers College Record, 51,* 26-28.

Singley, M. K., & Anderson, J. A. (1989). *The transfer of cognitive skill.* Cambridge, MA: Harvard University Press.

Skinner, B. F. (1938). *The behavior of organisms.* Englewood Cliffs, NJ: Prentice-Hall.

Speatman, C. (1927). *The abilities of man.* New York: Macmillan.

Stam, H. J., & Kalmanovitch, T. (1998). E. L. Thorndike and the origins of animal psychology. *American Psychologist, 53,* 1135-1144.

Stauffer, R. G. (1971). Thorndike's reading as reasoning: A perspective. *Reading Research Quarterly, 6,* 443-448.

Sternberg, R. J. (1990). *Metaphors of mind.* Cambridge, England: Cambridge University Press.

Sully, J. (1889). *Outlines of psychology.* New York: Appleton.

Teachers College Record. (1940). Publications from 1898 to 1940 by E. L. Thorndike. *Teachers College Record, 41,* 699-725.

Thompson, G. (1949). Obituary: Prof. Edwatd L. Thorndike. *Nature, 164,* 474.

Thorndike, E. L. (1898). Animal intelligence: An experimental study of the associative processes in animals. *Psychological Monographs, 2*(4, Whole No. 8).

Thorndike, E. L. (1903). *Educational psychology.* New York: Lemcke and Buechner.

Thorndike, E. L. (1906). *Principles of teaching based on psychology.* New York: Seiler.

Thorndike, E. L. (1910). The contribution of psychology to education. *Journal of Educational Psychology, 1,* 5-12.

Thorndike, E. L. (1911). *Animal intelligence.* New York: Macmillan.

Thorndike, E. L. (1913). *Educational psychology. Volume II: The learning process.* New York: Teachers College Press.

Thorndike, E. L. (1917). Reading as reasoning: A study of mistakes in paragraph reading. *Journal of Educational Psychology, 8,* 323-332.

Thorndike, E. L. (1918). The nature, purposes, and general methods of measurement of educational products. *National Society for the Study of Education Yearbook 17*(2), 16-24.

Thorndike, E. L., Bregman, E. D., Cobb, M. V., & Woodyard, E. I. (1926). *The measurement of intelligence.* New York: Teachers College, Columbia University.

Thorndike, E. L. (1932). *Fundamentals of learning.* New York: Teachers College,

Columbia University.

Thorndike, E. L. (1935). *Thorndike-Century Junior Dictionary.* Chicago: Scott, Foresman.

Thorndike, E. L. (1936). Edward Lee Thorndike. In C. Murchison (Ed.), *A history of psychology in autobiography* (Vol. 3, pp. 263-270). Worcester, MA: Clark University Press.

Thorndike, E. L. (1948). On methods of memorizing poems and vocabularies. *Journal of Educational Psychology, 39,* 488-490.

Thorndike, E. L., & Woodworth, R. S. (1901). The influence of improvement in one mental function upon the efficiency of other functions. *Psychological Review, 8,* 247-261.

Thorndike, R. L. (1991). Edward L. Thorndike: A professional and personal appreciation. In G. A. Kimble, M. Wertheimer, & C. White (Eds.), *Portraits of pioneers in psychology* (Vol. 1, pp. 139-151). Washington, DC: American Psychological Association.

Tolman, E. C. (1932). *Purposive behavior in animals and men.* New York: Appleton-Century-Crofts.

Tolman, E. C. (1938). The determiners of behavior at a choice point. *Psychological Review, 45,* 1-41.

Wertheimer, M. (1959). *Productive thinking.* New York: Harper & Row.

Williams, J. (1978). Analysis of the *Journal of Educational Psychology*: Toward a definition of educational psychology. *Educational Psychologist, 12,* 290-296.

Woodworth, R. S. (1934). Edward Lee Thorndike: President of the American Association for the Advancement of Science. *Scientific Monthly, 38,* 187-189.

第6章

ルイス・M・ターマン：能力テストの開発のパイオニア

ジョン・F・フェルドゥーセン
(パデュー大学)

　アメリカのテスト運動は，1916年，ルイス・M・ターマン（Lewis M. Terman）のスタンフォード・ビネー知能尺度の公表に始まった。パリの学校のアルフレッド・ビネー（Alfred Binet）とマサチューセッツ州ウースターにおけるターマンの学位論文の先駆的研究は，世界の標準テストの開発に道を開いた。そのテストは人間の認知能力の性質をこれまで以上によく測定しようとしていた。ときどき論議になるが，ターマンの知能についての研究と著作は教育心理学の分野に貴重な寄与をしてきたのである（Snyderman & Rothman, 1990）。

ターマンの青年期と教育

　ルイス・M・ターマンは，1877年，インディアナ州南部の農家に生まれた（Seagoe, 1975）。彼の両親も祖父母も専門教育を受けていなかったが，ターマン農場がおよそ150冊の書籍のある図書館を備えていたことは注目に値する。その蔵書には，ブリタニカ百科事典，地図，聖書，クーパーとディケンズの小説も含まれていた。ターマン家の家族は熱心な読書家であり，あるときは，彼らは行商の本のセールスマンに，家で夕食とベッドを提供し，その代わりに，彼の商品をよく吟味する機会を得たのだった（Feldhusen, 2000）。
　ターマンは，1882年，5歳で1教室だけの田舎の学校に入学した。彼は最初の年に2学年飛び級した（Minton, 1988）。彼の学校時代は，2人の教師の存

在に大きな刺激を受けた。彼らはインディアナ大学の大学院生で，ターマンの学校で教育実習期間を過ごしていた。彼はこの2人の教師と生涯にわたる友情を結んだ。ターマンの人間の能力と人格特性への初期の関心は，学校の何人かの級友の存在による刺激だった。彼らは，おそらく今日の特別教育プログラムに分類されたであろう。1人の級友は18歳だったが，年齢のわりに学校の最も遅れた読み手だった。もう1人の少年は身体の障害があり，3番目の少年は数学が非常に優れていた。

　8年生を終えると，ターマンは，インディアナ州のダンビルの中央教員養成カレッジに15歳で入学する前に，その田舎の学校でさらに1年過ごした。彼は，1892年，教職の準備のため学士号取得の勉強を始めた。彼の成績は，100点満点でおおむね90点以上の好成績であった（筆者によって古い大学の建物の屋根裏で見つけられた書類で明らかにされた）。教職員に高い資質が備わっていて，教員養成カレッジの知的環境が刺激的なことにターマンは気づいた。4人の教授が彼の学問的訓練に特に影響を与えた。科学のチャールズ・A・ハーグローブ（Charles A. Hargrove），言語学のグスターブ・スピルマン（Gustave Spillman），心理学と哲学のジョナサン・リグドン（Jonathan Rigdon），教育課程のA・J・キナマン（A. J. Kinnaman）である。ミントン（Minton）(1988, p. 13)は，リグドンとキナマンは教育問題に非常に特別な哲学的見方を持ち，ヘルバルト哲学と児童研究運動のようなテーマがターマンの教育分野の関心を刺激したのであった。

　彼が中央教員養成カレッジに入学すると，インディアナ州の田舎の学校で2年間教えた。卒業すると，3年間高校の校長として勤めた。自伝の中でターマン（1961）は，教師と校長として勤めたこの期間，自分の読書経験にどれほど刺激を受けたかを記述している。教師読書サークルと呼ばれた読書グループで，教師と校長が月に1度土曜日に集い，自分たちで読もうと決めた1冊の本について討論することで1日を過ごした。ウィリアム・ジェームズ（William James）の『教師たちへの講義（*Talks to Teachers*）』はターマンには面白かった。そしてそれが心理学への生涯の関心を呼び起こした。彼は中央教員養成カレッジで3つの学士号を取得した。

　インディアナの教師と校長としてターマンが過ごした数年の間，彼の人生に

深い影響を与えるようになる3つの大きな出来事が生じた。1つは，1899年のアンナ・ミントン（Anna Minton）との結婚で，彼女は生涯の伴侶となった。アンナ自身が教師であり，教授を含めてターマンのあらゆる努力の信頼できるサポーターであった。2つ目の強い影響は，彼らの息子フレッド（Fred）の誕生であった。彼は高い能力の持ち主で，成長してスタンフォード工科学校の学部長となり，ウィリアム・ヒューレット（William Hewlett）とデイビッド・パッカード（David Packard）の指導教官となった。2人はシリコンバレーのパソコン開発のリーダーとなった。ターマンの人生の3番目に影響した出来事は，1900年に結核と診断されたことだった。この病気の結果，彼は校長職を休んだ。この期間，戸外に出る多くの時間をとる新しい生活スタイルで過ごして肺の治癒に努めた。

　ダンビルの中央教員養成カレッジの教師のうちの2人が彼にインディアナ大学（IU）で研究を続けることを勧めた。1901年に，彼はその大学の心理学の大学院課程に入学した。だが，彼が教員養成カレッジで取得した単位の多くは認められず，彼は学生補として入学しなければならなかった。しかし，次の2年間の課程で，彼は文学士と文学修士の両方の学位を取得できた。この時期にターマンは，W・L・ブライアン（W. L. Bryan），E・H・リンドレー（E. H. Lindley），J・A・バーグストローム（J. A. Bergstrom）の指導のもとに置かれた。3人の心理学者たちはすべて，G・スタンレー・ホール（G. Stanley Hall）の指導によりクラーク大学で心理学の学位を取得していた。ターマンは哲学と心理学の古典的文献を読み，インディアナ大学の自分の授業が知的に素晴らしいことを悟った。彼は精神障害，犯罪行為，天才についての読書に特に関心を持ち，これらの経験が才能に対する生涯に及ぶ関心に拍車をかけたのである。彼の修士論文の研究は，子どもにおけるリーダーシップと被暗示性の実験的研究であった。研究の結論として，彼はリーダーシップと知能に強い関連性があることを述べている。両者の関係を，のちに彼は優秀児の縦断的研究で追究した。

　1903年に彼は修士の学位を取得すると，クラーク大学で博士号の研究をするための奨学金を受けた。両親から借りたお金で，ターマンは妻のアンナと2人の子どもたちと，マサチューセッツ州ウースターに向けて出発した。

創生期：1890年から1920年まで

ターマンは，その分野で著名なG・スタンレー・ホール，E・C・サンフォード（E. C. Sanford），W・H・バーンハム（W. H. Burnham）が指導するコースで心理学の博士号取得に向けた研究を始めた。3人は後年その分野の著名な心理学者になった。意欲をそそる学部に加えて，ターマンは，アーノルド・ゲゼル（Arnold Gesell），フレッド・クールマン（Fred Kuhlmann），J・P・ポーター（J. P. Porter），チャールズ・ワデル（Chales Waddell），A・A・クリーブランド（A. A. Cleveland），E・B・ヒューイ（E. B. Huey）のような非常に刺激的な級友がいることに気がついた。彼らの多くは，のちに心理学の新たな分野のリーダーになるのである。クラーク大学でのターマンの読書には，エビングハウス（Ebbinghaus），スターン（Stern），スピアマン（Spearman），キャッテル（Cattell），ソーンダイク（Thorndike）のような指導的理論家たちが含まれていて，心理テストのへ関心を膨らませていったのである。ターマンは，級友のE・B・ヒューイによってアルフレッド・ビネーの研究について学んだ。ヒューイはヨーロッパで1年過ごしていた。

ターマンの鍵となる研究プロジェクトは，子どもの早熟過程の研究であった。その研究によって彼は，その分野で博士論文を書くことになった。彼の助言者のサンフォードはほとんど助言をしなかったので，ターマンは計画を自分で立て，テストや方法を開発し，ウースター学校から研究協力者を確保し，試験手順を実行し，結果を分析し，博士論文を書いた。彼の研究協力者は7人の優秀な少年と，7人の能力の低い少年だった。彼の学位論文のタイトルは「天才と愚者——7人の優秀児と7人のおろかな少年の知的過程の研究（Genius and Stupidity: A Study of Some of the Intellectual Processes of Seven Bright and Seven Stupid Boys）」（1906）であり，今日では受容されない専門用語を含んでいた。彼が考案した下位テストは，創作力と創造的想像力の測度，論理過程，数学的操作，言語習得，洞察，チェスを学習する楽しみ，記憶，運動能力である。予想されたように，優秀児はあらゆる知的課題で優れていた。この博士論文の経験からターマンは，知能は多角的（今日の用語では多因子的）だと最初は考えたが，のちにIQを心的能力の唯一の指標だと考えるようになった。彼はまた知能は天賦の才か遺伝的決定の産物だと推論した。学位論文の統計的状態についてのホールの不安にもかかわらず，ターマンは1906年に最終口頭試問をパス

した。数年後，ホールは結局，心理学的理解の価値ある研究として心理テストを見にやってきたのである。

　ターマンはクラーク大学卒業時に結核を再発した。このことから彼は，次の就職に地理的位置を主要な選択基準に据えた。ターマンは気候の温暖なカリフォルニアに移転したが，大学のポストは見つからなかった。そこで彼はカリフォルニアのサンバーナーディーノの校長職を引き受けた。だが彼の移動は，ロサンゼルスで大学教員の身分が始まると結局都合がいいことがわかった。彼は1年間校長を務めたあと，1907年ロサンゼルス師範学校へ移動した。彼はロサンゼルス師範学校に入ると，以前のクラーク大学の級友，アーノルド・ゲゼルとの交流を再開した。ゲゼルは生涯の友であり，著名な発達心理学者だった。ロサンゼルス師範学校での実りの多い4年間のあと，ターマンにスタンフォード大学から助教授採用の申し出があり，彼は受諾した。ターマン家は1910年にパロアルトへ移転し，ターマンは，学者，研究者，教師，著述家，教育と心理学のリーダーとしてのキャリアを開始したのである。

ターマンのスタンフォードでのキャリアの見どころ

　スタンフォードでの最初の数年間，ターマンの健康は回復を続け，個人活動と専門活動のレベルを上げることができた。彼の専門の生産性は驚くほど向上し，彼は国中でかなり知られるようになった。1917年，合衆国陸軍は，新兵が陸軍に入隊する際の選抜テストの開発を決定し，ロバート・M・ヤーキーズ（Robert M. Yerkes）に課題を実施する心理学者たちの委員会を組織する権限を与えた。ヤーキーズはターマンに陸軍テストの開発委員になるよう依頼した。ターマンはヤーキーズに，教え子の大学院生アーサー・オーティス（Arthur Otis）が集団向けの心理テストを開発していることを報告した。

　ヤーキーズの委員会が1917年の5月後半と6月初めにかけてニュージャージーのバインランド訓練学校で会合したとき，オーティスの開発したテストが新しい陸軍テストのモデルとして使用された。広範囲な試行ののち，「陸軍試験 *a*」テストは1917年12月24日に合衆国陸軍による実施が認められた。

もう1つの「陸軍試験β」テストがあとに続き，それは英語がよく読めない陸軍志願者や職員のテストのために開発されたものだった。ターマンは2年間委員を務めた。1年は市民の非常勤職員として，あとの1年は正式な陸軍士官として。ヤーキーズとターマンは，それぞれ1917年と1918年に，合衆国陸軍の少佐に任命された。任命書を受理したあと，ターマンはスタンフォード大学を休職して，テストのプロジェクトの仕事をするために家族とワシントンDCへ移った。ターマンは1919年4月に軍務を解かれてスタンフォード大学の職に復帰した。

　戦後，集団知能検査の利用が，特に学校と職場で急速に増えた。陸軍テストプログラムは，私たちがいま気づいている主な心理測定の欠点のせいでのちに厳しく批判されたが，そのプログラムは合衆国陸軍における主要な心理学テストとして初めて利用された。

学校で子どもたちをテストすること

　ターマンとヤーキーズは次に，子どもたちを集団管理する知能テストの開発計画を作成し，計画の経済的サポートの申請をし，結局資金を提供された。コロンビア大学のエドワード・リー・ソーンダイク（Edward Lee Thorndike）は彼らのこの事業に参加した。「国家知能テスト」は3年生から8年生に利用するように企画された。下位テストは，陸軍テストにならって，世界書籍販売がそれを発行した。

　ターマンは1人で，7年生から12年生の高校の集団知能テストの研究，「心的能力のターマン集団テスト」を始め，それも世界書籍販売によって発行された。まもなく，ターマンはトルーマン・ケリー（Truman Kelley），ジャイルズ・リッチ（Giles Ruch）とともに，学力についての最初の主要な標準テストとなる「スタンフォード学力テスト」の研究を始めた。標準化したサンプルは35万名の子どもたちであり，それは当時としては大事業だった。この新しいテストの心理測定の質は，どんな先行テストをもはるかにしのいでいた。ターマンの知能テストとこの学力テストの開発は，生徒たちの学習の評価と判別にこれらのテストを使おうとする，アメリカや外国の学校の幅広い努力につながって

いった。

スタンフォード心理学部

ターマンは，1922年，心理学部長に任命された。小さな学部を設立しようとして，彼は職業と産業における心理学の分野で，1923年にエドワード・K・ストロング (Edward K. Strong) を採用した。ストロングは，職業興味インベントリーとそれを作成した素晴らしい研究で名をあげた。同年，ターマンは，統計的方法の専門家として，トルーマン・ケリーを採用した。ケリーが後年ハーバード大学に赴任すると，ターマンは教え子の大学院生の1人，クイン・マクネマー (Quinn McNemar) を採用した。彼は心理学者—統計家として国の内外にまもなく知られるようになった。

ターマンは学部長として，スタンフォード大学の業務に精力的に取り組み，3年生と最高学年の優秀な学生についての研究の先進的プログラムを設定するのに手腕を発揮した。彼は心理学の専門家のリーダーとなり，リーダーになる心理学者たちを探し採用することを続け，それによってスタンフォード大学心理学部の名声を合衆国で最も優れた学部の1つと認められるようにした。

優れた青年の縦断的研究

ターマンは，1911年に知能検査で高得点をとる子どもたちのデータを集め始めたが，10年間，自分の研究助成金を受け取らなかった。1921年，連邦財団が優秀な青年についての主要な研究に助成金を出した。その研究の最初の結果は1925年に公刊されたが，当時普及していた優れた学生・生徒についての多くの虚像を一掃したのである。優秀な個人は，貧弱な心理学的，身体的適応を示す変わった連中だと広く考えられていた。ターマンのIQ135以上の12歳の1500名のサンプルは，中および中の上の階層の学生におそらく偏っていたが，いろいろな測度で心理的および身体的適応に優れていることがわかったのである。ターマンが縦断的研究における多くの自分の実験協力者たちに個人的な関心を持っていて，数人の協力者たちに助言し経済的にサポートしたことは

注目に値する。

この縦断的研究はターマンの生涯にわたって続き，その集団の生涯の達成を記録する 5 冊の広く引用されている本で頂点に達した。最近のレポート (Holahan & Sears, 1995) はターマンの老年期のサンプルに中心を置いて，それらが知的に動的で身体的に能動的であることを示している。

ターマンの研究は，研究者たちと学校プログラム開発者たちによっていまでも広く引用されている (Subotnik & Arnold, 1995)。スタンフォード大学のターマンの英才児研究の現在の責任者はアルバート・ハストリ (Albert Hastori) 博士である。生き残った協力者には今後のデータ収集は予定されていないが，既存のデータの解析はまだ数多く行われている。ハストリ博士はターマン研究の結果を次のように要約している。

> ターマンの最初の目標は，知的優秀児たちの集団の社会的特性と身体的特性を記述することだった。それらは比較的早期の年齢に識別された。ターマンは，自分の予測通りに，知的に優れた年少者たちが一般の子どもたちよりも幸せで健康であることを示した。さらに彼らは，学校では高い達成者であり，学校組織によって促進される傾向があり，学校には積極的に対応しているように見えた。彼らの職業上の成功は，職業的地位と金銭的収入の両方が相当高いことで示された。ターマンの見地からすると，研究は，テストされた知的能力は教育上と職業上の成功を予測する彼の立場を支持したと言えるのである。(1997, p. 7)

ターマンの大学院生たち

ターマンの大学院生たちは，彼を当時の一流の専門家，研究心理学者として，また手本となる研究者として絶賛した。彼は一緒に研究するすべての人に対する非常に高い遂行基準を設けており，学生と同僚をよく支援し，全力で指導と研究にあたることで知られていた。

これらのすべての個人的資質は，彼が自分の学生たちを見分け指導するときに明らかになった。ターマンが直面した当時の特別な問題は，反ユダヤ主義の

広がりであった。この差別に対抗するターマンの処理能力のレベルの高さは，彼の最も有能な大学院生の1人であるユダヤ人，ハリー・イスラエル（Harry Israel）のケースで明らかになった。ターマンは，心理学におけるイスラエルの成功が彼の家系のせいで妨げられることを危惧した。だが，イスラエルはウィスコンシン大学心理学部から採用のオファーを得ることができた。彼はすぐにそれを受諾した。ターマンはイスラエルに数日後に会い，ハリーに学問的成功を望むならラストネームを変えるように勧めた。ハリー・イスラエルはターマンに別名の提案を頼んだ。ターマンはそれに対して「ハーロウ（Harlow）」か「クロウェル（Crowell）」と答えた。イスラエルは「ハーロウ」がいいと言い，それに従って自分の名前を変えた。ウィスコンシン大学で，ハリー・ハーロウは，世界の指導的霊長類実験室の1つを創設し，サルの母親―赤ん坊関係の重要な研究結果を発表し，彼の研究歴では最高となるアメリカ心理学会の会長に選出されたのである。だが，学生を支援するターマンの努力のすべてが同じようにうまくいったのではない。ターマンのもう1人の学生は，またユダヤ人の家系であったが，民族的偏見に失望し卒業前に課程から脱退したのだった。

アメリカ心理学会の会長職

1923年，ターマンはアメリカ心理学会の会長に選ばれた。この成果は，心理学研究を続けたことよりもターマンの重要な国内での地位の反映である。ターマンは就任演説で，心理テストは実験心理学の必須の分野であり，個人差の研究において貴重であることが証明されたと主張した。ターマンは，心理学における幅広い新しい研究課題への立ち入りを助ける新たなテスト運動を構想した。ターマンは，理論的には個人差の生物学的決定論と遺伝的基礎を強調し，彼は心理テストを雇用や訓練の異なるレベルに個人を分類する有効な方法だと考えた。

会長就任の前に，ターマンは長期化した先天性と後天性の議論に巻き込まれた。1922年コロンビア大学のウィリアム・C・バグレー（William C. Bagley）は *School and Society* に「教育的決定論――あるいは民主主義とIQテスト

(Educational Determinism: Or Democracy and The IQ)」というタイトルの論文を発表した。その中で彼は，IQ テストの支持者たちが遺伝を過度に強調していると主張した。バグレーは，IQ テスト運動は民主主義を脅かし青年の発達における教育の役割をおとしめていると考えた。教育における先天性と後天性の役割について，ターマンとバグレーのやりとりは敵対意識であふれていたのである。

論争の範囲は，有名なコラムニスト，ウォルター・リップマン (Walter Lippman) の雑誌『ニューリパブリック (New Republic)』への一連の論文の発表によりさらに広がった。リップマンは，これらのテストは一般の知的能力をしっかりとは測定できないと唱えて，知能テストとテスト運動全体を攻撃した。彼は，知能は固定されていないし変わらないものでもない，そのためテスト結果は生徒たちのためにならないとも主張した。

ターマンの回答は，「例の大いなる陰謀——あるいはリップマン氏による精神分析され暴露された知能検査者たちの横柄な欲求 (The, Great Conspiracy; Or the Impulse Imperious of Intelligence Testers, Psychoanalyzed and Exposed by Mr. Lippman)」という長いタイトルで，同じく『ニューリパブリック』に発表された。ターマンは，リップマンが自分が攻撃している事象を実際は知らないし，あるいはわかっていないことを強い風刺の形で示唆したのである。ターマンはいくつかの重要な心理測定の問題でリップマンと意見が違った。そこでターマンは，知能に及ぼす環境の効果に関するエビデンスはまだほとんどないが，多くの心理学者たちは遺伝が主要な役割だと考えていると結論したのである。

遺伝か環境かの問題は，論争が始まったときは実証的には実際の対象とされていなかったのだが，論争になるとすぐに研究の対象になったのである。1924 年，ターマンの大学院生の 1 人，バーバラ・バークス (Barbara Burks) が，フランクとリリアンのギルブレス夫妻 (Frank & Lillian Gilbreth) と彼らの 11 人の子どもたちがいずれも知的に優秀だったという研究を完成させた。バークスは，家系が子孫の恒常的な知的優秀さを生んだと結論した。ターマンの知能の遺伝可能性の研究への関心は，その後数年間で強くなっていった。彼はバーバラ・バークスの，生みの親と育ての親とその子どもたちの知能についての博士論文の指導をした。その結果，彼女は遺伝の影響は養育条件よりも大き

いという結論を下した。このことから，ターマンは遺伝的要因が知能の主な決定因だという考えを強めたのだった。

スタンフォード大学のターマンのプロジェクトの継続

　ターマンは1942年にスタンフォード大学を退職し，縦断的研究の実験協力者たちの追跡を含むさまざまな専門的活動に着手した。『天才の遺伝的研究（*Genetic Studies of Genius*）』の第4巻が1947年に，主著者ターマン，メリタ・オーデン（Melita Oden），共著者ナンシー・ベイレー（Nancy Bayley），ヘレン・マーシャル（Helen Marshall），クイン・マクネマー（Quinn McNemar），エレン・サリバン（Ellen Sullivan）によって出版された。彼らは，優秀児が学校でよく停滞していることと，早期入学，飛び級，大学への早期入学によってこれらの生徒の進級を加速することが，彼らの可能性の達成を助けるために望ましいと結論づけた。

　『天才の遺伝的研究』の5巻目が1959年に，ターマン，メリタ・オーデンの主著により出版された（ターマンは1956年に亡くなっている）。この巻のタイトルは『中年の優秀なグループ（*The Gifted Group at Mid-Life*）』であった。リップマンとの論争からしばらくたったのちの本で，遺伝か環境かについてのターマンの最終結論を読むことは興味深い。「知能についての概念習得検査も他のテストも，学校や他の環境要因によって影響されない先天的能力を測れないことはもちろんである」(p. 53)。明らかにターマンは遺伝と環境の両方が知能の発達に関わっていると結論したのである。ターマンの縦断的研究の優秀児の並はずれた達成がこの本にはよく記録されている。これらの実験協力者たちの1人も国際的名声を得たり業績を上げたりしてはいないが，彼らの高レベルの専門的職業の達成はかなりのもので，彼らの給料は標準をずっと上回っていた。これらの有能な実験協力者たちはまた，社会的，組織的，政治的集団においても積極的なことがわかっている。全体として彼らの達成と成功は一般的母集団のそれをはるかにしのいでいた。

　優秀な青年と成人についてのこの縦断的研究は，おそらくターマンの多くの研究の中で最もゆるぎないものであり，それはスタンフォード大学で今日まで

続いている。1995年,キャロル・ホラハン（Carole Holahan）とロバート・シアーズ（Robert Sears）による第6巻『天才の遺伝的研究,老年期の優秀なグループ（Genetic Studies of Genius, The Gifted Group In Old Age）』が発行された。この最近のフォローアップ研究で,ターマンのサンプルの生存者が,知的で,肉体的に活動的で,生産的で,生き生きとして豊かであり,魅力のある生き方をして現れたのだ。

主な心理学的達成

ルイス・ターマンの専門経歴の主な業績は,知能テストの開発,テスト運動の国際的推進,天才の先駆的縦断研究,優秀児の学校プログラムの効果,心理学分野における彼の専門的指導性である。これら影響力の大きい貢献のそれぞれについて今度は考えてみよう。

知能テストの開発

ターマンは,1912年に「ビネー・シモン知能測定尺度の試行的増補版（A Tentative Revision and Extension of the Binet-Simon Measurement Scale of Intelligence）」というタイトルの論文を,1916年に「スタンフォード・ビネー」（SB）の本格版（Terman, 1916）を発表した。ウィリアム・シュテルン（William Stern）(1914)のやり方を取り入れて,ターマンは個別化された評価フォーマットを使い,唯一の指標――知能指数（IQ）を使用した結果を解釈した。IQ測度は暦年齢に対する精神年齢の比率に100を掛けると定義されている。ターマンのテストと知能の指標は,心理学者たちと教育者たちによって知的能力の主要な測度として世界中に知られるようになった。何百という調査研究が,スタンフォード・ビネー知能尺度は学業成績の高い予測値と職業達成の中度の予測値であることを示している。

テスト運動

　ターマンの心理学と教育における2つ目の大きな業績は，筆記テスト運動の取り組みにおいて指導的役割を果たしたことである。「陸軍 a 知能テスト」の開発の指針となったモデルに続いて，ターマンは，1919年，「国民の知能テスト」を開発するために委員たちと仕事をした。ターマンはまた高校1年生から3年生を対象にした「ターマン精神能力集団テスト」を1人で研究し始めた。これらのテストはすべて高校で使われるために開発された。ターマンの目的は，学校や教師たちが個々の生徒たちの固有の要求に合わせて指導をよく理解し調整することへの支援であった。ターマンは最初の主な標準化された学力テストである「スタンフォード学力テスト」（小学2年生から高校2年生用）の開発を続けた。スタンフォード学力テストは今日でも使用されており，学力検査の優れた1つのモデルである。

　生徒の学力と認知スキルの検査はアメリカの学校の主要な活動である。アメリカの学生・生徒の学力不振についての現在の多くの教育者たちと親たちの関心は，州や国家レベルの高い基準設置につながった。これらの出来事は，州や連邦のリーダーに生徒たちの学業の成功を評価する科学的用具の価値を新たに認めさせた。ターマンたちによって開始されたテスト運動は，アメリカの教育で主要な役割を果たし続けているのである。

縦断的研究

　ターマンの次の主な業績は，1920年の1528人の優秀児を対象にした長期間研究への着手である。生存している実験協力者たちの何人かは90歳を超えているものの，それは今日まで続いている。この研究は，よく優秀と呼ばれ，20世紀の初めには「天才」(Fetterman, 2000) と呼ばれた早熟な青年に関する新たな理解の場を設けたのであった。この研究の初期の結果は，優秀で能力のある子どもたちや青年たちは，身体的に健康で，社会的によく適応しており，職業や芸術で成功した経歴を続ける可能性があることを示した。同時にターマンは，知能は成功を保証するものではないことも見出した。これらの有能な青

年たちの何人かの職業的な業績はごくささやかなものであった。これらの不成功の実験協力者たちに対するターマンの詳細な研究は，彼らが社会的スキル，人格的要素，成功への意欲に欠けていることを示したのである (Francher, 1985)。

　ターマンのサンプルの定期的なフォローアップは，生存者たちが老年になっても，青年期や中年期と同様に，身体的，知的に活動的であることを示した (Holahan & Sears, 1995)。これらの優秀な人の継続する生産性は，児童期の彼らの優れた身体的，心理的健康と直接関係していると思われる。

優秀児の学校プログラム

　縦断研究はターマンの4つ目の大きな功績につながった。すなわち，優秀で才能のある学生・生徒の学校プログラムの開発である。ターマンの先駆的影響は，全米優秀児協会の努力により大幅に増大した。ターマン自身は，優秀児のプログラムの決定にはほとんど関わらなかったが，彼の研究が優秀な青年の要求に合うプログラムを求めていると解釈された。いまでは合衆国のすべての州が，優秀で才能ある青年への特別サービスを認め促進している。同種のプログラム促進と開発は，優秀で才能ある子どもたちの世界評議会の努力によって世界中に広まっている。さらにいまでは優秀児のための全寮制学校がアメリカの12の州といくつかの外国にある。多くのジャーナルが現在，優秀児教育の分野の研究と新情報を発表している。例えば，*Gifted Child Quarterly, Journal for the Education of the Gifted, Gifted and Talented International, Gifted Child Today, Journal for Secondary Gifted Education*, そして *Gifted Education International* である。優秀で才能ある子どもたちの世界評議会の隔年の集会は，世界中から代表を招いている。

専門的リーダーシップ

　スタンフォード大学の心理学部長に昇進したのち，彼は学部を国際的レベルの地位に引き上げた。アメリカ心理学会の会長として，ターマンはテスト開

発，知能検査，優秀児の研究を心理学と教育学の最前線に進めた。生涯を通して，ターマンは，多くの専門委員を務め，優れた時の指導的研究者と交流し，心理学や教育学のリーダーとなった多数の大学院生を育てた。ターマンの学生のうち3人がアメリカ心理学会の会長になった。すなわち，クイン・マクネマー，ハリー・ハーロウ，トルーマン・ケリー（Truman Kelly）である。心理学の創造的業績で高いレベルの評価を得た他のターマンの学生には，アーサー・オーティス，ジャイルズ・M・リッチ，モード・A・メリル（Maud A. Merrill），フローレンス・L・グッドイナフ（Florence L. Goodenough），ジェームズ・C・デボス（James C. DeVoss），キャサリン・M・コックス（Catherine M. Cox），そしてロバート・G・バーンルーター（Robert G. Bernreuter）がいる。最終的に，心理学と教育学の分野のターマンの業績は，13冊のジャーナルの編集者および副編集者を務めたこと，15冊の本と5つのモノグラフ，32の章，専門誌に掲載された139の論文，39の批評とレビューによって評価された。皮肉なことに，教育学と心理学のこの偉大なリーダーは，自叙伝（1961）の中で，自分はバーンルーター人格インベントリでは90パーセンタイルという高得点だったと記述している。ターマンは，卓越性達成のために，肺の健康問題とともに控えめなパーソナリティに打ち勝たなければならなかったのだ！

心理学，教育学，学派に及ぼしたターマンの業績の評価

スタンフォード・ビネー知能尺度は，それが1916年に最初に公表されてから，認知能力の非常に優れた測度であった。さらに，知能の性格と起源は，『正規分布曲線（*Bell Curve*）』（Hernstein & Murray, 1994）というタイトルの最近の本をめぐる論争のように，現在の議論の最前線に置かれている。現代の2人の指導的教育心理学者ロバート・スターンバーグ（Robert Sternberg），ハワード・ガードナー（Howard Gardner）の研究は，知的能力と知能の問題に中心を置いている。スターンバーグとガードナーの知能の概念は，特に知能の唯一の指標を退け遺伝の役割を疑うことで，ターマンのものとは違っているが，スタンフォード・ビネー知能尺度と子ども用のウェクスラー知能尺度が知能の個人

検査の分野で優位にあるとしていることは注目に値する。ターマンが開発を助けた知能の集団検査によって，教育心理学と学校心理学者たちは，学習の認知能力，思考，問題解決における子ども，青年，大人の違いを理解するようになった。これらには，オーティス・レノン知能検査と認知能力検査のようなテストがある。高い IQ の子どもたちの学習の早熟を学校に認めさせ，その子どもたちに対するカリキュラムと指導を加速させるターマンの努力は，特に注目される。彼は，優秀で才能のある生徒たちがそれぞれの学年レベルの標準的な中程度のカリキュラムには合わない特別な教育要求を持っていることを，自分の研究からはっきりと理解したのである。彼の研究は，これらの生徒の成功のレベルが高いのは，高い IQ と同じように彼らの個人的，社会的，動機的特性によることを明らかにした。生徒たちの認知と感情の特性の要因については多くの論争と議論が常にあったのだが，これらの違いの現実は，教師，心理学者，両親にとってはきわめて明白であった。これらの違いを調整しようとする努力は，1990 年代の「統合」運動へとつながっていったが，それは生徒たちの知能による追跡を拒んだのである (Chapman, 1988)。もしターマンが今日生きていたら，彼はこれらの統合の努力は，追跡の新たな形，つまり年齢別の追跡を実際に意味すると主張するだろう。年齢別の追跡は，生徒たちの年齢差は認知差よりも指導にはもっと重要であるという疑わしい仮説に基づいている。

　概して，現在の学校のリーダーたちや教師たちは，知能曲線の両端にいる学生・生徒が特別な指導のカリキュラムと方法を必要としていることを認めている。ターマンが知能を強調したので，多くのアメリカと外国の学校は非常に高い能力の学生・生徒に特別プログラムを提供した。さらに，能力の高い学生・生徒のための中級レベルの高度な教育プログラムを提供する，政府によって資金集めされる特別学校がある。多くのアメリカの州は，優秀児への特別学校プログラムを義務づけ，経済的にサポートする。ターマンの影響は，現在の英才の教師の養成と認定，英才の本や雑誌の拡散，国内外の英才に対するサービスを促進する多くの組織，英才の大学のコースにおいてはっきりしている。確かに，ターマンは，主に英才の領域を開放したが，彼の研究の足跡は約 1 世紀後の今日も明らかである。

　おそらくターマンの卓越さの最も目立ったしるしは，当時の指導的心理学者

や教育者たちとの，生涯を通しての専門的付き合いと友情である。彼の交際は，専門的会合や会議，共同プロジェクト，個人的訪問，とりわけ手紙のやりとりを通して続けられた。彼の手紙が入った数ダースの箱は，いまはスタンフォード大学の図書館に収納されているが，その送り主を見るとまるで1912年から1956年までの心理学と教育学の「人名録」を見ているようだ。すなわち，E・L・ソーンダイク，アーサー・オーティス，レタ・ホリングワース (Leta Hollingworth)，ロバート・ヤーキーズ (Robert Yerkes)，アーノルド・ゲゼル (Arnold Gesell)，フレッド・クールマン (Fred Kuhlmann)，W・W・チャーターズ (W. W. Charters)，エルウッド・カバリー (Elwood Cubberley)，E・G・ボーリング (E. G. Boring)，ロバート・ウッドワース (Robert Woodworth)，モード・メリル，フローレンス・グッドイナフ，ロバート・バーンルーターたちである。前述したように，このうちの何人かは，のちに心理学と教育学の指導的役割を果たすようになった彼の大学院生であった。

　ターマンの多くの研究業績にもかかわらず，彼はクラーク大学での統計と心理測定の高度なトレーニングの失敗について自己批判をしていた。だが彼は自己成長とスタンフォード大学での多くの優れた同僚との協議によって，のちに統計と心理学測定の両方で力量を得たように見えた。けれども彼は，指導的理論家としても，心理測定家としても知られることはなかった。おそらく統計的訓練の不足が障害になったのだろう。

　たぶん，ターマンへの最も厳しい批判は，知能の遺伝性と優生運動の信条を受容したことについての，特に，能力の劣る人たちの選択的繁殖と不妊手術を擁護した，彼の結論である (Minton, 1988)。ターマンは，優生協会のこれらの目的に決して積極的に賛同したのではないが，彼は，社会にとって一番の利益になるように，能力の劣った人々の高い出生率と専門家やIQの高い家系の低い出生率の問題を研究することだと考えたのだ。彼はしばらくアメリカ優生協会の諮問委員を務め，スタンフォード大学長デイビッド・スター・ジョーダン (David Starr Jordan) (Minton, 1988) と一緒にヒューマン・ベターメント財団の設立会員となった。ドイツのナチスが1930年代に強制的避妊手術をやっきになって取り入れようとしたとき，ターマンは両方の優生団体を離れた。アメリカ優生協会とヒューマン・ベターメント財団の数年にわたる関与を通して，

創生期：1890年から1920年まで　　　　　　　　　　　　　　　　　　　　Ⅰ

ターマンの主要な関心は，社会的介入ではなく研究に向けられたのであった。

ターマンの不朽の遺産

　彼の研究とスタンフォード大学での開発活動，それに他者からの刺激によって，ターマンは，最終的には世界中の心理学と教育学に影響を与えた研究の一分野の基礎を築くことに貢献したのである（Terman, 1925; Cox, 1926; Burks, Jensen, & Terman, 1930; Terman & Oden, 1959; Terman & Oden, 1947）。ビネーたちの研究を足がかりにして，ターマンは，のちに標準化されたあらゆる学力テストのモデルとなった学力の最初の重要な標準化されたテストを開発した。彼の英才に関する長期の縦断的研究は，優秀児の利点，問題点，長期的予測性についての新しい理解を私たちにもたらした。ついには，彼の多くの研究の出版物は，英才教育の分野，英才と早熟の学生・生徒の学校プログラムの開発を促進したのである。これらの学校プログラムの出現は，英才の学校と家庭環境の影響についての研究の新しい分野も開いたのである。ターマンの研究は多くの著名な心理学者たちに影響を与えた。例えば，アーサー・オーティス，デイビッド・ウェクスラー（David Wechsler），ロバート・ヤーキーズ，R・B・キャッテル（R. B. Cattell），ハンズ・アイゼンク（Hans Eysenck），J・P・ギルフォード（J. P. Guilford），ロイド・G・ハンフリーズ（Lloyd G. Humphreys），フィリップ・バーノン（Philip Vernon），シリル・バート（Cyril Burt），ジョン・ホーン（John Horn），アーサー・ジェンセン（Arthur Jensen），ジョン・レーベンス（John Ravens），サンドラ・スカー（Sandra Scarr），リチャード・スノー（Richard Snow），ジョン・キャロル（John Carroll），ロバート・スターンバーグ，ハワード・ガードナー（Howard Gardner）など他にも多数いる。彼らののちの論文は，知能と関連した認知過程についての私たちの現在の理解を規定しているのである。

　一般に教育心理学と教育学では，ターマンの遺産は，英才の認定の問題，学校場面の優秀児の特性，英才の分類と指導，英才の教育問題と彼らの助言の要求，英才の長期間の学力に焦点化する研究者と教育者たちにはっきり引き

継がれている。これらの英才に関する研究者と教育者たちには以下の人々が含まれている。アブラハム・タンネンバウム（Abraham Tannenbaum），A・H・パッソウ（A. H. Passow），ジェームズ・ギャラガー（James Gallagher），E・ポール・トーランス（E. Paul Torrance），ドロシー・シック（Dorothy Sick），ジュリアン・スタンレー（Julian Stanley），カミラ・ベンボウ（Camilla Benbow），ジョゼフ・レンツァリ（Joseph Renzulli），ジョイス・バンタッセル＝バスカ（Joyce VanTassel-Baska），キャロリン・キャラハン（Carolyn Callaphan），バーバラ・クラーク（Barbara Clark），ニコラス・コランジェロ（Nicholas Colangelo），サリー・レイス（Sally Reis），レーナ・スボトニック（Rena Subotnik），カート・ヘラー（Kurt Heller），ロバータ・ミルグラム（Roberta Milgram），ジョアン・フリーマン（Joan Freeman），シドニー・ムーン（Sidney Moon），アン・ロビンソン（Ann Robinson）など他多数であった。英才教育の分野の新しい研究は，*Gifted and Talented International*，*Gifted Education International*，*High Ability Studies* のような外国のジャーナルと *Gifted Child Quarterly*，*Journal of Gifted Education*，*Journal of Secondary Gifted Education* のようなアメリカのジャーナルとして，世界中で広く発刊された。

　ターマンの遺産の中では，英才児理解の促進がおそらく最高のものであろう（Francher, 1985）。彼は英才児の異常なパーソナリティという神話を排除し，彼らの成功と失敗についての優れた理解を示そうとした。英才児の仲間関係と慣習的な学校カリキュラムへの英才児たちの反応にはいくつかの問題があるかもしれないが，ほとんどの英才児が健康な身体と精神的健康を享受していることを，いま私たちは知っている。中年期において，彼らの経歴は，豊かな職業上の成功——学位，出版，達成を認められること——として開花する。その後の人生で，彼らは身体的に，また知的に活動的であり，生産的である（Holahan & Sears, 1995）。

　最後に，ターマンは自伝の中で次のように述べている。「あらゆる心理学者たちの中で私の好きな人物は，ビネーである。それは，彼の生涯の唯一の研究である知能テストによるのではなく，彼の創造力，洞察力，偏見にとらわれない心によるのであり，彼の著作すべてに輝いている素晴らしい魅力によるのである」（Terman, 1961）。同じことがルイス・ターマンについてもまったく当て

はまる。筆者は，心理学と教育心理学の分野のさまざまな人物たちとの何年にも及ぶ彼の往復書簡を読んで，彼の偉大で独創的な生産性のもとにある創造的洞察と結びついたパーソナリティの魅力と穏やかさを理解した。彼は確かに，私たちの分野のすぐれたパイオニアの1人だったのである。私はシャーキン (Shurkin)（1992）に賛同する。彼は，ターマンの遺産についての研究の中で，「ターマンの社会科学と社会に対する貢献は，彼の欠点が何であろうとも歴史的に重要なのだ」(p. 296) と結論を下している。スボトニクとアーノルドの著作のタイトルのように，私たちはいまや「ターマンを超えて」(Subotnik & Arnold, 1995) いるかもしれないが，彼が先駆けとなった研究の業績は，英才児についての私たちの理解を導き進化させ続けている。

文献

Bouchard, T. H. (1994). Genes, environment and personality. *Science, 264*, 1700.

Burks, B. D., Jensen, D. W., & Terman, L. M. (1930). *Genetic studies of genius: Vol. III, The promise of youth, follow-up studies of a thousand gifted Youth*. Stanford, CA: Stanford University Press.

Chapman, P. C. (1988). *Schools as sorters, Lewis M. Terman, applied psychology, and the intelligence testing movement*. New York: New York University Press.

Cox, C. M. (1926). *Genetic studies of genius: Vol. 1, The early mental traits of three hundred geniuses*. Stanford, CA: Stanford University Press.

Fancher, R. E. (1985). *The intelligence men: Makers of the IQ controversy*. New York: Norton.

Feldhusen, J. F. (2000). Terman. In R. E. Sternberg (Ed.), *Handbook of intelligence* (pp. 1063-1068). New York: Cambridge University Press.

Fetterman, D. M. (2000). Terman's giftedness study. In R. E. Sternberg (Ed.), *Handbook of intelligence* (pp. 1059-1063). New York: Cambridge University Press.

Gagne, F. (1999). *Tracking talents: Identifying multiple talents through peer; teacher, and self nomination*. Waco, TX: Prufrock Press.

Hastorf, A. H. (1997). Lewis Terman's longitudinal study of the intellectually gifted: Early research, recent investigations and the future. *Gifted and Talented International, 12*(3), 3-7.

Herrnstein, R. J., & Murray, C. (1994). *The bell curve: Intelligence and class structure in American Life*. New York: Free Press.

Holahan, C. K., & Sears, R. R. (1995). *Genetic studies of genius: The gifted group in later maturity*. Stanford, CA: Stanford University Press.

Minton, H. L. (1988). *Lewis M. Terman, pioneer in psychological testing*. New York: New York University Press.

Plomin, R. (1994). *Genetics and experience: The interplay between nature and nurture*. Thousand Oaks, CA: Sage Publications.

Seagoe, M. V. (1975). *Terman and the gifted*. Los Altos, CA: Kaufmann.

Shurkin, J. N. (1992). *Terman's kids*. Boston: Little, Brown.

Snyderman, M., & Rothman, S. (1990). *The IQ controversy, the media and public policy*. New Brunswick, NJ: Transaction Publishers.

Stern, W. (1914). *The psychological methods of testing intelligence*. Baltimore, MD: Warwick & York.

Subotnik, R. E., & Arnold, K. D. (1995). *Beyond Terman: Contemporary longitudinal studies of giftedness and talent*. Norwood, NJ: Ablex.

Terman, L. M. (1916). *Measurement of intelligence: An explanation of and a complete guide for the use of the Stanford revision and extension of the Binet-Simon Intelligence Scale*. Boston: Houghton Mifflin.

Terman, L. M. (1922). The great conspiracy, or the impulse imperious of intelligence testers, psychoanalyzed and exposed by Mr. Lippman. *New Republic, 33*, 116-120.

Terman, L. M. (1925). *Genetic studies of genius: Vol. 1, Mental and physical traits of a thousand gifted children*. Stanford, CA: Stanford University Press.

Terman, L. M. (1961). Lewis M. Terman: Trails to psychology. In C. Murchison (Ed.), *A history of psychology in autobiography* (Volume 2, pp. 297-331). New York: Russell & Russell.

Terman, L. M., & Oden, M. H. (1947). *Genetic studies of genius: Vol. IV, The gifted child grows up*. Stanford, CA: Stanford University Press.

Terman, L. M., & Oden, M. H. (1959). *Genetic studies of genius: Vol. V, The gifted group at mid Life*. Stanford, CA: Stanford University Press.

Thorndike, E. L. (1903). *Educational psychology*. New York: Lemcke & Buechner.

第7章

マリア・モンテッソーリ：教育心理学への貢献

ジェラルド・L・ガットエック
（ロヨラ大学シカゴ校）

マリア・モンテッソーリ（Maria Montessori）（1870-1952）は，教育心理学の独自の考えで支えられた幼児期教育についての彼女の哲学で，国際的に認められている。教育の貢献に加えて，女性運動の先駆けでもあったモンテッソーリは，19世紀後半と20世紀前半の女性の活躍の機会を制約した多くの障壁を見事に乗り越えたのである。

伝記の概観

マリア・モンテッソーリは，サボイ家によるイタリア統一からちょうど10年後の1870年に生まれた。カブールとガリバルディによってもたらされた「イタリア国家統一運動」の結果である「新イタリア」は，産業化が次第に進んでいた。強い地域格差が，とりわけ北部の産業化と南部の伝統的農業の間に残っていた。国内の移動により，よい仕事を探してミラノとローマのような街へ，多くのかつての小作人がやってきた。これらの街では，都市スラム街が，新しい産業底辺層を住まわせるために生じた。ローマの貧困急増地区の1つ，サン・ロレンツォ街で，モンテッソーリは，最初のカサ・デ・バンビーニ（子どもの家）を創設した。そこで，彼女は幼児教育の自分の方法を当初実施したのである。

社会的変化を経験していたが，モンテッソーリが生まれたイタリアは，相変

わらず非常に伝統的で保守的であった。La Famiglia（家族）が，イタリア人に自己の身分証明をし，見返りに忠誠を求める基礎的な制度であり続けていた。家族と社会経済的階層が人々の将来を左右する決定因だった。伝統的に，生まれつきの性と階層の役割が依然として女性のキャリア期待を決定したのである。妻や母親のように，イタリアの女性は自分たちの家族の母系維持の力となることが期待されていた。彼女たちの役割は非常に狭いもので，高等教育や専門教育は女性には一般に手の届かないものだった。マリア・モンテッソーリのような中間層の女性は，小学校教師にはなれたが他の職業選択は閉ざされていた。だが，マリア・モンテッソーリは，19世紀のイタリアの社会的，教育的慣習に挑戦し打ち勝ったのだった。

　モンテッソーリが自分の教育方法を作り始めたとき，教師は中心となる教育の主体として教室をまだ支配していたのである。イタリアの学校における指導は，教科書の暗記，暗唱，口述を強調した。固定した手順の指導で，学校は子どもの運動の自由，自発的学習，創造性を抑制したのだった。女性の生涯を規定する慣習に挑戦したように，モンテッソーリは伝統的教育からきっぱりと決別する教育方法を考案した。

　マリア・モンテッソーリは，1870年8月31日にアドリア海を見渡す丘の町，キアラバッレで生まれた。彼女は，イタリア政府の煙草専売事業公務員のアレッサンドロ・モンテッソーリ（Alessandro Montessori）の一人っ子だった。レニルド・ストッパニ（Renilde Stoppani），叙勲した陸軍退役軍人のシグノル・モンテッソーリ（Signor Montessori）は中産階級の紳士の伝統的価値を象徴していた。彼女の母は，神父アントニオ・ストッパニ（Antonio Stoppani）の姪であり，彼は学者―司祭，詩人，自然科学者として認められていた。マリアが社会的，教育的制度に挑戦したとき，彼女は中産階層女性の慣習的役割に従わせようとする父親とも対決しなくてはならなかった。

　1875年，シグノル・モンテッソーリはローマに配属された。マリアはトレンティーノのサン・ニッコロ通りにある地元の小学校に通学した。12歳でマリアは中学校に入学し，専門学校に行きたいという希望を述べて，彼女独持の独立心を明らかにした。父親のしぶしぶの同意により，13歳のマリア・モンテッソーリは，1883年，国立技術学校ミケランジェロ・ブオナローティに入

創生期：1890年から1920年まで

学した。技術学校の勉強を終えて、マリア・モンテッソーリは工学を学ぶために、国立工業専門学校レオナルド・ダ・ビンチに入学した。技術と工学の勉強は、若いイタリア女性の伝統的教育パターンからは逸脱していたのである。

1890年、モンテッソーリは工学の勉強をやめて医学学校に出願するとき、さらに別の非常に重大なキャリア決定をした。能力差別を乗り越えて、彼女はローマ大学医学校に入学が認められた最初の女性となった。性差別の障害を乗り越えて、彼女は、外科、病理学、薬学の奨学金を獲得し、研究の面で優秀な学生であることを示した。

医学学校の最後の2年間、モンテッソーリは小児科病院でインターンをしていた。その経験が彼女を幼児教育に生涯専心する方向へと変えたのである。1896年、マリア・モンテッソーリは医学博士号を取得した初のイタリア人女性となった。その結果モンテッソーリは、ローマ臨床精神医学大学に所属することになり、そこで彼女は児童の精神病を研究した。1898年のトリノの教育学総会で発表された彼女の論文「道徳教育（Moral Education）」の中で、モンテッソーリは、心理障害は医学の問題よりも主に教育の問題であると主張している。文部省の支援により、モンテッソーリは「知的障害」の子どもたちの教育について、イタリアの教育者たちに連続講義を行った。

1898年から1900年に、モンテッソーリは国立精神医学学校でジュゼッペ・モンテサノ（Giusepe Montesano）博士と共同指導者を務めた（Montessori, 1964, pp. 31-32）。互いに好ましく思い、2人の間に恋が芽生えた。彼女はモンテサノの息子マリオ（Mario）を出産したが、2人は結婚することはなかった。マリオ・モンテッソーリは、最初は他の人たちの手で育てられた。その後マリア・モンテッソーリの甥として公にされた。彼女はのちに彼を自分の息子として公に認めている。マリオ・モンテッソーリは献身的で信頼できる助手になっていく。彼は1952年の母親の死後に国際的なモンテッソーリ活動を指導したのである。

精神医学学校にいる間に、モンテッソーリは子どもの精神遅滞と心理障害についての研究を続けた。彼女の研究への関心は、彼女をジャン=マルク・ガスパール・イタール（Jean-Marc Gaspard Itard）（1774-1838）とエドワール・セガン（Edouard Seguin）（1812-1880）の研究へと向かわせた。2人はフランスの医

師と心理学者だった。イタールは耳治療学の専門家で，強度の聴覚障害児を扱う仕事をしていた。彼の最も有名なケースは，『アベロンの野生児』というよく知られた本として出版された。医師として臨床観察のトレーニングを積んだモンテッソーリは，イタールの研究を「実験心理学の最初の試み」だと心から思ったのだった (Montessori, 1964, pp. 33-34)。

セガンはパリの精神障害養護施設の子どもたちの訓練学校の創設者であった。彼はモンテッソーリが発達段階に基づいた指導として採用した，口述の訓練教材を使い，子どもたちにある程度の自立性を認める実践的スキルを使うように訓練して，いくつかの技法を発展させた (Myers, 1913, pp. 538-541)。イタールやセガンについての自分の研究をもとに，モンテッソーリは自分の方法の基礎となる2つの原理を開発した。すなわち，(1)心理障害は医学的治療と同じく指導の特別な方法を求めるし，(2)特別指導は口述教材と器具を使用するとさらに効果的である。彼女は，知的障害児に使用する方法は，普通児，特に幼児に適用できると考えた。彼女は，特に運動の調整と感覚と言語発達で，「発達を強いられない」知的障害児と「未発達の」幼児はいくぶん似ていることに気づいた (Montessori, 1964, p. 44)。

1904年と1908年の間に，モンテッソーリは人類学と生物学を教育に適用することについてローマ大学の教育学部で講義をした。当時は，彼女はローマ大学の実験心理学研究室の創始者ジュゼッペ・セルギ (Giusepe Sergi) の自然人類学の研究の影響を受けていた。自然人類学から推論して，モンテッソーリは，解剖学的測定と形態学的測定という量的方法を使って，子どもたちの科学的研究の大切さを明確にした。彼女は，鍵となる発達時期の子どもたちの身体的変化を測定し記録する重要性を強調した (Kramer, 1988, pp. 68-69, 96-97)。彼女は，子どもの身体を精密に測定し——身長と体重，頭のサイズ，骨盤，手足，それに先天性奇形の形——さらに個人の記録，経歴のグラフに測定結果を体系的に記録する必要性を主張した。彼女の講義は，『教育人類学 (*L'Antorpolgia Pedagogica, Pedagogical Anthropology*)』として出版された (Montessori, 1913)。

1906年，ローマのグッド・ビルディング協会の会長エドゥアルド・ターラモ (Eduardo Talamo) は，モンテッソーリに貧困なサン・ロレンツォ地区への学校

の創設を依頼した。ローマの貧困層の生活条件を向上させようとして、協会は、いくつかの古い建物をモデルアパートに改造し、多くの就学前の子どもたちが母親たちの就業時に欠席しているという現実の問題に取り組んだのである。モンテッソーリの最初の学校カサ・デ・バンビーニは3歳から7歳の子どもたちを入学させ、1907年の1月6日に、マシ通り58に開校した。モンテッソーリは、学校は社会的、教育的目的を持つと考えたのである。アパートに設置されたので、学校は子どもたちの家族と地域と社会的つながりを持った。教育的には、それは科学的教授法に基づく彼女の仮説を検証する実験室をもたらした。

モンテッソーリのカサ・デ・バンビーニの方法は、自由と指示の両方を混ぜ合わせたものだった。彼女は子どもたちと両親に明確な規則を守ることを求めた。子どもたちは清潔な身体と衣服で学校に来ることが求められた。学校は子どもたちの家と家族と密接に結びついていると最も効果があると考えて、彼女は親たちに子どもたちの教育に積極的に関わり、支援することを奨励した。

モンテッソーリは、子どもたちの要求に応じて学校の物理的環境を設計した。構造化された環境の教育力を重視して、彼女は教室場面が子どもたちの運動の自由を妨げないことを確かめた。テーブルと椅子は、子どもたちの身長と体重に合わせて作られた。洗面台は幼児たちに使いやすいものだった。教室には低い戸棚が並べられ、そこでは子どもたちは教材に手が届き、それを適切な場所に自分で戻すことができた。学校環境は、子どもたちの知覚感度と手先の器用さを促進し、構造化された環境の中で選択することが許され、独立心とスキル達成の自信を育成するように設計された。

指導は、「敏感期」と呼ばれる重要な発達的時期の子どもたちの成長を促進する原理に基礎を置いていた。その時期は、運動スキルの練習、言語学習、社会的適応のような特別な類の学習活動に特に関係していた。これらの敏感期に、子どもたちは活動し自己修正する口述の教材と器具を使用した。自己修正する教材の使用は、モンテッソーリの考えに沿ったものだった。その考えは、子どもたちは自らの間違いに気づき、それが正確にできるまで特定の課題を繰り返して、自己訓練と自己信頼を獲得するというものである。

モンテッソーリの最初のカサ・デ・バンビーニの成功は、ローマでの3つ

の新たな学校の設立へとつながった。そのうちの1つは，街の中間層地域であった。彼女の成功は，イタリアのヒューマニティ学会の注目を集めた。それがモンテッソーリ・メソッドを広め支援したのだった。その学会の支援のもとで，モンテッソーリ学校がイタリアの指導的産業都市であるミラノで設立された。

　1910年までに，モンテッソーリは母国イタリアにおいて重要で革新的教育者としての評判を享受するようになり，他のヨーロッパ諸国と北米で関心を集めていた。北米のとりわけ合衆国では，100年以上もモンテッソーリ学校が機能していった。アメリカ人の支援者たちは，国立組織，モンテッソーリ教育協会を作り，その意義を促進した。協会の後援で，モンテッソーリは合衆国へ1913年に来て，国内の講演旅行を引き受けた。彼女はジャーナリストからの熱狂的反応と称賛の論評を受けたが，教育学の進歩主義的教授を含む何人かのアメリカの教育者たちからは，アメリカの子どもたちへのモンテッソーリ・メソッドの適用可能性を批判された。オマハ大学教授ウォルター・ホールジー（Walter Halsey）は，モンテッソーリ・メソッドを，単なる「抜け目のない商売がたきによって一時的に促進され宣伝されたもの」で「新しいもの好きのアメリカ市民」に受けているのだとおとしめたのである（Halsey, 1913, p. 63）。非常に否定的な批判が，コロンビア大学の教員養成カレッジのデューイ（Dewey）の著名な弟子であるウィリアム・ハード・キルパトリック（William Heard Kilpatrick）から届いた。彼はモンテッソーリの考えを19世紀半ばまでのものだとし，彼女の考えを50年前に追いやったのだった。キルパトリックは，モンテッソーリ・メソッドを，子どもたちの社会化と実験の感覚を不十分にしか促進しないと批判した（Kilpatrick, 1914, pp. 62-63）。モンテッソーリの1914年の合衆国への2回目の訪問が終わると，彼女の考えと方法への関心は衰退した。それは1950年代まで復活することはなかった。

　だがヨーロッパでは，モンテッソーリ・メソッドは，もっと見事な評価を残していた。モンテッソーリは，バルセロナ市役所から招かれて学校と訓練所の設置を行った。第1次世界大戦後からスペインの内乱までの大半の時期には，スペインはモンテッソーリの研究にとっては大事な場所であった。モンテッソーリとイタリアのムッソリーニのファシスト政権の間にちょっとしたたわむ

れもあった。1927 年にファシスト政府は，モンテッソーリを招いて学校と訓練センターを設置した。政治にはおおよそ無関心だったのだが，モンテッソーリはムッソリーニの招待を受けイタリアに戻った。ムッソリーニは，モンテッソーリをファシスト政権の支持者である著名なイタリア人として紹介したがった。ムッソリーニ・ファシスト政府とモンテッソーリの協同は容易ではなかった。政権はモンテッソーリの訓練大学と出版を支援しながら，モンテッソーリをファシストに奉仕する周知の有名人として使いたかったのである。だが，モンテッソーリは自らの役割をもっと国際的だと考えていた。1934 年，国際モンテッソーリ協会は，多数の国からの代表者とともに，モンテッソーリ学校と活動を統合しようとした。注目を得ようとして，イタリア政府は，イタリアの世界児童大使にモンテッソーリを任命しようとした。モンテッソーリは，イタリア政府が国際モンテッソーリ協会長として自分の独立を認めない限り，指名は受けられないと断った。イタリアの独裁者ムッソリーニは自分の命令に疑問を持たれたことに腹を立て，すぐさま反応し，モンテッソーリの学校を閉鎖するよう命令した。そこで彼女はイタリアから亡命した。

　第 2 次世界大戦が 1939 年に始まったとき，モンテッソーリはインドのマドラスで講演をしていた。イタリアとイギリスは戦争状態だったが，イギリスの支配者たちはモンテッソーリが自身の教育活動をすることを認めていた。その結果，多くのモンテッソーリ学校が設立され，何冊かの彼女の著書がインドで発行された。

　終戦後の 1946 年，モンテッソーリはオランダにいた。そこで国際事務局が，モンテッソーリの活動を調整し，彼女の教材を広めるために設置された。彼女は，1952 年 5 月 6 日に死去するまで，書き，教え，講義し続けた。亡くなる前に，彼女はマリオ・モンテッソーリに国際学会の運営を委託していた。

　1950 年代から，モンテッソーリ・メソッドは合衆国で大幅に復活した。合衆国で，そのメソッドは，自分たちが望む教育は公立の学校・幼稚園に期待するよりも，学習の面で幼児教育を志向することに求めたほうがよいと考える親たちによって，再発見されたのである。アメリカのモンテッソーリ復活に貢献した代表的人物は，ナンシー・マコーミック・ランブッシュ（Nancy McCormick Rambusch）であり，彼女はコネティカット州のグリニッチのホワイトビー学校

の創立者で，教育の新しい発展を具体化する方法を現代風にアレンジしたのである。モンテッソーリ主義の復活によってアメリカのモンテッソーリ学会は組織化されていった（Ahlfeld, 1970, pp. 75-80）。

モンテッソーリの教育の心理学的貢献

　自分の医学研修から，モンテッソーリは自分自身を新しい分野，「科学的教育学」における草分けだと考えていた。それは医学のように，哲学から離れ生理学と心理学から重要な見識を引き出していた。教育研究の最初に，モンテッソーリは，「児童心理学は存在しない」が，児童心理学は子どもたちの行き届いた臨床的観察に裏づけられた基盤に基づいてだけ確立されると主張した。彼女は，子どもたちの心理状態についての大人の認識に基づいた，ルソー（Rousseau），ペスタロッチ（Pestalozzi），フレーベル（Froebel）のような思弁的哲学に疑問が持たれ，修正され，必要ならば放棄されるべきだと考えていた。アプリオリな最初の原理を取り下げて，モンテッソーリは，子どもの本質についての独善的な先入観を除いた真の実験心理学であると自身が考えているものを発展させようとした。彼女は，教育者に，「自発的に表明する生徒の自由」に基づいた臨床観察を実行させられる「技法の正確な定義」を使用すべきだと主張した（Montessori, 1964, pp. 29, 72, 80）。だが，彼女が称賛する子どもの自由は，空想的なルソー主義のコントロールのなさではなく，むしろ明確に定義され，構造化され，準備された環境の中で行う子どもたちの自由を指していたのである。子どもの自由は，それ自体が目的だったのではなく，子どもの実験研究の必要条件だった。これらの指針のもとで行われる臨床観察は，教育者たちに子どもたちの発達と学習過程について知らせる真の教育心理学を作り出すのである。

　モンテッソーリの臨床に裏づけられた教育心理学の概念は，彼女の初期の医学研修からの継続的影響を示した。彼女は，運動スキルと運動の関係についての研究には，研究者たちの，人間の神経組織—脳，感覚器官，筋肉，神経の詳細で事前の理解が必要だと述べている。彼女は比喩的に，神経を，筋肉に神経

エネルギーを伝えるケーブルにたとえている。これらの繊細な生理学的メカニズムが機能するので，人間は運動と行為によって自分自身を表現できるのである。全体の生理学的装置─脳，感覚器官，筋肉が，人間を環境と関係させ交渉させる（Montessori, 1995, pp. 136-137）。

　モンテッソーリは，自分の考えた科学的教授法は，教育人類学と実験心理学によって情報を提供された子どもたちについての方法論的研究を必要としていると考えた。臨床観察の出発点としての人間生理学の彼女の強調は，教育者たちは自分たちの訓練の一環として，自然人類学を基盤として必要としているという，自分の固い信念に基づいていた。彼女は，子どもたちの成長と発達への，特に人体測定の適用に関心を寄せていた。その測定は人間の身体的特徴を測定することに中心を置く自然人類学の部分領域である。彼女は，個々の子どもの完全で科学的正確さのあるプロフィールの蓄積には，子どもたちを測定するさまざまな器材の使用が必要だと考えていた。子どもたちは，頭のサイズと形，顔，骨盤，手足，それに先天性奇形や標準的発達からの逸脱を記入され，長さを測定され重さを量られた。そして測定結果は，子どもたちの成長と発達のプロフィールを詳細に記した個人の縦断的記録である「経歴グラフ」に体系的に記録された。グラフは教師，小児科医，心理学者によって共同で保持されて，両親と定期的に検討された。

　子どもの発達について総合的見方をしたモンテッソーリは，科学的教授法は文化を超えて共通であり，社会経済的階層，民族，人種の特殊性に制限されないと考えていた。彼女には，子どもたちの生理学的で心理学的発達の自然なパターンに基づいた，科学的に妥当な教育方法だけが存在したのである（Montessori, 1995, p. 75）。

感覚教育と教具

　感覚教育の自分の方法を発展させて，モンテッソーリは，子どもたちが自発的に選択し，教具で学習する教育学的実験を行った。当初，教具は，精神障害のある子どもたちの指導に使用された。次に，彼女は教具を普通児のために作り直した。彼女は以下のように述べている。教具が，障害のある子どもたち

の教育を可能にし，普通児では彼女が「自動―教育」と呼んだものを活性化した，と (Montessori, 1964, p. 169)。普通児では教具が反応をコントロールし，彼らは課題を習得するまで間違いを修正した。彼女は，教具で学習している子どもたちを観察したあとで，教具を作り直した。準備された環境は，特別な教具となると考えられている特定の材料だけがそこにあるという点で，それ自体がコントロールされた環境であった。

　幼稚園の創始者であるフレーベルのように，モンテッソーリは，子どもたちは自分たちの自発的活動を活性化する内的，精神的力を持つと考えた。しかしながら，この自発的な学習は，ただ運動だけの混沌とした活動の中にあっても消散しない。それは子どもの発達段階と連動して，運動，知力，社会的成長をいっそう活性化するために使われる力である。

　子どもたちには動機づけが必要だと考える従来の教育者たちとは違って，モンテッソーリは，子どもたちは精神的集中力の強い傾向を通常持っていると主張した。だが，この自発活動を実行する鍵は，外的ソースよりは内的なものに由来するのだ。もし子どもたちが自らの活動に本当に関心があるのなら，自らの注意とエネルギーを活動に注ぐであろう。

　無秩序な生き物ではなく，子どもたちは，秩序を実際には望み，構造化されない環境よりも構造化されたものをはっきりと選択するのである。モンテッソーリは，構造化は子どもたちの自由を損なうのではなく，自由を促進するのだと考えた。構造化された学習環境では，子どもたちは何を期待されているかをはっきりとわかっている。家具や他の道具は，大人の設計によって子どもに押しつけられるのではなく，子どもたちと彼らの大きさに合わせて作成された。もし口述の器材と教材が子どもたちに使いやすいものなら，子どもたち自身がまた使用できるように道具を丁寧に置き換えて，あとでこの利用を楽しめることをよく確かめるものである。さらに，子どもたちは新しいスキルを学び習得したいのだ。自発的に子どもたちは課題を識別し，自分たちが習熟し課題を容易にできるまでそれを繰り返す。子どもたちは，大人の手伝いなしに，靴紐を結び，ジャケットのボタンをかけ，手袋をはめたり防水靴をはくような実際のスキルの習得が，自分たちを一人立ちさせることに気づく。モンテッソーリは，子どもたちは学習を強いられるべきではなく，勉強と遊びの選択が認め

られると勉強を選ぶのだと結論した。そのような学習の雰囲気では、見せかけの報酬と罰は、不要なだけでなく学習経験をゆがめるのである。

モンテッソーリ・メソッドは総合的教育理論へと成長した。それは、教育の一般哲学、学習の心理学、指導の方法を統合したものである。彼女の教育方法は4つの原理が指針とされている。1つは、どの子どもも個々の要求と関心を持つ人として尊重されるべきである。2つ目は、あらゆる子どもは、生まれつき、情報を吸収し、また環境から学ぶ内的動因、感受性、知的能力を持っている。3つ目は、子どもの人生の最初の6年間は、無意識と意識の両方の学習にとって決定的な時期である。4つ目は、子どもたちは、彼らの生来のものと遂行された課題に由来する学習に必要と楽しさを感じている。

発達段階

モンテッソーリは、子どもたちは連続した発達段階を進み、それぞれの段階は適切で特に意図された学習を必要とすると考えた（Standing, 1962, pp. 108-118）。彼女は、発達を「再生の連続」、すなわち、連続体であり、1つの心的パーソナリティが十分成長すると別の心的パーソナリティが始まるものと定義した。これらの時期の最初は誕生から6歳までで、「吸収心」の段階で2つの時期に分けられる。誕生から3歳までと、3歳から6歳までである。第2の時期は6歳から12歳のときで、吸収心という先行した時期と結びついた非常に成長可能な発達というよりも、重要な連続的成長によって特徴づけられる。第3の時期は12歳から18歳までで、十分な成熟に達した身体の、重要な身体的変化の時期である（Montesori, 1995, pp. 19-20）。モンテッソーリの発達の3段階のさらに詳細な全体については表7-1を参照されたい。

モンテッソーリの研究の主な強調は、「吸収心」の「敏感期」にあてられている。「吸収」という語は、子どもたちが環境の刺激から感覚的感触を吸収するという彼女の仮説から作られている。吸収された感覚の性質は、環境の中に存在する学習可能性に大きく依存しているので、教育者には吸収の可能性を最大限にする環境を入念に構造化する責務がある。吸収の衝動は、自己発達の知識を知って使用したいという子どもたちの生まれつきの要求によって、生み出

表 7-1
モンテッソーリの発達段階

段階Ⅰ：児童期の第1段階，吸収心，誕生から6歳まで A．フェーズ1：誕生から3歳まで，環境から刺激の無意識的吸収によって特徴づけられる認知的，感情的力の最初の発達 B．フェーズ2：3歳から6歳まで，環境からの刺激の意識的吸収によって特徴づけられる自己指導による認知的，感情的力とスキルの次の発達
段階Ⅱ：児童期の第2段階，6歳から12歳までの持続する均等な成長のサイクル，心と身体の力とスキルの精緻化と練習，論理思考の発達，社会的，文化的情報と集団参加に関連した価値の獲得によって特徴づけられる
段階Ⅲ：児童期から大人の時期への移行の段階，12歳から18歳まで A．フェーズ1：思春期，12歳から15歳まで，広範な身体的，心理的，社会的変化と適応，増大する個人的，社会的同一視によって特徴づけられる B．フェーズ2：青年期，15歳から18歳まで，持続する身体的，心理的，社会的変化と適応，個人的，社会的，経済的スキルの精緻化によって特徴づけられる

され動かされる。吸収心の最も早い時期は，誕生から3歳までに生じる。そのとき子どもたちの心は無意識に働き，子どもたちは環境の中の刺激とわたり合い反応することによって学習する。次の敏感期，3歳から6歳まででは，子どもたちは，自分の活動を導きコントロールするために自分たちの心を使用できることに気づくようになる（表7-1）。

　モンテッソーリは，吸収心の認知的操作は子どもの激しい活動を刺激する感受性の周りに集まると考えた。これらの感受性の位置は，子どもたちがバランスをとり，距離を測り，言語を発達させるような大事な能力を発達させることにつながっている。環境との交渉によって，子どもたちは一連の行為を遂行する。その行為は，彼らに関係性の心理的ネットワークを構築できるようにする。その関係性は，健康なパーソナリティの認知的，情動的統合を作り上げるのである（Montessori, 1995, p. 51）。

　モンテッソーリは3歳から6歳までの時期を特に強調した。彼女は「構成的完成」の時期と呼んだ。その時期は正確さの要求が子どもたちを引きつけ十分に魅了するのである。子どもたちはいまや環境と，意図的に，意識的に，目的を持って交渉できるのである。これらの相互作用は，単純な思いつきの活動ではなく，しっかりした独立性を達成する必要な活動を構成するのだ。子どもたちは関心を刺激する類の活動を求める。そして，彼らは自分たちがどれだ

け正確にできるかを示そうとする。例えば，正確に遂行する操作課題は，子どもたちが自分たちの運動を調整しコントロールする必要性を満足させるのである。

　ある学習活動に取り組んでいる子どもたちは，習熟するまで同じ連続する運動を何度も繰り返す。このような努力の繰り返しで，彼らは，神経組織のコントロールの新しいパターンを作り完成させるために活動する。反復は修正遂行の力を確定する。その力は独立遂行と行為の大きな自由へとつながるのである。

　彼らは物理的環境から刺激を吸収するが，モンテッソーリは子どもたちも文化的環境からの影響を吸収すると考えた。彼女は，文化対応の過程は一般に考えられているように，子どもの人生のずっと早い時期に始まると考えた。子どもたちは言語スキルと習得を発達させると，自分たちの社会集団の信念，行動，価値を吸収する。モンテッソーリは，集団の習慣的生活で繰り返される基本的な集約された過去として，これらの文化的パターンに言及した。子どもたちは，文化的パターンを自分たちの心理の一部に内面化する。のちの文化発達において，大人である人は，幼児期に吸収した文化的パターンを基礎に成長し続けるだろう（Montessori, 1995, p. 189）。

　そこで，誕生から6歳までの時期，特に3歳から6歳までは，人間の身体的，心理学的，社会的，文化的発達に決定的に重要な段階である。子どもたちが，後年環境に対応するために使用する基本的方略を確立するのはこの時期である。これらの方略的能力の精緻化が，人が成長するにつれて起きるが，この発達は幼児期に設定された土台を基礎に生じるのである（Kramer, 1988, pp. 180-181）。

　吸収心の時期では，モンテッソーリは，子どもたちは自分たちが環境との相互作用によって作り上げた知識に秩序と構造を与えなければならないと強調した。彼らは無意識的に吸収された感覚情報を整理すると，もっと広い世界の多くの知識が必要であることに次第に気づくようになる。子どもたちは知識を獲得し組み込むきわめて大きな生まれつきの能力を持っているので，彼らがこの知識を獲得する環境は，特別な発達段階にふさわしい素材が豊富なように構造化されることが必要である。固有な学習エピソードと自己修正の教具の備わっ

た，モンテッソーリの整えられた環境は，適切で豊かな学習風土を提供する。敏感期と環境とを関連づける自身の理論に基づいて，モンテッソーリは学習の3つの広い領域に焦点化したカリキュラムを構成した。すなわち，運動と感覚訓練，実際の生活スキル，読み書きの能力と計算のスキルである。

　感覚訓練は，匂いと音の感受性と，色と色相の識別力を発達させるように意図されている。感覚箱は独特な匂いを持つスパイスで一杯である。ベルはさまざまな音を認知する能力を養うために使われる。カラーのタブレットを使って，子どもたちは色と色調の区別を学ぶ。教具を使用して，子どもたちは同じものを認知し分類し比較し，似ていないものと比べることを学ぶ。

　実際の練習は，子どもたちが毎日の生活のスキルがうまくなることに役立つように企図された。子どもたちは，毎日行われ関連した課題に使える，縛る，通す，突く，締める，ボタンをかけるというような，「包括的スキル」を実行することをまず学ぶ。実際の活動では，靴の紐を通して結ぶ，スモックとコートのボタンをかける，テーブルに皿とナイフ，フォークを載せる，食事を出す，皿を洗うなどである。子どもたちはそれから，読む，書く，計算するなどのもっと組織的なスキルの学びを進める。この領域で，モンテッソーリは，4歳と5歳の子どもたちが「突然自分から書き始める」と主張してかなりの関心を呼んだ (Standing, 1962, p. 47)。書きと読みのレディネスを促進しようと，モンテッソーリが考えたその2つのスキルは密接に関連して発達するので，彼女は厚紙の切片で文字を作り，サンドペーパーで覆った。子どもたちがこれらの文字にさわり，なぞると指示者が声を出した。その形をなぞって，文字を書く準備をすると同時に，子どもたちはそれを心に留めて，それが表す音を聞き分けることを学んだ。子どもたちは，自分たちがなぞり書いている文字の音が言葉を作っていることを理解すると，一挙に読み始めた。子どもたちが母音全部と子音のいくつかを知ると，彼らは簡単な言葉を作る用意ができる。母音を使用して，指示者は子どもたちに，どうやって3文字の単語を作り，それらをはっきりと発音するかを説明する。次の段階で，子どもたちは指示者から伝えられた言葉を書くのである。十分練習をすると，子どもたちは自分の力で語を作れるようになる。

　子どもたちは，対象を数え，さまざまの長さの棒を使って測定して，計算を

学ぶ。彼らは，植物を植えたり栽培した庭によって自然環境について学ぶ。学校に何匹かの小動物がいると，子どもたちに動物王国を紹介できる。身体の器用さを発達させる体操，社会化のための集団ゲーム，歌，物語は，授業の一環でもある。

　モンテッソーリ・メソッドは，構造内の選択の自由の原理を強調した。子どもたちは，仲間集団の競争にぶつかることなく，自分のためだけに興味と活動を自由に追究するのである。彼らは，他の子どもたちの活動を自由に見ることができるので，それから学ぶことができる。他者の活動を妨害すること，環境の秩序を乱すこと，備品を壊したり乱用することは，誰にも許されないのである。

モンテッソーリのインパクトの評価

　本節ではモンテッソーリの教育心理学と幼児教育へのインパクトについて検討する。すなわち，学習者の特質，学習過程の特質，指導の最適条件，重要な学習―指導結果の特質についてである。

学習者の特質

　モンテッソーリの学習者の特質についての考えは，生理学的次元と内的，精神的次元の2つの次元の精神的力というものである。これら2つの次元は一緒に，学習者の環境との相互交渉によって成長と発達を刺激するように作用した。だが行為の根本欲求は，教師内部の内的，精神的力から生じる。生理学的次元と精神的次元は，子どもの自由活動の中に現れる。その活動は，次に個人のレディネスと関心についての必要な手がかりを教育者に与える（Montessori, 1964, pp. 104-105）。子どもと臨床観察の焦点からもたらされたこれらの手がかりは，モンテッソーリの整えられた学習環境の構造化に必要な知識を与えた。モンテッソーリにとっては，教育者は，整えられた環境の適切な活動と経験を構造化して子どもの特質と協同するのである。過程の積極的主体としての子

どもは，情報を吸収し，環境の中で出会う場面に適応する。だが，理想を言えば，それらは前もって計画された状況であり，偶然出会うものではないほうがいいのである。そこで，モンテッソーリにとっての2つの鍵となる基準点は，内的，生理学的力と精神的力を持つ個々の子どもと，構造内に発達の自由を認められた準備された環境である。

　モンテッソーリは，子どもたちは普遍的な人間性を持っているので，どこの子どもたちでもこれらの生理学的で精神的な力を持っていると考えた。そこで，人間の発達のフェーズは，個人が，文化，人種や民族性にはかかわりなく，発達の過程では同じ段階を経験する点で普遍的である。この普遍性のせいで，モンテッソーリ・メソッドはまた総合的であり，すべての国に共通で，すべての文化に共通である。その適用は所与の文化的文脈によって条件づけられているので，方法の有効性は，文化に左右されはしない（Montessori, 1995, p. 80）。

　子どもの特質の見方に基づいて，モンテッソーリは，科学的教授法の基本的原理は「生徒の自由，すなわち，子どもの性質の個々の自発的な表明」であることを明らかにした（Montessori, 1964, p. 28）。子どもが自由に振る舞うときだけ，科学に裏づけられた臨床観察ができるのである。

　訓練の感覚が生じるのは，学習者の活動が自由の文脈にあるときである。子どもの行動する自由は，他の子どもたちの自由の集団的利益を結局妨げるので制限される。すべての他の活動は，教育者によって認められ客観的に観察されなくてはならない。

　モンテッソーリは，訓練を持続的なセルフコントロールの発達につながる自己生成過程と見ていた。自制心を持つようになると，子どもたちは，それに基づいて行動する考えである「心のコントロール」をまず獲得する。この「コントロール」は，課題を完成させ達成するために必要な，反復，連続的行為を引き起こす。子どもたちが必要な反復行為によって課題に習熟すると，それはさらなるチャレンジを試みる意志の力を強固にする。モンテッソーリが主張した本当の訓練は，子どもたちが自分自身の繰り返しの持続する努力と課題をやり遂げる自発的仕事に向かう活動によって行われる。子どもたちが外的挑戦をやり遂げようとして活動するとき，内的精神力を使い，達成と独立の感覚を得る

ために活性化されるのである。

学習過程の特質

モンテッソーリは,教育を,子どもたちが自分自身で表現する自由が与えられ準備の整った環境の「自発的活動」によって「内的教具」に応じて発達させる動的過程,と定義した (Kramer, 1988, p. 305)。学習過程の目的は,自己の能力開発している子どもたちを支援することである。自己の能力開発は自分に力を与えるか機能的自立をもたらすものだ。発達は自立に向かう,生理学的で心理的衝動から生じた,動因の一部である。子どもに成長と次の発達を刺激するこれらの行為を実行することを活性化するのは,この「神聖な衝動」である (Montessori, 1995, p. 83)。

教育は,教師が子どもたちのためにやるものではなく,人間に生じる自動的に起きてくる過程である。モンテッソーリの指導者——教師に与えられる名前だが——は,科学者のように,子どもたちの観察では熟達している。また,子どもたちの心理的精神特質に関心を持っている。経験主義は臨床観察に必要であるが,さらに子どもたちの内的,精神的力,あるいは精神的力への感受性を加えなくてはならない。訓練された科学的観察の必要要件を実行するために,指導者は観察対象の生き生きとした精神現象を尊重する客観的観察者であることが必要である。

ジョゼフ・マクビッカー・ハント (Joseph McVicker Hunt) は,モンテッソーリが「一致の問題」を解決したことを認めた。仮に,子どもたちが出会う環境状況が魅力的で面白く,学習を構成する適応をもたらすほどのやりがいがあるなら,環境状況はこれらの「基準」を,子どもたちがすでに経験の中で達成したものと一致させる必要がある。モンテッソーリは,さまざまにランクづけされた教材からある教具を自分で選んで,自己の関心に沿って,また自分自身のペースで活動するようにと個人に勧めることによって,この問題を解決したのである。教具の選択は,特定のアイテムを使って活動し,関心に従い,複雑なレベルから高次のレベルへ進む,レディネスを反映したものだ (Hunt, 1964, pp. xxviii-xxix)。

指導の最適条件

　モンテッソーリ・メソッドの指導の主要な最適条件は，子どもたちが自由に関心を追い求め，課題を選択し，大人による妨害や干渉なしに活動することである。善意による顕在的な大人の干渉は，課題を選択し，仕上げ，それに習熟することから生じる自己信頼と自制心を発達させる機会を減らしてしまう。

　モンテッソーリは自分の学校は整えられた環境だと考えた。そこでは，子どもたちは自然の容量の自発的な展開を妨げられずに，一連の自己修正の教具を伴う活動によって，自分のペースで自由に発達できるのである。彼女は，「もし学校で科学的教授法が生まれるのなら，学校は，子どもの自由で，自然な表現が認められるべきだ」と述べている (Montessori, 1964, p. 15)。

　「生徒の自然な表現の自由」と「活動の自由」の原理に基づいて，モンテッソーリは，教室環境を再設計した。この整えられた環境の中で，教育は，子どもたちの自然な活動を損なわないように，簡潔で，平易で，目的的であった。

重要な学習—指導結果の特質

　2つの鍵となる学習結果が，子どもたちの自己発達への持続する動因を働かせ，自制心の感覚を作り出している。他人に頼らず自分で実行し改善する自由と能力の両方が，独立には必要である。子どもたちは自分の環境を抑制する学習を好むのである。この習熟は対象を操作する能力で始まり，生活スキルの獲得を進め，真の独立の感覚へとつながる。訓練は，課題を遂行し，「集団的秩序の原理」に従って他者の権利を尊重する意志に関わっている。この原理の結果は，秩序ある集団における個人の表現を必要とする行動の自覚をうながすのである。モンテッソーリは，秩序ある集団の中の個人の表現の関係を説明するために，オーケストラの演奏家たちの比喩を使った。音楽家たちは，自分の楽器を演奏する際に個々が有能でなければならない。また共同の秩序ある集団のオーケストラとして，指揮者の指揮に従うことにも堪能でなければならない (Montessori, 1964, p. 117)。

　モンテッソーリは，子どもの性格と社会化は，準備された環境で他のスキル

と学習が発達するように，自然に発達すると考えた。子どもたちの道徳と社会発達にまず欠かせないものは，集中力である。それが実行されるには集中する対象のある環境を必要とする。それぞれの教具のただ1つの見本しかないので，子どもたちはそれを自由に使うまで待たなくてはならない。待機しながら，彼らは自分たちの衝動性をコントロールすることを学び，次に，他者の活動する権利に配慮することを学ぶのである。

結論——この分野のモンテッソーリの遺産

　モンテッソーリの教育心理学への主な遺産は，彼女ののちの学習に及ぼす早期の刺激の重要性の認識，特に文化的に恵まれない子どもへの提言である。関連した大事な貢献は，敏感期，特定の運動と認知スキルの学習の適切な発達のフェーズの強調である。彼女は，子どもたちをもっと豊かに，また早く豊かにする機会を与えるいま進行中の運動は何かを予測し指導した。ローマのスラム街の経済的に恵まれない子どもたちについての彼女の初期の研究は，非行に走る恐れのある子どもたちの幼児期の経験を豊かにする議論に対する特別な共鳴であった。

　合衆国で，モンテッソーリの与えた最も大きな影響は，公立学校と教員教育制度の外部の個人に及ぼしたものだった。この制度の中の彼女の教育心理学への影響は公表されていない。合衆国におけるモンテッソーリ主義の初期（1910～1917年）では，改革目標と一般に関係していた著名な専門外の人たちは，最初モンテッソーリの教育理念に引きつけられていた。だが教育心理学の専門分野の中では，モンテッソーリは，機能主義者，行動主義者，精神分析学派によって影が薄くなっていた。例えば，J・McV・ハントは，精神遅滞の教育学的な治療の効果についてイタールとセガンの見方を認めていたモンテッソーリは，J・マッキーン・キャッテル（J. McKeen Cattell）とG・スタンレー・ホール（G. Stanley Hall），それにソーンダイク（Thorndike）とワトソン（Watson）の刺激—反応理論と結びついた固定知能をおおむね受容した理論とは「調和しない」と結論した（Hunt, 1964, pp. xiv-xvii）。知的発達は幼児期の意図的な刺激に

非常に影響されるというモンテッソーリによって進められた概念は，20世紀初期の教育心理学者たちに広く普及した考えではなかった。訓練の転移についてのモンテッソーリの考えは，その分野内ではほとんど顧みられなかった。さらに医学分野に由来する臨床観察についての彼女の強調は，真の実験科学の信頼性が欠けているとして無視された。

ジークムント・フロイト（Sigmund Freud）とモンテッソーリには数回の手紙のやりとりはあったが，共同研究はしていなかった。フロイトの娘アンナ・フロイト（Anna Freud）はモンテッソーリ教育に関心を持ち，またエリク・エリクソン（Erik Erikson）も一時関心を持った。モンテッソーリ自身は，幼児の性的関心とのちの発達への情動の葛藤の影響についてのフロイトの考えを否定していた。

生物学で訓練されたジャン・ピアジェ（Jean Piaget）は，モンテッソーリの研究，特に子どもたちの心理的成長の発達過程としての「敏感期」に大きな関心を寄せた。彼はまたモンテッソーリの強調にも信頼を寄せた。それは，運動から精神的活動への発達と，相互活動を刺激する環境の必要性における，反復行動によって演じられる役割についての強調である。だがピアジェは，モンテッソーリを超えて，彼自身の発達心理学の定式化に進んでいった（Kramer, 1988, p. 386）。

モンテッソーリは，教育心理学の主流の考えとは概して「そりが合わない」のだったが，彼女は，20世紀前半の教育哲学で支配的であった進歩主義とも「そりが合わない」のだった。彼女の研究は「50年」時代遅れだと著名な進歩主義教育者ウィリアム・H・キルパトリックから批判された。その批判は，集団の課題とそれに付随する学習の重要性を無視しているというものだった。教育組織がモンテッソーリを真剣に取り入れることに難色を示していたにもかかわらず，幼児教育についての彼女の考えは，教育心理学と哲学の分野の中の主流の考えに別の可能性を提供した。

教育心理学と教員教育の周辺にモンテッソーリ主義が置かれた別の理由は，モンテッソーリ自身によるものであった。自分の方法の拡散を抑えようとして非常に徹底的管理をしたが，モンテッソーリはその方法を適切に実行することを自ら教えなかった人を信用しなかった。また，彼女はほとんどの教育理論が

対象になった専門的議論にも参加しなかった。

　モンテッソーリは，弟子が変更や工夫をせずに，彼女が考えた通りに正確に自分の方法を実行することを望んだいくぶん教条的なリーダーだった。彼女の科学的方法とは，彼女の意図通りに精密に実施し，彼女の使った通りに教具を使用することを意味した。彼女は，検証と補正を受ける実験的方法よりも正確に測定する技法を推奨していた。

　モンテッソーリは，独立した女性であり，理論家であり，自分自身で進路を決めた。彼女の教育の方法は，おおむね自立し独立したものだった。モンテッソーリのパーソナリティの力と目標への献身によって，彼女は教育における勢力を勝ち取ったのだった。世界中に，彼女の名前を付した何千という学校がある。これらの学校に，独立と自己訓練の道を歩み続けている子どもたちが通っている。

文献

Ahlfeld, K. (1970). The Montessori revival: How far will it go? *Nation's Schools, 85,* 75-80.

Halsey, W. (1913). A valuation of the Montessori experiments. *Journal of Education, 77,* 63.

Hunt, J. M. (1964). Introduction. In M. Montessori, *The Montessori Method* (pp. xi-xxxv). New York: Schocken Books.

Kramer, R. (1988). *Maria Montessori: A biography.* Reading, MA: Perseus Books.

Kilpatrick, W. H. (1971). *The Montessori system examined.* Boston: Houghton Mifflin, 1914. Reprint, New York: Arno/New York Times, 1971.

Montessori, M. (1913). *Pedagogical anthropology.* New York: Frederick A. Stokes.

Montessori, M. (1964). *The Montessori method.* New York: Schocken Books.

Montessori, M. (1995). *The absorbent mind.* New York: Holt.

Myers, K. (1913). Seguin's principles of education as related to the Montessori method. *Journal of Education, 77,* 538-541.

Standing, E. M. (1962). *Maria Montessori: Her life and work.* New York: New American Library.

II

隆盛期：1920年から1960年まで

第8章

隆盛期：1920年から1960年までの教育心理学

J・ウィリアム・アッシャー
（パデュー大学）

　1920年まで，教育心理学は心理学の一領域としておよそ30年間成長してきた。この応用理論の研究者たちは，学習，人間の能力，教育達成に中心を置いた実証的基盤を築いてきた。彼らはまた発達心理学，個人差，心理学的測定の研究と理論にも取り組んでいた。要するに，彼らはカリキュラムと指導方法に重要な科学的貢献をする理論，測定方法，研究デザイン，統計的分析を有したのであり，また事実，彼らはアメリカではすでにかなり影響を与えていたのであった。

　測定については，標準化された多肢選択のアチーブメントテストが，ベーシック・スキルとしてのアイオワ・テストとスタンフォード・アチーブメントテストのように役立つようになっていた。教育と心理学の研究デザインと方法は，『教育実験入門（*How to Experiment in Education*）』と題するマッコール（McCall）の1923年の本のように，物理学で使用されている研究方法とはいくぶん異なっていることが認められていた。だが，多くの研究者たちは，対象者たちを調整し，既有の意味を除くために無意味な音節を使ったり，既有知識の効果を除くためにチンパンジーを対象にして，変数をコントロールすることを重視し続けてきた。

　カリキュラムと教育については，教育心理学者たちは，読み，算数，つづり字の教授を研究し始めていた。彼らの学習の研究は，読みや算数のカリキュラムの開発に効果をもたらした。例えば，ソーンダイク（Thorndike）は算数の教科書を書き（1922），その幅広い採用から，彼は相当な収入を得た。これによっ

て，彼は自分の研究の関心をほとんど財政的な制限なしに追究し続けられたのである。このように，1920年代の初めには，教育心理学者たちは，アメリカの学校のカリキュラムと指導方法の科学的発展に価値のある貢献をし始めていたのであった。

1920年代と1930年代の教育心理学

アメリカの社会史

　1918年の世界大戦の終わりに，アメリカの産業は，自動車，電化製品，省力化の機械器具の大量生産に乗り出し，国中の日常生活が変わり始めた。当時，合衆国の労働力は，主に農業にあてられており，息子や娘たちは，年ごろになる前から家族の農場で働き始めていた。こうした田舎では，学校にはストーブこそあるものの，電気も水回りもない1部屋の建物であることが珍しくなかった。教師たちは，師範学校で2年間の教育を受けたにすぎなかった。都会では，子どもたちは家族の収入を支えるために，小学校を終えると工場の従業員か肉体労働者になることが多かった。ほとんどの生徒たちは8年の教育は受けたが，10～15％だけが高校へ進み，大学進学はごくまれであった。公教育は都市や田舎の地方自治体から主に援助を受けていた。州政府は，教師の免許基準設定と教員養成の師範学校を支援する以外は，最低限の関与しかしなかった。連邦政府もほとんど関与せず，合衆国の教育局（のちの教育庁）の主な役割は，実際には，短大と大学の数，大学出身者とその専攻，小学校と中等学校のカリキュラムの履行を指導するようなことでしかなかった。

　教育研究に対する政府の支援は皆無に等しかった。教育研究は生徒たちの高い落ちこぼれ率のせいで特に恵まれなかった。1917年の1年生の生徒のうちわずか約50％だけが1925年に高校に入学した。進学したこれらの生徒たちのうち44％だけが1928年に3年生になった。アフリカ系アメリカ人たちは，1920年代には高校入学者はほとんどいなかった。彼らは合衆国人口のおよそ10％を構成していたのだが，高校生の割合はわずか1.5％でしかなく，1930

年までにその数は2倍のちょうど3％となった（H. M. Bond, 1952）。

　1929年のニューヨーク株式市場の暴落で，1920年代の経済繁栄は突然終焉を告げた。その後の不景気は合衆国の社会のあらゆる層に深刻な影響を及ぼし，教育もその例外ではなかった。失業者は30％に達し，国や地方の慈善，福祉組織はなすすべもなかった。このことは連邦政府の介入を必要とした。政府は蔓延した貧困に対処するための数多くのプログラムで対応した。解雇された人々が身を守るために農場に戻ったので，合衆国の産業化に伴う農業従事者の漸進的減少は，1930年代に上昇に転じた。不況の激震によりアメリカはこの時期におよそ200万人の青年の失業者を出したのであった。これらの青年たちに仕事を与えるために，1933年，ルーズベルト政権は資源保護市民部隊，陸と森林保護プロジェクトの仕事を与える半軍隊政府組織を発足させた。1934年の2月まで，およそ1500の組織が合衆国全体のさまざまな場所で活動した。

　今日ではほとんど記憶されていないが，1930年代の教育研究における2つの支援の方法は，公共事業促進局（WPA）と米国青少年局（NYA）のプログラムであり，両方とも学生に雇用を与える大学のサポートをするものだった。WPAプログラムは，事務職と管理職に重点を置いたが，研究助手の支援もした。NYAの大学と高校の助成部門は，学生が非行を調査し，検査項目を評価し，文化サイクルを研究し，さらに，共同生活，学生生活，交通調査，食品調査を支援した（Aubrey, September 24, 1937）。教育心理学者のサウル・セルズ（Saul Sells）は，この時期のWPAのニューヨーク市における教育研究部長であった。

　1930年代，小学校卒業者の雇用不足に主に支えられて，高校入学者の劇的な増加があった。高校に入学した生徒の比率は，1930年のおよそ15％から1940年のおよそ65％に増加した（Krug, 1972, p. 218）。4年制大学教育がこの時期の教員養成の標準となった。小学校教師には高校教師の初任給と同程度の賃金が支払われた。多くの教師は小さな町か農業地域で職歴をスタートさせた。それから大都市に移り，高い賃金を確保した。残念なことに，女性教師は結婚すると退職を迫られ，その仕事は男性にまわされたのである。

アメリカ以外の社会史

　ヨーロッパでは，第1次世界大戦前に支配していた君主制が，戦後民主制に広く取って代わられた。国際連盟が，第1次世界大戦後すぐに世界の国家間の平和と共同を促進するために創設された。ところが連邦議会は，ウッドロー・ウィルソン大統領の設立への尽力にもかかわらず連盟に参加しなかった。1917年の革命で激震に襲われていたロシアは1934年まで加入が認められなかったし，日本とドイツは軍事力の増強のため結局は脱退したのであった。

　ニューヨークの株式市場の暴落は，国の危機や不況を引き起こしただけでなく，深刻な政治的結果を伴う国際的危機をも引き起こしたのであった。1930年代，この経済的不安はドイツ，スペイン，イタリアにファシズムを台頭させた。ソビエト連邦では，スターリンが農地を統制し，自国の軍隊の士官部隊を殺戮し，中央計画経済によって権力の掌握を強めたのであった。極東では，帝国主義が日本に根を下ろし，日本は西環太平洋地域の支配を求めてモンゴルと中国沿岸への侵入を始めた。

　第1次世界大戦の重い負債のせいで，ドイツの国民はインフレと不況に特に衝撃を受けており，彼らは強い敵意を抱くようになった。ヒトラーはこの不安を，ザールとラインラントのような国境地域の支配を手に入れる機会として利用した。イタリアは先例にならって1935年にエチオピアを攻撃し，1936年にスペインの内乱が始まった。1938年，ヒトラーはオーストリア，ズデーテン地方，ついにはチェコスロバキアの残りも編入した。彼が1939年にポーランドに侵攻したとき，紛争は世界規模の戦争に拡大した。第2次世界大戦が勃発したのである。

　1930年代，多くのアフリカとアジアの国々が，イギリス，フランス，ドイツ，ベルギー，オランダのようなヨーロッパ諸国によって植民地支配下に置かれていた。これらの国々は，宗教，言語，通貨，法律，管理制度，学校組織のような国の制度を植民地に持ち込んだのであった。

理論と実践

アメリカの心理学　1920年代の初期に，ガスリー（Guthrie），トールマン（Tolman），ハル（Hull）のような実験心理学者たちは，実験室環境における学習，転移，想起を主に研究した。彼らの理論は，刺激すること（準備の法則），反復（練習の法則），結果（効果の法則），他の変数によって，刺激と反応（S-R）間の結合や連合を強化することに中心を置いた。だが，これらの学習理論と学校の教育実践は，当時は非常に直感的であった。対照的に，ソーンダイクと多くの教育心理学者たちは教材についての研究を行った。それは小学校と中等学校のカリキュラムを著しく向上させたのである。

1922年まで，デューイ（Dewey）は自分の機能主義的理論による心理学的説明をほとんど放棄して，プラグマティズムと呼んだ哲学的説明をとった。これらの哲学的説明は非常に人気を博することになり，注目されるグループの進歩主義的教育者たちの関心を集めた。この改革グループは，家庭科，産業アート，タイピング，公民などの実践コースを取り込み，直接学習を含む方法で反復と記憶を強調する教授法に置き換えて，アメリカの公立学校のカリキュラムを拡張しようとしていた。進歩主義教育者たちは改革運動として，アメリカのカリキュラムと指導に大きな影響を与えた。残念ながら，デューイの操作的定義と示された研究の不足から，彼の考えについて多くの誤った解釈が生じ，これらの歪曲した解釈はついには彼を進歩主義教育改革から遠ざけることになった。

1930年までに，単純な結合に基づいた学習についての初期の説明は，より工夫されたS-R条件づけの説明に置き換えられた（Hilgard, 1948; Stephens, 1956）。こうしたS-Rの説明は，報酬がどのように学習に影響するかの考え方において主に変化した。例えば，ソーンダイクは，1932年に試行錯誤学習を含む自分の効果の法則を再公式化した（本書のメイヤーによる第5章を参照）。彼は，報酬と罰は学習の結合に同一か逆の効果を及ぼすという自分の最初の結論は間違っていることに気がついたのである。報酬は学習を促進するが，罰は必ずしも学習を低下させない。試行錯誤学習の間，多数の反応——それをソーンダイクは「間違い」と呼んだが——がいくぶんランダムに起きて，いかなる種

類の報酬にもならない。だが，もしある種の報酬になることがあれば，反応は先行の刺激と結合するのである。

対照的にガスリーは，報酬の効果の代わりに刺激と反応の近接性を強調するS-R理論を発展させた。彼の近接性の法則は，「運動を伴う刺激の結合は，繰り返し運動があとに続く傾向がある」というものである（Guthrie, 1935, p. 26）。彼はのちに，学習の始まりについてこの法則に推論を付け加えた（Guthrie, 1942, p. 30）。「刺激パターンは，反応との最初の結合のときに，最大の結合力を獲得する」。彼は，反応が生じる限り，物理的に存在するどんな刺激とも結びつくようになると考えた。ガスリーは，報酬は学習を促進するという点でソーンダイクに同意したが，効果の説明には納得しなかった。代わりにガスリーは，報酬を学習エピソードと切り離し，次の学習効果からすぐ前の反応を保護するのに役立つと結論した。

この時期の最も精緻なS-R理論は，クラーク・ハル（Clark Hull）（1943）によって展開された。彼は学習の報酬の役割も認めていたが，報酬の効果は基本的な動因を減らすときの効果によると推論した。端的に言うと，ハルは，動因が少なくとも部分的に減るとき，実在する刺激や条件が反応と結びつくと考えたのである。ハル（1943）は，他の関連する心理学的変数，習慣の強さと同じように，動因を厳密に定義し量的に測定しようとした。そこで変数は数学的に関連づけられ実験室内で組織的にテストされるのである。

S-R学習の認知的変数の役割を統合しようとした著名なアメリカの心理学者はE・C・トールマン（E. C. Tolman）（1932）だった。彼は，報酬を学習者の効果性の認知的サインであり，学習は運動反応ではなく期待と実現の獲得を含むと考えた。また，被験者は学習課題の認知地図を作ると主張し，空間学習研究の優れたシリーズで自分の主張を裏づけた。彼は，学習の認知的形態は行動形態よりも可塑性があり，転移可能であると考えたのであった。

ヨーロッパの心理学　　顕在的S-R過程としての学習をアメリカの心理学者たちが強調したのとは対照的に，ヨーロッパの心理学者たちは知覚，認知，言語のような内潜的過程を強調した。例えば，ゲシュタルト心理学者たちは学習を複雑なパターンや組織に対する知覚的反応として見ていた。彼らの呼び名

は，意味や「ゲシュタルト」についての学習者の全体的知覚への関心に由来している。これらドイツの理論家の最も著名な人たちに，ケーラー（Kohler），ウェルトハイマー（Wertheimer），コフカ（Koffka）がいる。ゲシュタルト心理学者たちは人間がどのように世界を知覚するかだけでなく，人間がどのように問題解決の方法において新しいものを発見するかについても説明をしようとした。

ゲシュタルト研究者たちは，人間が複雑で，変化する，あるいは曖昧な刺激における単純なパターンを知覚する原理を見極めようとした。これらの心理学者たちにとって，学習は解決する問題の基本的関係をとらえるものである。パターンが知覚されると，学習は，ほとんどのアメリカのS-R心理学者たちが考えたように漸次ではなく，突然生じると彼らは考えた。ゲシュタルト理論家たちは，「場理論家」とも呼ばれる。というのは，「図-地」の認知をする際に知覚分野の重要性を強調したからである。

場理論をとったもう1人のドイツの心理学者はクルト・レビン（Kurt Lewin）（1936）だった。彼は1930年代に合衆国へ移住し，社会過程と行動ダイナミクスを研究していたので教育心理学に関心を抱いた。例えば，彼は民主的リーダー，権威主義的リーダー，放任主義的リーダーの有効性を研究し，民主主義的方法の多くの優れた点を見出したのである（Lewin, Lippitt, & White, 1939）。レビンは，演説の苦手な学生が聞き手を親友だと考えるときのように，解決の障害を透過性の経路に変えるような人の生活空間の知覚的再構築として，人間の問題解決を描こうとした。ユダヤ人だったがゆえに，ウェルトハイマー，コフカ，ケーラーは，皆ヒトラーの差別政策を逃れようとドイツから移住した。ドイツのゲシュタルト理論家たちが人間の認知を強調したのに対して，スイスの生物学者ジャン・ピアジェ（Jean Piaget）は，認知的発達に中心を置いた（本書のブレナードによる第11章を参照）。彼は，子どもの認知発達に関心を持つようになった。その前に，ビネー（Binet）（すでに死去）がパリに創設した実験室でシモン（Simon）と研究していた（本書のジャービンとスターンバーグによるビネーに関する第3章を参照）。1920年代初期に，ピアジェはスイスの児童発達研究所の指導にあたるためにパリを去った。

ピアジェ（1926, 1928）は，自然な環境の中でさまざまな刺激に対する子ど

もの反応の詳細な記録を保存した注意深い観察者であった。彼は，年齢に関係した相違，概念エラーの大きさと方向を見出そうとした。たいていの生物学者とは違って，ピアジェは，控えめな受身的観察にとどまらず，子どもがどのように反応するかを調べる進行中の経験に関わった。しかし他の生物学者たちのように，彼は段階理論を定式化した。彼は，子どもの認知機能は幼児の単純な感覚運動反応で始まり青年期の形式的操作段階で終わる，4つの質的段階を通って発達すると結論した。ピアジェの心理学の理論と研究に対する異端的方法のせいで，彼は1960年代初期の認知的変革まで，合衆国ではほとんど関心を持たれなかった。だがそれ以降，ピアジェの研究は教育心理学者たちによって幅広く読まれてきた。彼は教育実践に大きな影響を与えたのである。

ゲシュタルト理論家の知覚の主張やピアジェの認知の強調とは対照的に，ロシアの心理学者レフ・ヴィゴツキー（Lev Vygotsky）（1978）は，人間の学習における言語の役割に中心を置いた（本書のタッジとスクリムシャーによる第9章を参照）。彼は，高次精神機能の起源は子どもの言語の獲得に密接に関連していて，言語の獲得を人間の独自な第2信号系ととらえるという理論を立てた。彼は1920年代に研究と著述を始め，いわゆる「独語」の分野に特に関心を持った。それは数年間読みの研究に関心を持つ教育者たちを引きつけたのであった。ヴィゴツキーは，内言は子どもの学習と高度な認知機能に自己指示的な作用をすると考えたのだった。

ヴィゴツキーは，子どもたちの認知発達はもっと認知的に進んだ子どもたちと大人との社会的相互作用の結果であるとも考えた。ソビエト連邦の歴史における革命の時期に，彼はレーニン夫人のクループスカヤの政治的支援に与った。彼は人間の発達に社会的，歴史的な力の原因となる役割を強調するマルキスト理論に非常に影響を受けた。彼は，問題解決，プランニング，セルフコントロール，概念形成，注意のような高次認知機能は子どもの他者との社会的相互作用に始まるものであり，内潜的言語によって次第に内面化されるのだと結論づけている。残念なことに，彼が1934年に38歳で亡くなるまで，彼の考えは政治的見地から批判された。その結果，彼の多くの著作は，クループスカヤとヴィゴツキーを自己の権力の脅威と見ていたスターリンによって弾圧された。そのため，ヴィゴツキーの考えは数十年にわたって西側では取り入れられ

なかったのである。

読み，ライティング，言語

　この分野が創設されたときから，教育心理学者たちは，学校における読み，言語科目に非常に関わっていた。例えば，アーサー・ゲイツ（Arthur Gates）は読みの研究に非常に積極的で広く受け入れられた本，『読みの向上（*The Improvement of Reading*）』（1947）を執筆した。ポール・ウィッティ（Paul Witty）も読みの研究に強い関心を持ち，『現代教育における読み（*Reading in Modern Education*）』（1949）という有名な本を著した。心理学者ガイ・ボンド（Guy Bond）は，数冊の影響力のある本，『子どもに読みを教えること（*Teaching the Child to Read*）』（1950年，エバ・ボンド・ワグナー〈Eva Bond Wagner〉との共著），『読書困難——その診断と矯正（*Reading Difficulties: Their Diagnosis and Correction*）』（1967年，マイルズ・ティンカー〈Miles Tinker〉との共著）を書いた。エメット・ベッツ（Emmet Betts）（1946）は，『読書指導の基礎（*Foundations of Reading Instruction*）』という読書困難を対象にした初期の本を書いた。またデイビッド・ラッセル（David Russell）は『子どもが読みを学ぶ（*Children Learn to Read*）』（1949）を書いたが，その本は言語科目と子どもの思考過程についての研究をまとめたものだった。児童心理学と青年心理学の専門だった心理学者ルース・ストラング（Ruth Strang）は，高校と大学レベルの読みについて広範囲にわたって著した（Strang, McCullough, & Traxler, 1955）。

　スペリングは教育心理学者たちのもう1つの研究の関心事だった。デイビッド・ラッセル（1955）とアーサー・ゲイツ（1937）は，つづり字のよい書き手と下手な書き手の特徴を対象にした。そして難しい語のリストを作成した。ガートルード・ヒルドレス（Gertrude Hildreth）（1955）は，読みとスペリングの研究も行った。ドロシア・マッカーシー（Dorothea McCarthy）は，『児童心理学マニュアル（*Manual of Child Psychology*）』（1954）の初版のスペリングの研究を含めた子どもの言語発達の章を書いた。ソーンダイクは，1910年の初めに「手書き」についての本を刊行した。そして数十年後，アーネスト・ニューランド（Ernest Newland）（1932）は手書きの研究をし，ガートルー

ド・ヒルドレス（1949）も数年後そのテーマで研究をした。「聞くこと」は言語教科のもう1つの観点だ。デイビッド・ラッセルとエリザベス・ラッセル（Elizabeth Russell）は『段階による聞くことの支援（Listening Aids Through the Grades）』（1959）を書き，ポール・ウィッティとロバート・サイズモア（Robert Sizemore）は一連のリスニング研究を行った（1959a, 1959b, & 1959c）。

教育心理学者たちはまた，1920年代と1930年代に「算数」の学習も研究した。例えば，ベネゼット（Benezet）（1935, 1936）は，6年生まで公式の算数の指導を受けなかった子どもたちが，1年生から5年生までの5年間指導を受けた子どもと同じようにすぐに力をつけることを見出した。彼は，子どもの指導のレディネスは年齢とともに増加すると結論した。いくぶんのちになって，デューク大学のウィリアム・ブラウネル（William Brownell）とハロルド・モーゼー（Harold Moser）（1949）は，有意味学習対機械的学習を研究した。また彼らは算数の有意味学習のレディネスの発達について関心を持っていた。ブラウネルはのちに合衆国教育コミッショナーとなった。

進歩主義の教育カリキュラム

前述の通り，進歩主義教育運動は1920年代と1930年代にアメリカ中に広く受け入れられた。このカリキュラムを評価する大きな努力が，1932年，教育心理学者ラルフ・タイラー（Ralph Tyler）（1942）の指導のもと「8年研究」の一部として行われた。30の高校が，伝統的な学習カリキュラムの効果と，大学入学準備の生徒たちの柔軟で進歩主義的カリキュラムの効果を比較する実験に参加した。進歩主義教育を行う実験高校には進歩主義教育の原理に基づいて進められる多くの新しいコースがあった。生徒たちは，そのうちのどのコースをとることも許された。多くの大学は，高校のカリキュラムとは関係なく，学校長からの推薦だけで実験高校からの生徒たちの入学を認めていた。最終的には，実験学校から1400人以上の生徒たちが38の大学に入学した。これらの生徒たちは，伝統的カリキュラムを実施している統制群の高校から入学した同程度の能力の生徒たちと比較された。

大学では実験群がわずかに計算能力で優位だったが，外国語以外のすべての

コースで2つの群は平均して同じ程度の点数であることをタイラーは見出した。大学生の指導員たちは、生徒たちの個別の知的資質についての判断を求められると、進歩主義教育実験群の生徒たちのほうが、社会的自覚、課外活動の参加、芸術への関心で優れているとした。また彼らは、知的好奇心があり、規則正しく、優秀であると判断された。さらに、伝統的カリキュラムから最も遠い位置にある実験高校出身の生徒たちは、革新的ではない実験高校の出身者よりまさっていたのである。

研究は、サンプル規模が大きく、測度の範囲は広かった。結果はおおむね高校カリキュラムへの進歩主義教育プログラムの方法がよい結果だったが、それらは概して一般の高校の教育者たちから黙殺された。達成基準を上げようとする連邦政府、州政府、地方自治体からのプレッシャーに遭っていた当時の高校の教育者たちは、理科、数学、文学、歴史の伝統的カリキュラムの拡張や修正に戻る傾向があった。

もう1つの大きな研究は、進歩主義教育カリキュラムの効果を検討した。実験学校の教員養成コロンビア協会のメンバーである、J・ウェイン・ライトストーン（J. Wayne Wrightstone）は、1935年、選択された公立学校の新しい学校実践の査定を行った。彼は、進歩主義教育者たちによるカリキュラム方針と指導法を評価するために設計された測度を含む従前の研究方法を改良しようとした。彼は、進歩主義教育実践は学力を損なわずに、生徒たちの個人的で社会的な発達を促進する効果があることを見出したのであった。

1940年代の教育心理学

社会史

第2次世界大戦の開始は1940年代の10年間アメリカ社会に大きな影響を与えた。不況は終わりを告げ、経済活動は国の戦争準備に伴い加速していった。若い男女の兵役への動員は、家の内外の生活を根本から変えた。製造業の増加、失業者の減少、多くの女性の労働人口への参入により、男性だけであっ

た仕事にしばしば女性が就くようになった。1930年代の都市から農村への移動が1940年代には逆転した。人口と雇用形態のこうした変化は，人々の生活と教育要求を根本から変えたのである。

理論と実践

　無線通信，電信，大砲の射撃技術，軍艦の操縦，レーダー表示，外国語の翻訳，ナビゲーションのような合衆国軍の特殊技術の高速学習への要求は，教育心理学者たちに新しい課題を提示した。戦争の切迫性のために，軍部は年ではなく月単位でこれら必須の軍隊スキルを教えなければならなかった。軍務についての大きな関心事は，パイロット，ナビゲーター，爆撃手のような戦闘機の乗員の選抜と訓練であった。当初は，訓練中のこれらの乗員の失敗率はかなり高かった。

　測定スキルの教育心理学者ジョン・フラナガン（John Flanagan）が，このプログラム改善のために選ばれた。彼は，この重要な仕事で自分を援助する多くの心理学者たちを集めた。その中には，ロバート・ソーンダイク（Robert Thorndike），デイビッド・タイドマン（David Tiedeman），ロバート・グラサー（Robert Glaser），J・ポール・ギルフォード（J. Paul Guilford），チェスター・ハリス（Chester Harris），ロイド・ハンフリーズ（Lloyd Humphries），ライル・ジョーンズ（Lyle Jones），ベンジャミン・シムバーグ（Benjamin Shimberg）がいた。フラナガンと彼のスタッフは，言語，量的，空間関係，眼―手協調運動測定のような多くの検査を開発し，航空戦の訓練兵にその検査を実施した。彼らは戦闘スキルの新しい指導も作成した。そのスキルには，映画，録音テープ，詳細な指導マニュアルが含まれていた。

　この教育心理学者たちは，これらの志願者たちをさまざまな訓練の仕方によって，3つの戦闘の専門（例えば，パイロット，爆撃手，ナビゲーター）のうち，誰が成功し，また失敗するかを判別しようとして追跡した。彼らは，新しい訓練生を選択し，彼らに3つの航空戦の専門の1つを割り当てるために，成功する学習者たちを一番よく識別する検査をそこで使用した。フラナガンたちはまた，指導技術の新しい形態を兵士の訓練法に取り入れた。この改良された選

択と指導技法の結果，訓練兵の学習時間と失敗率は著しく減少した。フラナガンのスタッフが現在の多変量解析の先駆けとなる膨大な母集団の大量のデータを分析する新しい方法を発展させたことは評価されるべきであろう。

　フィリップ・ルーロン (Phillip Rulon) とロバート・ソーンダイクの2人の教育心理学者は，1940年代の心理学的測定に別の大きな貢献をした。平均への回帰現象は一般に科学ではまれであり，ほとんど心理学特有のものである。20世紀のごく初期にスピアマン (Spearman) (1910) とブラウン (Brown) (1910) は，心理学的特性の測定は完全には信頼できないことを示した。心理学的測度の得点の高低は運によっても影響されるし，その結果，これらの得点は同じ測度で再テストすると母集団の平均に近づくのである。このよく知られた結果は「平均への回帰」と呼ばれる。

　この回帰現象の知識がないことから，教育的データと心理学的データについて多くの誤った解釈をしてしまう。ルーロン (1941) はこの問題についての研究から，回帰現象の原因を見つけた。またソーンダイク (1942) はなぜそれが起きるかの数学的証明を導き出した。統計的方法におけるルーロンとソーンダイクの発展は『心理テストの理論 (*Theory of Mental Tests*)』というガリクソン (Gullickson) (1950) の本に収録されている。この時期に，個別の対象者の縦断的データを解釈するとき，群データには統制群を伴わなくともよいとすることと修正公式の使用のような研究設計の改善もあった。

1950年代の教育心理学

社会史

　戦争が終わりに近づくと，合衆国連邦議会は，復員軍人援助法を通過させた。その法律により数百万の男女が戦後高等教育機関に入学できるようになった。その数は大学定員をほとんど満たしてしまうものであり，それによってアメリカの教育水準は飛躍的に上昇したのである。戦争の終焉は，多くの結婚——それは不況と戦争の間は先延ばしにされた——につながり，それは，そ

の後の「ベビーブーム」を生み出した。その「ベビーブーム」は1950年代，1960年代の公立学校に大きな影響を及ぼした。急成長する教育要求により，学校建造物は急ピッチで建設されるはずだった。だが，建設は不況のときは非常に緩慢にしか進まず，第2次世界大戦時には止まってしまった。また多くの新しい教師と教育養成を促進する教育心理学者たちが必要とされたのである。

　1950年代より前には公教育への連邦の関与はわずかでしかなかったが，共産諸国に対する「冷たい」戦争の始まりと，朝鮮半島の「熱い」戦争の勃発は，科学と数学において国際的に優位に立つことがいかに重要であるかを国に知らせたのである。最初の重要な国の支援の投入は，「1950年の国立科学財団法」のもとでなされた。この活動は，数学，物理科学，生物科学，工学の研究と教育を支援した。

　支援の2回目の投入においては，合衆国教育庁が，1954年の共同研究法令により，1956年の総合教育研究の支援の最初の学外プログラムを実行した。ラルフ・タイラー，デューイ・ステュイット（Dewey Stuit），H・H・レマーズ（H. H. Remmers），チェスター・ハリスのような多くの教育心理学者たちが，合衆国教育委員長によって指名された諮問委員会委員を務めた。彼らの優れた研究プログラムは，大学教育における学内で継続する研究使命を設定するうえで役に立った。連邦による教育への支援の第3の投入は，1957年のソビエトの人工衛星の打ち上げ後になされた。ソビエトの人工衛星の打ち上げが合衆国に先行したことの意味するものは，多くのリーダーたちが宇宙の軍事的支配の競争に遅れをとったことだった。このことは，1958年の国家防衛法令のアメリカ議会の可決へとつながった。それは，科学，数学，カウンセリング，市民的権利に関する法律第7編[訳注1]のもとでの視覚教材と指導技術の研究における教育訓練を支援した。

　10年間のもう1つの主な出来事は，学校統合に関する1954年の「ブラウン対カンザス州トピーカ教育委員会」の最高裁判決である。心理学者たち，特にケネス・クラークと彼の妻マミー・クラーク（Mamie Clark）(1950)は，人種間の「分離すれど均等な教育」の既存の教理の有害な効果について多くの科学的データを算出した。法廷は合衆国の南部全体の人種的に分離された学校

を終わらせた。そして国中に人種的グループの教育機会の平等の基準を提起した。学校教育における異なる資質への関心は，その後の新しい研究機会へとつながったのである。

理論と実践

　第2次世界大戦ののち，ジョン・フラナガンと彼のチームの他のメンバーは，公立学校のような従来型の教育場面における訓練と評価を自分たちの新しい方法に変えようとしていた。軍隊のスキルを伝えるときのフラナガンのやり方の成功の根底には，人間の知識とスキルの分析，提示，測定における新たな科学的進歩があった。知識を科学的に取り扱うことは，認知のテーマを教育心理学の最前線へ移動させることに役立ったのである。フラナガンの手法の信頼性は，教育心理学者たちの間に受け入れられていった。それは，彼のチームの多数のメンバーが顕著な方法論と研究に貢献し，ポール・ギルフォードがアメリカ心理学会の会長に選出されたように，心理学における重要な指導的立場を獲得したことからも知ることができる。

　1950年代の軍備に対する関心のおかげで，軍部，特に合衆国海軍特殊装置センターは，ティーチングマシンや，教育テレビ，シミュレーター，透かし絵式ディスプレー，スライドといった指導メディアの新しい形態の利用のような，指導技術の開発に支援を続けられた。教育心理学者シドニー・プレッシー (Sidney Pressey) は，オハイオ州立大学のティーチングマシンについての優れた研究と開発プログラムを指導した。また心理学者レイ・カーペンター (Ray Carpenter) は，ペンシルベニア州立大学で教育メディアの新しいタイプの優れた研究プログラムを開発した。

　教育心理学の理論と実践についてのフラナガン・チームの最も影響力のあるメンバーの1人は，ロバート・ガニェ (Robert Gagne) だった。彼は，指導デザインの専門家だった (本書のアートマー，ドリスコル，ワガーによる第13章を参照) だった。戦争中の空軍実験室のシミュレーターや他の訓練装置に関する彼の研究によって，人間の成績の初期の情報処理概念が作られたのである (Gagne, 1989)。この枠組みは，学習結果の分類の誘導，学習階層の概念，指導の出来

事と学習の条件の関連概念へとつながったのである(Briggs, 1980)。

自著『学習の条件(The Conditions of Learning)』(1965)の中でガニェは,戦前に研究者たちを引きつけたS-R学習の単純な形態が,ルール学習と問題解決のような戦中に研究された学習の高度な形態とどのように体系的に結合するのかを叙述している。彼の階層的理論の影響によって,教育心理学者たちの関心は学習の単純な形態からより複雑な形態に移り,両方の学習形態の根底にある固有な基本的条件が理解された。ガニェは,知的スキルの垂直転移を開発するために設計されたプログラム学習を使用して,自分の階層モデルの妥当性を検証しようとした(Gagne & Brown, 1961)。

プログラム学習にも関心を寄せたもう1人の理論家が,B・F・スキナー(B. F. Skinner)(1953)であった(本書のモリスによる第10章を参照)。徹底した行動主義者として,スキナーは行動分析を使って,プログラム学習の方法を使用してさらに優れたティーチングマシンを作ろうとした。彼はより小単位の情報を取り入れ,それぞれの単位の習熟を保証し,教師よりももっと効率的に成功を促進しようとした(Skinner, 1958)。スキナーは自分の方法を説明するのに「理論」という語の使用を嫌った。行動を説明するのに内的メカニズムの手を借りるのは不必要で非科学的だと考えたせいである。彼は最小限で単純なデータと関係に沿った説明概念を持ち続けようとした。

多くの研究と著書により,スキナーは1950年代とそれ以降,教育心理学に多大な影響を与えた。彼の行動分析のシステムは学校で広く実施され,特に特別教育プログラムの子どもたちを対象にして,いまでも教育学部で広く教えられている。行動分析と変容には,ターゲット行動目標,報酬のトークンシステム,綿密な構造的指導がある。スキナーは,時系列の1人の参加協力者研究方法論の開発におけるリーダーでもあり,一連のジャーナルの刊行の支援もした。すなわち,*Journal of Applied Behavior Analysis*と*Journal of Experimental Analysis of Behavior*などである。それらは多様な公式,非公式の教育場面でのこの方法論の使用を特集した。

リー・クロンバック(Lee Cronbach)は教育心理学に非常に大きな影響を与えた(本書のクーパーミンツによる第12章を参照)。彼は大変優れた教科書『教育心理学(Educational Psychology)』(1954)を書き,テストの信頼性と妥当性

を測定する多くの重要な心理測定法を発展させた。クーダー（Kuder）（教育心理学者）とリチャードソン（Richardson）（1939）は，パーセンテージデータのKR-20（と関係する公式）で折半法の妥当性の限界を乗り越えた。クロンバック（1951）は，あらゆるタイプの得点，観察，間隔尺度を使用できる新たなアルファ測度を提案した。のちになって，彼は妥当性理論の自分の考えを一般理論にまで広げた（Cronbach, Gleser, Nanda, & Rajaratman, 1972）。

1957年，クロンバックはアメリカ心理学会の会長演説で，臨床心理学者と実験心理学者間の理論と研究方法の大分類で関心を集めた。臨床心理学者は主に，不安や知能のようなパーソナリティと能力の個別の測度を開発し，自然な文脈のこれらの諸測度と人間の機能の相関を研究する。対照的に，実験心理学者は，主にプログラム学習のような学習の一定の方法の効果を検証する訓練研究を行う。クロンバック（1975）は，これらの理論と研究の外見的には異なる伝統が，適正処遇交互作用（ATI）と呼ばれる共通方法論に統合できるのだと言う。彼は，異なる訓練方法（例えば，プログラム化した指導対教科書を読む指導）に応じて学習するにつれて，態度が変わる（例えば，高不安対低不安）生徒たちを研究することを提唱した。クロンバックは，分散モデルの2要因分析の統計的に有意な相互作用が生徒の態度と指導の最適な方法間の最適な「一致」を明らかにすると言う。クロンバックの構想は多くの研究者たちに期待を抱かせたのだが，彼らは多くの再生可能なATIsを見つけられなかった（Bracht, 1970）。だが，クロンバックが進歩させた心理測定法は，21世紀の初頭でも心理測定コースで広く教えられている。

1950年代には研究上に別の意義深い方法論的進歩があった。生態学的心理学者バーカー（Barker）とライト（Wright）（1954）は，高校の社会的—心理学的習慣について生徒たちの集中的な研究を始めた。バーカーとライトは生徒たちを1人ずつ追跡し，行動を深く理解するために広範で詳細な観察と記録を行った。彼らは，学校と，社会的，身体的，学力的発達の学科活動はもとより課外活動の参加に責任ある位置を持つことの影響に関心を持った。これらの青年たちは学校や町で大切な役割を果たしている。その役割によって青年たちは地位と力を獲得するのである。

質的方法の技術を使用して，バーカーとライトは生徒たち1人ひとりを観

察し，生徒自身，仲間，母親，父親，教師，隣人のような関係にある人に面接をした。2人は，自然に生じた環境，例えば，卒業アルバムの生徒たちの写真の下にあげてある活動数の影響を数え上げることもした。結果を分類するために，彼らはマレー（Murray）（1951）理論に基づいた観察による分類と定義を発展させた。バーカーとライトは，信頼性と妥当性のある面接と観察を行うために，スタッフに幅広い訓練をし，注意深くすること，集中すること，個人的な関わりの重要性を彼らに強調した。

　バーカーとライトは，生徒たちの高校時代が，優越性，育成，抵抗，訴え，順守，攻撃，服従，回避に影響する広範囲の社会的—心理学的相互作用に関係していることに気がついた。この情報から2人は，小規模学校のほうが個人環境，社会環境のいずれでもまさっているという結論に達した。これらの学校では，どの生徒も多くの学習上の役割，社会的役割を果たすことが必要とされる。例えば，ある少年はバンドでもスポーツチームでもプレイしなくてはならない。彼は学校の活動にも放課後のクラブ活動にも参加するだろう。同じように，少女たちもスポーツ，学習活動，社会のクラブにも関わっている。小規模高校では，少年も少女も必要とされ，個々に励まされ，多様な活動への参加が認められている。

　質的研究方法の目的は，現象を深く理解することである。バーカーとライトは，質的研究者たちのように非常に多くの言葉や数を使用せずに，直接見たものの記録を書き留めた質的方法を，伝統的量的方法と比較した。のちに，言葉は分類され，しばしば量化された。対照的に，量的研究者たちは，事前に定義されたカテゴリーを使って観察したものを数量的に数えるか評定した。バーカーとライトは，質的方法も量的方法も役に立つが，質的方法は事前の仮説にほとんど制約されないと考えた。

　バーカーとライトの研究方法は教育心理学者たちに評価されているが，彼らの成果は，学校の管理者たちからはほとんど顧みられていない。学校の管理者たちは，劣った個人的，社会的環境をよそに，大規模高校のカリキュラム提供の多さと管理的経済性に重要な価値を置いているのである。

隆盛期：1920年から1960年まで　　　　　　　　　　　　　　　　　　　　　　　　Ⅱ

要 約

　1920年から1960年までの40年間は，アメリカにおいては，広大な田園の農業国家から，都市の産業化された国家へと移行する大変化の時期であった。1920年には生徒の母集団のうちのわずかな割合だけが高校や大学に進んだが，1960年までには生徒の高い割合が高校を卒業し，そのうちの多くが大学に入学した。この時期には，教育心理学は心理学の将来性のある下位分野から独り立ちした重要な領域に成長した。教育心理学者たちは，1920年までの教育的問題に答えるために標準化されたテストの利用法，統計的手法の利用法を発展させたが，心理学理論と学校の教育実践の結合はおおむね直観的なものにすぎなかった。だが1960年までには，教育心理学者たちは，自分たちの研究と訓練の方法の効果を自信を持って示したのである。第2次世界大戦の間，教育技術と測定に基づいたスキルの価値が広く認められ，こうした軍隊の訓練方法は，のちに公立学校での利用のために作り変えられた。

　教育と特別教育一般，科学と数学教育，特に1950年代の指導技術などについて国家的関心が集まったせいで，連邦政府は教育への財政的支援を拡張した。1956年の共同研究プログラムは，時の合衆国教育省の最初の学外研究プログラムであったし，それは教育の一般的研究の支援まで数年にわたって拡大された。教育心理学者たちは，これらの研究プロジェクトを選択するための諮問委員会に尽力するように要請され，他の多くの心理学者たちがそれぞれの大学で教育研究のプログラムを作り，拡充させた。彼らは，学生の認知の高次の形態を科学的に評価するために，方略，ルール学習，問題解決などの新たな方法を開発した。彼らはまた，質的，量的な新しい研究方法を進歩させた。1960年までに，「大型汎用」コンピュータが全米の大学に設置され，教育心理学者たちは初期の軍事研究の間に開発された方法に基づいた多くのデータの洗練された統計的分析に着手できた。教育心理学は科学的領域として注目されるようになったのである。

訳 注

1——雇用において，人種，民族，宗教，出身国，性などによる差別を禁止した法律。

文 献

Aubrey, W. (1937, September 24). *The college and high school aid program of the youth administration*. F. D. Roosevelt Library, Hopkins papers, Box 13. Retrieved from http://newdeal.feri.org/texts/451.htm

Barker, R. G., & Wright, H. F. (1954). *Midwest and its children: The psychological ecology of an American town*. Evanston, IL: Row, Peterson.

Benezet, L. P. (1935). The story of an experiment, Part I. *Journal of the National Education Association, 24*, 241-244, 301-303.

Benezet, L. P. (1936). The story of an experiment, Part II. *Journal of the National Education Association, 25*, 7-8.

Betts, E. A. (1946). *Foundations of reading instruction*. New York: American Book Company.

Bond, G. L., & Wagner, E. B. (1950). *Teaching the child to read*. (Rev. ed.). New York: Macmillan.

Bond, G. L., & Tinker, M. (1967). *Reading difficulties: Their diagnosis and correction*. New York: Macmillan.

Bond, H. M. (1952). The present status of racial integration in the United States, with special reference to education. *Journal of Negro Education, 21*, 242-243.

Bracht, G. H. (1970). The relationship of treatment tasks, personological variables, and dependent variables to aptitude-treatment-interaction. *Review of Educational Research, 40*, 627-745.

Briggs, L. J. (1980, February). Thirty years of instructional design: One man's experience. *Educational Technology, 20*, 45-50.

Brown vs. Board of Education of Topeka 374 U.S. 483 (1954).

Brown, W. (1910). Some experimental results in the correlation of mental abilities. *British Journal of Psychology, 3*, 296-322.

Brownell, W. A., & Moser, H. E. (1949). *Meaningful vs. mechanical learning*. Durham, NC: Duke University Press.

Clark, K. B., & Clark, M. P. (1950). Emotional factors in racial identification and preference in Negro children. *Journal of Negro Education, 19,* 341-350.

Cronbach, L. J. (1951). The coefficient alpha and the internal structure of tests. *Psychometrika,* 297-334.

Cronbach, L. J. (1954). *Educational psychology.* New York: Harcourt Brace.

Cronbach, L. J. (1957). The two disciplines of scientific psychology. *American Psychologist, 12,* 671-684.

Cronbach, L. J., Gleser, G. C., Nanda, H., & Rajaratman, N. (1972). *The dependability of behavioral measurements: Theory of generalizability of scores and profiles.* New York: Wiley.

Dewey, J. (1983). Human nature and conduct. In J. A. Boydston (Ed.), *Middle Works, 1899-1924.* (Vol. 14, pp. 1-230). Carbondale, IL: Southern Illinois University.

Gagne, R. M. (1965). *The conditions of learning.* New York: Holt, Rinehart & Winston.

Gagne, R. M. (1989). *Studies of learning: Fifty years of research.* Tallahassee: Learning Systems Institute, Florida State University.

Gagne, R. M., & Brown, L. T. (1961). Some factors in the programming of conceptual learning. *Journal of Experimental Psychology, 62,* 313-321.

Gates, A. I. (1937). A list of spelling difficulties for children in grades II-VI. *Elementary School Journal, 53,* 221-228.

Gates, A. I. (1947). *The improvement of reading.* New York: Macmillan.

Gullickson, H. (1950). *Theory of mental tests.* New York: Wiley.

Guthrie, E. R. (1935). *A combination of the psychology of learning.* New York: Harper & Row.

Guthrie, E. R. (1942). Conditioning: A theory of learning in terms of stimulus, response, and association. In N. B. Henry (Ed.), *National Society for the Study of Education Yearbook,* Part II (pp. 17-60). Chicago, IL: University of Chicago Press.

Hildreth, G. (1949). The development and training of hand dominance. *Pedagogical Seminary and Journal of Genetic Psychology,* 197-275.

Hildreth, G. (1955). *Teaching spelling.* New York: Holt.

Hilgard, E. R. (1948). *Theories of learning.* New York: Appleton-Century-Crofts.

Hull, C. L. (1943). *The principles of behavior.* New York: Appleton-Century.

Koffka, K. (1924). *The growth of the mind.* London: Kegan, Paul, Trench, Trubner.

Kohler, W. (1925). *The mentality of apes.* Harmondsworth, England: Penguin.

Krug, E. A. (1972). *The shaping of the American high school, Vol. 2, 1940-41.* Madison, WI: The University of Wisconsin Press.

Lewin, K. L. (1936). *Field theory in social science.* New York: Harper & Row.

Lewin, K., Lippitt, T., & White, R. K. (1939). Patterns of aggressive behavior in experimentally created social climates. *Journal of Social Psychology, 10*, 271-299.

McCall, W. A. (1923). *How to experiment in education*. New York: Macmillan.

McCarthy, D. (1954). Language development in children. In L. Carmichael (Ed.), *Manual of Child Psychology* (pp. 492-630). New York: Wiley.

Murray, H. A. (1951). Toward a classification of interaction. In T. Parsons & E. A. Shils (Eds.), *Toward a general theory of action* (pp. 434-464). Cambridge, MA: Harvard University Press.

Newland, T. E. (1932). An analytical study of illegibilities in handwriting from the lower grades to adulthood. *Journal of Educational Research, 26*, 249-258.

Piaget, J. (1926). *The language and thought of the child*. London: Paul, Trench, Trubner.

Piaget, J. (1928). *Judgment and reasoning in the child*. New York: Harcourt, Brace.

Rulon, P. J. (1941). Problems of regression. *Harvard Educational Review, 11*, 213-223.

Russell, D. H. (1949). *Children learn to read*. Boston: Gunn.

Russell, D. H. (1955). A study of characteristics of good and poor spellers. *Journal of Educational Psychology, 46*, 129-141.

Russell, D. H., & Russell, E. F. (1959). *Listening aids through the grades*. New York: Teachers College, Columbia University.

Skinner, B. F. (1953). *Science and human behavior*. New York: Macmillan.

Skinner, B. F. (1958). Teaching machines. *Science, 128*, 969-977.

Spearman, C. (1910). Correlation calculated from faulty data. *British Journal of Psychology, 3*, 271-295.

Stephens, J. M. (1956). *Educational psychology*. New York: Holt, Rinehart & Winston.

Strang, R., McCullough, C. M., & Traxler, A. E. (1955). *Problems in the improvement of reading*. New York: McGraw-Hill.

Thorndike, E. L. (1910, March). Handwriting. *Teachers College Record, 11*, 79-80.

Thorndike, E. L. (1918). The nature, purposes and general methods of measurements of educational products. In G. M. Whipple (Ed.), *Measurement of educational products*, National Society for the Study of Education, 17 (Part 2, pp. 9-190). Bloomington, IL: Public School Publishing Co.

Thorndike, E. L. (1922). *The psychology of arithmetic*. New York: Macmillan.

Thorndike, E. L. (1932). *The fundamentals of learning*. New York: Teachers College Press.

Thorndike, R. L. (1942). Regression fallacies in the matched group experiment. *Psychometrika, 7*, 85-102.

Tolman, E. C. (1932). *Purposive behavior in animals and men.* New York: Appleton-Century.

Tyler, R. W. (1942, October). Some techniques used in the follow-up study of college success of graduates of the thirty schools participating in the Eight-Year Study of the Progressive Education Association. *Journal of the American Association of Collegiate Registrars, 18,* 23-28.

Vygotsky, L. (1978). *Mind in society: The development of higher mental processes.* Cambridge, MA: Harvard University Press.

Wertheimer, M. (1923). Untersuchungen zur Lehre von der Gestalt II, *Psychol. Forsch [Laws of organization in perceptual forms], 4,* 301-356.

Witty, P. A. (1949). *Reading in modern education.* Boston, MA: Heath.

Witty, P. A., & Sizemore, R. A. (1959a, 1959b, 1959c). Studies in listening: I, II, III, and A postscript. *Elementary English,* 297-301.

Wrightstone, J. W. (1935). *Appraisal of newer school practices in selected public schools.* New York: Teachers College.

第9章

レフ・S・ヴィゴツキーの教育論：
発達の文化的─歴史的，個人間的，個人的アプローチ

ジョナサン・タッジ，シェリル・スクリムシャー
（ノースカロライナ大学グリーンズボロ校）

　本章は，ヴィゴツキー（Vygotsky）の理論の広範な文脈における彼の教育の著作に焦点を当てている。私たちの議論の中心は，ヴィゴツキーの教育論の理解は人間発達に及ぼす個人的，個人間的，社会歴史的影響の関係の分析を意味するということである。その議論をするために，研究者たちが次第に自分たちの研究の裏づけとしてヴィゴツキーの名前を引用するようになってきているので，私たちはヴィゴツキーの著作からの引用に依拠するつもりである。その著作は，いまでは英語の読者たちに容易に利用できるのだが，彼の著作全集にはほとんど関心が払われていないように見える。

　ヴィゴツキーの考えは，彼の実りの多い生涯の間に大きく変わった。もちろん，あらゆる理論は理論家たちの生涯にわたって発展していく。しかしながら，そのような変化は，ジャン・ピアジェ（Jean Piaget）のような人の場合，わずか37歳で亡くなったヴィゴツキーよりもその豊かな人生ははるかに長かったのだが，それほどの差はないように見えるほどヴィゴツキーは大きな変化をとげている。ヴィゴツキーは，初期の著作の中で，刺激─反応結合，反射，反応に大きく依拠し，文化的─歴史的理論を発達させた晩年の5，6年の彼の考えとはまったく異なる研究方法を示した（Minick, 1987; van der Veer & Valsiner, 1994; Veresov, 1999）。そんなわけで，ヴィゴツキーの生涯のさまざまな段階からの引用は，彼の考えについて間違った説明を与えることがある。そこで，私たちはそれぞれの引用文の著作や初版の年を常に示した。まず，ヴィゴツキーの生涯を概観し，続いて彼の教育への貢献の全体を考察した。第3

節での，ヴィゴツキーの北米の教育分野への影響についての私たちの評価には，ヴィゴツキーの学習者と学習の特質の役割についての見方の議論も盛り込むつもりである。

ヴィゴツキーの生涯の概観

人生が科学を明らかにするなら，ヴィゴツキー自身の生涯は，彼の以下の主張を参照すると最もよく理解できる。それは，発達の理解には，個人，個人間，文化的―歴史的な相互関係が必須だということである（ヴィゴツキーの生涯をさらに詳細に知るには，以下の文献を参照されたい。Blanck, 1990; Levitin, 1982; Luria, 1979; van der Veer & Valsiner, 1991; Veresov, 1999; Vygodskaia & Lifanova, 1999a, 1999b）。

個人的特性

レフ・セミョーノヴィチ・ヴィゴツキー（Lev Semenovich Vygotsky）（ヴィゴツキーとして知られている）は，1896 年，ミンスクの近くの小さな町オシャに住む，ユダヤ系の，大きな，知的な家庭に生まれた。レフが 1 歳になる前に，家族はゴメリに転居した。彼は幼いときから知的能力の高さを示し，幸いなことに 1913 年に大学へ入学できた（入学できるユダヤ系学生数は限定されていた）。両親の希望で，彼はモスクワ帝国大学医学部に入学したが，1 ヶ月後，法学部へ転部し，同時にモスクワのシャニャフスキー大学の哲学史学部に入学した。ここでヴィゴツキーは，特に文学を学んだ。彼はハムレットを主に研究しながら，文学評論の論文も書いた。

ヴィゴツキーは，1917 年，ロシア革命が起こる直前にゴメリに戻り，その後の数年間，ドイツの侵略，内戦と飢餓の問題に対応しなければならなかった。この時期，彼の 2 人の兄弟が結核と腸チフスで亡くなった（ヴィゴツキー自身も 1920 年，重度の結核で倒れ，結局その病気で亡くなるのである）。ゴメリがソ連の統治下に戻った 1919 年ののち，ヴィゴツキーは仕事を見つけた。彼は文

学と心理学を教え，また文学雑誌の編集をし，文学評論を書き，演劇批評を発表した。この仕事から『芸術の心理学（*The Psychology of Art*）』というタイトルの本が生まれた（1925 年に学位論文として完成したが，その出版は彼の死後しばらくたってからであった）。本の内容が十分ではなかったので，ヴィゴツキーはさらにゴメリ大学で教員養成の仕事をした。そこで彼は心理学実験室を作り，彼の最初の心理学の専門書『教育心理学（*Educational Psychology*）』（1926/1997a）の著述を始めた。

　1924 年，ヴィゴツキーは，「反射学と心理学研究の方法（The Methods of Reflexological and Psychological Investigation）」を含む 3 論文を第 2 回精神神経学の全ロシア会議で発表した。少なくとも，彼の聴衆の 1 人，アレクサンドル・ロマノヴィチ・ルリア（Alexander Romanovich Luria）は非常に感銘を受け，ヴィゴツキーをモスクワにある実験心理学のコルニーロフ研究所に招聘した。ヴィゴツキーは欠陥学研究所の創設に参加した。その研究所は，心理的，身体的ハンデキャップを持つ子どもたちを支援する方法の研究を専門にしたものだった。彼は「科学的指導者」（van der Veer & Valsiner, 1991）として働き，1929 年にその管理者になった。亡くなるまでに，ヴィゴツキーは教育心理学に再び焦点を合わせていた。彼は 1934 年，37 歳で結核のため亡くなった。理論的には，ヴィゴツキーは，セチェノフ（Sechenov）とパブロフ（Pavlov）の心理学の条件づけの見方（反射と反応に焦点化した）から次第に，言語，社会的相互作用，文化に意義を置く文化—歴史的理論へと移っていった。だが，心理学に関する彼の初期の著作においても，ヴィゴツキーは心と身体を分離する反射学の見方には満足せず，この二元論を乗り越える新しい心理学を絶えず創造しようとしたことは明らかである（Veresov, 1999）。

個人間の見方

　ヴィゴツキーが個人で成し遂げたことを考えると，彼がその時代の「モーツァルト」のような天才だったと考えてよいだろう（Levitin, 1982; Toulmin, 1978）。だが，ヴィゴツキーを変わり者と見ることは間違いだろう。彼の発展を理解するためには，彼の他者との個人間の相互作用を考慮する必要があ

る。彼は熱心に読書をしたし、ヨーロッパと北米の多くの学者たちの考えに通暁していた。その学者たちはいまでは発達の「社会学的」アプローチの最前線にいたと見られる人たちであった（Tudge, Putnam, & Valsiner, 1996）。さらに、彼の思考力は、初めは自分の家族との夕食時の多くの議論で鍛えられた（Vygodskaita & Lifanova, 1999a）が、後年彼の考えは、初期のソビエト心理学のルリア（Luria），レオンチェフ（Leont'ev）のような他の重要人物との共同研究から多くの収穫を得たのである。

歴史的見方

ヴィゴツキーの発達論は、物事をやる新しい方法を作り、教育の考えを転換し、マルクス・レーニン主義者の弁証法的唯物論に基づく「新しい」心理学を発達させた、特に革命後の情熱を生み出した歴史的出来事を知らずには理解できないのである。ヴィゴツキーは歴史的に何が起きていようとも、同じ問題にも同様に関心を持っていたかもしれないが、革命後のソビエト社会が少なくともしばらくは彼の目標を支持していた時期があった。だが、革命後の初めの数年は、生活の多くの領域で新しいものを作り出す新たな可能性があるという強い感情があった。ヴィゴツキーの同僚や友人との議論は、こういう背景を踏まえてのみ理解される。要するに、ヴィゴツキーの発達論は、彼の個人的特徴、他者との対人関係、ロシア革命とその余波によって影響を受けた歴史的変化を考慮して初めて理解できるのである。

教育への心理学的貢献

ロシア革命とソビエト連邦の形成は、ヴィゴツキーにとっては祝福であり呪いでもあった。一方で、それらは彼と同僚に、新しい社会の創造に参加し、心理学と教育に大きな影響を与える機会をもたらした。他方で、彼の考えは彼自身が亡くなる前でも政治の分野から攻撃されて、ヴィゴツキーの影響は短期間しか続かなかった（Valsiner, 1988）。数年経過してから彼の考えは西側で復活

したのである。彼はゴメリからモスクワへ行く前に『教育心理学』(1926/1997a) を書いたが，それが唯一生存中に完成し発刊された1冊だった（Jaroshevsky, 1994; Versov, 1999）。

『教育心理学』は，ヴィゴツキーが心理学の専門書を執筆した最初の試みであり，学生向けの教科書として企画されたものであった。そこにマルクスの引用が多くあるだけでなく，マルクス・レーニン主義の見方に対する明確な支持が見られる，彼の著作の最もイデオロギー的1冊だった。ヴィゴツキーは，1926年に「心理学は，資本論――階級，土台，価値などの概念を必要としている」(1997a) と書いている。『教育心理学』が書かれたとき，ヴィゴツキーは刺激―反応の心理学的方法に大きな影響を受けていた。そしてパブロフとベヒテレフ（Bekhterev）によって発展した条件反射の概念に非常に依拠していた（Veresov, 1999）。このとき，ヴィゴツキーは子どもたちの知能のテストにすでに関心を示していた。公式にテストすることは子どもが実際の場面で応答するやり方をとらえるにはふさわしくないと，ブロンフェンブレンナー（Bronfenbrenner）(1989, 1995) の生態学的妥当性のあとの関心の前兆となる議論を主張していたのである。

1920年代から1930年代初頭にかけて，ヴィゴツキーは，心理的および身体的障害（「欠陥学」として知られる領域）を持つ子どもたちの発達と教授に強い関心を持ち，多くの論文を発表し，そのテーマの本（Vygotsky, 1924）の編集をした。予想されたように，彼の考えが生涯にわたって変化したように，これらの子どもたちの治療方法の彼の見方も大きく変化をした。初期のソビエト時代の楽観的見方に沿って，ヴィゴツキーは，発話は視覚や聴覚の障害のある子どもたちの障害を補償する代用品としてだけ役立つと考えた。この本来の反射学的研究法は，アドラー派心理学に影響されて，1926年か1927年に変化した（van der Veer & Valsiner, 1991）。これらの子どもたちと教師たちの目的は，聴覚や視覚の欠損をただ元に戻すのではなく，これらの目標をかなえる心の再構築をもたらす代替方法を可能にする，「過剰補償」あるいは支えとなる「上部構造」を発達させることであった。だが10年間の終わりまでに，ヴィゴツキーは自分の文化的―歴史的理論を発展させており，心理的，身体的障害のある子どもたちについての見方を変えていた。これらの子どもたちが持つ主な障害

は，通常に発達した子どもたちの文化的発達を経験できないことであり，その対処法は障害のある子どもたちを通常に発達した子どもたちの集団に組み入れることであった．

ヴィゴツキーは障害児の著述のみならず，1928年から1934年——この年，彼は亡くなったのだが——にかけて，「児童学」についてまで縦横に執筆していた（van der Veer & Valsiner, 1991, p. 308を引用した「児童発達の科学」）．ヴィゴツキーは児童学を書いているときには，刺激—反応のパラダイムをはるかに超えて自分の文化的—歴史的理論の発達論にとりかかっていた．だが児童学は1936年に糾弾された．それに関連するもの全部とヴィゴツキー理論は，1980年代までソビエト連邦で禁止された．これは，ヴィゴツキーがソビエトの教育の発展に何の影響も与えなかったということではない．そうではなく，彼の影響は，かつての同僚たちや教え子たちによって奨励されていたのだが，めったに顕在化されなかったのである．

合衆国では，ヴィゴツキーのいくつかの論文（Vygotsky, 1929, 1934, 1939）と1962年の彼の1冊の著書の初版（『思考と言語（Thought and Language）』として縮刷版で不正確に翻訳された）の発刊にもかかわらず，『社会における精神（Mind in Society）』（1978）が出版される1970年代後半まで，ほとんど関心が持たれなかった．さまざまな人たち，特にマイケル・コール（Michael Cole），ジム・ワーチ（Jim Wertsh），アレックス・コズリン（Alex Kozulin），ルネ・バン・ダー・ベール（Ren van der Veer），ジャーン・バリスナー（Jaan Valsiner）の役割は，ヴィゴツキーの考えを合衆国の膨大な読者に通用するようにしたことで過大評価されたのではない．だが，本章のテーマに沿えば，文化的—歴史的要因は，ヴィゴツキーの研究の注目度の上昇も説明している．ピアジェ理論が多くの批判（多くは見当違いなのであるが）を受けているように，発達に社会的要因の役割をいっそう大切に考える理論家を好意のまなざしで見る教育者たちと心理学たちには好機到来だったのかもしれない．

個人間的，文化的—歴史的，個人的要因

すでに述べてきたように，ヴィゴツキーの理論は，発達におけるこれらの3

要因の相互関係性を強調している。だが北米では,「発達の最近接領域」という1つの概念は好まれたが,ヴィゴツキー理論の複雑さは,大部分は無視されてきた。さらに,概念それ自体も個人と文化的—歴史的レベルをなおざりにして,対人関係だけが強調され,単一指向を示す限定された意味としてだけ考えられていた。概念が「足場づくり」と同じ意味であるとして,非常に多くの研究者たちは,より能力のある他者,特に教師の,子どものいまの思考より以前の思考を支援する役割に中心を置いていた（例えば,Berk & Winsler, 1995; Brown & Ferra, 1985; Bruner & Haste, 1987; Wood, 1999 参照）。そこでこの概念は,感性豊かな教師が子どもたちに教えることと同じになり,ヴィゴツキーによって込められた多くの複雑性を失ったのである。つまり,子どもが相互作用と相互作用の生じる広い場面（文化的と歴史的）に持ち込んだものを両方とも失くしたのである（Griffin & Cole, 1999; Stone, 1993）。例えば,この解釈は,子どもの生活の発達は社会における歴史的発達と同じだというヴィゴツキーの見方をまったく見落としている（人間には社会の構造的変革後にようやく解放される未開発の可能性があるというマルクスのテーゼと関係がある）。

翻訳の問題　だがヴィゴツキーの概念の解釈をさらに詳細に論じる前に,翻訳の問題を取り上げなくてはならない。というのは,教師から生徒への明らかな一方向の流れについての混乱のいくつかは,キーワードの訳され方に原因があるからだ。ロシア語の「obuchenie」は,さまざまな翻訳者たちから,指導,教授,学習と訳されているが,実際にはその語は,教授と学習の両方を含んでいる（Bodrova & Leong, 1996; Valsiner, 1988; van der Veer & Valsiner, 1991; Wheeler, 1984）。例えば,『思考と言語』(1987)のプレナム版では,「obuchenie」は至るところで「指導」と訳されているが,『社会における精神』(1978)では,同じ文脈の同語の訳はいつも「学習」である（ヴィゴツキーの意味していることとはまったく異なる見方である）。対照的に,「教授／学習」の意味は,2つの言葉が単独で使われているいずれとも,微妙だがはっきり異なる。このことは,『思考と言語』(1987)によるか,古い,あまり正確でない『思考と言語』(1962年か1986年)版による人たちが,学習する子どもを指導する教師とだけ関係があるものとしてその概念を考えるようになってきたことを意味する。

「obuchenie」の用語のもっと適切な訳は，「指導」に含まれるよりも双方向性の流れを意味している。その訳によって私たちは，「教授／学習」が，子どもたちが学校へ行くずっと前に生じるというヴィゴツキーの見方をよく理解できるのだ。優れた翻訳は読者に，発達の最近接領域が教師と子どもの間，あるいは2人以上の仲間の間の相互作用の過程で作り出されるとき，あらゆる参加者は，創造の過程と，生じてくる次の発達の過程との両方に参加していることも理解させる。そのような立場は，多くの教師たちの間で愛されていて，教えるときに最もよく学ぶという，この見解を見事にとらえる！ このより正確で微妙な訳こそ，ヴィゴツキーの発達の最近接領域の概念の解釈を議論するとき，私たちは留意しなくてはならないのである。

個人間の視点 この概念は，ヴィゴツキー理論の個人間の視点をよくとらえている。知的発達（実際のレベル，子どもが1人でいまできることをテストで測ったもの）の伝統的（そして，実際の，当該の）測度を，近接したレベル（子どもが，大人か子どもの，自分より能力のある者からの支援によりできるもの）と対比して，ヴィゴツキー（1934/1987）は，「発達の最近接領域は，発達の実際のレベルよりも，知的発達のダイナミクスと指導の成功にとって，より重要な意味を持つ」と主張した (p. 209)。そこで，「『教授／学習』は，それが発達に先行するときにだけ役に立つ。それが先行するとき，それは，発達の最近接領域にある成熟の段階の機能の系列全体を推進し，あるいは覚醒させる」(p. 212, 強調は原文)。そこで，最近接領域は統合活動それ自体の過程と独立して存在する，ある輪郭のはっきりしたスペースではない。正しくは，それは協働の進行の中で作られるのである。

> 私たちは，［教授／学習］の本質的な特徴は，それが発達の最近接領域を作り出すことだと提案する。つまり，［教授／学習］は，子どもが環境や仲間との協働の中で人々とわたり合うときだけに生じるさまざまな発達過程を呼び起こすのである。(Vygotsky, 1935/1978, p. 90)

ヴィゴツキーによれば，子どもが高次心理学的構造の構築を認める固有なメ

カニズムは，内在化と外在化である。子どもたちは，ある文化の中のもっと能力のあるメンバーとの相互作用の過程で生じる諸過程を内在化し，または内面化する——彼らは「自分の周りの能力のある者との知的生活へと成長する」(Vygotsky, 1931/1997c)。ヴィゴツキーは次のように言う。

　　どの高次の心的機能も外的である。というのは，それは社会的であり，のちに，内的になる，厳密には心理機能になるからである。それは，以前は2人の社会的関係であった……私たちは文化発達の一般的，発生的法則を以下のように定式化できる。子どもの文化発達のどんな機能も2段階で，あるいは2水準で現れる。まずは，社会的であり，次いで心理学的である。最初は心理間カテゴリーとしての人々の間であり，次いで心理内部のカテゴリーとしての子どもの内部である。(Vygotsky, 1931/1997c, pp. 105-106)

　内在化は単なるコピー作業ではなく，「純粋な機械的操作であることでは決してない」(Vygotsky & Luria, 1930/1994, p. 153)。なぜなら，これは新しいものの出現を予兆するのだから。子どもたちは，内在化された相互作用を自分の特性，経験，既有知識に基づいて変容させる。そこでは発達は，お互いの関係の心的構造の再編成の過程である (Vygotsky, 1935/1994)。社会的世界との次の相互交渉で，変容した知識構造は，その再構成に役に立つ。子どもをすでに支援した人たちは外在化を進めてこの過程で支援する。「与えられた問題に学童と取り組む教師は，説明し，知らせ，質問し，修正し，・子・ど・も・自・身・に・説・明・を・さ・せ・る」(Vygotsky, 1934/1987, pp. 215-216, 強調は引用者)。
　だがヴィゴツキーが，ただ学校の文脈でのみ生じる過程として，内在化，あるいは発達の最近接領域を作る相互交渉を概念化したと考えるのは誤りであろう。かつて，発達の最近接領域の概念は，それによりヴィゴツキーが子どもの遊びの文脈においてそれをどのように検討できるかを理解することがずっと容易になるので，「指導」から分離された (Nicolopoulou, 1993 参照)。1933年の講義の中で，ヴィゴツキー (1978) は，遊びは年少の子どもたちの発達では非常に大切だと主張した。遊びの1つの決定的な役割は，それが子どもに記号形式の使用を助けることである。すなわち，「遊びでは，思考は客体から分離さ

れ，行動は物事からではなくアイデアから生じる——1片の木材は人形になり，ステッキは馬になる」(p. 97)。物事の意味は，このように特徴を示す外見から切り離され，書かれた語が読み書きのできる子どもたちの機能になるのと同じように，客体と客体が意味するものとの間の媒介手段として機能する。ヴィゴツキー (1933/1978) は，「遊びが子どもの発達の最近接領域を作る」と結論した。「遊びの中で，子どもは常に平均年齢以上の毎日の行動を上回る活動をしている」(p. 102)。遊びのこの概念を指導の考えと一致させることは大変難しい。

文化―歴史的視点　環境の中の子どもたちと他の人たちやもの（人々，客体，シンボル）の間の関係を考えたので，ヴィゴツキー理論の文化―歴史的焦点に戻ろう。ヴィゴツキーの理論は適切に文化―歴史的な理論と呼ばれており，個々の活動が他者と一緒に果たした重要な役割を認識している間でさえ，焦点を置くべき場所であるという事実を強調しなければならない。以下に見るように，ヴィゴツキーは文化的世界（人々がお互いに，道具，制度とわたり合うようになったやり方として例示された）を高次精神機能の発達の源と見ていた。歴史は，人類と文化グループの発達を説明するものとしてだけでなく，個体発生とマクロ遺伝的発達としても考えられる (Scribner, 1985; Wertsch & Tulviste, 1992)。

　ヴィゴツキーにとって，学校と教育が，私たちが考えているやり方を明らかにするのに大切な役割を果たすのは明らかである。だが，学校の重要性が認められるのは，子どもたちが土台づくりされる文脈においてではなく，子どもたちが自分自身，言語，世界の中の自分たちの場所を「意識するようになる」ことを促進される場面においてなのである。自覚するという問題（あるいはヴィゴツキーが通常書いているような意識）は，彼の考えの中心であった。それは，何が，私たちを社会的存在に，換言すれば人間にするかである。歴史と文化の結合が明らかになるのはこの意味においてである。学校の教授／学習の過程で起きることは，子どもたちが以前には無意識に使っていた概念の意味（単純な意味ではなく）にもっと意識的に気づくようになることである。「祖父」は，店で働く白髪の老人としてだけでなく，親族の組織の役割の地位を占める人としても理解される。議論を広げると，私たちは，自覚の重要性は，子どもが祖父

との関係の歴史を考え始め，あらゆる祖父が自分たちの孫に文化的知識を伝えていることに気がつくようになるときに，明らかになると言うことができる。ヴィゴツキーは内包（語が含むこと）とその意味（語が意味すること）（例えば，『思考と言語』の第7章を参照，Vygotsky, 1933/1987）の区別に非常に関心を持っていたが，自覚の問題は彼の理論のより中心的位置を占めていたのであった。

　就学の間，子どもたちは，最初から意識して新しい概念（「科学的」概念）を学ぶ。ヴィゴツキーの「開発」の概念の例は，科学的概念の教授／学習において，子どもたちは科学的概念だけでなく，自分たちが無意識に使うことに慣れてきた日常的概念も意識するようになる経路を説明している。例として言語を使って，ヴィゴツキーは，就学前の子どもが「母国語の完全な文法をすでに獲得している。だが，彼は落ち込み，変化するとき，自分が落ち込み，変化することを知らない」(1934/1987, p. 205) と指摘する。次のモリエールからの引用は適切な例であろう。ブルジョワ貴族のジャルダン氏は，しゃべっている間，自分が散文を話しているという事実には気がつかなかった。さらに，科学的概念と日常概念の結合は複雑で相互に影響している。というのは「概念の両方のタイプは子どもの意識に含まれていないし，不浸透性の障壁によって互いが分離されていないし，2つの孤立したチャンネルに沿って流れてもいないが，絶え間のない，ひっきりなしの相互作用の過程にある」からだ（Vygotsky, 1935/1994, p. 365）。教育では，それぞれの対象は，子どもが科学的概念の理解を進めるにつれて変化する発達の過程に，それ自体固有な関連をしているのである。

　ヴィゴツキーを反復発生的論拠の一形態として考えていた人たちがいたが，人間が最初に道具を使用したときに生じることと子どもたちが学校へ行くときに生じることを彼が結びつけたことは，子どもの個体発達が人間の系統発達と同じ過程を通ることを言おうとしたのではないのである（Scribner, 1985）。そうではなく彼の見方では，心理学的道具（ハンカチの結び方，身振り，言語的シンボルや数学的シンボル）が使用される世界への子どもたちの参加は，子どもたちを高次の精神過程である文化的世界へ引きつけた，発達の最近接領域の創造に関わらせることであった。ワーチとトゥルビステ（Tulviste）(1992) が指摘したように，ヴィゴツキーの見方は非常に明確である。すなわち，文化的道具

のある世界に参加することは，発達が見込まれる過程をただ促進するのではなく，心理機能をまったく変えてしまうのである。「歴史的発展の過程で，社会的人間は自分の行動の方法と手段を変え，自然的傾向と機能を変え，行動の新しい形態を発展させ，作り出す——特に文化的に」(Vygotsky, 1931/1997c, p. 18)。この方法は，「教育の過程にある子どもが，人類が労働の長い歴史の過程で達成したものをどのように成し遂げるかの歴史を示すことを追求する」(1930/1997b, p. 88)。どちらの場合も，変化の意味は，外的世界との関係は，自覚（自己意識），つまり，ただ無意識的にやるのではなく，人がしたり見たりすることを内省する能力によって特徴づけられるのである。

この観点は，すべての機能の生物学的および歴史的構造がはっきり分かれており，両方のプロセスが純粋で孤立した形で明らかな異なるタイプの進化に属するので，系統発生において容易に観察される。だが個体発生では，発達の両方の系列は重なり合い複雑な結合のように見える。(Vygotsky & Luria 1930/1994, p. 139)

ヴィゴツキーは発達の最近接領域の相互作用と社会的発達の拡張された文脈に関連性を見つけた。彼は「社会」の語を「語の最大限の意味で文化のすべてのもの。文化は人間の社会生活と公共活動の産物である」と定義した (1928/1993, p. 164)。社会文化的世界への関与は，子どもに高次精神過程を発達させることを保証して，子どもたちを人間にする。「知的活動の高次の機能は，集団行動から，周囲の人たちとの共同から，社会的経験から生じる」(1931/1993, p. 196)。例えば，自然発生的で衝動的な行為，多くの就学前活動の特徴は，他者との遊び，特にルールに基づく遊びの過程で，内省の産物へと変わる。1人で遊んでいる子どもの活動でも，個人的現象と社会的現象が同時に学ばれるに違いない (Tudge et al., 1999)。つまり，遊んでいる子どもは，自分の活動に，毎日の生活ですでにやっている役割，ルール，反応を持ち込むのである (Vygotsky, 1933/1978)。「発達における遊びの影響ははかり知れない」(Vygotsky, 1933/1978, p. 96)。遊びは子どもを制約から解き放ち，認知的気づきの新しい道を活性化し，文化的世界の認知を刺激するのである。

教育者たちは次のことを理解し始める。文化に浴することで，子どもは，文化から何かを得たり，それに同化したり，外部から何かを植えつけられるのではなく，文化それ自体が，子どもの自然な行動のすべてを作り変え，発達の全過程をあらためて形作るのである。発達の2つの道（自然的と文化的）の区別が，教育の新しい理論の支えになるのである。(1928/1993, p. 166)

この社会的発達という見方は，発達の最近接領域は教師と子どもの学校文脈で生じるのものではなく，社会が教育体系のような新しい社会組織を発展させるときに創造される自覚の新しい形の発達を対象にすることを明確にするのである。

個人　ヴィゴツキーは，社会的世界は「発達の源だ」(1935/1994, p. 351) と主張したので，ヴィゴツキーに依拠した多くの人たちは，彼の理論は個人の一方向の形をとる文化と文脈の見方を含むのではないかと考えた。この解釈は非常に間違っていて，理論が原則的にマルクスに基づいた弁証法的性質を持つことを無視している (Elharmmoumi, 2002; van der Veer & van Jzendoorn, 1985)。ヴィゴツキーが社会的力によって子どもたちの発達を完全に説明できるとは考えていなかったことは明らかである。ヴィゴツキーは発達の「自然な」道筋を，発達の歴史的，文化的，社会的側面ほど詳細に論じていなかったが，それは無視されたのではない。すべての「受け継がれる」要因は，発達の自然の道筋の中にある。

そこで，私たちの最初の課題は，すべての媒介的なリンクを通じた子どもの発達への遺伝の影響を追跡することであり，どんな発達上の出来事でも，どんな受け継がれた要因でも，遺伝的にはっきりした相互関係に位置づけられる……現代の遺伝的研究は——体質的問題と双生児研究の両方を扱っているが——研究者に遺伝に関する子どものパーソナリティの最深部の体質的分析のための膨大な量の素材を提供する。(1931/1993, pp. 279-280)

興味深いことに，行動の遺伝学者を含んだ現在の論争を踏まえると，ヴィゴ

ツキーの見方は遺伝子と環境の相互作用については明確である。

　発達は遺伝のXユニットに環境のYユニットを加えて完全に決定される単純な関数ではない。それは，どの段階でも，その部分である過去を明らかにする歴史的複合体である……よく知られた定義によれば，発達はまさに対立物同士の闘争である。この見方だけが，子どもたちの発達の過程についての弁証法的研究を本当にサポートできるのである。(1931/1993, pp. 282-283)

ヴィゴツキーの複合体の理解は，子どもたちの発達のデータを集めることを必要とする方法は，横断的方法よりも縦断的（原因を明らかにする）方法を使用して，真に発達的でなければならないというものである。彼の言葉では，研究者たちは，発達の1つの「薄片」（時間の1点）に中心を置くのではなく，活動中の「固有の動的過程を明らかにする」ために役立つ1系列の薄片に中心を置かなくてはならない (p. 288)。

　原因を明らかにする分析は常に以下のことを示さなくてはならない。(1) 発達段階は，全体の自己開発，つまり発達過程それ自体の内部の論理によって，どのように条件づけられているか，そして，(2) 1つの段階は，それぞれの段階で新しく生じる環境要因と遺伝要因の機械的合計ではなく，発達の先行する段階からどのようにして必然的に発達するのか。発達の原因を明らかにする分析を本当に科学的な水準に引き上げることは，結局，発達過程それ自体に私たちを引きつける出来事の原因を探し，その内的論理と自己開発を明らかにすることである。(1931/1993, p. 290)

ヴィゴツキーは，亡くなる前の最後の講義の1つで，個人と環境の相互関係を論じた。その中で彼は，社会的影響は子どもとの関係でしか理解できないと主張している。

　同一の環境要因は，当該の年齢で，1つの意味を持ち，ある役割を果たす。2年後には子どもは変わってしまうので，異なる意味と異なる役割を持ち始

める。換言すると，これらの一定の環境要因と子どもの関係が変わってしまうのである。(1935/1994, p. 338)

　発達の過程で，子どもたちは，以前にした経験とこれらの経験が彼らに与えた意味のおかげで変化する。これらの経験は，異なる社会的場面に彼らを関与させるが，彼らが他の経験を扱うやり方に影響する，「自分たちの個人の資産」(p. 352) となる。その結果，当該の社会的あるいは環境的影響（教師がある概念の集団の理解を「足場づくり」しようとするような）の意味は，その集団のそれぞれの子どもにとって必ずまた異なるのである。換言すると，ある社会的出来事の影響は，「子どもがどのようにある出来事に気づくようになり，解釈し，情動的に関連するか」によって決められるのである (p. 341)。そこに関わる個人を考慮しないなら，出来事そのものには意味がない。「この環境のダイナミックで関連のある解釈は，環境が議論されているときは，児童学の情報の最も大切な源である」(p. 346，強調は原文)。

　集団における個人の役割は，身体的障害や心理的障害のある子どもたちについてのヴィゴツキーの著書の中でも議論されている (Vygotsky, 1993)。彼はその中で，子どもたちが社会集団の参加から人為的に妨げられるときに生じる問題について書いている。ヴィゴツキーは，心理的障害や身体的障害（例えば，聴覚や視覚障害）のある子どもたちの教育は，これらの子どもたちを同じ障害で悩む子どもたちと教育するよりは，普通クラスに組み入れることで大きく深められると考えていたことは明らかである。障害のある子どもたちは，あまり心理的な障害のない，あるいはもっとよく聞こえたりもっとよく見える他の子どもたちと相互交渉ができるときに，より高いレベルの機能に発達するのである。普通クラスに組み込まれたグループでは，「ひどく遅れた子どものパーソナリティは，本当に発達の動的源を見出す，そして……集団的活動と共同の過程で，彼は高いレベルに引き上げられる」(1931/1993, p. 201)。同じことは視覚障害と聴覚障害の子どもにも当てはまるのである (p. 205)。ヴィゴツキーは自分の章を次の言葉で締めくくった。

　異常児のための私たちの児童学のすべての基本的原理と支柱は，あらため

ていま理解できるようにすることが求められている……協同［共同活動］と高次精神機能の発達の結合。共同体の発達と異常児パーソナリティの発達の結合。共産主義の児童学は共同的児童学である。(1931/1993, p. 208)

文化発達の過程の本質は「他者によって，私たちは自分自身になる」ことだ (Vygotsky, 1931/1997c, p. 105)。生成するこの過程を調整する規則は，それぞれの個人と高次精神機能の歴史を参照している。本章の中で「一般的，遺伝的法則」として先に提示された文化的発達のこの表現は，なぜ内的なあらゆるものが最初は外的であったかを明らかにしている (Vygotsky, 1931/1997c)。

評 価

前節で，歴史的文脈の中の個人的，個人間的，文化的要因の相互関係によって生じる発達の理解に中心を置きながら，ヴィゴツキーの教育に対する貢献の概要を示した。ヴィゴツキーの理論を現代の議論に持ち込むことは，複雑な思い切った企てだった。その中心の問題は，最近の10年間でようやく彼の研究の多くの適切な翻訳が出てきたという事実のせいもあって，ヴィゴツキーの研究がまだよく理解されてないことだ。バリスナー (1988) がはっきりと示したように，研究者たちは2冊のテキストのうちの1冊を使用している。それはヴィゴツキーの生涯（『社会における精神』1978）のさまざまな時期の著作の部分訳と要約，少ない程度の『思考と言語』(1987) からなるものである。それ以来状況が大きく変わったというエビデンスはほとんどない。この問題のいくつかの優れた議論 (Minick, 1987; van der Veer & Valsiner, 1991; Versov, 1999) にもかかわらず，ヴィゴツキーの考えを利用する人たちは，彼が短い生涯でたどった理論的変化の意味を評価することに失敗している。このことが，理論的には異質な源をつぎはぎした引用文の賛辞につながるのである。第2の主な問題は，唯一の概念（発達の最近接領域）がヴィゴツキーの考えの本質だととらえられてきたことである。だがそれは，この概念が理論全体の中で果たしている限定的役割を認識していないか，あるいはこの概念が使用されるとき広い文

脈に位置づけられなければならないのである。この理論の個人間的側面への焦点化は，文化，歴史と個人による役割に同時に起きる関心と結合される必要があった。

さて私たちは，現代の理論家たちと研究者たちの著作がヴィゴツキーの教育貢献についての私たちの理解をさらにどれくらい明らかにするかを検討する。北米の関心は，すぐにほとんど発達の最近接領域だけに集中した。発達の最近接領域は理論的にも実証的にも大きな関心を生み出した（Wells, 1999）。だが多くのこの研究の問題は，その概念を広い理論的枠組みに入れることに失敗したことであった。例えば，おそらくヴィゴツキー理論に基づこうとした子どもたちの共同作業の研究のレビューの中で，ホーガン（Hogan）とタッジ（Tudge）(1999) は，研究は個人間的世界（普通，有能か，より有能でない子どもの間に起きること）を扱うのだが，個人が共同作業過程に何を持ち込むかを扱う人はごく少なく，共同作業が位置づけられている広い文化と歴史的文脈を扱う人はさらに少ないことを見出している。

同じことが，ヴィゴツキー理論におそらく関係した，教師─子どもの相互作用の多くの研究でも当てはまる。多くのこの研究はヴィゴツキーの概念を足場づくりの概念に当てはめた。この用語は，ウッド（Wood），ブルーナー（Bruner），ロス（Ross）(1976) によって，初心者が支援なしで達成できるよりも，初心者が課題やスキルをもっと適切なやり方でやることを熟達者が支援する方法を考えるために初めて使われた。ウッドと彼の同僚たちは，そのプロセスを，「子どもや初心者が問題を解くことができるもの，支援されずに課題を達成するか目標に到達することができる」と書いている (1976, p. 90)。この著者たちはヴィゴツキーを引用していないが，この文章にはいかにもヴィゴツキー派の響きがある。だが著者たちは以下のように続ける。「この足場づくりは，本質的に，最初は学習者の能力を超えている課題の要素を『制御する』成人で構成されているため，自分の能力の範囲内にある要素だけに集中して完了することができる」(p. 90)。これは，多くの優れた教師たちがやろうとしていることによく当てはまるが，ヴィゴツキーの発達の最近接領域の概念とはほとんど関係がない [1]（Griffin & Cole, 1999; Stone, 1993）。

足場づくりの比喩は，能力のある人もない人も相互作用から利益を得るとい

う事実をひどく軽視している。思い浮かぶイメージは，建てられている建物をサポートするようになる足場であれ，誰かが架けようとしている足場であれ，足場を提供する人が場面をはっきりコントロールするが，この過程に変化が起きることを期待していないというものである。比喩はもちろん有力な道具（ヴィゴツキー自身が主張しているように）であるが，それには限界がある。この文脈の限界は，ヴィゴツキーの理論が，教師が子どもに適切な支援をする役割を強調するものと結びついているということだ。例えば，バーク（Berk）とウィンスラー（Winsler）は次のように言う。

　　足場づくり，また，一般に教育の主な目的は，子どもたちが自分たちの発達の最近接領域において課題をやり続けることである。これは通常2通りに進められる。(1) どんなときでも子どもの要求は適切なやりがいがのあるレベルにあるように課題と周囲の環境を整えること，(2) 子どものそのときの要求と能力に対する大人の介入の量を絶えず調整すること。(1995, p. 29)

公平であるために言うと，バークとウィンスラーは，足場づくりの概念から持ち込まれた明らかに教師優位の意味を強調する危険性を指摘し続け，発達の最近接領域の相互作用は，もちろん双方向的であることを主張した。アン・ブラウン（Ann Brown）と同僚は，同じ指摘をした。つまり，足場づくりは熟達者の役割を強調しているが，学習の過程は明らかに双方向的だというのである（Brown, Ash, Rutherford, Nakagawa, Gordon, & Campione, 1993; Brown & Palinscar, 1989）。しかしながら，教師や親の援助の素朴な機能としての子どもの向上に焦点を当てて（Brown & Ferrara, 1985; Wood, 1999），ヴィゴツキーが意図した動的過程に対比するものとして，一方向的な方法で足場づくりの概念を扱うのは非常に簡単だ。「Obuchenie」を示すことで，教授／学習という意味は，私たちに，相互作用の中で両方のパートナーに何が起きるかを検討させ，発達の最近接領域が相互作用の過程で作り出されるときに，両方のパートナーの変化を認めるように勧めるのである。もちろん，分析の単位として相互作用するパートナーを扱うことが，興味の分析の単位としてだけ子どもを扱うことで完全に避けていた統計的難しさを作り出したのである。

ヴィゴツキーに由来すると言われる足場のより単純な概念は，年少の子どもたちが単にものを使って遊ぶことによって最もよく学び，大人の役割は主に対象を提供し子どもたちがしていることを支援することだという考えを攻撃する道具として，ますます使用されている。この見方は，おそらく（だが間違っているかもしれないが）ピアジェに基づくものであるが，1970 年代の中等教育や初等教育に影響を与えた。そしていまでも，就学前と他の子どものケアセンターの「発達的に適切な実践」(Bredekamp, 1987; Bredekamp & Copple, 1997) の議論の中で比較的よく見られるのである。現在では，教師たちの役割を最小限に抑える就学前の発達という見方に反論する手段として発達の最近接領域を使った，年少の子どもたちの土台づくりをする人としての大人の役割についてもっと重要な議論がある (McCollum & Blair, 1994)。

　この理解不足の結果の1つは，理論そのものの価値についての実際の議論はまだないということだ。議論はピアジェ対ヴィゴツキーの論争――それは2つの理論を完全に2分するかのように扱うと不毛になる議論だが――にいっそう重点が置かれてきた (Tryphon & Voneche, 1996; Trudge & Rogoff, 1989; Tudge & Winterhoff, 1993)。もっと真剣な議論を必要とする分野には，発達における個人的，個人間的，文化―歴史的要因の相互作用を主張し，教師と生徒の共同―構築関係を強調する，理論の教授／学習の提案がある。

　だが，ヴィゴツキーの見方が，限定された場面だが，教育に影響しているいくつかの領域がある。ヴィゴツキーのより適切な利用が，イギリス (Pollard, 1993) と合衆国 (Bodrova & Leong, 1996) の両方で，就学前の教授／学習の実践を変えるために使用されてきたというエビデンスが増えてきている。ポラード (Pollard) は，教師たちが個人内，個人間，社会的歴史的要因を同時に考える必要があるというはっきりした自分の見方を持っていた。ボドロバ (Bodrova) とレオン (Leong) は，発達の最近接領域の議論を，子ども，活動，社会と文化の文脈に関連づけ，教師と子どもによって使われる外的媒介の利用と結びつけて，さらに推し進めている。例えば，彼らは，1人の教師が，子どもたちが社会的に受容されるやり方で行動することをうながすために，ぬいぐるみのネズミを使うやり方を記述している。ヴィゴツキーにとっては，あらゆる人間の活動は，物理学的（鋤かコンピュータ）か心理学的（言葉や他のシンボ

ル) であるにせよ，それは広い社会的で文化的な文脈に関連させる道具で媒介されるのである。

　同じ変化が学齢期の子どもたちに見られる。例えば，マイケル・コールと彼の同僚たちの研究は，学習の歴史的，文化的に媒介された特質に焦点化したヴィゴツキーに基礎を置く教育方法を絶えず強調した。例えば，「構成領域」(Newman, Griffin, & Cole, 1989) では，学習は，与えられる教材を理解するために，教室（子どもたちと教師たち）と外部（もっと広い文化）における他者とともに，個人と社会活動の弁証法的結合として遂行される。ワーチ (1985) が指摘したように，文化的道具は，社会文化的パターン，スキル，知識の「運ぶ道具」に相当する媒介手段である。コールの教授を分析するときの文化的文脈を盛り込む必要性についての見方は，彼と同僚が「5次元」において子どもたち（その子どもたちの多くが教師たちから学習障害と診断された）を対象にして行った研究の中で例示されている (Cole, 1996, 1998)。仲間や教師たちと共同した子どもたちの活動は，コールが文化―歴史的活動理論 (CHAT, Cole 1998) として描いた文化と歴史に明確に結びついており，その理論はヴィゴツキーとレオンチェフに基づいたものである。

　ルイス・モル (Luis Moll) (2000; Moll & Greenberg, 1990) は，マイケル・コールとシルビア・スクリブナー (Sylvia Scribner) の研究を使って，学校へ行くような毎日の実践は，必ず文化的実践であるということも示した。モルが述べたように，ヴィゴツキーの発達の最近接領域という見方は，「人間は，子どもたちが自分たちの未来を築くことを助けるうえであらゆる種類の社会的過程と文化的リソースをどのように使用するか」という問題 (p. 262) を論じている。

　同様に，ゴードン・ウェルズ (Gordon Wells) は，ヴィゴツキーの教師―子ども関係についての考えについての議論を，足場づくりの1つから「対話的探求」に進めようとした (Wells, 1999, 2000)。教師は，文化的媒体が生徒たちをその一員である文化的世界と結びつけるのに使われることを確かにする，共同の調査者でありリーダー／組織者としてとらえられる必要がある。だが彼は，「ほとんどの教室で，対話的相互作用がはっきりしない……そして，指導の間，対話の不足がある」と指摘した (Wells, 2000, p. 67)。ウェルズ (1999) は，だが，ヴィゴツキーの概念の「拡張した」見方には，教授／学習はこの対話の過

程で作り出される事実の強調が必要だと主張した。逆に，私たちはそのような拡張は必要がないと言う。それはヴィゴツキー理論の鍵となる要因の1つなのだから。

　サープ（Tharp）とギルモア（Gaillimore）(1988) も，学校が教師たちと子どもたちの相互作用を考慮する必要があるというあり方，これらの相互作用が生じる活動場面，活動場面と相互作用の過程自体の両方に意味を与える広い文化—歴史的文脈を説明している。「学校は，より大きな社会に包括されており，文脈としてそれ（学校を包括した社会）を持っている。そこで，活動場面のいくつかはこの大きな文脈によって決められている」(p. 274)。この著者たちはハワイの学校を参照して文脈を説明している。しかし，他のどこかでサープ (1989) は，ハワイ，アングロ，ナバホ文化の学習と結びついたまったく異なった相互作用のスタイルを示している。ハワイの子どもに恩恵を与える場面のそのタイプは，その文化は共同の仕事と「待つことを嫌がる」（子どもは同時に話す）ことを勧めるのだが，ナバホの子どもたちには合わない。ナバホの子どもたちは，幼いときから他者が話し終えたことを確かめるのに長い時間待つことを学んでいて，グループで働くことには慣れていないのである。

結　論

　私たちは議論を要約して，ヴィゴツキー理論の学習者の特質と学習過程の特質を考えてみよう。そして，ヴィゴツキーの残したものがどのように今後の理論的探索に適用されるかを検討してみよう。

学習者の特質

　どんな体系的理論においても，特に個人と環境の相互作用を強調するどんな理論でも，学習者が活動している文脈に論及せずに学習者によって演じられる役割を説明することは難しい。だが，この理論が単に周囲の社会的文脈を強調しているという通説を守る以外の理由がなければ，ヴィゴツキーの理論におい

て個人の活動的特質を強調することには価値がある（例えば，Miller, 1993 参照）。

私たちがこれまで述べてきたように，ヴィゴツキーの理論は弁証法的である。すなわち，社会現象（個人間と文化的─歴史的の両方）と個人的特性が結びついて発達に影響する。例えば，発達変化を論ずるとき，ヴィゴツキーは次のように言う。「外的条件」は変化それ自体の性格を決めるが，「ある固有の外的条件の有無によるのではなく，発達の過程それ自体の内的論理は年長になって引き起こされる分裂の原因である」(Vygotsky, 1932/1998, p. 192)。例えば，就学前から学齢期への移行の「危機」は，子どもたちと教師たちにとって同様に問題であることが明らかになる。

> 7歳の子どもは，就学前の子どもと学齢期の子どものいずれとも異なっている。このために彼の教授には難しさがある。この年齢のよくない内容は，心理的均衡の崩壊，意思，気分などの不安定性に主に表れる……発達の分岐点では，子どもは，子どもに適用される教育組織の変化が人格の急激な変化についていけないという事実から相対的に難しい時期を迎える。(1932/1998, pp. 193-194)

そこで，子どもの発達の変化の結果として社会的文脈（学校と家庭で）が変わることは明らかに必要である。

> 当該年齢の終わりでは，子どもはその年齢の初めよりまったく異なる存在になる。だが，これは必然的に以下のことを意味する。どの年齢の最初に基本的特徴として設けられた発達の社会的場面でも，当該年齢の子どもと社会的現実との関係システム以外ではないのだから当然変化する。そして子どもが急激に変われば，これらの関係の再構築は避けられないのだ。(Vygotsky, 1932/1998, p. 199)

これは教授にとって何を意味するのか？　教師たちは子どもが何を場面に持ち込んだかに気づかなくてはならない。「発達の実際のレベルを決めることは，子どもを教授し教育する毎日の実践の問題を解決する最も必要で必須の課題

である」(Vygotsky, 1932/1998, p. 200)。だが，もちろんそれは過程の初めのステップにすぎない。子どもの現在の発達的「兆候」の理解は，発達の現在の結果だけを示すのである。それは教師たちの目標として必要だが決して十分ではない。

学習過程の特質

「発達の真の診断は，発達の完結したサイクルだけではなく……成熟期間にあるこれらの過程もとらえることができなくてはならない」(Vygotsky, 1932/1998, p. 200)。周知のように，ヴィゴツキーは子どもたちが自力でできるものだけを扱う発達の評価には非常に批判的であった。ヴィゴツキーは，子どもが支援されればできることを見つける人だけが，子どもの発達の何が成熟しているかを知っている，と考えていた。現在の見方（ヴィゴツキーの時代も現代でも）は，あたかも支援で恩恵を受け支援した人を模倣した子どもがまったく機械的にそうしてきたかのように，子どもが何らかの方法で支援されたならば，テスト場面からのデータを無視すべきだということだ。対照的に，ヴィゴツキーにとっては，このタイプの支援から恩恵を受けられた子どもは，自分の発達について非常に大切なものを実際に明らかにするのである。この文脈の「模倣」によって，ヴィゴツキーは，子どもは誰か他者との共同で遂行できるものを示したのである。この達成は，常に1人でできるもの以上だが，「無制限」ではなく，子どもの発達の現在の「実際の」レベルに関連したものに限られる。

ヴィゴツキーは，教授の発達の最近接領域の概念と関連した詳細な議論を示そうとした。彼は自分の考えを示すいくつかの文献を作成したが（例えば，1932/1998, pp. 203-204, 330），それを実践する前に亡くなった。彼は，新しいスキルや概念を教える最適な時期は，関連する機能が成熟の過程にあるときだという点に限定していたのであった。

ヴィゴツキーの遺産

　ヴィゴツキーのこの分野の遺産に関して，少なくとも北米で理論がまだ十分に理解されていないなら，解答はまだ出されていない。だが，少なくとも北米の初等教育の分野で，ヴィゴツキーが，就学前の教師たちが子どもの遊びの教材を準備する以上の有効な役割ができるという考えに，いくらかの理論的支援をしたというエビデンスがある。同じように，小学校で，集団作業の役割の支援が増えている。この支援は明らかに（あるいは，暗黙のうちにさえ）ヴィゴツキーに由来するが，その程度は明らかではない。おそらく，最も大事なヴィゴツキーの「obuchenie」の概念の使用は，教授／学習の関係についての私たちの理解を非常に豊かにする可能性を持っている。私たちは，効果的な教授は生徒たちからの学習を含むが，同時に教授のまさにその過程からの学習も含むと考えている。ヴィゴツキーの理論の中心に，子どもたちは，子どもたちから学び文化的世界のより完全なメンバーに成長させる，もっと能力のある他者と，教授／学習の関係に積極的に取り組まなくてはならないという考えがある。人間の発達の理論と実践は次第に多様になっているので，「obuchenie」の概念は教育の会話の支えとなるだろう。例えば，ヨーロッパ系のアメリカ人の理論家や実践者たちが，南米やアフリカ系アメリカ人の文化を身につけた大人が自分たちの子どもを文化活動に参加させ，子どもたちを集団的アイデンティティに迎えるやり方を観察すれば，教育的成長と成功についてもっと個人的で競争的考えに改めようとするだろう。教授／学習の関係では，教師たちは，子どもたちの力を発達的，文化的に適切なやり方で向上させ，促進することに意欲的になる必要がある。この立場の理論的支援はヴィゴツキーの著作の中では明らかである。しかしながら，いままでのところ，それは実現されなければならない展望にとどまっている。

謝　辞

　私たちは，この論文の最初の草稿に有益なコメントをくださった，モハメ

ド・エルハモミ (Mohamed Elhamoumi), ニコライ・ベルソフ (Nikolai Veresov), ルネ・ファン・デ・ベール (Rene van der Veer), マイク・コール (Mike Cole), ジャーン・バリスナー (Jaan Valsiner) に感謝する。本論文の転載については,以下の人に連絡されたい。Jonathan Tudge, P.O. Box 26170, Department of Human Development and Family Studies, The University of North Carolina at Greensboro, Greenboro, NC 27402-6170. Email: jrtude uncg.eduWeb: http://www.uncg.edu/hdf/hdfs faculty/jon tudge/jon tudge.htm

原 注

(1) 面白いことに, ヴィゴツキーは「スキャフォルド」(足場づくり) という用語を, 実際は1度しか使用していない。子どもが歩行器を使用するのを記述するときである (van der Veer & Valisiner, 1991)。あいにく, 翻訳者たちは「足場づくり」のロシア語を木製の足場づくりという同じ言葉 (別の面を強調している) と混同して, 次の鍵となる文章に訳した。「要するに, 彼の足取りは安定していない。それは, いわば, その発達をうながす外的道具の『木と』まだつながっている。だがさらに1月たつとその『木』を越えてしまった子どもはそれを捨てるのである」(Vygotsky & Luria, 1930/1993, p. 207)。この文章は, 翻訳の陥穽を示すものとしてだけではなく, 簡単な支援の意味と発達の最近接領域の概念を補強する複雑さの意味の「スキャフォルド」の使用との違いのはっきりした例として印象的である。

文 献

Berk, L. E., & Winsler, A. (1995). *Scaffolding children's learning: Vygotsky and early childhood education*. Washington, DC: National Association for the Education of Young Children.

Blanck, G. (1990). Vygotsky: The man and his cause. In L. C. Moll (Ed.), *Vygotsky and education: Instructional implications and applications of sociohistorical psychology* (pp. 31-58). New York: Cambridge University Press.

Bodrova, E., & Leong, D. J. (1996). *Tools of the mind: The Vygotskian approach to early childhood education*. Englewood Cliffs, NJ: Prentice-Hall.

Bredekamp, S. (1987). *Developmentally appropriate practice in early childhood programs serving children from birth through age five*. Washington, DC: The National Association for the Education of Young Children.

Bredekamp, S., & Copple, C, (Eds.). (1997). *Developmentally appropriate practice in early childhood programs* (Rev. ed.). Washington, DC: National Association for the Education of Young Children.

Bronfenbrenner, U. (1989). Ecological systems theory. In R. Vasta (Ed.), *Annals of child development, Vol. 6* (pp. 187-249). Greenwich, CT: JAI Press.

Bronfenbrenner, U. (1995). Developmental ecology through space and time: A future perspective. In P. Moen, G. H. Elder, Jr., & K. Lüscher (Eds.), *Examining lives in context: Perspectives on the ecology of human development* (pp. 619-647). Washington, DC: American Psychological Association.

Brown, A. L., Ash, D., Rutherford, M., Nakagawa, K., Gordon, A., & Campione, J. C, (1993). In G. Salomon (Ed.), *Distributed cognitions: Psychological and educational considerations* (pp. 188-228). New York: Cambridge University Press.

Brown, A. L., & Ferrara, R. A. (1985). Diagnozing zones of proximal development. In J. V. Wertsch (Ed.), *Culture, communication, and cognition: Vygotskian perspectives* (pp. 273-305). New York: Cambridge University Press.

Brown, A. L., & Palincsar, A. S. (1989). Guided, cooperative learning and individual knowledge acquisition. In L. B. Resnick (Ed.), *Knowing, learning, and instruction: Essays in honor of Robert Claser* (pp. 293-451). Hillsdale, NJ: Lawrence Erlbaum Associates.

Bruner, J., & Haste, H. (1987). Introduction. In J. Bruner & H. Haste (Eds.), *Making sense: The child's construction of the world* (pp. 1-25). London: Methuen.

Cole, M. (1985). The zone of proximal development: Where culture and cognition create each other. In J. V. Wertsch (Eds.), *Culture, communication, and cognition: Vygotskian perspectives* (pp. 146-161). New York: Cambridge University Press.

Cole, M. (1996). *Cultural psychology: A once and future discipline.* Cambridge, MA: Harvard University Press.

Cole, M. (1998). Can cultural psychology help us think about diversity? *Mind, Culture, and Activity, 5,* 291-304.

Elhammoumi, M. (2002). To create psychology's own Capital. *Journal for the Theory of Social Behavior, 32,* 89-104.

Fernyhough (Eds.), *Lev Vygotsky: Critical assessments* (pp. 276-295). London: Routledge.

Griffin, P., & Cole, M. (1999). Current activity for the future: The Zo-ped. In P. Lloyd & C. Fernyhough (Eds.), *Lev Vygotsky: Critical assessments* (pp. 276-295). London: Routledge.

Hogan, D. M., & Tudge, J. R. H. (1999). Implications of Vygotsky's theory for peer learning. In A. M. O'Donnell & A. King (Eds.), *Cognitive perspectives on peer learning* (pp. 39-65). Mahwah, NJ: Lawrence Erlbaum Associates.

Jaroshevsky, M. (1994). L. S. Vygotsky—victim of an "optical illusion." *Journal of Russian and East European Psychology, 32*(6), 35-43.

Kozulin, A. (1990). *Vygotsky's psychology: A biography of ideas*. Cambridge: Harvard University Press.

Levitin, K. (1982). *One is not born a personality: Profiles of Soviet education psychologists*. Moscow: Progress Publishers.

Luria, A. R. (1979). *The making of mind: A personal account of Soviet psychology*. Cambridge, MA: Harvard University Press.

McCollum, J. A., & Bair, H. (1994). In B. L. Mallory & R. S. New (Eds.), *Diversity and developmentally appropriate practices* (pp. 84-106). New York: Teachers College Press.

Miller, P. H. (1993). *Theories of human development* (3rd ed.) New York: Freeman & Co.

Minick, N. (1987). Introduction. In R. W. Rieber & A. S. Carton (Vol. Eds.); N. Minick (Trans.), *The collected works of L. S. Vygotsky: Vol. 1, Problems of general psychology* (pp. 17-36). New York: Plenum.

Moll, L. C. (2000). Inspired by Vygotsky: Ethnographic experiments in education. In C. D. Lee & P. Smagorinsky (Eds.), *Vygotskian perspectives on literary research: Constructing meaning through collaborative inquiry* (pp. 256-268). New York: Cambridge University Press.

Moll, L. C., & Greenberg, J. B. (1990). Creating zones of possibilities: Combining social contexts for instruction. In L. C. Moll (Ed.), *Vygotsky and education: Instrumental implications and applications of sociohistorical psychology* (pp. 319-348). New York: Cambridge University Press.

Newman, D., Griffin, P., & Cole, M. (1989). *The construction zone*. New York: Cambridge University Press.

Nicolopoulou, A. (1993). Play, cognitive development, and the social world: Piaget, Vygotsky, and beyond. *Human Development, 36*, 1-23.

Pollard, A. (1993). Learning in primary schools. In H. Daniels (Ed.), *Charting the agenda: Educational activity after Vygotsky* (pp. 171-189). London: Routledge.

Scribner, S. (1985). Vygotsky's uses of history. In J. V. Wertsch (Ed.), *Culture, communication, and cognition: Vygotskian perspectives* (pp. 119-145). Cambridge, England: Cambridge University Press.

Smagorinsky, P. (1995). The social construction of data: Methodological problems of investigating learning in the zone of proximal development. *Review of Educational Research, 65,* 191-216.

Stone, C. A. (1993). What is missing in the metaphor of scaffolding? In E. A. Forman, N. Minick, & C. A. Stone (Eds.), *Contexts for learning* (pp. 169-183). New York: Oxford University Press.

Tharp, R. G. (1989). Psychocultural variables and constants: Effects on teaching and learning in schools. *American Psychologist, 44,* 349-359.

Tharp, R. G., & Gallimore, R. (1988). *Rousing minds to life: Teaching, learning, and schooling in social context.* New York: Cambridge University Press.

Toulmin, S. (1978, September 28). The Mozart of psychology. *New York Review of Books.*

Tryphon, A., & Vonèche, J. (Eds.). (1996). *Piaget-Vygotsky: The social genesis of thought.* Hove, E. Sussex, England: Psychology Press.

Tudge, J. R. H., Hogan, D. M., Lee, S., Meltsas, M., Tammeveski, P., Kulakova, N. N., Snezhkova, I. A., & Putnam, S. A. (1999). Cultural heterogeneity: Parental values and beliefs and their preschoolers' activities in the United States, South Korea, Russia, and Estonia. In A. Göncü (Ed.), *Children's engagement in the world* (pp. 62-96). New York: Cambridge University Press.

Tudge, J. R. H., Putnam, S. A., & Valsiner, J. (1996). Culture and cognition in developmental perspective. In B. Cairns, G. H. Elder, Jr., & E. J. Costello (Eds.), *Developmental science* (pp. 190-222). New York: Cambridge University Press.

Tudge, J. R. H., & Rogoff, B. (1989). Peer influences on cognitive development: Piagetian and Vygotskian perspectives. In M. H. Bornstein & J. S. Bruner (Eds.), *Interaction in human development* (pp. 17-40). Hillsdale, NJ: Lawrence Erlbaum Associates.

Tudge, J. R. H., & Winterhoff, P. A. (1993). Vygotsky, Piaget, and Bandura: Perspectives on the relations between the social world and cognitive development. *Human Development, 36,* 61-81.

Valsiner, J. (1988). *Developmental psychology in the Soviet Union.* Brighton, England: Harvester Press.

van der Veer, R., & Valsiner, J. (1991). *Understanding Vygotsky: A quest for synthesis.* Oxford, England: Blackwell.

van der Veer, R., & Valsiner, J. (1994). *The Vygotsky reader.* Oxford, England: Blackwell.

van der Veer, R., & van IJzendoorn, M. H. (1985). Vygotsky's theory of the higher psychological processes: Some criticisms. *Human Development, 28,* 1-9.

Veresov, N. (1999). *Undiscovered Vygotsky: Etudes on the prehistory of cultural-historical psychology.* Frankfurt am Main, Germany: Peter Lang.

Vygodskaia, G. L., & Lifanova, T. M. (1999a). Lev Semenovich Vygotsky, Part 1. *Journal of Russian and East European Psychology, 37*(2), 23-90.

Vygodskaia, G. L., & Lifanova, T. M. (1999b). Lev Semenovich Vygotsky, Part 2. *Journal of Russian and East European Psychology, 37*(3), 3-90.

Vygotsky, L. S. (Ed.). (1924). *Voprosy vospitaniya slepykh glukhonemykh i umstvenno otstalykh detej [problems of upbringing of blind, deaf, and mentally retarded children].* Moscow, Russia: Izdatel'stvo SPON NKP.

Vygotsky, L. S. (1929). The problem of the cultural development of the child. *Journal of Genetic Psychology, 36,* 415-434.

Vygotsky, L. S. (1934). Thought in schizophrenia. *Archives of Neurology and Psychiatry, 31,* 1063-1077.

Vygotsky, L. S. (1939). Thought and speech. *Psychiatry, 2,* 29-54.

Vygotsky, L. S. (1962). *Thought and language.* Cambridge, MA: MIT Press.

Vygotsky, L. S. (1978). *Mind in society.* Cambridge, MA: Harvard University Press. (Chapters originally written or published between 1930 and 1935)

Vygotsky, L. S. (1981). The genesis of higher mental functions. In J. V. Wertsch (Ed.), *The concept of activity in Soviet psychology* (pp. 144-188). Armonk, NY: Sharpe. (Originally published in 1931)

Vygotsky, L. S. (1987). *The collected works of L. S. Vygotsky: Vol. 1. Problems of general psychology* (R. W. Rieber & A. S. Carton, Vol. Eds.; N. Minick, Trans.). New York: Plenum. (Originally written or published between 1929 and 1935)

Vygotsky, L. S. (1993). *The collected works of L. S. Vygotsky: Vol. 2. The fundamentals of defectology (abnormal psychology and learning disabilities)* (R. W. Rieber & A. S. Carton, Vol. Eds.; J. E. Knox & C. B. Stevens, Trans.). New York: Plenum. (Chapters originally published or written between 1924 and 1935)

Vygotsky, L. S. (1994). The problem of the environment. In R. van der Veer & J. Valsiner (Eds.), *The Vygotsky reader* (pp. 338-354). Oxford, England: Blackwell. (Originally published in 1935)

Vygotsky, L. S. (1997a). *Educational psychology.* Boca Raton, FL: St. Lucie Press. (Originally published in 1926)

Vygotsky, L. S. (1997b). *The collected works of L. S. Vygotsky: Vol. 3. Problems of the theory and history of psychology* (R. W. Rieber & J. Wollock, Vol. Eds.; R. van der Veer, Trans.). New York: Plenum. (Chapters originally written or published between 1924 and 1934)

Vygotsky, L. S. (1997c). *The collected works of L. S. Vygotsky: Vol. 4. The history of the development of higher mental functions* (R. W. Rieber, Vol. Ed.; M. J. Hall, Trans.). New York: Plenum. (Originally written in 1931)

Vygotsky, L. S. (1998). *The collected works of L. S. Vygotsky: Vol. 5. Child Psychology* (R. W. Rieber, Vol. Ed.; M. J. Hall, Trans.). New York: Plenum. (Chapters originally written between 1930 and 1934)

Vygotsky, L. S., & Luria, A. R. (1993). *Studies on the history of behavior: Ape, primitive, and child* (V. I. Golod & J. E. Knox, Eds. & Trans.). Hillsdale, NJ: Lawrence Erlbaum Associates. (Originally published in 1930)

Vygotsky, L. S., & Luria, A. R. (1994). Tool and symbol in child development. In R. van der Veer & J. Valsiner (Eds.), *The Vygotsky reader* (pp. 99-174). Oxford, England: Blackwell. (Originally written in 1930)

Wells, G. (1999). *Dialogic inquiry: Toward a sociocultural practice and theory of education.* New York: Cambridge University Press.

Wells, G. (2000). Dialogic inquiry in education: Building on the legacy of Vygotsky. In C. D. Lee & P. Smagorinsky (Eds.), *Vygotskian perspectives on literary research: Constructing meaning through collaborative inquiry* (pp. 51-85). New York: Cambridge University Press.

Wertsch, J. V. (1985). *Vygotsky and the social formation of mind.* Cambridge, MA: Harvard University Press.

Wertsch, J. V. (1989). A sociocultural approach to mind. In W. Damon (Ed.), *Child development today and tomorrow* (pp. 14-33). San Francisco: Jossey-Bass.

Wertsch, J. V. (1991). A sociocultural approach to socially shared cognition. In L. B. Resnick, J. M. Levine, & S. D. Teasley (Eds.), *Perspectives on socially shared cognition* (pp. 85-100). Washington, DC: American Psychological Association.

Wertsch, J. V. (2000). Vygotsky's two minds on the nature of meaning. In C. D. Lee & P. Smagorinsky (Eds.), *Vygotskian perspectives on literary research: Constructing meaning through collaborative inquiry* (pp. 19-30). New York: Cambridge University Press.

Wertsch, J. V., & Minick, N. (1990). Negotiating sense in the zone of proximal development. In M. Schwebel, C. A. Maher, & N. S. Fagley (Eds.), *Promoting cognitive growth over the life span* (pp. 71-88). Hillsdale, NJ: Lawrence Erlbaum Associates.

Wertsch, J. V., & Tulviste, P. (1992). L. S. Vygotsky and contemporary developmental psychology. *Developmental Psychology, 28,* 548-557.

Wheeler, M. (1984). *The Oxford Russian-English dictionary, 2nd Ed.* Oxford, England: Clarendon Press.

Wood, D. J. (1999). Teaching the young child: Some relationships between social interaction, language, and thought. In P. Lloyd & C. Fernyhough (Eds.), *Lev Vygotsky: Critical assessments* (pp. 259-275). London: Routledge.

Wood, D. J., Brnner, J. S., & Ross, G. (1976). The role of tutoring in problem solving. *Journal of Child Psychology and Psychiatry, 17*, 89-100.

第10章

B・F・スキナー：教育心理学における行動分析者

エドワード・K・モリス
（カンザス大学）

　バラス・フレデリック・スキナー（Burrhus Frederic Skinner）は，1904年に生まれた。それは1856年のマサチューセッツ州の最初の州全体の義務就学法の施行後50年足らずの教育心理学創設期（1890～1920年）であった。ウィリアム・ジェームズ（William James）（1904）は，『心理学についての教師への講義（*Talks to Teachers on Psychology*）』（1899）の著者だったが，心の機能的概念を作り出すとき，「意識は存在するか？」を問題にしていた。アメリカの発達心理学の創始者，G・スタンレー・ホール（G. Stanley Hall）（1904）は，進化生物学に大きな影響を受けた『青年期（*Adolescence*）』を出版した。フランスでは，「精神遅滞児」の教育に関する委員会が作られた。そのためにアルフレッド・ビネー（Alfred Binet）（1911）は，心理学が役立つことを示そうとして最初の実用的知能検査を作成した。またその年，ジョン・デューイ（John Dewey）がシカゴ大学からコロンビア大学へ移り，そこで彼は，特に教育において，アメリカの進歩主義教育の哲学者としての自分の地位を確立した（Dewey, 1916）。そして，エドワード・L・ソーンダイク（Edward L. Thorndike）（1904）は教育心理学を科学にするために，教育テストを方法論的に精緻化した『心理と社会的測定入門（*Introduction to the Theory of Mental and Social Measurements*）』を発刊した。
　50年後，教育心理学が隆盛期（1920～1960年）に達すると，スキナー（1954）は15論文からなる最初の著作を発表した。そこには，12の章と一緒に，専門的報告，手書きと行動分析の書かれたプログラム学習のテキスト，そ

れに1冊の本が，教育心理学への彼の直接貢献の集積を構成していた。その10年間に，スキナーの科学は，彼の学生と同僚たちの研究によって，教育の別の進歩をうながした（例えば，特に特別教育）。彼の研究は，教育心理学の基礎へ立ち戻り，現代（1960年から現在）へと前進したが，それらは十分な可能性を見出せるところまでは到達しなかったのである。

　本章では，私は，スキナーの研究が現れた文脈——知的（1600〜1750年），文化的（1890〜1920年），人格的（1904〜1928年）——と，その下位区分によって編成された（Morris, 1992）彼の行動分析の分野の創設（Michael, 1985）を紹介する。

　(a) スキナーが基本的行動過程を分析した実験的行動分析（1930〜1957年），(b) 彼がその組織人でもあり哲学者でもあった概念的行動分析（1938〜1974年），(c) 彼が社会的に重要な事柄を対象にした応用的行動分析（1945〜1990年）についてである。私はスキナーのそれぞれの学問の下位区分における教育心理学研究の基礎的性格について述べる。そのうえで教育に独立した節をあてる。最後に彼の遺産を評価しよう。

知的，文化的，個人的文脈

知的文脈——哲学，科学，心理学

　科学の現代史は科学革命から始まった（1600〜1750年）。科学革命は自然が理解されるやり方と，それについて理解されるものである自然の性質についての仮説を大きく変えた。宗教と閉ざされたしきたりは，観察と実験に移行した。まずは天文学と物理学に，それから生物学に，最後は心理学に。ニコラス・コペルニクス（Nicholas Copernicus）とガリレオ・ガリレイ（Galileo Galilei）は地球中心の宇宙という仮説に異議申し立てをした。チャールズ・ダーウィン（Charles Darwin）とアルフレッド・ラッセル・ウォーレス（Alfred Russel Wallace）は種の断絶を疑った。ジョン・B・ワトソン（John B. Watson）は心の概念に異議申し立てをした。スキナーはそれらの全部を最も徹底して行った

隆盛期：1920年から1960年まで　　　　　　　　　　　　　　　　　　　　Ⅱ

——彼は人間の行為主体というまさにその考えに挑戦したのだった。

　科学革命とともに現代哲学が登場し，ルネ・デカルト (Rene Descartes) の心と身体を調整する試みが始まった。デカルトの二元論では，身体は機械的原理で動くが，一方で人間だけは魂を持つとする。これを受容して，物理学者と生理学者は身体と行動の実験的分析をしたが，経験主義者と連合主義的哲学者たちは，心と意識の理論的分析をした。これらのプログラムを一緒にして，ヴィルヘルム・ヴント (Wilhelm Wundt) は，1800年代後半にドイツで，実験室の条件下で意識の要素の内観的研究である「経験主義心理学」を創設した。合衆国では構造主義に変えられて，これがスキナーが生まれたときにアメリカの大学で教えられていた心理学だった。

　どの哲学者も科学者も心と身体を調和させようとしたのではなかった。ある人たちは，さらに科学も取り入れようとした。哲学では，フランシス・ベーコン (Francis Bacon) は，科学が，当時はしばしば抽象的で瞑想的だったが，技能と技術に密接に結びついていることに気がついた。実際，多くの科学的進歩は，技術的問題（例えば，ナビゲーション）を解決し，科学の目標を知的で実用的にする文脈の中で明らかになった。知識は，主題に直接的に働きかけて経験的に導き出される。その中で自然は実験的分析によって理解されるのである。ベーコンは強い改革姿勢も持っていた。すなわち，科学的知識は，個人的，社会的，文化的に重要な問題にも適用されなければならない。スキナーはこれらすべての観点でベーコン派であった (Smith, 1986)。

　科学では，脳の機能と生物学的種の研究が2つのプログラムに導入されていた。まず，ロシアの神経科学は心を脳に実体化し，脳の反射に基づいた説明を提供した。これは，イワン・パブロフ (Ivan Pavlov) の不随意行動の実験的分析が生んだやり方であった。スキナーがとった方法は，随意行動の分析であった。2つ目は，ダーウィンが，種の連続の進化論の説明を提供し，説明のやり方として自然淘汰を提案した。これから比較心理学と適応の心理学が生じた。前者は，次第に客観的方法で心と行動の進化論的基礎を問題にし，後者は，実験室装置の中で人間以外の種（例えば，迷路のネズミ）を研究して心理的過程と行動的過程（例えば，連合）を追究した。それらはともに「機能主義」を促進する働きをした。デューイとジェームズによって創設された機能主義

は，構造，形態や要素ではなく，心と行動の目的に関心を持っていたのである。

哲学では，エルンスト・マッハ（Ernst Mach）が進化論生物学の文脈のベーコンの見方を再構築した。マッハは形而上学的実在を否定し，記述的実証主義を進めた。彼は，形而上学的偏見にときどき気づきながら，科学的概念の起源を分析した。そして彼は，科学を，「真実」ではなく，効率的適応——機能的関係の発見——であると見たのである。これはスキナーに合った科学の哲学である（Chiesa, 1992）。明らかにアメリカの哲学はまたこの文脈で生まれた。それはプラグマティズムであり，チャールズ・S・パース（Charles S. Peirce），ウィリアム・ジェームズ，ジョージ・ハーバート・ミード（George Herbert Mead），ジョン・デューイによって創設された。この見方では，心と行動は歴史的な文脈に依存した働きであり，科学もそうであった。科学が進歩するにつれて，機能的関係を予測しコントロールする「効率的行為」が真実の基準となったように，しばしば新たな発見が先行の理解の限界を暴露したのである。哲学的プラグマティズムは，過激な行動主義においてはひどく内潜的である（コンテクスト理論，反対意見，機制などを参照；Hayes, Hayes, & Reese, 1988 参照；Morris, 1992, 1993）。

これらの先例を考慮すると，「行動主義」がほとんど避けがたいものとなる。スキナーの誕生後 10 年のうちに，ワトソン（1913）は新しい用語を作り，体系を築いた。「行動主義者の見方としての心理学，それは自然科学の純粋に客観的な実験的分野である」（p. 158）。その方法は客観的である。その主題は行動である。それはあとに続く新行動主義の，その中のスキナー（Malone, 1990）の土台となっていく。それはまた，プラグマティズムのアメリカの文化に共鳴したのである。

文化的背景——合衆国

1900 年代に，合衆国では，新たに生じてきた国力が見られ，それは啓蒙哲学と宗教価値の間の内的紛争を伴っていた。19 世紀の後半まで，後者（宗教価値）が優勢だったが，国は変化していた。田舎の農業の共同体とそれらの宗教

的伝統は，都会の産業センターと科学と技術への信頼に移行しつつあった。進歩主義（1890〜1920年）が，産業，ビジネス，政府，教育の効率的専門化によって，これらの変化の重圧を解決しようとする社会運動として出現した。それは進歩を期待させた。すなわち，科学と技術による社会的進歩，自己改善による個人の進歩（O'Donnel, 1985）などである。スキナーはこの点に関しては，彼の生涯を通して，社会的，個人的変化について明らかに深い民主主義的楽観主義を持ち続けたアメリカ人であった。

個人的背景——B・F・スキナー

　スキナーはペンシルベニア州サスケハナの小さなにぎやかな鉄道のある町で1904年3月20日に生まれた（Skinner, 1976参照）。彼の家族は，自己改良と中流階層の地位に向かって努力しながら，進歩主義的価値を身につけていた。彼の父は彼にプロテスタントの倫理と市民への「熱狂的支持」の気持ちを植えつけた。母親は礼儀正しさへの関心を植えつけようとした（例えば，人々はどんなことを考えているか？）。スキナーは彼らの希望と価値にはたてついたものの，従順な息子であった。

　児童期のスキナーは，当時の時代と土地柄からすれば標準だったが，いくつかの点で異なっていた。彼は機械と頭脳の両面で創造性とエンジニアの才を発達させた。彼は機械を組み立てた（例えば，スクーター）。模型を組み立てた（例えば，飛行機）。彼は発明し（例えば，自分のパジャマを掛ける道具），実験し（例えば，信念は山を動かせるか），さらに彼はベーコンを知った（例えば，「意のままにしようとする性質には従われなければならない」）。科学にはこのように対処したが，彼は『教授の技術（*The Technology of Teaching*）』（Skinner, 1968b）を献呈することになる教師のメアリー・グレーブス（Mary Graves）に勧められて，文学にも引きつけられた。彼女は，彼の知性と審美的範囲を，彼の家族とサスケハナのかなたまで広げたのである。

　1922年，スキナーはハミルトン大学（ニューヨーク州クリントン）に自分の心理学と人格をずっと特徴づけた知的独立心を持って入学した。彼はいくぶん自意識過剰だったが，自信のある学生だった。彼は能力があり，友人に恵まれ

て芸術に取り組むことを後押しされた。また彼は英文学を専攻した。彼の後年の心理学と関連した科学との唯一の出会いは，解剖学と生理学であり，それについては，彼は比較心理学のジャック・ローブ（Jacques Loeb）の研究と「有機体論総説（organism as a whole）」を読んでいた。彼は1926年ハミルトン大学を卒業した。同年，シドニー・プレスジー（Sidney Pressey）が最新のテストとティーチングマシンの最初の解説を発行した（Benjamin, 1988）。

ロバート・フロスト（Robert Frost）からの激励で，スキナーは作家としての人生を歩もうとした（1926〜1928年）がうまくいかなかった。だが彼の人生はまだ吟味されていなかった。「作家は人間の行動を正確に描くが，彼はだからといってそれを理解しているわけではない。私は人間の行動に興味を持ち続けているが，文学的方法は私を失望させた。科学へ戻ろう」（Skinner, 1967, p. 395）。科学と技術に価値が認められており，それぞれは知的に独立するようになった，進歩主義，現代主義の文化の中で育ったスキナーは，自分が客観的な著述に興味があることに気づいた。彼は，ワトソンへのバートランド・ラッセル（Bertrand Russell）の関心から影響を受けた。彼は反形而上学的傾向を発達させ，パブロフとワトソンを読み，そして帰納的なベーコン風の態度を示した。役に立つ職業を探して，彼は1928年に科学心理学を勉強するために，ハーバード大学へ入学した。彼の友人で，イラストレーターのアルフ・エバーズ（Alf Evers）は彼に向かって「科学は20世紀の芸術である」と言ったのである（Smith & Woodward, 1996参照）。

実験的行動分析

スキナーがハーバード大学に着いたとき，彼は，心理学部が行動主義よりも構造主義と連携していることに気がついた。学部のワークショップと学生（例えば，フレッド・S・ケラー〈Fred S. Keller〉）と教職員（例えば，一般生理学科のW・J・クロジャー〈W. J. Crozier〉）からのサポートを仰ぐことができ，彼は，行動として見た行動の自然科学——「実験的行動分析」を開発し始めた（Skinner, 1979）。

パブロフの金言「環境をコントロールせよ，そうすれば行動の順序がわかる」に影響を受けて，彼は自分の独立変数と従属変数をコントロールする方法を工夫し仕上げた（「スキナーボックス」）。リアルタイムに行動を測定すること（集積レコーダー）と，個々の有機体の行動を実験的に分析すること（対象内の研究デザイン）は，すべてスキナーの多くの努力から生まれた。彼の実証的研究は，行動（つまり，食料を食べること）の及ぼす動因の効果（食料欠乏）の分析を含んでいた。彼の概念的研究は過去に使われた反射の分析を伴っていた。これからスキナーは，行動の決定的な特徴は心理的（例えば，連合）でも生理的（例えば，筋肉収縮）でもなく，反応と刺激の相関であることを理解できたのである。彼の分析は，デューイ（1896）が連合主義者の反射弓概念（つまり，刺激，考え，反応の分離可能な要素）を全体としての行動——行為の過去の適応単位——の説明へと再構築したことを想起させる。スキナーの実験的，概念的研究は彼の学位論文になった。それにより，彼は1931年に心理学の学位を授与された。

基金と奨励金の援助によって，スキナーは自分の科学を発展させながら，ハーバード大学にさらに5年半留まった（1931～1936年）。彼が最初の役職を得たのはミネソタ大学の心理学部であり，そこで彼は自分の最高の研究『有機体の行動——実験的分析（*Behavior of Organisms: An Experimental Analysis*）』を出版した（Skinner, 1938）。次に，インディアナ大学の心理学部長（1945～1947年）として，彼は仮説的演繹理論検証よりも経験的帰納理論作成を強調した（例えば，彼は「本からではなく自然から学んだ」；Skinner, 1950）。最後にハーバード大学に戻り（1947～1974年），彼は心理学のエドガー・ピアース教授[訳注1]（1947～1964年）となり，自分の研究歴の「絶頂期」に達したのである（Skinner, 1983参照）。

行動の軌跡

研究の過程で，スキナーは，(a) 環境に反応する不随意的行動あるいは反射的行動（つまり，レスポンデント行動。例えば，食べ物が唾液を分泌させる）と，(b) 環境に働きかける随意的あるいは道具的行動（つまり，オペラント行動。例

えば，食べ物を出すバーを押す）をはっきり区別した。パブロフは前者の科学を提供したが（つまり，先行刺激に引き出された反応），スキナーは後者の科学を提供した（つまり，結果として生じた刺激に強化される反応）。そのようにスキナーは，S-R心理学者ではなく，行動の説明の「選択者」だったのである。彼はそれらの結果によって道具的反応かオペラント反応かの選択を検討した。そのことは彼には，教育それ自体の過程であった（例えば，教授，学習）。

1930年代ハーバード大学にいる間，彼は，オペラント条件づけ（例えば，即時強化子），定期的再条件づけ（つまり，強化スケジュール），弁別刺激コントロール（つまり，強化の機会），条件づけられた強化（例えば，弁別刺激による），それに条件づけ（つまり，学習歴），動因（例えば，剥奪），情動（例えば，誘発刺激による）のような変数を分析した。ミネソタ大学では，彼は「3つの用語の随伴性」（つまり，弁別刺激，オペラント反応，強化刺激間の動的関係）を分析し，漸次接近法（つまり，シェーピング）の強化による反応区別の分析を進歩させた。インディアナ大学では，彼は反応比率（例えば，低率）の異なる強化，刺激弁別（例えば，サンプルと比較して），多くのオペラント反応（例えば，同時反応）を検討した。ハーバード大学へ戻ると，彼は非随意的強化，それから強化スケジュールを研究した。後者は彼の最後の実験プロジェクトとして，チャールズ・B・フェルスター（Charles B. Ferster）との『強化のスケジュール（*Schedules of Reinforcement*）』にまとめられ，1957年に出版された。

1957年ごろの専門と私生活

だがスキナーの研究キャリアは終わらなかった。彼は次の7年間にさらに重要な論文を発表したし，彼の実験室は，例えば，ネイサン・H・アズリン（Nathan H. Azrin）による罰の研究と，ウィリアム・M・バウム（William M. Baum），リチャード・J・ヘアスタイン（Richard J. Herrnstein），フィリップ・N・ハイネリン（Philip N. Hineline）によるプラスとマイナスの強化の同時スケジュールについては依然として活動していた。スキナーはまた自分の研究の公式の承認を獲得した。1958年，彼はアメリカ心理学会（APA）から著名科学賞を受けた。10年後，リンドン・ジョンソン大統領は彼にアメリカ国家科学

賞を贈った。これらの出来事にもかかわらず，スキナーは次第に理論応用へと向かったが，これには新しいものはなかった。彼は，自分の研究に行動科学と社会科学に通常は見られない一貫性を与えて，自分の基本の研究を概念的で応用的な問題とよく関係づけた。私生活では，1957年，彼とイボンヌ（イブ）・ブルー（Yvonne (Eve) Blue）は20回目の結婚記念日を祝った。彼はジュリー（Julie）（1938年生まれ）とデボラ（Deborah）（1944年生まれ）という2人の最愛の娘を誇りにする親であった。のちに見るように，イブとデボラはスキナーの応用心理学の研究にすでに役割を果たしていた。特に教育の面でジュリーはのちにもっと直接的に貢献したが，それはスキナーがいくつかの考え方の進歩を遂げたあとだったのである。

概念的行動分析

スキナーの概念的行動の分析は，用語や概念（例えば，心）の意味から，歴史と体系（例えば，心理学の），理論と哲学（例えば，科学の）まで，数多くしかも多様であった。本節では彼の研究主題，行動の理論，科学の哲学を扱う。

研究主題

スキナーの最初の概念的研究は前述した反射についての分析であった。その中で，彼は行動概念（例えば，強化）が反応（例えば，オペラント）と刺激（例えば，強化子）の機能的関係を説明することに注意した。動因と情動のような心理学的概念は，機能的関係（例えば，反応比率と強化剝奪か嫌悪刺激の間）の記述のようなものである。彼は自分の実証的研究とこの分析を統合して，これが彼の科学の最初の体系的主張――『有機体の行動』となった。

ほどなくスキナー（1945）は，説明概念を記述概念と区別した。記述概念――普通の言葉の中にあるか操作的に定義されている――は，心理学のテーマ（例えば，行動の変化としての学習）を特定するが，一方で，普通の見方からすると，操作的定義は，説明的「仮説的」概念（例えば，学習の指標としての行動の変

化）を推論する手段である。スキナーはまた，最初にここで，彼が研究したものと彼の研究主題の両方が行動であるという，自分の「過激な行動主義」としての哲学を引用した。対照的に，彼が「方法論的行動主義」として引用した普通の見方では，心理学者は行動を研究するが，研究主題は心——つまり説明概念なのである。だがスキナーは，心理学は公的な出来事と私的な出来事を含んでおり，後者は，よりレスポンデントでオペラント行動（例えば，歯痛，人が頭の中で考えること，夢想）であるが，独立した説明概念ではないと主張し続けた。さらに，人の公的，私的な出来事を観察し報告することは，社会的関係の中で獲得されたオペラント行動であり，したがって過激な行動主義の意識の社会的基盤だという。

心理学理論

　スキナー（1974, 1950）の理論へのアプローチには従来型のものと非従来型のものの両方があった。従来型では，彼は「行動は事実それ自体を超えてのみ十分に理解される。必要なことは行動の理論である」(Skinner, 1947, p. 26) と書いている。非従来型では，彼は，設定された有機体と環境間の仮定された関係の対象間分析から引き出された，生理学（神経トレース），心的（例えば，自己効力），構成概念（例えば，知識）の仮説的な演繹理論を指したのではない。そこでは理論から行動への統計的予測が説明の基礎である。むしろ彼は，全体的反応と刺激の対象内分析から引き出された，もっと経験的な帰納理論を指したのである。そこでは実験的コントロールが説明の基礎である。この見方では，理論は，既知の行動的関係（例えば，強化について。進化論参照）の統合を意味していて，先験的な体系（例えば，認知地図。インテリジェント・デザイン参照）に基づく仮説的概念を意味しているのではない。

　この理論により，スキナーは「行動的解釈」も指示したのである。すなわち，基本的行動過程（例えば，強化），つまり実践的提案（例えば，教授）をしばしば有する解釈に関する，またそれによって制約された，行動の分析（例えば，教育）である。スキナーの研究のほとんどは，この意味で理論的である。例えば，彼の 1957 年の本，『言語行動 (*Verbal Behavior*)』，それに彼の 1971 年の

『自由と尊厳を超えて（Beyond Freedom and Dignity）』に彼の科学の社会―政治的提案の探求がある。

科学の哲学

スキナーは，最初は厳密な原因―結果決定論をとったが，彼は，存在論が偶発的である――科学の成功によって選択された――経験的認識論を発展させた。その後，彼は自然論的であった。だが彼の決定論は，確率的には随伴性による（例えば，今日の学習は昨日の学習による），「歴史的出来事」としての行動の見方を考えていて，機械論的ではなかった。ここでは，知識の内容はこれまでの状況から見て偶然であり（例えば，歴史），それに対して獲得された過程は行動的には一般的だった（例えば，強化）。この説明では，心理学は自然史である――毎日の文脈の行動過程の産物である（例えば，成功の結果としての自己尊重であり，成功の原因としてではない）。一方で，実験的行動分析は自然科学である（例えば，行動過程）。

1974 年ごろの専門と私生活

スキナーは 1974 年，名誉教授としてハーバード大学を退職したが，行動分析のそれぞれの分野で基本的論文を作成し続けた。その最後の総合的まとめが，彼の 1974 年のテキスト『行動主義について（About Behaviorism）』である。この直前の 1972 年に，彼はアメリカ・ヒューマニスト協会から，いくつかの社会的貢献を強調したヒューマニスト年間賞を獲得した。その後，スキナーは，次第に自分の実証的，概念的研究の価値とその応用的提案に中心を置くようになった。1974 年に私生活の面で，彼とイブは 37 回目の結婚記念日を祝った。イブはボストン美術館のガイドであった。ジュリーとデボラは専門職に就いていた。ジュリーはウェストバージニア大学の教育心理学の教授であり，デボラはイギリスで芸術家とレストラン評論家になっていた。娘たち 2 人は結婚した。デボラの夫はバリー・ブザン（Barry Buzan），ジュリーの夫はアーネスト・バーガス（Ernest Vargas）で，ジュリー夫妻はリサ（Lisa）（1966 年生ま

れ）とジャスティン（Justine）（1970年生まれ）という子どもに恵まれた。

応用行動分析

　「応用行動分析」は，「固有な行動の向上に行動の原理を……応用する過程であり，そして同時にどんな変化が記録されているかを評価することは応用の過程にまさしく帰属する」(Baer, Wolf, & Risley, 1968, p. 91) と定義されるが，それは，個人的，社会的，文化的重要性を持つ問題へのスキナーの科学の基本的な応用である。スキナー自身は技術的には応用行動分析家ではなかったが，注目すべき応用研究にとりかかった。1930年代と1950年代の間に，彼は潜在発話研究の「言葉の加算器」を作った。また，行動薬理学（例えば，カフェイン），行動統合（例えば，不安），人間のオペラント行動（例えば，精神病患者への対応）の独創的研究を発表した。さらに精神病と心理療法の解説を発表した。だが他の3つのプロジェクトについては知られていない。

　まず，戦争遂行の一環として，彼は，ミサイルを目的地に導くことができる行動として，鳩にディスク上の画像をつつくことを教える方法を考案した。軍部では採用されなかったが，この研究は反応形成の研究の基礎になった。次に，デボラの養育のためにイブを助けて，スキナーはベビーサークルとベビーベッドに替わる「赤ん坊のお守り」を作った。それは環境の制約をはずすものだった。それは動くもので，透明なアクリル樹脂のフロントを備えていた。それは熱と湿気のコントロール，それに空気ろ過の機能を持っていた。その結果，デボラは家族との相互交流がよくできて，活動的で健康的であった。第3に，戦後，「若者は何をすべきか」という問いに答えて，スキナーは1948年に，日常生活に行動分析を取り入れたコミュニティについての小説『ウォールデン　森の生活2 (Walden Two)』（邦題『心理的ユートピア』）を書いた。彼は，若者は戦前の諸事実を受容せずやってみるべきだと主張した。彼らは不要物のリサイクルの技術，ワークシェア経済，もちろん，教育もやってみるべきなのだ，と。

教 育

　『ウォールデン 森の生活2』における彼の教育への処方箋は，自分の次の研究を予知するものであった。すなわち，学習はその当然の結果（段階づけではなく正確さ）でプラスに（マイナスではなく）強化される，教授は経験的に裏打ちされている（ただ論理的に計画されたのではない），教育過程はレディネスで段階づけられている（年齢ではない），さらに教育目標は内容と過程の両方を強調している（例えば，思考）。5年後，『科学と人間行動（Science and Human Behavior）』の中でスキナー（1953, pp. 402-412）は，文化的実践として教育の行動的解釈を提示している。その実践の目的は，「未来のあるときに個人と他者にとって有効な」（p. 402）行動を確立することである。この行動は，例えば，歴史については主に言葉である（例えば，「スプートニク1号は1957年10月4日に打ち上げられた」）。

　スキナーの分析と解釈の実践的提案は明らかだったが，彼は1953年の11月11日——デボラのクラスの「父親の日」——にデボラの4年生の数学の授業に出席するまでは，行動へと駆り立てられることはなかった。彼は取り乱して帰った。教育の方法は，行動について知られているものとは矛盾している。「［デボラの］教師は，教授の2つの基本原理を踏みにじっている。生徒たちは，自分の勉強が正しいか間違っているかをすぐには知らされない……そこで彼らは準備性や能力とは関係なく同じペースでみんな進んでいる」（Skinner, 1983, p. 64）。スキナーは，最初の解決策は技術的支援にあると考えた——それはティーチングマシンとプログラム学習による支援のことだった。

　ほんの数日で，彼はこれらのマシンとそのプログラムの原型を組み立てていた。2，3ヶ月のうちに，彼は全国会議でスペリングと算数を教えるマシンを披露し，教育に関する自分の最初の論文「学習の科学と教授の技術（The Science of Learning and the Art of Teaching）」（Skinner, 1954）を提出した。4年のうちに，彼は同僚のロイド・ホム（Lloyd Homme），スーザン・メイヤー（Susan Meyer），それにジェームズ・ホランド（James Holland）とプログラミングの研究を行った（Holland & Skinner, 1961参照）。彼は，ハーバード大学で研究スペー

スを，フォード財団から助成金を確保した。そして彼は教師としての大きな成功を享受して，自分の授業でプログラム化された教材を使用していた。10年とたたないうちに，彼は，*Science* と *Scientific American*，それに教育ジャーナルに自分の研究の進行を報告していた（例えば，Skinner, 1958, 1961a, 1961b, 1963）。学会が創設され，会議が開催され，ジャーナルが創刊された。そして，研究に資金が出され，本が発行され，会社が発足し，マシンとプログラムが販売され，文化が注目した（Skinner, 1965b; Lumsdaine & Glaser, 1960 参照）。要するに，スキナーは教育心理学と文化全体の運動を始めたのであった（Benjamin, 1988; Vargas, 1996; Galanter, 1959 参照; Smith & Moore, 1962）。それに関する彼の主な研究は，(a) 標準の教育実践の批判，(b) 構成的選択肢，(c) 彼の選択肢へのいくつかの反対論の検討である。

標準の教育実践の批判

　自分の行動科学とデボラの教室の観察に基づいて，スキナーは以下のことを指摘している。教育的強化は一般に後ろ向きであり前向きではない（例えば，批判，失敗）。この回避的コントロールは，逃避と回避（例えば，不登校，落第），反対制御（例えば，攻撃，破壊行為），神経症（例えば，不安，アパシー）のような副作用を生じる。教育的強化が前向きのときでも，それはよく曖昧に定義されている（例えば，教育の「効用」）。あるいは，進歩主義教育の場合には，必要な学習のわずかな部分の当然の結果にだけ非常に狭く限定される。さらに，教室条件は最適とはとても言えない。すなわち，強化はまれであり（例えば，試験），しかも遅い（例えば，成績の評点）。学習カリキュラムはほとんどプログラム化されておらず（例えば，知識の連続的接近へのステップが大きすぎる），そして教室の展示と備品（例えば，映画）は生徒を受身の学習者として扱っている。結局，割り当ててテストすること，話してテストすること，試行錯誤の学習の教授法は実施することはなく，それはただ学習と学びの学習について生徒に責任を負わせるのである。

　親と教師は，結果として得られた悪い学業成績が説明的な構成要素であると考えている（例えば，よくない気持ち，よくない情報処理）。一方，学校は，もっ

と固有の魅力を持つ内容を強調して，カリキュラムの要求を減らす。教育者たちが改革を求めるときは，彼らは，普通，教授法——学習の観点から定義された教授——よりも，思想（例えば，フリースクール，子どもまるごと），学校（例えば，多くの学校，モデル学校），教授基準（例えば，多くの学習，多くの時間），教師（例えば，多くの教師，多くの資格），教材（例えば，よい教科書，作り変えられた展示），教材と備品（例えば，魅力的な教科書，テレビ）に関心を持っているのである（Reese, 1986 参照）。

構成的選択肢

スキナーは以下の異議を唱えた。教育的強化はプラスである（例えば，正答した自然の結果である），教育的随伴性は即時である（例えば，正しく行動することを「自動的に」強化する），教材は効率的にプログラムされている（例えば，小さなステップで），強化は頻繁である（例えば，多くの小ステップに対して）。問題は技術だったが，スキナーは以前に技術の問題を解決したことがあった。例えば，実験的行動分析で，彼は，工夫し，配置し，生み出し，強化の随伴性を電気機械装置で記録した。教室の指導はそれほど複雑ではなく，機械の必要もなかった。「単なる強化する機械のように，教師は時代遅れになっている……もし教師が学習研究の最近の進歩をうまく活用するつもりなら，彼女には機械的装置の援助が必要である」（Skinner, 1954, p. 95）。「学習研究の最近の進歩」とは，実験的行動分析のことである。「機械的装置」とは，ティーチングマシンとプログラム学習のことである。

実験的行動分析は，心理科学に2つの顕著な進歩をもたらした。それは行動の産出と維持を説明する基本的行動プロセスを記述した。さらに，それは行動の産出と維持の技術を自然に生み出す被験者内の実験コントロールの研究方法論をもたらした。スキナーの科学は，こうして，学習の一般化可能性の原理と教授の効果的技法を提供した。彼の後者に対する直接的寄与はティーチングマシンとプログラム学習である。

ティーチングマシン　「ティーチングマシンは，強化の随伴性を調整する簡

単な装置である」(Skinner, 1965a, p. 430)。スキナーには，それはプログラム学習を伝える装置となった（つまり，ソフトウェア向けのハードウェア）。教授が「学習の促進」だとすると，ティーチングマシンは，「私たちがいま，ゆっくり，不十分に，生徒と教師の両方が努力して教えている大部分を，急いで，徹底して，促進的に」教授する手段である (Skinner, 1961a, p. 92)。スキナーの創造的な手腕で，それらの企画は，1950年代に，授業内容を教えテストするものから（例えば，質問と解答のついたカードがスライドできる窓つきのマニラ麻の容器），新しい行動を形成するもの（例えば，質問を提示し，答えをうながし，解答を示すために回転するカバーのついたディスク）に発展した。後者の設計仕様には，(a) それに関する質問への回答とは別に，授業内容を紹介し，(b) 生徒に答えを，認知し選択するだけでなく，想起させ構成させ，(c) 生徒の答えの即時の結果として，解答を示す（例えば，正解だ）とある。どんな設計仕様も，プログラム学習の手段と目的に基づいて指示が与えられ，機械自体が教えるのではない。プログラム学習は，ティーチングマシン運動へのスキナーの批判的貢献だったのである。

プログラム学習　プログラム学習の目的は，個人のペースに合わせることである。生徒たちは自分のペースで教材を進める。生徒みんなに規定された速度はない。プログラム学習の方法は，構造的であり機能的である。構造上は，教材は小ステップに分かれ，「妥当な系統的順序」に並べられている。つまり，複雑な最終の結果に連続して接近する順である。スキナーは，この点に関して，ヨハネス・アーモス・コメニウス (John Amos Comenius) の予見によく言及した。連続的接近は必要だが，教授には十分ではない。それぞれの接近は，次のものが提示される前に習得されなければならない。これは，スキナーが認めたように，ソーンダイク (1912) によってすでに予見されていた。「もし，機械的発明品の偉業によって，本の1ページ目の指示をやり終えた生徒だけに2ページ目が見えるように配置されると，いま個人指導が必要である多くのことが，本に印刷される」。ティーチングマシンとそのプログラムはそんな本を構成するのである。

　機能的には，プログラム学習は3つの用語の随伴性，特に反応の結果と先

表 10-1
プログラム学習の例

完成させる文章	補充語
1. 懐中電灯の重要部分はバッテリーと電球である。懐中電灯を「点灯する」ときは，＿＿＿とバッテリーをつなぐスイッチを閉じる。	電球
2. 懐中電灯を点灯するときは，電流が＿＿＿の細線を流れそれを熱する。	電球
3. 熱線が輝くと，私たちはそれが熱と＿＿＿を発するか送ると言う。	光
4. 電球の細線はフィラメントと呼ばれる。電球はフィラメントが＿＿＿流の通過によって熱せられると，点灯する。	電
5. 弱いバッテリーがわずかな電流しか生じないと，細線や＿＿＿はあまり熱くならない。	フィラメント
6. 熱くないフィラメントは＿＿＿光を送り発する。	わずかな
7. 「放射」は「送る」を意味する。フィラメントによって送られる，あるいは「放射される」量は，フィラメントがどれくらい＿＿＿かによる。	熱い
8. フィラメントの温度が高ければそれだけ，放射される光は＿＿＿。	より明るい，より強い
9. 懐中電灯のバッテリーが弱いと，電球の＿＿＿はそれでも輝いているが，鈍く赤い色である。	フィラメント
10. 非常に熱いフィラメントの光は黄色か白色である。あまり熱くないフィラメントの光は＿＿＿である。	赤色
11. 鍛冶屋や他の金属細工師は，鉄の棒をハンマーで打って形を作る前に，鉄の棒が「イチゴ色」になるまで熱せられているかを確かめる。彼は熱が示す棒から放射される光の＿＿＿で判断するのである。	色
12. 光の色と量は，発光するフィラメントか棒の＿＿＿によるのである。	温度
13. 熱いために光を放射するものは「白熱」と呼ばれる。懐中電灯の電球は＿＿＿の白熱源である。	光
14. ネオン管は光を放射するが冷たいままである。そこで，それは光の白熱＿＿＿ではない。	源
15. ろうそくの炎は熱い。それは光の＿＿＿源である。	白熱
16. ろうそくの熱い芯は，炎となる炭素の小部分か小片を発する。燃える前か燃えている間，熱い小片は光を発するか＿＿＿する。	放射
17. 長いろうそくの芯は，酸素がすべての炭素の小片に届かないときに炎を出す。酸素がないと小片は燃えない。燃えない小片は＿＿＿として炎の上に上がる。	煙
18. 炎の中に金属部分があると，煙が出ないときでも，ろうそくの炎に炭素の小片があるのを示すことができる。金属は小片のいくつかを燃える前に冷やす。燃えない炭素の＿＿＿は煤として金属に集まる。	小片
19. 煤や煙の炭素の小片は，炎にあるときよりも＿＿＿ので，もう光を放射しない。	より冷めている

表 10–1
（つづき）

完成させる文章	補充語
20. ろうそくの炎の赤みを帯びた部分は，弱いバッテリーの懐中電灯のフィラメントと同じ色をしている。ろうそくの炎の黄色か白い部分は，赤みを帯びた部分よりも_____。	より熱い
21. 白熱電気の光を「消すこと」は，フィラメントが非常に_____光を放射できないように電流を止めることを意味する。	冷たくて
22. オイルランプの芯に火をつけることは，ランプを_____と言う。	点灯する
23. 太陽は，熱と光の主な_____である。	源
24. 太陽は明るいだけでなく非常に熱い。それは光の強い_____源である。	白熱
25. 光はエネルギーの一形態である。「光の放射」では，物体は_____の形態から別の形態へ変わるか「変換される」。	エネルギー
26. 懐中電灯のバッテリーで補充された電気のエネルギーは，_____と_____に変換される。	熱，光；光，熱
27. もし懐中電灯をつけたままにしておくと，バッテリーに蓄えられたエネルギーは，おしまいには，熱と明かりに変わるか_____。	変換される
28. ろうそくの炎の明かりは，ろうそくが燃えるときの，化学変化によって放出された_____による。	エネルギー
29. ほとんど「なくなった」バッテリーは，懐中電灯を触ってみると温かくなっているが，フィラメントはまだ光を放射するほどではない――言い換えると，フィラメントはその温度では_____しない。	白熱
30. フィラメント，炭素小片，鉄の棒のようなものは，摂氏 800 度くらいの熱になると白熱する。その温度で，それらは_____始める。	光を出し
31. 摂氏 800 度を超える温度に上がると，鉄の棒のようなものは光を放射する。棒は溶けたり蒸発することはないが，その小片は熱さにかかわらず_____する。	白熱
32. 摂氏 800 度くらいが，小片が光を放射するために必要な最低限の温度である。光の放射が生じる_____の上限はない。	温度
33. 太陽光は，太陽の表面近くの非常に熱いガスによって_____される。	放射
34. 核爆発に似た複雑な変化は，太陽による光の_____を説明する高熱を生み出す。	発光
35. 摂氏_____度くらいより下では，物体は光の発熱源にはならない。	800

注：高校物理のプログラムの一部。マシンは 1 度に 1 項目を提示する。生徒は項目を埋め，それから右に示された語や句を開く。

"Teaching Machine" by B. F. Skinner, 1958, *Science*, *128*, p. 973 より，許可を得て転載，Copyright 1958 American Association for the Advancement of Science.

例に基づいている。この結果とは，最終遂行へのそれぞれの連続的接近の正しい答えであり，接近が適切にプログラムされると，そのときの生徒の回答の95%が正解である。このように豊かなスケジュールの反応をすぐに強化する。だが，強化がプログラムされる前に反応がまず生じる。これは，その前例をプログラムすることである。それはスキナーが『言語行動』(Skinner, 1957)から引き出した技法——プライミング，プロムプティング[訳注2]，「消去」をプログラムすることである。プライミングは以前に獲得された反応を生じさせるか反応を準備する（例えば，「懐中電灯の重要部分はバッテリーと電球である。懐中電灯を「点灯する」ときは，＿＿＿＿とバッテリーをつなぐスイッチを閉じる」）。順番でテーマに沿ったプロムプティングは，完全なあるいは拡大された反応を起こすために部分的反応の手がかりを与える（例えば，「懐中電灯を点灯するときは，電流が＿＿＿＿の細線を流れそれを熱する」）。消去やフェーディングはプロムプトをゆっくり取り去り，反応はそれらから独立する（例えば，「熱線が輝くと，私たちはそれが熱と＿＿＿＿を発するか送ると言う」）。これらの技法は，連続して習得された「コマ」の連続における固有な内容（例えば，つづり字，代数，物理学，神経学）に組織的に使用されるとき，結果は指導の「プログラム」となる（例えば，Sidman & Sidman, 1965）。表10-1は，先の挿入例で始まるプログラムの一部である。

　プログラミングは難しい。それは3つの異なったレベル——文化（教育），個人間（教授），個人（学習）の随伴性の相互セットにおけるプログラマー，プログラム，生徒たちの複雑で微妙な相互関係である。個人レベルでは，学習は，生徒に，(a) 進む前にいまの教材を習得し，(b) 準備ができたときだけ新しい教材が提示され，(c) 前述した技法によって間違いのない答えを出し，さらに，(d) 即時で頻繁な強化によって動機づけられることが必要である。個人間レベルでは，教授は，プログラマーに，(a) 固有の内容を明確にし，(b) それを順番に配列し，(c) 刺激コントロールのもとで生徒に反応を起こさせ（例えば，言葉の「意味」を知らせ），(d) これらのコントロールを転移し増やし（例えば，等価の意味について「指導」をし），(e) 行動をしっかり維持するために先行する教材に新しい教材を統合し（「実を結ぶ」），(f) そのときの反応が95%正解になるプログラムを作り（例えば，興味と動機づけを維持する），(g) 95%以下

の習得にならないように責任を持つこと(つまり生徒を責めない)を求める。文化的レベルでは，教育は，(a) プログラマーが生徒にみごとなプログラマーになるまで指導し，(b) 生徒がプログラマーに自分たちはプログラミングを学んだと認められることを求めるのである。このことは，知識が将来の選択の文化(つまり，進化論的認識)において保持されていることと，知識が効果的に分析されること(つまり，経験論的認識)を確実にする。後者に関しては，スキナー(1961b)は，「私たちはそれを知らせる現実の問題を解いたあとでのみ，知識の性質を十分に理解することができる」と述べている (p. 392)。

随伴性のこれらのセットは連結されているのだが，1つのメタ随伴性がそれらを結局維持する——つまり文化的生存である (Skinner, 1984)。学習，教授，教育が実践を定着させている文化は，そうしない文化よりもはるかに存続しやすい。1954年にスキナーをあわてさせたのは，これらの実践が科学というより技術であることだった。実験的行動分析が，すでに学習の科学と教授の技術を提供していたのだが。1950年代と1960年代において，ティーチングマシン運動がこの科学と技術をもたらし，利用した (Benjamin, 1988)。それは，学習と教授についての私たちの理解を非常に深めたのであった (Vargas & Vargas, 1996)。またそれは，学力を著しく向上させたのである (例えば，Rushton, 1965)。

反対論と検討

ティーチングマシン運動は，盛んになったが議論も引き起こした。実際，運動への反対論が，スキナーが最初の機械を作る前に出されている。だが私たちの啓蒙的な伝統である西欧文化は，自然主義的世界観を十分には支持しなかった。この文化は，自然科学の目的と範囲について常に懸念を持っていた(例えば，ロマンチスト，宗教がそうである)。社会評論家と社会解釈者たちは，心理学の科学(例えば，非人間化，科学主義)について学問上の疑念を持っていた。個人は行動工学には慎重であった(例えば，コントロール)。スキナー(1948, 1953)はこれらへの反対論——そのいくつかは誤解 (Sparzo, 1992; Todd & Morris, 1992 参照) であるが——をあらかじめ検討していた。ティーチングマ

シン運動の文脈では,彼は以下のような,さらに特別な例も見込んでいたのである。

学んでいるものの特質　スキナーの研究は,知識を反応に,思考を事実に還元した「機械論的」用語で,人間の知識と思考を分析したために批判された。彼の回答は3つの部分からなる。まず,これらのような分析は,説明概念(例えば,生気論)を自然の過程と産物(例えば,生物)に還元して,多くの教材の理解に有効であることがこれまで証明されてきた。2つ目に,知識と思考は,説明概念ではなく記述概念である。例えば,「代数方程式を解く知識」は心的過程ではなく,非常に微妙で複雑な行動のレパートリーである。3つ目に,授業内容とは無関係にプログラム学習は実際に思考を教えられる。例えば,思考が構成的な自己管理の一形態(例えば,問題解決)である場合には,それは論理,行動について知られているものと科学的方法を使用して,分析され,同定され,教えられる。プログラム学習は,生徒に学ぶこと,例えば,教科書を選んで関心を向け,また関連のない教材を除くことを教えられる。行動のレパートリーとして知識,思考,学習を再概念化することは,教育目的と結果の詳細をはっきりさせるのである。

学習と学習者の特質　もう1つの批判は,生徒がティーチングマシンに依存するようになり,個性が抑えられ,成績の評点は意味がなくなるというものである。スキナーには,生徒がマシンに頼る一般化の問題であり,一般化はプログラムされる(例えば,生徒はマシンから「離される」)。いくぶん皮肉なことに,ティーチングマシンの優れている点は,例えば,家庭の指導,通信教育課程,遠隔学習のように教室場面とは関係なしに使用されることである。それらは教師がいない時間と場所で有効なのである。

　個性については,スキナーは「私たちの1人ひとりは,まったく独自の存在だが,それは私たちが自然に発生してくる能力を持っているという意味ではない……私たちは,私たちの遺伝的,個人的歴史に定められているように行動しなくてはならない」(Houghton & Lapan, 1995, pp. 34-35)と主張した。プログラム学習では,個性は習得の変数ではなく,生徒の進度の変数である。習得

されたプログラムの数が観察されるのであり，いかによく習得されたかではない。また皮肉交じりに言えば，プログラム学習には優れた点がある。それは，すべての生徒に自信——もっと学習をしたい——を持たせることによって動機づけの差を減らせるのである。それは，指導をあきらめずに（例えば，点字を伝達手段に使う）身体障害（例えば，感覚障害）を考慮して組み立てられる。そして，それはマイペースであり，対応の枝分かれを含むことができるので，基準値，速度，学習のメンテナンスの，個人差（例えば，知能）に合わせられる。

　成績の評点については，意味がなくなりはしないが，意味が違ったものになる。成績の評点は，生徒の平均やそれ以外の習得レベルを反映しない。習得レベルでは，Aは教材の100％のうちの75％を習得したことを意味する。だが成績の評点は，生徒が習得した教材量について生徒間の違いを反映している。そこでは違いとは，Cは授業内容の75％の100％を習得した意味になるかもしれない。

教授の特質　　ティーチングマシンは，教室の教師の立場を傷つけ脅かすという理由でも批判される。それとは逆に，スキナーは次のように主張する。ティーチングマシンが教師を取り除かないのは，研究器具が研究者を取り除かないのと同じである。それらが除くのは，「退屈な仕事」（例えば，評点づけ）と義務（例えば，厳格にする）であり，教室での接触や責任（例えば，指導プログラムの洗練，授業内容を魅力あるようにすること）ではない。教師は，文化的，知的，情動的刺激と支援のよいリソースとなり，貧弱なリソースではなくなる。結局，彼らは，より多くの生徒たちにもっと徹底して教材を教えられるだろうし，自分たちの専門的，経済的地位を向上させられるのである。

ティーチングマシン運動

　これらの反対に対するスキナーの反論にもかかわらず，彼が最初のティーチングマシンを作った10年後，運動は行き詰まり始めた。25年の間に，わずかなマシンだけが普通教育の教室に残った。それらは，補習教育，私立学校，ビジネス，産業，軍隊に追いやられた。ティーチングマシン運動は，内的な理

由と外的な理由で失敗した（Benjamin, 1988; Bjork, 1993, pp. 167-190)。スキナーによれば，内的には，アメリカの産業は彼が思いを巡らせていた課題に取り組むまでには到達しなかったし，プログラミングを理解するプログラマーはごく少数であった。低水準の技術がその市場に殺到したのである。外的には，反対派が勝ったのである。ティーチングマシン運動の哲学は，心と身体の二元論の規範，自由と尊厳，個人の責任，とは矛盾していたのである。その技術は，指導の目的が行動ではなく心に注意を向けている伝統に挑戦したものだ。そのため，指導方法は，生徒に学ぶことを教えないで学んだ生徒を選択した。しかし，教授はもっと個人的なもので，それほど機械的なものではない。

　これらの規範と伝統が私たちの国民性に深くしみ込んでいると，科学の適用に関する政策決定は，ごく自然にその影響のもとで下される。特に教育研究は，効果が使用を保証しない範囲までも，文化的，制度的圧力によって大きく影響される。適切な例としては，1960年代後半の国家プロジェクト遂行研究（つまり，ヘッドスタートの「遂行」）は，22の教育モデルを比較し，スキナーの教授技術に基づいたもの——指示的指導と行動分析——が，より標準的様式（例えば，情動—認知；Becker, 1978参照）に基づくものと比較して，優れた結果を出していることを見出した。だが，これらの2つのプログラムは，最善の実践を求めて計画されたようには，その後別個には採用されなかった。プロジェクトは政治問題化した（Watkins, 1997)。教育は，生徒たちが科学的に妥当な指導実践を享受することを保障するために，今日でも依然として努力を続けている（Bushell & Baer, 1981)。

専門と私生活——1965～1990年

　スキナーにとっては，ティーチングマシン運動の不成功は，マシンやそのプログラミング自体の失敗ではなかった。彼はその可能性を楽天的に考えていた。さらに彼は，効果が教育実践のそれ以後の分析を妨害することを懸念して，教師の困難に対する初期の解決策としてだけマシンやそのプログラミングを考えていた。その結果，1960年代の半ばに，彼は，発達障害，精神遅滞，精神病の実験的行動分析（例えば，Wolf, Risley, & Mess, 1964; Skinner, 1965a,

1968a, 1968b 参照）の広い適用の一環としてティーチングマシンの推奨を始めた。さらに，彼は，教育方法（例えば，行動目標），学級経営（随伴性管理），大学の指導（例えば，指導の個別化されたシステム；Keller, 1968；Skinner, 1969, 1973, 1974 参照）を取り上げて，教育デザインを超えた教育技術の提唱にまで広げた。これらの，個人をさまざまな形で発達させ，生活を向上させようとする努力は，さらに多くの専門的評価につながった。すなわち，1971 年の精神遅滞に関するジョゼフ・P・ケネディ財団の国際賞，1978 年のアメリカ教育心理学会からの教育研究の顕著な貢献に対する賞である。

その後数年，スキナーは教育に関心を持ち続けたが，彼のティーチングマシンとプログラム指導の見解はより弁護的になり，彼のやり方は執拗で，沈痛で，空想的になった——おそらくは落胆したのであろう（Skinner, 1984, 1986, 1989）。例えば，1970 年代に彼は「教育は文化の 1 つの重要な機能である——おそらく長い目で見るとその最も重要であるか唯一の機能だ」（Skinner, 1973, p. 448）と主張したが，1980 年代には以下のようにたしなめている。「これらの進歩から生じる（教授の）技術と一緒に，人間行動の理解の科学的進歩の受け入れを望まない文化は，文化それ自体によって結局は取って代わられることになる」（Skinner, 1984, p. 953）。スキナーの教育についてのよく知られた見解は，自分のエネルギーを他の問題——心理学の命運，政治と平和，文化改革に向けたときいっそう力を失った。実際には，彼は亡くなるまで行動分析のどの分野でも積極的に仕事をした。彼は，1990 年 8 月 18 日白血病で亡くなった。86 歳だった。その日は，彼がアメリカ心理学会の最初の顕著な生涯の心理学貢献賞の受賞式の 9 日前で，その演説の原稿を完成させたあとだった（Skinner, 1990）。彼は，イブ，ジュリー，デボラ，リサ，ジャスティンを残して亡くなった。

結論

スキナーの教育心理学への遺産は，彼の貢献をユニークにした知的，文化的，個人的要素の合流点にある。同時に，個々に見ると，これらの要素は他の

心理学者たちの成果を共有していた。彼はこのように時代に先行し，また時代とともに生きた。

彼はウィリアム・ジェームズのように，なぜ心と身体が存在するかを問う機能主義者だったが，心理主義的ではなかった。彼は行動としての心の機能概念を作り出した。G・スタンレー・ホールのように，彼は選択主義者だったが，目的論的ではなかった。彼は「目的行動」——結果によって強化される行動の科学を創設した。アルフレッド・ビネーやエドワード・ソーンダイクのように，彼は行動の測定方法を向上させたが，精神測定学者ではなかった。彼はリアルタイムに行動を記録し，厳密な実験的コントロールを使用した。ジョン・デューイのように，彼は反射弓概念，本質的哲学，嫌悪コントロールを批判し，有効な対立する考えを提供した。彼は分析の単位として3用語の随伴性を提供した。彼はこれまでの随伴性（例えば，強化の履歴）と現在だけの行動プロセス（例えば，強化）について述べた。それに，彼はプラスの強化の有効性を示した。

今後も，スキナーの哲学，科学，技術はそれぞれ可能性を持ち続けるであろう。彼の哲学は，極端に相対主義でないが，論理実証主義を組み入れた選択肢を提供する。それは抗基礎的であるが自然に基礎を置いている。そしてその存在論と認識論は進化している（Smith, 1986; Zuriff, 1980）。彼の科学は，心理学の至るところで基本的行動の過程を提供している（Catana, 1998）。認知心理学と神経科学は，「知識」と呼ばれる範囲の構造と神経組織がどのように「知ること」に関わるかを記述するが，それらは行動と関係のない科学を補っても取って代わることはない（Donahoe & Palmer, 1994）。結局，彼の教授技術は，必ずしも明確ではないが，教育の主流部分となってきている（Sparzo, 1992）。行動目的は，教育の説明責任の基本的な「遂行」目的である（例えば，Education for All Handicapped Children Act of 1974, Pub, L. No. 94-142）。プラスの強化は，最善の練習として広く認められている「フィードバック」である（Chance, 1992）。刺激のコントロールは，指導教材とプログラムを開発するのに使用されている（Jensen, Sloane, & Young, 1988）。そして行動に基づいた制度，学校，プログラムは前述のものすべてを反映している（例えば，Direct Instruction, Precision Teaching; Bijou & Ruiz, 1981; Crandall, Jacobson, & Sloane, 1997; Frederick, Deitz,

Bryceland, & Hummel, 2000；West & Hamerlynck, 1992)。

　スキナーの遺産は，ほぼ間違いなく過去ではなく将来に向けられている。彼は問題解決において独創的だった。教育は解決しなければならない問題だった——いまでもそうである。彼は，技術を進歩させる点でも進歩主義者であった。教育には技術が欠けていた——そしていまでもそうである。彼は自分の科学においては自然主義者であった。教育は社会科学であり，精神科学であった——いまもそうである。実証科学だけが私たちに以下のことを教えてくれる。これらの規範が，個人的，社会的，文化的実践の自然の範囲を反映しているかどうか，あるいはその規範が変化にこれまで随伴したり従うものであるかを。そうでなければ，スキナーは実証科学を望まなかっただろう。実験的行動分析こそが彼の遺産である。

謝　辞

　優れた教師であったエレン・P・リーズ（Ellen P. Resse）(1926-1997)の思い出に捧げる。私が本章を彼女の代わりに書いたのだが，編集者たちに推薦してくれたモントローズ・M・ウルフ（Montrose M. Wolf），本稿への洞察力のあるコメントをいただいたフィリップ・N・ハイネリン，カレン・L・マーン（Karen L. Mahon），ジョージ・B・ゼンバ（George B. Semb）に感謝する。

訳　注

1——ウィリアム・ジェームズを偲んで創設され，エドガー・ピアースの遺産が基金になっている招待講演会のメンバー。
2——キューイングに同じ。プログラム学習の技法で，学習者に誤りを生じさせないように手がかり刺激をいくつかつける試みのこと。

文　献

Baer, D. M., Wolf, M. M., & Risley, T. R. (1968). Some current dimensions of applied behavior analysis. *Journal of Applied Behavior Analysis, 1*, 91-97.

Becker, W. C. (1978). The national evaluation of Follow Through: Behavior theory-based programs come out on top. *Education and Urban Society, 10*(4),431-458.

Benjamin, L. T. (1988). A history of teaching machines. *American Psychologist, 43*, 703-712.

Bijou, S. W., & Ruiz, R. (Eds.). (1981). *Behavior modification: Contributions to education*. Hillsdale, NJ: Lawrence Erlbaum Associates.

Binet, A. (1911). Nouvelles recherches sur la mesure du niveau intellectuel chez les enfants d'ecole [New investigations in the measurement of the intellectual level of school children]. *L'Annee Psychologique, 17*, 145-201.

Bjork, D. W. (1993). *B. F. Skinner: A life*. New York: Basic Books.

Bushell, D., & Baer, D. M. (1981). The future of behavior analysis in the schools? Consider its recent past, and then ask a different question. *School Psychology Review, 10*, 259-270.

Catania, A. C. (1998). *Learning* (4th ed.). Upper Saddle River, NJ: Prentice-Hall.

Chance, P. (1992, November). The rewards of learning. *Phi Delta Kappan*, 200-207.

Chiesa, M. (1992). Radical behaviorism and scientific frameworks: From mechanistic to relational accounts. *American Psychologist, 47*, 1287-1299.

Crandall, J., Jacobson, J., & Sloane, H. (Eds.). (2000). *What works in education* (2nd ed.). Cambridge, MA: Cambridge Center for Behavioral Studies.

Dewey, J. (1896). The reflex arc concept in psychology. *Psychological Review, 3*, 357-370.

Dewey, J. (1916). *Democracy and education: An introduction to the philosophy of education*. New York: Macmillan.

Donahoe, J. W., & Palmer, D. C. (1994). *Learning and complex behavior*. Boston: Allyn & Bacon.

Education for all Handicapped Children Act of 1975, Pub. L. No. 94-142, 20 U.S.C. 1401 et seq, 89 Stat, 773-796 (1977).

Frederick, L. D., Deitz, S. M., Bryceland, J. A., & Hummel, J. H. (1997). *Behavior analysis, education, and effective schooling*. Reno, NJ: Context Press.

Galanter, E. (Ed.). (1959). *Automatic teaching: The state of the art*. New York: McGraw-Hill.

Hall, G. S. (1904). *Adolescence* (Vol. 1-2). New York: Appleton.

Hayes, S. C., Hayes, L. J., & Reese, H. R. (1988). Finding the philosophical core: A review of Stephen C. Pepper's *World hypotheses: A study in evidence. Journal of the*

Experimental Analysis of Behavior, 50, 97-111.

Holland, J. G., & Skinner, B. F. (1961). *The analysis of behavior.* New York: McGraw-Hill.

Houghton, R W., & Lapan, M. T. (1995). *Learning and intelligence: Conversations with B. F. Skinner and R. H. Wheeler.* Dublin, Ireland: Irish Academic Press.

James, W. (1899). *Talks to teachers on psychology.* New York: Holt.

James, W. (1904). Does "consciousness" exist? *Journal of Philosophy, 1,* 477-491.

Jensen, W. R, Sloane, H. N., & Young, K. R (1988). *Applied behavior analysis in education.* Englewood Cliffs, NJ: Prentice-HalL

Keller, F. S. (1968). "Good-bye teacher…" *Journal of Applied Behavior Analysis, 1,* 79-84.

Lumdsdaine, A. A., & Glaser, R (Eds.). (1960). *Teaching machines and programmed learning.* Washington, DC: National Educational Association.

Malone, J. C. (1990). *Theories of learning: A historical approach.* Belmont, CA: Wadsworth.

Michael, J. (1985). Behavior analysis: A radical perspective. In B. L. Hammonds (Ed.), *Psychology and learning* (pp. 99-121). Washington, DC: American Psychological Association.

Morris, E. K. (1992). The aim, progress, and evolution of behavior analysis. *The Behavior Analyst, 15,* 3-29.

Morris, E. K. (1993). Behavior analysis and mechanism: One is not the other. *The Behavior Analyst, 16,* 25-43.

O'Donnell, J. M. (1985). *The origins of behaviorism: American psychology, 1870-1920.* New York: New York University Press.

Reese, E. P. (1986). Learning about teaching about teaching about learning: Presenting behavior analysis in an introductory survey course. In V. P. Makosky (Ed.), *The G. Stanley Hall Lecture Series* (Vol. 6, pp. 65-127). Washington, DC: American Psychological Association.

Rushton, E. W. (1965). *The Roanoke experiment.* Chicago: Encyclopedia Britannica Press.

Sidman, R. L., & Sidman, M. (1965). *Neuroanatomy. Vol. 1.* A programmed text. Boston: Little, Brown.

Skinner, B. F. (1938). *Behavior of organisms.* New York: Appleton-Century-Crofts.

Skinner, B. F. (1945). The operational analysis of psychological terms. *Psychological Review, 52,* 270-277, 291-294.

Skinner, B. F. (1947). Experimental psychology. In W. Dennis (Ed.), *Current trends in psychology* (pp. 16-49). Pittsburgh, PA: University of Pittsburgh Press.

Skinner, B. F. (1948). *Walden two.* New York: Macmillan.

Skinner, B. F. (1950). Are theories of learning necessary? *Psychological Review, 57,* 193-

216.

Skinner, B. F. (1953). *Science and human behavior.* New York: Macmillan.

Skinner, B. F. (1954). The science of learning and the art of teaching. *Harvard Educational Review, 24,* 86-97.

Skinner, B. F. (1957). *Verbal behavior.* New York: Appleton-Century-Crofts.

Skinner, B. F. (1958). Teaching machines. *Science, 128,* 969-977.

Skinner, B. F. (1961a). Teaching machines. *Scientific American, 205,* 90-122.

Skinner, B. F. (1961b). Why we need teaching machines. *Harvard Educational Review, 31,* 377-398.

Skinner, B. F. (1963). Reflections on a decade of teaching machines. *Teacher's College Record, 65,* 168-177.

Skinner, B. F. (1965a). The technology of teaching. *Proceedings of the Royal Society, Series B, 162,* 427-443.

Skinner, B. F. (1965b, October 16). Why teachers fail. *Saturday Review, 80-81,* 98-102.

Skinner, B. F. (1967). B. F. Skinner. In E. G. Boring & G. Lindzey (Eds.), *A history of psychology in autobiography* (pp. 387-413). New York: Macmillan.

Skinner, B. F. (1968a). Teaching science in high school—What is wrong? *Science, 159,* 704-710.

Skinner, B. F. (1968b). *The technology of teaching.* New York: Appleton Century-Crofts.

Skinner, B. G. (1969). Contingency management in the classroom. *Education, 90,* 93-100.

Skinner, B. F. (1973). Some implications of making education more efficient. In C. E. Thorensen (Ed.), *Behavior modification in education* (pp. 446-456). Chicago: National Society for the Study of Education.

Skinner, B. F. (1974). Designing higher education. *Daedalus, 103,* 196-202.

Skinner, B. F. (1976). *Particulars of my life.* New York: Knopf.

Skinner, B. F. (1979). *The shaping of a behaviorist.* New York: Knopf.

Skinner, B. F. (1983). *A matter of consequences.* New York: Knopf.

Skinner, B. F. (1984). The shame of American education. *American Psychologist, 39,* 947-954.

Skinner, B. F. (1986). Programmed instruction revisited. *Phi Delta Kappan, 68,* 103-110.

Skinner, B. F. (1989). The school of the future. In B. F. Skinner (Ed.), *Recent issues in the analysis of behavior* (pp. 85-96). Columbus, OH: Merrill.

Skinner, B. F. (1990). Can psychology be a science of the mind? *American Psychologist, 45,* 1206-1210.

Smith, L. D. (1986). *Behaviorism and logical positivism: A revised account of the alliance.*

Stanford, CA: Stanford University Press.

Smith, L. D., & Woodward, W. R (Eds.). (1996). *B. F. Skinner and behaviorism in American culture*. Bethlehem, PA: Lehigh University Press.

Smith, W. I., & Moore, J. W. (Eds.). (1962). *Programmed learning*. New York: Van Nostrand.

Sparzo, F. J. (1992). B. F. Skinner's contribution to education: A retrospective appreciation. *Contemporary Education, 63*, 225-233.

Thorndike, E. L. (1904). *Introduction to the theory of mental and social measurements*. New York: Science Press.

Thorndike, E. L. (1912). *Education*. New York: Macmillan.

Todd, J. T., & Morris, E. K. (1992). Case studies in the great power of steady misrepresentation. *American Psychologist, 47*, 1441-1453.

Vargas, A. E., & Vargas, J. S. (1996). B. F. Skinner and the origins of teaching machines. In L. D. Smith & W. R. Woodward (Eds.), *B. F. Skinner and behaviorism in American culture* (pp. 237-253). Bethlehem, PA: Lehigh University Press.

Watkins, C. L. (1997). *Project Follow Through: A case study of contingencies influencing instructional practices of the educational establishment*. Cambridge, MA: Cambridge Center for Behavioral Studies.

Watson, J. B. (1913). Psychology as the behaviorist views it. *Psychological Review, 20*, 158-177.

West, R. P., & Hamerlynck, L. A. (1992). *Designs for excellence in education: The legacy of B. F. Skinner*. Longmont, CO: Sopris West.

Wolf, M. M., Risley, T. R, & Mees, H. (1964). Application of operant conditioning procedures to the behavior problems of an autistic child. *Behavior Research and Therapy, 1*, 305-312.

Zuriff, G. E. (1980). Radical behaviorist epistemology. *Psychological Bulletin, 87*, 337-350.

第11章

ジャン・ピアジェ：学習研究とアメリカの教育

C・J・ブレーナード
(アリゾナ大学)

　この100年で最も影響力のあった心理学者たちには，ジークムント・フロイト (Sigmund Freud)，B・F・スキナー (B. F. Skinner)，それにジャン・ピアジェ (Jean Piaget) の名前が必ずあげられるだろう。ここには専門の教育心理学者は誰もいないが，ピアジェとスキナーの2人は，アメリカの教育に大きな影響を与えたのである。スキナーの業績は本書の第10章で検討されている。本章のテーマであるジャン・ピアジェは，生物学，哲学，社会学のような多様な分野に豊富な貢献をした，幅広い業績を持つ研究者であった。だが何よりも，ピアジェは発達心理学者だった——多くの人たちがまさに20世紀の発達心理学者だと言い，また誰もが認知—発達心理学者だと言うだろう。
　間違いなく，ピアジェ自身が称賛され最も記憶にとどめられたいと望んでいたのは，認知的成長の基本的メカニズムの研究についてである。彼の知能の個体発生の段階モデルとこれらの段階に現れてくる論理的スキルの研究（保存，対象の永続性，視点取得，均衡，蓋然性など）は，巨匠の重要な特徴と言ってよく，2世代に及ぶ心理学の入門者の教科書の素材であった。これがピアジェの科学的遺産の中心だが，教育，特にアメリカ教育に及ぼした彼の影響も非常に大きかった。30年前，彼の認知発達の理論は，就学前と小学校のカリキュラムの実践の革命的変化 (Lawton & Hooper, 1978)，1960年代の政治的社会的雰囲気と一緒に生じた変化を促進した。その変化は，教育心理学の当時の有力な学習理論の見方に逆行するものだったのだが。次の数十年間，ピアジェ派の考えは，アメリカ教育の主な変化を，新しい実例である読書指導の全体的言語研究

法で助長し続けた。

　もちろん，認知発達のある研究者の研究が教育心理学にいつまでも影響を与えたのは珍しいことではない。つまるところ，認知発達の基礎研究は教育心理学であり，それは物理学の基礎研究が工学であることと同じである。カリキュラム研究と最善の教育実践に科学的基礎を提供するのは，子どもの学習，記憶，推理の基本的法則の源である（教育の反科学的哲学が専門教育のいくつかの場所でかなりの影響を受けてきたことを認めている方法として，最近の例であるポストモダニズムを「提供すべきだ」と言わなければならない）。その結果，大学院教育の中心に認知発達研究を置かない大学の教育心理学部はごく限られている（量子物理学をよくわからないまま，マイクロプロセッサーをデザインしようとしているコンピュータ・エンジニアを想像してみたまえ！）。認知発達の科学に深く精通しないで，その法則が教育心理学者たちによって実践されるのはただの偶然にすぎない。ピアジェ（1970b）は，それをもっと簡潔に述べている。すなわち，認知発達は教育心理学の科学である。

　本章での私の狙いは，ピアジェの研究プログラムや認知発達のグランドセオリーの包括的な解釈を示すことではない。それは，スペース不足でできようもなく，ともかく本書の目的をはるかに超える。私の目的は，ピアジェの研究の教育心理学に最も重要であることがわかってきた側面にかなり注意を集中することである。ピアジェは歴史的人物なので，まず本章は略伝から始めよう。続いてすべての教育的話題の最大の関心事である，学習についての見方を扱う。これは2節に分けられる。1節目では，ピアジェの認知発達と学習の関係についての考えを述べる。それは，これらの考えを検証した著名な実験の結果を要約したものである。面白いことに，これらの実験は，ピアジェたちよりも，ほとんどアメリカの教育心理学者たちによって行われている。2節目では，教育方法のピアジェの考えを述べていて，それはまたこれらの考えを検証した著名な実験結果の要約である。この場合もやはり，実験はほとんどアメリカの教育心理学者たちによって実施されたものだ。そこで，主な歴史的意義の一要因は，ピアジェの学習についての見方の検討に由来する。30年間の大半には，ピアジェ派の理論とアメリカの教育心理学との共生的関係があった。それは，ピアジェたちから生み出された学習についての理論的提案を伴っていて，アメ

リカの教育心理学者たちの実験室から生まれたこれらの提案の検証を必要とする研究だったのである。

ピアジェの学究生活

　バートランド・ラッセル（Bertrand Russel）は，自著『西洋哲学史（History of Western Philosophy）』の中で，17世紀以降，哲学のどんな重大の進歩でもアリストテレス批判から始まっていると述べている。その理由は，それまで，アリストテレスのどの哲学上の問題についての考えも1000年の間最高位として君臨してきたので，新しい考えはアリストテレスの徹底的批判によってのみ正当化されたのである。小規模だが，認知発達研究の最近の歴史においてもよく似た現象がある。1960年代初期から1980年代初期まで，ピアジェの理論は，フロイト理論が異常心理学において過去数十年支配的だったように，認知発達理論を凌駕してきた。ここ20年間の文献は，ピアジェ研究の実相を検証し，外挿し，広める論文にほとんどあてられてきた。ピアジェ派のヘゲモニーはそれ以降大部分が退けられたが，あとで議論する研究結果のせいで，彼は依然として私たちの現代のアリストテレスである。すなわち，認知発達理論の進歩は，ピアジェ研究の関連した側面の批判的議論を通常は含むようになっている。

　だが常にそうだというわけではない。長い豊かな研究歴のほとんどの期間，ピアジェはみごとに孤立して研究していた。そこで，彼の研究はアメリカの心理学でわずかに知られているだけで，アメリカの教育界にはまったく知られていなかった。実際には，ケッセン（Kessen）（1996）が指摘したように，事態はいくぶん複雑だったのである。彼の経歴の最初から，1920年代の言語発達のいくつかの研究（例えば，Piaget, 1926）のおかげで，ピアジェはヨーロッパ心理学のスターの1人と見られていた。カール・マーチソン（Carl Murchison）は，ピアジェに，児童心理学の標準的アメリカ参考文献の初版である1931年発行の『児童心理学マニュアル（The Manual of Child Psychology）』への，子どもの哲学の章の寄稿を勧めた。ピアジェは1929年に，イェール大学に第1回国際心理学会議の代表としても招聘された。彼はまた1953年，イェール大学で知

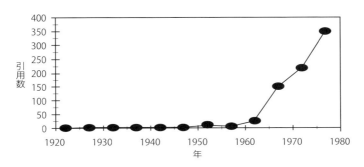

図11-1 アメリカの心理学文献におけるピアジェの研究の引用数 (Kessen, 1996 より)

覚について話すことと，ニューヨークのマーシー財団で意識について話すために招聘された。以上が一方の事情である。

他方で，ケッセン (1996) は，ピアジェが通常退職年齢になる前には，アメリカの心理学文献に彼の研究文献は実際には存在しないとも記録していた。事実，ピアジェの最初の2冊のアメリカの論文集は，彼の70回目の誕生日 (Bruner, 1966) と73回目の誕生日 (Elkind & Flavel, 1969) のあとまで出版されなかった。ケッセンの証拠資料は，アメリカ心理学文献の標準的引用ソースである，1920年から1980年のアメリカ心理学会の *Psychological Abstracts* を検索して集めたものである。例えば，ケッセンは，1953年と1954年に，ピアジェについての2つの言及だけ示している。1つの引用はピアジェが自分で書いた自伝体の章であり，もう1つはピアジェのマーシー財団での招待講演のノートであった。ケッセンの検索の全体の結果は，図11-1に示した。それは5年区分でアメリカ心理学文献におけるピアジェの研究の全体の参照文献を記したものである。そのパターンは目を見張るようなものだった。まったく知られていない20年間ののち，曲線は1957年を過ぎて上昇し，その15年後以降に驚くほどの高さに到達している。

アメリカの心理学と，のちにはアメリカの教育心理学を，ピアジェの考えの肥沃な土壌に変えるために何が生じたのだろうか？ 2つの主な出来事が心に浮かぶ。まず，1950年代後半と1960年代は，合衆国と時のソビエト連邦間の宇宙開発競争の時代だった。1957年のソビエト連邦のスプートニクの打ち

隆盛期：1920年から1960年まで　II

上げのあと，アメリカの若者が数学と理科が成績不振だと見られたことについて，大衆の不満が生じた。このことは，概して児童期の認知発達に，さらにとりわけ数学と理科の知識獲得の基礎にある認知能力に大きな関心を呼び起こした。その時代の学習理論の伝統が，弁別学習と転移のようなごく単純な能力に焦点化していたので，この挑戦に応じる十分な備えがなかったのである。だが事態は，発達加速現象，因果，均衡化，配列，量，数，確率，釣り合い，時間，重さに関する子どもの概念のようなテーマについて多くの研究結果を産出した数十年を過ごした心理学者にぴったりだったのである。ところがピアジェの著作は，英訳されていても，複雑で，1950年代後半の心理学の見方から理論的には理解されなかった。他の主な出来事がこの障害を取り除き，ピアジェへの賛美を保証した。すなわち，アメリカの研究者たちによってピアジェの研究を同時代の人々に説明することにあてた一連の論文や書籍が1960年代の初期に発刊されたのである（例えば，Kessen & Kuhlman, 1962; Ripple & Rockcastle, 1964）。これらの説明的努力のうち最も重要だったのは『ジャン・ピアジェの発達心理学（The Developmental Psychology of Jean Piaget）』であった（Flavell, 1963）。

　ピアジェを長年の荒野への放置状態から救出したので，前に遡って最初から始めよう。ピアジェは1896年8月に生まれ，1980年10月に没した。彼はスイスの大学町ヌーシャテル——その町はジャン・ジャック・ルソー（Jean Jaques Rousseau）の隠れ家として18世紀には有名だったところだが——で人生を始め，ジュネーブで亡くなった。彼はジュネーブ大学で研究歴のほとんどを過ごしたのである。ピアジェは優れた知的血統を持っていた。彼の父はヌーシャテルの大学で中世の古典を教え，またちょっとした歴史愛好家でもあった。彼は父を深く尊敬し，幼少期から父の科学的見方に順応して，知的探求を中心に身につけていた。対照的に，彼は疾病で苦しんでいた母親からはほとんど影響を受けなかった。後年，彼は彼女のことを「神経症」や「心理的不健康」などと記述している（Evans, 1973, p. 106）。彼女は入院も必要だったのである。彼はまた自分の母を，ギリシャ正教に非常に忠実であることを特に自分の息子に求めた，宗教的熱狂者として描いている。

　ピアジェの初めの知的な好みは自然研究であり，それは彼が7歳のときに

始まった。彼は鳥と貝殻への興味を募らせていった。そして貝殻への興味は，ついには学位論文のテーマになるのである。ピアジェは10歳で自分の最初の科学論文を投稿し，論文は地元ヌーシャテルの自然史ジャーナルに掲載された。当時，著者が10歳の少年であるとは誰も気がつかなかった。ピアジェが科学論文を投稿し続けたので，彼の年齢が次第に知られるようになり，何人かのジャーナル編集者は少年の著作の掲載を断った。

　10歳から14歳の間に，ピアジェはヌーシャテル自然史博物館長ポール・ゴデ（Paul Godet）の援助で，自然史の研究に専念した。ゴデはピアジェに自然史を教えようとして，彼が現地調査で入手したムール貝殻の大きな個人コレクションの目録を作る課題を与えた。このことが，次に，ピアジェに博物館コレクションの残りの部分，特にその化石のコレクションを利用できるようにさせた。ピアジェはこの仕事を続け，彼が14歳のときにゴデが亡くなるまでに，ゴデから貝殻コレクションを譲り受けることができた。

　この時期に，彼はムール貝の科学論文を書き，それを自然史ジャーナルに投稿した。これらの論文によって，彼の研究は，14歳までに，ヨーロッパの軟体動物学者たちに周知されるようになった。もちろん誰もが，彼は軟体動物学の博士課程修了後の研修生だと考えていた。世紀の変わり目では，電話の使用や科学会議に出席することはまれだったので，この誤解はしばらく続いた。ピアジェの年齢の誤解についてのユーモラスな副産物が生まれたのは，ジュネーブにあるスイスの有力な自然史博物館の館長が，彼の公表された研究だけを手がかりに，彼に書面で，博物館軟体動物コレクションの専門職員の任命を申し入れたときのことである。高校にも大学にもまだ入学していなかった彼は，丁重にお断りしたのだった。

　10代の初めに，ピアジェは自然史研究を続けながら，哲学問題への興味を育んでいった。彼の哲学研究の指導は，叔父がやってくれた。1915年，彼は神経衰弱で悩んでいて，そのせいで真剣に哲学の読書と議論をしたのである。1年間の保養が必要になり，そのため彼の学問的進歩はいくぶん遅くなった。だが，彼は18歳までに学士号を取り，21歳までに博士論文を完成させた。ピアジェの大学院研究の主な領域は生物学であり，博士論文は軟体動物学であった。だが大学院の課程で，ピアジェは自分が最も関心のある研究は生物

学ではなく心理学だという結論に至った。都合の悪いことに生物学の大学院研究は、そのような心理学研究の準備にはならなかった。この不足を補おうとして、彼ははっきりした改善処置をとった。それは心理学の博士課程修了後の研究であった。1918年から1919年の間、彼はチューリッヒ大学でその勉強をした。そのことが、ソルボンヌ（1919～1921年）の博士課程修了後の研究につながっていく。ピアジェの研究の経歴のうえで最初の画期的出来事が起きたのは、この後半期であった。ソルボンヌの精神科のインタビュー技法を学ぶ中で、ピアジェは近代の知能検査の開発者であるアルフレッド・ビネー（Alfred Binet）とテオドール・シモン（Theodore Simon）の実験室で研究する大学院助手の地位を得たのだった。この検査が最初に登場したあとに、1人のイギリスの心理学者が三段論法の推論（例えば、すべての人間は道徳的である、ソクラテスは人間である、ではソクラテスは道徳的か？）に焦点化した平行検査を開発した。ピアジェは、イギリス検査——それはフランス語訳されパリの小学校児童に使用される——を標準化する仕事を担当させられた。彼は求められた職務明細書をはるかに上回る仕事をした。彼は児童にテストするときに、自分の精神科のインタビュー技法も試した。児童たちが推理問題に回答すると、ピアジェは正答、誤答の数を記録した。そのデータはテストの標準化に必要だったのである。だが彼は、子どもに答えの理由を説明させる徹底的な質問をして、子どもの回答を追跡調査した。結果は直観的な真実把握とでも言うべきものだった。ピアジェが見出したのは、誤答をした子どもの説明は、世界は空想的で不思議なやり方で動くと彼らが考えているという驚くべきものだった。子どもに推理問題を示し、答えを説明するように勧める精神科のインタビュー技法を使う方法こそが、ピアジェのその後の人生で研究を推し進めた。それはついには臨床法と呼ばれるようになる。

1921年、ソルボンヌでの研究が完了したのち、ピアジェは、同年に発行した3論文によって要請された地位である、ジュネーブのルソー協会の研究部長として、最初の研究職に就いた。そこで、彼は一連の知能の発達研究を始めた。それは、彼のその後の人生のほとんどを占めたのであった。最初の研究は、言語発達と子どもの原因因果関係と道徳性の価値観を対象にしたものだった。この中で、ピアジェの言語発達の研究が国際的評価を得たのである。それ

は『子どもの言語と思考 (*The Language and Thought of the Child*)』のタイトルで，1925年にフランス語で発表された。同年，ピアジェはヌーシャテルの母校へ戻った。そこでは彼は哲学部長に就任したが，ルソー協会の研究プログラムも続けた。1925年から1931年の間，3人の子どもが誕生し，ピアジェと妻は，この時期に知能の初期の発生を研究した。この研究の結果，ピアジェは，自分の臨床法が，洗練された言語機能を持っている子どもにだけ使用できるもので，それは認知発達を調査するには完全なものではないことに気がついた。

1929年，ピアジェはジュネーブ大学の常勤職員に戻り，ジュネーブ大学の科学史教授になった。次の10年で，彼は最もよく知られた研究，子どもの基本的論理的，数学的，科学的概念の理解に中心を置いた一連の研究に着手し，また彼の多くの共同研究者たちの中の最も有力な人であるベーベル・インヘルデ (Barbel Inhelder) との共同研究も始めた。それは，彼のよく知られた段階仮設（次節の「理論――段階―学習仮説」を参照）へとつながるこれらの方向の研究である。この仮説は最終的にピアジェの主要な段階モデルに発展した。最初『知能の心理学 (*The Psychology of Intelligence*)』というタイトルで1947年に発行され，その中で知能の発達は4つの質的にはっきり異なった時期を通って進むと示されている。すなわち，「感覚運動期」（誕生から2歳まで），「前操作期」（2歳から7歳まで），「具体的操作期」（7歳から11歳まで），「形式的操作期」（11歳以上）である。感覚運動期では，認知発達の中心の対象は，内面化された思考の能力の獲得である。この能力は誕生時には持っていないので，知能はこの段階では必然的に外的で行動的である。そのような知能の最上の例は，隠れた対象を探索する（見るか触るかで）能力である。前操作期では，認知発達の中心の対象は，知能が自己中心性を減らし社会化を多くすることである。最上の例は，真に伝達的な言語（自己刺激とは反対の）の獲得，ジェンダー概念の獲得，因果関係の初歩的概念の獲得である。具体的操作期では，認知発達の中心の対象は，知能を論理と数学の基本的法則に適合させることである。ピアジェが総称して操作的と呼んだ知能の形態である。子どもが，ピアジェの研究で最も知られた例を構成している推理スキルを獲得するのは，この時期である。その例には，有名な保存概念（次の諸節を参照），転導推理（ジョンはジムより背が高い。ジムはドンより背が高い。ジョンとドンのどちらが背が高いか？），クラス包含

(農夫のブラウンは 7 頭の牛と 3 頭の馬を持っている。彼は多くの牛かそれとも多くの動物を持っているか?) である。最後は形式的操作期で，認知発達の中心の対象は，具体的操作期に獲得した論理的推理と数学的推理を言語の助けを借りて抽象的，象徴的レベルに広げることである。この抽象過程の特徴は，推理が内省的で分析的になることである。

　ピアジェは，第 2 次世界大戦のナチ占領下の真っ只中でコレージュ・ド・フランスのフランス人研究者たちに行った一連の講義において，認知発達のこの段階理論を初めて提起した。戦後，ピアジェはユネスコに熱心に関わった。彼は，スイスのユネスコの委員長として 5 年間，さらにそのメンバーを数年間務めた。

　1950 年代半ばまでに，ピアジェの認知発達の段階理論は多くの専門家および一般の聴衆にさまざまな形で説明されてきていて，彼の理論は広く尊重されるようになっていった。そのときから 1980 年に亡くなるまで，ピアジェは自分の関心を，自分の理論を心理学研究のいくつかの著名なテーマに適用する課題に注いでいった。彼の理論は，構造主義，ゲシュタルト心理学，行動主義，精神分析のような心理学の初期の学派の伝統の中で，現代の心理学者たちがグランドセオリーと呼んだものである。ピアジェは知能の高次の形態の研究に自分の研究生活のほとんどを費やしたが，彼は，段階モデルのように対象範囲の広い理論は，もっと基本的な心理学的プロセスの重要な提案ができるはずだと考えていた。この仮説を検証しようとして，彼は，記憶，知覚，意識，イメージ化のような伝統的な心理学的テーマの大規模な研究プログラムにとりかかった。その研究は多くの興味深い新しい現象を生み出した。それは全部，知能以外の心理学的過程の操作もまたピアジェの認知発達段階によって制御されているという全体的考えから引き起こされたものであった。この研究はたいそう豊富であって，新しい結果を報告した書籍と論文は，ピアジェの死後の数年間，彼の著作として発行され続けた。

　このピアジェの学究生活の描写が裏づけるように彼の研究は壮大で，本章のような短い歴史的見方の章でその大部分に言及することは不可能である。そこでこのような歴史的章の執筆者は，読者にとって最も重要なピアジェの研究の 1，2 の側面に絞らざるを得ないのだ。本章の読者は教育的関心を持つ人た

ちなので，対象の選択ははっきりしている。その主な関心とは，ピアジェの子どもの学習についての見方であり，これらの見方と関連した研究である。そこで，2節からなる本章の残りの部分は，ピアジェの子どもの学習についての提案と，この提案を検証した学習実験の研究についての歴史的レビューにあてようと思う。この素材の選択は本書の対象とする読者に合わせて決められたものだが，以下のことを述べておくことは大切であろう。歴史的には，ピアジェ理論についての学習研究は，理論の絶頂期から低落に向かう主原因であり，ピアジェ理論に取って代わる理論的方法の台頭を意味するのである。

子どもの学習Ⅰ——学習—発達関係についてのピアジェ

ピアジェの教育心理学における認知発達の理論の最も持続している影響は，子どもの学習についての見方である。それは，学習の性質についてのルソー派の考えにつながる伝統的なレディネスの見方である。ピアジェの学習についての提案は，1960年代までアメリカの学習理論で有力であったものとはまったく異なった理論であり，それは次の学習諸理論に取り入れられている。中核となる提案は2つの見出しで便宜的に分けることができる。(a) 学習—発達関係，(b) 指導方法論。

本節は，子どもの認知発達レベルと段階に関連した概念，特に意図的練習を使った具体的操作期の保存概念を学ぶ能力の関係についてのピアジェの考えの要約から始める。本節は，学習—発達関係に関するピアジェの提案に従った2つの重要な予測を検証したいくつかの例示的なアメリカ人とジュネーブ人の学習実験のレビューで終わる。その予測は，子どもが意図的な練習を通して保存概念を学ぶ能力は認知発達の事前レベルに左右されるのであり，前操作期の子どもがこのやり方で保存概念を学ぶことはできないというものである。

理論——段階—学習仮説

ピアジェの認知発達理論の特徴は，もちろん段階モデルである。つまり，知

能の個体発生は，形態発生（違った年齢レベルは知能の質的に異なる下位区分によって特徴づけられている）の比喩として扱われる。ピアジェは，同じ形態発生の枠組みの中で，認知発達のような段階の特別なケースとして解釈される学習であると，子どもの学習を解釈した。「学習は経験によって促進される認知発達の区域にすぎない」(Piaget, 1970b, p. 714)。ピアジェの理論についての初期のアメリカの議論では（例えば，Flavell, 1963; Wohlwill, 1959)，この立場は，保存，クラス包摂，転導推理のような段階関連概念を，まったく教えることができないので，その代わり，それらの概念は普通の発達の過程で自発的に生じるはずだと考えられた。ピアジェの共同研究者たちは，この解釈はあまりにも極端すぎるとすぐに指摘した (Inhelder, Sinclair, & Bovet, 1974; Sinclair, 1973)。彼らは，絶対的意味で学習を除くのではなく，段階的見方の要点は学習に発達的制約をつけたことだと指摘した。

　これらの発達的制約は，子どもが1つの概念について系統立てられた指導によって何をどれくらい学ぶことができるかを制限する (Brainerd, 1977a, 1978a)。制約というまさにその性質は，子どもの認知発達の目下の段階によるのである。小学校の年齢範囲では，ある子ども（幼稚園と1年生）は前操作的レベルであり，たいていの子ども（2年生から5年生）は具体的操作のレベルにあり，ある子ども（6年生）は形式的操作レベルに到達している。具体的操作期の子どもが小学校では多いので，ピアジェ派の学習の議論（例えば，Inhelder et al., 1974; Piaget, 1970b) は，ほとんど具体的操作概念，特に保存の概念を学ぶ子どもの能力をめぐって展開した。結局，実際ピアジェの学習理論についてのあらゆる研究は，保存概念の学習を扱っている（例えば，Brainerd, 1974; Brainerd, 1979b)。

　ピアジェの発達的制約の見方は，5つの原理に要約される。まず，子どもの学習は，「目下の発達段階の一般的制約」によって限定される (Piaget, 1970b, p. 713)——可能な学習のやり方は何かを知るために，目下の段階（前操作か？具体的操作か？　形式的操作か？）を知る必要がある。次に，段階の制約の存在は，子どもが段階関連概念について何を学ぶかは，「子どもの初め（事前練習）の認知レベルに応じて著しく変化する」(Piaget, 1970b, p. 715) ことを意味する。認知レベル（段階）は，認知構造の独自なセットによって特徴づけられている。

そこから保存，クラス包摂のような概念が新しい特性として出てくる。そこで第3に，学習の本質は，それが，「すでに新しい内容に発達している」認知構造の利用を子どもに教えることになる。第4に，明らかに子どもは，まだ持っていない認知構造の利用を学べないので，彼らは段階関連概念をゼロからは教えられない——基本的認知構造はまずひとりでに発達するのである。ここで，形態発生の比喩が役に立つ。どれだけ練習しても，蝶はまだ毛虫のときは飛ぶことを学べない。というのは，必要な羽根の仕組みがまだ発達していないからである。第5に，認知発達の目下の段階を明らかに超える概念を教えるように企図された学習経験（例えば，前操作期の子どもに保存概念を教えること）は，教師と子どもの両方の時間を無駄にする。「まだ自然発生的な発達で獲得していない概念を子どもに教えることは，まったく役に立たない」(Piaget, 1970a, p. 30) し，また「操作はある範囲内でのみ適応力がある……前操作レベルの子どもは真には操作的構造を獲得しない」(Inhelder & Sinclair, 1969, p. 19)。

　これらの原理が，子どもの段階関連概念の学習についての多くの予測を生み出す。だが，もし原理が真剣に取り上げられるなら，同意した誰もが一致するに違いない2つの予測がある。第1に，段階関連概念を持つ学習実験は著名な適性処遇交互作用を生じるはずである。学習研究においては，適性処遇交互作用は，子どもが指導場面に持ち込む能力（「態度」）の変動に応じて指導（「処遇」）から恩恵を受ける，子どもの特質における変動である（例えば，Cronbach & Snow, 1977）。この場合には，態度の構成要素は子どもの認知発達のレベルであり，そのレベルが彼らの認知発達の段階を決める。そして，処遇の構成要素は，子どもに教えるために使用される学習手続き，つまり保存の概念である。そこで予測は，個々の子どもに測定される学習量は彼らの認知発達の段階の測度と相互作用する (Inhelder et al., 1974)。第2に，もっと簡単に言えば，予測は，前操作レベルの子どもに具体的操作の概念を教えられないということである (Inhelder & Sinclair, 1969)。

　1960年代と1970年代に，広範囲の研究がピアジェの概念の学習（レビューについては，Brainerd, 1973, 1977a; Brainerd & Allen, 1971 参照）に関して行われ，そのほとんどは先の2つの予測に関係したものだった。これらの学習実験のほとんどは，アメリカ人の教育心理学者たちの手で行われ，そのいくつかがピ

アジェの共同研究者たちによって行われた。実質的には、そのほとんどは保存概念の学習を扱っていた。おおむねこれらの実験は、ピアジェ派の学習の研究方法が魅力的なことと、その方法が主に歴史的関心を引くようになることの、どちらの予測も証明できなかった。この研究の有名な例は、次節に要約されている。

研究――段階―学習仮説の検証

適性処遇交互作用の予測に関係した研究は、前操作的で非練習予測に関係した研究とは若干異なったデザインを含んでいる。そこで、2つの予測の研究は、別々の小節で扱われている。

適性処遇交互作用

子どもの認知発達段階の測度と学習量の測度は、さらに進んだ認知段階に到達した子どもがより多く学習したことで、適性処遇交互作用を生じるのである。私が先行論文（Brainerd, 1977a, 1978b）で述べたように、あいにく、ピアジェはそのような相互作用を見つけるのに必要な測定用具で研究を補充しなかった。彼の理論では段階や構造は説明概念であり、それは彼のおなじみの推理概念である標準年齢の変動性を説明するために使用された。ピアジェも共同研究者たちも、標準化された器具を考案しなかった。その器具があれば、学習研究者たちは子どもの認知発達の段階を診断するのに使うことができたのだが、実際は、そのような器具はジュネーブ派の研究者たちに嫌われていた（Flavell, 1963）。そこで、適性処遇交互作用の予測を評価するために、学習研究者たちは、子どもの認知発達の前教育段階を測定するための何らかの方法を見出さなければならなかった。

結局、この障害は、そのような測度はピアジェ自身の研究報告をもとに作られているので、克服できないことは証明されなかった。自分の研究の中で、ピアジェは個々の具体的操作概念の発達を、前操作レベル、具体的操作レベル、そして2つの間の移行相に対応する3段階の連続として記述してきた。重要なことは、ピアジェがそれぞれの段階の特徴である行動タイプの記述をしてい

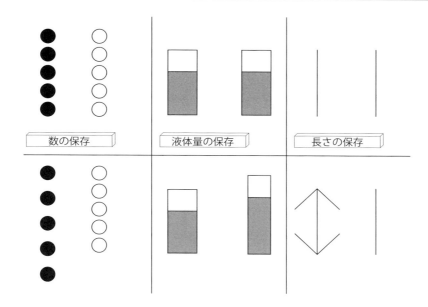

図11-2　保存問題の3タイプの例──数の保存（左のパネル），液体量の保存（中央のパネル），長さの保存（右のパネル）

たことである。それを説明するために，図11-2の3つのおなじみの保存概念を取り上げてみよう。

　取り上げた具体的な概念は，数の保存，液体量の保存，長さの保存である。それぞれの場合に，3つのステップの手続きが概念の測定に使用される。まず，子どもには2つの対象（2列のチップ，グラス2杯のジュース，2本の糸）が示される。それらは，対象となる量的特性（チップの数，ジュースの量，糸の長さ）が見て同じとわかるので明らかに等しい。次に，子どもがまず2つの対象の量的特性が等しいことに同意したあと，その対象の1つが変形されるので見た目の同一性は損なわれる（チップの1列は長くされる，ジュースの片方は幅の狭いグラスに入れられる，ミューラ・リヤーの矢印が片方の糸に付けられる）。3つのステップで，子どもは，いま違って見える対象が量的特性についてまだ同じかどうか尋ねられる。正解は「そうだ」（保存の回答）だが，年少の子どもは普通「違う」

(非保存の回答)と言う。

　個々の保存概念の研究の中で，ピアジェ(例えば，1952)は発達の3段階について次のように述べている。段階1(前操作期)で，子どもは，2つの対象の量的等価性は見かけが変わると変わったと常に主張し，量的関係は，見かけの同一性に直接よると言う。例えば，図11-2の左下の最初の列は長いのでチップが多いと言う。中央下の幅の狭いグラスは液面が高いのでジュースが多いと言う。右下の矢印のない線は長く見えるので長いと言う。段階2(移行期)では，子どもの答えはバラバラである。図11-2の保存のそれぞれのタイプでは，段階2の子どもは，ある問題では非保存の回答をするが他の問題には保存の回答をする。例えば，彼らは，チップの少ない量である数の問題には保存の回答をするが，チップの多い量の問題には非保存の回答をする(Gelman, 1972)。ところが，彼らは，ジュースの少ない量の液体の問題には保存の回答をしたが，多い量の問題には非保存の回答をした(Brainerd & Brainerd, 1972)。最後に，段階3(具体的操作)の子どもは，2対象の量的同一性は見かけが変わっても保存されると常に主張し，量的関係は内容が加えられたり減らされたりするときだけ変わると述べたのである。

　これらの行動的指標は，研究者たちが子どもを，保存学習実験を行うのに先立って，認知発達の目下の段階に応じて分類するために使用されている。ベイリン(Beilin)(1965)論文から始まって，最終的にはいくつかの実験が，次の4つの基本的ステップのデザインを使用したアメリカ人研究者たちによって発表された。すなわち，(a)保存事前テスト，(b)段階分類，(c)保存練習，(d)保存事後テストである。まず，保存の1種類かそれ以上の事前テストが，これらの概念を獲得し始める範囲内の年齢の子どもに行われた(ほとんどの概念は幼稚園児と1年生)。事前テストは，保存の大部分のタイプを測定する標準化された器具についてのゴールドスチミッド(Goldschmid)とベントラー(Bentler)(1968)の文献によって大いに促進された。次に，彼らの事前テスト反応に基づいて，子どもは，段階1(前操作期)，段階2(移行期)，段階3(具体的操作期)に分類された。段階1または段階2に分類された子どもだけが，練習相を続けた(段階3はすでに完全に遂行できるので)。第3に，段階1や段階2に分けられた子どもは，統制条件か実験条件を割り当てられた(ときどき，1実

験条件以上)。実験条件の子どもは，ある保存概念（例えば，数の保存）の理解を向上するように設計された練習を受けた。それに対して統制条件の子どもは，意図的な練習を含まない活動に参加した（例えば，別の保存問題に回答するだけ）。第4に，練習相に続いて，保存の事後テストが，学習のエビデンスを示す遂行に有意な条件差がある2つの条件の子どもに行われた。ほとんどの研究では，事後テストの2タイプが行われた。すなわち，練習の際にはっきりと教えられた概念（例えば，数の保存）についての事後テストと，はっきりとは教えられなかった関連概念（例えば，液体量の保存，長さの保存）の事後テストである。実験条件の子どもが，ある問題に対する回答をただ記憶しているよりも，一般原理を学んでいたことを示すには，事後テストの両タイプの遂行の条件差を見出すことが必要である。2，3の研究では，保存の事後テストは，学習が持続していることを示すことが大切だという理由で，練習後数日か数週間たってからも行われた。

　鍵となる予測は，段階2の子どもが段階1の子どもよりも多くを学習することだった。換言すると，すでに事前テストで保存のいくらかの知識を示していた段階2の子どもは，事前テストでは保存の知識がないことを示していた段階1の子どもよりも，練習により多く遂行できた。これらの予測はピアジェ派の理論から得られたのだが，概念の学習が，もし子どもが少なくともいくらかの概念の知識を持っているなら容易であることは，ほとんどのアメリカの研究者たちには直感的に明らかのようだった（Brainerd, 1978b）。1977年当時に，24の異なるデータセットが公表されていた。それは，高次段階のほうがよく学習するという予測を検証したものだった。これらのデータセットのレビュー（Brainerd, 1977a）の中で，次の予想は検証されなかった。それは，保存の向上をうながす学習は認知発達の事前レベルに依存するようには見えないことである。これらの24データセットの学習条件の段階1と段階2の子どもの統合した結果を，図11-3に示した。

　図11-3が依拠した実験の中で，ある実験から他の実験へと変わる事前テストと事後テストの数とタイプは，そこで，子どもができる正答数がそれぞれの実験ごとで異なるのである。簡単に言うと，24全部のデータセットを統合した正答の平均数が，段階1と段階2の子どもの事前および事後テストの両

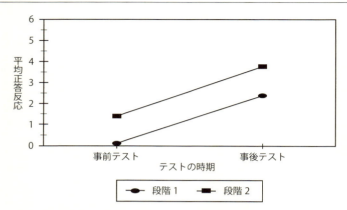

図11-3　子どもの事前テスト段階の分類と保存学習の関係
（Brainerd, 1977a の実験レビューの統合データ）

方の結果として記入されたのである。普通，事前テストの正答数の平均数は，段階分類がこの違いに基づいているので，段階2の子どもよりも段階1の子どもが高くなくてはならない。このグラフの重要な特徴は，産出された事前テストと事後テストの向上した（学習した）それぞれの量である。事前テスト―事後テストの線の傾きは，急勾配であるほど進歩が大きいことを示している。予測は，進歩は段階1の子どもよりも段階2の子どものほうが大きい（つまり，事前―事後線が急勾配になる）というものだった。だが，図11-3に見られるように，事前―事後の改善は，段階1と段階2の子どもで同じであった。

明らかに，ピアジェの学習―発達関係の考えと同様に大切な理論的提案は，たとえ結果がいくつかの実験で別々に存在しても，1つのタイプの不確実な発見に基づいて否定されるべきではない。他の説明もあるかもしれない。例えば，図11-3の不確実な結果は，否定的な結果である。そしてその否定的結果は，低検定力の実験デザインのせいかもしれない。特に，彼らの事前練習によって子どもを分類する手続きが間違っているかもしれない。さまざまな実験に参加した子どもの数は多くはない。この段階分類が基礎にした事前テストは大規模ではない。24データセット全体で，16のデータセットは段階1の子ども30人以下であり，21のデータセットは段階2の子ども30人以下である。3つ以下の保存事前テストが18のデータセットで行われた。保存の事前テス

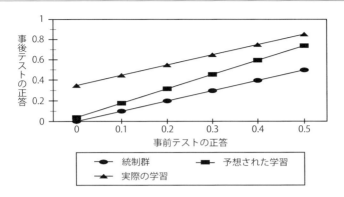

図 11-4　子どもの事前保存達成と保存学習の実際と予想された関係
（Brainerd, 1979a の 5 つの練習方法の総合データ）

トの段階分類エラーの比率はわからないので，段階 1 と分類された子どものかなりのパーセンテージは，実際は段階 2 であり，段階 2 と分類された子どものかなりのパーセンテージは，実際は段階 1 である可能性がある。もしそうだとしたら，これは予想された段階—学習関係を隠していることになる。アメリカの研究者たちはのちの学習実験で，まず統計的検定力を増やすことによって（事前—事後テストの参加者数と回数を増やして），次にエラー傾向段階分類を避ける等価の予測を検証して，この問題と取り組んだ。

図 11-4 で説明された段階分類を避ける等価の予測は，「知れば知るほど，ますます学ぶようになる」である。段階分類は，事前テストの成績に基づいて，多くの事前テスト知識を示す子どもは低い事前テスト知識を示す子どもよりも，高得点に分類される。段階分類は単なる事前テスト得点の名義尺度変換（つまり，ある範囲の得点の全部の子どもが 1 つのカテゴリーにまとめられる）なので，このステップはこれらの得点に何も加えないため，除かれる。そこで，私たちは，高い事前テスト得点の子どもが低い事前テスト得点の子どもより多くを学ぶという等価予測を簡単に検証できる。統制群の子どもは練習を受けないので，事前—事後テスト得点の関係は，テスト—再テストの信頼性の測度であり，おなじみの真の得点の式によって与えられる関係である。

Yi（子ども1の事後テスト得点）＝ Xi（子ども1の事前テスト得点）
　　　　　　　　　　　　　　＋ a（測定誤差）

この関係は傾き＝1の直線としてプロットされる（図11-4の下の線）。処遇群の子どもは訓練を受けているので，事前テスト得点に増加 a（学習）が加算され，事前テスト—事後テストの関係は以下の式で与えられる。

Yi ＝ Xi ＋ Li（参加者1の学習量）＋ a

学習—発達関係のピアジェの考えのもとで，Li のサイズは，子どもにもっと大きな事前テスト得点を加えて大きな増加をした子どもの事前テスト得点に左右される（「知れば知るほど，ますます学ぶようになる」）。この様子は，図11-4の中央の線に描かれている。どんな所与の事前テスト得点に加えられた増加も，先行する得点に加えられた増加よりもいつもわずかに大きい。そのことから勾配が大きいほうの事前テスト—事後テストを生じる。

　このもっと検定力のある研究方法が使われたあとの研究は，子どもの学習が認知発達レベルで制約されていない初期の段階研究の結果と一致した。例えば，私は，多数の子どもが保存概念の練習をしていて，非常に広範な事前—事後バッテリーが管理されているこの類のいくつかの実験を報告した（Brainerd, 1979a; Burns & Brainerd, 1979）。一般化のために，5つの異なった練習方法がこれらの実験（構成遊び，修正フィードバック，弁別学習，劇遊び，観察学習）の実験条件に使用された。実験条件のどれもがそれよりも大きな勾配を持つ事前—事後関係を示さなかった。その代わり，異なった練習方法によって，事前テスト—事後テスト関係が，図11-4の最も上の線のように，おおよその勾配を持つ直線の関数として記入された。つまり，さまざまな実験条件の子どもには，事前テスト—事後テストは，子どもの事前テスト得点に応じては変化しないのである。

前操作では練習効果がないこと

　別のもっと基本的な発達的制約予測は，練習がまだ前操作的レベルの子ども

では具体的操作概念の学習を生じさせないことである。明らかに，この予測を検証する鍵は，子どもが前操作期だというはっきりしたエビデンスを持つことである。研究者たちはこの診断的問題に2つの方法をとる。1つは，幼稚園児と1年生にいくつかの保存概念の広範な事前テストを行うことである。そのような事前テストのあとで，学習フェーズを続けることが認められた子どもだけが保存の知識をほんの少ししか示さなかった。数はほとんどの子どもに見られる最初の保存概念（図11-2，左のパネルのチップ）なので，事前テストバッテリーはこの概念の測度を含み，子どもがそれについてのエビデンスを示さないことは大切なように見える。第2の方法は，学習実験を就学前の子どもに行うことである。前操作期の平均年齢の範囲は，2歳から7歳までなので，就学前児たちはまだその範囲の前半である。そこで，対象者のサンプルが就学前児であるなら，本当に前操作期でないのはごくわずかな，早熟の子どもである。

最初の方法（数の保存からなる事前テストバッテリーの正答なし）は，いくつかの実験で結局修正される。おそらく最もよく知られているのは，ゲルマン(Gelman) (1969) による博士論文の研究である。ゲルマンは5歳児に，数の保存と3つの他の保存概念（長さ，液体量，かさ）の事前テストをした。黒板で事前テストに失敗した子どもは練習のために残された。学習フェーズの間，これらの子どもは4つの事前テスト概念のうち2つ（数と長さ）について練習した。事後のセッションが，それは事前テストの再試行からなるのだが，それぞれの子どもの練習セッションのあとで2～3週間行われた。すべての子どもは練習の前にできなかったのだが，実際に彼らの全員が，明らかに，練習した2つの概念のテストを完全にできるようになった。さらに，練習しない概念へのプラスの転移が観察された。さらに，かさと液体量テストの回答のおよそ60％が正解になった。最終的に，子どもは事後テスト問題の正解に論理的に正しい説明をすることができた。要するに，ゲルマンの実験の子どもは，事前テストバッテリーにいつも非保存を示していたのだが，練習手続きが練習しない概念を転移し，練習後3週間まで持続する大きな学習効果を生み出したのである。

前操作期の子どもを見分ける最初の方法を使った実験のもう1つの例が，ローゼンタール (Rosenthal) とジマーマン (Zimmerman) (1972) の論文で報告されている。彼らは，ゴールドスチミッドとベントラー (1968) の器具の形態

Aに基づく6つの保存概念の事前テストを行った。それは，5〜6歳児を対象とした数の保存であった。事前テストに全部に失敗した子どもは練習フェーズを続けた。事後テストは練習直後に行われた。子どもは6概念すべての事前テストに失敗したのだったが，今度は，平均して6概念のうち4概念の事後テストに合格した。重要なことは，彼らの回答の半数以上が特に練習しなかった概念の事後テストにも正解だったことである。最初の方法を実行した他の実験が述べられているが，基本的結果は全部同じだった。予想に反したのは，外延された保存の事前テストに零点だった子どもが，練習の結果大きな向上を示したことである。その向上は，練習しない概念を転移し，ずっと安定したままだ。

　2番目の方法（就学前児たちの練習）は，いくつかの実験で取り上げられている。6例——繰り返しさまざまな練習法を使用した——は，ブレーナード（Brainerd）（1974），バッチャー（Bucher）とシュニーダー（Schnieder）（1973），デニー（Denney），ゼイチノゲル（Zeytinoglu）とセルツァー（Selzer）（1977），エムリック（Emrick）（1968），ローゼンタールとジマーマン（1972; 実験4），ジマーマンとラナロ（Lanaro）（1974）である。これらの実験も，保存学習が子どもの認知発達のレベルによって制約されることを示すのに失敗した。例えば，最後に取り上げた論文の中で，4歳児に長さ保存の事前テストが行われ，そこで2つの学習条件と1つの統制条件が割り当てられた。練習フェーズの直後に，長さ保存と面積保存（練習していない）の事後テストが3条件のすべての子どもに行われた。学習の持続性の測定のために，これらの事後テストは9日後に行われた。2つの学習条件の子どもは事前テストから事後テストへ大きな伸びを示した。すなわち，長さ保存問題への彼らの回答の50％が，最初の事後テストで正答であり，63％が2番目の事後テストで正答であった。持続性に加えて，学習は練習しない概念に転移した。すなわち，面積保存事後テストの回答のおよそ36％が正解だった。

　別の例で，デニーたち（1977）は，4歳児を対象にした2つの保存学習実験を報告した。最初の実験で，数，長さ，かさの保存の事前テストが行われた。そこで子どもは，3つの学習条件と1つの統制条件が割り当てられた。3つの学習条件の中で，子どもは数と長さの保存の練習を受けたが，かさの練習は受

けなかった。3つの概念すべての事後テストが1週間後に行われた。すべての3条件の子どもは，数と長さのテストではほとんど完全なレベルの出来ばえだったが，かさのテストでは統制群を上回らなかった。このように就学前児たちの学習は持続したが，彼らの学習は練習しない概念に転移しなかった。そこでこの制約が実験2で対象にされた。この研究では，数，長さ，量，重さの保存の事前テストが行われ，子どもは1つの学習条件と1つの統制条件が割り当てられた。学習条件の子どもは長さと量で練習したが，他の2つの概念は練習しなかった。すべての4つの概念の事後テストが1週間後に行われた。今度は，学習は持続し転移した。練習後1週間の学習条件の子どもの正答反応のパーセンテージは72％（長さ），59％（量），61％（数），51％（重さ）であった。

要 約

　1980年代の初期から，多くの学習実験がピアジェの具体的操作概念を対象に行われた。そのほとんどが，保存概念と発表済みの文献のレビューに焦点を合わせていた。その情報は，学習─発達関係のピアジェの主張に沿ったものではなかった。ピアジェは，明確な練習による子どもの段階関連概念を学ぶ能力は，彼らの認知発達のレベルによって制限されるという，学習の強い発達的制約を主張した。その予測を検証する多くの実験的方法が行われてきた。段階1や段階2に分類された子どもの学習量が測定されてきた。事前テストと事後テストの結果の量的尺度の関係が研究された。事前テストで正解なしの結果を示す子どもが練習を積んだ。また，前操作期の年齢範囲の前半にまだいる子どもが練習させられた。これらの方法のすべての結果は，同じ結論に収束した。練習の結果は，保存概念を学ぶ子どもの能力は彼らの認知発達のレベルに強くは制約されていない，というものである。

子どもの学習Ⅱ——指導法についてのピアジェ

ピアジェたちは，子どもが概念を学ぼうとしているとき，子どもに概念を教える最善の方法についての多くの大切な提言も持っていた。発達の制約について，前述のようにピアジェ派の指導方法の提案は，30年間の大半，多くの実験のテーマであった。この研究は以下の2つの小節で討論される。指導方法についての理論的提案がまず要約され，その後にこれらの提案から得られた予測を評価した研究記述が展開される。

理論——自然主義と構成主義

子どもの学習についてのジュネーブ派の著作（例えば，Inhelder & Sinclair, 1969; Inhelder et al., 1974; Sinclair, 1973）は，子どもに段階関連概念を教えるすべての方法が同じでないことを強調している。どの方法が有効であり，自然主義と構成主義の2つの理論的原理を中心に展開されていないかの主張である。

自然主義

これは，「母なる自然は常に正しい」ルールと呼ばれるものだ。ピアジェの段階と結びついた基本概念的スキルは標準的な認知発達の過程で自然に現れることがよく知られているので，日常経験が子どもの思考の中にそれらのスキルを明らかにするのに十分であることは自明のことである。ピアジェが考えたこれらの同じ日常的な経験的過程は，効果的指導の鍵である。特にピアジェたちは，効果的学習技法はこれらの日常の過程を綿密に真似ることだと主張した。イネルデ（Inhelder）とシンクレア（Sinclair）（1969）は，1960年代の後半に始まった一連のジュネーブ派の学習実験計画を次のように説明した。「練習項目の選択［学習方法］は，私たちが問題になっている操作や概念の自然発生的（つまり，実験室外で）獲得について知ることによって決定づけられてきた」（p. 5）。のちになって，学習について影響力のあるジュネーブ派の本の中で，著者たちはこう述べた。「私たちは，ある条件下では認知発達の加速化はあり得る，

だがこれは，練習が，進行が実験の設定の外部で起きる場面に似ているときにだけ起きるという考えから出発した」(Inhelder et al., 1974, p. 5)。少し前に，この本の著者の1人は，「学習では——つまり，主体が環境と積極的な対決をしているような特に構成された場面では——発達におけるのと同じメカニズムが進行する際に働くのである」(Sinclair, 1973, p. 58) と述べている。

　これらの記述を読むときに，経験的事実を理論的思索と区別することがとりわけ大切である。一方で，子どもが，保存，クラス包摂，視点取得，普通の経験の過程におけるような概念を，大人からの明確な指導がなくても獲得するという事実がある。他方で，効果的であるために，はっきりした練習のやり方が，これらの日常経験上の営みを具現化しなければならないという考えがある。1960年代と1970年代のアメリカの教育関係の読者には，自然学習が最善の学習であるというピアジェの考えは直感的に妥当なように見えるので，その考えはたいていの場合無批判に受容され，その妥当性の評価に悩むことなくカリキュラムの中で実践された (Lawton & Hooper, 1978参照)。自然学習が最善の学習であることは非常に直感的には興味をそそるので，直感がデータで確かめられない場合は私たちを非常に誤らせると自覚することが大切である。基本的には，この考えは教育についての例のルソー派の教義にすぎない。そのような教義とは対照的に，最善の学習方法は日常経験を厳密に模倣するものだと定めた数十年の学習研究から明らかになった原理はない (Brainerd, 1978a)。さらに，日常経験からまったく離れた別の学習方法は，ピアジェ（例えば，1970）がときどき示唆したように，子どもには効果がなく，悪いもので，障害になる傾向があると定めたような研究から生じた原理もない。結局どんな原理も，私たちが想像上の実験技法によって，日常経験の学習結果を根本的に向上できないと定めた研究から，生じたものはない。実際，学習に関するアメリカの教育研究の歴史は，日常経験の偏見，不正確さ，非効率性に基づいてどのように向上するかの発見の歴史であると言えよう。

構成主義

　人生の後半，ピアジェは自分にとって最も意味のある研究をあげるようによく依頼された。彼が最もあげたのは構成主義だった。社会的構成主義が，過去

数年間，アメリカの教育分野で流行していたので，ピアジェの考えを他の同時代の考えと区別することは大切である。ピアジェの構成主義は，認知発達の間に，子どもが創造的工夫の過程で知識を獲得するという理論的仮説である。この仮説から考えると，知識獲得は，生得観念を「見つける」（合理的認識論が考えるように）過程ではなく，環境から記号化された事実を蓄える過程（経験主義者の哲学がそう考えるように）でもない。そうではなくてピアジェは，生物学的素因が経験と渡り合うときに，子どもがまさに知識を創造すると考えた。創生，あるいは創造的工夫は，そこで，遺伝と知識を生じる経験との相互作用のメカニズムである（Inhelder & Sinclair, 1969）。

このメカニズムは日常生活でどのように働いているのだろうか？　ここで，ピアジェは数学者が教えてくれた1つの逸話をよく話したものだった。年少のとき数学者は，他の年齢の子どものように，数は空間的配置に影響されると考えていた。つまり彼は，1セットの対象の要素の数はそれが圧縮されている（例えば，図11-2の左下のパネルの白チップ）よりも広がっている（例えば，図11-2の左下のパネルの黒チップ）ほうが多いと思った。ある日，例の数学者が小石の山で遊んでいて小石を数えた。彼は数が増えると期待してそれらを広げた。だが彼が広げた石を数えると同じで，数は変わっていなかった。それらをひとまとまりにしても数はやはり同じだった。数学者はピアジェに，この発見に自分はたいそう驚き面白いと思ったので，それが数学への興味の最初のきっかけになったと告白したのだった。

この逸話は，ピアジェの構成学習のエピソードのすべてのネタを含んでいる。エピソードの初めに，子どもは，ある結果を予想する（例えば，広げられると小石は増える）間違った概念（数は空間配置による）を持っている。第2に，子どもは，実際の結果（例えば，小石の数は並べ替えられても変わらない）が予想した結果とは違うことを自分で見つける。第3に，この発見は，驚かせ，子どもに間違った概念（非保存）と実際の結果の矛盾に気づかせる。第4に，矛盾の認識は子どもに，実際の結果を包含できる新しい概念（保存）を作り出させる。

ピアジェにとっては，構成エピソードの鍵となる構成要素は，目下の概念と実際の結果の間の矛盾の自己による積極的な発見である。彼は，もし認知発達

が生じるなら，子どもが自分自身でそのような矛盾に出会うことが絶対に必要だと主張した。彼は，教師と他の大人が子どもの矛盾を詳しく説明することや子どもの間違った考えを丁寧に修正することは非生産的だと考えた。また，これは，認知発達，自己による発見過程のかなめを回避するものだと考えた。これらの考えは，以下の学習手続きの提案に変換された。

　ジュネーブ派の研究者たちは，構成的である学習手続きと，彼らが経験的かチュートリアルと呼んだ学習手続きを根本的に区別した。チュートリアルは，アメリカの学習理論から成長したと言われるが，「厳密には経験主義的認識論教義——それによって主体は，結合が強いられているので，出来事間の結合を受容しなくてはならない」(Sinclair, 1973, p. 57) ことに由来する手続きとして描かれている。これらの手続きは，さらに「確固とした相互作用的で構成主義的である発達理論に反している」(p. 57) と言われている。グループとしては，チュートリアル手続きは，「進歩を生じない」効果のない学習方法だと非難されている (p. 57)。

　いくつかの先行実験で使用された2つの固有手続きが，ジュネーブ派の研究者たちによって，効果のないチュートリアルな方法の具体例として選び出された。1つは，予想結果フィードバックであり，もう1つはルール指導である。予想結果フィードバックは，ジュネーブで始まったスメズランド (Smedslund) による一連の研究で初めて調べられた (例えば，Smedslund, 1959, 1961)。この方法では，非保存の子どもに2つの追加の特性を持つ標準保存問題が実施された。1つは，子どもは，実験者が変形する前に量的関係について見かけの変形の結果の予想を尋ねられた。予想はいつも間違っていた。もう1つの追加の特性は，それぞれの変形のあとで，子どもは自分の予想は間違いであり，等価は保存されているというフィードバックを受け取るのである。別のチュートリアルな方法はルール提示だが，ワラック (Wallach) とスプロット (Sprott) (1964) によって開発されたもので，もっと単純である。非保存の子どもは，もう1度，標準保存問題を実施される。ただ1つの追加が，子どもが変形後の問題に回答したあとで与えられる (初めの量的等価性はなくなったという)。実験者は，子どもに基本的な論理的ルールをただ示すだけである (つまり，その空間配置は量的関係には影響しない)。ジュネーブ派の研究者たちは，それは間違

いだとわかるのだが，予想結果フィードバックとルール提示は，「ほぼ例外なく，結果はよくない」(Sinclair, 1973, p. 57) という結論を下した。

　ピアジェの指導方法論の主張の研究へ戻る前に，彼の構成原理への批判について言及することは大切であろう。それは，アメリカの教育心理学者たちを長い間悩ませていて，ピアジェが決して満足するように解決しなかったもので，彼は亡くなる数年前に認めたものだ。「この新規性という構成の考え，これは理解することが最も難しい考えだ」(Evans, 1973, p. 39)。構成主義の問題は次の点である。この原理は，それが生じる知能の基本的要素が明らかに文化的には普遍的である事実とどのように一致するのだろうか？　別のやり方でこの質問をすると，新規性という創造的工夫の過程として特徴づけた学習原理は，外見では，それが生じる量的変動性と認知結果の個人差を含むように見える（というのは，子どもの日常経験は非常に変動的で個人的なので）。しかし，データは，少なくとも前操作期と具体的操作期に関する限り，ピアジェが構成過程の結果として見た認知スキルは，すべての普通の子どもに獲得されることを示している。構成が本当に創造的で，新規な生成メカニズムであるならば，これはどのようなことになるのか？　ピアジェの回答は，子どもの生物学的構造と自然の身体的法則は，構成が作り出せる可能な概念を制限する資質を加えるということである。例をあげると，エジソンはさまざまな照明器具を発明し，ベルは電話連絡のさまざまな器具を発明した。だが，これらの器具は，無生物の電気伝達の基本法則に違反することはなかった。概して，アメリカの教育心理学者たちは，この資質に満足しなかった。物理的法則と生物学構造による限界は曖昧で一般的であるという理由からである。それらはあまりにも曖昧で一般的なので，認知発達が文化的に普遍的な知的スキルを産出する点まで，それらがどれくらい構成過程を制約できるかを突き止めることは難しいのである。

研究——自然主義と構成主義を検証すること

　構成は自然学習過程なので，ピアジェの指導方法論の見方を検証することは，効果的学習手続きが構成を含まなければならないという考えから得られた予測を検証することである。ピアジェの発達的制約についての考えを評価する

ように企図された研究と同様に，構成学習についての彼の見方に影響している予測は数多い。しかしながら，明らかな予測は2つである。それらは1960年代後半，1970年代，1980年代初期の研究の最重要事項であった。すなわち，(a) チュートリアル手続きが学習するのに効果的でない，(b) 構成的学習手続きは，チュートリアル手続きよりもずっとよい学習を勧める，である。両方の予測の研究例は以下に要約される。

チュートリアル手続きは効果がないか？

　ピアジェ理論への関心が高まった時期は，アメリカの学習理論の絶頂期でもあった。子どもに具体的操作概念を教える特定の指導方法を示唆したアメリカの学習の伝統の中には多くの理論があった。結局，4つの明白な研究方法が十分な数の実験を生み出した。(a) 知覚練習，(b) ルール提示，(c) 熟達したリーズナー（理由づけする人）の観察，(d) 修正フィードバックである。これらのそれぞれの方法は，その時代の特定の学習理論に基づいていた——知覚練習の場合には注意理論（例えば，Trabasso & Bower, 1968），ルール提示の場合には情報処理理論（例えば，Siegler, 1981），熟達したリーズナーの観察の場合には社会的学習理論（例えば，Zimmerman & Rosenthal, 1974）であり，修正フィードバックの場合には弁別理論（例えば，Kendler & Kendler, 1960）であった。重要なことは，これらすべての方法は，ジュネーブ派の研究者たちによって，チュートリアルと分類されたのである。というのは，彼らは，ピアジェには成功する学習に決定的に重要に見えた自己による発見過程の可能性を認めずに，概念を子どもに直接教えたのである。実際，自己による発見は，親理論が何かをはっきりと言及しなかったのだ。そこで，これらの4方法は，効果的学習手続きではなかったのである。というのは，「経験的方法は，それによって主体は結合が強いられており，出来事間の結びつきを受理する必要があったのだが，進歩をもたらさなかった」からである。多くの実験の結果は別のやり方でも証明された。

1. 知覚練習　保存，クラス包摂，転導推理，視点取得などの具体的操作問題に失敗した子どもがやる主な間違いは，子どもが自分の推理を，課題素材

のあまり目立たない特徴（論理的に正しいが）よりも，目に見える目立った特徴に基づいて行うことである。学習の注意理論（例えば，Trabasso & Bower, 1968）によれば，子どもは間違ったものにだけ注意を払う。推理の限界からそれより深く注意ができない。もし注意できないとすれば，子どもに具体的操作概念を教えるためには，子どもに間違った情報に注意しないようにさせること（例えば，図11-2で，左のパネルの列の長さと密度，中央のパネルの液体の高さと幅）と注意を正しい情報に向けさせること（例えば，図11-2で，左のパネルの実際のチップの数，中央のパネルの実際の液体量）しかない。このやり方で，子どもの注意の向きを変えるように設定された練習方法論は，子どもに他のもっと単純な概念を教えるためにすでに開発されてきた（例えば，Zeaman & House, 1963）。そこで研究者たちは，これらの方法を具体的操作概念の知覚練習研究に取り入れたのである。

　2つの学位論文が，当時の指導的な学習理論家，T・トラバッソ（T. Trabasso）の指導のもとで作成され，それらは，非保存の子どもは知覚練習の結果，保存概念を学ぶ，という最初の明確なエビデンスを与えたのである（Emrick, 1967; Gelman, 1969）。2論文で報告された実験はよく似ており，主な違いは，対象が，エムリック（Emrick）の場合は就学前の子どもであり，ゲルマン（Gelman）の場合は幼稚園の子どもであることだった。両実験とも，事前テストで非保存（非保存概念）者（数，長さ，液体量，かさ）として識別された子どもは数と長さの保存に中心を置いた学習セッションに参加した。これらのセッションで，三つ組関係の手続きが，子どもに注意を刺激の正しい量的特徴に向ける目的で使用された。図11-5に例が示されているが，チップの2列は同じ長さである（だが密度と数は異なる），2列は同じ数である（だが長さと密度は異なる），2列は同じ密度である（だが長さと数は異なる）。数の保存の知覚練習手続きは，子どもにこの種の多くの三つ組を見せて，同じ数を含む2列を選ばせる。そして間違って選んだら，2つの正しい列を指摘する。三つ組は図11-5と同じで，チップの列ではなく線を含み，長さの保存の知覚練習に使用された。

　注意の方向を変える方法は，非保存者たちへの保存概念の教授に非常に有効であることがわかった。エムリック（1967）の学位論文の中で，数と長さの問題に対する就学前児たちの回答のおよそ75％が，知覚練習の2，3週間後に

図 11-5　保存の知覚練習の研究で使用された三つ組練習の例
（Emrick, 1967; Gelman, 1969）

行われた問題では正解であった。また，液体量とかさ問題に対する就学前児たちの回答のおよそ40％も正解だった。ゲルマン（1969）の幼稚園児の結果はもっと驚くべきものだった。数と長さの問題の結果は，知覚練習後2，3週間では基本的に正解であり，液体とかさの問題に対する幼稚園児の回答のおよそ60％も正解であった。

　他の研究者たちによるのちの実験が，非保存者たちから保存者たちへ変化させる知覚練習の力を確かめたことを付言しておこう。例えば，ゲルマン（1969）を再現して，メイ（May）とチッショウ（Tisshaw）（1975）は三つ組手続きで，幼稚園児を対象にして成功した保存学習を報告した。同様に，エムリック（1967）を再現して，フィールド（Field）（1981）は三つ組方法で就学前児の成功した保存学習を報告した。最後の，知覚練習の基本的疑問は，ボースマ（Boersma）とウィルトン（Wilton）（1974）によって回答された。前述のように，知覚練習の根底にある論理は，保存者たちと非保存者たちがただ注意を別の視覚情報に向けるということである。子どもが保存問題に答えているときに彼らの眼球運動が測定された研究で，ボースマとウィルトンは，これがまったくその通りであることを見出した。特に，彼らは非保存者たちの視覚は間違った視覚手がかり（例えば，数の保存の長さと密度）に集まるが，保存者たちの視覚は正しい手がかりに集まることを見出したのである。

2. ルール提示　ピアジェの具体的操作概念の発達の研究で，彼は子どもの推理の説明を引き出すために有名な臨床法を使用した。鍵となる結果は，子どもが推論を説明するとき，彼らは場面の基本的論理とは別の，問題の情報の目立った視覚的特徴に中心を置いた原理を答えた。例えば，数の非保存者は，自分たちの間違った推論を「この列は，長いから多い」(Piaget, 1952) という旨の言葉で普通説明する。そして液体量の非保存者は，「このグラスは，ジュースが高いから多く入っている」(Piaget & Inhelder, 1941) という類の言葉で普通説明する。一方，保存者は，自分たちの正しい推論を，視覚的特徴よりも，基本的な論理的関係に中心を置いたより抽象的原理を引用して通常説明する。標準的な研究（例えば，Brainerd, 1977b）は，5つの論理的ルールが保存者の説明に引用されることを結局は示したのである。すなわち，(a)「質的同一性」（例えば，数の保存者：「見かけは変わっても2列は同じままである」），(b)「量的同一性」（例えば，数の保存者：「2列はまだ同じ数だ，見かけは違っても」），(c)「可逆性」（例えば，数の保存者：「この列がいまは長いが2列を同じ長さにできる」），(d)「足すこと／引くこと」（例えば，数の保存者：「足されたり引かれたりしたチップはない」），(e)「相補性」（例えば，数の保存者：「この列は長いが，チップは広げられている」）である。

　情報処理理論によれば，間違った推理は，これらの単純な論理的ルールの理解がただ不足しているせいである。そうだとしたら，このルールの実演により非保存者を保存者に変えられる。ルールの提示方法は，他の3つの手続きの研究のどれよりも多く公表された研究の中に取り入れられた。ルール提示は，ワラックとスプロット（それはまもなく，ベイリン〈1965〉の実験でフォローアップされた）の実験に導入された。ワラックとスプロットは，ただ1つのルールである可逆性を，事前テストの数の非保存者と判断された子どもにものを使って示した。学習フェーズで，子どもは，対象の2列の間にはっきりした機能的結合のある追加の数の保存問題を見せられた。例えば，1列は5つの人形であり，他の列は5つの人形ベッドである。問題は，子どもが人形とベッドの数は同じだと認めたことを確かめて，それぞれのベッドに1つの人形を置いて始まる。子どもが数は同じだと認めたあと，人形はベッドから取り除かれ，ベッドの列よりもはるかに長い（または短い）列に並べて置かれた。もちろん，

子どもは長い列に短い列より多くのものが含まれていると主張した。そこで子どもは、それぞれのベッドに1つの人形を置くように、人形をベッドに戻しなさいと言われる。これが済むと、人形とベッドの数はまた同じだと指摘される。この可逆性ルールを実演する方法は、保存の事後テストを大きく改善させる。

　ベイリン（1965）のルール提示の方法はもっと簡単である。非保存者たちに一定のルールを実演する物理的操作をさせないで、彼はただ非保存者たちにルールを言語で説明した。ワラックとスプロット（1964）の実験のように、子どもは学習フェーズの間にもっと保存問題を与えられた。子どもが問題に間違って答えると、実験者は、保存者たちが正確な反応の説明をするときに伝える3つの論理的ルール（質的に同じ、量的に同じ、可逆性）の説明をした。これらのルールの説明は、事後テストの保存反応を大きく改善させた。スミス（Smith）（1968）は、よく似た実験を報告した。鍵となる違いは子どもが重さの保存で練習していることである。学習フェーズでは、重さの非保存者たちは、間違った反応をすると次のルールの説明を受ける。「もし私たちがこのようなもので始め、それに少しの粘土も加えず、そこから少しも粘土を取り去らない（足すルール／引くルール）なら、そのとき、それは見かけが異なっても重さは同じ（量的同一性）である。ご覧のように、私がそれを戻すことができる……それは本当に変わらない（可逆性のルール）」（p. 520）。ベイリンのこの説明は、事後テストの保存反応に大きな向上をもたらした。

　1970年代後半、他のルール提示実験が発表された（例えば、Halford & Fullerton, 1970; Hamel & Riksen, 1973）。総じてこれらの研究は、保存者が正しい反応を証明するために使用する5つのルールのうち1つ以上を非保存者に教えることが、実際に非保存者を保存者に変えることを証明したのである。さらに、報告された学習効果は、練習した概念から練習しない概念までの全部を、その後の学習セッションの数週間か数ヶ月の間安定させるというものである。結局、これらの強固な学習効果は、非保存者に論理的ルールをやって見せるか言葉で説明させるかとは関係なく、獲得されるのである。

3. 熟達したリーズナー（理由づけする人）の観察　　この手続きは社会的学

習理論に基づいている。その理論は利他主義，攻撃，性役割のような人間の社会行動の獲得を説明する方法として1940年代と1950年代に展開したものだ。詳述はしないが，基本的な考えは，経験不足の発達途上の有機体が，経験を積んだ成熟した有機体の社会的行動を，観察し真似る——その過程は成熟した有機体の社会的行動に未発達の有機体のそれを適合させるものである (Miller & Dollard, 1941)。1950年代と1960年代のころ，観察と模倣による社会的学習という考えは，向社会的および反社会的行動，特にアルバート・バンデューラ (Albert Bandura) と彼の仲間の研究 (例えば，Bandura & Waletr, 1963) の中の子どもの観察学習についての多くの研究を活性化した。ついには，バンデューラの2人の学生，T・L・ローゼンタール (T. L. Rosenthal) とB・J・ジマーマン (B. J. Zimmerman) が，観察学習と模倣の範囲を社会的分野から子どもの言語獲得とピアジェ派の概念の領域まで拡張したのである (例えば，Zimmerman & Rosenthal, 1974)。ここで関心を引くのが後者の研究である。

このような最初の体系的研究は，ローゼンタールとジマーマン (1972) による一連の4つの実験として登場した。3つの実験は1年生児童対象の保存学習であり，4つ目は就学前児対象の保存学習であった。事前テストフェーズはすべての実験で同じであった。子どもは，ゴールドスチミッドとベントラー (1968) の標準化された器具の形態Aの6つの保存テストを受けた。学習フェーズで続けられたすべてのテストに失敗した子どもだけが対象だった。学習フェーズでは，子どもは黙って座り，同系列の6つの保存問題に正しい回答をした大人を見守った。A2×2要因デザインが学習の間使用された。フィードバックあり対フィードバックなしの要因（半数の子どもが見ている前で，大人の正解は実験者によって言葉で褒められるが，残りの半数の子どもの前では，そうした褒めはない）とルールあり対ルールなしの要因（半数の子どもの見ている前で大人はそれぞれの回答を説明するが，残りの半数の子どもの前では説明はない）である。保存の事後テストは，リーズナーを観察したあとで行われる。要因デザインの4条件全体で，子どもの6つの練習概念の事後テストの反応のおよそ75％が正解であった。この子どもは，自分たちの事前テストの不正確な反応には間違った知覚的説明をしたが，事後テストの正しい反応には正確で論理的説明をした。就学前児を対象にした最後の実験では，ローゼンタールとジマーマンは，

4つの観察学習手続きの1つを使用した（フィードバックなし＋ルールなし）。そうした練習（大人のリーズナーを観察）のあとで，就学前児も，練習された概念の事後テストの成績が大幅に向上したのであった。

　ローゼンタールとジマーマン（1972）によるこれらの新たな実験は，当時の標準からは珍しく包括的だったのだが，2つの重要な点がのちの研究まで未解決のままだった。1つは，ローゼンタールとジマーマンの実験では，延滞事後テストはデザインには含まれなかったので，時間がたっても観察学習効果が続くことを証明したのではない。2つには，練習しない保存概念の学習の転移は示されなかった。だが，その2つはうまく解決された。練習後，1週間から3週間の観察学習効果の保持がまもなく報告された（Charbonneau, Robert, Bourassa, & Glaude-Bissonette, 1976; Siegler & Liebert, 1972; Zimmerman & Rosenthal, 1974b）。また練習しない概念の転移も同様に報告されたのである（例えば，Charbonneau et al., 1976; Zimmerman & Rosenthal, 1974b）。

4. 修正フィードバック　　具体的操作概念の練習の4つの方法の中で，この最後のものが最も受動的で，積極的な自己による発見の考えから最も離れた教示手続きである。そこで，ピアジェの見方からすると，そのような手続きは学習を生じにくいものであり，その主張は彼の共同研究者たちによってしばしば提案されたものだった（例えば，Sinclair, 1973）。修正フィードバックの使用は，子どもの弁別学習の研究によって活性化されており，1950年代と1960年代に評判がよかった（例えば，Kendler & Kendler, 1960）。弁別学習実験の中で，子どもは形，色，大きさなどのおなじみの次元で構成された簡単な視覚刺激を見せられた。説明のために，子どもは図11-6のような1対の刺激を提示される。それは，2つの形（円か四角），2つの色（黒か白），2つの大きさ（大きいか小さい），2つの位置（左か右）から構成されている。子どもの課題は，視覚的弁別を学ぶことである。1つの次元の1つの値は「当たり」であり，同じ次元の別の値は「はずれ」である。子どもは，修正フィードバックによってこれらの弁別を学ぶ。それぞれの試行で，彼は1対の複合刺激を見せられ，自分が考える当たりを選ぶようにと言われる。選択の次は，自分の選択の正確さについてのフィードバックを受けることである。例えば，図11-6に2つの刺

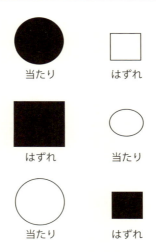

図11-6 子どもの弁別学習の研究で使用された複合の刺激例。これらの刺激は，形の弁別の2つの値（丸と四角），大きさの次元の2つの値（大きいと小さい），色の次元の2つの値（黒と白），位置の次元の2つの値（左と右）を組み合わせている。学習される概念は，「丸は全部，当たりである」。

激の3ペアを見せられる。それぞれの刺激の当たり―はずれがその下に現れる。これが，子どもがその刺激を選ぶと受け取る正解のフィードバックである。複合刺激の対提示の手続き，子どもが選択しなさいと言われること，選択について修正フィードバックが与えられることが，子どもがどちらの刺激が当たりであるかを決める一定の概念（例えば，形）を区別できるまで続く。図11-6では，円が当たり概念だとわかるのは簡単である。ごく年少の子どもでも修正フィードバックによって上記の概念を簡単に学ぶ（レビューについては，Stevenson, 1972参照）。

　私の実験室で行われたいくつかの実験では，修正フィードバックが，保存（例えば，Brainerd, 1972），転導推理（例えば，Brainerd, 1974），クラス包摂（例えば，Brainerd, 1982）のような具体的操作概念を練習する目的でも使用された。基本的方法は，保存概念の普通の3ステップの学習手続きで説明される。事前テストが選択された保存概念について行われたのち，非保存者と判定された子どもは，修正フィードバックを与えられる学習セッションを続ける。これら

の学習セッションで、さらに保存問題が、テストの手続きに1つ加えて行われた。子どもは間違った回答をするたびに「間違っている」と言われ、正解をするたびに「正しい」と言われる。例えば、図11-2の問題に戻ると、子どもが、左下のパネルの長い列に多くのチップがある、中央の下のパネルの幅の狭いグラスに多くのジュースが入っている、右下のパネルの矢印のない線が長いと言うと、それぞれ「間違い」と言われる。子どもは事前テストで非保存者と判定されたので、これらのフィードバック実験の典型的パターンは、子どもが最初のいくつかの練習問題に途方もない間違った回答をする（そこでほとんどが「間違い」と言われる）場合、次のいくつかの練習問題に正解と間違いの回答を混ぜて与える（そこでときどきは「間違い」と言われ、ときどきは「正しい」と言われる）場合、また最後の練習問題にはいつも正しい答えをする（そこでいつも「正しい」と言われる）場合である。フィードバック練習に続いて、子どもは一連の保存事後テストに応答する。全体で、練習しない概念も練習概念のテストを含むこれらの直後の事後テストと、子どもが反応の正しい説明をする能力が測定されている。ある研究では、さらに事後テストが、フィードバック練習のあと、数日か数週間で行われた。

　ピアジェの見地から、修正フィードバックは、非常に受身的で、子どもにはっきりしない概念情報が与えられるが、それは効果的学習手続きであることが証明された。特に、子どもの事後テストの成績は、練習された保存概念では文字通り完璧であり（例えば、Brainerd, 1972）、練習しない概念の成績は非常に向上し（例えば、Brainerd, 1977b）、子どもは正しい事後テスト反応の納得のいく説明ができること（例えば、Brainerd, 1972）が見出された。学習効果は、延滞事後テストで長く続くことも見出された（例えば、Brainerd, 1974）。だが、結局は、子どもの年齢に関係する修正フィードバックの重要な限界が特定された。前述のように、就学前児は、ピアジェの概念を知覚練習（Emrick, 1967）か、ルール提示（Field, 1981）か、観察学習（Zimmerman & Lanaro, 1974）によって習得できることがわかったのである。就学前児を対象にした修正フィードバック実験は、他の3つの方法が生み出すものよりもわずかな学習効果しか生み出さない。それはおそらく、これらの他の方法が子どもに正しい反応の土台についての概念的情報を与えるからであろう。

自己による発見手続きはチュートリアル手続きよりも効果的であるか？

　興味の他の予測は，同じ概念が自己による発見学習とチュートリアル学習のある同様な形によって練習されるとき，自己による発見は明らかに優れているのである。都合の悪いことに，ごくわずかな研究だけが，特定の自己による発見手続きを同様なチュートリアル手続きと比較するために設計されていると報告されている。そのような研究の関心不足をもたらしている2要因は，すでにチュートリアル練習によって達成された成功の高い水準と，自己による発見練習の生得的に標準化されていない性質である。最初の要因に関しては，ピアジェの予測に反して，チュートリアル学習手続きが非常に有効であることが証明された前節を思い起こしていただきたい。例えば，ゲルマン（1969）の知覚練習実験は，練習された概念の上限の成績，練習されない概念の転移の高水準，2〜3週間の保持間隔に持続する学習効果を生じた。同じ結果が，ルール提示，観察，修正フィードバックで得られた。そのようなデータは，自己による発見とチュートリアル方法の相対的有効性の問題を非常に疑問の余地があるものにした。つまり，チュートリアル学習効果は非常に強固なので自己による発見がさらによい学習を生じる余地がほとんどないということである。自己による発見対チュートリアル学習の研究の関心に不足している他の要因は，自己による発見を包含する学習手続きは標準化が非常に難しいことである。学習がいつどのように起きるかは個々の子どものコントロール下に置かれる必要があるので，当然のこととして，すべての子どもに同じ学習試行の統一した順番を設計できない。したがって，自己による発見学習手続きは，ピアジェの何人かの協力者たち（Inhelder et al., 1974）の手で発展させられ使用されたのだが，これらの手続きが標準化できないという事実は，それが自己による発見学習をチュートリアル学習と比較するために設計された実験の手続きに置き換えることが難しいことを意味している。

　これらの障害にもかかわらず，いくつかの限定されたエビデンスが相対的効果についてついに報告された。2つの結果が特に関連している。まず，ピアジェの同僚たちは自己による発見対チュートリアル学習の研究を行わなかったが，彼らは一連の6実験を報告した。保存概念が5つ，クラス包摂が1つであり，それらは自己による発見学習が使用された（Inhelder et al., 1974）。そ

こで，これらの研究の学習の全体のレベルを，前節で議論された方法を使用して獲得された全体のレベルと比較して相対効果について限られた結論を引き出すことができる。この種類の詳細な比較 (Brainerd, 1978a 参照) がなされると，結果は自己による発見学習を支持するものではなかった。概して，インヘルダーたちによって報告された学習効果の大きさは，私が4つのチュートリアル手続きについて記述した効果よりもはるかに小さかった。正答のパーセンテージと成績の他の平均統計量を報告する代わりに，これらの研究者たちは，子どもを無学習，部分学習，自己による発見練習後の完全学習に分類して，3つのカテゴリースキームを使用した。6つの実験全体では，子どもの32％が無学習，38％が部分学習，30％が完全学習であった。重要なことは，少なくとも事前テストのいくつかをパスできた子どもだけが，何らかの学習をしたのである（部分学習か完全学習）。例えば，保存練習実験では，部分学習か完全学習をした子どもの全部が，数の保存の事前テストをパスしたのである。明らかに，その結果は，すべてにわたって事前テストに失敗した子どもの文字通り完全な事後テスト成績を収めたチュートリアル実験のデータと非常に対照的である（例えば，Gelman, 1969; Rosenthal & Zimmerman, 1972）。

　2番目の関連した結果は，シェパード (Sheppard) (1974) によって報告された唯一の研究に基づいたものだ。その研究は自己による発見練習の仮説上の優位性を確かめるのに失敗した。この実験の意義は，インヘルダーたち (1974) が，自分たちの研究における子どもの自己による発見を含む練習で，シェパードの研究のチュートリアル学習練習を除いた，液体量の保存を練習するために工夫したものに非常によく似た手続きを使用することであった。インヘルダーたちの手続きは，図11-2の中央のパネルに示されたような，液体の入った1対のグラスを使用したものだ。子どもは，液体を1対のうちの1つのグラスから別のグラスへ移すよう告げられる。練習試行は1対の同じグラスの同量の液体で始まる（図11-2中央上のパネル）。子どもは，直径の異なる別の1対のグラス（図11-2中央下のパネル）へ液体を移動し，起こった変化を観察しなさいと言われる。子どもはまた，1対の同じグラスへ液体を戻し，起こった変化を観察しなさいと言われる。大事な点は，実験者が子どもにどんな変化も説明しないことだ。そこで，実験者は子どもに，彼らのどんな推理でも「その

ような推理は，またそのようなことは，無理に排除できない」(Inhelder et al., 1974, p. 25) という理由で間違いだと言うことを注意深く避ける。対照的に，シェパードの手続きは，同じ素材と液体の移動を使ったが，子どもは受身の観察者であり，実験者は子どもの間違った推理を修正した。それぞれの練習試行で，子どもは液体が1つのグラスから別のグラスへ移されたら，何が起こるかを述べなさいと言われた。それぞれの予想のあと，子どもではなく実験者が液体を移動させた。このあとで，実験者は移動の結果を，子どもの予想が正しかったか間違っていたかを強調しながら，言葉で説明した。

インヘルダーたち (1974) の自己による発見手続きのシェパード (1974) のチュートリアル版は，たいそうよい学習を生じさせた。最初，シェパードの対象群のすべての子どもは保存事前テストに失敗したが，インヘルダーの対象群の子どもの多くは，いくつかの保存事前テストをパスしていたのである。事後テストでは，シェパードの練習した子どものほとんどが少なくともいくつかの問題に正解（インヘルダーたちの基準による部分学習）をし，30％以上が完全な回答（インヘルダーたちの基準による完全学習）だった。これはインヘルダーたちの，事前テストのいくつかをパスした子どもだけが自己による発見学習の結果として部分学習を示した結果と対照をなすものだ。

要 約

1980年代初頭まで，いくつかの保存練習実験が，子どもの学習における自然主義と構成主義についてのピアジェの主張に関するデータを報告した。段階学習仮説のすでに議論された研究のように，データは，ピアジェの指導方法論の見方に有利なものではなかった。ピアジェは，ただ効果的学習手続きだけが，学習が子どもの日常経験に生じるやり方を真似るものであり，効果的学習手続きは新たな概念の積極的な自己による発見を組み込むに違いないと提案していた。エビデンスの2つの一般的方向がこれらの提案と矛盾していた。1つは，自己による発見に立脚せず，ある場合にはまったく受動的である学習手続きの4つの異なる種類が，優れた学習を生み出した。2つには，自己による発見手続きが，自己による発見によらない手続きよりも優れていることは見出せ

なかった。それどころか，自己による発見でない手続きが優れているように見えた。とりわけ，そのようなエビデンスは，ルソー派の仮定とはまったく対立したものであることを示していた。ルソー派の仮定は自然——学習はいつも最上の学習であり，それこそがピアジェの学習の見方の核心だったのだ。

ピアジェ理論と学習理論——追記

　1960年代後半まで，教育心理学を席巻したアメリカの学習理論は，認知発達にほとんど，あるいはまったく役割を与えなかった。これらの理論は学習研究の過程で大学生と動物を対象に展開してきたので，このことはほとんど驚くにはあたらない。だが，理論の発達的特性は，理論が教室指導の問題に適用されると，発達過程に割り当てられるはっきりした積極的な機能はないことである。そこで，発達差は雑音として扱われなければならなかった。

　ピアジェの子どもの学習理論は，そのすべてを変えた。これまで見たように，彼は発達過程が2つの基本的なやり方で子どもの学習に関わっていると提案した。1つは，子どもの学習は認知発達の現下のレベルによって制約されていると言われる。そのことが段階学習仮説へとつながる。この仮説によれば，子どもは明らかに認知発達の現下の段階以下にある概念を学ぶことはできないし，概念を学ぶ彼らの力量は，これらの概念の事前練習の知識とプラスに関連していることになる。2つ目は，子どもが適切な発達レベルに到達し，目標となる概念を学ぶ用意があると仮定すると，ある指導手続きだけが有効となるだろう。もっとはっきり言えば，効果的指導方法は，子どもの毎日の生活の日常の学習過程を模倣する自然主義的なものである。ピアジェは日常の学習過程の大事な要素は，その過程が新しい概念の積極的な自己による発見を含むと考えた。それを彼は構成と呼んだのである。

　だが，前述したように，アメリカの教育心理学者たちによって行われた学習実験は，ピアジェの主な主張のいずれにも多くの確証を与えられなかった。認知発達のレベルと子どもの学習の関係の検討から，2つの変数には，ピアジェが仮定していたようには，強い関係は見られなかった。すなわち，事前テスト

の具体的操作概念のエビデンスを示さなかった子どもが，優れた学習を示した。具体的操作概念の事前テストの知識の異なった量を示した子どもが，学習の著しく異なる量を示すこともなかった。就学前児（その年齢は前操作期の前半である）は，具体的操作概念を学ぶことができた。自然主義的学習の必要性についてのピアジェの考えが調査されると，その結果は同じように支持されなかったのである。日常の学習メカニズムよりも，実験室の学習パラダイムに基づく指導手続きは，非常に効果的な学習方法だとわかった。さらに，ピアジェの協力者たちが自己による発見実験で獲得した学習効果は，アメリカの研究者たちが実験室のパラダイムで獲得したものよりもごく小さいものだった。

結論として，ピアジェ理論と伝統的なアメリカ流の学習理論間の歴史的関係は3つの所説に要約されよう。1つは，1950年代と1960年代のアメリカの学習理論は，子どもの学習において発達過程を雑音指数として扱い，発達過程にははっきりした役割を与えない。2つ目は，ピアジェは，発達過程は子どもの学習を2つの強力な方法で制約していると主張し，発達過程に大事な役割をあてた。3つ目は，子どもの学習についての研究は，ピアジェの提起した発達的制約を繰り返し反証したのである。これらの事実を考慮すると，現代の教育心理学の学習に及ぼすピアジェの見方の影響は以前ほど大きくないことは驚くことではないであろう。結局，次のことが絶えず認められてきたのである。かなり短い指導セッション（例えば，知覚練習かルール提示か熟達したリーズナーの観察か修正フィードバックの10～20分）の結果，子どもは，数年後までは自然には獲得しない概念を容易に学ぶのであり，ピアジェが考えた概念はゆっくりした形成形態過程を通って生じるだけなのである。そこで，多くの文献では，ピアジェの具体的操作概念の子どもの学習に及ぼす発達的制約はせいぜい脆弱なものであると規定しているのである。

しかし，このことは，発達差に関してはただ雑音として見るのが適切であり，子どもの学習に及ぼす重要な発達的制約はないと言っているのではない。そうではなく，たいそう多くの限定された結論が研究記録から見られるが，結論は，ピアジェが仮定（認知発達の段階）した一定の発達的制約は子どもの学習を非常に制約するようではないということなのである。ピアジェの特定の制約に対する支持は減少したが，子どもの学習に及ぼす発達的制約というテーマ

は，依然として継続している関心のテーマである（例えば，Bjorklund, 1999）。

文 献

Abramson, H. A. (Ed.). (1954). *Problems of consciousness: Transactions of the fourth conference.* Princeton, NJ: Josiah Macy, Jr. Foundation.

Bandura, A., & Walters, R. H. (1963). *Social learning and personality development.* New York: Holt, Rinehart, & Winston.

Beilin, H. (1965). Learning and operational convergence in logical thought development. *Journal of Experimental Child Psychology, 2,* 317-339.

Bjorklund, D. F. (1999). *Children's thinking: Developmental function and individual differences* (3rd ed.). Belmont, CA: Wadsworth.

Boersma, F. J., & Wilton, K. M. (1974). Eye movements and conservation acceleration. *Journal of Experimental Child Psychology, 17,* 49-60.

Boring, E. G., Werner, H., Langfeld, H. S., & Yerkes, R. M. (Eds.). (1952). *A history of psychology in autobiography* (Vol. IV). Worcester, MA: Clark University Press.

Brainerd, C. J. (1972). Reinforcement and reversibility in quantity conservation acquisition. *Psychonomic Science, 27,* 114-116.

Brainerd, C. J. (1973). Neo-Piagetian training experiments revisited: Is there any support for the cognitive-developmental stage hypothesis? *Cognition, 2,* 349-370.

Brainerd, C. J. (1974). Training and transfer of transitivity, conservation, and class inclusion of length. *Child Development, 45,* 324-334.

Brainerd, C. J. (1977a). Cognitive development and concept learning: An interpretative review. *Psychological Bulletin, 84,* 919-939.

Brainerd, C. J. (1977b). Feedback, rule knowledge, and conservation learning. *Child Development, 48,* 404-411.

Brainerd, C. J. (1978a). Learning research and Piagetian theory. In L. S. Siegel and C. J. Brainerd (Eds.), *Alternatives to Piaget: Critical essays on the theory.* New York: Academic Press.

Brainerd, C. J. (1978b). The stage question in cognitive-developmental theory. *The Behavioral Brain Sciences, 1,* 173-182.

Brainerd, C. J. (1979a). Concept learning and developmental stage. In H. J. Klausmeier and associates (Eds.), *Concept learning and development: Piagetian and information processing perspectives.* Cambridge, MA: Ballinger.

Brainerd, C. J. (1979b). Markovian interpretations of conservation learning. *Psychological Review, 86*, 181-213

Brainerd, C. J. (1982). Children's concept learning as rule-sampling systems with Markovian properties. In. C. J. Brainerd (Ed.), *Children's logical and mathematical cognition*. New York: Springer-Verlag.

Brainerd, C. J., & Allen, T. W. (1971). Experimental inductions of the conservation of "first-order" quantitative invariants. *Psychological Bulletin, 75*, 128-144.

Brainerd, C. J., & Brainerd, S. H. (1972). Order of acquisition of number and quantity conservation. *Child Development, 43*, 1401-1406.

Bruner, J. S. (1966). *Studies in cognitive growth*. New York: Wiley.

Bucher, B., & Schneider, R. E. (1973). Acquisition and generalization of conservation by preschoolers using operant training. *Journal of Experimental Child Psychology, 16*, 187-204.

Bums, S. M., & Brainerd, C. J. (1979). Effects of constructive and dramatic play on perspective taking in very young children. *Developmental Psychology, 15*, 512-521.

Charbonneau, C., Robert, M., Bourassa, G., & Gladu-Bissonette, S. (1976). Observational learning of quantity conservation and Piagetian generalization tasks. *Developmental Psychology, 12*, 211-217.

Cronbach, L. J., & Snow, R. E. (1977). *Aptitudes and instructional methods: A handbook for research on interactions*. New York: Wiley.

Denney, N. W., Zeytinoglu, S., & Selzer, S. C. (1977). Conservation training in four-year-olds. *Journal of Experimental Child Psychology, 24*, 129-146.

Elkind, D., & Flavell, J. H. (Eds.). (1969). *Studies in cognitive development*. New York: Oxford University Press.

Emrick, J. A. (1968). *The acquisition and transfer of conservation skills by four-year-old children*. Unpublished doctoral dissertation, University of California at Los Angeles.

Evans, R L. (1973). *Jean Piaget: The man and his ideas*. New York: Dutton.

Field, D. (1981). Can preschool children really learn to conserve? *Developmental Review, 2*, 326-334.

Flavell, J. H. (1963). *The developmental psychology of Jean Piaget*. Princeton, NJ: Van Nostrand.

Gelman, R (1969). Conservation acquisition: A problem of learning to attend to relevant attributes. *Journal of Experimental Child Psychology, 7*, 167-187.

Gelman, R. (1972). The nature and development of early number concepts. In H. W. Reese (Ed.), *Advances in child development and behavior* (Vol. 3). New York: Academic

Press.

Goldschmid, M., & Bentler, P. M. (1968). *Manual: Concept assessment kit, conservation.* San Diego, CA: Educational and Industrial Testing Service.

Halford, G. S., & Fullerton, T. J. (1970). A discrimination task that induces conservation of number. *Child Development, 41*, 205-213.

Hamel, B. R, & Riksen, B. O. M. (1973). Identity, reversibility, verbal rule instruction, and conservation. *Developmental Psychology, 9*, 66-72.

Inhelder, B., & Sinclair, H. (1969). Learning cognitive structures. In P. H. Mussen, J. Langer, & M. Covington (Eds.), *Trends and issues in developmental psychology.* New York: Holt, Rinehart, & Winston.

Inhelder, B., Sinclair, H., & Bovet, M. (1974). *Learning and the development of cognition.* Cambridge, MA: Harvard University Press.

Kendler, H. H., & Kendler, T. S. (1960). Vertical and horizontal processes in problem solving. *Psychological Review, 67*, 1-16.

Kessen, W. (1996). American psychology just before Piaget. *Psychological Science, 7*, 196-199.

Kessen, W., & Kuhlman, C. (Eds.). (1962). Thought in the young child: Report of a conference on intellective development with particular attention to the work of Jean Piaget. *Monographs of the Society for Research in Child Development, 27* (Serial No. 83).

Lawton, J. T., & Hooper, F. H. (1978). Piagetian theory and early childhood education: A critical analysis. In L. S. Siegel and C. J. Brainerd (Eds.), *Alternatives to Piaget: Critical essays on the theory.* New York: Academic Press.

May, R. B., & Tisshaw, S. K. (1975). Variations of learning-set training and quantity conservation. *Child Development, 48*, 661-667.

Miller, N. E., & Dollard, J. (1941). *Social learning and imitation.* New Haven, CT: Yale University Press.

Piaget, J. (1926). *The language and thought of the child.*

Piaget, J. (1952). *The child's conception of number.* New York: Humanities.

Piaget, J. (1970a). A conversation with Jean Piaget. *Psychology Today, 3*(12), 25-32.

Piaget, J. (l970b). Piaget's theory. In P. H. Mussen (Ed.), *Carmichael's manual of child psychology* (Vol. 1). New York: Wiley.

Piaget, J. (l970c). *Science of education and psychology of the child.* New York: Oxford University Press.

Piaget, J., & Inhelder, B. (1941). *Le developpement des quantites chez l'enfant* [English translation]. Neuchatel, Switzerland: Delachuax et Niestle.

Ripple, R E., & Rockcastle, V. N. (Eds.). (1964). *Piaget rediscovered*. Ithaca, NY: Cornell University Press.

Rosenthal, T. L., & Zimmerman, B. J. (1972). Modeling by exemplification and instruction in training conservation. *Developmental Psychology, 6*, 392-401.

Sheppard, J. L. (1974). Compensation and combinatorial systems in the acquisition and generalization of conservation. *Child Development, 45*, 717-730.

Siegler, R. S. (1981). Developmental sequences within and between concepts. *Monographs of the Society for Research in Child Development, 46* (Serial No. 189).

Siegler, R. S., & Liebert, R. M. (1972). Effects of presenting relevant rules and complete feedback on the conservation of liquid quantity. *Developmental Psychology, 7*, 133-138.

Sinclair, H. (1973). Recent Piagetian research in learning studies. In M. Schwebel & J. Raph (Eds.), *Piaget in the classroom*. New York: Basic Books.

Smedslund, J. (1959). Apprentissage des notions de la conservation et de la transitivite du poids [English title]. *Etudes d'Epistemologie Genetique, 9*, 3-13.

Smedslund, J. (1961). The acquisition of conservation of substance and weight in children. II. External reinforcement of conservation of weight and the operations of addition and subtraction. *Scandinavian Journal of Psychology, 2*, 71-84.

Smith, I. D. (1968). The effects of training procedures on the acquisition of conservation of weight. *Child Development, 39*, 515-526.

Stevenson, H. W. (1972). *Children's learning*. New York: Appleton-Century-Crofts.

Trabasso, T., & Bower, G. H. (1968). *Attention in learning*. New York: Wiley.

Wallach, L., & Sprott, R. L. (1964). Inducing conservation in children. *Child Development, 35*, 71-84.

Wohlwill, J. F. (1959). Un essai d'apprentissage dans le domaine de la conservation du nombre [English]. *Etudes de 'Epistemologie Genetique, 9*, 125-135.

Zeaman, D., & House, B. J. (1963). The role of attention in retardate discrimination learning. In N. R. Ellis (Ed.), *Handbook of mental deficiency*. New York: McGraw-Hill.

Zimmerman, B. J., & Lanaro, P. (1974). Acquiring and retaining conservation of length through modeling and reversibility cues. *Merrill-Palmer Quarterly, 20*, 145-161.

Zimmerman, B. J., & Rosenthal, T. L. (1974a). Conserving and retaining equalities and inequalities through observation and correction. *Developmental Psychology, 10*, 260-268.

Zimmerman, B. J., & Rosenthal, T. L. (1974b). Observational learning of rule-governed behavior by children. *Psychological Bulletin, 81*, 29-42.

第 12 章

リー・J・クロンバックの教育心理学に対する貢献

ハガイ・クーパーミンツ
(コロラド大学ボルダー校)

　リー・J・クロンバック(Lee J. Cronbach)は,史上最も著名で影響力のある教育心理学者の1人である。彼の学識は,50年に及ぶ経歴を通してこの分野に深い影響を及ぼした。また彼の名前は,測定,教授と学習,評価の分野で多くの事象と結びついている。クロンバックは,自分の「……50年以上に及ぶ,出版物もある,研究の最も長期間の軌跡は,心理学的および教育学的測定の正確さと,測定による推論の正確さを評価する方法と関係していたに違いない」と述べている(Cronbach, 1991, p. 385)。だが,測定の問題は,彼の巨大な知的活動の1つにすぎない。そのやり方をスノー(Snow)とウィリー(Wiley)が以下のように生き生きととらえている。

　このクロンバックのやり方は,研究者たちが,制限と選択肢がわからず問題の社会的に重要な分野の進歩を妨げる,根源的問題,隠れた困難,暗黙の前提,理論的,方法論的慣例を,まず見つけることである。そこで彼は,追究されている基本的問題を批判するために,この過剰で誤って考えられた概念的かつ方法論的重荷を切り取って,どのように核になる問題について筋道を立てて考えるかを学ぶ。往々にして,これは,ある重要な研究からの既存のデータを再計算し,新たな統合に到達し,最初の研究者のものをはるかにしのぐ提案を追究して達成されるのである。そこで,彼の改訂が,1分野の入念に考え抜かれた中心的例として登場する。こうやって彼は概念化のレベルを上げる。概念化によって,さまざまな研究者たちは,自分たちを誘う問

題を明確にし，研究の方向を再構成し，エビデンスの意味をはっきりさせ，理論と実践の両面で早期の確かな見返りの機会を向上させるために，研究するのである。(p. 1)

本章は，教育心理学分野へのクロンバックの学識の遺産を検討する。私は，クロンバックの研究の包括的レビューという難しい課題に取り組んだり，学問経歴の整理された年代順のストーリーを述べるつもりはない。そうではなく，本章の私の目的は，クロンバックの著作全体のいくつかの核となるテーマを浮き彫りにすることである。クロンバック（1989, p. 79）は次のような注意をした。「私の学問的研究は，年代順よりもテーマごとに議論されるべきだ。私は，同時的かつ断続的に自分の関心を追究したからである」。そこで本章は，3つの主要テーマで構成されている。すなわち，測定の問題，相互作用のパラダイム，プログラムの評価である。これらのテーマの中で，私は，クロンバックの研究から，教育心理学者たちが興味のあるいくつかの重要な問題に関係している教訓と洞察を示そうと思う。すなわち，教授―学習過程の性質，指導の相互作用を説明する変数の測定，教育プログラムの評価，新たな社会科学領域としての教育心理学の抱負である。だが重要な問題に入る前に，クロンバックの職業生活の主な節目について説明する短い伝記的スケッチが，歴史的文脈として役立つであろう。

リー・J・クロンバック――略伝

リー・クロンバックは，カリフォルニア州フレズノで1916年に生まれた。彼の心理学測定との最初の出逢いは，5歳でスタンフォード・ビネー知能検査を受けたときのことだった。200点をとって，彼はルイス・ターマン（Lewis Terman）の画期的研究の知的優秀児の地位を得たのである。途方もない知的経歴の最初の一里塚は，14歳の高校と18歳の大学の終了時だった。クロンバック（1989）は論客としての自分の10代の経歴を回想して，以下の告白をしている。「私は，そのころに，人生の自分の目標は権威になることと決めたのを

思い出す」(p. 64)。化学から教育へと関心が変わり，フレズノ州立教員養成大学から文学士の学位を取得し，1937年にカリフォルニア大学バークレー校から修士号を取得した。クロンバックが妻ヘレン（Helen）と出会ったのはバークレーであった。彼らの5人の子どもたちは，1941年から1956年の間に生まれた。

サーストン（Thurstone）の態度測定の研究が，教育測定と心理測定についてのクロンバックの持続する関心に初めの推進力を与えた。だが，シカゴ大学で教育心理学のペースの速い博士課程教育の間（課程のわずか2年後の1940年に博士号を取得した）に，隣の心理学科でサーストンの課程を選ぶことをクロンバックは考えつかなかった。だが，ラルフ・タイラー（Ralph Tyler）とカール・ホルジンガー（Karl Holzinger）と研究したことは，教育研究，評価，統計の確かな基礎を作ったのである。クロンバックは，1940年にワシントン州立大学の心理学部のスタッフに加わり，そこでの最初の年に，入門心理学，社会心理学，児童心理学，産業心理学を教えた。後年，彼は教育と測定の最初の授業を教え，そのために彼は『心理検査の要点（*Essentials of Psychological Testing*）』(1949) を書いた。(彼はティモシー・リアリー〈Timothy Leary〉の修士論文の研究指導もした。) 第2次世界大戦の間，クロンバックはサンディエゴの海軍音波探知機学校で研究心理学者として働き，ソナーの操作者たちの訓練コースを開発して産業研究の経験を積んだ。

クロンバックは1946年から2年間シカゴ大学へ教育の助教授として戻り，サーストンの主催する心理測定グループの研究会で学んだ。徹底した心理測定研究に加え，彼は，教育心理学のタイラーの入門授業を受け継ぎ，その授業がそのテーマの評判の高い教科書を生む（Cronbach, 1954）。クロンバックが，狭い専門性と固有な内容領域に拘束された関与を絶えず避ける職業的同一性を確立したのはこの時期であった。「より糸をタペストリーに織ることを私は楽しむのであり，糸を紡ぐことではない」(Cronbach, 1989, p. 73)。1948年，彼はネート・ゲイジ（Nate Gage）と一緒に，イリノイ大学アーバナ校の教育学と心理学の共同指名を受諾した。そこでの測定プログラムのために，後年，ヘンリー・カイザー（Henry Kaiser），ロイド・ハンフリー（Lloyd Humphrey），レッドヤード・タッカー（Ledyard Tucker）を採用した。アーバナ校で，クロンバッ

クは何冊かの彼の最も影響力のある著作をした。すなわち,「アルファ係数」論文 (Cronbach, 1951), ポール・ミール (Paul Meehl) との構成概念の妥当性の解説 (Cronbach & Meehl, 1955),「2 つの領域」論文 (Cronbach, 1957), 一般化可能性理論の初期の研究 (Cronbach, Rjaratnam, & Gleser, 1963), 個人の決定における心理検査の利用についての本 (Cronbach & Gleser, 1957) である。

その時期に 1 つのことが実現した。「1956 年まで私は考えるようになった……私は主に教師という職業を務めてきた」(Cronbach, 1989, p. 83)。専門性の認知は数々の表彰で証明されている。彼は,アメリカ教育研究学会,アメリカ心理学会,心理測定学会の会長であり,国立科学アカデミー,国立教育アカデミー,アメリカ哲学協会,アメリカ芸術科学アカデミーの会員であった。彼は,イェシーバ大学,スウェーデンのヨーテボリ大学,シカゴ大学を含む大学から多くの名誉学位を授与された。

1960 年代初期の専門委員と学部管理の仕事のあとで,クロンバックは 1964 年にカリフォルニアへ戻り,1980 年の退職までスタンフォード大学教育学部の教授会に加わった。スタンフォード大学で,彼は自分の画期的な一般化可能性理論の研究を完成させ (Cronbach, Gleser, Nanda, & Rajaratnam, 1972), リチャード・スノー (Richard Snow) と共同して (Cronbach & Snow, 1977), 適性処遇交互作用 (ATI) 研究の概念的および方法論的枠組みを発展させ,プログラム評価の分野の改革を進めた (Cronbach et al., 1980; Cronbach, 1982)。彼の最後の重要な努力は,かつての教え子と一緒に,態度の概念について,故リチャード・スノーの遺産を発展させて,本を完成させることだった (Stanford Attitude Seminar, 2002)。その本が出版された 2 週間後,クロンバックは 2001 年 10 月 1 日に亡くなった。85 歳であった。

測定の問題

20 世紀の初めから,検査はアメリカの公的教育システムを決定づける特徴であった。無数の教育的決定は,教育の達成と可能性の主な情報源であるテスト得点に頼った。代わりの教育プログラムの設定,留め置きと昇進,格付け,

高等教育への入学者選考，そして最近では教師と学校への多くの報奨金と制裁金の割り当てである。そのため測定問題は，教育心理学者たちには最も重要なのである。豊かな心理測定の伝統は，教育者たちと心理学者たちがテスト得点のデータを分析し解釈することに役立つ，数学的モデルを絶えず提供した。だが，心理測定の枠組みには，確率変数ではない人間としてのテスト受験者についての深い理解が欠けていた。クロンバックの貢献は，心理測定のモデリングの技術の改良と，テストの遂行の心理学を理解するための数学を超える変革の両方を含んでいた。

スピアマン（Spearman）とブラウン（Brown）の先駆的研究が，現代テスト理論と実践の基礎になっている。クロンバックは，シカゴの8年間の研究のテスト・データを分析して，旧知の心理測定モデルの限界を認めていた。この分析の間に記録された当惑させるデータが，心理学者たちがテスト得点を考え，使用したやり方を改善しようとする息の長い努力を刺激した。その結果は，信頼性理論の主な展開，テスト得点を妥当化する概念的枠組み，テスト得点に基づく決定を評価する決定論的アプローチ，テスト理論の多様な側面の基底にある哲学的で経験的原理の結合を含んでいる。他のクロンバックの努力のように，幅広い範囲で，長期間の目標を視野に入れた取り組みであった。そして論文は，理論と実践の両方の問題の多くの側面を対象にしていた。

心理測定の定式化を厳密に打開する重要な動機づけは，何をどれほど学んだかを測ることを意味する測定の遂行に影響する条件を，もっと念入りに検討したいという願いである。学力の測定のようなテストの結果の意味についての推論を引き出すために，テスト内容だけを検討することは，クロンバックが主張するように，限界があり，ほとんどが分析者を遠ざけるのだ。学習課題の観察された遂行から正しい推論を引き出すために重要である心理学次元についてのクロンバックの関心は，代数の語彙を理解する生徒についてのバークレー校の彼の修士論文（Cronback, 1936）にさかのぼることだった。デューイ（Dewey）の『私たちはどう考えるか（*How We Think*）』に啓発されたその仕事では，彼は，学習者がどのように，どこでつまずくかを生徒が見分けるために，係数の概念を理解するさまざまなやり方を研究した。クロンバックの次の仕事は，テストの結果に含まれている心理学的原理を示し説明することが目的であり，さ

らにテスト理論の構成的批判の知的で実践的な道具を提供しようとした。

人間の遂行のあらゆる指標のように，テスト得点は，教育者たちと心理学者たちが教育の過程に直接関連していると考える要因（教授の質のような）だけでなく，さまざまな無関係の要因（テスト・デザインの表面的特徴やテスト場面への学習者の情動的反応）が多数重なって測定されている。クロンバックの反応スタイルの初期の研究（Cronbach, 1946, 1950）は，学習結果の評価とはまったく無関係なテストの側面が，仮に無視されたとき，テスト結果の解釈をどのように歪めるかを示した。テスト項目に反応する習慣的スタイルの一貫した個人差は，結果として生じたテスト得点に大きく影響することが明らかになった。メシック（Messick）(1991) は，この研究の効果を次のように記述した。「一度クロンバックが反応セットの防潮門を開けると，何百という実証研究と何ダースもの研究レビューが測定文献を一杯にした」(pp. 162-163)。最初の主張の妥当性と重要性についてののちの課題と議論にもかかわらず，反応過程のエビデンスの検討を無視できる教育心理学者は誰もいなかった。「例えば，テストで数学的推論を測定するつもりなら，受験者が，実際に標準のアルゴリズムに従う代わりに，所与の教材について推論するかどうかを測定することが大切になる」(APA, AREA, NCME, 1999, p. 12)。

測定手続きのたび重なる使用から得られたテスト得点の一貫性は，テストの信頼性概念の品質証明である。クロンバックの信頼性の研究，のちの一般可能性の研究は，教育測定の分野に多大な影響を与えた。クロンバックの信頼性の問題の初期の研究の最も周知された成果は，「α 係数」論文だった（Cronbach, 1951）。その論文は，信頼性の指標に新しい解釈を与えた。その指標はテスト項目間相関のパターンに基づいていた。実践的な見地から，提案された手続きは，分析者たちがテストの1度の実施から信頼性の評価を計算できるようにするのである。公式は幅広いさまざまなテストや他の測定器具に使用できた。また，使用者たちの間に大変な人気を博したのである。自家製の論文検索器から市販のアチーブメントテストに至るまで，クロンバックの α を報告しない教育測定や心理学測定にめったに出会うことはない。非常に人気が高まったことから，クロンバック (1991) に，「ばかばかしいほど多数の」α 論文の引用と「『クロンバックの α』」のラベルの便利さが私に名づけ親としてのこっけいな地

位をもたらした」(p. 387) ことについて，嘆かせたのだった。

しかし，異なるテスト項目の反応が相関を示す範囲によって証明されたように，テストの信頼性の問題を検討する思考が，技術を超えた。それは現実世界の教育心理学の検討を，分離した抽象数学の練習に留まっている心理測定の研究へ，持ち込んだのである。「そこでテスト理論を批判することは，数学者が仮定することと心理学者が人々の反応を合理的に考えることを比較することになる」(Cronbach 1989, p. 82)。この見方では，テストの純度についての伝統的心理測定の理想は非常に限定されている。観察されたテスト行動の根底にある心理学的過程の深いレベルは，以下のサイトからは見えなくなる。

> 過去でも未来でも，テスト開発の多くのモデルは，得点に寄与する項目がすべて「同じものを測定している」はずだという考えを反映している。スピアマンは純粋 g を観察できなかったが，測定誤差と同様に統計上の調整で不純物の影響を分離しようとしたのである。サーストンたちは，「要因的に純粋な」テストを求めた。私はビネー (Binet) の見方に賛成である。問題解決は，過程の込み入った絶え間なく変動する組み合わせである。デューイとジャッド (Judd) に影響されて，私は教育発達における同じような多数の過程を探したのである。(Cronbach, 1991, p. 386)

1950年代と1960年代の信頼性についてのクロンバックの研究成果は，包括的一般化可能性理論という，それに十分ふさわしい言い方をついに見つけたことだった (Cronbach, Gleser, Nanda, & Rajaratman, 1972)。理論の研究は，比較的控えめな願望で始まった。当初の目的はゴールディン・グレッサー (Goldine Glesser) と一緒に，「行動と出来事の流れを量的結論に変換する数学のシステム」を使うのに役立つ測定ハンドブックを製作することだった (Cronbach, 1989, p. 84)。その計画は，当時よく検討されたテーマである，信頼性の詳述から始めるように要請されていた。伝統的定式化は，観察されたテスト得点を分解して真の得点と間違った成分にした。多くの理論的発達と実践的適用を半世紀にわたって刺激した考えである (Lord & Novick, 1968参照)。クロンバックの見方では，モデルは2つの重大な欠陥で悩まされていた。すなわち，真の得

点は間違って定義されており，間違いはすべてを含んでいた。最初の弱点は，クロンバックのテストの妥当性確認の提案で取り上げられた。それについては次節で扱うことにする。一般化可能性理論は，区別されない間違った用語がテスト成績の組織的変化について重要な情報を隠すというクロンバックの懸念から生まれたものである。さらに2人のメンバーをチームに加え，統計学者R・A・フィッシャー（R. A. Fisher）によって導入された分散分析の一種として新たに開発された「ランダムモデル」を装備して，クロンバックは「『誤差分散』として知られる外の暗闇」(Cronbach, 1975, p. 674) の調査に着手した。

　一般化可能性理論は，テスト手続きのさまざまな見方や側面のテスト結果に及ぼす相対的影響の問題を対象にする。生徒たちは，さまざまなテスト形態でさまざまな項目形式で，いろいろな場合に一貫して行うのだろうか？　科学の多肢選択テストで優れている生徒は，同じ内容について違うテストでもっと精緻化された反応を要求されると，よくできないのだ。さまざまな測定の様相の相対的寄与が一度評価されると，研究者は，この情報を固有の設計された提案に変換できる。例えば，テスト設計者は，もっと多くの項目が信頼性の一定のレベルに達する必要がある，あるいは，いくつかの項目のフォーマットの修正が必要だと結論する。さらに理論は，生徒の分布の相対的位置の一貫性――伝統的な信頼性分析の証明――の検証を打開する。理論は，所与のテストで使用される固有な項目が広い知識領域のただ1つのサンプルであることを認めている。テスト得点からの推論は，生徒がこのテストで出会う項目の特定のセットを超えて，その推論が領域について何かの価値を述べている範囲で，役に立つ。例えば，読解力テストは，生徒が文章の限定された小さなサンプルだけを読み理解することを求める。だが，生徒の遂行からの推論は，一般的に読解力についての結論を出すのである。

　結局，誤差分散の外側の不明瞭さの追究は，テストが測定しているものが何かを理解する努力の複雑さについての広範囲の結論を生み出す。これらの結論は，テスト得点の理論的で経験的妥当性の枠組みを発展させる，より高い目的を果たす。一般化可能性理論によって認められる信頼性研究の拡張は，研究者たちがもっと現実的な教育問題を対象にすることを認め，彼らが自分たちの問題の最前線で現実的検討をするようにうながすのである。これは，妥当性がテ

スト得点から抽出された情報の健全性を評価するために最も重要な考察であることを示すのに役立つ。ランダムで興味深いプロセスが想定されたものではなく、現実的問題が誤差分散の中核である体系的な変動を明らかにするために重要な役割を果たしたので、「真と誤の抽象概念より、研究者の理論は、どの家族が『同じ変数を測定する』テストを含むかを決める。一般化可能性の分析は、選択された分野で表現された概念の妥当性の一部になり、そこで、『誤差』の研究が現実的問題を持つのである」(Cronbach, 1991, p. 394)。

初期の結論は確実に強化され、クロンバックとミール (1955) の論文についての主な心理測定課題項目として焦点になった。論文は、テスト得点の意味に関する問題が作られる鍵となるテーマとして、妥当性の重要性を設定した。論文の中で示された理想は、妥当性の過程は理論構築と同じ方向に沿うべきということだ。テストの妥当性への伝統的なアプローチは、テストの内容と適切な基準を示すと信じられている他の変数との単純な相関の検討に限定されているが、構成概念の妥当性は、測定された構成概念がその意味を引き出せる確実な理論的土台を築くことである。クロンバックが反応セットの初期の研究で示したように、内容分析は不十分である。テストと質問紙への回答情報が提示される形式から回答者の動機づけまで、多くの要因のいくつかはテスト内容とは無関係の要因の影響を反映している。例えば、知能検査の得点は、成功する能力についての固定概念によって提示される兆候についての被験者の認知を反映している (Steel, 1998)。さらに、最も教育的で心理学的測定の適切な究極の判断基準を欠いていることは、妥当性にただ部分的エビデンスを与える、さまざまな「基準」との相関を示している。

後年の自著の中で、クロンバックは、構成概念の理想に示されている厳密さの科学的原理は野心的でありすぎて、社会科学者たちのもっと控えめな要望を進めるのにあまり役立たなかったことを認めている。科学的厳密さは、多数の解釈に対して寛容さでバランスがとられるべきだった。考え方、価値、信念は、社会科学者たちが経験的観察の生の素材から理論的物語を作り上げる際の方策として不可欠である。彼らが現実を直視できないからではなく、そのような資質は主題に内在しているからである。そこで、自然科学の説明のある程度の標準的合意を期待することは無理なのである。クロンバック (1986) は、

「研究方法から生じる解釈は，芸術に与えられる寛容さを認められるべきだ。そして，都合よくそれらはときどき認められたのである」(p. 97) とさえ言った。現代の教育心理学の問題スタイルと理論的構造の大部分は，社会的研究の科学を古いヒューマニスティックな遺産と協調させる，クロンバックの努力によるのである。

相互作用的アプローチ

　アメリカ心理学会会員への 2 つの演説の中で，クロンバック（1957; 1975）は，離れていくように見える 2 つの知的容器を分ける断層線を特定し，説明した。1957 年の演説では，実験心理学と相関心理学の間の広がる見解の相違の歴史的，認識論的，方法論的ルーツをたどった。実験者たちは，ほとんどが方法の統計的比較を懸念し，方法ごとの個人差を避けられない不快なものと見ていた。他方で相関心理学者たちは，関心を個人差に焦点化し，個人や集団の変量を生物学的，社会的原因からの重要な影響と見ていた。教育心理学のこの分裂した推測は広範囲に及んでいた。クロンバックの分析は，教育問題を問うときに内在する重大な欠陥を明らかにした。その問題は，指導への典型的なまた平均的な反応や態度や達成変数間の相関を検討するように，学習者の役割を学習環境の役割から人為的に分離したのである。

　学習者によって学習場面に持ち込むものが非常に異なる。そして教育心理学者たちは，個人の学習の経歴と傾向がさまざまな学習環境で向上させ恩恵をもたらす学習者のレディネスにどのような役割を果たすのかを，問わなければならない。例えば，基本的な数的操作のしっかりした知識と習得は，代数の着実な進歩をする生徒の可能性を高める。クロンバックが主張したように，教育方法に応じた個人差は，典型的反応や平均プログラム効果と同じように教育プログラムの理解と向上に重要であった。「結局，私たちは方法をデザインすべきである。平均的な人に合わせるのではなく，ある態度パターンを持つ生徒の集団に合わせるべきだ。逆に言えば，私たちは方法の変更可能な見方に対応する（つまり，相互に作用する）態度を探し求めるべきだ」(Cronbach, 1957, p. 681, 強

調は原文)。ポール・ミールの努力による相互作用する心理学的構成概念のネットワークの地上試験の検証に励まされて，クロンバックは，学習と指導に関係した構成概念のネットワークの鍵となる特徴として，新たな相互作用パラダイムを考え始めた。指導のさまざまな形態は，学習者のさまざまなタイプと一致させる必要がある。彼は企画したとき自信を持っていた。「私たちは，将来のテスト文献が心理学的には不可解な基準を持つテストの相関を満たさないが，テスト変数をさまざまな年齢の実行，薬物，改善された指導，他の実験的に操作された変数に対する反応性によって規定する研究でははるかに豊かであることを楽しみにしている」(Cronbach, 1957, p. 676)。

人事決定理論のグレーザー (Gleser) (Cronbah & Gleser, 1957) との以前の研究は，最適な配置には，個人の性格と仕事の求めるものの相互作用を認めなくてはならないと結論した。教育の場合では，生徒のテスト得点や他の標準化された基準に基づくときはいつでも，さまざまな指導プログラムに対する生徒の課題量の配置には，異なる得点の生徒が異なる学習環境で成長することを認めなくてはならないことを意味する。最初のアメリカ心理学会の演説から10年後，クロンバックは，長年の共同研究者リチャード・スノーと一緒に，教授の代替的方法に応える学習者差異の理論の基礎として役立つ仮説的一般化を求めて，実証的研究プログラムに着手した。3年計画が，とらえにくい適性処遇交互作用 (ATI) という最高の目標を探求する，文献，実験室，フィールド上の10年調査に変わった。ATIの定式化は，指導の適性なタイプをそれぞれの生徒の能力や関心に合わせる可能な成果を測定する公式の分析的枠組みのことである。その命名は，構造化された指導方法対構造化されない指導方法を使用して，高い適性と低い適性の生徒を比較するモデルのような結果を統計的に分析する方法によっている。都合の悪いことに，彼らは，高い一般的認知能力を持つ生徒は自立性，責任性，コントロールを与える学習環境から普通恩恵を受けるという結論以外には，文献の中で一貫したATIパターンをごくわずかに見出しただけだった。にもかかわらず，探究することで，進歩を支えるために，思考と方法論の課題の範囲と必要とされた改革の深い洞察へたどり着いたのである。多くの文脈間の定量化可能な観察の強い実証的セットに基づいた一般命題のネットワークの厳密な科学的理想には，達しないことが明らかになっ

た。

　これらの教訓は，自然科学が物質界を制御する原理と同じやり方で，相互作用の性質のさらに慎重な評価を提供し，人間に関する事柄の一貫して，安定した，広く適用できる姿を表現する科学的心理学の力を哲学的に検討した，1974年の続編の演説に反映されている。この分野に持ち込んだ洞察は，次のように意欲的なものであった。1次交互作用は学習場面の私たちの理解に大切なものを少し追加した。多くの要因が，学習結果に影響する複雑な相互作用に関わっている。見たところ安定した一般化でも時間，文化，特定の場面に拘束されている。要するに，「私たちの困難は，人間模様は原則として法則的ではないのでそこからは生じない。人間とその創造物は自然界の一環である。困難な問題は，私が理解したように，私たちは究極の組み立ての一般化と概念をネットワークに蓄えられないことである」(Cronbach, 1975, p. 123, 強調は原文)。科学的一般化の固有の脆弱性は，一般化が「自然の法則」を示すことを主張したときでも，近年はっきりと示されるようになった。それは，天体物理学者のチームが，基本的数値定数（帯電している小片間の引力の力を含む）が宇宙時代にわずかに変化していることを見つけたときである。

　指導の別の方法から誰が恩恵を受け，学習環境がすべての生徒の利益を最大にするためにどのように設計できるかについての，一般命題を発見しようとするクロンバックの当初の努力は，およそ20年後に実を結び，彼はもっと文脈に関連したアプローチへの社会科学的研究の目標の根本的転換を提案したのである (Cronbach, 1975)。

　　私たちの研究の一般化を優勢な考察にしないで，私は自分たちの優先度を入れ替えることを提案する。ある場面のデータを集めた観察者は，文脈の効果を観察して，その場面の実践や課題を評価する立場にある。生じたことを記述し説明しようとして，彼は変数がコントロールされるものに注意を払った。でも彼は，コントロールされない条件，個人の性格，方法と測定間に生じる出来事にも同じように入念に注意を払った。彼は場面が変わると，最初の課題は，それぞれの出来事のその場所に特有な要素をおそらく考慮して，それぞれの場所でもう1度効果を記述し解釈することであった。(pp. 124-

125)

　徹底的なその場の観察は，研究のネットの予期しない自然の埋蔵物についての油断のない，偏見のない評価の原理を超える。この種の解釈は，科学的であるよりは歴史的である。(p. 125)

　それぞれの世代の社会科学者の固有な課題は，同時代に存在している事実を特定することである。そのうえに，彼は，現代的な関係性の洞察を得て，現在の現実と人間の文化観を調和させるために，ヒューマニスティックな学者と芸術家と語り合うのである。彼がそのような人物であると知ることは，決して法外な望みなどではない。(p. 126)

　教育心理学者たちは，指導に応じた学習のもっと適切な説明についてのクロンバックの探究から多くの面で恩恵を受けていた。まず，彼は，さまざまな学習者たちがさまざまな学習環境に組み込まれた要求とアフォーダンスに対処するやり方への教育研究の感度を鮮明にした。第2に，彼は，教授と学習の豊かな語りを生み出す徹底した局所研究と現場の方法の利用を提唱した（例えば，学習過程の豊かな記述を促進する映像によるケースの使用）。第3に，彼は，教育場面の人―場面の相互作用と，多くの多元的な，哲学的で経験的なアジェンダを支持して厳密な科学主義の放棄を理解しようとする洗練された研究問題を支援した。最後に，彼は，教育過程の向上した解釈（状況的見方の中で最も強く表現されている）に欠かせない文脈の役割を強調したのである。

プログラムの評価

　個人の評価に関係した問題に自分のほとんどのキャリアを使ったあとの，クロンバックの最後の主な仕事は，「プログラム評価の機能と，評価計画で行われた選択を明らかにすること」であった（Cronbach, 1991, p. 88）。この研究の創設に，クロンバックはラルフ・タイラーの考えを採用した。それは教師たちが，標準的で固定された外部から義務づけられたカリキュラムよりも，自分たちの生徒の要求に合った指導をどのように作り出すかというものだった。評価

は重要な役割を果たすが，生徒が測定されランクづけされる基準としてではない。測定結果が生徒について教師に知らせたことを考慮して指導を改善する教師の努力を活性化する，フィードバックの道具として役割を果たすのである。クロンバックは，大きな教育プログラムの評価に同じ原理を適用して，タイラーの考えを1つの教室以外にまで広げた。スプートニク後のアメリカの教育を向上させるための努力は，教育改革の新しいプログラムについての多くの提案を生み出した。アメリカ国立科学財団から特に援助された評価に関する出版物は，クロンバックに教育デザイン，実施，分析の枠組みを発展させる動機になった。

当時のプログラム評価の支配的アプローチは，「客観的」方法論であった。評価する人たちは，現場と離れて結果を分析（なるべく統計的に）することで距離を置かされ，そのうえで結果に基づいて結論を下した。プログラム参加者の限定された関与は，中立性を保ち，プログラムに評価者の影響を最小限にするために求められた。クロンバックが主張したように，もし評価の目的がプログラムの実施者とクライエントにリアルタイムの建設的フィードバックを与えることであるなら，このアプローチは間違っている。設計，実行，分析はこのフィードバックの目的を反映すべきである。この2つの対照的な見方は，のちにプログラム評価の「累積的」アプローチと「形成的」アプローチとして知られるようになった（Cronbach, 1964, Scriven, 1967 参照）。

クロンバックは，評価の累積的アプローチを，実験的操作や無作為割り当てをする，標準化された道具によって測定されるプログラムのこれらの側面を強調して許容できない不均衡を作るので，実験的原理に非常に頼っていると考えた。同等かもっと大事なものでも，他の問題の部分は，見方から隠されたままであった。他の研究者たちは，評価の科学的モデルへの過度の依存に対して警鐘を鳴らしていたが（Campbell, 1974; Rivlin, 1974），クロンバックの表明はさらに踏み込んだものだった。彼は評価者に，意見に従って修正の序列を書く公平な観察者であるよりも，プログラムの実証的研究により情報を与えられる教育者になることを求めたのである。彼は，プログラムによって影響されやすい共同体のすべてのプログラム参加者たちに，評価過程で入力データを与え積極的参加者になることを求めた。また，評価の間に提示される予期しない問題や予

測できない出来事に敏感な，質問の自由回答のスタイルを勧めた。さらに，評価する人に最終報告の予想をしないよう要請した。だが，その代わり，もしそのようなリアルタイムの調整が研究の科学的正確さを損なっても，向上を促進するために，彼らがプログラム構成要素と絶えず学ぶものを共有することを求めた。

多くの考えが，1975年と1979年の間に行われたスタンフォード大学の評価コンソーシアムにクロンバックと一緒に参加した同僚と学生によって徹底的に論じられた。まったくの学際的グループであるコンソーシアムでは，学校の暴力に対する規制から弁護士の継続教育までの多様な問題についての実践評価研究が取り組まれた。グループの考えは最初1980年に刊行された本に要約された（Cronbach et al., 1980）。2年後，クロンバックは「実践的社会理論の入門」（Cronbach, 1989, p. 90）として独立した主張を公表した。彼は，ドナルド・キャンベル（Donald Campbell）の考えが，自分の考えを作る際の中核になっていることを認めていた。「私の著作の課題は，これらの強力な同僚たちと一緒に前進させる刺激になった」（Cronbach, 1989, p. 90）。多くの点で，クロンバックの定式化と提案は，評価の外的妥当性の強調——それは内的妥当性のクック（Cook）とキャンベル（1979）の強調（それと強い実験的規制の主張）に反対しているが——への移行を示している。

内的妥当性は，テスト得点の上昇はある実験に参加した学校の教室規模を縮小したせいであるかのような，研究の一定の操作の説明の正しさと関係している。外的妥当性はもっと幅広い問題を対象にしている。テスト得点の上昇は，異なる条件のもとで，違った教室でも，再現できるのだろうか？　そのような関心は，一般化可能性と生態学的妥当性の問題へのクロンバックの生涯の関心事に反映していた。

クロンバックの判断では，成功評価の最終の試練は，「それらが，政治的共同体の目的を実現する範囲であり，科学の論理は政治の論理に基づいていなければならない」ということだった（Cronbach, 1982, p. ix）。この立場は，評価デザイン，データ収集，分析，結果の伝達，実験結果がプログラムの改善になる過程などの，多くの提案を持つのである。政治領域へのクロンバックの関心は，人間に関する事柄の学問的研究は抽象的練習ではないという彼の確信から

きている。研究プログラムは，プログラムが社会的現実のある側面を向上させる目的に役立つ範囲で価値があるのである。研究の「基礎」と「応用」の区別は，社会科学ではかなり曖昧なので，教育プログラムの効果を評価しようとする教育心理学者たちは矛盾する要求のバランスをとる必要がある。クロンバックは，プログラム評価を行う課題と展望を持つ研究者たちと実践者たちに詳細な予定表を与えたのであった。

リー・クロンバックの遺産

　リー・クロンバックの教育心理学分野への貢献は多数にのぼる。研究一覧には，反応セット，信頼性概念の概念化と技術的改善，一般化可能性理論，構成妥当性について，人―場面の相互作用の理論とエビデンス，テストに基づく決定と評価の説明，プログラム評価の形成的アプローチ，教育心理学の権威ある教科書，心理検査などの研究がある。これら一つ一つの貢献だけでも，教育心理学の殿堂入りした学者として認められるのに十分である。しかも，全体はその部分の総和よりも大きい。結局，クロンバックの遺産は，実証的証拠，方法論的で分析的用具，討論集，合理主義的，原子論的，世界の素朴な原因結果の見方から，文脈の重要性の認識，内的関連性，多くの相互作用的影響，現代の思考と実践を性格づける多くの解釈までのパラダイム変化を具体化する実践的提案である。

　明らかに，クロンバックの思考の累積的影響は，幅広い見方から最もよく理解できる。彼の教育心理学の研究と見方の重要性は，彼の非常に有効な方法論的革新と改善，検査と評価についての分野で共有される多くの重要な洞察，それぞれの研究努力のあとで到達する固有な結論を超えて広がりを見せる。その重要性は，分野としての教育心理学と一般社会科学の成熟に対する彼の決定的な貢献にあるのだ。

　教育心理学分野へのクロンバックの影響は，ガブリエル・サロモン（Gavriel Salomon）（1995）による，*Educational Psychologist* の編集者の期間のしめくくりにあたっての声明にはっきりと見られるのである。

よく計画された条件のもとで行われた1回きりの試みとしての実験は過去のものとなった。簡単な統計的分析は過去のものとなり，量的アプローチだけが認められたことも過去のものとなった。単純な質問が過去のものとなり，そして単純な質問とともに，環境に配慮した未知の方法の2グループの競争比較が過去のものとなった……。(p. 105)

　多くの点で，クロンバックの生涯に及ぶ考えの展開は，一枚岩の権威主義的な，そして時には単純化された世界観から遠ざかり，物理科学と同じように人文科学とも共有するもっと多元的でオープンエンド型のモデルまでを特徴とする，教育心理学自体の幅広い傾向を映し出している。社会科学の進歩の可能性をクロンバックは次のように論評している。

　それは，建築，音楽，哲学で見られた類の進歩となろう。これらの分野のそれぞれは，それぞれの世紀で豊かになった。過去の貢献は，いまは資源である。私たちはデカルト（Descartes）とカント（Kant），ベートーベン（Beethoven）とバルトーク（Bartok），ピラネージ（Piranesi）とル・コルビュジエ（Le Corbusier）を有していたほうがありがたいのだ。私たちは真実や規範を蓄えていない。社会科学者たちの最大の収穫は，観察された出来事の入念な記録に加えて，追加の概念と質問スキルである。質問を非生産的だと軽んじるのではなく，文化を促進するためにその力を大切にしなくてはならない。(p. 104)

　明らかに，教育心理学は，リー・J・クロンバックの先駆的努力のおかげで発展しているのである。

文　献

APA, AERA, NCME, (1999). *Standards for educational and psychological tests.* Washington, DC: American Psychological Association.

Campbell, D. T. (1974). *Qualitative knowing in action research.* (Occasional Paper).

Stanford University, Stanford Evaluation Consortium.
Cook, T. D., & Campbell, D. T. (1979). *Quasi-experimentation: Design & analysis for field settings*. Chicago: Rand McNally.
Cronbach, L. J. (1946). Response sets and test validity. *Educational and Psychological Measurement, 6*, 475-494.
Cronbach, L. J. (1950). Further evidence on response sets and test design. *Educational and Psychological Measurement, 10*, 3-31.
Cronbach, L. J. (1949). *Essentials of psychological testing*. New York: Harper & Brothers.
Cronbach, L. J. (1951). Coefficient alpha and the internal structure of tests. *Psychometrika, 16*, 297-334.
Cronbach, L. J. (1954). *Educational psychology*. New York: Harcourt Brace.
Cronbach, L. J. (1957). The two disciplines of scientific psychology. *American Psychologist, 72*, 671-684.
Cronbach, L. J. (1964). Evaluation for course improvement. In R. W. Heath (Ed.), *New curricula* (pp. 231-248). New York: Harper & Row.
Cronbach, L. J. (1975). Beyond the two disciplines of scientific psychology. *American Psychologist, 30*, 116-127.
Cronbach, L. J. (1982). *Designing evaluations of educational and social programs*. San Francisco: Jossey-Bass.
Cronbach, L. J. (1986). Social inquiry by and for Earthlings. In D. W. Fiske & R. A. Shweder (Eds.), *Metatheory in social science: Pluralities and subjectivities* (pp. 83-107). Chicago: University of Chicago Press.
Cronbach, L. J. (1989). Lee J. Cronbach. In G. Lindzey (Ed.), *A history of psychology in autobiography* (Vol. VIII, pp. 64-93). Stanford, CA: Stanford University Press.
Cronbach, L. J. (1991). Methodological studies—A personal perspective. In R. E. Snow & D. F. Wiley (Eds.), *Improving inquiry in social science* (pp. 385-400). Hillsdale, NJ: Lawrence Erlbaum Associates.
Cronbach, L. J. et al. (1980). *Toward reform of program evaluation*. San Francisco: Jossey-Bass.
Cronbach, L. J., & Gleser, G. C. (1957). *Psychological tests and personnel decisions*. Urbana: University of Illinois Press.
Cronbach, L. J., Gleser, G. C., Nanda, H., & Rajaratnam, N. (1972). *The dependability of behavioral measurements*. New York: Wiley.
Cronbach, L. J., & Meehl, P. E. (1955). Construct validity in psychological tests. *Psychological Bulletin, 52*, 281-302.

Cronbach, L., Rajaratman, N., & Gieser, G. (1963). Theory of generalizability: A liberalization of reliability theory. *British Journal of Statistical Psychology, XVI*(2).

Cronbach, L. J., & Snow, R. E. (1977). *Aptitude and instructional methods*. New York: Irvington.

Lord, F. M., & Novick, M. R. (1968). *Statistical theories of mental test scores*. Reading, MA: Addison-Wesley.

Messick, S. (1991). Psychology and methodology of response styles. In R. E. Snow & D. F. Wiley (Eds.), *Improving inquiry in social science* (pp. 161-200). Hillsdale, NJ: Lawrence Erlbaum Associates.

Rivlin A. M. (1971). *Systematic thinking for social action*. Washington, DC: Brookings Institution.

Salomon, G. (1995). Reflections on the field of educational psychology by the outgoing journal editor. *Educational Psychologist, 30*, 105-108.

Scriven, M. (1967). The methodology of evaluation. In R. Stake et al. (Eds.), *Perspectives on curriculum evaluation* (pp. 39-83). Chicago: Rand-McNally.

Snow, R. E., & Wiley, D. F. (1991). Straight thinking. In R. E. Snow & D. F. Wiley (Eds.), *Improving inquiry in social science* (pp. 1-12). Hillsdale, NJ: Lawrence Erlbaum Associates.

Stanford Aptitude Seminar (2002). *Remaking the concept of aptitude: Extending the legacy of R. E. Snow*. Mahwah, NJ: Lawrence Erlbaum Associates.

Steele, C. M. (1998). Stereotyping and its threat are real. *American Psychologist, 53*, 680-681.

第13章

ロバート・ミルズ・ガニェの遺産

ペギー・A・アートマー（パデュー大学），
マーシー・P・ドリスコル，ウォルター・W・ワガー（フロリダ州立大学）

　インストラクションの統合理論をどのように発展させたかを聞かれたとき，ガニェ（Gagné）は「ちょっと君……それを考え出してよ」と，ひと呼吸して答えた。ガニェは，生涯に多くのことを考え出したのだった。彼がどのようにしてそうしたかは，彼の研鑽と心理学者になる気質，就いた仕事のタイプ，一緒に研究し共同した人々を含む多くの変数に帰することができる。私たちは本章を，ガニェの人生の概観と，歴史的文脈と社会文化的文脈で人生に与えた多くの影響から述べることを始めよう。過去の時制の使用は，ガニェが自分のキャリアが終わったと考えているという事実に由来していることを，私たちは急いで指摘しておこう。彼の最後のジャーナル論文は，仕事の訓練の固有の文脈内の学習要求と条件の考察であるが，1995/1996年の *Training Research Journal* に掲載された。だがそれ以前に，ガニェは，テネシー州のチャタヌーガ郊外の丘で引退生活を始めるのに備え，自分の学術蔵書を手放していた。そこで彼は妻のパット（Pat）と平穏に生活を送った。健康が次第に衰えていっても，ガニェ家は友人や元同僚に会うことをいつも喜び，定期的に訪問客があった[1]。

歴史的背景の影響

　マサチューセッツ州ノースアンドーバーで1915年に生まれ，その地で育っ

たロバート・ミルズ・ガニェ（Robert Mills Gagné）は，高校のときに心理学を学ぼうと心に決めた。彼がこの分野に最初に関心を持ったのは，読んでいた評判の高い本から刺激されたからだったが，この関心は，彼がイェール大学の大学院生として受講していた入門心理学コースでほとんど打ち砕かれた。このコースが引き起こした疑念にもかかわらず辛抱して，ガニェは上級コースで大きな満足を覚えるようになり，心理学を専攻し，1937年にイェール大学から文学士の学位を，1939年と1940年のそれぞれの年にブラウン大学から理学修士と博士の学位を取得した[2]。

1人の学部生として，ガニェは，クラーク・ハル（Clark Hull）の理論，特に適応行動と，ハルが提案した仮説のS-R結合の数学的関係に興味をそそられた。後年，ブラウン大学の大学院生として，ガニェは，自分の「学習研究と理論の知識は，ウォルター・ハンター（Waler Hunter）の講座によって，同様に，パブロフ（Pavlov），ガスリー（Guthrie），トールマン（Tolman），スキナー（Skinner）のような他の理論家たちを新たに知ることによって広げられた」と述べている（Gagné, 1989, p. 1）。ハンターはブラウン大学の学部長で，多くの研究を認知過程にあてていた。ガニェの大学院の指導教官であったクラーレンス・H・グラハム（Clarence H. Graham）は視覚メカニズムの研究をしていて，ハルと数学の公式が学習研究に使用できるかどうかについて興味を共有していた。

これらの影響をもとに，ガニェの博士論文と動物と人間の学習についての初期の研究にまとめられた。彼は，1940年のグラハムとの2編の論文と1941年の自分の学位論文による研究を発表した。それから第2次世界大戦が始まり，ガニェは合衆国軍へ入隊する。そこで1945年まで航空心理学計画に従事した。

ガニェの兵役は軍隊との関わりの始まりにすぎず，軍隊はさまざまな形態で，生涯を通して彼の研究に影響した。例えば，航空心理学計画の経験は，知覚—運動課題の学習と訓練の転移についての持続した関心になっていった。同様に，2つの空軍実験室でのおよそ10年にわたる研究は，シミュレーターと他の訓練装置の研究につながった。キャリアのいくつかの時期にガニェと一緒に研究したレスリー・ブリッグス（Leslie Briggs）は，空軍でのガニェの初期の

研究が，(a) 学習結果の分類，(b) 学習階層の概念，(c) インストラクションの事象と学習の条件に関連する概念についての，彼ののちの発展に影響したことを指摘している。1985年にフロリダ州立大学を退職したあとでも，ガニェはテキサス州のブルックス空軍基地のアームストロング・ヒューマン・リソース実験室の訓練研究計画に参加し，学習とインストラクショナルデザインの原理を，航空機と武器整備に関係する運動スキルを保持するために適用した。

1958年から1962年までプリンストン大学で，ガニェは学習階層の概念を開発，研究し，必須の知的スキルの重要性を示した。この時期には，彼はメリーランド大学数学プロジェクトと共同で，数学カリキュラムの開発にも取り組むようになった。この仕事は，基本スキルを学生に教えることについてガニェが長年抱いてきた強い信念に確信を与えたに違いない。後年，国の教育レポートがアメリカの学生の数学スキルへの批判を公表し，構成主義的指導の概念が数学の教室へ入り込んだとき，ガニェは怒りの非難を口にした。「これらが基本で必須のスキルだと！　生徒たちは必須要件だとは教えられていないのに」。

ガニェは，1962年，アメリカ研究学会の研究指導者になり，1966年にカリフォルニア大学バークレー校に赴任し，1969年にフロリダ州立大学に移った。これらの年には，学校学習への強い関心を反映して，インストラクショナルデザインの分野への彼の貢献が始まった。1960年代に，数学と理科の新しいカリキュラムの開発に関心が多く注がれた。ガニェは，インストラクショナルな目標，多様な学習，固有な能力の学習の提案についての論文を発表した。続いて，『学習の条件（*The Conditions of Learning*）』（Gagné, 1965b）の初版を執筆した。

1970年代から，ガニェは学習研究に中心を置き，学習能力と学習されるこれらの能力に必要な内的，外的条件についての考えを発展させた。彼は知的スキルの学習結果，学習階層，問題解決，その関心を反映した概念学習に特に関心を持った。ガニェはインストラクションのプランニング，遂行評価，形成評価の実施の基礎としてのインストラクショナルデザインの学習結果を明確化することも重視した。ブリッグスと一緒に，彼は『インストラクショナルデザインの原理（*Principles of Instructional Design*）』（1974）を出版した。その本は学習

研究をインストラクションと訓練のデザインに適用する体系的過程を示したものである。

1970年代と1980年代に，ガニェの研究は，心理学で発展している認知的情報処理理論を次第に反映するようになった。彼の『学習の条件』第3版（1977）は情報処理理論に特に言及し，インストラクションの9つの事象を活性化しサポートすると考えられる内的認知過程と結びつけた。同じように，ガニェはスキーマの概念を1980年代半ばの自分の思考と著作に組み込んで，生徒が印刷された文章からどのように学ぶかを理解し，インストラクショナルデザインが優れた教育的な文章を作るためにその知識を使用する方法を提案する重要性を検討したのである（Gagné, 1986）。1990年にデイビッド・メリル（David Merill）と一緒に，ガニェはインストラクションの統合的目的を記述するためにスキーマの概念を広げた。

ガニェのキャリアの終末に向かって，彼の研究自体が統合的で内省的になっていった。彼の『学習の条件』第4版（1985）は，インストラクションの統合的理論を提案する章を盛り込んだ。さらに『インストラクショナルデザインの原理』第4版（1992）では，カリキュラムデザインの包括的モデルを示したのである。最後に『学習の条件――適用の訓練（The Conditions of Learning: Training Applications）』（1996）は，現場訓練に照らしたガニェの統合的インストラクショナル理論の意味を説明しものだ。

社会文化的背景の影響

1980年代早期に，ロバート・ガニェは4人の学習理論家たちの5分間の紹介をテープに録音した。その作業をした学生たちはフロリダ州立大学の彼の科目の1つを読み上げることを割り当てられた。ガニェはこの4人の理論家の1人で，彼が自分自身のことを第三者の説明で聞き，第三者が自分をどう言うかを記録することは興味深いものであった。もちろん彼は，学習階層，学習結果の分類，インストラクションの9つの事象に関する自分の研究について述べている。しかし彼はまた，コネティカット女子大学で第2次世界大戦の前

後にすぐに就いた地位についてもクスっと笑って言及している。彼のそこでの最初の任務は，彼が開戦時に兵役に就いたために短かった。「この時期は知的には刺激的であったが，独立した研究の機会はほとんどなかった」と彼は自分の兵役について語っている (1989, p. v)。1945 年にコネティカット大学へ戻ると，やっとのことで彼は自分の研究キャリアを始める研究プログラムに着手できた。彼がこの時期を，愛着を持って想起しているのは明らかである。

コネティカット大学の他に，ガニェは，プリンストン大学，カリフォルニア大学バークレー校，フロリダ州立大学に研究ポストを持っていた。兵役を終えたあと，コネティカット大学へ戻る前に，ペンシルベニア州立大学で短期の一時的な仕事に就いた。そして，彼はフロリダ州立大学の教授陣に加わったあと，オーストラリアのモナシュ大学の客員教授を務めた。ガニェのキャリアのうち，非研究職でかなりの時間を過ごしたことも明らかである――空軍の軍属としての 8 年間と民間研究機関の監督としての 4 年間である。『学習の研究――研究の 50 年 (*Studies of Learning: 50 Years of Research*)』(1989) の序文で，ガニェは自分のキャリアを次のように述べている。

> 私の出版歴は，大学院時代以降，教授活動と対になった研究の精力的追究の時期と，研究と開発の管理に専念する時期が交互に起きたことをはっきりさせている……研究自体はそれによる報酬をもたらした――特に，新しい考えが実証的検証のネットワークで実を結ぶことがわかるときには。そのような強固な基盤から生じた教授活動は，持続的満足の源である。研究の管理も，研究を行う時間を奪うとはいえ，科学の原理とそれを追究する人を評価する私の最も思い出に残る機会を私に与えてくれたのもまた事実なのだ。(p. vi)

ガニェは，研究指導者として特に雇用されないときでも，博士論文に取り組んでいる博士課程の学生か，研究助成金の研究をしている同僚かを問わずに，実際に研究指導をした。ガニェの研究のほとんどが，自分の立場とは関係なく，共同的であることは注目に値する。そして，私たちが，ガニェの研究とキャリアに及ぼした固有な社会的，文化的影響の最善のものを見ることができ

るのは，これらの共同研究において，なのである。

　ガニェと共同研究したことがある者は，彼の好奇心，率直さ，ときどき予期しない形で出てくるユーモアについて語るエピソードをおそらく持っているだろう。ガニェのプリンストンの大学院生ブルース・タックマン（Bruce Tuckman）は，彼を次のように描写している。「彼は薄毛――その髪もすぐに頭上から消える――で，大きな丸い頭を持つ大男だった。けば立った古いセーターを着て，見た目に妙な靴を履いていた。彼は大声で，しかもどら声だった……単刀直入で無愛想だったが，切れ者だった」（1996, p. 4）。タックマンは続けて言う。ガニェは相手を対等に扱い，無礼だとか脅しの恐れを心配せずに自由に考えを交換したのである。

　大学院生でも同僚でも，ガニェと研究した人たちは，自分たちの考えに対する彼の寛容さ，共同の努力に示され提案を快く聞き考察しようとすることを想起するのである。他者がガニェの思考と著述に及ぼした影響を判断することは，彼のほとんどの同僚たちが，彼が他者に及ぼした影響を強調するので，難しい。だが，ガニェが自分の在職期間を通してフロリダ州立大学の同僚と緊密に関わって研究したことを記すのはかまわないだろう。彼は，1985年にリー・ブリッグスの亡くなったあとで，ウォルト・ワガー（Walt Wager）との『インストラクショナルデザインの原理』第3版と第4版，マーシー・ドリスコル（Marcy Driscoll）との『インストラクションのための学習の要点（*Essentials of Learning for Instruction*）』第2版（1988），ロバート・ライザー（Robert Reiser）との『インストラクションのためのメディア選択（*Selection Media for Instruction*）』（1983）を執筆した。また彼は *Annual Review of Psychology*（Gagné & Dick, 1982）のインストラクショナル心理学の重要な章をウィルター・ディック（Walter Dick）と共同執筆した。そこで，彼のフロリダ州立大学の同僚との関係は，相互に満足するものだったように見える。

　1989年，学習システム学会は，『学習の研究――研究の50年』としてガニェの研究の編纂物を出版した。それは，彼のキャリアの頂点であり，フロリダの指導システムプログラムとその分野に及ぼした彼の影響の証であった。ボブ・モーガン（Bob Morgan）が序文で「過去50年間，ガニェは人間の学習の問題をひたすら研究してきた。彼の研究は基礎から応用にわたり，学習過程と

結合したあらゆる変数を実際に検討した。長年にわたり関連性と適時性を持ち続けているのは素晴らしい学識があるからだ」と述べている (p. iii)。それがこの研究方法であり，私たちが本章の後半で注意を向けるこの分野へのガニェの寄与である。

遺産の構築

　学習とインストラクショナル理論へのガニェの関心と影響は，50年以上の期間にわたって広がってきた。ガニェが1958年にアメリカ心理学会 (APA) から「心理学応用の科学賞」を受けたとき，彼の「特別な才能は，研究と開発の両方を発展させながら，その間を容易に移動することである」(Richey, 2000, p. 284 に転載) と指摘された。ガニェは，学習過程と結合した変数の幅広い範囲を検討したが，彼の主な焦点は，学校や職場で生じる現実の学習問題の解決であった。特に彼は，学習の原理を現実生活の指導と訓練の要求に適用するやり方を求めたのであった。ガニェは1962年の論文「軍隊の訓練と学習の原理 (Military Traning and Principles)」(Fields, 2000, p. 185 に引用) で次のように述べている。

　　私は以下のことを尋ねられてはいない。科学的アプローチがどのように訓練の研究に適用できるか？　また以下のことを問われてもいない。実験的方法はどのように訓練の研究に適用できるか？　むしろ問題は次のことだ。事象としての，あるいは過程としての学習について知っていることを，どのように最大に効果が上がるように訓練のデザインに利用できるかである。

　学習とインストラクションの累積理論の前進を推進し，インストラクショナルデザインの原理の樹立に至った訓練問題の転移に関する初期の研究に始まって，ガニェの研究は，全体の学習活動について教育者たちの理解を方向づけることに役立った。すなわち，学習者の特質，学習過程の条件，学習結果のさまざまなタイプについてである。彼の影響のエビデンスは，幅広い多様な内容

領域，年齢レベル，学習環境への彼の理論と研究の適用の中に見ることができる。

教育心理学分野へのガニェの主な貢献に関する私たちの考察をまとめるに際して，私たちは年代的アプローチよりも主題別アプローチを想定してきた。ガニェが実験心理学からインストラクショナル理論家にどのように進化したかを検討した。彼の考えはインストラクションを改善する新しいやり方を探すことに常に焦点化されているが，それがどのように構築され相互に練り上げられているかの説明がもっと大切だと私たちは感じている。表13-1は，彼の関心が数年の間にどのように進化したかを示している。初期の実験的研究で検証された考えが，彼のインストラクショナル理論とデザインの方策となってあとで現れた。積み木の方式では，訓練の転移についてのガニェの発想は学習階層の考えを補強したのである。その学習階層は，やがて，学習のさまざまな領域を分類し，学習の必要条件を特定する考えにまとまり，学習の内的条件と外的条件を特定する基礎となるのである。結局，ガニェは，インストラクショナルデザインの原理を組織的に適用する自分の提案の中に，これらの考えのすべてを統合したのである。

訓練の転移

キャリアの初期の段階では，ガニェは実験心理学者だった。そして彼の研究は訓練の転移に中心が置かれていた。この初期の研究では，彼は学習環境のどの要因が基準課題のあとの遂行を促進し妨害するかを研究した。彼は，もし学習者たちがまずスキルの「要素」を遂行するように訓練されると，複合的スキルの学習はどのような影響を受け，訓練場面の似ている度合いはどの程度転移課題のあとの遂行に影響するかを知りたかったのだ。

1940年から1953年にかけて，ガニェは訓練装置のデザインを指導する研究を生み出している空軍実験室の研究指導者として尽力した。当時行われていたほとんどの研究は軍隊向けであり，訓練された課題のタイプはガニェが知覚—運動課題と呼んだものだった。これらの課題には，タイプを打つこと，車の運転，ヘリコプターの操縦などの運動行動を指導する外部刺激の処理がある。

表 13-1
研究の 50 年——研究者としてのガニェの発展

時期	研究テーマ	サンプルのタイトル
1930年代～1950年代	動物と人間の学習	●条件づけオペラント反応の外制止と脱制止 ●画像を見せた練習による運動スキルの転移
1950年代～1960年代	軍事教育研究	●教育機器とシュミュレーター——いくつかの研究課題 ●軍事教育と学習の原理
1950年代～1960年代	知識獲得	●概念学習のプログラミングのいくつかの要因 ●数学課題の知識獲得の要因
1950年代～1980年代	問題解決	●人間の問題解決——内的事象と外的事象
1960年代	インストラクションのデザインと学校カリキュラム	●インストラクションのデザインのインストラクショナルな目的の分析 ●科学—プロセスアプローチ
1960年代～1970年代	インストラクショナルデザイン	●学習とインストラクションのいくつかの新しい見方 ●学習階層に適用した形成的評価
1970年代～1980年代	学習の結果	●学習の領域 ●学校学習への期待
1970年代～1980年代	インストラクションと教育	●教育研究と発達——どのように学校の実践に影響を及ぼすか ●コンピュータを使用したイストラクション授業の計画と作成

　ガニェは，訓練装置が 2 つの主な目的に役立つことに注目した最初の 1 人だった。すなわち，遂行の向上と遂行の測定である。さらに，それぞれの目的の必要条件はまったく異なっていた。よい測定の装置の基準は妥当性と信頼性だった。つまり，装置が基準課題の遂行を正確に予測する範囲である。遂行向上装置の基準は訓練の転移である。向上装置の大事な機能は，訓練される課題の要素の実行とフィードバックである。空軍の人事についての研究を行って，ガニェは実際の媒介された表現（例えば，コントロールパネルの写真）が，実際の設備の現実的な物理的モデルと同じかそれ以上に，遂行向上作用に有効なことに気がついた。これらの結果から，次のように結論した。「この例から，訓練装置を学習に最も効果的な条件にする手段として考えたときに，何が訓練装置

表 13-2
スキルの初期の分類

スキルのタイプ	例
弁別	●文字盤を読むこと ●文字盤と道具を連携させること ●波形の区別
再生	●構成要素の区別 ●手続きを覚えること
シンボルの使用	●図,図形,表を読み取り解釈すること ●数の操作の修正
決定	●いくつかの可能性がうまく同時に重みづけられる複雑な判断をすること ●組織的なトラブルシューテング
運動スキル	●道具の使用 ●コントロールをうまく調整すること ●跡をたどること

を効果的にするかという問題の答えが求められることが,一般化される……」(Gagné, 1989, p. 86)。

　この初期の研究は,のちにこの分野のガニェの主な貢献の1つになる段階を設定した。つまり,学習された行動のタイプとそれぞれのタイプの効果的学習を促進する条件の区別である。1950年代にプリンストン大学で,ガニェは,中学1年の生徒を対象に,学習の垂直転移と必要なスキルを調べる知識獲得の研究を行った。知的スキルと学習階層の概念に導いたのはこの研究であった。ガニェ(1955)は,学習行動の初期の分類の1つを発展させた。それは表13-2にアウトラインが描かれ,初期の軍事訓練の例で説明されている。このリストは,『学習の条件』(Gagné, 1965b)の初版に示された学習の5つの主なカテゴリーと知的スキルの5つのサブタイプへと次第に発展した。

　この研究全体を通して,ガニェは学習の心理学的原理に焦点化した。これらの原理は,まず強化子の使用に主に中心を置いた行動研究と動物研究に由来する。そこでガニェが動機づけと強化を学習の主な原理と考えたことは当然である。だが彼は,反復練習の原理,要素練習,学習セットの設定,反応精度,遂行フィードバックのような多くの他の重要な原理も強調した(Gagné, 1954)。

　1960年代後半の半ば,心理学は行動主義の強調から離れて新行動主義や認知モデルに移行し始めた。ガニェは自分が研究しているいくつかの複雑な

行動を説明する行動理論の欠点に気がついた。そこで，情報処理の心理学的理論，特に彼のインストラクショナル理論の基礎になる R・C・アトキンソン（R. C. Atkinson）と R・M・シフリン（R. M. Shiffrin）の理論に向かった（Gagné, 1965b）。そうやって，彼は，人間は段階の連続する環境の中で情報を処理する，そこには刺激受容，選択的注意，短期記憶のリハーサル，記号化，長期記憶がある，という仮説を立てた。これらの処理のそれぞれは，環境の現在の条件も先行の学習にも影響されている。これらの考えは，インストラクションは人間の能力を発展させることを目的とする情報処理の促進で構成されるというガニェの概念とよく一致する。彼は，これを行うやり方は，情報の内的処理（学習を促進する環境的および心理的条件）を支える外的条件に注意を払うことだと考えた。

学習階層

1968 年，ガニェは累積学習の理論を提案した。この理論は，新しい学習は学習の転移の可能性と以前に獲得された学習と想起された学習の結合に，主に依拠するという前提に基づいていた（Gagné, 1968）。ガニェによれば，「それぞれの学習課題の明記できる最小の必要条件がある。学習者がもしこの必要な能力を想起できないと……彼は新しい課題を学習できない」(1970, p. 29)。この理論は，当時の発達理論，特に認知適応のピアジェ（Piaget）の理論と対照的である。累積学習理論は，垂直学習転移に関すガニェの研究を根拠にしたし，また知的スキル階層の概念と一致していた（図 13-1 参照）。階層は，スキルのどのタイプが，スキルの他のどのタイプの要件かを示している。

知的スキル階層の最初のスキルは，学習者が環境の刺激を区別できるようにする知覚弁別スキルである。弁別は，視覚，聴覚，触覚，味と匂いの弁別である。弁別スキル獲得の一部は，色を見る力のように身体能力に依存している。色覚異常の人は，色を区別する力に基づく学習概念に必要な能力を持つ可能性がない。それは，これらの概念に関連したルールを使えなくするので，色の弁別が必要な問題解決ができない。しかし，身体能力は，弁別スキルに必要だが十分条件ではない。個人は練習とフィードバックの過程を通してごく微細な弁

知的スキルの階層

図13-1　知的スキルの学習階層のステップ

別をする学習ができる。他人が絶対感知できない微妙な違いを弁別するワインテイスターになるのには何年もかかるだろう。ガニェは，学習された能力のこれらのタイプを「弁別能力」と分類した。これは今日では自明だが，当時は最先端の考えだったのである。

　階層スキルの次のレベルは，概念学習である。ガニェは2種類の概念，すなわち，具体的概念と定義概念について次ように説明している。具体的概念は，対象をその身体属性の分析によって分類する能力と定義される。そこで，子どもがいままで見たことのなかった犬を見ると，それを犬と呼ぶ。すなわち，子どもは，具体的概念行動を示している。子どもは，はっきりとではないが，動物のあるものを，その身体的帰属の結果として，「犬」カテゴリーに入れるルールを学習したのである。「子どもがしなければならない必要な弁別は何か？」と問われるかもしれない。子どもは，この動物が犬と同定された別の

動物に身体的に似ており，猫，馬，鳥などと同定された他の動物とは違ってることがわかるはずだった。子どもにこの弁別ができないなら，「犬」という概念を学習できなかったのだ。ガニェは，学習された能力のこのタイプを，「同定能力」と説明している。

階層の次は定義概念である。定義概念は物理的指示対象を持つことも持たないこともある。例えば，「腰かけ」の概念を考えてみよう。椅子，長椅子，スツールよりももっと広範なものすべてが，腰かけの例である。対象は，それが「座るように設計されたもの」という定義に合えば腰かけに分類される。そこで，物理的属性を持っているので腰かけだと理解されるが，それは適切な分類に欠かせない物理的属性の特定のセットではない。

むしろ，対象が分類基準と合っているかどうかは，「この対象が誰かが座るために設計されたものかどうか」によって判断される。すべての定義概念がはっきりした物理的指示対象を持つのではない。誰かの政治的立場を「保守的」と特定することがある。これは概念であり，人は個人を進歩的だとか保守的だと分類するルールを書くことができるが，ただ物理的属性だけではおそらく分類できないだろう。その代わり，個人は自分たちが示す発言，意見，行動によって分類され，それはカテゴリーのそれぞれの説明に収まるのである。産物は依然として物理的特性を持ち弁別スキルを要求するが，その結びつきは具体的概念の場合のようにそれほど明確ではない。定義概念の学習された能力の動詞は「分類する」である。

次の最高度のスキルは，ルール使用である。ルールは，概念，概念とルール，ルール間の公式な関係である。例えば，なじみのつづり字ルールを考えてみよう。「cの後ろにある場合を除くとiの前にあるeは，neighborやweightと同様にaのように発音する」。ここで私たちは，つづり字行動につながる説明に「前」「除く」「発音する」という概念を持つ。ガニェは原理をルールの一形態と定義した。そこで，「厚い大気は薄い大気へ移動する」原則は，1つのルール――概念間関係――である。ルールは言語命題としてしばしば教えられるのに対して，個人がルールを学んだというエビデンスは，彼らがなんらかの方法でルールを適用できることである。そこで，学習された能力の動詞は「示す」である。ルール使用の対象の評価の例は以下の通りである。「翼の使用に

よって，厚い大気は薄い大気へ移動することを示す」。

　知的スキルの階層の頂点には，高次のスキルと問題解決スキルがある。ガニェは，これらの2つの用語を交互に使用した。問題は，学習者が解決するために使用するルールの用意がない場面である。もし用意があれば，ルールを使用するであろう。ガニェは問題解決を生成的学習過程として説明した。生成されたものは，問題解決に導く新たなルールや手続きである。学習されたことは，新しいルールを作り古いものとどのように結合するかである。必要なスキルは他のルールと概念である。1つの例は，「生徒が，株式市況が自分の選択の5つの指標に基づいて，上がるか下がるかの予測をすることだ」。学習された能力の動詞は「生成する」である。

教育的提案　ガニェは，数学の領域と必要な学習の原理を支える自分の研究結果の中の学習階層を縦横に探究した。ガニェによれば，学習のレディネスは，学習しようとするスキルに必要なスキルを個人が所持していることによるのである。そこで，簡単な所得税還付申告書を記入するには，学習者が所得とは何か，W2形式（納税義務者申告書の一種）をどのように読むか，申告資格をどのように決めるかを知っていることが必要である。ガニェにはこれが臨界点であり，教師よりも学習者に焦点を当てさせた。だが，実行を知らせる際に同じように大事なことは，学習者は学習の1つのレベルから次のレベルに飛び越えさせるインストラクションが必要であるというガニェの考えであった。これらのインストラクションやインストラクショナルコミュニケーションは，もしそれらが学習者たちの情報処理の内的事象を支援するように設計されると，最も効果的だと考えられていた。

インストラクションのデザイン

　ガニェは，心理学的文献から，自分が学習の一般化可能性原理と呼んだものを抜き出した。そこでこれらの原理は，インストラクションのデザインを導くために使用された。例えば，ガニェ（1972）は，N・E・ミラー（N. E. Miller）からの原理——それは動機づけ，手がかり，反応，報酬であり，行動変化の

行動主義者の理論に由来する——が，学習場面にどのように頻繁に見られるか，学習の多くのさまざまなタイプにどのように当てはまるように見えるかを説明した。同じ章で，彼は，B・F・スキナー（B. F. Skinner）のこの原理についての外延を，他の原理である，漸次接近，シェイピング，刺激コントロール，強化と連鎖のスケジュールと同じように練り上げた。これらの原理は，はじめ動物に弁別を訓練するために使用され，あとで情報を教えるためのプログラム学習教材の基盤として使用された。だが，ガニェ（1972）は，学習を開発するための行動主義者の理論に基づいた，特に概念と原理の開発を目的とした学習の原理の欠陥に気づいていた。彼は以下のように書いている。

　私の見方では，これらの原理は，ある他の種類の課題の学習の，特に概念と原理の一般的適用可能性にすぎない。例えば，生徒が憲法に規定された三権分立の原理の理解や遠心力の原理の理解に関心がある場合には，継次近接法の概念は，学習の非常に一般的な規定だけを与えるのである。人は繊細な刺激コントロールのもとにそのような行動を持ち込む必要があると言うが，どうやってそれをするかを特定しない……そこで私には，ある課題の学習についての固有性はスキナー派の理論から確かに得られるが，大学レベルの教育の特別重要なある他のものについて，提案は非常に一般的なままのように見える。(p. 28)

のちにガニェは，心理学の学習原理がカリキュラムの開発努力を知らせるやり方について，いくつかの非常に特別な提案をした。1963年に，彼は *Journal of Research in Science Teaching* の創刊号に，「カリキュラムデザインの心理学者における意見（A Psychologist's Counsel on Curriculum Design）」と銘打った論文を発表した。彼は言う。

　私は，ときどき，どんな心理学の知識がそのような開発努力に寄与できるかと問われる。私は，学習研究からのいくつかの広範な原理を指摘し，さらに，行動目的の重要性，学習内容の編成，学習結果を評価する必要性を強調するのである。

ガニェのこれら3つの追加の要素への言及は，インストラクションの効果的デザインに自分の進行中の方法を反映させたものだ。行動目的と学習結果の評価についての彼の強調は，学習領域とインストラクショナルな方略と評価的方略を取り組んでいる学習のタイプに適合させる必要性についての彼の考えと関係している。学習内容の編成についての彼の強調は，学習階層の使用と，階層のそれぞれのスキルタイプを支える内的条件と外的条件の区別に言及したものだ。それぞれを以下でもっと詳細に論じよう。

インストラクショナルな目的と学習領域　　ガニェはインストラクショナルな目的の重要性を強調した最初の教育心理学者ではなかった。『ティーチングマシンとプログラム学習（*Teaching Machines and Programmed Learning*）』（1965a）の章の中で，ガニェはとりわけ，タイラー（Tyler）（1949, 1950），スキナー（1958, 1959），マガー（Mager）（1962）によるこの領域の先行研究の重要性を強調した。プログラム学習運動の他に，ガニェ（1989）は，シカゴ大学で始まった教育達成を測定することと，軍隊教育，特に空軍の技術者の訓練の研究プログラムの教育者たちの関心の中にあるこの運動の追加のルーツについて説明した。

　マガー（1962）が対象の使用を世に広めたので，ガニェは，対象を定義し分類するインストラクショナルな提言を同定することにひと役買った。ガニェには，対象の主目的は，学習者が学習された行動のタイプを分類するよりもインストラクションのあとで知ることやすることと何を期待されるかを特定することとはあまり関係がなかったのである。ガニェ（1989）は，目的を特定することは，設計者たちに「事前の行動の修正がどのように行われるかを推論する基礎として設定されるさまざまな階層間を区別すること」（p. 254）を認めることだと強調した。ガニェによれば，「インストラクションが終わったとき遂行された課題の明白で完全な説明は，学習された行動のあるカテゴリーを弁別ができるようにするのである」（p. 280）。

　対象を同定し分類することによって，設計者たちは，学習の促進に最も役に立つ学習の内的条件と外的条件をそこで決めることができる。長年にわたってガニェは，さまざまなやり方で学習のタイプを分類し，結局，次の5つの

表 13-3
学習の領域

学習のタイプ	定義	例
態度	●行為の個人選択への影響 ●個人の感情や信念	●新聞の再生利用の選択 ●最善を尽くしたい要求
運動スキル	●学習者が運動するようにできる ●身体能力	●自転車に乗る ●ガソリンを入れる
言語情報	●学習者が名前,事実,原理,一般化を伝えられるようにする ●宣言的知識	●コロラド州都の名前 ●理論の定義を述べる
知的スキル	●学習者が概念を弁別し,区別し,分類し,ルールを適用し,作ることができる ●手続き知識	●犬と猫を区別する ●降雨を予測するルールを作る ●ラザニアを作る手順に従う
認知方略	●学習者が認知過程を編成しモニターできるようにする ●自己調整過程	●学習方略を始める ●理解不足を認める

主なタイプを設定した。(1) 態度,(2) 運動スキル,(3) 言語情報,(4) 知的スキル,(5) 認知方略。そして,これらは以下のサブタイプからなる。(a) 弁別,(b) 具体的概念,(c) 定義概念,(d) ルール使用,(e) 問題解決 (Gagné, 1965b)。定義と例は表 13-3 にある。

　ガニェの分類は,学習の条件の規範的性質を中心に構築された。それぞれの行動形態は,その設定に必要な学習の条件に関する他と違った提言を支えた。ガニェは,それぞれのカテゴリーの結果の遂行に必要な心理的処理のタイプが他のカテゴリーで必要とされる心理的活動とは質的に異なると考えた。そこで,学習が最適な形で生じるためには,学習プログラムは,対象が全体の配列のどの点にあるかに応じて準備の特別なセットを作る必要がある。そこで規定された対象がガニェには重要である。というのは,設計者には,高次のスキルが低次のスキルのあとで教えられるように対象を並べることが認められるからである。さらに設計者たちは,対象を分類したあとで,どのようにそれぞれのタイプを教えられるかについて大切な決定ができるのである。

学習の条件 (内容の編成)　　近接性,反復,強化のような一般の学習の原理は当時の学習理論家たちに強調され,学習のたいていのタイプで役割を果たし

ていたが，ガニェは，概念，原理，ルールの学習に適切である特別な条件がさらにあると考えていた。彼はインストラクショナルな条件について，インストラクションの一般化された事象と，学習能力のそれぞれのタイプの学習の特別な条件の両方を記述した。ガニェ（1989）によれば，「学習のそれぞれの特定のタイプの外的条件がインストラクションの基礎を形成する。内的条件は，先行学習によって根づいていた生徒の能力を保つ」(p. 29, 強調は引用者)。

　ガニェは，例えば，ある概念を学習しようとすると，学習が生じるには，一定の条件が学習者の内部と外部の両方に存在しなければならないことを指摘した。これらの学習に必要な条件は，個人間でも，主題領域の間でも変わることはない。言い換えると，心理学的条件，すなわち数学概念の学習に必要な心理学的条件は，文法概念の学習に必要な条件と同じなのである。

内的事象　　1単位のインストラクションの対象が定義され分類されると，取り上げられた質問は，「どんな条件が，このタイプの行動を含む課題を学習するのに最適な条件を規定するか（知っている限り）？」(Gagné, 1989, p. 266)である。それぞれのカテゴリーの場合に，ガニェは，行動の階層の観点からこの答えを検討した。そこで，対象のそれぞれのタイプを学習する最も重要な条件は，学習者の低次行動の事前の定着である。これは，インストラクションが，結合が弁別に先行する，弁別は概念に先行する，概念は原理に先行する，などのように配置されなくてはならないことを意味している。そこで学習者たちの前もって獲得された能力が，インストラクションの効果に決定的に重要である。ある課題の学習に関わる多様なサブスキルだけでなく，インストラクションの最初に学習者の既知の固有スキルを知ることが大切なのである。

外的事象　　ガニェ（1962）は，当時の97％から100％までが，階層の連続するより高い段階の学習セットの獲得は下位の学習セットの習得に依存しているのだと記録している。だが，彼は，前提となる行動の設定が必要であるが，成功する学習の十分条件ではないと述べている。必要条件に欠かせないこととして，彼は「インストラクション」（学習者への伝達）の必要性を加えている。これは1962年に「インストラクションの事象」の起源となった。

ガニェは，生産的学習理論があるなら，それは人間の遂行に変化をもたらすので，下位能力とインストラクションの両方とその相互作用にも関連した独立変数を取り扱わねばならないと考えていた。例えば，1セットのインストラクションは，学習者が必要な終わりの行動を区別し，他の者が刺激場面の要素を区別し，さらに他の者が高度の想起をすることを可能にする。これらはインストラクションが何をすることを可能にするかの形式で表現されるが，それらは決していくつかのインストラクショナルな要素ではなく，学習者に目的を知らせ，学習のガイダンスを与え，実践とフィードバックを与えるような，どんなインストラクションがなされるべきかを述べる，インストラクションの事象に言及している。

『学習の条件』(1965b) の初版で，ガニェは，のちの版で「インストラクションの事象」として引用された「インストラクショナルな場面の要素機能 (Component Functions of the Instructional Situation)」というタイトルの一節を盛り込んだ。以下にあげたリストのように，これらの事象は，目的の結果，必要な前提知識，情報フィードバックの供給の記述のような，教授／学習場面に含まれるはずのインストラクショナルな特徴に言及した。ガニェは，これらの9つの事象は，学習の内的行為に外的サポートを与える可能なやり方として検討されるべきだと主張した。これらの事象は，学習条件をインストラクショナルな場面へ組み込む主な手段として役立つし，授業のデザインの枠組みとして役立つ。これらの事象は，インストラクションの手続きと人間の学習と記憶の情報処理モデルの経験的観察に基づいている。それらは，行動的要素と認知的要素を組み込み，以下のことを含んでいる。

1. 注意を払うこと
2. 学習者に目的を知らせること
3. 先行学習の想起を活性化すること
4. 刺激の提示
5. 学習者に案内をすること
6. 遂行させること
7. 情報フィードバックを与えること

8. 遂行を評価すること
9. 保持と転移の促進

9つの事象は，直接的インストラクション授業の代表的な順番に従う。そして効果的授業は，1つの形態や他の形態の9つすべての事象を含むように考えられている（McCown, Driscoll, & Roop, 1996）。だが，どの事象のインストラクションの性質も，インストラクションの結果として期待された，学習された能力のカテゴリーによるものとは違っていることが期待されている。例えば，運動スキルの学習は，言語情報の学習に必要なものや知的スキルの学習に必要なものよりも，事象のいろいろなデザインを必要とする。さらに，順番と誰がそれぞれの事象を与えるかが，インストラクションの方法への依存を変化させるのである。

学習結果の測定　　ガニェ（1989）は，評価のプラン作りは，カリキュラムデザインが始められると同時に始まるのであり，あとになって別々に始まるのではないと主張した。学習結果のさまざまなタイプが学習のさまざまな条件を必要とするように，それらは評価のさまざまなタイプを大いに必要とする。そこで，適切なテストの開発は，カリキュラムデザイナーが，対象が属する学習カテゴリーの観点から対象について考えるときに支援される。そして，カリキュラムデザイナーはそれぞれの固有な対象をどのように教え評価するかを同時に検討するのである。

ガニェ（1989）によれば，テスト項目は「生徒が，インストラクションが始まる前にはできなかった遂行（「整数を加える」や「凹面と凸面のレンズの機能を区別する」ような）ができたかどうかを測定することが期待されている」（p. 248）。「テストは，生徒の能力を調べ，能力が実際にカリキュラムを経験して変化したかどうか，カリキュラムの目的が適切かどうかを判断することが求められる」と彼は続ける。

ガニェ（1989）は，グレーザー（Glaser）（1963）や彼以前の他の人たちのように，仲間の学習者間の順位を決める集団基準準拠テストとは対照的な，インストラクションによる学習者の能力レベルを強調するテストである目標基準

準拠テストの使用を提唱した。さらに，彼は「限定された一般化可能性の落とし穴，過剰な言語化，定まった手順でやること，代表していない遂行結果」(Gagné, 1989, p. 247) を組織的に避ける大切さを強調した。「学習の言語化が大切なことだとカリキュラムの多くの箇所」にあるが，「言葉の問いに言葉で答えることは学習の適切な対象でないという他の多くの例もある」(p. 247)。ガニェは，これは科学の特殊な真実で，科学の概念と原理は本当の世界の対象と事象に適用されるはずだと考えた。彼は「インストラクションの対象は保持されているものであり，最も意味のあるのは転移できるものなのだ」(1989, p. 281，強調は原文) と説明した。後者の種類の対象は，普通に使われる学力測定の目的であるように見える。それは，測定の両方の形態が学習に影響された行動の変化の十分な理解に大切なことを示唆している。

教育的適用と提案　　ガニェの学習階層，学習領域，学習の内的条件と外的条件，インストラクションのデザインについての考えは，自分の全キャリアにわたってデザインを支援したカリキュラム教材に適用された。数学と理科のインストラクションの他に，ガニェの理論は，プログラムデザイン，共同学習，軍事教育，第2言語としての英語，文章スキル，社会科，先進経済のような多様な領域で使用されてきた (Fields, 2000)。彼の理論は，行政機関や民間企業でもカリキュラムデザインの訓練に幅広く使用されてきた。

　ガニェが自分のキャリアで参加した最も有力なプロジェクトの1つは，米国科学推進協会によって支援されたプロジェクト「理科―プロセスアプローチ」と呼ばれる，小学校の理科のプログラムの開発であった (American Psychological Association, Wager & Driscoll, 2000 に引用)。フィールズ (Fields) (2000) によれば，この注目すべき理科のカリキュラムは，1960年代と1970年代の間に小学校と大学で影響力が大きく，学校単位の教材にガニェの理論と研究を適用した最も普及した例を与えたのである (American Association for the Advancement of Science Commission on Science Education, 1965)。さらに，小学校の理科を教えるこの注目された指導は，理科の教科書と他の市販の理科教材に，1980年代になっても大きな影響力を持っていたのである。この教材で使用されたプロセスアプローチは，学習者は科学者のように問題を考え解くこと

を教えられるという考えに基づいている。ガニェによれば，これは，学習者がもっと複雑なスキルを学習するのに先立って，必要なスキルの習得を援助されて達成されるのである。系統立てられた順番に沿って，学習者は最終的には1つのレベルに達する。そこでは学習者は，訓練され体系立てられ「科学のプロセス」（Fields, 2000 に引用）と結びついた科学的思考を実行できるようになる。

　数年をかけて，ガニェはブリッグスと一緒に，広範囲なインストラクショナルな方策を開発した。インストラクションのさまざまな方法はさまざまな場面に対して指示されているので，これらをまとめて，インストラクションの理論を構成した（Petry, Mouton, & Reigeluth, 1987）。インストラクションのガニェ・ブリッグス理論は，3つの主なセットの方策からなる。(1) インストラクションのさまざまな方法は，学習の5つのカテゴリーを必要としている，(2) インストラクションの9つの事象は，どのような望まれた能力にも発達させることを含んでいる，(3) 知的スキルのインストラクションは，低次のスキルが高次のスキルの以前に学習されるように配置される。そこで，これらの原理を使う教師は，必要とされる学習のタイプを決めようとし，学習のそれぞれのタイプのインストラクションの条件を変えるのである。すなわち，学習に関わる内的過程をサポートする適切なインストラクショナルな条件を配置する。構成要素スキルを区別し，そして新しいスキルを理解し，記憶し，転移を促進するインストラクションを注意深く配置し，順序づけを含む必要なスキルを確かめる。

要約　ガニェのインストラクショナル理論は，マクロレベルとマイクロレベルの両方でインストラクションのデザインに影響を与えた。学習階層と学習領域に関する彼の考えは，インストラクションをデザインする彼の全体の方向性を示した。そこで，マイクロレベルで考えることができるのである。インストラクションの事象は，マイクロデザインレベルで——つまり，個人の授業のレベルで，原理を扱うのである。学習のそれぞれのタイプの最初の状態から目的の状態までの移行過程を支援するインストラクショナルな条件を詳細に述べるガニェの完璧さは，当時のインストラクショナル理論に多大な影響を与えた。ケース（Case）とベライター（Bereiter）(1984) は，必要なスキルに構築してい

る間に知的スキルを配列し，インストラクションを組織的に高次のスキルへ移動することを認める概念が，ガニェに当時の行動主義者たちを乗り越えさせたのだ，と述べている。

インストラクショナルデザインの創設

　1960年代初期に，課題分析，目的仕様，目標準拠テストの領域で開発された概念は，ガニェ，グレーザー，シルバーン（Silvern）の論文にまとめられ議論された（Reiser, 1987 に引用）。ライザーによれば，これらの人たちは，「システム開発」「システマティックインストラクション」「インストラクショナルシステム」のような用語を，今日インストラクションのデザインで使用される方法と似ているシステムアプローチの方法を記述するために最初に使った。ガニェ（Gagné, Briggs, & Wager, 1988）は，インストラクショナルシステムを「学習を促進するために使われるリソースと方法の配置」（p. 19），インストラクショナルシステムデザインを「インストラクショナルシステムを計画するシステマティックなプロセス」（p. 20）と定義した。だが，コース，コース内単位，あるいは個人の授業のような，小さなインストラクショナルシステムをデザインするとき，用語の焦点は，全体のインストラクショナルシステムよりも，一部のインストラクションそれ自体であることを示すインストラクショナルデザインに普通短縮される。

　ガニェはブリッグスと一緒に，学校のカリキュラムとインストラクションを開発させるための効果的方法を作り出すために，軍隊と産業教育から集めた実験室ベースの学習原理を転移するやり方の開発に尽力した。ガニェは，学習についての必要なサブスキルと必須の条件を区別するインストラクショナルな課題分析の使用を，専門に研究した。ブリッグスは，個人の訓練で会社の時間と金を節約する訓練プログラムをデザインするシステマティックなやり方に熟練していた。彼らがそれぞれの才能を結合したとき，その結果がインストラクショナルデザインやシステマティックインストラクショナルデザインへのシステムアプローチとして知られる段階へのプロセスとなったのである（Roblyer, Edwards, & Havriluk, 1997）。

	分析			デザイン／開発			評価
目標分析	インストラクションの分析	学習者の分析	評価の開発	方略と教材を発展させる	メディア選択		指導評価

図13-2　インストラクショナルデザインの過程の段階

　デザインプロセスの主な段階は，3つの主な機能に分けられる．すなわち，学習場面の分析（目的の仕様を含む），インストラクションのデザインと開発（インストラクショナルな方略と教材を含む），形成的評価とインストラクションの改訂である．それぞれの段階は以下と図13-2で説明されている．

分析　過程の分析段階では，デザイナーは学習者に準備されている（目標分析）課題や目標と，学習者自身（学習者分析）についてできるだけ学ぶ．目標分析段階では，デザイナーはインストラクションの最終目的を詳しく調べ，学習結果の5つのカテゴリーにそれを分類する．これは，デザイン過程の他の段階にとっては決定的だと考えられる．学習結果のさまざまなタイプは，学習方略のさまざまなタイプと評価手段のさまざまなタイプを示唆しているからである．

　目標分析段階の次に，デザイナーは最終目標に到達するために必要な特定のスキルや段階を決める（インストラクショナル分析）．このインストラクショナル分析は，課題分析か手続き分析の形態をとる．そこでは，手続きのそれぞれのステップに含まれるスキルをリストアップする．その手続きは情報処理分析であり，それは複雑なスキル，あるいは学習課題分析を習得した人に使用された心的操作を明らかにする．その学習課題分析は，高次の知的スキルの習得に必要な下位スキルをリストアップする．詳細な課題分析は，特定で詳細な遂行対象を定義することを可能にする．対象は，今度は，生徒の学習を評価するために使用される基準準拠テスト項目に容易に変えられるのである．

　インストラクショナル分析の重要な構成要素は，上位スキルと下位スキルのそれぞれを学習の5領域に分類することである．このステップの完成は，デザイナーが，彼らのインストラクショナルデザインの中に，学習結果のさまざ

まなタイプの，それぞれに最も効果的な条件を盛り込むことを確認するのに役立つのである。

学習者の分析は，インストラクショナル分析の完成前，完成と同時，完成後に行われる。その目的は，学習者がすでに習得した必要不可欠なスキルはどれかを決めることである。さらに，デザイナーは，インストラクションを多少難しくしている対象者の能力，特性，態度を区別する。インストラクションは，知識，スキルや態度の重大な隔たりを埋めるときに，学習者がすでに知っているものをできるだけ利用するようにデザインされている。

デザインと開発　この段階で，デザイナーは，インストラクショナルな方略，つまり，それぞれの遂行目的の研究努力で学習者を支援するプランをまず決めて，それから発展させる。インストラクショナルプランは，インストラクションはどのように提示されるか，学習者がやり遂げるのはどの学習活動か，活動がやり遂げられるのはどの順番か，インストラクションを提示するために使用されるメディアはどれかについての情報を含んでいる。ガニェによれば，「すべてのインストラクションの目的は，インストラクションの事象を与えることである」(Gagné & Driscoll, 1988, p. 28)。それらがうまくいけば，誰が，あるいは何がそれぞれの事象を提示してもかまわない。インストラクションの意図された目標の学習領域によって，事象はいくぶん異なった順番で実行されるか，あるいは多かれ少なかれ注意を引くのである。一度プランが実行されると，インストラクショナル教材（印刷物か他のメディア）は，インストラクションの特別な事象を特に伝えるために選択され，あるいは作り上げられる。

インストラクションの評価と修正　最終のデザイン段階は，最大多数の生徒たちにできるだけ効果的になるようにインストラクションを修正し改良する形成的評価のデータを蓄積することである。この点で，焦点は学習者の遂行をどのように評価するかを決めること（実際には分析段階で検討される）ではなく，インストラクショナル教材を評価することにあてられる。教材開発のこの段階は，おそらく最もよく見落とされるうちの1つだが，それがないとインストラクショナルデザイン過程は十分に検討されない。この段階で，デザイナー

は，インストラクションはどこが不正確で，聞き入れるのが難しいかを判断するために対象の学習者から情報を集めて，提案された修正をして教材の効果を向上させるのである。

教育上の提案　ガニェの研究は，概して教育実践者に，特にインストラクショナルデザイナーに，大きな影響を与えた。ガニェのインストラクショナルデザインのアプローチは，彼がどのように自分のインストラクショナル理論を実践につなげるかを説明している。概して，ガニェはデザイン過程を授業プランニングと同じと見ていて，次のように言う。「その目的は，必要なインストラクショナルな事象が学習者に与えられることを確かにすることだ」(Gagné & Driscoll, 1988, p. 35)。続けて言う。「プランニング過程の鍵となるステップは，以下のことである。(1) タイプによって授業対象を分類すること，(2) 必要なインストラクショナルな事象をリストアップすること，(3) これらの事象を与えられるインストラクションの方法を選択すること，(4) 学習の適切な条件を，それぞれの事象が授業によってどのように達成されるかを示す方策に組み込むこと」(p. 35)。これらの4つのステップは，ガニェの研究の実際的適用を，2つの主な原理の観点から浮き彫りにする。学習結果を分類し，それぞれのタイプを達成するのに必要な学習の適切な内的条件と外的条件を与えることの重要性である。そこで，もし物理の教師が，生徒に速さに及ぼす抵抗の影響を理解させるために授業を展開しているなら，教師は次のように言う。まず，これが知的スキルと関わっている（言語情報と精神運動スキルもまた役割を果たしているが）ことを決めなさい。次に，注意を集めること，刺激教材（内容）を示すこと，遂行すること，フィードバックを与えることに関連したインストラクションの事象に特に注意を払いなさい。3番目に，生徒が抵抗についての自分の考えを検証することができる体験実験をしなさい。4番目に，生徒がすでにわかっていて，授業で提示されるのはどの概念と規則かを注意深く検討しなさい。

遺産の影響

リッチー（Richey）(2000) によれば，「ガニェのキャリアは，多岐にわたった——研究，教授，管理，インストラクショナルデザインの実践を包括していた。彼の研究は，人間の学習の全般的研究，軍隊の研究と教育，子どもの教育，職場の教育と訓練，それに高等教育と関係していた」(p. 144)。同僚や友人がガニェの研究の影響を検討するように頼まれたとき，彼らが強調した多様な役割に留意すると面白い。ある者はインストラクショナル理論家としてのガニェの役割を指摘し，他の者はインストラクショナルデザインの創設の役割を強調し，さらに他の者は行動主義者と認知主義者とのギャップをどのように埋めたかをあげている。彼の研究の多様性とキャリアの長さ（50 年を超える）も考えると，ガニェの影響は，実際，広く浸透していたのである。次節で，私たちは彼の研究の影響を浮き彫りにしよう。その影響とは，学習者の性質，学習過程，学習の最適条件，学習の重要な結果と関連したものである。

学習者の性質に及ぼす影響

ガニェは，高位スキルを習得する学習者の能力は知的発達の特定の段階よりも必要な低位スキルの獲得によると，教育者たちが理解することを助けたのである。ガニェ (1968) は，人間の行動発達における学習の影響を，成長の影響よりも強調した。ガニェ (1968) によれば，「子どもは自分の発達において 1 つの点から次の点へ進む。彼は 1 ダースの新たな結合を獲得するのではなく，学習の分化，再生，転移の過程を経る進行的やり方でお互いの上に築かれる能力の順序集合を学ぶのである」(Richey, 2000, p. 44 に転載)。

ガニェは，生徒たちが自分たちの先行学習の結果として，もっと高度で複雑なスキルを学ぶことができるはずだと強調した。さらに彼は，学校で学んだ能力は生徒が自分たちの生活や今後の仕事の実践的なことを遂行するのに必要な背景とスキルを彼らに与えるはずだと述べた (Fields, 2000)。ガニェは，学習者中心の方法として自分のインストラクショナルアプローチや理論を決して参

照しなかったが，学習者が実践的で伝達可能なスキルを獲得する必要があるという彼の考えは，学習者のいくつかの最も重要な要求をかなえることへの心からの懸念を示唆している。

学習過程の性質に及ぼした影響

　ガニェによれば，人々は学習によって，態度，価値，知識のすべてを獲得した。学習は人間にさまざまな行為を遂行する能力を身につけさせる。ガニェはこれらの遂行を学習結果の5タイプに分類し，さまざまなインストラクショナルな条件（内的と外的の両方の）は，学習のそれぞれのタイプを促進するために必要であり，さらに，評価のさまざまなタイプは学習のそれぞれのタイプを適切に評価するために必要であることを示唆した。

　学習過程の性質についてのガニェの考えは，自分のインストラクショナル理論の適用をインストラクションの体系的デザインにつなげた。ガニェの理論はインストラクショナルデザイン（ID）の従来の「条件づけに基づく」モデルの基本と考えられている。ID は，学習はカテゴリーに分類されるという仮定に基づく。そのカテゴリーは，学習の類似の認知プロセス——学習の内的条件——を必要とし，学習のこれらのカテゴリー内では，類似のインストラクショナルサポートが学習を促進するために必要である——それが学習の外的条件である（Smith & Ragan, 2000）。このアプローチに基づくモデルは，メリル（Merrill）(1983)，ライジェラス（Reigeluth）(1979)，メリル，リー（Li）とジョーンズ（Jones）(1990a, 1990b)，スミス（Smith）とラーガン（Ragan）(1993; 1999) によるものである。

インストラクションの最適条件

　前述のように，インストラクショナル理論家としてのガニェの研究は，学習を支えるインストラクションの構成要素を規定することに中心を置いていた。学習の研究と理論によって生み出された知識を使って，彼は，学習，保持，転移を最大限に生かすインストラクションの条件を同定しようとした。そこで，

ガニェは,一定のインストラクショナルな事象を学習過程と学習結果に関連させることによって,環境の特徴のどれがどのように,学習を意図的に促進するように整えられるかをはっきりと記述した。学習階層についてのガニェの考えは,彼のインストラクションの事象は必要な外的条件を対象にしているが,学習の必要な内的条件も対象にしている。彼の9つのインストラクションの事象には,学習者を動かすための事象が含まれていた。すなわち,方向を示すこと,指導された実践,インストラクション中のフィードバック——生徒を評価し学習の転移を促進する効果的で有意義な方法を同定すること,である。

スミスとラーガン(2000)によれば,ガニェのインストラクショナル理論,特に条件に基づく提案は,少なくとも,インストラクショナルデザイン理論の第2世代を生み出した。さらに,彼の影響はID理論を超えてカリキュラムデザインを含む教育デザインの他の領域にまで拡大されたと指摘されてきた。実際,多くのガニェの考えは大変実践の場に定着したので,人々はそれらをガニェが始めたと認知できなかったのである。フィールズ(2000)は次のように述べて,インストラクショナルデザイン分野のガニェの重要な地位を強調した。

実験心理学者からインストラクショナル理論家と学習理論家への彼の進化は,その中心がIDへの認知理論の適用の1つとなったが,彼の柔軟性を示すだけでなくID実践への関心も示している。ID実践の歴史における彼の地位は,基礎的な見方でも応用的見方からも,まぎれもなく不動である。(p. 202)

重要な学習—インストラクションの結果

ガニェは「応用科学」の見方から理論的問題にアプローチした。彼は生徒の学習を,要求のある現実場面で研究し,遂行対象を詳細に明らかにし,目的と評価尺度間の一貫した結合の設定を強調し続けた。ガニェは,次のように言う。「私の研究対象の問題は,常に実践的だった。あるいは,少なくとも実践的考察によって大いに影響されてきた」(1989, p. 6)。理論と実践間のギャップを常に認識して,ガニェは,表層的レベルではなく,応用と転移のレベルで

現実の世界のスキルを教え評価することの重要性を主張した。彼の初期の研究は，軍人の認知—運動スキルの獲得，保持，利用の支援に向けられていたが，後期の研究は，あらゆる年齢の学習者への知的スキル，特に問題解決スキルの習得の支援に中心が置かれた。

遺産の影響の評価

「R・M・ガニェがインストラクショナル理論に与えた影響を過大評価するのは難しい」とスミスとラーガン（2000）は断定している。「彼の理論は領域の形成においてただの重要な意見だったのではなく，概念が大胆であると同時に研究方法が入念だったオリジナルな研究の桁はずれの量のおかげで，それは大きな影響を与えたのである」（pp. 173-174）。そこで最後に，ガニェの著作と思索の全体的影響についてはどんなことが言えるかを分析する。

ガニェの研究の長所

おそらくガニェの研究の最も注目すべき長所は，その包括性と統合性であり，一方を述べずに他方を述べることは難しい。学習とインストラクショナル理論についての自著の中で，ドリスコル（2000）は，ほとんどの理論は範囲の制約に悩まされると言う。理論は，概念知識の獲得や自己調整スキルの開発のように，学習のある側面かもう1つの側面に焦点化する。だが学習の他の諸側面は省みられない。これに対してガニェのインストラクションの理論は，「学習結果の分類，それぞれの結果の達成に必要な固有な学習条件，それにインストラクションの9つの事象」を包含していて，非常に包括的なのである（Driscoll, p. 347）。ガニェのインストラクショナルデザインモデル（Gagné et al., 1992）は，課程レベルのカリキュラムをデザインし発展させる手続きでこの範囲をさらに広げた。

ガニェ（1989）は，学習結果の5カテゴリーからなる自分の分類は，「学習に基づいた人間の能力のカテゴリーであり，人間の遂行のある独特なタイプ

を可能にするもの」(p. 483) を説明すると言う。彼は，これらの5カテゴリーが，人間が学習できる多様な能力を完全に説明すると考えた。なぜ学習結果の5タイプを提案したかを問われて，ガニェは1度答えている。「なぜなら……［少し間があって］……それがあるもののすべてだからだ！」。実際，ガニェに類似している他の分類上のスキーマ（例えば，ブルーム〈Bloom〉，メリル）が提案されてきたが，他のものはどれも，認知，精神運動，情動の領域を含まなかった。

同様に，ガニェの研究は，それぞれの学習された能力の獲得に必要な内的および外的な学習条件を説明する基準を設定した。前述のように，ガニェの理論は，彼の考えを実証し精緻化しようと試みてきた他のモデルの基盤として役立ってきた。だが，これらの努力でさえも，普通ガニェの包括的アプローチの一部にだけ焦点を当てていたのである。例えば，要素呈示理論で，メリルたち（例えば，Meril, 1983）は，事実，概念，ルール，原理のためだけの学習条件を構成した。それは，実際は全部認知であり，ガニェの学習結果の5カテゴリーの3つ（言語情報，知的スキル，認知方略）に含まれていた。

結局，ガニェの研究は理論に基づいており（情報処理のような心理学的理論を適用して），理論構築的（特定の結果の学習条件の明確化において）で，実証的（観察からインストラクションの9つの事象を引き出し学習階層の妥当性を検証する）という意味で統合的である。前述のように，ガニェの研究は，また応用科学である。彼は自分の研究結果が，教師かインストラクショナルデザイナーといった教育実践家に有意義なことを期待したのである。

ガニェの研究の限界

いくつかの点で，ガニェの研究の長所はその限界の源でもあった。広く包括的であることと特殊で徹底的であることの両立は難しい。例えば，スミスとラーガン（1999）は，ガニェのインストラクションの9つの事象を，学習者主導の方略で補うことを提案している。というのは，2人は，ガニェの事象は自己学習には不十分だと考えたからである。同様に，メリル（1983）の要素呈示理論とライジェラス（1979）の精緻化理論は，ガニェの理論の不完全だと認知

された部分を拡張し精製したものである。

インストラクショナルデザインのガニェのアプローチの体系的分析は，特に最近，厳しい批判にもさらされた。例えば，オレイ（Orey）とネルソン（Nelson）（1997）によれば，

> ガニェとブリッグスの研究によって代表されるような体系的アプローチは，偶発学習，発見学習や他のインストラクションの形態が望まれる場面に特に当てはまるのではない……［それ］は，内容が十分構造化され，十分な活動が望まれる知識とスキルを学習者が獲得するために与えられると考えられている……（pp. 283-284）

レント（Lent）とバン・パタン（Van Patten）（1997）は，スキルを構築するために体系的方策に従うことは大人の学習者に教えるときに必ずしも効果的ではないと，キャロル（Carroll）の「学習者は，訓練教材の確実な指導を混同しながらも，実際の課題を粘り強く成し遂げようとする」（p. 7）という経験を引きながら主張した。彼らはさらに，大人の学習者は訓練の際に共同を拒否するという懸念を示し，大人の発達と学習の分野はガニェにほとんど無視されてきたと述べている。

委任のエラーよりも省略のエラーが，ガニェの研究の限界を最もよく特徴づける。ガニェは，スキーマ理論からの概念を自分の枠組みに取り込み始めると，ピアジェ，バンデューラやドナルド・ノーマン（Donald Norman）のような人たちの研究に，ほとんど，あるいはまったく言及しなかった。その人たちの考えが彼自身のものとはっきり関連していることが明らかになったのである。おそらくそれは時間の問題だった。スミスとラーガン（2000）が，「ガニェは将来の研究者たちと理論家たちが解決するいくつかの問題を残しておいた」と示唆した通りである。

結論

　ロバート・ガニェは，教育心理学とインストラクショナルシステムの分野の50年以上の研究と出版への寄与という遺産を残した。彼の遺産は，彼がメンターであった学生たちの不断の努力を通して広がった。彼らの多くは，これら同じ分野で彼ら自身がすぐれた業績をあげている。ガニェは基本的研究と応用心理学の境界線を行き来した。そして，彼の関心が，人間の学習のただ1つのタイプではなく，全領域であったことは私たちにとって幸いであった。学習の条件は，学習の一定のタイプがどのように学習されるかだけでなく，1つのタイプの学習がどのように他のタイプの学習に影響するかについて検討するやり方を与えたのである。ガニェは行動と行動の可能性や能力を差別化した。それは重要な区別であり，遂行評価と遂行向上間の差別化と同じである。

　彼が情報処理理論とインストラクションの外的事象間に行った，見たところ単純だが非常に重要な結合は，彼の名を心理学の巨人の1人として残すことになる，インストラクションの理論の発展の基礎として役立ったのである。インストラクションの事象は，学習はインストラクショナルな工夫によって促進される過程であるという考えを確認して，ほとんどどのインストラクショナルデザインテキストにも，1つのフォーマットか別のフォーマットで見られるのである。ガニェの学習階層の研究は，学習者のレディネスと基礎的スキル教育に関連した実践の土台となった。

　R・M・ガニェの研究は，振り子が構成主義理論から社会理論に基づいた理論に向かって揺れ動くにつれて，今日ではやや見落とされがちのようだ。だが，私たちはガニェの研究は時代を超えたものだと見ている。ガニェのデューイへの関心が最近復活したように，教育者たちがカリキュラムとインストラクショナルデザインの彼の研究の実用性をもう1度見出して，再認識されるだろう。彼の研究は慎重に記録されて明瞭に書かれている。彼の理論と原理は容易に実践のルールに変えられた。これらの原理だけではなく，どのように原理が当時の他の理論に関係しているかについてまとめた彼の苦労は，将来の研究の確実な基礎を提供したのである。ロバート・M・ガニェは，私たちの世代の

最も影響力のある教育心理学者の1人であり，インストラクショナルシステムデザインの実践に学問的な高い社会的地位を与えたのである。

原 注

(1) 2002年4月28日，ロバート・ミルズ・ガニェは妻パットに見守られて眠ったまま亡くなった。
(2) ガニェのいくつかの経歴情報は，*American Psychologist* の1983年1月号に掲載された1982年の論文「心理学応用の著名科学賞 (Distinguished Scientific Award for the Applications of Psychlogy)」から入手できる。

文 献

American Psychologist (1983). Distinguished scientific award for the applications of psychology citation. *American Psychologist, 38*, 24-29.

American Association for the Advancement of Science Commission on Science Education (1965). *The psychological bases of science — A process approach*. Washington, DC: AAAS.

Briggs, L. J. (1980). Thirty years of instructional design: One man's experience. *Educational Technology, 20*(2), 45-50.

Carroll, J. M. (1990). *The Nurnberg funnel: Designing minimalist instruction for practical computer skills*. Cambridge, MA: MIT Press.

Case, R., & Bereiter, C. (1984). From behaviorism to cognitive behaviorism to cognitive development: Steps in the evolution of instructional design. *Instructional Science, 13*, 141-158.

Driscoll, M. P. (2000). *Psychology of learning for instruction* (2nd ed.). Needham Heights, MA: Allyn & Bacon.

Fields, D. C. (2000). The impact of Gagné's theories on practice. In R. C. Richey (Ed.), *The legacy of Robert M. Gagné* (pp. 183-209). Syracuse, NY: ERIC Clearinghouse on Information and Technology.

Gagné, R. M. (1954). Training devices and simulators: Some research issues. *American Psychologist, 9*, 95-107.

Gagné, R. M. (1955). Methods of forecasting maintenance job requirements. In Advisory Panel on Personnel and Training Research (Ed.), *Symposium on electronic maintenance* (pp. 47-52). Washington, DC: U.S. Department of Defense.

Gagné, R. M. (1962). The acquisition of knowledge. *Psychological Review, 69*, 355-365.

Gagné, R. M. (1963). A psychologist's counsel on curriculum design. *Journal of Research in Science Teaching, 1*, 27-32.

Gagné, R. M. (1965a). The analysis of instructional objectives for the design of instruction. In R. Glaser (Ed.), *Teaching machines and programmed learning: II. Data and directions* (pp. 21-65). Washington DC: National Education Association.

Gagné, R. M. (1965b). *The conditions of learning*. New York: Holt, Rinehart, & Winston.

Gagné, R. M. (1968). Contributions of learning to human development. *Psychological Review, 75*, 177-191.

Gagné, R. M. (1972). Learning theory, educational media, and individualized instruction. In F. J. Pula & R. J. Goff (Eds.), *Technology in education: Challenge and change* (pp. 20-43). Worthington OH: Charles A. Jones.

Gagné, R. M. (1973). Observations of school learning. *Educational Psychologist, 10*(3), 112-116.

Gagné, R. M. (1977). *The conditions of learning* (3rd ed.). New York: Holt, Rinehart & Winston.

Gagné, R. M. (1984). Learning outcomes and their effects. *American Psychologist, 39*, 377-385.

Gagné, R. M. (1985). *The conditions of learning and theory of instruction* (4th ed.). New York: Holt, Rinehart, & Winston.

Gagné, R. M. (1986). Instructional technology: The research field. *Journal of Instructional Development, 8*(3), 7-14.

Gagné, R. M. (1989). *Studies of learning: Fifty years of research*. Tallahassee, FL: Learning Systems Institute, Florida State University.

Gagné, R. M. (1995/96). Learning processes and instruction. *Training Research Journal, 1*, 17-28.

Gagné, R. M., & Briggs, L. J. (1974). *Principles of instructional design*. New York: Holt, Rinehart, & Winston.

Gagné, R. M., Briggs, L. J., & Wager, W. W. (1988). *Principles of instructional design* (3rd ed.). Fort Worth, TX: Holt, Rinehart, & Winston.

Gagné, R. M., Briggs, L. J., & Wager, W. W. (1992). *Principles of instructional design* (4th ed.). Fort Worth, TX: Harcourt Brace.

Gagné, R. M., & Brown, L. T. (1961). Some factors in the programming of conceptual learning. *Journal of Experimental Psychology, 62*, 313-321.

Gagné, R. M., & Dick, W. (1982). Instructional psychology. *Annual Review of Psychology, 34*, 261-295.

Gagné, R. M., & Driscoll, M. P. (1988). *Essentials of learning for instruction* (2nd ed.). Englewood Cliffs, NJ: Prentice-Hall.

Gagné, R. M., & Medsker, K. L. (1996). *The conditions of learning: Training applications.* Fort Worth, TX: Harcourt Brace.

Gagné, R. M., & Merrill, M. D. (1990). Integrative goals for instructional design. *Educational Technology Research and Development, 38*(1), 23-30.

Gagné, R. M., Mayor, J. R., Garstens, H. L., & Paradise, N. E. (1962). Factors in acquiring knowledge of a mathematical task. *Psychological Monographs, 76,* No.7.

Gagné, R. M., & Smith, E. C., Jr. (1962). A study of the effects of verbalization on problem solving. *Journal of Experimental Psychology, 63,* 12-18.

Glaser, R. (1963). Instructional technology and the measurement of learning outcomes: Some questions. *American Psychologist, 18,* 519-521.

Lent, R., & Van Patten, J. (1997). Exploring the paradigm of instructional design: Implications in business settings. In C. R. Dills & A. J. Romiszowski (Eds.), *Instructional development paradigms* (pp. 141-154). Englewood Cliffs, NJ: Educational Technology Publications.

Mager, R. F. (1962). *Preparing objectives for programmed instruction.* San Francisco: Fearon.

McCown, R., Driscoll, M., & Roop, P. G. (1996). *Educational psychology: A learner-centered approach to classroom practice* (2nd ed.). Boston: Allyn & Bacon.

Merrill, M. D. (1983). Component display theory. In C. M. Reigeluth (Ed.), *Instructional design theories and models* (pp. 279-333). Hillsdale, NJ: Lawrence Erlbaum Associates.

Merrill, M. D., Li, Z., & Jones, M. K. (1990a). Limitations of first generation instructional design. *Educational Technology, 30*(1), 7-11.

Merrill, M. D., Li, Z., & Jones, M. K. (1990b). Second generation instructional design. *Educational Technology, 30*(2), 7-14.

Morgan, R. (1989). Foreward. In R. M. Gagné (Ed.), *Studies of learning: Fifty years of research* (pp. iii-iv). Tallahassee, FL: Learning Systems Institute, Florida State University.

Orey, M. A., & Nelson, W. A. (1997). The impact of situated cognition: Instructional design paradigms in transition. In C. R. Dills & A. J. Romiszowski (Eds.), *Instructional development paradigms* (pp. 283-296). Englewood Cliffs, NJ: Educational Technology Publications.

Petry, B., Mouton, H., & Reigeluth, C. M. (1987). A lesson based on the Gagné-Briggs theory of instruction. In C. M. Reigeluth (Ed.), *Instructional theories in action: Lessons illustrating selected theories and models* (pp. 11-44). Hillsdale, NJ: Lawrence Erlbaum Associates.

Reigeluth, C. M. (1979). In search of a better way to organize instruction: The elaboration theory. *Journal of Instructional Development, 2*(3), 8-15.

Reiser, R. A. (1987). Instructional Technology: A history. In R. M. Gagné (Ed.), *Instructional technology: Foundations* (pp. 11-48). Hillsdale, NJ: Lawrence Erlbaum Associates.

Reiser, R. R., & Gagné, R. M. (1983). *Selecting media for instruction*. Englewood Cliffs, NJ: Educational Technology Publications.

Richey, R. C. (Ed.). (2000). *The legacy of Robert M. Gagné*. Syracuse, NY: ERIC Clearinghouse on Information and Technology.

Roblyer, M. D., Edwards, J., & Havriluk, M. A. (1997). *Integrating educational technology into teaching*. Upper Saddle River, NJ: Merrill/Prentice-Hall.

Skinner, B. F. (1958). Teaching machines. *Science, 128*, 969-977.

Skinner, B. F. (1959). The programming of verbal knowledge. In E. Galanter (Ed.), *Automatic teaching: The state of the art* (pp. 63-68). New York: Wiley.

Smith, P. L., & Ragan, T. J. (1993). *Instructional design*. New York: Macmillan.

Smith, P. L., & Ragan, T. J. (1999). *Instructional design* (2nd ed.). New York: Wiley.

Smith, P. L., & Ragan, T. J. (2000). The impact of R. M. Gagné's work on instructional theory. In R. C. Richey (Ed.), *The legacy of Robert M. Gagné* (pp. 147-181). Syracuse, NY: ERIC Clearinghouse on Information and Technology.

Tuckman, B. W. (1996). My mentor: Robert M. Gagné. *Peabody Journal of Education, 71*(1), 3-11.

Tyler, R. W. (1949). Achievement testing and curriculum construction. In G. Williamson (Ed.), *Trends in student personnel work* (pp. 391-407). Minneapolis: University of Minnesota Press.

Tyler, R. W. (1950). The functions of measurement in improving instruction. In E. F. Lindquist (Ed.), *Educational measurement* (pp. 47-67). Washington, DC: American Council on Education.

Wager, W. W., & Driscoll, M. P. (2000). Preface. In R. C. Richey (Ed.), *The legacy of Robert M. Gagné* (pp. xix-xxiii). Syracuse, NY: ERIC Clearinghouse on Information and Technology.

III

現代の教育心理学：1960年から現在まで

第14章

現代の教育心理学：1960年から現在まで

マイケル・プレスリー（ミシガン州立大学），
アリシア・D・ロエイリグ（ノートルダム大学）

　編集者たちが私たちに本書の現代（つまり1960年から現在まで）の章の執筆を打診してきたとき，他の執筆できそうな人たちは気後れしているようだった。教育心理学は，膨大な量の理論と研究を含む分野のある心理学の途方もなく複雑な下位領域である。それはまた，歴史——心理学の歴史はもとよりアメリカの歴史よって頻繁に状況を説明される下位分野である。というのも，数多くのリーダーがアメリカ人だったからである。

　本書の編集の明確な1つの狙いは，当初の時期から現在までを年代順に記録することである。そのアプローチでは，今日の分野の特性についての要約こそがその頂点になるはずだった。だが私たちは，別の執筆方針を選択した。現在の分野の要約から始め，そのあとで過去40年の研究の観点からそれを検討する。このアプローチこそが過去との対比で現在の独自性を明らかにするので，私たちはその方法をとったのである。

20世紀末の教育心理学

　本節で，教育心理学の分野が20世紀末にどのようなものであったかを詳述しよう。特に，教育心理学者たちによって実施された研究について情報を与える2つのエビデンスのソースを分析する。まず，教育心理学を概観した最近のかなり分量のある3つの本の内容をレビューする。次いで，*Journal of*

Educational Psychology の 1997 年と 1998 年の論点の内容を取り上げる。それは本章執筆時の下位領域を扱った代表的ジャーナルの最近巻だからである。

現代教育心理学を要約した書籍

　過去数年に発刊された 3 冊の主要な書籍に教育心理学の分野が詳述されている。それぞれの中で，専門の研究者たちが教育心理学の多岐にわたる性格を詳述している。

教育心理学ハンドブック

　『教育心理学ハンドブック（*Handbook of Educational Psychology*）』（以下，ハンドブック）は，アメリカ心理学会第 15 部門（教育心理学の部門）の後援によるものである（Berliner & Calfee, 1996）。私たちはそこに掲載する中心テーマを選ぶのに十分な時間をかけた。8 つの主なテーマが目立っている。

認知　私たちは，「認知と学習」と「問題解決の転移」の第 2 章をはじめとするハンドブックの多くの章で，認知心理学からの考えが顕著であることがわかった。認知はまた発達，認知機能の個人差，情動と意欲の機能，それにジェンダーの発達に関係したものを含む個人差の数章の中にもあった。認知の議論はまた，歴史，科学，数学，リテラシー，第 2 語学の教授の章を含む，学校カリキュラムと心理学の章の中にもあった。認知のテーマは，教授と指導の章でも大きな比重を占めている。特に，教授の学習，教師の信念と知識，教室での教授，状況的，社会的実践とインストラクショナルデザイン，技術と教育，教室での集団プロセスに多くあてられている。

　ハンドブックを読了しての免れがたい結論は，現代の教育心理学では教育についての認知心理学が重視され，生徒と教師のさまざまなタイプの認知と認知発達に中心を置いた多くの研究があるということである。例えば，生徒の思考の特性は，多様なカリキュラムとインストラクション改革論者の考えにおいて

顕著である。彼らは，インストラクションは認知的性格と発達する生徒の傾向とが調和していることが最善だと信じているのである。

社会文化的観点　確かに，その分野はいまでは認知そのものを超えていると主張したハンドブックの著者がいた（Hierbert & Raphael, 1996）。彼らは，思考と認知の発達は社会文化的文脈の中で生じるので，単なる認知よりも社会文化的であるととらえたほうがいいと主張した。認知的観点は個人間で生じるプロセスよりも個人の学習者内のプロセスを強調しているせいである。ハンドブック中のヴィゴツキー（Vygotsky）の多くの引用は，社会文化的観点が教育心理学の別の下位分野として考えられていることを納得させる。しかしながら，社会文化的理論の観点がハンドブックで提供されているものの，その観点から引用されている研究の少ないことが印象的である。これは，教育心理学を構成する他のテーマの大部分についてハンドブックに要約された多くの研究とは対照的である。

発達　発達の理論と研究はハンドブックに述べられた多くの研究の中で目立っている。発達については2つの別の章があり，他章の中にも発達の理論と研究は多く引用されている。

動機づけ　動機づけの2章（つまり，動機づけの諸理論の章と指導に関連した別の動機づけの章）に加えて，動機づけは，発達に関連した2章と，個人差に関連した3章（つまり，情動と意欲機能，文化，ジェンダーと関連した章）でもはっきりと目立っている。動機づけは，教授とインストラクションの章で特に際立っているのである。要するに，ハンドブックは，教室の組織上の要因（例えば，教室の目標構造――他の生徒との競争か，教材の学習に力点を置くか）を含む，生徒の動機づけに影響する要因を扱っている。

個人差　個人差についてのハンドブックの節は，他の部分よりも長い。さらに，他章の個人差とも多く関係している。例えば，バイリンガル能力とカリキュラムの章は，個人差と非常に強い関係がある。教師の信念についての章

は，認知プロセスの教師間の重要な違いに焦点を当てている。20世紀末と同じように，教育心理学者たちは，学業成績に及ぼす個別に異なるさまざまな方法を検討している。

カリキュラムの心理学的基礎　　歴史，科学，数学，リテラシー，第2言語カリキュラムに関係のある章は，心理学的分析がカリキュラムとカリキュラム研究の見直しで成功していることを示した。

教授とインストラクション　　7つの章が教授とインストラクションに特にあてられた。カリキュラム（つまり，歴史，科学，数学，リテラシー，第2言語）に関連した章の中でも教授について述べられている。非公式カリキュラムの1章は，インストラクションが生徒に影響を与える内潜的なメッセージをどのように伝えるかを取り上げている。教授の性格はまた，個人差の章，特に特殊教育とジェンダーについての章でもレビューされている。

研究方法と評価　　ハンドブックの1つの節全体が研究方法と評価にあてられている。認知と学習についての章の中でも顕著な議論がある。特に数学の教授，リテラシー，非公式のカリキュラムである。

要約　　ハンドブックだけを読んだうえで，私たちは，教育心理学は次のテーマの理論と研究から成立していると結論する。すなわち，認知，社会文化的観点，発達，動機づけ，個人差，カリキュラムの心理学的基礎，教授とインストラクション，研究方法と評価である。

　このリストを検討すると，包括的ではないように見える。例えば，ハンドブックでは行動主義は扱われていないし，教育メディアの研究も多くは扱われていない。だから，このソースだけに頼るのは軽率だ。そこで，私たちはこの分野を完全にカバーする意図で他の2冊をレビューした。全体で3冊のレビューの結論から，私たちは教育心理学の主なテーマのすべてが明らかになるという充足感を覚えるだろう。

発達心理学とインストラクショナル心理学の国際百科事典（第2版）

　『発達心理学とインストラクショナル心理学の国際百科事典（第2版）(*International Encyclopedia of Developmental and Instructional Psychology*, 2nd ed.)』(DeCorte & Weiert, 1996)（以下，百科事典）は17節の171項目からなる。最初の7節は主に発達関係であり，あとの10節はインストラクショナル（つまり教育）心理学に集中している（ここで取り上げているのは後半の10節である）。ハンドブックに扱われているテーマの8つすべては百科事典でも取り上げられているが，百科事典のインストラクショナル心理学の節は，いくつかの他のテーマの研究も含んでいる。

行動的学習　　ハンドブックよりも百科事典で行動が多く取り上げられている。これには，オペラント条件づけ，フィードバック，行動変容，プログラム指導，行動的目標，習得学習を含んでいる。

社会的関係と教育　　百科事典には，家庭環境，仲間関係，学校社会環境，コミュニケーション，社会的相互関係，教師期待の章がある。全体的には，これらの見出し語は社会的関係と教育の領域を扱っている。

教育メディア　　百科事典の1章全部がコンピュータ，メディア，学習にあてられている。1990年代後半，教育メディア効果の研究が教育心理学の重要な部分となった。

要約　　百科事典のレビューの結論から，教育心理学の下位分野のリストは，認知，行動的学習，社会文化的観点，社会的関係と教育，発達，動機づけ，個人差，カリキュラムの心理学的基礎，教授とインストラクション，教育メディア，研究方法と評価となった。もちろん，これらの下位分野は，お互いに排他的ではなく，重なり合い相互依存している。

教育者たち,研究者たち,政策立案者たちの高度な教育心理学

　マコーミック (McCormick) (1995) とプレスリー (Pressley) は大学院レベルの教科書を作成した。それは教育心理学の分野,特にその分野の重要な研究論文を載せてあますところなく要約しようとしたものだ。私たちは,この分野に貢献した主なジャーナルに掲載されているどの重要な教育心理学の研究方向も扱う対象にした。

　ハンドブックと百科事典の分析から同定された教育心理学の下位分野のリストは,『高度な教育心理学 (Advanced Educational Psychology)』(以下,AEP) の内容と照合された。実際,ハンドブックと百科事典の分析で同定された下位分野11すべてが AEP でカバーされており,新たに加える下位分野はない。

要 約

　ハンドブック,百科事典,AEP のようなソースは,何人かの指導者によって考えられた教育心理学の分野の見事な要約を提供する。これらの本は,あらゆる角度から問題を論じ尽くそうとしている。また,これらの本と時間を過ごす読者は,教育心理学の多様な分野について素晴らしい教育を受けている。そうであるならば,これらの本は教育心理学にいままさに起きていることについて書かれているのではない。それを知るためには,生じているままに分野を記録するジャーナルを調べることが合理的である。過去の専門分野の研究と近年のジャーナルに発表された研究間に結びつきがある範囲で,要約本のレビューから同定された11のテーマが,最近の文献に登場するジャーナル論文に表れることが期待されるのである。

Journal of Educational Psychology: 1997-98

　前節に記述された11のカテゴリーが妥当かどうかを評価するために,私たちは,それらを Journal of Educational Psychology (以下,Journal) の2冊の

表 14-1
教育心理学研究の 11 カテゴリーに分類された Journal of Educational Psychology 論文の数

カテゴリー	論文数	
	1997～1998	1960～1961
認知	27 (24%)	1 (1%)
行動的学習	0 (0%)	22 (20%)
社会文化的観点	2 (2%)	0 (0%)
社会的関係と教育	7 (6%)	6 (6%)
発達	7 (6%)	5 (5%)
動機づけ	20 (18%)	4 (4%)
個人差	26 (23%)	21 (19%)
カリキュラムの心理学的基礎	11 (10%)	0 (0%)
教授とインストラクション	11 (10%)	18 (17%)
教育メディア	2 (2%)	3 (3%)
研究方法と評価	9 (8%)	29 (27%)

最近号（1997 & 1998）の内容と照合した。どの論文もレビューされ，同定された 11 カテゴリーの 1 つに入れられた。

ほとんどの論文はいくつかのカテゴリーが該当した。例えば，子どものテレビと活字メディアの想起についての 1 つの論文は，認知，教育メディア，個人差と関係している。そのためこの論文は，私たちには，認知や個人差よりも教育メディアについてのものであるように見えた。そこで教育メディアについての論文として分類したのである。いくつかの活発な議論があったが，私たちは，1997 年と 1998 年に発行された 112 全部の論文を 11 カテゴリーの 1 つに当てはめる分類に合意を見ることができた。それぞれのカテゴリーに分類された論文数は，表 14-1 に示されている。

1997～1998 年の Journal に掲載された論文の 3 分の 2 くらいが 3 つのカテゴリーを占めた。すなわち，認知，動機づけ，個人差である。しかしながら特筆すべきは，認知にいくぶん関連した論文が，それが主な趣旨ではないとしても，動機づけと個人差の研究であると同定される多くの論文を含んでいて，はっきりと大多数を占めていることである。Journal は，世紀末の非常に認知的色彩の強いジャーナルである。

私たちは，*Journal* に掲載された認知研究の多くがリテラシーの領域であることにも驚かされる。例えば，理解過程に関係した 17 論文がある。他の 12 編が基本的音韻と語レベルの処理についてである。また，*Journal* で最も報告された個人差はリテラシーの領域であり，12 編の論文が読み書きの障害のある生徒に焦点を当てたものである。

　概説書の分析で同定されていて *Journal* に載っていない唯一のカテゴリーは行動的学習である。1997 〜 98 年の *Journal* には行動的学習に焦点を当てた論文が存在しないだけでなく，いくらかでも行動志向のある論文すら 1 編もない。教育における行動的研究は依然として行われ定期的に報告されている（例えば，*Journal of Applied Behavior Analysis*）のだが，そのような研究は，*Journal* には掲載されていない。おそらくこれは，20 世紀末の教育心理学の分野では主流ではないことを示しているのであろう。また，教育の行動主義者に選ばれている方法（例えば，単一主題デザイン）は，*Journal* では支持されてこなかった。*Journal* の最近のたいていの編集者のように，本章執筆者であるマイケル・プレスリー（Michael Pressley）は，そのようなデザインに対して自分としては偏見がないと主張することができる。だが彼は，行動的に学習を指向する教育心理学者が *Journal* は自分たちの研究に向かないと感じていることをおそらく考えて，執筆中にわずかに単一主題デザインだけが *Journal* に合わせてきたことも認めるに違いない。

　他の 2 つのカテゴリーは *Journal* にはほとんどない。まず，わずか 2 つの論文が主に社会文化的である。他のカテゴリーの 2，3 の論文は，社会文化的提言を持つが，1997 〜 98 年の *Journal* に報告されているのはわずかな社会文化的研究にすぎない。社会文化的学者は学業成績に影響する文化間には質的差異があると信じているので，彼らの多くの分析は量的ではなく質的である。対照的に，教育心理学では，1997 〜 98 年の *Journal* にはわずかな質的論文だけが載っているように，依然として量的原理が支配的である。そこで，社会文化的学者たちは，自分の研究が心理学要素のあるときでも方法論的ずれを認知しているので，自分の研究を *Journal* 以外（例えば，*American Educational Research Journal*, Cognition & Instruction）に掲載しようとするのである。

　次に，教育メディアについて論文もごくわずかである。私たちは，たいて

い，教育心理学者たちはその関心をメディア環境における生徒の遂行の心理学的分析にまだ向けていないと思うのだが，部分的にはこれはおそらく専門誌（例えば，*Educational Technology, Journal of Educational Computing*）の存在を反映している。例えば，プレスリーが『高度な教育心理学』を書いたとき，彼は，教育心理学者たちの教育メディアの研究を同定する難しさを経験した。

結論として，教育心理学分野の概説書の内容分析で同定された研究の11カテゴリーは，この分野の指導的ジャーナルによって定義された1990年代後半の分野の内容をとらえている。カテゴリーのいくつかは他のものよりも普及している。認知指向の研究と個人差の分析，最近の*Journal*で主流である生徒の動機づけなどである。学業成績の社会文化的分析と教育におけるメディア効果の分析のように，他の小さなカテゴリーが新たに生じてきているし，またその気配がある。

教育心理学で示された研究のカテゴリーをレビューすると，教育心理学は，心理学のより大きな分野によって多く決定されているのは明らかである。おそらく，もっと驚くことには，教育心理学の認知革命は心理学のもっと大きな認知革命の部分でしかなく，それによって影響されているのである。同じように，教育の動機づけと教育される力の個人差のような領域は，人間の動機づけと差異を理解する点で，心理学の全体的進歩の部分なのである。20世紀の終わりでは，教育心理学は心理学の明らかに多面的な下位原理なのである。

1960年代初期の教育心理学

1960年代の教育心理学を理解するために，私たちはできるだけ1990年代と同じ手続きを使いたいと考えている。都合の悪いことに，1990年代の分析で使われた概説書の初期の編集者はいなくなっている。そこで，私たちは1960年代の分野の内容を明らかにした書籍を同定する必要がある。1960年代の初期にその分野にいた数人の人たちと話し合ったあとで，私たちは教育心理学の大学院生によく使われている教育心理学の教科書に頼ることにした。もちろん，*Journal of Educational Psychology*は1960年代に発行されていたの

で，それはその時期の参考文献ジャーナルとして役立つのである。

クロンバック（1962）とクラウスメイヤー（1961）による教育心理学

　クロンバック（Cronbach）（1962）の『教育心理学（*Educational Psychology*）』とクラウスメイヤー（Klausmeier）（1961）の『学習と人間の能力――教育心理学（*Learning and Human Abilities: Educational Psychology*）』は，その時代の最も評判のいい2冊の教育心理学のテキストである。私たちはこれらの書籍をレビューして，これが1960年代初期のその分野の最先端についての知識を与えてくれると考えて，いま教育心理学を定義する11のカテゴリーがそこにあるかどうかと，どれくらいあるかを特定した。ここで同定された11のカテゴリーは以下である。

認知　2冊とも認知については少しだけ扱っている。例えば，ピアジェ（Piaget）はクラウスメイヤーの本では3ページ，クロンバックの本では12ページにわたって扱われている。

行動的学習　2冊は学習の行動的概念で埋められている。それぞれの本の章の40％は行動上の学習のテーマに関連している。行動概念は他の章でもまた取り上げられている。

社会文化的観点　クロンバックやクラウスメイヤーのテキストで社会文化的差の範囲に最も近いものとして，学習と成績に及ぼす社会的階層と文化的影響についての2，3の研究がどちらの本でも参照されている。

社会的関係と教育　2冊の本は，教室の仲間の相互作用に，特にソシオメトリー（つまり，教室の誰が誰と相互交渉するかの測定）の議論でかなりの関心を引く。教師と生徒の相互作用の決定因についても一定の記事がある。対照的に，成績に及ぼす家族の影響と地域の影響にはわずかな記事しかない。

現代の教育心理学：1960年から現在まで

発達　ピアジェの短い記事は例外として，他の発達理論家の記事はない。クロンバック（1962）とクラウスメイヤー（1961）は，ある固有の年齢に関係した変化と獲得（例えば，身体的成熟，語彙）について，発達に関係した他の考えよりも「レディネス」（つまり，読むこと，通学すること，学習すること）を強調して報告した。

動機づけ　2冊は，生徒の動機づけについて知られているかなりの情報を収録している。2冊は，動機づけの章全体に加え，他章の節でも動機づけについてかなり収録している。学習と同様に，当時の動機づけの理論は，要求，動因と動因低減，目標，強化，罰を強調して行動主義的である。

個人差　個人差にはかなりの範囲がある。議論の大部分は，学業成績に関連した知能（つまり，IQ）の個人差に集中している。

カリキュラムの心理学的基礎　心理学的構想がどのようにカリキュラムに関係しているかについての記事はない。クロンバックのテキストは，読みと理科，数学，その他の教科の発見学習に関係した研究の短い議論を収録している。

教授とインストラクション　2冊は教授に関係した多くの理論と研究を収録している。例えば，2冊とも有能な教師とそれほどでない教師の特性についての章を収録している。

教育メディア　2冊は，メディア（例えば，テレビ，映画）による学習の短い記事を収録している。いずれも，プログラム学習とティーチングマシン（つまり，プログラム学習，1度に1つの少しの情報，1度に1つのテスト項目を見せるために作られた機械）についてのB・F・スキナー（B. F. Skinner）の考えをレビューしている。だが，メディアの理論と研究にあてられているのはごくわずかのページである。

研究方法と評価　2冊は，かなりの程度の研究方法（例えば，教育統計）と評価に関係した数章を載せている。

要約　カリキュラムの心理学的基礎を例外として，現代教育心理学を構成しているすべてのテーマは，クロンバックとクラウスメイヤーの本の中に収録されている。それでも，認知がこの分野の現代の研究概略に行きわたっているように，行動的アプローチは1960年代初期の研究概略に行きわたっている。

だがもう1つの違いは，1960年代初期の教育心理学の提示に比べて教育心理学の現在の提示における公式な理論と研究が顕著なことである。

クロンバックとクラウスメイヤーの書物を引用している著名な理論家は少なく，1990年代の最も少ない研究指向の教育心理学テキストと比べた研究はほとんどない。それでも次節に見られるように，クロンバックとクラウスメイヤーの書物は当時の教育心理学研究と一致しているのである。

Journal of Educational Psychology (1960-61)

1960年と61年の*Journal of Educational Psychology*に掲載された論文は，1990年代に同定された11カテゴリーについて分析したとき，すべてがカテゴリーと整合性があるように見え，それぞれが他のカテゴリーよりも1つのカテゴリーに多く属しているように見える（表14-1参照）。いくつかのカテゴリー（社会文化的観点，社会的関係と教育，発達，個人差，教育メディア）は1997～98年のように，1960～61年の論文とほぼ同じ割合を占める。他のもの（行動的学習，教授とインストラクション，研究方法と評価）は1997～98年よりも1960～61年の*Journal*により多く見られる。概して，クロンバックとクラウスメイヤーの教科書に広く扱われているテーマは，1960年と61年の*Journal*にも多くが扱われている（つまり，行動的学習，個人差，教授とインストラクション，研究方法と評価）。

1960年代初期の*Journal*の範囲のこの議論を終える前に，魅力的なすべての論文についての質的な見方があることに留意しておこう。1960年代初期の論文は，現在刊行されている論文よりもずっと短い。例えば，2500語の論文

は1960年代では当たり前であった。3000語に満たない論文はいまではまれである。現在の Journal は6000語を超える論文が多くを占める。特に驚くのは，1960年代の簡単な紹介と討論である。そこでは研究を構成するために使われる理論と研究はごく少ない。新しい結果が関係している理論と研究は多くはないのである。現在の論文の比較的長い紹介と議論は，現在のこの分野の豊富な概念的ならびに実証的研究を反映しているのである。

要 約

1990年代後半の教育心理学の学生が，1960年代初期のクロンバックやクラウスメイヤーのテキストのコピーか Journal の1960年と1961年の巻のコピーを手渡されれば，それらを教育心理学の研究として認めることができるであろう。教育心理学として考えられている研究カテゴリーそれぞれが一致しているのである。これらのカテゴリーのいくつかは重要なものとして発展していったが，いくつかは消滅したのであった。例えば，教育心理学でいまは顕著に取り上げられている動機づけについての見方は――その多くは認知的であるが――1960年代初期の行動理論によって刺激された1960年代の動機づけの研究にはどこにも見ることができなかったのである。

Journal 論文が1960年代よりもいまはもっと長編になり，概念的にもより複雑になっていることに気づいたことに加え，私たちは1960～61年と比べ1990年代後半ではずっと多くの教育心理学ジャーナルの存在に気がついている。さらに，1960年代と比べ，1970年代，1980年代，1990年代に刊行された教育心理学関係の多数の本を伴って，過去38年間にこの分野の書籍出版数が激増していることは明らかである。それらのすべての出版が反映しているのは，1960年代初期よりも1990年代後半では教育心理学者として研究している多くの人たちが存在し，多くの才能豊かな人たちが現代では教育心理学に貢献していることである。

クロンバック（1962）とクラウスメイヤー（1961）の教科書を読むと，著者索引が現代の教育心理学のテキストの著者索引よりも相対的に短いことに驚かされる。さらに，新著は古い名前を残しながら，この分野に新しい名前が

表14-2
引用された教育心理学者

クロンバック（1962）と クラウスメイヤー（1961）に 4回以上引用された著者	ハンドブック（1996）， 百科事典（1996），AEP（1995）に 4回以上引用された著者	
B・S・ブルーム	J・R・アンダーソン	M・P・レッパー
W・A・ブラウネル	A・バンデューラ	R・E・メイヤー
L・J・クロンバック	C・ベレーテル	J・G・ニコルス
H・B・イングリッシュ	B・S・ブルーム	A・S・パリンスカー
H・J・クラウスメイヤー	J・E・ブロフィ	D・N・パーキンス
J・P・ギルフォード	A・L・ブラウン	P・L・ペーターソン
W・J・マッキーチー	J・C・カンピオーネ	J・ピアジェ
G・マーフィ	C・S・ドゥエック	M・プレスリー
S・L・プレッシー	E・フェンネマ	M・スカーダマリア
H・H・ルマース	H・ガードナー	A・H・ショーエンフェルド
B・F・スキナー	R・グラサー	H・A・サイモン
L・M・ターマン	J・G・グリーノ	B・F・スキナー
G・G・トンプソン	W・キンテッシュ	R・E・スラビン
	L・A・コールバーグ	L・S・ヴィゴツキー
		B・J・ジマーマン

加えられただけではない．むしろ，クロンバック（1962）とクラウスメイヤー（1961）で引用されているごくわずかな人たちは，最新の巻でもっと長い著者索引をつけて，現代の教科書に引用されている．

　表14-2を参照されたい．左側の欄は，クロンバック（1962）とクラウスメイヤー（1961）の両方で4回以上引用されている著者全員のリストである．右側は，1996年のハンドブック，1996年の百科事典，『高度な教育心理学』（Pressley with McCormick, 1995）に4回以上引用されている著者全員である．後者のリストのメンバーの基準はより厳格であるという事実にもかかわらず，1960年と比べて20世紀末に活躍している多くのグループの教育心理学者たちを反映して，そこには2倍の名前がある．特にベンジャミン・ブルーム（Benjamin Bloom），B・F・スキナーは両方のリストに載っており，初期から現在にわたって影響力のある著名な研究歴を反映している．しかしながら，全体的には，1960年代の著名な研究者たちは現代の引用文献に載せられたとしても広くは引用されていない．1960年代のリストのわずか6名（つまり，ベンジャミン・S・ブルーム，W・A・ブラウネル〈W. A. Brownell〉，リー・J・クロンバック

〈Lee J. Cronbach〉，J・P・ギルフォード〈J. P. Guilford〉，ウィルバート・マッキーチー〈Wilbert Mckeachie〉，B・F・スキナー）が，分析された3冊の現代の概説書の1冊に4回以上引用されている。

1990年代の概説書に引用された研究者のリストを検討すると，2, 3の目立った特徴がある。少なくとも，サンプルの4分の1は著名な理論家たちであり，教育心理学が貢献しているのは主に理論である。そこには，ジョン・リチャード・アンダーソン〈John Richard Anderson〉，アルバート・バンデューラ〈Albert Bandura〉，ハワード・ガードナー〈Howard Gardner〉，ローレンス・コールバーグ〈Lawrence Kohlberg〉，ハーバート・A・サイモン〈Herbert A. Simon〉，B・F・スキナー，レフ・S・ヴィゴツキー〈Lev S. Vygotsky〉が含まれる。その他もほとんどは理論的貢献をした人たちであり，重要な諸問題の著名なプログラム化された研究でよく知られている（例えば，幼年期の教育とライティングに関する研究と開発努力をしたカール・ベリテール〈Carl Bereiter〉，教育問題の認知分析研究のリチャード・メイヤー〈Richard Mayer〉，数学的認知と数学教育の概念化のアラン・シェーンフェルド〈Alan Schoenfeld〉，観察学習と自己調整の研究のバリー・ジマーマン〈Barry Zimmerman〉である）。現在のリストにある多くの学者たちは，教育の認知心理学のある側面において現在の研究に力強い認知的特色を反映させる，大きな貢献をした。現在のリストに掲載された科学者たちの4分の1以上が，とりわけ過去20年のこの分野の研究の変化を反映して，教育的動機づけに貢献をした。

現代のリストに載っている多くの人たちは，現代の初期には学生だった。だが，これらの現代の学生の多くは，教育心理学の大学院では勉強せずに，関連分野の正規の大学院の学位と教育を受けたのである（例えば，発達心理学のアン・L・ブラウン〈Ann L. Brown〉，特別教育のアンヌマリー・パリンクサー〈Annemarie Palincsar〉，社会学のロバート・スラビン〈Robert Slavin〉）。彼らは教育と心理学にかなりの刺激的な知的関係があることに気づいた。しかしながらそのような交流は，教育心理学が相互に関係し，より大きな分野，特に心理学によって活性化されているのである。

現代の教育心理学の認知的変容

　本節で私たちは現代の教育心理学の分野を形作った要因について議論する。私たちの1人ひとりは現代の多くの時期を教育心理学者として暮らし研究している。だから，この分野にある出来事のいくつかを直に経験している。さらに，私たちは，過去40年のこの分野の発展に影響した要因についての見解を *Journal* の現在の編集委員会のメンバーに尋ねた。彼らの多くは，彼らの個人史について詳述した長いありのままの手紙から，1960年から現在に至るこの分野に影響を与えた最も効果的だと見ている出版物のリストの提供まで，さまざまなやり方でこの質問に答えている。最後に，私たちはこのテーマについて多くの先輩の教育心理学者たちと，この分野に影響を与えた考えについて多くの洞察を生じさせた議論をした。最終的に，私たちは現在のこの分野の重要な影響と研究方向についての長いリストを手にしたのである。このリストの最も顕著な特性の1つは，そのほとんどの項目が認知心理学と関係があるということである。さらに，どの影響と方向性も初期に同定された研究の11カテゴリーと関係している可能性があることがわかった。そこで，本節はこれらのカテゴリーを中心に構成した。私たちは，ここまで前進した結論に責任を持つが，これらの結論は現在について私たちと話し合った多くの教育心理学者たちの考えに基づいている。

認知──主要な認知理論と研究プログラムが開発された

　概して，心理学は過去40年間に認知的変革を経験し，教育心理学はその変革によって影響を受けた。現代の初期の多くの教育心理学者たちを刺激した本は，ミラー（Miller），ガランター（Galanter），プリブラム（Pribram）（1960）の『行動のプランと構造（*Plans and the Structure of Behavior*）』である。その魅力のソースの1つは，親しみやすさである。それは多くの社会科学者に考えを理解しやすいように書かれている。さらに，ミラーたち（1960）は，行動主義の最も価値のある主張を納得のいくようにした。このように，S-R理論家

たちは長い間，思考の心理学は意思決定を説明するために人体模型（つまり，頭の中の小さな人）に訴えざるを得なくなると主張してきた。だが人体模型概念は循環的説明にすぎない。ミラーたちは，コンピュータの出現で，内的情報処理システムが複雑な外的マシンの決定と行動の説明を十分詳細に明確に記述できると主張した。彼らは，意図，計画，イメージのような概念が科学的であり，人間の選択と行動の説明として多くの期待が持てると強く主張した。

ミラーたち（1960）の最も記憶に残る概念進歩は，たぶん TOTE（つまり，テスト―操作―テスト―終了）ユニットである。著者たちは，行為の遂行は現在の行為によって作られた事態の状態と行為者の目標である事態の状態との比較によると主張した。そこで，釘を板に打ち込みたい人は，釘を打ち，望ましい結果を打ち込んだ結果と比較する。もし釘が板に打ち込まれないと，行為者はまた打ち込もうとする。TOTE の用語では，行為者は試し（つまり，釘が打ち込まれたかどうかを確かめる），操作し（もし釘がきれいに入らないとさらに打ち込む），また試し（つまり，釘が打ち込まれたかどうかを確かめる），目標が達成されたとき（つまり，釘が打ち込まれたとき）終了する（打ち込みを止める）。ミラーたち（1960）を読み終えたたいていの読者は，世の中の行為の多くは，テスト，操作，テスト，終了に関係していると確信している。ミラーたち（1960）の本は，よく読まれ，記憶され，非常に影響力がある。多くの人に，思考と，どのようにそれが概念化され研究されるかについて考えさせるのである。

この新しい認知心理学の多くは記憶に関するものである。1950 年代に研究された，このやり方をリードするベントン・アンダーウッド（Benton Underwood）とレオ・ポストマン（Leo Postman）のような著名な科学者による，多くの記憶の新行動主義的概念がある（つまり，S-R 概念は，内的刺激―反応の連鎖を想定した記憶の理解を目指している）。S-R 用語の内的媒介に関する彼らの研究は，もっと認知的な媒介の見方を持つ学者たちによって拡張された。例えば，多くの科学者たちがチュールビング（Tulving）とドナルドソン（Donaldson）（1972）によって編集された本，『記憶の組織化（Organization of Memory）』に執筆した。それは記憶が情報のビット間のカテゴリー結合によって大半は組織されていると主張している。この見方を支持するエビデンスの主な部分は，意味

を持つカテゴリー（例えば，あるリストの項目は乗り物，食料，おもちゃである）にまとめられる単語のリストは関連のない語のリストよりも記憶されるというものである。第2の例は，ペイビオ（Paivio）(1971)の『メンタルイメージと言語過程（*Mental Imagery and Verbal Processes*)』であり，この中で彼は，メンタルイメージは多くの記憶を媒介でき，実際に媒介したと主張している。エビデンスが支持するように，ペイビオは，具体的対象を載せた語のリストがどれくらい抽象的対象を載せた語のリストよりも記憶されるか，絵が語よりもどれくらいよく記憶されるか，語のメンタルイメージを構成するインストラクションがどれくらい普通記憶を促進するかを詳述している。この本は教育心理学者たちに，1970年代と1980年代の *Journal* に掲載された学習と記憶のイメージとその効果に関する多くの研究によって，確かに影響を与えた。

　要するに，教育心理学者たちはその最初の出現時以来，基本的認知理論によって影響を受けたのである。事実，多数の教育心理学たちは，基本的記憶，概念発達，問題解決の多数の論文を載せた *Journal* で，基本的認知心理学に共通点のある研究を発表した。

行動的学習──認知行動主義へと進化した行動主義

　スキナーは死ぬまで行動の認知的分析の重要性を認めなかった（例えば，Skinner, 1990）。だが，他の行動主義者たちは認知理論には開放的で，事実，行動主義心理学は認知行動心理学へ転換したのである。

　行動主義心理学は現代の初期まで繁栄していたが，それは適用した問題──教育の問題を含め──に行動主義の原理の使用が成功したことによる面が強い。特に行動の修正は，現代の初期のころから成功がよく知られており，それには教室への適用も含まれている。行動の強化と罰だけを含む多くの行動変容は伝統的に行動主義的であり，行動の変容要因は伝統的行動技法とともに使われた認知的技法（例えば，イメージ法）で確かめられた。さらに，この研究は，行動変容の研究の大部分の重要な初期の要約の中でそれぞれ扱われていた。バンデューラの(1969)『行動変容の原理（*Principles of Behavior Modification*)』は，現代の重要な発表について私たちに伝えてくれた何人かの古参の教育心理学者

たちよってはっきりと言及されている資源なのである。

　だが，バンデューラの偉大な名声は，観察学習に基づく彼の研究，認知を決定的にした研究に由来するのである。このように，彼の 1977 年の著作『社会的学習理論（*Social Learning Theory*）』で，その本のおよそ 20％を割いて，観察学習の認知的支え，特に観察者は自分たちがどのように見て，そのような表象が次の行動にどのように影響するかについて述べている。行動を支えている注意，記憶，イメージ化，言語過程について優れた議論がある。この重要な理論的研究は，翌年のローゼンタール（Rosenthal）とジマーマン（1978）の『社会的学習と認知（*Social Learning and Cognition*）』によって完成を見たのである。この本は，主流の認知発達心理学のテーマの主な節と，保存と道徳判断を含む，社会的学習変数と認知に関係した現存する研究の全体を，包括的にレビューしたものである。

　行動と認知のメカニズムを結合した介入が非常に有効であるというのは，1970 年代の数人の著名な理論家によって促進された仮説だった。著名な本の 1 冊は，ドナルド・マイケンバウム（Donald Meichenbaum）（1977）の『認知行動変容（*Cognitive Behavior Modification*）』であり，それは自分の行動を指示するために独り言を言う生徒，行動を遂行する自分をイメージする生徒，行動を成し遂げるために自分を強化する生徒を含むやり方の理論と構想で満たされている。行動に影響するやり方に思考を人々はどのように自己方向づけするかを詳述したもう 1 冊は，マイケル・マホーニー（Michael Mahoney）（1974）の『認知と行動変容（*Cognition and Behavior Modification*）』である。

　これらの本は，行動と認知技法（Meichenbaum & Biemiller, 1998 参照）が結合された多くの教育的な介入が考案された結果で，教育心理学者たちの全世代で注目されている。例えば，優れた教師は生徒に適応的行動を強化するように勧められるが，自己調整するよう動機づけるように生徒の認知を促進することも勧められるのである（例えば，生徒が自分の努力で達成できると信じるように励ますこと）。優れた教師は教室の適応行動を指導する（例えば，注意を払う，早くやる）が，例えば問題を自分で解決しようと考えるように生徒が理解することも指導する。優れた教師は，生徒が学習に積極的なとき自己調整することを教える。例えば，生徒が文章を書いている途中で認知プランを考え出すように自己指

導するとき，プランを定式化し修正するように自己質問をし，プランを行為に換える方略を遂行するのである（例えば，文章を書くために，知らないが知る必要のある情報を調べる）。教育心理学の人名録は，行動的アプローチと認知的アプローチを結合したさまざまな介入を発展させた。その中には，カール・ベレーテル（Carl Bereiter），ジョン・ボルコウスキー（John Borkowski），アン・L・ブラウン，ドン・デシュラー（Don Deshler），カレン・ハリス（Karen Harris），スティーブ・グラハム（Steve Graham），ドナルド・マイケンバウム，アンヌマリー・パリンクサー，マレーネ・スカーダメーリア（Marlene Scardamalia），アラン・ショーンフェルド（Alan Schoenfeld），ノーレン・ウェブ（Norren Webb）が名を連ねている。

　要するに，認知主義を決して認めない著名な行動主義者たちがいたが，出発点は行動主義者であった人たちが行動的原理と認知的原理を結合する大きな力をつかんだのである。非常に多くの教育心理学者たちが，読み，ライティング，問題解決を教える認知―行動的アプローチを発展させた。つまり，学校教育は発達を目的とする最も大切な能力に取り組んだのである。

社会文化的観点――学校教育は認知を育むことができる

　近年，異文化研究が，発達，特に認知発達に及ぼす学校教育の効果を明らかにできるとされている。文化ごとに子どもの学校教育の量とタイプは異なる。もし学校教育が認知発達に違いを生じるなら，思考スキルは，文化の学校教育実践の機能に応じて変わる。学校教育の効果の情報を与える異文化間の比較に加え，ある文化は西側世界ではできない文化内比較を可能にする。つまり，ある文化では，子どもたちは学校教育を受けるが他の子どもはそうではない。ある文化では，子どもたちは一定の概念スキルを増やそうとする教育を経験する（例えば，宗教的な詩と祈りを記憶する）が，他の子どもたちは別の認知スキルを目的とする教育を経験する（例えば，宗教的なテキストにある物語を解釈する）。もし，学校教育が心の形成に関わっているなら，学校に行く子どもは，行かない子どもとは異なる思考をする。つまり，ある認知スキルを発達させようとする教育を受けた子どもは，他の認知スキルを発達させようとする学校教育を受

けた子どもとは異なる思考をする。

　常に，学校教育が重要であることはわかっている。子どもが記憶，読書，問題解決の際に示す認知スキルは，子どもが経験する学校教育の量と形態に応じて変わるのであり，それは，マイケル・コール（Michael Cole），ダニエル・ワグナー（Daniel Wagner），ジーン・マンドラー（Jean Mandler），バーバラ・ロゴフ（Barbara Rogof），ジェームズ・スティグラー（James Stigler），ベス・クルツ＝コステス（Beth Kurtz-Costes）たちの特に重要な寄与によるのである。異文化間のデータは，教育が認知と認知発達に基本的効果を持つことを示す。そこで，教育心理学は，学校教育とその関連した変数（例えば，インストラクション）によって，認知と認知発達に大きな効果を持つという確信を大いに深めたのである。

　成長する子どもの心の形成の際に関わるのは文化環境だというのは，ヴィゴツキーの中心的な考えであり，特に『社会におけるマインド（*Mind in Society*）』の訳本で 1978 年に述べられている。同書の最も重要な考えの1つは，大人が子どもの思考を支援するとき，子どもの思考スキルを形成することから始めるということである。問題をめぐる大人と子どもの相互作用の一貫した形態は，子どもが内面化し子ども自身の思考の土台になるというものだ。大人と子ども間の個人間思考，子どもよりも大人によって促進される思考は，ついには個人内思考となる子どもが自分で行う思考の形態である。

　その思考の形態は，インストラクションの再概念化に多くの刺激を与える。教師は子どもと一緒に考えたり，子どもの思考に対して解決の道を教えるよりも，子どもに解決の路に向かおうとさせる多くのヒントや刺激でサポートするように勧められる。先駆的論文の中で，ブルーナーたち（Wood, Bruner, & Ross, 1976）は，スキャフォールディングとしてのサポートに言及した。子どもが大人との相互作用によって能力を伸ばすと，スキャフォールディングは控えられる。子どもが次第に認知活動に責任があると考えるようになると，スキャフォールディングは建設中の建物から引き抜かれて，それは次第に自己支援的になる。

　おそらく，ヴィゴツキー派の用語で考えられている最も影響のある指導介入は，相互教授である。それは理解スキルの不足している年少の読者の理解スキ

ルの発達へのアプローチである (Palincsar & Brown, 1984)。このアプローチで，大人の教師は，読書している生徒のグループに，使用できる理解スキルとして，予測，質問，分類すること，要約することを教える。しかし，大人の教師が生徒にこれらのスキルを使うように指導するのではなくて，生徒が読書にスキルを使うようにグループを先導させるのである。大人の教師がスキャフォールディングを指導するが，それは支援が実際に必要なときだけの介入であり，生徒に理解方略の使用確認を支援するときだけである。ヴィゴツキー派の理論と一致して，グループで最初に使われるスキルは，最終的にグループの個々のメンバーに，テキストの理解が深まった結果，内面化される (Rosenshine & Meister, 1994)。

相互教授は，ヴィゴツキー派によって呼び起こされた唯一の指導革新である。それは，多くの学校の改革者が，親方と弟子が相互に影響し合うように，教師が生徒と相互交渉できるように学校の空間を再配置しようとするやり方である (Rogoff, 1990)。もちろん，この考えは，長期間の徒弟制の相互作用によって，弟子が親方のスキルを内面化するようになるということである。

要するに，ヴィゴツキー派の理論家たちによって影響を受けたブラウン，コール，ジーン・ラブ (Jean Lave), シルビア・スクリブナー (Sylvia Scribner), パリンスカー，ロゴフによって作り出された文化と心理学発達間の結合が，教育革新を活気づけ，刺激し続けている。認知に深い影響を及ぼすことがわかったこの社会文化的環境が，教育心理学者たちの認知への関心の増大に大きく寄与したのである。

社会的関係と教育——親と仲間の認知発達への影響

現在では，家族と友人の関係が教育的前進に影響することがはっきりしてきている。例えば，新たなリテラシー領域の研究者たちは，親が子どものために，学校の読み書き指導を準備する就学前の数年間にできることが多くあることを明らかにした (Sulzby & Teale, 1991)。キャスリン・ウェンツェル (Kathryn Wentzel) (1991a, 1991b, 1993) のような研究者たちは，中等学校における社会的コンピテンスと学習コンピテンスの間にはっきりした関係があることを確

かめた(つまり,学習上有能な中等学校の生徒たちは同時に社会的にも有能である)。スタインバーグ(Lawrence Steinberg)たちは高校の生徒の仲間集団は学力面で大きな差を生じさせることを明らかにしたデータを示した(つまり,仲間集団は学習努力と学習遂行について支援的であるか非支援的である;Steinberg, Brown, & Dornbusch, 1996)。家庭環境と成績の関係についての重要な分析がある。例えば,ロバート・ヘス(Robert Hess)(例えば,Hess & Shipman, 1965)やルイス・ラオサ(Luis Laosa)(例えば,1978, 1980)の研究である。この研究全体で繰り返されるテーマは,社会的関係と認知的発達が密接にからみ合っており,その文献は,現代の教育に関連する認知発達の多数の文献をよく補うものだった。

発達——教育を研究した認知発達理論家たちと研究者たち

　認知発達心理学者たちは教育心理学の分野に特別の影響を及ぼした。私たちが1960年代に教育を受けた教育心理学者たちと話をすると,彼らはいつも教育についてのブルーナーの著書『教育の過程(*The Process of Education*)』(Bruner, 1960),『指導理論に向けて(*Toward a Theory of Instruction*)』(1966)の影響について言及した。また彼らはJ・M・ハント(J. M. Hunt)(1961)の『知能と経験(*Intelligence and Experience*)』を想起した。それは,多くの人にとっては,ピアジェの紹介本であった。だがまぎれもなく,ジョン・フラベル(John Flavell)(1963)の『ジャン・ピアジェの発達心理学(*The Developmental Psychology of Jean Piaget*)』は他の本よりも,北米の心理学者たち――教育心理学者たちを含む――に,認知発達のピアジェの重要な段階理論への意識を増大させた。その結果,1960年代と1970年代にピアジェ派の現象(例えば,保存)の多くの研究――教育心理学者たちによる多くの研究を含む――が現れたのである(Brainerd, 1978b)。

　多くの北米の教育心理学者たちにとっての鍵となる疑問は,保存は段階に依存して獲得されるかどうか(つまり,それは小学校の年齢に対応して具体的操作段階に発達する),あるいは,指導によってより年少の子どもでも発達させられるか(Brainerd, 1978b; Rosenthal & Zimmerman, 1978, 第4章)だった。北米の教育心理学者たちは,保存は教えることができると結論していた。最も熱心なピア

ジェ派の人たちでさえも,保存の能力の加速には限界があると感じていたが,そのような加速は経験によって可能であると結局結論しなければならなかった (Inhelder, Sinclair, & Bovet, 1974)。認知発達が現代の初期における教育心理学にどのように関係しているかについての優れた要約である『児童心理学のカーマイケル・マニュアル(*Carmichael's Manual of Child Psychology*)』の「教育への認知発達の提言 (Implications of cognitive development for education)」という題のローアー (Rohwer) の章はいまでもよく読まれている。ブレーナード (Brainerd) (1978b) の『ピアジェの知能の理論(*Piaget's Theory of Intelligence*)』も同様である。それは,ピアジェ派の認知発達論者たちがどのように教育問題を研究したかに特に関心を持つ人たち向けである (Brainerd, 1978a 参照)。

おそらく,記憶と学習の明らかな結合と大人の記憶の研究の卓越のせいで,子どもの記憶と記憶発達の一般的テーマは,特に,教育心理学者たちの興味をそそった研究テーマだった。子どもたちは記憶を向上させる方略を教えられるか,そしてどの方略が記憶を向上させるために教えられるかは,記憶方略指導の多くの研究に引用されているフラベルたちによる先導的研究 (例えば,Flavell, 1970) とともに,教育心理学者たちを刺激する問題であった。現代の前半において子どもの記憶を研究した教育心理学者たちは,特に,ボルコウスキー,アン・L・ブラウン,ジョゼフ・カンピオーネ (Joseph Campione),ジョン・ハーゲン (John Hagen),ダン・キイ (Dan Kee),ジョエル・レビン (Joel Levin),バーバラ・モエリー (Barbara Moely),スコット・パリス (Scott Paris),マイケル・プレスリー,ウィリアム・ローアー (William Rohwer),ハリエット・サラタス・ウォーターズ (Harriet Salatas Waters),パトリシア・ワーデン (Patricia Worden),スティーブ・ユッセン (Steve Yussen) だった。

いくつかの非常に重要な結果は,記憶発達の研究からわかったものである (Schneider & Pressley, 1997)。1つは,子どもは発達が進むにつれてより方略的になることである。2つ目は,子どもが自分で方略を使用しないときには,しばしばそのような方略は結果として子どもの記憶の急増によって教えられた。3つ目の結果はそのようにして教えられた方略は転移しないということだ。この3つ目の結果は,教育心理学者たちが記憶方略の自己調整使用の媒介的決定因としてメタ認知を考えることを促した。ボルコウスキー,ブラウン,パリ

ス，プレスリーを含む研究者たちは，方略の一般的利用はいつ，どこで，どのように子どもが学習している方略が適用され修正されるかについての子どもの理解にかかっていること（Borkowski, Carr, Rellinger, & Pressley, 1990）を認めさせた多くの研究を行った。

動機づけ——認知に向かう学習動機づけ理論

　現代の初めには，教育の動機づけは，報酬と罰というもっぱら行動上の方向づけであった。パーソナリティと動機づけの共通部分への関心は，その分野が内的状態と学習関与の考察に移行することに影響を与えた。例えば，多くの著名な教育心理学者たちは，不安の個人差がどのように生徒の努力と遂行に影響するかを検討した。この中には，シグムンド・トビアス（Sigmund Tobias）（例えば，1985）とウィルバート・マッキーチーたち（Naveh-Benjamin, Mckeatchie, & Lin, 1987）がいた。

　そうであっても，教育的動機づけの現代の概念は，パーソナリティ心理学よりも，認知理論によって多く支えられていた。その理論とは，1970年代に現れ教育に適用された動機づけの認知理論である。そこで，バーナード・ウェイナー（Bernard Weiner）（1979）は，生徒の長期間の成功と失敗への影響は，生徒がどのように成功と失敗を自分で説明するかによると主張した。彼は成功と失敗を能力，運，課題の難易度の反映としてとらえる。その帰属はその後の努力に対する動機づけを損なう可能性がある。結局，成功するか失敗するかが生徒のコントロールできない能力によって決められるなら，どうしてこれから頑張るだろうか。同様に，もし成功や失敗が運によって決められるのなら，その後に努力することには意味がない。また，成功か失敗かが与えられたテストの難易度によって決められると信じることも同じである。対照的に，もし生徒の成功と失敗がやっただけの努力に帰属するなら，その後頑張る動機がある。一生懸命勉強したので今日のテストがよくできたと信じることは，その後頑張ることに意味が生じる。今日の失敗はほとんど勉強しなかったせいだと信じることは，次回に頑張ることを動機づける。ウェイナーの理論とそれを支持する研究は，強いやる気を起こさせる力としての認知を生徒の前面に打ち出したので

ある。

　そこで，1980年代の初期に現れた学習動機づけのもう1つの概念が働く。目標理論（例えば，Ames & Archer, 1984）によれば，もし生徒がよい成績は他の級友より頑張ったことによると認知しているなら，そのような認知は，動機づけを損なうことがあるという。つまり，ただ1人の生徒だけがクラスで一番よくでき，わずかな生徒だけが正規分布曲線の頂点に立てるというのである。生徒がクラスの上位になれないという認知だと，競争的評点では教室で頑張ろうとする動機がほとんど生じないのである。さらに，容易にクラスの上位になれる生徒も，頑張る意欲がほとんど生じない。彼らがよくやってもただ「当たり前」とされるだけだからだ。対照的に，もし教室が，成績が個人の向上によるように組織されていれば，生徒はいつも頑張る理由を持つ。つまり，今週の結果よりも次の週の結果がよいと称賛されるなら，頑張る理由がたくさんできるのである。

　目標理論の研究においては，教室の目標構造と達成志向の生徒の認知が重要である。例えば，教室内で，ある生徒は他の生徒よりもよくできることを志向し，ある生徒は自分のできる限りの学習を志向するなど，生徒間に差がある。前者の上位を狙う生徒は，遂行を向上させることを指向した生徒よりも，動機づけが低い傾向にある（Ames & Archer, 1988）。

　関連した認知では，他の教育的動機づけ理論が強調されている。そこにはドゥエック（Dweck）（例えば，1986）の知能の実体理論とバンデューラ（1982）の自己効力理論が含まれている。ドゥエックによれば，自分たちの能力は固定している（つまり，知的能力は生まれつき決まっていて変わる可能性はない）と信じている生徒は，自分が向上するよう頑張ろうとは特に動機づけされていない。反対に，自分の能力は新しいスキルと情報を学習することによって向上すると信じている生徒は，学習面でもっと動機づけられる。アルバート・バンデューラの見方は，学習動機づけは課題がうまくできるという認知に大きく依存しているというものである。それは過去の成功と失敗によって影響される認知である。そこで，数学でたくさんの成功を経験している生徒は，数学の課題には高い自己効力を持つ。自己効力は数学の努力を動機づけるのである。

　動機づけの行動的概念は，現在の教室管理スキーマで重要であり続ける（つ

まり，強化と罰は依然として教室管理の頼みの綱である）が，学習動機づけについての思考の最先端は明らかに認知である。1つの面白いねじれは，内的に動機づけられている行動に対して報酬が学習者たちに与えられるとき，具体的報酬はときどき動機づけを損なうという理解であった。これは，この現象に多くの興味を喚起したマーク・レッパー（Mark Lepper）（例えば，Lepper, Greene, & Nisbett, 1973）とエドワード・デシ（Edward Deci）（例えば，1971）の研究によるものである。だがレッパーとデシは，過去20年間に予測でき，テストされた学習動機づけの認知理論を発展させた多くの並はずれて優秀な動機づけの研究者たちの中の2人にすぎない。学習の動機づけの帰属，目標，実体，自己効力，自己概念，他の認知理論の多様な観点のたくさんのサポートはいまでも存在している。特に，キャロル・エームズ（Carole Ames），アルバート・バンデューラ，スーザン・ロビット・ノーレン（Susan Robbitt Nolen），マーティン・コビントン（Martin Covington），エドワード・デシ，キャロル・ドゥエック（Carol Dweck），ジャクリーン・エクルズ（Jacqueline Eccles），アデル・ゴットフリート（Adele Gottfried），サンドラ・グラハム（Sandra Graham），スーザン・ハーター（Susan Harter），ジュリアス・クール（Julius Kuhl），マーク・レッパー，マーティン・メイ（Martin Maehr），ハーバート・マーシュ（Herbert Marsh），ジョン・ニコルズ（John Nicolls），フランク・パハレス（Frank Pajares），スコット・パリス，ジュリアン・ロッター（Julian Rotter），デイル・シャンク（Dale Schunk），デボラ・スティペック（Deborah Stipek），バーナード・ウェイナー，キャスリン・ウェンツェル，アラン・ウィグフィールド（Alan Wigfield），バリー・ジマーマンである。

個人差——認知差についての多くの動き

個人差の分析は，精神遅滞と学習障害のようなテーマに向けられた膨大な下位文献として，教育心理学の文献で目立っている。もっと顕著な分析のいくつかは，ナンシー・ジャクソン（Nancy Jackson），アール・バターフィールド（Earl Butterfield）（例えば，1986），ジョン・フェルドハウゼン（John Feldhusen）（例えば，1986），ベンジャミン・ブルーム（例えば，1985）の研究を含むこの時代の

天才のよく知られた研究によって，知的範囲のはずれで提供されてきた。

　小学校児童における1つの顕著な個人差の変数は，ある子どもたちは簡単に読むことを学習するのに他の子どもたちはそれが非常に難しいということである。読み始めることに困難を経験する子どもの率は，為政者（現在の大統領ブッシュを含む）から数多くの大人まで，教育心理学共同体を超えて広がり，現代では読むことに多くの関心を引き起こしている。その結果，最初の読みの心理学的分析は，教育心理学者たちによって発刊された最も普及している本の中で，学習と一般市場の両方で売れている。

　初めの読みについての特に現代の初期の本は，ジャンヌ・カール（Jeanne Chall）(1967)の『大いなる論争（The Great Debate）』であり，それは，体系的音声学上の指導を含む初めの読み指導が，1950年代と1960年代に学校で普及した語全体の指導よりも効果的であることを主張したものであった。音声学対語全体の議論は，現代は音声学対語全体の議論へと進んでいるので無駄になった。そのことは語の認知スキルは，もしただ子どもだけが実際の物語を読んだり書いたりする多くの経験をするなら，初歩の読み手によって学習されるし，はっきりした音声学の指導は不必要でおそらく有害であることを強調している。

　これらの論争に関係した多くの研究がある。その多くは次の結論を支持している。読み始めが難しかった子どもは特に，もし，子どもが文字—音の対応を体系的に紹介され，単語の文字によって示される音を混ぜることによってどのように単語を発声するかが教えられるなら，よく学習するのである（Adams, 1990）。特に大事な研究結果は，多くの苦手な読み手は固有の認知問題を持っているというものである。つまり彼らは，音声学指導で強調された音韻スキルを習得するのに失敗した（例えば，Snow, Burns, & Griffin, 1998）。この基本的認知心理学は，単語レベルの読解障害が，最近の*Journal of Educational Psychology*に掲載された基本的読解の論文の高比率を主に説明して認知教育心理学への関心の増加に寄与したので，治療を特定するのと同じように初歩の読み手の読解困難を徹底的に説明したのである。マリリン・アダムズ（Marilyn Adams），リネア・エーリ（Linnea Ehri），モーリーン・ロベェット（Maureen Lovett），キース・スタノヴィチ（Keith Stanovich），ジョゼフ・トーゲセン（Joseph

Torgesen)，フランク・ヴェルチノ（Frank Vellutino），ジョアンナ・ウィリアムズ（Joanna Williams）のような研究者たちは，音韻学的能力の発達は，仲間と比べて音韻学的能力が低いこれらの初歩の読み手の語レベルの読みを，どのようにすれば向上させられるかについての理解を広めるのに特に貢献したのである。

もし私たちがこの分野の内外で最も多くのニュースになる教育心理学分野のただ1つの論文を同定しようとするなら，1つのはっきりした候補は，アーサー・ジェンセン（Arthur Jensen）(1969) の *Harvard Educational Review* に掲載された「私たちはIQと学力をどれくらい向上できるか？（How Much Can We Increase IQ and Scholastic Achievement?）」だろう。ジェンセンはその論文で強い遺伝主義的見方を主張した。知能の個人差は環境よりも遺伝子によってほとんど決められるのだと。それは論文に強い注目を集めたジェンセン派の結論ではなかったのだが。ジェンセンはIQの黒人—白人の差は人種間の遺伝的差異に基づくと主張し続けた。この論文は騒乱の1960年代に発表され多くの関心を集めることができた。そのときは，民族差は環境剝奪によって説明可能であり，環境介入によって減らせるという大きな希望があった。とは言うものの，強い遺伝主義の立場は，物議を醸し続けた。その賛同者たちは非常に多くの一般の注意を引きつけることができたのである（Herrnstein & Murray, 1994,『正規分布曲線（*Bell Curve*）』）。

遺伝主義者の主張にもかかわらず，IQは環境に大きく影響されるという膨大なエビデンスがいまや存在する。この点のエビデンスの完全な要約は，ステファン・セシ（Stephen Ceci）によってまとめられた。特に認知発達における学校教育の役割を確立する文化間の研究を補完するために，セシ（1991; 1996，特に第5章）は学校教育がIQの決定に関わっているというエビデンスを集めた。つまり，IQは学校で過ごした年数とともに変化する。IQは学校を離れる夏休みには低下する。入学が遅れると，IQには検出できる結果が出る。子どもが早く入学すると，そのことが知能の向上に反映する。そう，実際，すべてのエビデンスは学校教育の量とIQに相関関係があることを示しているので，学校教育が心理測定的知能の増加に責任がないと信じることは難しい。つまり，学校教育が長期間のときはいつでも高い知能になるのだ。

ジェンセンの遺伝主義の見方は，自称認知介入論者を失望させることになる。対照的に，セシの分析は，知能と思考スキルは適応性があるという楽天主義の動機づけになる。それは，教育心理学は学校が知能である認知スキルにどのように影響するかに焦点を当てるべきだという見方の動機づけになるのである。特に，知能の新しい理論が，現代において，ロバート・スターンバーグ（Robert Sternberg）（三層理論）とハワード・ガードナー（多重知能論）によって提案された。これら2つのアプローチは知的機能を促進するために考えられた学校単位の介入を刺激したのである（例えば，Gardner, 1993; Sternberg, Torff, & Grigorenko, 1998）。

要するに，現代では，教育心理学者たちは読解と知能のような認知についての個人差に明らかに焦点化した。さらに彼らは，干渉主義者に役割を与えた個人差の説明理論を生み出した。それは，学校教育は読解と総合的知能のようなスキルの発達に大きく関わっているというはっきりしたメッセージを持っている。このテーマを次節でさらに展開させよう。

カリキュラムの心理学的基礎——学校に認知心理学を適用すること

ロバート・ガニェ（Robert Gagne）の著作（例えば，1977）と彼の娘エレン・ガニェ（Ellen Gagne）ののちの著作（例えば，1985）は，教育に関係していることから，教育心理学者たちに認知理論を徹底的に紹介した。ロバート・ガニェの『学習の条件（The Conditions of Learning）』は，情報処理理論を，当時の教育心理学者たちに大きな関心が持たれていた基本的研究問題（例えば，概念学習，認知方略，学習の転移）に変えた。エレン・ガニェの『学校学習の認知心理学（The Cognitive Psychology of School Learning）』は，1970年代後期と1980年代初期に認知理論によって啓発された読み，ライティング，問題解決の研究を見事に要約した。ガニェたちの著作は，上級の学部生と大学院生が読むために書かれており，教育心理学者たちの多くの同世代に，新しい認知教育心理学を紹介したので特に注目された。私たちは，ロバートの本では中心であった基本的認知理論から，エレンの本の中心である応用認知研究と理論までの，現代の教育心理学を説明した最もよく知られたいくつかの努力の概要についてここで

述べよう。

　例えば，イリノイ大学のJ・リチャード・アンダーソンたちは，スキーマ理論（例えば，Schank & Abelson's, 1977,『計画書，計画，目標，理解（*Scrips, Plans, Goals, and Understanding*)』を参照）として知られている認知概念を文章理解の問題（つまり，語レベルを超えた読み）に適用した。基本的な考えは，読み手の既有知識が生徒の理解と読んでいる文書の解釈に大きく影響するというものだ。実際，そのことは，読み手のスキーマが1970年代後半と1980年代を通じて主な教育研究ジャーナルに掲載された見方にどのように影響したかを詳述した多くの研究によって，非常に信頼できるケース（Anderson & Pearson, 1984）であることがわかった。この研究にはさまざまな効果がある。生徒が優れた文献を読んでいるのを確かめるためにできることは何でもする必要性の自覚を少しも高めるのではなく，知る価値のある知識で満たされた研究である。これは，今日の市場の主な読書シリーズのどれもが，ディック，ジェーン，サリーが登場する比較的内容のない物語よりもむしろ重要な世界の知識を扱った優れた文献であるという事実を，部分的に説明する。

　現代の読書カリキュラムは，生徒が読んでいるものを理解するために認知方略を使うことを教える多くの提言も含んでいる。これらの提言は，認知心理学者たちによる多くの研究から直接得られたものである。それは，生徒が文章の内容を読み，イメージ化し，要約し，自己質問するようにイメージを組み立てることを教えられるとき，文章の読解と記憶が向上することを確かめた研究である。それらは，とりわけ以下の人たちによって生み出されたのである。すなわち，ボニー・アームブラスター（Bonnie Armbruster），カール・ベリテール，キャシー・コリンズ・ブロック（Cathy Collins Block），ジョン・ブランスフォード（John Bransford），アン・L・ブラウン，ジャンヌ・デイ（Jeanne Day），ジェラルド・ダフィー（Gerald Duffy），リンダ・ガンブレル（Linda Gambrell），ジョエル・レビン，アンヌマリー・パリンスカー，スコット・パリス，マイケル・プレスリー，ラウラ・ローヘラー（Laura Roehler），ウィリアム・ローアー，エリザベス・ショート（Elizabeth Short），バーバラ・テイラー（Barbara Taylor），ウィリアム・ウィトロック（William Wittrock）である。

　認知理論は，学校でのライティングの教え方にも影響していた（Flower &

Hayes, 1980, 1981)。認知プランについてのミラーたち（1960）の概念を詳細に説明して，フロアー（Flower）とヘイズ（Hayes）は，ライティングは，プランニング，設計，修正として考えられると主張した。書き手はプランニング，設計，修正活動間を循環的に移動する。この概念は，生徒の作文に関する大変多くの研究に刺激を与えた。その研究は，非常に下手な書き手にそのライティングを計画し，設計し，修正するやり方を教えるとうまく上達させることができる多くの実例をあげてある（Harris & Graham, 1992）。この理論化と研究の効果は驚くほどであった。例えば，教室で多くの時間を過ごしている研究者たちのように，私たちは，生徒が作文をはっきりと計画し，設計し，修正することを教えられたという目立ったエビデンスのない小学校の教室を最近訪れた記憶はない。中等学校で開始された作文指導は，いまでは日常的に幼稚園，小学校1年生で行われているのである。

認知理論は問題解決カリキュラムにも影響している。問題解決は，20世紀を通して心理学者たちを魅了したし，現代の基本的認知を研究する心理学者たちの中心的対象であった。さらに，数学者たち，とりわけ教授に関心を持つ数学者たちは，問題解決の認知概念に引き寄せられてきたのである（例えば，Polya, 1954a, 1954b, 1957 1981; Schoenfeld, 1985, 1992）。現代の数学教育改革の努力に最も理論的影響を与えたのは，まぎれもなく認知発達の構成主義理論であった（例えば，Piaget）。これらの概念は，生徒が現在の理解を少し超えた問題に取り組むときに最もよく発達することを強調した。ピアジェと同様に，多くの現代の数学教育者たちは，問題解決の理解は，生徒が解決のアルゴリズムを教えられるよりも，自分で問題解決を見つける余地を残したほうがよく発達すると信じている。これは意見の分かれるところだが，認知理論が，小学校と高校の教室でいま顕著な構成主義的数学カリキュラムによって，どのように現代のアメリカのカリキュラムに影響しているかを示すよい例である（例えば，シカゴ大学学校数学プロジェクト）。

認知心理学は倫理教育も変えた。ローレンス・コールバーグの研究（例えば，Kohlberg & Mayer, 1972）はとりわけ，多くの教師が，生徒が互いに討論できる道徳ジレンマを対象問題として考えさせることを勧めることに影響を与えた。生徒が道徳ジレンマを解決するのはどの方法かを討論するとき，彼らの道徳的

推論スキルは向上する。彼らはそれによって，自分を他者の観点と権利から見るようになるのである (Enright, Lapsley, & Levy, 1983)。つまり，ピアジェの理論と同じく，そのような討論は，認知的葛藤に陥る。生徒の意見が個別の道徳問題の理解を向上させ，道徳的推論能力の向上を一般化するような葛藤に生徒が取り組んで，他者によって異議申し立てされるからである。

要するに，認知理論はカリキュラムの問題を考えるのに役立つことがわかってきた。生徒に読み，作文，問題解決をどう教え，倫理ジレンマにどう向き合わせるかという，教師が常に直面している問題にである。教育心理学者たちは近年，読み，作文，問題解決，道徳教育を考え出し，テストしてきた。子どもに何を，どのように教えるか，どのようにライティングを教えるか，どのように問題解決を教えるか，どのように倫理ジレンマに取り組ませるかという現実の教育改革を進める努力である。これらの成功は現在の認知教育心理学の優れた点を大いに説明している。

もし，認知教育心理学の進歩に1つの地理的場所が貢献しているとすれば，それはおそらくピッツバーグ大学の学習研究・発達センターであろう。連邦政府による1967年の創設が，カリキュラムと指導の認知学習概念へのロバート・グラサー (Robert Glaser)，ローレン・レズニック (Lauren Resnick)，それに彼らのピッツバーグの同僚などの活き活きとした展望への幅広い関与を呼び起こした。次のことが印象的である。本章で触れられたように，ピッツバーグセンターは，カリキュラムと指導改革の情報を理論的に特徴づけている，認知分野のリーダーシップを取り続けている。

教授とインストラクション
——教師の認知と生徒の認知特性がインストラクションに影響する

認知理論と研究に影響された教授の多くの移行が前節ですでに議論された。しかし，現代の重要な影響についての私たちの質問に対する *Journal of Educational Psychology* 編集委員会のメンバーの反応の中で顕著に述べられている他の問題がある。現代の1つの重要な発見は，教授は，教師の学習についての信念，カリキュラム，それに生徒によって影響されているということだ

(例えば，Calderhead, 1996)。例えば，教師が一度生徒の認知能力を理解すると，彼らはその生徒に違った態度をとる (Brophy, 1988)。つまり，教師の生徒との経験に基づく生徒に対する期待と信念が，教師の行動を決めるようになるのである。

この最近開発された補足的立場は，生徒は自分たちが受ける指導に影響するようなやり方によって認知能力が異なるということである。つまり，指導がうまく働くかどうかは，指導と生徒の認知能力の適合によるが，この立場は，完全に，リー・J・クロンバック，リチャード・スノー (Richard Snow)，および彼らの仲間によって開発された (Cronbach & Snow, 1977; Snow, Federico, & Mintague, 1980a, 1980b)。この見方と同じくらい概念的に強制されているように見えたが，認知能力とインストラクショナルな方法との間の反復可能な相互作用を区別することは非常に難しいことがわかった(つまり，指導の特別な形態の効果が学習者たちの認知特性とともに変わることを示すことは難しいことがわかった)。

現在，インストラクションとインストラクショナルな成功の決定因として教師と生徒の心に大きな関心が持たれ続けている。そのような考えのすべてが，仮定されてきた通りに成果を生み出しているのではないが，研究は，教師たちの認知差とインストラクショナルな効果について語っている生徒間の認知差の分析を継続しているのである。

教育メディア──教育テクノロジーの認知的分析

現代の幕開けに，心理学的分析によって最もはっきりと情報が与えられたテクノロジーは，プログラム学習である。教授と学習へのこの行動的アプローチの概念的かつ経験的な分析は，現代の初期では続いていたのだが (Skinner, 1981)，教育テクノロジーの目立った分析は時代が進むにつれて，次第に認知的になるのである。例えば，ジョン・ブランスフォードのリーダーシップのもとで，バンダービルトにおける認知とテクノロジーのグループ (例えば，1992；Van Haneghan, Barron, Young, Williams, Vye, & Bransford, 1992) は，対話式のビデオディスクの技術を使用して応用された問題解決カリキュラムを発展さ

せた。このカリキュラムは，生徒が問題解決の一環として計画し，別の解決を生み出し，他のアプローチにまさるあるアプローチを決める前に，対話的ビデオディスクが可能にする情報への柔軟な接近を使って，選択肢を評価することをうながしたのである。テクノロジーの認知的に方向づけられた分析の第2のセットは，リチャード・メイヤーのグループからのものである。そのグループは，コンピュータのミクロの世界環境において，さまざまなビジュアルや言語のプレゼンテーションのタイプの学習と理解の効果を評価している（例えば，Mayer & Moreno, 1998; Plass, Chun, Mayer, & Leutner, 1998）。そうする中で，メイヤーたちは，地球科学の原因結果の連鎖から外国語の語彙までのさまざまな内容を教えるために，どのようにテクノロジーを使用できるかについての理解を高めながら，基本的認知理論の範囲を大きく拡張していたのである（例えば，二重コーディング理論；Paivio, 1971）。

研究方法――認知心理学によく役立つ分析的進歩

現代の初期，キャンベル（Campbell）とスタンレー（Stanley）（1966）の実験と準実験のデザインに関する有名な論文が登場した。彼らのモノグラフは，多数の個人を処理条件にランダムに割り当てることを含む真の実験を，教育研究コミュニティのしっかりした基盤に置いている。

これは，認知指向の心理学者たちには，個人の問題に行動分析を強調する1組のデザインを支持し続けた行動主義者にとってよりもはるかに接近しやすい方法論的枠組みであることがわかった（Sidman, 1960）。行動主義者によるこの方法論的立場は，行動主義者を心理学の他の分野の多くの研究者と区別した。というのは，キャンベルとスタンレー（1966）のアプローチは，この分野の多くの下位区分を持つ研究の基準となるからである。だから，この基準を採用した認知教育心理学者たちは，キャンベルとスタンレー（1966）によって規定された実験に逆らった教育的行動主義者たちよりも，方法論的選択ではずっと主流だったのである。

キャンベルとスタンレーの改革の1つの産物は，認知指導実験であった（例えば，Belmont & Butterfield, 1977）。その実験の1つの条件では，認知過程が教

えられる（例えば，文章の内容の心的イメージを構成する）。統制条件は，認知過程の指導がない以外は認知過程の指導条件と同じである。もし遂行（例えば，文章理解と記憶）が，統制条件よりも認知過程指導条件でまさっていれば，次のような推測がなされる。指導条件で生じる過程と処理を生み出す指導は，遂行の差異を説明する。教育研究ジャーナルのページは，現在では，多くの認知指導実験で埋め尽くされている。

方法論的行動主義者たちから繰り返し認知に向けられた大きな批判の1つは，測定を拒む認知現象である。それは比較の際に容易に測定される目に見える行動と対照的である。それは1960年ではまったく正しかった。だが現在では，認知心理学者たちは，反応時間の量的正確さから独り言の質的曖昧さまで，記憶，問題解決，読書間の認知過程の多くの測定を開発した。もちろん，多くの認知測定を確信させているのは，測定と他の結果の測定との相関があるということである（例えば，読書中の言語の独り言は文章の記憶と理解と相関がある；Pressley & Afflerbach, 1995, 第2章）。

20世紀末に教育心理学の文献に現れる可能性のある重要な発達は，教育心理学者たちによる質的方法の使用である。最も目立つのは，民族学的アプローチであるが（例えば，Strauss & Corbin, 1998），研究の結論はまだ出ていない。

要するに，現代には，心理学の方法論的改革があった。認知教育心理学の繁栄を可能にする認知過程の研究と測定のデザインで進歩があったのである。教育心理学者たちは，教育心理学の現実世界の関連をもっとはっきりさせる多くの研究を生み出したのである。子どもたちは，いまでは読み，書き，問題解決を，心理学，教育心理学，さらに教育の認知革新の前とは異なる方法で教えられている。だが，政治的改革とは違って，方法論的改革は，概して科学的進歩のように，教育心理学者たちによっていま開拓されている質的方法で続いているのである。

要 約

教育心理学は，現代では，行動領域から認知領域へと変わった。これは，多くの要因の収束のせいで起きている。認知と認知発達の新しくて力強い理論，

認知と行動心理学をつなぐ統合的な理論研究，文化間研究，動機づけの新しい見方，明らかに認知的である生徒間と教師間の個人差への関心，カリキュラム問題と教育テクノロジーへの認知理論の適用性，方法論的進歩などの要因である。これらの努力は，生み出され適用された進歩によってさらに促進されている。教育心理学者や他の者たちに，教育の認知的に基礎づけられた介入の付加的可能性を検討する推進力を与えながら，明らかに認知的であるやり方でアメリカの教育カリキュラムの多くを変えることによるのである。

最後のコメント

現代への理解に至る一環として，私たちは多くの著名な教育心理学者たちに，時代を定義する本や人物だと考えているものを知らせるように依頼した。その回答の中に頻繁に見られるテーマは，現代の行動主義から認知主義への移行である。最近見られる別のテーマは，本章の結論と一致しているが，現代では多様な研究を提供する多くの有名な論文と執筆者たちの存在である。1人の先輩教育心理学者バーノン・ホール（Vernon Hall）は次のように言う。

私は1960年に大学院に入った。そこで皆さんが執筆している時期は，まさに，私の職業人生にあたるのである。私は，自分にとって大切であった2，3の文献を急いで書き留めた。多くの他の文献を書き落としてしまったのは確かである。

私が大学院から教えるのに使った本――プレッシー（Pressey），ロビンソン（Robinson），ホーロック（Horrock）(1952)――を見ると，1000冊を超える文献があるが，ピアジェはわずか1冊（1924：『子どもの判断と推論(*Judgement and Reasoning in the Child*)』）で，スキナーはない。スキナーがオハイオ州を訪れたとき，私はそこにいて彼はプレッシーがプログラム学習を使った最初の人物だと教えてくれた。当時，プレッシーのいくつかのティーチングマシンはまだ学部にあったのである。私たちは『行動の分析(*The Analysis of Behavior*)』を読んだ。それをスキナーはホーランド（Holland）

(1961) と共同執筆したのであり，のちに『教えの技術（The Technology of Teaching）』（Skinner, 1981），『自由と尊厳を超えて（Beyond Freedom and Dignity）』（Skinner, 1986）を執筆した。

　私たち全員がピアジェの理論をどこかで学ぶ必要があった。ハント（1961）の『知能と経験』，それにフラベル（1963）の『ジャン・ピアジェの発達心理学』で，私は最初の情報を得たのである。私たちは，言語学習が見られなくなったとき，認知心理学も急いで学ぶ必要があった。私は，キンチェ（Kintsch）（1982）の『記憶と認知（Memory and Cognition）』を使った。ペイビオ（1971）の『イメージ化と言語プロセス（Imagery and Verbal Processes）』も重要であり，それは現代の教育心理学に影響し続けている。私は，チュールビングとドナルドソン（1972）の『記憶の組織化』は影響力が大きいと考えている。生成的学習のウィトロックの初期の研究は教育心理学に大きな影響を与えた。メタ認知が大きなものだった。フラベルをまた信じよう。

　コンピュータの登場もライティング，理論化，教育に信じがたいほどの影響を及ぼした。私は，我々が誰をここで信ずるかについて確信がない。

　ジェンセン（1969）の *Harvard Educational Review* 論文「私たちはIQと学力をどれくらい向上できるか？」を除くわけにはいかない。それによって，私は黒人と白人の少年たちの4年間の縦断研究を行った。私はローゼンタールとヤコブソン（Jacobson）（1968）の『教室のピグマリオン（*Pygmalion in the Classroom*）』を除くことができない。それは膨大な量の研究を生み出したのである。共同学習運動はかなりの影響力を持ち，ジョンソン（Johnson）とスラヴィン（Slavin）の2人は相当な影響を与えたのである。

　私たちは，バーノン・ホールの物語が現代の教育心理学の健全さ全体に影響したと考えている。心理学のある程度の領域で熟達したたくさんの人たちが，教育の1つの結合を見出した。それは彼らを刺激しただけでなく，研究に携わる他の人たちをも励ましたのである。ホールが引用した本と論文は膨大な研究を刺激した。そのいくつかは *Journal of Educational Psychology* に載っているが，現代の初期よりも，認知的分野と広範な分野を明確にした多くの本や新しいジャーナルの内容を十分に残している。

本章を終えるにあたり，私たちは教育心理学の学術文献と教育心理学の一般通念の奇妙なずれに言及しないわけにはいかない。一般メディアの最も目立った教育心理学のテーマは，アメリカの学生たちの学力は他の国々の学生たちより遅れているという代表的な問題についての，標準化されたテスト結果の分析である。この研究は理論的にはほとんど魅力的ではない。だから，そのようなデータは，理論的可能性のテストを認めるデザインにより集められていない。政策立案者たち——時には教育心理学者たち——によるそのようなデータの意味についての広範なクレームがあるが，*Journal of Educational Psychology* に公表されている結論に求められているように，データを産出する研究データやデザインとはっきりと結びついている結論はめったにない。これは，思想の現代の市場における同業者の最も優れた研究のように見えるが，教育心理学者たちの最善の研究ではない。私たちは以下のことをおそらく真剣に考えるべきであろう。それは，教育心理学者たちが，専門の教育心理学研究の共同体や政策立案者たちと公共の関心も対象にした生徒の学力の現在の大論争のためのデータをどれだけ提供できるかについてである。私たちの好むと好まざるとにかかわらず，国民と研究の財布の紐をコントロールする人たちの目に映る専門家としての私たちの価値は，教育心理学者たちが生徒たちの学力の傾向に意義のある洞察を提供できるかどうかと，今日の判断基準である標準化されたテストによって指標化された学力をどのように改善するかの理解にある程度かかっているのである。

　だから私たちは，教育心理学者たちは，現在の研究から得られた実践上の多くの改善点を，誇りを持って指摘できるとも考えている。さらに，実績に基づいて，彼らは教育心理学者が現代に優勢だった考えを続けて，教育のさらなる改善が続くだろうという楽観視する権利を持っているのである。

謝　辞

　本章の執筆に際し，ローリングはノートルダム大学大学院のフェローシップの支援を受けた。プレスリーはカトリック教育のノートルダム教授としてノー

トルダム大学から寄付金を受けた。

文 献

Adams, M. J. (1990). *Beginning to read*. Cambridge, MA: Harvard University Press.

Ames, C., & Archer, J. (1988). Achievement goals in the classroom: Students' learning strategies and motivation processes. *Journal of Educational Psychology, 80*, 260-270.

Anderson, R. C., & Pearson, P. D. (1984). A schema-theoretic view of basic processes in reading. In P. D. Pearson, R. Barr, M. L. Kamil, & P. Mosenthal (Eds.), *Handbook of reading research* (pp. 255-293). New York: Longman.

Bandura, A. (1969). *Principles of behavior modification*. New York: Holt.

Bandura, A. (1977). *Social learning theory*. Englewood Cliffs, NJ: Prentice-Hall.

Bandura, A. (1982). Self-efficacy mechanism in human agency. *American Psychologist, 37*, 122-147.

Belmont, J. M., & Butterfield, E. C. (1977). The instructional approach to developmental cognitive research. In R. V. Kail, Jr., & J. W. Hagen (Eds.), *Perspectives on the development of memory and cognition* (pp. 437-481). Hillsdale, NJ: Lawrence Erlbaum Associates.

Berliner, D. C., & Calfee, R. C. (Eds.). (1996). *Handbook of educational psychology*. New York: Macmillan.

Bloom, B. S. (1985). *Developing talent in young people*. New York: Ballantine.

Borkowski, J. G., Carr, M., Rellinger, E. A., & Pressley, M. (1990). Self-regulated strategy use: Interdependence of meta-cognition, attributions, and self-esteem. In B. F. Jones (Ed.), *Dimensions of thinking: Review of research* (pp. 53-92). Hillsdale, NJ: Lawrence Erlbaum Associates.

Brainerd, C. J. (1978a). Learning research and Piagetian theory. In L. S. Siegel & C. J. Brainerd (Eds.), *Alternatives to Piaget: Critical essays on the theory* (pp. 69-109). New York: Academic Press.

Brainerd, C. J. (1978b). *Piaget's theory of intelligence*. Englewood Cliffs, NJ: Prentice-Hall.

Brophy, J. (1988). Research linking teacher behavior to student achievement: Potential implications for instruction of Chapter 1 students. *Educational Psychologist, 23*, 235-286.

Bruner, J. S. (1960). *The process of education*. Cambridge, MA: Harvard University Press.

Bruner, J. S. (1966). *Toward a theory of instruction*. London: Belnap.

Calderhead, J. (1996). Teachers: Beliefs and Knowledge. In D. C. Berliner & R. C. Calfee (Eds.), *Handbook of educational psychology* (pp. 709-725). New York: Macmillan.

Campbell, D. T., & Stanley, J. C. (1966). *Experimental and quasi-experimental designs for research*. Chicago: Rand McNally.

Ceci, S. J. (1991). How much does schooling influence general intelligence and its cognitive components? A reassessment of the evidence. *Developmental Psychology, 27*, 703-722.

Ceci, S. J. (1996). *On intelligence: A bioecological treatise on intellectual development*. Cambridge, MA: Harvard University Press.

Chall, J. S. (1967). *Learning to read: The great debate*. New York: McGraw-Hill.

Cognition and Technology Group at Vanderbilt (1992). The Jasper series as an example of anchored instruction: Theory, program description, and assessment data. *Educational Psychologist, 27*, 291-315.

Cronbach, L. J. (1962). *Educational psychology*. New York: Harcourt, Brace & World.

Cronbach, L. J., & Snow, R. E. (1977). *Aptitudes and instructional methods: A handbook for research on interactions*. New York: Irvington.

Deci, E. L. (1971). Effects of externally mediated rewards on intrinsic motivation. *Journal of Personality and Social Psychology, 18*, 105-115.

DeCorte, E., & Weinert, F. E. (Eds.). (1996). *International encyclopedia of developmental and instructional psychology*. Oxford, England: Pergamon.

Dweck, C. S. (1986). Motivational processes affecting learning. *American Psychologist, 41*, 1040-1048.

Enright, R. D., Lapsley, D. K., & Levy, V. M. (1983). Moral education strategies. In M. Pressley & J. R. Levin (Eds.), *Cognitive strategy research: Educational applications* (pp. 43-83). New York: Springer-Verlag.

Feldhusen, J. F. (1986). A conception of giftedness. In R. J. Sternberg & J. E. Davidson (Eds.), *Conceptions of giftedness* (pp. 112-127). Cambridge, England: Cambridge University Press.

Flavell, J. H. (1963). *The developmental psychology of Jean Piaget*. Princeton, NJ: Van Nostrand.

Flavell, J. H. (1970). Developmental studies of mediated memory. In H. W. Reese & L. P. Lipsitt (Eds.), *Advances in child development and behavior* (Vol. 5, pp. 181-211). New York: Academic Press.

Flower, L., & Hayes, J. R. (1980). The dynamics of composing: Making plans and juggling constraints. In L. Gregg & E. Steinberg (Eds.), *Cognitive processes in writing* (pp. 31-

50). Hillsdale, NJ: Lawrence Erlbaum Associates.

Flower, L. S., & Hayes, J. R. (1981). A cognitive process theory of writing. *College Composition and Communication, 32*, 365-387.

Gagné, E. D. (1985). *The cognitive psychology of school learning.* Boston: Little, Brown.

Gagné, R. M. (1977). *The conditions of learning (3rd ed.).* New York: Holt, Rinehart & Winston.

Gardner, H. (1993). *Multiple intelligences: The theory in practice: A reader.* New York: Basic Books.

Gustafsson, J-E., & Undheim, J. O. (1996). Individual differences in cognitive functions. In D. C. Berliner & R. C. Calfee (Eds.), *Handbook of educational psychology* (pp. 186-242). New York: Macmillan.

Harris, K. R., & Graham, S. (1992). Self-regulated strategy development: A part of the writing process. In M. Pressley, K. R. Harris, & J. T. Guthrie (Eds.), *Promoting academic competence and literacy in school* (pp. 277-309). San Diego, CA: Academic Press.

Herrnstein, R. J., & Murray, C. (1994). *The bell curve: Intelligence and class structure in American life.* New York: The Free Press.

Hess, R. D., & Shipman, V. C. (1965). Early experience and the specialization of cognitive modes in children. *Child Development, 36*, 869-886.

Hiebert, E. H., & Raphael, T. E. (1996). Psychological perspectives on literacy and extensions to educational practice. In D. C. Berliner & R. C. Calfee (Eds), *Handbook of educational psychology* (pp. 550-602). New York: Macmillan.

Holland, J. G., & Skinner, B. F. (1961). *The analysis of behavior: A program for self-instruction.* New York: McGraw-Hill.

Hunt, J. M. (1961). *Intelligence and experience.* New York: Ronald Press.

Inhelder, B., Sinclair, H., & Bovet, M. (1974). *Learning and the development of cognition.* Cambridge, MA: Harvard University Press.

Jackson, N. E., & Butterfield, E. C. (1986). A conception of giftedness designed to promote research. In R. J. Sternberg & J. E. Davidson (Eds.), *Conceptions of giftedness* (pp. 151-181). Cambridge, England: Cambridge University Press.

Jensen, A. R. (1969). How much can we boost IQ and scholastic achievement? *Harvard Educational Review, 39*, 1-123.

Kintsch, W. (1982). *Memory and cognition.* Melbourne, FL: Krieger.

Klausmeier, H. J. (1961). *Learning and human abilities: Educational psychology.* New York: Harper & Row.

Kohlberg, L., & Mayer, R. (1972). Development as the aim of education: The Dewey view. *Harvard Educational Review, 42*, 449-496.

Laosa, L. M. (1978). Maternal teaching strategies in Chicano families of varied educational and socioeconomic levels. *Child Development, 49*, 1129-1135.

Laosa, L. M. (1980). Maternal teaching strategies in Chicano and Anglo-American families: The influence of culture and education on maternal behavior. *Child Development, 51*, 759-765.

Lepper, M. R., Greene, D., & Nisbett, R. E. (1973). Undermining children's intrinsic interest with extrinsic rewards: A test of the "overjustification" hypothesis. *Journal of Personality and Social Psychology, 28*, 129-137.

Mahoney, M. J. (1974). *Cognition and behavior modification.* Cambridge, MA: Ballinger.

Mayer, R. E., & Moreno, R. (1998). A split-attention effect in multimedia learning: Evidence for dual processing systems in working memory. *Journal of Educational Psychologist, 90*, 312-320.

Meichenbaum, D. (1977). *Cognitive behavior modification.* New York: Plenum.

Meichenbaum, D., & Biemiller, A. (1998). *Nurturing independent learners: Helping students take charge of their learning.* Cambridge, MA: Brookline Books.

Miller, G. A., Galanter, E., & Pribram, K. H. (1960). *Plans and the structure of behavior.* New York: Holt, Rinehart & Winston.

Naveh-Benjamin, M., McKeatchie, W. J., & Lin, Y. G. (1987). Two types of test anxious students: Support for an information-processing model. *Journal of Educational Psychology, 79*, 131-136.

Paivio, A. (1971). *Imagery and verbal processes.* New York: Holt, Rinehart & Winston.

Palincsar, A. S., & Brown, A. L. (1984). Reciprocal teaching of comprehension-fostering and monitoring activities. *Cognition and Instruction, 1*, 117-175.

Piaget, J. (1924). *Judgment and reasoning in the child.* London: Kegan Paul, Trench, Trubner & Co.

Plass, J. L., Chun, D. M., Mayer, R. E., & Leutner, D. (1998). Supporting visual and verbal learning preferences in a second-language multimedia learning environment. *Journal of Educational Psychology, 90*, 25-36.

Polya, G. (1954a). *Mathematics and plausible reasoning: (a) Induction and analogy in mathematics.* Princeton, NJ: Princeton University Press.

Polya, G. (1954b). *Mathematics and plausible reasoning: (b) Patterns of plausible inference.* Princeton, NJ: Princeton University Press.

Polya, G. (1957). *How to solve it.* New York: Doubleday.

Polya, G. (1981). *Mathematical discovery* (combined paperback ed.). New York: Wiley.

Pressey, S. L., Robinson, F. P., & Horrocks, J. E. (1959). *Psychology in education*. New York: HarperCollins.

Pressley, M., & Afflerbach, P. (1995). *Verbal protocols of reading: The nature of constructively responsive reading*. Hillsdale, NJ: Lawrence Erlbaum Associates.

Pressley, M., with McCormick, C. B. (1995). *Advanced educational psychology for educators, researchers, and policymakers*. New York: HarperCollins.

Rogoff, B. (1990). *Apprenticeship in thinking: Cognitive development in social context*. New York: Oxford University Press.

Rohwer, W. D. Jr. (1970). Implications of cognitive development for education. In P. H. Mussen (Ed.), *Carmichael's manual of child psychology* (pp. 1379-1454). New York: Wiley.

Rosenshine, B., & Meister, C. (1994). Reciprocal teaching: A review of nineteen experimental studies. *Review of Educational Research, 64*, 479-530.

Rosenthal, R., & Jacobson, L. (1968). *Pygmalion in the classroom: Teacher expectation and pupils' intellectual development*. New York: Holt, Rinehart & Winston.

Rosenthal, T. L., & Zimmerman, B. J. (1978). *Social learning and cognition*. New York: Academic Press.

Schank, R. C., & Abelson, R. P. (1977). *Scripts, plans, goals, and understanding*. Hillsdale, NJ: Lawrence Erlbaum Associates.

Schneider, W., & Pressley, M. (1997). *Memory development between two and twenty*. Mahwah, NJ: Lawrence Erlbaum Associates.

Schoenfeld, A. (1985). *Mathematical problem solving*. New York: Academic Press.

Schoenfeld, A. (1992). Learning to think mathematically: Problem solving, metacognition, and sense making in mathematics. In D. A. Grouws (Ed.), *Handbook of research on mathematics teaching and learning* (pp. 334-370). New York: Macmillan.

Sidman, M. (1960). *Tactics of scientific research: Evaluating experimental data in psychology*. New York: Basic Books.

Skinner, B. F. (1986). *Beyond freedom and dignity*. New York: Knopf.

Skinner, B. F. (1981). *Technology of teaching*. Englewood Cliffs, NJ: Prentice-Hall.

Skinner, B. F. (1990). Can psychology be a science of mind? *American Psychologist, 45*, 1206-1210.

Snow, C. E., Burns, M. S., & Griffin, P. (Eds.). (1998). *Preventing reading difficulties in young children*. Washington, DC: National Academy Press.

Snow, R. E., Federico, P-A., & Montague, W. E. (1980a). *Aptitude, learning, and instruction: Cognitive process analysis of aptitude: vol. 1.* Hillsdale, NJ: Lawrence Erlbaum Associates.

Snow, R. E., Federico, P-A., & Montague, W. E. (1980b). *Aptitude, learning, and instruction: Cognitive process analysis of learning and problem solving: vol. 2.* Hillsdale, NJ: Lawrence Erlbaum Associates.

Steinberg, L., with Brown, B., & Dornbusch, S. M. (1996). *Beyond the classroom: Why school reform has failed and what parents need to do.* New York: Simon & Schuster.

Sternberg, R. J., Torff, B., & Grigorenko, E. L. (1998). Teaching triarchically improves school achievement. *Journal of Educational Psychology, 90,* 374-384.

Strauss, A., & Corbin, J. (1998). *Basics of qualitative research: Grounded theory procedures and techniques.* Newbury Park, CA: Sage.

Sulzby, E., & Teale, W. (1991). Emergent literacy. In R. Barr, M. Kamil, P. B. Mosenthal, & P. D. Pearson (Eds.), *Handbook of reading research* (Vol. II, pp. 727-758). New York: Longman.

Tobias, S. (1985). Test anxiety: Interference, defective skills, and cognitive capacity. *Educational Psychologist, 20,* 135-142.

Tulving, E., & Donaldson, W. (Eds.). (1972). *Organization of memory.* New York: Academic Press.

Van Haneghan, J., Barron, L., Young, M., Williams, S., Vye, N., & Bransford, J. (1992). The Jasper series: An experiment with new ways to enhance mathematical thinking. In D. F. Halpern (Ed.), *Enhancing thinking skills in the sciences and mathematics* (pp. 15-38). Hillsdale, NJ: Lawrence Erlbaum Associates.

Vygotsky, L. S. (1978). *Mind in society: The development of higher psychological processes.* Cambridge, MA: Harvard University Press.

Weiner, B. (1979). A theory of motivation for some classroom experiences. *Journal of Educational Psychology, 71,* 3-25.

Wentzel, K. R. (1991a). Relations between social competence and academic achievement in early adolescence. *Child Development, 62,* 1076-1078.

Wentzel, K. R. (1991b). Social competence at school: Relation between social responsibility and academic achievement. *Review of Educational Research, 61,* 1-24.

Wentzel, K. R. (1993). Does being good make the grade? Social behavior and academic experience in middle school. *Journal of Educational Psychology, 85,* 357-364.

Wittrock, M. C. (Ed.) (1986). *Handbook of research on teaching.* New York: Macmillan.

Wood, S. S., Bruner, J. S., & Ross, G. (1976). The role of tutoring in problem solving. *Journal of Child Psychology and Psychiatry, 17,* 89-100.

第15章

ベンジャミン・S・ブルーム：その人生，研究，遺産

ローリン・W・アンダーソン
(サウスカロライナ大学)

　教育では，私たちは，あてにならない治療，偽りのガン治療，永久運動の奇妙な仕掛け，くだらないお話などの類によっていつもだまされている。作り話と現実ははっきりとは区別されていない。しかも私たちは現実よりも作り話が好きなのである……。私たちは教育においては，自分たちの家をきちんと整理しなかったのでだまされやすかった。私たちは，自分たちが何をやるか，何を知らないかの2つを混同しないように，もっとすっきりさせる必要があった。もし私が教育に1つの願いを持つことができるなら，知られていて真実が行われるやり方で私たちの基本的な知識を系統的に秩序づけることであり，迷信，流行，対話は，欲求不満と絶望の中で私たちを支えるものが何もないときだけ，そのように認識され使用される。(Blooom, 1972, p. 332)

　反逆者たちはめったにそのようには見えない。それは彼らの偽装である。彼らがジャック・パランス(映画《シェーン》に登場する黒装束の殺し屋に扮した)のように見えるなら，私たちは用心する。だが彼らは《屋根の上のバイオリン弾き》の無害な牛乳屋のテビエのように見える。そこでベンジャミン・ブルーム(Benjamin Bloom)に会い，ビジネススーツを着てテーブルに向かい合って座り，柔らかな愛情あふれる調子で教育を語るこの73歳の学者を見ると，彼が物静かな反逆者だという事実を簡単に見誤ってしまうのだ。彼は，教育体系は崩壊により居住者を殺害する危険のある古い家のよう

に構造的に欠陥があり徹底的に再建されねばならないと考えている。(Chase, 1987, p. 42)

彼の人生 [1]

ベンジャミン・サミュエル・ブルーム (Benjamin Samuel Bloom) は，1913年2月21日，ペンシルベニア州ランスフォードでロシア系移民の両親のもとに生まれた。父は額縁職人で，母はフラワーガーデニングの好きな主婦であった。彼には3人の兄と1人の妹がいた。

ブルームは，ランスフォードの公立の小学校と高校に通った。彼は優秀な生徒で特に水泳とハンドボールの優れたスポーツ選手だった。彼は貪欲な読書家で，本を借り出したその日に返却しようとして図書館員をいらだたせた（館員は本を受理しなかった）。1931年，彼はクラスの卒業生総代で高校を卒業した。

卒業後，彼は学費奨学金でペンシルベニア州立大学に通った。4年間で心理学の文学士と修士を修めた。その間いくつかの仕事をして自分の生活を支えた。4年生のときに彼は，学内のハンドボール大会で優勝した。

大学卒業後の彼の最初の仕事は，ペンシルベニア州立慈善援助協会の研究員であった。1年後ワシントンDCに移り，そこで彼はアメリカ青年委員会で同じ仕事に就いた。ワシントンへの移動は彼の人生をはっきりと変えた。

委員会での2年目に，彼はラルフ・タイラー (Ralph Tyler) が講演する会合に出席した。そのときタイラーは研究の評価の設計に8年間関わっていた (Aikin, 1942; Smith & Tyler, 1942)。さらに，彼はアメリカ青年審議会によって発行された報告書の審査員になった。ブルームはタイラーから強い影響を受け，タイラーが教授をしているオハイオ州立大学の博士課程に応募することを決めた。願書提出後に，彼はタイラーが母校のシカゴ大学に移ったことを知った。「シティカレッジ」に行くことになるという懸念はあったが，彼はオハイオ州立大学の応募を取り下げ，シカゴ大学の博士課程に応募した。彼は入学を許可され，1939年夏に勉強を始めた。

その後まもなく，彼は未来の妻ソフィー (Sophie) に教育図書館で出会った。

彼女は大学で修士号取得の研究をしていた。彼は彼女に会った1週間後に結婚を申し込んだ。彼らは翌年の春までは婚約できなかったが，1940年の夏にミシガン州デトロイトで結婚した。

　博士課程を修了する間に，ブルームはタイラーの監督のもと，大学の試験委員会のオフィスで研究助手を務めた。他の仕事に加えて，タイラーは当時大学の試験委員でもあった。ブルームの試験委員会への所属は，彼の職業キャリアに決定的な役割を果たしたのである。

シカゴ大学試験委員会

　試験委員会は1931年にシカゴ大学で創設され，L・L・サーストン（L. L. Thurstone）の監督下に置かれた。ブルームは委員会設置の理由を次のように説明している。

> 　一般教育の新しいカリキュラムを計画するときに，教授会は入試と判定の機能と教育機能を分けようとした。彼らは，教師が学生の学習を主に支援することを望み，教師が学生を評価し成績をつけることに責任を持つと，望ましい学生—教師の関係はできないと考えていた。(Bloom, 1981a, p. 245)

　ブルームによれば，教授会は，学生たちの教育により大きな責任を持ちたかった。授業の出席要件は除かれ，学位の要件は包括的な試験についての成績という観点からだけ設けられた。試験委員会は，これらの試験の質だけでなく管理と採点にも責任を負ったのである。

　1931年から1939年までに委員会が重要視したのは，検査の技術を開発することであった。それぞれの試験は，科目の知識の1年間分を扱う必要があったので，試験全体は，問題数が非常に多く（400から600），それらをやり終えるのに必要な時間も非常に長いものだった（6時間かそれ以上）（Bloom, 1954a/1981）。さらに，そのせいで，いわゆる「客観的」項目形式を使用して，学生に事実情報を想起させることに焦点が当てられた（例えば，○×式，照合，多肢選択）。そこで，この時期には，委員会は，理論用語と実用語の両方のテス

ト構成，テスト管理，採点手続き，客観性，妥当性，信頼性の確立に取り組んだ（Richardson, Russel, Snalnaker, & Thurstone, 1933; Snalnaker, 1934; Thurstone, 1937; Richardson & Kuder, 1939）。

　この時期の終わりになって，教授会は，科目の知識が指導の主な結果であるかどうかに疑問を持ち始めた。彼らは，指導の結果として，学生は，固有な学習領域のさまざまな問題について，どのように考え，どのように取り組むかを学習すべきだと考え始めた。彼らは，一般教育の基本的課題を，個々人が，住んでいる世界を理解し，人として，また市民として出会う重要な問題に取り組むことができるようになることととらえたのである（Bloom, 1981a, p. 251）。

　教授陣は，これらの新しく定義された学習結果を次第に受け入れ始め，新しい違ったやり方で教え始めた。ごく自然に，彼らは，自分たちがどのようにして成果を収めるかの評価に役立つ別のタイプの試験を望んだのである。ブルーム（1981a）の言葉では次のようになる。「試験は，全体の教育過程の部分として，また，学力の正確な証明か，よい試験の成果以上の結果を持つものとしてとらえられる必要がある」（p. 251）。それは，タイラーが大学の試験委員となり，ブルームが試験委員会のオフィスの仕事に就いた1940年のことであった。

　ブルームは，1940年から1959年までの20年間試験委員であった——結局1953年に大学試験委員としてタイラーの後を継承したのである。委員在職の初めの数年におけるブルームの多くの著作は，教育の成果，指導の方法，教育測定の関係に中心を置いたものだった（例えば，Bloom, 1944, 1947; Bloom & Allison, 1949, 1950）。1940年代の後半から1950年代の前半に，彼は，問題解決測定（Bloom & Broder, 1950）の別の方法と，指導の異なる方法による問題解決過程の違い（Bloom, 1953c, 1954b）を研究し始めた。また，1940年代の後半に，『教育対象の分類法，ハンドブック1——認知領域（*Taxonomy of Educational Objective, Handbook 1: The Cognitive Domain*）』が準備された（Bloom, 1949; Bloom, Englehart, Furst, Hill, & Krathwohl, 1956; Krathwohl, 1994）。

教育学部

　ブルームは文字通り自分の全研究生活——50年以上——をシカゴ大学で過

ごした (2)。彼は 1942 年の春に博士号を授与され，大学試験委員会のオフィスで仕事を続けた。2 年後，彼は教育学部の講師に任命された。次の 20 年余で，助手から教授へと昇格し，1960 年代後半に，チャールズ・H・スウィフト（Charles H. Swift）特別功労教育教授に任命された。

学部での最初の 15 年間に，彼の著作は，試験委員会の継続中の研究を反映した（例えば，Bloom, 1957, 1958a, 1958b; Bloom & Heyns, 1956; Bloom & Statler, 1957; Bloom & Webster, 1960）。それから，1959 年から 1960 年に，彼は大学試験委員の仕事を離れ，カリフォルニアのスタンフォード大学の行動科学高度研究センターで 1 年を過ごした。この年は，ブルームの研究と著述の方向に重要な変化を残したのである。

センターにいる間に，ブルームは，『人間の特性の安定と変化（Stability and Change in Human Characteristics）』（Bloom, 1964）として実を結ぶことになる研究を始めた。彼は言う，「普段のスケジュールと義務からの自由，できるだけ深く問題を研究する機会，スタッフと他の研究員の激励は，私が安定と変化の問題に着手することに大いに役立った。本の主な輪郭はセンターで完成した」（p. ix）。このようにしてテスト，測定，評価の問題から，学習の問題（例えば，Bloom, 1966a, 1974b），人間の発達（Bloom, 1973, 1985），カリキュラム（例えば，Bloom, 1965, 1974a），指導（Bloom, 1968a, 1984），教育研究の問題（Bloom, 1966c, 1980）へと，ブルームの移行が始まったのである。

国際的活動領域

試験委員会での仕事の最終期に，ブルームは国際教育に積極的な関心を向け始めた。ディック・ウルフ（Dick Wolf）（2000）は，次のように述べていた。「ベンは，『世界経済』の現在の概念が注目を集めるようになるずっと前から，教育についての世界的視野を持つ世界で最初の 1 人だった」（p. 1）。国際協議会の機会が，『教育対象の分類法，ハンドブック 1――認知領域』の出版が主なきっかけとなって生じた（Bloom et al., 1956）。1950 年代後半と 1960 年代前半に，彼は教育評価におけるインド政府でアドバイザーを務めた（Bloom, 1958a, 1961）。1960 年代半ばには，彼はイスラエル政府の同じ役目を務めた。

1850年代後半に，ブルームはドイツのハンブルグのユネスコ教育研究所が開催した会議に出席した。この会議の主な成果の1つは，教育者が学力の向上に関連する共通の要因を特定できるようにする，国際比較研究の必要性に関わる人々の認識の形成であった。その後まもない1959年に，国際教育達成度評価学会（IEA）が，そうした研究をデザインし実施する目的で創設された。ブルームは共同創設者の1人であった。

最初の国際教育達成度評価学会の研究は，12ヶ国の数学の学力を調べることであった（Bloom, 1966a; Husen, 1967）。ブルームは研究を実施する国際基金を確保するための提案書を書き，データ分析の手段とプランの開発に深く関わった（Wolf, 2000）。過去30年にわたって，市民教育，教育におけるコンピュータ利用，外国語の学習，文学，読解，科学，作文，数学の追加研究が，IEAの援助のもとで行われてきた（1990年のIEA刊行物のリスト，Degenhart, 1990参照）。

1971年，ブルームは，スウェーデンのグレンナで開催された，カリキュラム開発のセミナーに参加した29ヶ国の教育者たちをチームにまとめた。セミナーは，国際教授陣によってリードされ，ラルフ・タイラーを議長にした。セミナーの参加者たちに使用された基本的テキストは，『学生の学習の形成的，総括的評価のハンドブック（*Handbook on Formative and Summative Evaluation of Student Learning*）』（以下，ハンドブック）であった（Bloom, Hastings, & Madaus, 1971）。セミナーの基礎となった基本的仮説は次のようであった。

　　教育は，すべての子どもと青年の十分な発達にますます関わらなくてはならない。個々人が学習可能な最高度のレベルに到達させる学習条件を追求することは，学校の責任になるであろう。（Bloom et al., 1971, p. 6）

セミナーのあとで，それぞれの6人チームは自国に戻り，カリキュラム研究センターを設置した。そのようなセンターは，多くの参加国で実際に設置されたのである（Bloom, 1994）。

最終的に，73歳のブルームは，上海の華東師範大学の名誉学長に招待され，中国と合衆国間の25人の交換学者の1人となった。これは，ブルームにとっ

て驚くべき経験であった。彼は以下のように述べている。

　私の主な責任の1つは，一連のセミナーを行うことだった。このセミナーの中で，分類法は説明され議論された。リン・フ・ニアン（Lin Fu Nian）（学長）は，ハンドブックに強く印象づけられて，それを中国語に翻訳し，中国中の教育者たちに100万部の本を配布した。この努力の大きさはまったく信じられないものだった。

彼の研究

　ブルームの発表されたすべての研究が，本章の参考文献にあげられている。本節では，全体で35年に及ぶ期間の6冊の本と1本の短い論文がレビューされる。これらの1つ1つは，ブルームの考えの長い期間の恒常性と発展の両方を反映しているので選ばれた。6冊の本と唯一の論文の短い要約に沿って，5つの「横断的」テーマが同定され議論された。本は以下の通りである。

1. 『大学生の問題解決過程（Problem-Solving Process of College Students）』（Bloom & Broder, 1950）。
2. 『教育対象の分類法，ハンドブック1——認知領域（The Taxonomy of Educational Objectives, Handbook 1: The Cognitive Domain）』（Bloom et al., 1956）。
3. 『人間の特性の安定と変化（Stability and Change in Human Characteristics）』（Bloom, 1964）。
4. 『文化剝奪の補償教育（Compensatory Education for Cultural Deprivation）』（Bloom, Davis, & Hess, 1965）。
5. 『人間の特性と学校学習（Human Characteristics and School Learning）』（Bloom, 1976）。
6. 『若い人々の才能を開発すること（Developing Talent in Young People）』（Bloom, 1985）。
　論文は「習得学習（Learning for Mastery）」（Bloom, 1968a）。

『大学生の問題解決過程』

　心的過程は，研究の非常に難しくて複雑な課題を示している。かなりの程度まで，私たちは，心の働きに関するエビデンスの主な受容できるタイプとしての顕在的行動に重点を置いて，この研究にだけ専念してきた。心理学を客観的科学にしようとするこの試みは，心理学者にこの種のデータの受容を制限するだけでなく，心理過程の性質についての彼の推論の多くの不正確さを必ず生み出すに違いない。(Bloom & Broder, 1950, p. 1)

　それでは本の紹介を始めよう。まず『大学生の問題解決過程』である。この本で述べられていることは，当時，行動主義が心理学で有力な理論であったという事実を考慮すると，かなり面白い意見である。それは6年後の「認知革命の神話的誕生」となる（Bruner, 1992, p. 780）。

　『大学生の問題解決過程』は，1945年春に開始された，シカゴ大学で行われた3研究の結果を説明し，提起したものである。選ばれた問題は，「さまざまな学習テストと試験の問題とテスト場面」に限られた（Bloom & Broder, 1950, p. 8）。さらに，「私たちは，課題がおそらく非常に複雑だが到達する明確な目標を持ち，取り組む明確なプランを作成できる問題を選択しようとした」（Bloom & Broder, 1950, p. 8）。学生たちは個別に問題を与えられ，彼らは問題に取り組んでいるときに「独り言」を言いなさいと言われた。学生が独り言を言うときに，質問者は学生が話したり行ったりすることは何でもできるだけ完全に記録した。ある場合には，質問者は学生に，問題を解き終えたあとで，問題を解いている間にやったことを再現するようにと頼んだ。

　最初の研究は12人の学生が対象で，6人は学習に成功し（例えば，高いテスト得点，よい成績），6人が失敗した。目的は，2グループの問題解決過程の違いの範囲を検討することであった。学生に見られた違いは以下の通りである。

- ●問題の性質を理解すること。
- ●問題に含まれている考えを理解すること。
- ●問題解決の一般的方法。

●問題解決の態度。

　第2の研究では，異なるタイプの問題によって引き出された問題解決過程の違いを検討した。選ばれた問題は，その困難度，主題，形式によって分類された（例えば，○×式，多肢選択）。さまざまなタイプの問題を解こうとする学生が出会う共通の困難は，固有なタイプの問題と結びついた困難として書き留められた。これらの困難は，テスト問題の改善について一連の提案の基礎を用意した（例えば，明らかな方向性を与えて，問題に関係する用語の使用を最小にする）。

　第3の研究は，「総合試験の失敗が，大部分は貧弱な問題解決方法による」学生に焦点を当てた（Bloom & Broder, 1950, p. 67）。特に，これらの学生たちは，(a) 総合試験の成績よりも比較的高い学習態度テスト得点を持ち，(b) 少なくとも勉強に平均的な時間をあて，(c) 試験はその教科の理解と習得を適切に反映していないと主張した。この研究の試みは，これらの学生たちの問題解決スキルを向上させることである（つまり，問題解決の欠点を修正するためである）。修正の体系的アプローチは，計画され，実行され，評価された。この研究結果に基づいて，ブルームとブローダー（Broder）(1950) は，「エビデンスの重要さは，明らかに，問題解決の修正が学生を支援できることだ」(p. 89) と結論した（Bloom, 1947 も参照）。

『教育対象の分類法，ハンドブック1──認知領域』

　　皆さんは，教育対象の分類を作り上げる試みについて読んでいる。私たちの教育システムの目標の分類法を提供しようとしているのだ。それは，すべての教師たち，管理者たち，職業的専門家たち，カリキュラムと評価の問題を扱う研究者たちへの全体的な支援になることが期待されている。それは特に，もっと正確にこれらの問題を研究者たちが議論できることに役立てようとしたものである。(Bloom, et al., 1956, p. 1)

　まぎれもなく，これはブルームの最も周知された研究である。40年以上たった今日でも，知識，理解，適用，分析，統合，評価について長談義のでき

ない合衆国の教育者はほとんどいない。さらに，ハンドブックは20ヶ国語以上に翻訳されてきた（Anderson & Sosniak, 1994）。

ブルーム自身は，分類法の発展と試験委員会のオフィスの自分の仕事を関連づけた。

> ロバート・ハッチンズ（Robert Hutchins）学長の一般教育計画のもとで，シカゴ大学の学部生の区分は，学際的なコア・コースと総合試験を中心に編成されていた。試験は……高度な心理的過程を重視するものだった……私は，最初の学部の試験委員であり，大学全体の試験委員会の試験委員だった。なぜ分類法の開発が，教授会と私に特に重要であるかは明確であった。（Bloom, 1994, p. 2）

ブルームは最初期から分類法に大きな希望を持っていた。アラートン会議——それは分類法の研究だけを扱った最初の会議であった（Krathwohl, 1994）が——で，ブルームは，テスト項目の交換を促進する（項目バンキングへの早期のアプローチ）ために実験に基づいて設定された「試験者の分類法」についての自分の見方を述べることから始めた。彼は高い努力目標を掲げて締めくくっている。

> 私たちが検討したい大きな課題がある……教育成果の分類法は，教育分野の混乱から秩序を導き出すのに大いに役立つ。それは，教育プログラムと経験についての私たちの説明が方向づけられる概念的枠組みを与えるのである。それは，教師の訓練と教師を教育の多様な可能性を方向づけるのに必要なスキームを与えるのである。（Bloom, 1949, Krathwohl, 1994, p. 181に引用）

分類法は5つの指導原理に従って開発された。まず，分類法は意図的学習結果に中心を置くべきだ（実際の学生の学習過程よりも）。次に，分類法的カテゴリーの主な区別は，教師の区別を反映する。第3に，分類法は，「論理的に開発され内的に一貫している」べきだ（Bloom et al., 1956, p. 14）。第4に，分類法は「心理学的現象の現在の理解」と一致する必要がある（Bloom et al., 1956,

p. 14)。第5に，分類はまったく記述的であり（価値観を担ったものとは対照的に），教育目標のどのタイプもどこかで「一致する」はずである。これらの原理に基づいて，6つのカテゴリーのなじみのあるセットが同定される。カテゴリーは，低いレベルに基づいて設定され，それを組み込んだ「高いレベル」を持った複雑さの連続体に沿って存在すると考えられている。

　分類法は，いくつかのやり方で，教育と教育者たちに影響している。1つは「他の方法で検討されるよりも広い教育目標の概観を提供する」ことである（Krathwohl, 1994）。もう1つは，「単純な知識について，以上のカリキュラムと評価の両方を拡張して容易に理解できる案内」を提供することである（Postlethwaite, 1994, p. 179）。

　分類法は，この国だけでなく国際的に大きな影響を与えた（Anderson, 1994; Sosniak, 1994）。世界中の多くの国々で，分類法は，カリキュラム開発，テスト構成，授業計画，教師養成の基礎として使用された（Chung, 1994; Lewy and Bathory, 1994）。

　その出版で，分類法には批判がつきまとった。批判は，正確な明細に役立たない重要な教育目標のありそうな軽視から，過程だけへの集中（内容を犠牲にして），分類法的カテゴリーとしての理解の省略，累積的階層の仮説についての疑わしい妥当性までに及んだのである（Furst, 1994, 便利な要約のためにを参照）。

『人間の特性の安定と変化』

　　本書は，……「安定した」人間の特性を同定すること，そのような特性がさまざまな年齢で安定している範囲を述べること，この安定性が修正される条件を判定する試みを述べている。本研究が，そのような特性がどのように同定され，説明され，ついには修正されるかを理解させられるといいのだが。(Bloom, 1964, p. 2)

　この3つの目的を達成するために，ブルームは人間の属性の3つのセットに関連する縦断的研究の結果を要約した。すなわち，身体的（例えば，身長，体

重, 体力), 認知的 (例えば, 知力と学力), 情動的 (例えば, 興味, 態度, パーソナリティ) である。1つの数学の公式 $[I_1 = I_2 f(E_{2-1})]$ が, データ分析の枠組みを作るためと, 結果の解釈の指針に使用される。公式の I_1 と I_2 は時間の2点の特性の測度を表し, E_{2-1} はその中間にある関連する環境要因を表している。換言すると公式は, 時間のある点の人の身長 (あるいは, 知能や攻撃性) が, ある早い時期の人の身長 (あるいは, 知能や攻撃性) と彼が介在した年数住んでいた環境のタイプのある結合であることを示唆している。

ブルームの結果を理解するためには, 彼の安定の定義を理解する必要がある。

　実験的には, 安定特性は, 時間の1点から別の点にかけて一貫性があることだ。時間の余裕がなければ, 1年かそれ以上の時間間隔と一貫性の最小限のレベルとして .50 かもっと高い相関を特定してさらにこの範囲を定める。このように定義すると, 安定特性は, 変化がある軽微な程度に予想できる範囲なら, 2つの時点で量的にも質的にも異なっているものだ。(Bloom, 1964, p. 3)

このように, ブルームによれば, 安定は相対的であり絶対的ではない[3]。彼は安定の自分の定義を身長という特性を使って説明した。

　この見解からの安定特性のよい例は, 身長である。それは, 誕生時から成熟期にかけて変化する。だが成熟期の身長は, 3歳か4歳の身長からよく予測ができる。つまり, 少年や少女のサンプルの相対的身長の位置は, ある年齢から他の年齢にかけて高い一貫性がある。(p. 3)

ブルームによってまとめられたデータによれば, 彼が検討したすべての特性は, 3歳と4歳の間が最も安定しており, 8歳までにある程度の安定に達した。さらに, 特性研究には, 比較的早い変化の最初の時期があり, 比較的ゆっくりした変化の長い時期があとに続く。「学力を別として, 最も早い時期……発達にとって……は人生の最初の5年間である」(p. 204)。

自分のデータに基づいて, ブルームは, 人間の特性の変化に及ぼす環境要因

の力は，特性が安定するにつれて減少すると述べている。例えば知能に関して，ブルームは，「幼少期の環境の顕著な変化は，あとの時期の発達における環境の同様な顕著な変化よりも，知能に大きな変化を生じる」と主張した (p. 89)。同様にブルームは，学力に関連した結果を，「就学前の時期と同様，学校の最初の数年は……学習パターンと一般的達成を発達させる……重要な時期」を示唆するものとして解釈した (p. 127)。

本の出版に先立ち，自分の結論とそれを裏づけるデータを用意して，ブルームは，国会議員が論ずる大統領リンドン・ジョンソンの「偉大なる社会」の要石の1つである経済機会法（EOA）の構造と価値を，アメリカ連邦議会前で検証した。最終形態で，EOA は幼児期教育プログラムであるヘッドスタートを含んだ。ブルームが1999年10月に亡くなったとき，彼の2つの死亡記事の著者はヘッドスタートの創設時の彼の役割を強調した (Honan, 1999; Woo, 1999)。事実，ホーナン（Honan）はブルームの著作で最も影響力のあるものとして『人間の特性の安定と変化』をあげた。

『文化剥奪の補償教育』

文化剥奪のような複雑な教育分野の問題はごくわずかである。これらの教育問題への適切な取り組みは，教育政策作成者，カリキュラムの専門家，教師，指導員を必要とするし，管理者は，私たちの社会の社会的問題が子どもと青年の発達に直接影響し，生徒と学校の間の相互作用に影響している多くのやり方を理解している。(Bloom, Davis, & Hess, 1965, 序文)

1960年代半ば，連邦法の2つの主な法案が議会を通過した。1つ目は前小節で言及した経済機会法（EOA）である（1964年）。2つ目は初等・中等教育法（ESEA）である（1965年）。経済機会法はヘッドスタートを設置したが，初等・中等教育法はタイトル1[訳注1]とフォロースループログラムを設けた。フォロースルーは，教育サポートを幼稚園から3年生まで拡張して，ヘッドスタートプログラムを作り上げようとしていた。タイトル1は，多数の恵まれない，低学力の生徒たちを入学させる通学区域を援助する目的の大規模なプログラム

現代の教育心理学：1960年から現在まで　Ⅲ

であった。これらの3つのプログラムを結合し，「補償教育」の標題のもとに集められた。ブルームと2人のシカゴ大学の同僚，アリソン・デイビス（Allison Davis）とロバート・ヘス（Robert Hess）が，1964年6月8～12日，教育と文化剝奪の研究会議を開催したのはこの国家的状況においてであった。

会議の基金は，合衆国教育局によって提供された。会議の目的は「教育と文化剝奪の問題について既知のものをレビューすること，これらのいくつかの問題を解決するためにやらなければならないことについて提案すること，将来の研究の重要な問題を提起すること」である（Bloom, Davis, & Hess, 1965, p. iii）。会議の議事録は，『文化剝奪の補償教育』のタイトルで，ホールト（Holt），ラインハート（Rinehart），ウィンストン（Winston）によって刊行された。会議の報告は一連の提案を含んでおり，その多くは努力の結果，公共政策に実を結んだ。提案は5つのセクションに分かれている。

1. 基本的要求（例えば，それぞれの子どもは，その日の学習課題を始められるように適切な朝食を保証されなくてはならない［p. 10］）。
2. 初期経験（例えば，親は，保育園―幼稚園で，子どもたちの初期経験の重要さを理解し，これらの特別学校の課題に支援と強化を与えることに，十分取り組まなくてはならない［p. 19］）。
3. 小学校（例えば，小学校の最初の3年間の重要視は，明確な課題や目標への進行の入念な評価記録によって，それぞれの子どもの発達についてなされなければならない……それぞれの子どもの配慮された継続的発達は，小さな課題の連続的な成功の1つとなるはずである［p. 25］）。
4. 黒人の生徒の特別なケース（例えば，特に小学校の低学年で，すべての子どもは，人間の相互作用の最も積極的な状態のもとで学習する必要がある。できるところでは，教師は，年少の子どもに役立つ能力があり，すべての子どもに温かく支持的であることが理由で選ばれなくてはならない［p. 32］）。
5. 青年教育（例えば，それらは生徒たちが仕事と関連して学ぶことができる作業研究でなくてはならない。これは学校，産業，公的機関間の非常に効果的な協働を必要とする［pp. 38-39］）。

ブルーム，デイビス，ヘスは，自分たちの提案のすべてが受理されたのではないことを知っている。だが同時に，文化的に恵まれない子どもと青年を適切に教育する問題に取り組むことは，決定的に重要である。「私たちは，私たちの提案に反対するグループが，私たちが自分たちのものにしようとして注意深く考えられた選択肢を示すように勧告する。何もしないことは，私たちがこの報告の中に作成した提案の選択肢に本当にないのだ」（序文）。

「習得学習」

　それぞれの教師は，自分の生徒のおよそ3分の1が，自分が教えることを十分に学習することを期待して新学期（あるいは課程）を始める。彼は，およそ3分の1の生徒が不合格かかろうじて「合格する」と予想している。つまり，彼はあとの3分の1は自分が教えたことを十分学習するが，「優れた生徒」とは見られないと予想しているのだ……さらに学習する機会を減らし，学校と社会から若者を遠ざけるこのシステムのコストは大変大きく，社会は長い間はそれに耐えられない。たいていの生徒たち（おそらく90％以上）は，私たちが彼らに教えることを習得できる。そして指導の課題は，生徒が検討中の科目を習得できる方法を見つけることである。(Bloom, 1968a, p. 1)

　ジョン・キャロル（John Carroll）(1963) の学校学習のモデルを大いに利用して，ブルームはこの短いニューズレターに習得学習の自分の方略を示したのである。このニューズレターの最初の半分に，ブルームはキャロルのモデルを要約した。キャロルのモデルの中に，習得学習を支えるのに必要な概念転換がある。すなわち，学習の固定されたレベル（つまり，習得）による学ぶ時間の固定量への置き換えである。もし，学習状況にもたらすものが異なる生徒が，学ぶ同じ時間（つまり，固定時間）を与えられるならば，彼らは違う量の学習を学習場面に残すだろう。一方では，学習状況にもたらすものが異なる生徒が，同じレベル（つまり，固定学習か習得）に学ぶことを期待されているならば，彼らは違う量の時間を与えられなければならない。そこで，教師たちの課題は，必要な延長時間を探すことである。同時に，いま使える時間を有効に使用するこ

とである。ニューズレターの後半では、ブルームは、習得に必要な前提条件、習得に必要な操作手続き、習得学習の推定結果のいくつかを詳しく説明している。組み合わせると、前提条件と操作手続きが習得学習の必須の特徴か大事な要素となる (Anderson, 1985; Guskey, 1986)。

初めにブルームが説明したように、これらの特徴や要素は以下の通りである。

- 指導の対象と内容の明細（前提条件）。
- 明細を評価手続きへ転換すること（前提条件）。
- 生徒間の競争とは別の習得と熟達の基準の設定（つまり、絶対的習得基準）（前提条件）。
- コースや教科を学習の小さな単位にすること（操作手続き）。
- 短い診断―過程検査のデザインと管理（つまり、形成的評価）（操作手続き）。
- 生徒が自分の学習のつまずきを修正するのに役立つように別の指導教材や過程を使用する（診断―過程検査成績によって指示される通り）（操作手続き）。

組み合わせると、最後の2つは、一般には「フィードバック／修正」と呼ばれるものである。追加の指導時間が必要なのはフィードバックと修正である。

数年にわたって、多くの研究が、生徒の学習における習得学習プログラムの効果（認知的と情動的の両方で）の調査を行った。これらの研究結果は、ブロック (Block) とバーンズ (Burns) (1976)、ガスキー (Guskey) とゲイツ (Gates) (1986)、ガスキーとピゴット (Pigott) (1988) に要約されている。一般に、結果は、習得学習プログラムの生徒たちは高いレベルに到達し、伝統的プログラムの生徒たちよりももっと積極的な態度と学習の自己概念を持っていることを示した。これらの違いは、しっかりとコントロールされた研究と、プログラムの対象とはっきりと提携したアチーブメントテストによって、特に明らかである。

『人間の特性と学校学習』

　本書の中心テーマは，学習と生徒の学習のレベルの変動は，生徒の学習歴と彼らが受けた指導の質によって決定されるということである。学習者の経歴と指導の質に関係した適切な修正は，生徒たちのばらつきをはっきりと減らし，学習のレベルと費やされた時間と努力の点で，学習の効果を大きく増加する。家庭と学校の学習条件がある考えに接近するところでは，私たちは学習の個人差は消滅していくと考えている。(Bloom, 1976, p. 16)

　本書で，ブルームは学校学習の自分の理論を明らかにしている。学習者の経歴は，認知加入行動（CEB）と情動加入特性（AEC）の観点で定義されている。指導の質（QI）は，4つの要素の観点で定義されている。すなわち，手がかり，参加，強化，フィードバック／修正である。学習者の経歴の2つの点（CEBとAEC）と指導の質の4要素は，学習課題の文脈内（つまり，「コースの学習単位，教科書の1章，あるいはコースやカリキュラムのテーマ」[p. 22]）の中で相互に作用している。ブルームの枠組み内では，1学期や1年間のコースは，学習課題のシリーズあるいは配列で構成されている。学習課題の関係が連続的であると，初期課題の認知的結果と情動的結果は，のちの課題の認知加入行動と情動加入特性になる。

　理論の要素はどのように相互関連しているのだろうか？　ブルームは，生徒たちの認知加入行動の違いは学校成績のばらつきの50％を説明し，情動加入特性の違いは25％を説明すると言った。認知加入行動と情動加入特性は互いに完全には独立していないので，それらは一緒にして学校成績のばらつきの65％の説明が期待できた。最終的に指導の質が加わると，認知加入行動，情動加入特性，それに指導の質は，学校の成績のばらつきの80％以上（p. 174）と90％以上（p. 169）の説明が期待できるのである。

　『人間の特性の安定と変化』のように，ブルームは，自分の理論を検証するために現在の研究のデータを使用した。彼は研究を，マクロレベル研究（つまり，かなり長期間行われた比較的大規模な研究）とマイクロレベル研究（例えば，数週間か数ヶ月間行われた小規模な実験的研究）に分けた。指導の質のまったく特別

な要素（例えば，教材の説明，生徒の学習への取り組み，フィードバックと修正）は，マクロレベルの研究に含まれたが，習得学習（前小節で述べたように）はマイクロレベルの研究の指導の質の複合指標として使用された。

　研究の結果は，認知加入行動と学業の関係の予想された大きさを支持した。だが，情動加入特性と学業との関係は，認知加入行動だけの予測力をほとんど増やさず，いくぶん予想よりは小さかった。さらに，認知加入行動，情動加入特性，学業の指導の質の多重相関は，およそ0.80であった。このように，学業のばらつきの3分の2ほどは，仮定された80～90％とは対照的に，3つの主な理論的構成概念（CEB，AEC，およびQI）に起因していることがわかったのである。

『若い人々の才能を開発すること』

　　才能の発達の非常に優れたレベルは，あるタイプの環境のサポート，特別な経験，優れた指導，それぞれの発達段階の適切な動機づけとなる励ましを必要とする。生まれつきの才能の質がどうであれ，私たちが研究してきた個人それぞれは，思いやりのある両親の世話と教師とコーチの優れた連続した助言と管理のもとで，固有な発達の数年を過ごしたのである。(Bloom, 1985, p. 543)

　才能研究プロジェクトの開発（DTRP）は，8名の「主な研究員」(p. 15) が参加して，120の非常に優れた個人のサンプルを6つの才能分野に分けて，完成するまで4年以上が必要であった。その分野は，コンサートピアニスト，オリンピックの水泳選手，世界クラスのテニスプレーヤー，受賞歴のある彫刻家，数学研究者，神経学研究者である。

　120人全部が，2時間から8時間続くそれぞれの質問でインタビューをされた。必要なときに短い「追跡」インタビューが行われた。事実上，全部の親が，主任教師と主なコーチと同じように，インタビューされた。親，教師，コーチは短めであった。

　結果は，才能発達の経過が3相に分けられた。第1相は，プレイとロマン

スで，励まし，興味と関与，探求の自由，即座の報酬を特徴とする。第2相は，技術的精密さと原理であり，スキル，技術，「正確さの習慣」（p. 434）を特徴とする。最後の第3相は，一般化と統合であり，個性の発達と固有の才能分野が人生の重要な部分になるという認識を特徴とする。

両親は，自分たちの子どもの才能の発達において，重要な，おそらく決定的な役割を担うことに気づく。彼らは子どもたちに何が大切かを伝える（達成の価値と才能領域の価値の両方を）。早い時期に，彼らは子どもに才能の分野を説明する。のちの段階で，彼らは子どものために，才能の分野で正式の指導を受けられるように準備をする。初期では，親は子どもの授業と練習に直接関わる。のちには，親の役割は，自然に管理的で援助的になる。たいていの場合，「家族のルーティーンは……子どもたちの練習のスケジュールを調整することである」（p. 461）。

研究結果に基づいて，ブルームたちは，研究されたこれらのすべてによって共有された3つの全体の質を同定した。個人は以下のものを持つ。

- 「特定の才能分野への強い関心と情動的関与」。
- 「才能分野で高いレベルに到達したいという願い」。
- 「時間と労力の大きな量をかける意欲が，才能分野で非常に高いレベルに到達するのに必要である」（p. 544）。

共通テーマ

5つの主要なテーマがブルームの著作に見られる。まず，ブルームは，支配的な教育の時代精神によって大きくは影響されなかった。これは彼の初期の研究に非常にはっきりと見ることができる。彼は，思考過程が全然認められないか，生徒たちが提供した解決や彼らが与えた回答から推論される問題解決過程の研究を，同時に行っていた。さらに，彼は，心理学の発展の初期にもてはやされたのだが，人気を失いほとんど使用されなかった内省という方法を使った。彼はその有効性を示した。

同様に，彼は，心理学的方向づけにおいて驚くほど多岐にわたる教育対象の

分類システムを定式化することを支援した。5つの異なった理論的見方から分類法を検討したあとで、ローハー（Rohwer）とスローン（Sloane）(1994) は次のように書いている。

　　私たちは……もし著者たちが分類法を今日もう1度作り上げることにとりかかるなら、彼らがどんな心理学的前提を作るかという問題に自分たちが興味を引きつけられていることに気がついただろう。私たちは、その見方が現在有力であっても、彼らの前提が認知科学の原理を素直に取り上げられることに疑問を持つ。実際、私たちは、著者たちは、自分たちが優勢であったとき行動主義者たちを喜ばせるよりも、今日の認知科学者を喜ばせるために、彼らの信念を抑える気にはならないと考えている。(p.62)

第2のテーマは、異なる環境が人々に及ぼす非常に大きな影響に関係している。『若い人々の才能を開発すること』の序文に、ブルームは次のように書いている。

　　海外でも合衆国でも、学校学習に関する徹底した研究の40年後の、私の主な結論はこうである。世界のどんな人でも学ぶことができる、もし学習の適切な事前の、また当該の条件が与えられれば、ほとんどすべての人が学ぶことができるのだ。(p.4)

適切で効果的な教育環境で、生徒は問題解決スキル（Bloom & Broder, 1950）を向上させ、経済的、文化的な不利な立場（Bloom, Davis, & Hess, 1965）を克服し、学校カリキュラム（Bloom, 1968a; 1976）を習得し、非常に高いレベル（Bloom, 1985）にまで才能を伸ばすことが促進される。「学習についての教師や学校の目に見える効果はないという、多くの悲観的な記録にもかかわらず、私たちは、生徒たちが受けている指導の質は彼らの学力と学習過程に実証できる効果を持つと考えている」（Bloom, 1976, p.171）。

　教育環境は学校だけではない。教育環境としての家庭環境は、生徒の学習と発達に重要な役割を果たす（Bloom, Davis, & Hess, 1965; Bloom, 1985）。だが、違

いを生み出すのは，社会的立場や経済的立場ではなく，親と子ども間の家庭なのである（Bloom, 1981b; Bloom, 1986b）。ブルーム（1981b）の言葉では，「初期の子どもの学習発達の主な原因は，親がいることではなく親がすることである」(p. 75)。才能の発達研究（Bloom, 1985）では，子どもの才能が並はずれたレベルに達する機会を与えるために，親は仕事を変え，引越ししたのである。

環境主義者のブルームがはっきり姿を現すのは，『人間の特性の安定と変化』においてである（Anderson, 1996a）。「学習にはいくらかの遺伝的可能性はあるには違いないが，学習が向かう方向は，環境によって最も強く決定される」(Bloom, 1964, p. 209)。同様に，「学習の遺伝的可能性が何であろうと，環境が学習の対象や範囲まで決めるのは，ほとんど間違いない」(Bloom, 1964, p. 210)。

第3のテーマは，人間の大きな可能性に関するものである。彼の最後の主な研究で，ブルーム（1985）は以下のように述べている。「おそらくこの研究の主な価値は，人間の可能性への多くの新たな洞察と，それが現実の達成に変換される手段を記録することである……あらゆる研究の基底にあるのは，人生の質は個人が多少の役割と人間の努力の場の達成感を持つことに左右されるという考えである」(p. 18)。そしてブルームの学生なら「すべての子どもたちは学ぶことができる，という今日の教育分野の信念」を決して忘れることはないだろう（Breslin, 1999, p. x）。

人々は変わることができる，彼らは学ぶことができる，彼らは才能を伸ばすことができる。彼らはできるし，できるようになるのだ。第2のテーマと一致して，この問題の回答の部分は，自分たちが身を置いていると気づく環境の種類に左右される。「ある時点で文化的に剥奪された子どもの知能の測定は，もしもっとよい条件が家庭および／あるいは学校でその後に与えられるなら，子どもが学校で学べる上限を決められない」(Bloom, Davis, & Hess, 1965, p. 12; 強調は引用者)。

上記の質問への回答の第2の部分は，人々が固有の環境にいる自分に気づくときである。強い環境への介入（Bloom, 1964）にはおそらく成功する「絶好のタイミング」がある。例えば，「小学校の最初の3年間は決定的である。もし学習が3年間にうまくいかず満足が得られないなら，子どもの全体の教育

キャリアは本当に危うくなる」(Bloom, 1964, p. 22)。

　第4のテーマは教育の目的に関係している。全キャリアを通して，ブルームは試験委員会のオフィスで働いているときに出会った一般教育の目的に忠実であり続けた。「20世紀半ばには，私たちは，急激な変化と予想できない文化の中にいるのは明らかである……。これらの条件のもとでは，多くの力点が……問題に取り組む一般化された方法の発展と広範な場面に適用できる知識に置かれなくてはならない」(Bloom, Englehart et al., 1956, p. 40)。さらに，「情報学習への現存の強調よりも問題解決の高次心理的過程への強調が増えなければならない……加えて，主題の些細な点よりも，基本的な考え，構造，それぞれの主題についての探求の方法の強調が増える必要がある」(Bloom, Davis, & Hess, 1965, p. 3)。

　前のものと少なくとも多少関係のある第5のテーマは，私たちの社会の就学の目的と関係している。自分の著作全体を通して，ブルームは，生徒を分類し選択することが主要な責任であると見る学校制度に，非常に批判的であり続けた。「合衆国の教育制度を次の10年間で再形成する的確な方法を決めることは，現在では難しい。1つの大きな変化は，教育概念を，地位を与え選択するシステムから個々人を最高の可能性まで発展させるシステムへと移行させることだろう」(Bloom, 1965, p. 2)。20年後になっても，彼の確信は変わらなかった。

　　　個人が長期間学校に通うことを求める，教育や就学に大きな価値を置く社会は，教育が個々の学習者に魅力的で有意味な方法を探さなくてはならない。もはや現代社会は，才能の選択では耐えられない。社会は才能を開発する方法を見つけなくてはならないのだ。(Bloom, 1985, p. 17)

彼の遺産 [4]

　ブルームの遺産とは何だろうか？　私は，彼は3つのことを記憶させたのだと思う。彼は私たちに，可能性の世界を紹介した。機械的暗記を超えた向こ

うに教育の対象がある。選抜集団ではなくとも，すべての生徒たちが，学ぶことができ，しかも十分に学べるのである。才能はわずかな人にしかないものではない，それは多くの人に発展させられるものである。仮にブルームがこれ以上のことを何もしなかったとしても，彼は教育に多大な貢献をしただろう。だが実際に彼は多くをやってのけたのである。

彼は，個人の幸福のため，また社会の向上のため，教育の力を信じた。教育は，子どもたちが年少のときのほうがより力を発揮するかもしれないが，遅すぎること決してない。「学習の特性がプラスにあるいはマイナスに変えられない個人史の時期はほとんどないのである」（Bloom, 1976, p. 137）。子どもが，年齢が上がるにつれて，指導はいちだんと向上する必要があった。とりわけ，よい指導が重要だったのである。

- 明確な教育目標を伝えること。
- 学習に対する積極的な生徒の取り組みを促進すること。
- 学習進度対テストと評価の他の形態をモニターすること。
- 学習の長所と弱点を生徒たちにフィードバックすること。
- 生徒が，今後の学習を妨げる範囲を増やさないうちに，学習のつまずきを乗り越えるように支援すること。

教育ができるだけ有効であることを確認するために，彼は私たちが「2シグマ問題」と名づけた問題を解決することに挑戦した（Bloom, 1984）。有効なデータに基づいて，ブルームは，個人指導を受けた生徒の平均は，標準化されたアチーブメントテストに関して，伝統的集団指導を受けた生徒の平均よりも，2標準偏差高い得点をしたと主張した。ギリシャ語の記号シグマ（Σ）は，母集団の標準偏差を示すために使用されているので，1対1の個人指導と同じ効果がある集団指導を計画し伝えるやり方を探る問題は，「2シグマ問題」として知られるようになった。この章の最初の草稿をレビューして，トーマス・ガスキー（Thomas Guskey）は，2シグマ問題は，「ブルームの研究の楽天主義のよく知られた例であり，彼の思考の枠組みであり，彼の他の教育者への挑戦である」と述べている。

ガスキーの解説は，ブルームが記憶される可能性の高い第3のものにうまくつながる。彼は，私たちに，教育問題の思考と対話についての枠組みを与えた。すなわち，分類法，学校学習の彼の理論，彼の才能発達の段階である。クラスウォール（Krathwohl）（1994）の言葉によれば，ブルームはヒューリスティックを私たちに与えてくれた。クラスウォールによれば，「ヒューリスティックな枠組みは，それらが活性化する思考に，新たな洞察と理解を導くので価値があるのである」（p. 182）。思考を活性化し，新たな洞察を促進し，理解を深化させることよりも大きな遺産をその分野に残せた者は，彼以外に存在しない。

謝　辞

トーマス・ガスキー博士，デイビッド・クラスウォール（David Krathwohl）博士，リチャード・ウルフ（Richard Wolf）博士，ソフィー・ブルーム（Sophie Bloom）夫人の本章の初期の草稿に寄せられたコメントに対して，深謝申し上げる。

原 注

(1) ソフィー・ブルーム夫人に，本節の多くの情報を提供いただいたことに感謝する。
(2) 大学の定年退職年齢は70歳だったので，ブルームは1983年に大学を規則上退いた。次の8年間，彼はノースウェスタン大学で教えた。だが，彼は1996年までシカゴ大学教育学部に研究室を持っていた。
(3) 本章の初期の草稿のコメントで，ディック・ウルフは，ブルームが「恒常」という用語を絶対的安定性の言及に使用し，「恒常性」の用語を相対的安定性に使用したことを覚えていた。ウルフについては，ブルームは『人間の特性の安定と変化』の序文で，「ウルフ博士は，特に，自分で自分自身のものと彼の研究との考えを区別することが，いまとなっては難しいレベルのこの研究に寄与してくれた」と書いている（Bloom, 1964, p. ix）。
(4) 本章の初期の草稿を検討した2人の同僚，ディック・ウルフとトーマス・ガスキーは，私がブルームの教師とメンターとしての遺産についてコメントするよう提案してくれた。

ウルフは,「私が気づいた大きな見落としは,ベンの教師としての,メンターとしての優秀さを述べていないことだ。MESA プログラムを始めたベンは,本当の先駆者だった。彼は,いまは合衆国だけでなく世界中の指導的地位に就いている数世代の大学院生を指導した」と言っている。私は2人の著名な同僚に同意するが,コメントは十分ではないと考えている。それどころか,私は,『教師とメンター——教育の著名な20世紀の教授のプロフィール (*Teachers and Mentors: Profiles of Distinguished Twentieth-Century Professors of Education*)』の私の章を読む教師とメンターである,ブルームの遺産に興味を持った人たちを激励したい (Anderson, 1996a)。

訳 注
1——アメリカ教育省の「不利な立場の人々の学術成果を向上させる」規定。

文 献

Aikin, W. (1942). *Adventure in American education, Vol. 1: Story of the Eight Year Study*. New York: Harper & Brothers.

Anderson, L. W. (1985). A retrospective and prospective view of Bloom's "learning for mastery." In M. C. Wang & H. J. Walberg (Eds.), *Adapting instruction to individual differences*. Berkeley, CA: McCutchan.

Anderson, L. W. (1994). Research on teaching and teacher education. In L. W. Anderson & L. A. Sosniak (Eds.). (1994). *Bloom's taxonomy: A forty-year retrospective*. Chicago: University of Chicago Press.

Anderson, L. W. (1996a). Benjamin Bloom, values and the professoriate. In C. Kridel, R. V. Bullough, Jr., & P. Shaker (Eds.), *Teachers and mentors: Profiles of distinguished twentieth-century professors of education* (pp. 45-54). New York: Garland.

Anderson, L. W. (1996b). If you don't know who wrote it, who won't understand it: Lessons learned from Benjamin S. Bloom. *Peabody Journal of Education, 71*, 77-87.

Anderson, L. W. & Sosniak, L. A. (Eds.). (1994). *Bloom's taxonomy: A forty-year retrospective*. Chicago: University of Chicago Press.

Axelrod, J., Bloom, B. S., Ginsburg, B. E., O'Meara, W., & Williams, J. C., Jr. (1948). *Teaching by discussion in the college program*. Chicago: University of Chicago.

Block, J. H., & Burns, R. B. (1976). Mastery learning. In L. S. Shuman (Ed.), *Review of research in education* (Vol. 4, pp. 3-49). Itasca, IL: Peacock.

Bloom, B. S. (1944). Some major problems in educational measurement. *Journal of*

Educational Research, 38, 139-142.

Bloom, B. S. (1947). Implications of problem-solving difficulties for instruction and remediation. *School Review, 55,* 45-49.

Bloom, B. S. (1949). A taxonomy of educational objectives: Opening remarks of B. S. Bloom for the meeting of examiners at Monticello, Illinois, November 27, 1949. In D. R. Krathwohl (Ed.), *Summary report, college and university examiner's taxonomy conference.* Champaign, IL: Bureau of Research and Service, College of Education, University of Illinois.

Bloom, B. S. (1953a). Personality variables and classroom performance. *Journal of the National Association of Deans of Women, 16*(4), 13-20.

Bloom, B. S. (1953b). Test reliability for what? *Journal of Educational Psychology, 45,* 517-526.

Bloom, B. S. (1953c). Thought processes in lectures and discussions. *Journal of General Education, 7*(3), 160-169.

Bloom, B. S. (1954a). Changing conceptions of examining at the University of Chicago. In P. Dressel (Ed.), *Evaluation in general education.* Dubuque, IA: Brown. [Reprinted in Bloom, B. S. (1981). *All our children learning.* New York: McGraw-Hill.]

Bloom, B. S. (1954b). Thought processes of students in discussion classes. In S. French (Ed.). *Accent on teaching: Experiments in general education* (pp. 23-48). New York: Harper Brothers.

Bloom, B. S. (1957). The 1955 normative study of the Tests of General Educational Development. *School Review, 64*(3), 110-124.

Bloom, B. S. (1958a). *Evaluation in secondary schools.* New Delhi, India: All India Council for Secondary Education.

Bloom, B. S. (1958b). Ideas, problems, and methods of inquiry. In P. Dressel (Ed.), *Integration of educational experiences.* Chicago: University of Chicago Press.

Bloom, B. S. (1961). *Evaluation in higher education.* New Delhi, India: University Grants Commission.

Bloom, B. S. (1963a). Report on creativity research. In C. W. Taylor & F. X. Barron (Eds.), *Scientific creativity, its recognition and development* (pp. 251-264). New York: Wiley.

Bloom, B. S. (1963b). Testing cognitive ability and achievement. In N. L. Gage (Ed.), *Handbook of research on teaching.* New York: Rand McNally.

Bloom, B. S. (1964). *Stability and change in human characteristics.* New York: Wiley.

Bloom, B. S. (1965). The role of the educational sciences in curriculum development. *International Journal of the Educational Sciences, 1,* 5-15.

Bloom, B. S. (1966a). The international study of educational achievement: Development of hypotheses. In P. Dressel (Ed.), *Proceedings of the 1965 Invitational Conference on Testing Problems*. Princeton, NJ: Educational Testing Service.

Bloom, B. S. (1966b). Peak learning experiences. In M. Provus (Ed.), *Innovations for time to teach*. Washington, DC: National Educational Association.

Bloom, B. S. (1966c). Stability and change in human characteristics: Implications for school reorganization. *Educational Administration Quarterly, 2*, 35-49.

Bloom, B. S. (1966d). Twenty-five years of educational research. *American Educational Research Journal, 3*, 211-221.

Bloom, B. S. (1968a). Learning for mastery. *UCLA Evaluation Comment, 1*(2), (entire).

Bloom, B. S. (1968b). R & D centers: Promise and fulfillment. *Journal of Research and Development in Education, 1*(4), 101-113.

Bloom, B. S. (Ed.). (1969a). *Cross-national study of educational attainment: Stage 1 of the I.E.A. investigation in six subject areas*. Washington, DC: U.S. Department of Health, Education, and Welfare.

Bloom, B. S. (1969b). Some theoretical issues relating to educational evaluation. In R. Tyler (Ed.), *Educational evaluation* (pp. 26-50). Chicago: University of Chicago Press.

Bloom, B. S. (1970). Toward a theory of testing which includes measurement-evaluation-assessment. In M. C. Wittrock & D. E. Wiley (Eds.), *The evaluation of instruction*. New York: Holt, Rinehart & Winston.

Bloom, B. S. (1971). Affective consequences of mastery learning. In J. H. Block (Ed.), *Mastery learning: Theory and practice*. New York: Holt, Rinehart & Winston.

Bloom, B. S. (1972). Innocence in education. *School Review, 80*, 332-352.

Bloom, B. S. (1973). Individual differences in school achievement: A vanishing point? In L. J. Rubin (Ed.), *Facts and feelings in the classroom*. New York: Walker.

Bloom, B. S. (1974a). Implications of the lEA studies for curriculum and instruction. *School Review, 82*, 413-435.

Bloom, B. S. (1974b). Time and learning. *American Psychologist, 29*, 682-688.

Bloom, B. S. (1976). *Human characteristics and school learning*. New York: McGraw-Hill.

Bloom, B. S. (1977a). Affective outcomes of school learning. *Phi Delta Kappan, 59*(3), 193-198.

Bloom, B. S. (1977b). Favorable learning conditions for all. *Teacher, 95*(3), 22-28.

Bloom, B. S. (1977c). Only one-third of children learning. *Intellect, 106*(2390), 8-9.

Bloom, B. S. (1978a). Changes in evaluation methods. In R. Glaser (Ed.), *Research and development and school change* (pp. 67-82). Hillsdale, NJ: Lawrence Erlbaum

Associates.

Bloom, B. S. (1978b). New views of the learner: Implications for instruction and curriculum. *Educational Leadership, 35*, 563-571.

Bloom, B. S. (1979). New views of the learner: Implications for instruction and curriculum. *Childhood Education, 56*, 4-11.

Bloom, B. S. (1980). The new direction in educational research: Alterable variables. *Phi Delta Kappan, 61*(6), 382-385.

Bloom, B. S. (1981a). *All our children learning.* New York: McGraw-Hill.

Bloom, B. S. (1981b). Early learning in the home. In B. S. Bloom (Ed.), *All our children learning* (pp. 67-87). New York: McGraw-Hill.

Bloom, B. S. (1981c). Talent development vs. schooling. *Educational Leadership, 39*(2), 86-94.

Bloom, B. S. (1982a). The master teachers. *Phi Delta Kappan, 63*(1), 664-668.

Bloom, B. S. (1982b). The role of gifts and markers in the development of talent. *Exceptional Children, 48*, 510-522.

Bloom, B. S. (1984). The 2 sigma problem: The search for methods of group instruction as effective as one-to-one tutoring. *Educational Researcher, 13*(6), 4-16.

Bloom, B. S. (Ed.). (1985). *Developing talent in young people.* New York: Ballantine.

Bloom, B. S. (1986a). Automaticity: The hands and feet of genius. *Educational Leadership, 43*(5), 70-77.

Bloom, B. S. (1986b). The home environment and school learning. In Study Group on the National Assessment of Student Achievement (Ed.), *The nation's report card* (pp. 47-66). Washington, DC: Author.

Bloom, B. S. (1986c). The international seminar for advanced training in curriculum development and innovation. In T. N. Postlethwaite (Ed.), *International educational research: Papers in honor of Torsten Husén* (pp. 145-162). Oxford, England: Pergamon.

Bloom, B. S. (1986d). What we're learning about teaching and learning: A summary of recent research. *Principal, 66*(2), 6-10.

Bloom, B. S. (1987). Response to Slavin's mastery learning reconsidered. *Review of Educational Research, 57*, 507-508.

Bloom, B. S. (1988a). Helping all children learn well in elementary school—and beyond. *Principal, 67*(4), 12-17.

Bloom, B. W. (1988b). Response to Slavin. *Educational Leadership, 46*(2), 28.

Bloom, B. S. (1994). Reflections on the development and use of the taxonomy. In L. W. Anderson & L. A. Sosniak (Eds.), *Bloom's taxonomy: A forty-year retrospective* (pp. 1-8).

Chicago: University of Chicago Press.
Bloom, B. S., & Allison, J. M. (1949). Developing a college placement test program. *Journal of General Education, 3*(3), 210-215.
Bloom, B. S., & Allison, J. M. (1950). The operation and evaluation of a college placement program. *Journal of General Education, 4*(3), 221-233.
Bloom, B. S., & Broder, L. J. (1950). *Problem-solving processes of college students: An exploratory investigation*. Chicago: University of Chicago Press.
Bloom, B. S., Davis, A., & Hess, R (1965). *Compensatory education for cultural deprivation*. New York: Holt, Rinehart & Winston.
Bloom, B. S., Englehart, M. D., Furst, E. J., Hill, W. H., & Krathwohl, D. R. (1956). *Taxonomy of educational objectives, Handbook 1: The cognitive domain*. New York: Longman.
Bloom, B. S., Hastings, J. T., & Madaus, G. (1971). *Handbook on formative and summative evaluation of student learning*. New York: McGraw-Hill.
Bloom, B. S., & Heyns, I. V. (1956). Development and applications of tests of educational achievement. *Review of Educational Research, 26*, 72-88.
Bloom, B. S., Madaus, G. F., & Hastings, J. T. (1981). *Evaluation to improve learning*. New York: McGraw-Hill.
Bloom, B. S., & Peters, E (1961). *Use of academic prediction scales for counseling and selecting college entrants*. Glencoe, IL: Free Press.
Bloom, B. S., & Statler, C. (1957). Changes in the states on the Tests of General Educational Development. *School Review, 65*(2), 202-221.
Bloom, B. S., & Rakow, E. (1969). Higher mental processes. In R. L. Ebel (Ed.), *The encyclopedia of educational research* (4th ed., pp. 594-560). New York: Macmillan.
Bloom, B. S., & Ward, F. C. (1952). The Chicago Bachelors of Arts Degree after ten years. *Journal of Higher Education, 23*, 459-467.
Bloom, B. S., & Webster, H. (1960). The outcomes of college. *Review of Educational Research, 30*, 321-333.
Brandt, R. (1979). A conversation with Benjamin Bloom. *Educational Leadership, 37*(2), 157-161.
Breslin, M. M. (1999, September 13). Benjamin Bloom, U. of C. prof who saw potential of all to learn. *Chicago Tribune*.
Bruner, J. S. (1992). Another look at new look 1. *American Psychologist, 47*, 780-783.
Chase, P. (1987). Master of mastery: This 73-year old scholar in a business suit would gladly ruin American education. *Psychology Today, 21*, 42-47.

Chung, B. M. (1994). The Taxonomy in the Republic of Korea. In L. W. Anderson & L. A. Sosniak (Eds.), *Bloom's taxonomy: A forty-year retrospective* (pp. 164-173). Chicago: University of Chicago Press.

Cox, C. H. (1979). Basic skills through mastery learning: An interview with Benjamin S. Bloom, Part I. *Curriculum Review, 18*(5), 362-365.

Cox, C. H. (1980). Basic skills through mastery learning: An interview with Benjamin S. Bloom, Part II. *Curriculum Review, 19*(1), 10-14.

Degenhart, R. E. (Ed.). (1990). *Third years of international research: An annotated bibliography of IEA publications (1960-1990)*. The Hague, Holland: IEA Headquarters, SVO.

Furst, E. J. (1994). Bloom's taxonomy: Philosophical and educational issues. In L. W. Anderson & L. A. Sosniak (Eds.), *Bloom's taxonomy: A forty-year retrospective* (pp. 28-40). Chicago: University of Chicago Press.

Guskey, T. R. (1986, April). *Defining the critical elements of a mastery learning program*. Paper presented at the Annual Meeting of the American Educational Research Association, San Francisco, CA.

Guskey, T. R., & Gates, S. L. (1986). Synthesis of research on the effects of mastery learning in elementary and secondary classrooms. *Educational Leadership, 43*(8), 73-80.

Guskey, T. R., & Pigott, T. D. (1988). Research on group-based mastery learning programs: A meta-analysis. *Journal of Educational Research, 81*, 197-216.

Honan, W. H. (1999, September 13). Benjamin Bloom, 86, a leader in the creation of Head Start. *New York Times*.

Husen, T. (Ed.). (1967). *International study of achievement in mathematics: A comparison of twelve countries*. New York: Wiley.

Kellaghan, T., Sloane, K., Alverez, B., & Bloom, B. (1993). *The home environment and school learning*. San Francisco: Jossey-Bass.

Krathwohl, D. R. (1994). Reflections on the taxonomy: Its past, present, and future. In L. W. Anderson & L. A. Sosniak (Eds.), *Bloom's taxonomy: A forty-year retrospective* (pp. 181-202). Chicago: University of Chicago Press.

Krathwohl, D. R., Bloom, B. S., and Masia, B. (1964). *Taxonomy of educational objectives, Handbook 2: The affective domain*. New York: Longman.

Lewy, A., & Bathory, Z. (1994). The taxonomy of educational objectives in continental Europe, the Mediterranean, and the Middle East. In L. W. Anderson & L. A. Sosniak (Eds.), *Bloom's taxonomy: A forty-year retrospective* (pp. 146-163). Chicago: University

of Chicago Press.
Postlethwaite, T. N. (1994). Validity vs. utility: Personal experiences with the Taxonomy. In L. W. Anderson & L. A. Sosniak (Eds.), *Bloom's taxonomy: A forty-year retrospective* (pp. 174-180). Chicago: University of Chicago Press.
Richardson, M. W., Russell, J. T., Snalnaker, J. M., & Thurstone, L. L. (1933). *Manual of examination methods.* Chicago: University of Chicago Board of Examinations.
Richardson, M. W., & Kuder, C. F. (1939). The calculation of test reliability coefficients based on the method of rational equivalence. *Journal of Educational Psychology, 31,* 681-687.
Rohwer, W. D., Jr., & Sloane, L. (1994). Psychological perspectives. In L. W. Anderson & L. A. Sosniak (Eds.), *Bloom's taxonomy: A forty-year retrospective* (pp. 41-63). Chicago: University of Chicago Press.
Smith, E. R., & Tyler, R. W. (1942). *Appraising and recording student progress.* New York: Harper & Brothers.
Snalnaker, J. M. (1934). The construction and results of a twelve-hour test in English composition. *School and Society, 39,* 193-198.
Sosniak, L. A. (1994). The Taxonomy, curriculum, and their relations. In L. W. Anderson & L. A. Sosniak (Eds.), *Bloom's taxonomy: A forty-year retrospective* (pp. 103-125). Chicago: University of Chicago Press.
Stern, G. G., Stein, M. I., & Bloom, B. S. (1956). *Methods in personality assessment.* Glencoe, IL: Free Press.
Thurstone, L. L. (1937). *Manual of examination methods* (2nd ed). Chicago: University of Chicago Bookstore.
Wolf, R. (2000). Benjamin S. Bloom. *IEA Newsletter, 26,* 1.
Woo, E. (1999, September 17). Benjamin S. Bloom, Education scholar's research influenced Head Start program. *Los Angeles Times.*

第16章

パスツールの象限に該当する業績：
N・L・ゲイジの教育心理学への寄与

デイビッド・C・バーリナー
（アリゾナ州立大学）

N・L・ゲイジ（N. L. Gage）は，私たちの分野で最も一貫性のある考えを持ち続けた学者の1人であった。彼は自分が求めているものは何かを明らかにしてきた。彼は，教授の技術の科学的根拠に劣らないものを求めていた（例えば，Gage, 1978）。なぜ教授は実践的技術として受け入れられなかったのか？結局のところ，教師は，定式，規則あるいはアルゴリズムを厳密に守れなかったのである。教授は，普通，個別化，即興性，独創性，感情の繊細さを必要とする。要するに，教授は芸術的手腕を必要とし，場面は複雑なので，その芸術的手腕はリアルタイムで，公開の場で示されることが必要である。多くの学者にとっては，これらは科学の支援を締め出すという雇用の条件であった。だが，N・L・ゲイジは，一貫してそのような失望は不当だと見たのである。

質問の方法と多数の知識が科学的地位に座れるかどうかは大きな問題である。科学的方法は，世界の特定の重要な面の有効な知識に至る主要な方法として認められている。自然科学の勝利は，私たちを，同じ一般的方法を使って，人間に関する事柄の世界の同じ成果の探究につなげてきた。（Gage, 1994, p. 565）

だが科学的知識によって私たちは何を示そうとするのか？　まず，知識は，観察と経験に基づいて獲得される。つまり，周知であり，原則として必要な訓練と施設を備えていて，他の人が利用できる方法によってである。次

に，科学的知識は，比較的正確で，明確に定義されて，信頼性のある手段や手続きで手に入れられたものだ。

　第3に，科学的知識は，研究者の好み，希望，偏見，個人的利益よりもデータによって決められており，比較的客観的である。第4に，科学的知識は，ある研究者の結果が，必要な力を持つ他の研究者によっても獲得される再現可能性がある。第5に，科学的知識は，偽りのない意見のまとめられた体系か理論的枠組みへと発展する，比較的体系的で累積的なものである。第6に，科学的知識は，変数間の関係の理解や説明，別の変数の初めの知識に基づいたある変数の価値の偶然よりマシな正確さを持つ予測，別の変数の意図的な変化の結果としてある変数のコントロールか改善を可能にした。結局，科学的知識は，それの誤りを立証しようとして残ってきたのである。(Gage, 1992, p. 9)

　例を用意して，ゲイジは，この基準を満たす科学研究は教育分野で何度も使用されており，それらの研究は自分がすべての科学研究で見事に見つけた特性を備えた結果を出したと指摘している（Gage, 1994; 1999参照）。さらに，ゲイジは，これらの実験的結果は，教授を改善するために意図的に用いられることができると述べている。そしてそれは，まさしくN・L・ゲイジが自分のために，また教育心理学という私たちの分野のために設定した目標である。ゲイジ教授は，パスツール（Pasteur）の象限[訳注1]の中で人生を懸けて努力したのであった（Stokes, 1997）。

　科学研究に取り組もうとする動機づけは，そのルーツを4つの象限の1つにあると考えられよう。2×2の表を考えてみよう。表の1次元は「基本的理解の探索」と名づけられ，「はい」と「いいえ」の値を持つ。表の他の次元は「利用の検討」と名づけられ，それもまた「はい」と「いいえ」の値を持つ（参考図1）。

　「いいえ」と「いいえ」の共通するセルは，科学研究をしようとする動機づけが理解にも利用の方向にも向けられておらず，空欄である。科学に取り組む動機づけのないセルである。他のセルは非常に興味深いものだ。

　理解の探索が重要で（「はい」），その知識の利用には関心がない（「いいえ」）

現代の教育心理学：1960年から現在まで

		利用の検討	
		いいえ	はい
基本的理解の探索	はい	ニールス・ボーア	ルイ・パスツール N・L・ゲイジ
	いいえ		トーマス・エジソン

参考図1　パスツールの象限（訳者作成）

セルは，例えばニールス・ボーア（Niels Bohr）のような「純粋」科学者の研究によって特徴づけられる。理解にこれといった関心がないセルは「いいえ」だが，私たちの科学的結果の利用には非常に関心が持たれている。「はい」は応用研究の領域である。トーマス・エジソン（Thomas Edison）の研究が当てはまるのはここである。ここで私たちにとって最も関心のあるセルは，科学的理解に大いに関心があるセルで，「はい」だ。それと，有効な科学研究をすることに同様に大きな関心を持つのも「はい」である。「はい」，「はい」セルはパスツールが努力したところである。それは，役に立つ探索（例えば，天然痘を治すワクチン，いま低温殺菌と呼ばれている処理）と関係のある過程の深い理解の探索（医学に革命をもたらした細菌論）があるところである。これはまたN・L・ゲイジが仕事をした象限である。彼の研究は教授を改善しようとして設計された。さらに，彼は教授，学習，教育に関わる深い過程の理解を求めたのである。彼は，教師の行動を研究し，それを向上させた。また彼は教授理論の開発に取り組み，その実験的研究をより大きな枠組みに統合した。

　これらのポストモダンの時代は，今世紀の前半までに保たれていた科学の概念の欠陥を暴露した。そのときに，N・L・ゲイジは自分の訓練を受け止め，認識の他のすべての方法よりも科学を優先しようと決めた。だが，科学に不備があり，科学の再概念化が必要だと認めることは，すでに結論した人がいるように，私たちが科学をあきらめることを強制しない。それよりも，フィリップ（Phillip）とバーベルズ（Burbules）が述べ，N・L・ゲイジが評価したように，

科学のポスト実証主義哲学は，信頼できる知識を確立し，科学への批判をなだめる哲学的基準を満たすことができる。ポスト実証主義は，科学の文脈，教授の研究分野の原因結果関係についての合理的要求を用意したのである。

　教授についてのゲイジの実験的研究と科学研究の理論的擁護は，粘り強かったし，特に教育研究と全体では社会科学の伝統的科学の役割を持った，私たちの現在の信念の少なからぬ根拠でもあった（Gage, 1996）。それは，実験的科学者として，彼に教育心理学者たちの共同体の尊重を与える教育における科学の役割の擁護者としての，ゲイジ教授の業績であった。私は，彼の良識，ユーモア，愛情，変わらぬ楽天主義，指導性，この分野の多くの他の学者との友情のゆえに，彼は私たちの世界で尊敬されていると考えている。ナサニエル・リー・ゲイジ（Nathaniel Lee Gage）を際立たせているのは，優れた専門性とその人の行動のモデリングである。

背　景

　私が書いたように（2001年，夏），ナサニエル・リー・ゲイジ（友人からはネートと呼ばれていた）は65年間心理学と付き合ってきた！　ネートには，パスツールの象限に向かう旅の道筋はまだ明確ではなかったのである。
　N・L・ゲイジは，1917年，ニューヨークのハドソン川の真向かいのニュージャージーで生まれた。彼の両親は，1907年ごろ，青年時代にポーランドから別々に移住した。彼らは合衆国で出会い結婚した。ネートの父は思想的にも環境的にも労働者階級の一員だった。彼はせいぜい6年の教育しか受けなかった。ネートの母は公教育さえ十分でなかった。だが彼らは，知的に恵まれた家庭を用意し，政治的，社会的に現状改革主義で活気づけ，クラシック音楽に没頭した。ネートの父は独習のバイオリニストであり，地方交響楽団で演奏した。年少のころについて，ネートは，無条件の愛情，図書館通い，兄──4歳年長できわめて優れた学力の持ち主であった──に決められた基準に従って生活しようとしたことを想起している

　ネートの兄は，彼の第1のモデルであり，コロンビア大学へ行く資金を調

達してくれ，年少のときにファイ・ベータ・カッパ（Phi Beta Kappa）の会員になる名誉が与えられ，哲学の博士号取得までそれは続いた。今日では，彼はシカゴ大学の名誉教授である。同様に，N・L・ゲイジは現在スタンフォード大学の名誉教授でもある。これらは，ヨーロッパの「漂流物」と呼ばれた移民の子どもからの，アメリカの知的コミュニティへの驚嘆すべき貢献である。

　ネートは，世界大恐慌の只中の1934年，高校を卒業した。彼は優秀な生徒だったが，家庭の資産不足で大学進学の計画を断念させられ，父親の壁紙貼りの家業に加わった。幸いなことに，ネートは，ニューヨーク市立大学——フリースクール——に，自分の住所として市内の叔母の住所を借りて，合格する方法があることを耳にした。ニューヨーク市立大学で2年間を過ごしたあとで，ネートは，基本的一般教養科目と科学の課程をすでに終えていたが，自然科学の仕事を辞めない決心をした。兄からの勧めで，彼はニューヨークを離れ，大都市の向こうの世界へ乗り出すことを決めた。彼は，友人から漠然と聞いていた費用のかからない中西部の大学の入学試験を受け，3年生のときにミネソタ大学に入学した。

心理学入門

　ミネソタ大学の最初の学期に，N・L・ゲイジは，心理学入門コースをとった。そこでは主任として国の優れた心理学部の1つを作っていたリチャード・M・エリオット（Richard M. Elliott）が指導にあたっていた。ネートは中間試験で満点をとり，そのおかげで課程の特別部門に参加を要請された。その指導にはハーバードの新しい講師があたっていた。誰もがその名を口にしていたが，ネートは聞いたことがなかった。この輝かしい業績豊かな学者こそ，若きB・F・スキナー（B. F. Skinner）だった。そのコースでのネートの経験は，彼に感動を与えたものの，それほど強いものでもなかった。

　この時期の間，ネートは，米国青少年局（NYA）から学資援助——恐慌時代の事業—研究プログラム——を受けた。それは彼に，テストの採点と不向きだと思った他の事務作業をすることに時間当たり50セントを支払ってくれた。そこで彼は，たくさんのネズミ，鳥かご，カイモグラフを持っていたスキナー

のもとへ行き仕事をした。青少年局は彼の仕事に支払いをしてくれたので，彼はスキナーに1ペニーの負担もかけなかった。そのためスキナーは断れなかった。翌年の半ばに，N・L・ゲイジは，B・F・スキナーのネズミの強化に必要な小さな食べ物の錠剤を作った。ネートの仕事は，さまざまな単語リストの語数を数えたり，スキナーの『有機体の行動（Behavior of Organisms）』の図の表題を描いたり，他の方法で役立とうとすることであった。ネートは，スキナーの言語行動の研究の中に，心理学文献の自分の最初の引用である自らの手による脚注を見つけた。ネートはスキナーの研究を見守ることから多くを学んだが，彼の内心の関心はそのような心理学ではなかった。ゲイジはスキナーの心理学の領域には満足していなかった。それはあまりに「純粋」で，人間と社会問題には無関係のように見えたからである。

　ミネソタ大学で，ネートは1度他の学生と統計学を勉強した。その学生は私たちの分野に影響を与えた，ルイス・ガットマン（Louis Guttman）だった。彼はまたスキナーの最初の博士課程の学生，ジョン・B・キャロル（John B. Carrol）に会った。彼は私たちの分野に大きな貢献をし続けている。ついには，ネートは大学院生として，統計学の5つの課程を積み上げて，自分の専攻を心理学だと宣言し，直前にファイ・ベータ・カッパの会員になり，1938年に最優秀で卒業した。

　そのときまで，ミネソタ大学を含む10大学の，大学院通学の学資となる助手手当てに応募していた。ファイ・ベータ・カッパの会員で学部優等生であるという十分優れた成績にもかかわらず，ネートは応募したどの大学からもはねられたのである！

　リチャード・エリオット（Richard Elliott）は次のように説明している。大学側では，彼はユダヤ人だったので，心理学の大学院に受け入れ教育することは援助の浪費になり無駄だと考えたのだろう。たとえ彼が博士号を取得しても——実際に取得したが——大恐慌の深刻さとユダヤ人差別の横行を考えると，彼が仕事を見つけることは難しいか，できなかっただろう。この経験はネートに——社会科学者によってそれはまだ特定されず命名されてもいなかったのだが——自己実現予言の醜悪さへと直面させた。彼にはこの抽象概念の具体的で個人的な理解が残されたのだった。これが起きた年は1938年で，ドイツでは

ユダヤ人差別のもっと激しい形が報告され始めたときであり，非常に落胆したN・L・ゲイジは自分の近い将来について深刻に考え込んだのであった。

教育心理学の大学院

　その間に，少年のときにドイツから移住し，アイオワ大学の教育心理学で博士号を取得した社会的にリベラルな教授が，さまざまな大学から自分の新しい博士課程にさらに多くの大学院生を必要としていた。彼は母校に申し入れ，ネートがはねられた10大学の1つである，アイオワ大学の助手の全部の志願者の書類を提供された。精力的で，生産的で，魅力的で，偏見のないH・H・レマーズ（H. H. Remmers）は，ネートに会わずに，パデュー大学の教育心理学の博士課程の助手の職を彼に提供した。レマーズとジョゼフ・ティフィン（Joseph Tiffin）――のちに彼は国で最も著名な産業心理学者の1人となったが――はパデュー大学に心理学の非常に優れた学部を創設していた。そこでゲイジは学位論文の研究を続けた。

　1938年の秋，月25ドルの奨学金で，ゲイジは博士課程の勉強を始めた。彼はまもなく，プリンストンの大学委員会の研究長ジョン・スタルネイカー（John Stalnaker）より研究助手に就任するよう招請を受けた。彼はそのために8ヶ月間休暇をとった。その経験により，彼に，プリンストン心理学学部のイブニング・セミナーへの参加，SAT（大学進学適性試験）の開発と分析への関与，プリンストン大学からの学位取得の可能性が与えられた。だがこれらの好条件にもかかわらず，ネートは自分の仕事に満足できなかった。彼はレマーズとパデュー大学へ1939年の秋に戻った。まさにナチがポーランドに侵攻し，第2次世界大戦が始まりを告げていたときであった。

　ネートのこの分野の最初の出版物を発刊したのは，彼が学生のときであり，すべて検査と測定の領域に関係しており，ほとんど大部分がレマーズとの共同であった。これらの出版物の中には，1943年発行の教育測定の評判のよい本がある。ネートは，この数年間，さまざまな地域で数多くの助手を経験した。彼の研究は，主に学力と態度測定に中心が置かれていた。その仕事によって，彼は学校へ行き，マーガレット・バローズ（Margaret Burrows）――マギー

(Maggie)――と付き合うのにどうやら間に合うだけの金を稼げたのである。彼は彼女と1940年に出会い，1942年に結婚した。だが結婚と研究は1943年の冬に中断してしまう。ネートは入隊したのである。

　ネートは最初陸軍の面接官だった。それから陸軍の航空心理学プログラムに参加し，選抜テストの開発と改良，それに空挺航法士とレーダー操作員の訓練にあたった。戦争の数年で数多くの心理学者たちを育て教育心理学に関心を持たせた。ネートと働いた心理学者の中に，ロウナー・F・カーター(Launor F. Carter)，スチュアート・W・クック (Stuart W. Cook)，ロバート・グラサー (Robert Glaser) がいた。1945年11月，パデュー大学の熟達したカウンセラーとして仕事の契約をし，博士号はないまま，ネートは自分の研究に戻った。彼は高校生の世論調査の編集と分析も始めた。マイノリティへの態度に関するこれらの世論調査の1つのデータは，ネートの博士論文で使用された。彼の研究はガットマン尺度，要因分析，2の6乗要因の分散分析を使用したものである。統計プログラムとコンピュータ以前のこの時期にあって，これは多大な労力を要した洗練された統計的研究であった。博士号は1947年にN・L・ゲイジに授与された。

大学生活

　パデュー大学教員になった1年後の1948年にネートは，有名な教育研究の事務局になったイリノイ大学に採用された。その年のもう1つの気のきいた新しい雇用は，ネートが最初にオフィスを共有した，本書でも評価の高いリー・J・クロンバック (Lee J. Cronbach) からのものだった。心理測定研究におけるクロンバックの優れた才能は，ネートがその領域を離れ，社会─心理学研究と教授の研究に接近しようと決めることに役立った。自伝の中でクロンバック(1989)は，自分とネートは袂を分かつことを決めたと述べている。彼は心理測定を，ゲイジは教授を選ぶだろう。そして，それはまさしく彼らが実行したことであり，それぞれの影響は50年以上にわたって私たちみんなに及んだのである。

　次の数年の間に，イリノイ大学の助教と准教授として，ネートは，*Journal of Educational Psychology*, *The Journal of Abnormal and Social Psychology*,

Psychological Monographs, *The Psychological Bulletin*, *The Journal of Personality*，そして他の教育心理学の一流ジャーナルに論文を発表した。この時期の共著者は，ビシワ・チャタリー（Bishwa Chatterjee），リー・J・クロンバック，ジョージ・S・レビット（George S. Leavitt），フィリップ・ランケル（Phillip Runkel），ジョージ・C・ストーン（George C. Stone），ジョージ・J・スーシ（George J. Suci）であった。この時期（1948〜1960年）の主要な関心は，対人知覚のテーマであり，社会心理学の研究者の関心がまだ残っている領域だった。この領域の彼の研究は，社会的知覚と再版されるほど評価された教師—生徒関係の論文となった（Gage & Suci, 1951）。これと関係する研究（Gage, Leavitt, & Stone, 1955）をもとに，ネートと学生は，再三引用され反復される無作為実験をデザインした。その実験で，生徒が考えていることの教師へのフィードバックは，教師の次の行動に影響することが示された（Gage, Runkel, & Chatterjee, 1960; 1963）。対人知覚のこの長期の研究プログラムは，教授研究へのゲイジの関心を呼び起こした。

　1951年，ネートは自分の経歴と教育心理学の分野に深い影響を与えた委員会の若手メンバーとして尽力した。アメリカ教育研究学会（AERA）のこの委員会は，教師の有能性の基準を検討する役割を担っていた。1週間の会議のあとで，出席者の最年少のネートは，委員会報告の編集を依頼され，その報告は，翌年 *Review of Educational Research* に発表された。この仕事は彼に，教師の有能性研究への深い関心を抱かせ，この新しい分野の見通しを与えた。そして，最初の報告から数年たって，教師の有能性に関するアメリカ教育研究学会委員会は，ネートを議長に再任した。ネートは，委員会に教授研究のハンドブックの作成を提案した。これはネートが参加した3つの際立った出来事の1つであり，それは教育心理学分野に重要な影響を与えた。

　1950年代の終わりまでに，N・L・ゲイジは有数な教育心理学者として明確に地位を固めた。彼は1960年にアメリカ心理学会の教育心理学部門の委員長に選出され，また1962年にアメリカ教育研究学会の委員長に選出された。

　1962年イリノイ大学で14年過ごしたのち，ネートはスタンフォード大学の教授陣に加わった。彼はそこでもまた，マーガレット・ジャックス（Margaret Jacks）教育名誉教授のように精力的に研究した。彼の伝記と同様，賞と表彰の

見事なリストは，N・L・ゲイジの70歳の誕生日とスタンフォード大学からの公式退官を祝って出版された論文集に記載されている（Berliner & Rosenshine, 1987）。だが彼は，それ以降も主要なジャーナルに定期的に発表し，退官後も休んではいなかった。長大な素晴らしいリストを示すよりも，ここで私は，N・L・ゲイジの教育心理学分野への3つの主な貢献についての分析を，彼の経歴のいくつかの他の注目すべき面の分析とともに述べよう。

貢献1──『教授研究ハンドブック』

1955年秋，教師の有能性についてのAERAの委員会は，『教授研究ハンドブック（Handbook of Research on Teaching）』（以下，ハンドブック）の最初の概要を準備した。この仕事の説明が1956年にAERAの協議会に付され，ほどほどの賛成で承認された。そのような本は，AERAの『教育研究百科事典（Encyclopedia of Educational Research）』の第3版と競合する恐れがあったのだ。ネートはさらに提案書作成に取り組み，資金の工面を依頼された。1957年に，哲学者，B・オサナル・スミス（B. Othanel Smith）の手を借りて，少額の予算がランド・マクナリー出版社から得られ，ネートは提案を再提起した。そこでAERAは，ハンドブック計画を認め，N・L・ゲイジを編集者に任命した。眼科手術を続けた翌年の1958年の初め，ネートは熱心に仕事を始めた。ハンドブックは，5年後の1963年初めに出版された（Gage, 1963a）。

ネートは，一緒に働いた誰もが知っているように，仕事熱心な編集者だった。そして，それぞれの提案には彼が念入りに目を通した。このようにして，最初のハンドブックは驚くほど入念に作成されたのである。だがもっと大事なことは，その本が教育研究，特に教育心理学分野の知的指標となったことである。それは教授の研究分野を構築し，重要なテーマに関心を集め，10年間の研究課題に影響し，20年間にわたって政府基金の支援を受けた。ハンドブックは3万部重版されるほど，驚くように売れた。有名な章の1つは，ドナルド・キャンベル（Donald Campbell）とジュリアン・スタンレー（Julian Stanley）によって書かれたものであり，内容は実験デザインに関するもので，一般心理

学と他の社会科学の両方に影響を与えたが，教授の研究分野ではなかった。その章が独立して発行されると 10 万部が売れた。ドナルド・メドレー（Donald Medley）とハロルド・ミッチェル（Harold Mitzel）——2 人はよく知られた教育心理学者だったが——による章は，一般可能性理論となる見解を提示し，のちにリー・J・クロンバックのような方法論者によってさらに発展させられた。ハリー・ブラウディ（Harry Broudy）による教授法の歴史的事例の章は，今日でも講座の授業で使用されている。そしてハンドブックの，教授研究のパラダイムについてのゲイジ自身の章は，同じころに書かれたトーマス・クーン（Thomas Kuhn）の本，『科学革命の構造（The Structure of Scientific Evolutions）』の知見を持たずに書かれたものだった。クーンは，パラダイムの概念を持ち込んで，科学界全体の関心を引きつけたのである。

　教育と教育心理学で，ハンドブックは 1963 年以前に普及していた思考の研究と方向を大幅に変えた。ハンドブックのおかげで，教授の研究は脚光を浴びるようになり，教育心理学者や他の学者にとって非常に実り豊かな研究領域になった。ハンドブックの第 4 版が発刊され，ネートが非常に影響を与えたこの分野の研究方法の活力を証明した。だが，それ以降のどの版も，最初のハンドブックである「ゲイジのハンドブック」が与えたほどの影響をこの分野に及ぼすことはなかったのである。

貢献 2——教授の研究と開発のスタンフォード大学センター

　1964 年にスタンフォード大学に移ったリー・クロンバックは，同年夏に，ネートに対して，教育研究の未来はアメリカ教育局による比較的資金のある研究と開発のセンターのある大学に託されるという予測を述べた。クロンバックの提案に沿って，ネートと，特に同僚のロバート・N・ブッシュ（Robert N. Bush）は，そのようなセンター設立の提案を具体化していった。1963 年のハンドブックの発刊と 1964 年の教育研究への巨額の自由準備金（フェデラル・ファンド）の投入で，教授の研究センターは，政府による助成金の自然な選択対象となった。1965 年秋，教授の研究と開発のためのスタンフォード大学セ

ンターが操業を始めた。約12年間，ネートはそのセンターの共同所長，所長代理，特別委員会の委員長を務めた。教授研究の実質的貢献は多数にのぼるが，しかし，いくつかの点で，その主要な成果はよく訓練された心理学的志向の人材であった。研究助手や準教授としてスタンフォード大学のセンターに勤めていた当時の活動的な教育心理学者は，クリストファー・クラーク (Christopher Clark)，リチャード・クラーク (Richard Clark)，セオドア・カラダシィー (Theodore Coladarci)，リン・コーノ (Lyn Corno)，ジョン・クローフォード (John Crawford)，ロナルド・マルクス (Ronald Marx)，ペネロペ・ピーターソン (Penelope Peterson)，ガブリエル・サロモン (Gavriel Salomon)，リチャード・シャベルソン (Richard Shavelson)，デイル・シャンク (Dale Schunk)，ニコラス・スティルーク (Nicholas Stayrook)，フィリップ・ウィン (Philip Winne)，デイビッド・バーリナー (David Berliner) である。センターと連携していた教育者には，著名な学者として，バラク・ローゼンシャイン (Barak Rosenshine) と故リチャード・スノー (Richard Snow) がいた。センターで訓練された人々は，教授の科学的研究に焦点し続けた。そして彼らは，N・L・ゲイジによって全員が多大な影響を受けていたのである。

貢献3——ダレス会議

1973年春，ネートは，ネッド・フランダース (Ned Flanders) によって示された構想を支持した。つまり，教室の教授と学習の研究に関係するセンターと実験室間を調整する企画をコーディネートするという考えである。フランダースとゲイジは，この考えについて，国立教育研究所でそのとき一緒だったギャリー・L・マクダニエルズ (Garry L. McDaniels) とマーシェル・S・スミス (Marshel S. Smith) と討論した。彼らの要請で，ネートは8ヶ月間，ワシントンへ移り，教授の研究課題を策定する会議を計画した。1974年の1月初旬から，ネートは，テーマの優先順位とそれに取り組む人々を決める仕事を続けた。最終的に，10の公開討論会の1週間にわたる会合が——それは，それぞれおよそ10人のメンバーだったが——1974年の春にダラス空港付近で開

催された。討論会のリーダー——リー・シュルマン（Lee Shulman），リチャード・スノー，ウェズリー・ベッカー（Wesley Becker），アンドリュー・ポーター（Andrew Porter），コートニー・カツデン（Courtney Cazden），それに他の著名な人々——に，地域の周辺からさらに100名の学者が加わった。これらの人々は，臨床情報処理，社会言語学，相互教授，研究方法論，理論構築のような領域の研究課題をあげたのである。

会議は4つの主な結果をすぐにもたらした。まず，ミシガン州立大学の教授研究所，教師の認知研究センター，そして以前は財政で低い優先順位の領域だった財源の基盤づくりとしての機能を果たした。次に，会議は，教室，学校，地域，および当時もう1つの重要視されない領域だった社会言語学についてのおよそ10の研究の財源を生み出した。3つ目は，政府による定性研究における地域の意見開示の最初の機会の1つを与えた。というのは，会議は，教授，学習，言語使用の研究における民俗誌研究の利用を促進したからである。4つ目は，すでに比較的十分に利用されている，行動分析，精密教授，それに教授研究の他の操作的アプローチのような領域の財源を減らすのに役立った。

公開討論のレポートは，ネートと国立教育研究所のケント・ビホーバー（Kent Viehover）によって全部編集され，国立教育研究所によって忠実に実行された。教授研究の性格は，実は教育心理学全体の性格だったが，その会議によって大きく変わった。しかもその会議は，その組織者であり記録係でもあったN・L・ゲイジによって，大きな影響を受けたのである。

いくつかの追加貢献

私たちの分野に及ぼしたゲイジの影響についてのこれらの簡略な記述は，この人物のすべてではない。N・L・ゲイジの他の貢献についても述べよう。

教育研究における科学の役割の擁護

　ゲイジの2つのモノグラフ，『教授技法の科学的基礎（*The Scientific Basis of the Art of Teaching*）』（1978）と『ソフトサイエンスのハードの獲得（*Hard Gains in the Soft Sciences*）』（1985）は，どちらも過程所産研究，教師の有能性の研究，常に道徳的技法でなければならない科学的方法の有効性，実践を提供する教育心理学の可能性の入念な筋の通った擁護として役立った。のちの著述の中で，これらの考えは精錬され，さらに強力で一般化が可能になり，科学の主流哲学に密接に結びついた（例えば，Phillips & Burbules, 2000）。これは，これまで，役に立ち，実践的で広く適用可能なものを社会科学から学ぶことをあきらめていた人たちに対する，ゲイジのもっと最近の反論（1994, 1996）の中に見ることができる。

研究の理論と過程所産パラダイム

　モノグラフとジャーナル論文の理論の重要性に関するネートの継続した擁護は，教授研究，彼が選んだ種類の研究領域の中の位置，過程所産や教師の有能性研究の考えについての彼の記述的理論を生み出したのである（Gage, 1999）。この記述理論を，教授研究の広い領域のどんな固有な研究も位置づける枠組みとして，図16-1に提示した。

　この枠組みは，教授研究が関係している変数の概念の6カテゴリー（A〜F）を明示した。6カテゴリーは準論理的，年代順，心理学的順番に配置されている。枠組みは，15の予想される1対のカテゴリー間の双方関係や結合を示しており，このように，ネートが研究した領域である教授研究の全体領域を定義している。

　カテゴリーAは，予測変数と関わっていて，教師の経験，教師の内容知識，教師の教育学的内容知識，教師の学習能力のような変数を含んでいる。これらの変数は，変数の他の5カテゴリーの見出しの下にある変数と関連している。

　すべてのカテゴリーの関係は，教授研究の複雑性を認めて，意図的に相互関係と指定されている（矢印は双方向に進む）。

現代の教育心理学：1960年から現在まで

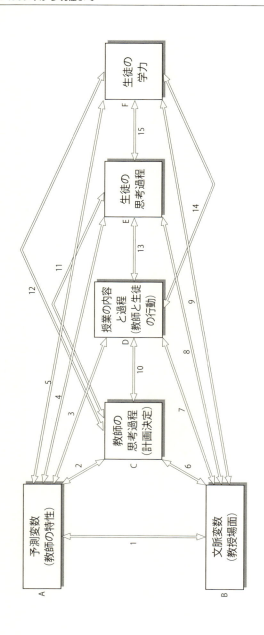

図16-1　教授研究の変数の6つの主なカテゴリーと15の可能な双方向関係

カテゴリーBは，文脈変数からなる。これらは，学校の社会階層，生徒の不均質性，親の教育レベル，学級の大きさ，コミュニティの動機づけと価値である。

カテゴリーCは，教えている間の教師の計画と思考過程に関係している。指導の間の教師の思考の研究は，教室環境のその時々の変化の認知と適応の研究に関係している。教室の固有の予測のできない面は，この分野で研究する科学者の興味を引き意欲を生み出す。

カテゴリーDは，指導の内容と過程を記述する変数からなる。これらは，教授／学習場面，過程―所産研究の過程の目に見える相互作用を記述する。

カテゴリーEは，生徒が何を考えているかに関係している。ここに含まれているものは，関与した構成概念――注意，課題の時間，処理の深さ――それに新しい知識の古い認知的方略利用との関係のような，構成主義の変数の研究である。

カテゴリーFは，生徒の結果のさまざまな種類と関係している。これらは，過程―所産研究の所産である。これらの所産は，もっと働こうとする動機づけ，遂行の評価，それにもちろん，従来のテストと測定からなる。

教授の研究の領域は，たった１つのカテゴリーの中の研究，つまり，カテゴリーAの教師の資格認定研究からなる，あるいはカテゴリーCの教師が計画する方法がある。それはまたこれらの領域の２変数の関係も含むことがある。例えば，研究者は，カテゴリーC変数，教師の指導の思考とプランの，文脈変数，カテゴリーB，ハイリスクの検査の効果を研究できる。これは，これらの２カテゴリー間の結合，ライン６に示されている。過程―所産研究は，N・L・ゲイジによって数年にわたり非常に雄弁に擁護されてきたが，これがこのタイプである。それは，カテゴリーDとカテゴリーFからの変数を加えた相関的あるいは実験的研究に見られる。これらはある種の教室行動とある種の生徒の学力の結合であり，ライン14に含まれている。構造方程式とパス解析は，教師行動と生徒の学力との学校文脈の関係のような，３つかそれ以上のカテゴリーからの変数を調べるために使用される。教授の研究を記述する変数と概念についてのこの分類法は，私たちが教育研究の基本研究と応用研究の結合を調べるためにも役に立つのである。１つのカテゴリーのどんな基本的な研

究でも，2つかそれ以上のカテゴリーの変数の関係の研究を改善することができるのである。

過程所産研究は，ゲイジ (1963) によってハンドブックの章に述べられている有益性基準の研究の方程式であり，長い歴史を持つ応用心理学と機能主義者の研究方略である。過程所産研究は，「所産」(つまり，生徒の学力と態度の形の教育の結果) を予測し，できれば引き起こす「過程」(教授スタイル，方法，モデルや方略の形で教師の行動と性格) を明らかにしようとするのである (Gage, 1978, p. 69)。

ゲイジには，教授研究の過程所産パラダイムは魅力的であるとともに骨の折れるものだった。教育者には，それは実践的であり，仕事に関連した有益性を扱っているので，ある程度魅力的なのである。

> 生徒と接触している社会のエージェントの仕事を向上させることによって教育を改善しようとするよりも，もっと自然なこととは何であろうか？　私たちがカリキュラム，学校財政，建物の建設，学校管理，学校—共同体関係，その他をすること，端的に言って，社会がその学校の理想を実現する生徒と接触することは，エージェントつまり教師によるのである。過程所産パラダイムが，過去半世紀の間，教授研究をやった人たちのほとんどの信頼を勝ち得たのは，当然のことだったのだろう。(Gage, 1978, p. 69)

また過程所産パラダイムは，それが新しい考えを組み込む点で妥協しなかった。ゲイジ (1978) が述べたように，教授研究の他の実証的で概念的枠組みに由来する新しい考え，新しい概念，新しい変数，あるいは生徒の学習の性質についての新しい概念化は，結果や関係を示す教師の行動のタイプや生徒の行動のタイプに置き換えられるはずである。そこでゲイジは言う，たいていの変数は，過程所産研究の「過程」や「所産」部分に合体される。ある教授が音響学や構成主義によって情報を与えられ，主題固有の教育学や一般的教授スキルに関係しているかどうかにかかわらず，教師が持っている考えの終点は，目に見える教師行動，教室の生活を作り上げる「過程」変数の1つでなければならない。学習の1つの見方が構成主義か行動主義かにかかわらず，いくつか

の生徒の結果はその理論的な見方に関連しているように見られる。それが過程の「所産」—所産研究である。ある批評家が言うように，過程所産パラダイムは非常に包括的なので固有なものは何もないのだろうか，それとも，過程に固有な教室生活に焦点を当てるのだろうか？　その所産研究は，真価が問われる場を観察するために，意図された学校学習が営まれやすいところに科学的感性を働かせることを私たちに強いるのである。この分野にはこれらの論点の意見の一致はない。

　有益性の基準パラダイムは，過程所産パラダイムから導き出されたものだが，さまざまな要素を含んでいる。学習者の性格は固有ではなく，それが学習過程の性格である。一見やさしそうな言葉で，過程所産研究者は，実践を指導する信頼できる関係を求めている。研究者は，オープンな学習環境を作ろうとし，あるいはすべてが成功するようなプログラムの用意された授業を守ろうとすることによって，構成主義者か行動主義者，社会学者か心理学者になれるのである。同じ研究方略がすべての人によって使用される。だが，もちろん解釈人類学，批判理論家，あるいは信頼できる知識を定義する異なった基準を持つ他の人たちからは望まれていない。

　彼らが課題を概念化する方法のせいで，過程—所産研究者は指導の最適な条件について考えない。その代わり，彼らは，ほとんど常に，研究の指導の信頼できる条件についての知識を求めている。これは決して技能ではなく，理論的であることと混同されない。理論は，最初，研究パラダイムの選択に影響した。過程—所産研究者は，研究をするために，減らすことができ，いくつかの点で単純化されることができる世界を信じているに違いない。理論は，研究のために選択される変数もまた導く。そして理論は，同様に，研究される結果の測度の選択も管理するのである。

　N・L・ゲイジは，自分を純粋な折衷主義者だと冗談めかして言い表した(Gage, 1992)。そして，過程—所産パラダイムは彼に手袋のようにぴったりはまった——それは，使用される科学の質を除けば，あらゆる点で折衷主義である。そこに純粋主義者が加わった。よい科学を構成する基準は高さを保つ必要がある。ネートはそれを見事にやってのけた。

　私は，ネートが民主的でヒューマンな教授方法の研究を選択してきたし，い

つもそうすることを知っている。そして彼は，生徒の結果を，私たちが多肢選択検査から引き出したものよりもっと複雑だと評価した。だが，方法の選択と結果の選択は，研究者がその用語の意味を理解するようにそれぞれが教えるよい方法を求めて，過程—所産パラダイムの中で仕事をしている個々の研究者の1つの決定なのである。

方法論 H・H・レマーズから始めて，ネートは，方法論的問題に常に関心を持っていた。これは，理論構築，研究レビュー，メタ分析，ネートがすぐに利用し支持した技法についての彼の初期研究に示されている (Gage, 1978)。彼はメタ分析を，教育研究の多くを特徴づけている小規模の研究の対立を解明する優れた道具だと見ていた。さらに最近になって，彼は研究の質的アプローチと量的アプローチの両立性を主張した——*Educational Researcher* への発表論文 (Gage, 1989) で説明され，方法論の分野でよく引用される立場である。

彼の方法論的努力は，国際教育到達度評価学会 (IEA) が教室内相互作用の国際調査の方法を検討することに役立った。トーステン・ヒュセン (Torsten Husén) と T・ネビル・ポスルスウェイト (T. Neville Postlethwaite) との，1980年代の彼の最初の研究から，国際調査で当時研究していた他の研究者たちは，彼の原点作りに取り組んできたのであった。つまり，ネートは，私たちが生徒の学力の国際差を解釈しようとするなら，教室内相互作用の国内および国ごとの違いを理解することが決定的に重要であることを，いち早く理解したのである。第3回国際数学・理科調査 (TIMSS) の最近のビデオ分析は，ゲイジの先見性を示している。教室指導の内容と相互作用の知識，教育の社会的文脈の知識がないと，私たちは国ごとの生徒の学力の違いをしっかりと解釈できないのである。

社会的関心 測定に熟達した社会心理学者のように，ゲイジは，IQ の民族差の説明のために提示された強い遺伝的仮説に反論する説得的で洗練された対位的手法を提示することができ，実際に提示したのである (Gage, 1972a, 1972b)。民族と学習に関するウィリアム・ショックリー (William Shockley) の危険な意見に対する彼の学問的で影響力のある反論は，これらの議論を覚醒さ

せるのに役立った。

学術コミュニケーション　　ゲイジの手による共著の教科書がある。それは，学習心理学の伝統的な章に教授心理学の章を含めたので，教育心理学分野の教科書の書き換えだと認められたものだ。この本の成功——いま25年で6版になる——は，教授研究と心理学と実践の連携をもっと明確にするように他の著者に影響を与えたので，その分野の多くの人たちによって認められている。それは，科学的根拠があり，教授研究と心理学と実践の関連性のあるテキストだと見られている——多くの初期の教科書は関連性が弱い（Gage & Berliner, 1998）。

　N・L・ゲイジが学術コミュニケーションを促進する別の方法は，彼のジャーナル，*Teaching and Teacher Education: An International Journal of Research and Studies* の創刊による。それはネートを編集者として1985年に創刊された。彼の管理職務は，ジャーナルが，教授と教師教育の研究における国際学術コミュニティの主要で高品質な発表の場となるのに役立ったのである。

学生のモデル　　私たちの分野への不朽だがよく知られていない貢献は，ゲイジによって呈示された倫理基準，研究方法，心の習慣である。それらは，彼が35歳以降の時期に，スタンフォード大学を卒業した多数の優れた教育心理学の学生たちに影響を与えたのである。学問的行動の彼のモデリングの1つの例として，退職後のことをあげよう。彼は哲学の授業に行こうとした。そして研究の解釈的方法をもっとよく理解しようとして，解釈学の研究を読んだ。だがその方法は，自分の教育と経験を考えると違和感のあるものだった。その学問的追究は，質的分析と方法論的多元主義を擁護する論文を生んだ（Gage, 1989参照）。その論文は，定着した方法論的パラダイムと明らかにつながっている者とのパラダイムの戦いに終止符を打つ内容だった。N・L・ゲイジは，知ることの方法として科学を決して見限ったのではなく，彼は方法論的には幅広い見方をしていたのである。

　1957年，ネートとハロルド・ミッチェルがアメリカ教育研究学会年次総会の会議室に行くエレベーターの中で，ネートは冗談を飛ばした。「もしこのエ

レベーターが落下すると，アメリカ教育研究学会の教授研究のすべてが消えてしまう。この年のテーマの論文を評価するのは，我々2人だけなのだから！」と言ったのである。さて，新世紀の始まった直後に，アメリカ教育研究学会の最も早く成長した部門の1つがK部門，教授と教師教育の部門である。それはいまおよそ4000人のメンバーを有し，その多くが教育心理学者である。毎年，K部門は，C部門（学習）や他部門とともに，教授研究に関連した数百の実証的な学術論文の発表に時間を割いている。私は，N・L・ゲイジの研究はアメリカ教育研究学会の年次総会で発表される多くの研究に基盤を与えて，アメリカ心理学会の15部門の発表にも影響しており，またN・L・ゲイジとハロルド・ミッチェルは確かにもはや孤立していない。

結論

　N・L・ゲイジの教育心理学への貢献の評釈の結論として，私たちは，N・L・ゲイジの専門的業績に対するマーガレット・バローズ・ゲイジの貢献も認めざるを得ない。メリル・パーマー学校で児童期を過ごしたマギーは，4人の子どもを育てる間も，その後も，ネートが私たちの分野に自分の精力を向ける時間を持ち，情熱的にサポートすることを保証してくれた。そこで，多数の大学院生と教育心理学の分野に関わる人たちに加え，彼女にも恩義を感じている。

　N・L・ゲイジは何よりもまず，科学的心理学者である。だが，彼の経歴はプラグマティズムにも特徴づけられている。彼を常に引きつけた仕事は科学である。教室の環境は非常に複雑で，医学のような精密科学を構築できないので，彼は政治的・社会的現実によって抑えられているアメリカの教育の蓋然的科学を構築しようとした。ネートが言うように，こうした現実は，物理学や生物学システムの研究に必要なものよりももっと複雑な科学を必要とするかもしれないのである。科学やプラグマティズムは，彼の経歴に影響したが，ネートは関連性も追究したのである。彼は常に，教育心理学が，教師の仕事と生活に影響することを望み，以前にはほとんどなかったが，もっと適切な科学的基礎

を与えて彼らの仕事を変えることに役立とうとしたのである。彼は，それにふさわしい敬意を払われていない仕事に適切な情報を与えるものとして，教授の知識の土台を求めていた。彼はパスツールの象限で依然として努力しているのである。

　ネートは，私にかつて，自分は教師が好かれ尊敬されるべきだという考えから作り出される教授の研究を追求した，だが教師はそうは見えないと言ったことがある。私たちの社会のそのような深く根ざした考えを変えることは難しい。だが，少しずつ，N・L・ゲイジの寄与はそれをまさしく変えているのだ。84歳のこの年，彼はまだ別の出版のための締切に間に合わせようとし，教育と教育研究に影響を与えようとさらなる試みをしている。彼はいま教授の一般的理論を発展させる仕事をしている。彼は理解と実用性の両方の探究に取り組んでいて，非常に献身的な教育心理学者と心優しい同僚であるとはどんなことを意味するかを具現化しているのである。

謝　辞

　私は，友人で，同僚で，共著者でもあるN・L・ゲイジの教育心理学の，私たちの分野への貢献を記録することを大いなる喜びとしている。私は，1964年以来ゲイジ教授と個人的親交を温め，1970年以降一緒に研究してきた。このたび，本章執筆の準備として，彼の業績を体系的に検討し始めた。私たちはこの優れた学者のおかげで，現代教育心理学を，パスツールの象限（Stokes, 1997）へ導けるのだ。それは，関係する事象についての優れた科学を実践できる教育心理学の領域である。

訳　注

1——パスツールの象限とは，科学的問題の基本的理解の探究と，同時に，社会に役立つようになる利用を探究する科学研究方法に命名されたもの。ルイ・パスツール（Louis Pasteur）の研究は，このタイプの研究（理解と利用の両方）を例示したものと考えられ

ている。その研究は「基礎」と「応用」のギャップを埋めるものである。この用語は,ドナルド・ストークス(Donald Stokes)が「パスツールの象限」として自著で紹介したもの。

文 献

Berliner, D. C., & Rosenshine, B. V. (1987). *Talks to teachers.* New York: Random House.

Cronbach, L. J. (1989). Lee J. Cronbach. In G. Lindzey (Ed.), *History of psychology in autobiography* (Vol. 8, pp. 62-93). Stanford, CA: Stanford University Press.

Gage, N. L. (1963a). *The handbook of research on teaching.* Chicago: Rand McNally.

Gage, N. L. (Ed.). (1963b). Paradigms for research on teaching. In N. L. Gage (Ed.), *The handbook of research on teaching* (pp. 94-141). Chicago: Rand McNally.

Gage, N. L. (1972a). IQ heritability, race differences, and educational research. *Phi Delta Kappan, 53,* 308-312.

Gage, N. L. (1972b). Replies to Shockley, Page, and Jensen: The causes of race differences in IQ. *Phi Delta Kappan, 53,* 422-427.

Gage, N. L. (1978). *The scientific basis of the art of teaching.* New York: Teachers College Press.

Gage, N. L. (1985). *Hard gains in the soft sciences.* Bloomington, IN: Phi Delta Kappa.

Gage, N. L. (1989). The paradigm wars and their aftermath: A "historical" sketch of research on teaching since 1989. *Educational Researcher, 18*(7), 4-10.

Gage, N. L. (1992). Art, science, and teaching from the standpoint of an eclectic purist. *School of Education Review—San Francisco State University, 4,* 8-17.

Gage, N. L. (1994). The scientific status of the behavioral sciences: The case of research on teaching. *Teaching and Teacher Education, 10*(5), 565-577.

Gage, N. L. (1996). Confronting counsels of despair for the behavioral sciences. *Educational Researcher, 25*(3), 5-15, 22.

Gage, N. L. (1999). Theory, norms, and intentionality in process—product research on teaching. In R. J. Stevens (Ed.), *Teaching in American schools* (pp. 57-80). Upper Saddle River, NJ: Merrill.

Gage, N. L., & Berliner, D. C. (1998). *Educational psychology* (6th ed.). Boston, MA: Houghton Mifflin.

Gage, N. L., Leavitt, G. S., & Stone, G. C. (1955). Teachers' understanding of their pupils and pupils ratings of their teachers. *Psychological Monographs, 69* (Whole No. 406).

Gage, N. L., Runkel, P., & Chatterjee, B. (1960). *Equilibrium theory and behavior change:*

An experiment in feedback from pupils to teachers. Urbana, IL: Bureau of Educational Research, University of lllinois.

Gage, N. L., Runkel, P. J., & Chatterjee, B. B. (1963). Changing teacher behavior through feedback from pupils: An application of equilibrium theory. In W. W. Charters, Jr. & N. L. Gage (Eds.), *Readings in the social psychology of education* (pp. 173-181). Boston: Allyn & Bacon.

Gage, N. L., & Suci, G. J. (1951). Social perception and teacher-pupil relationships. *Journal of Educational Psychology, 42*, 144-152.

Phillips, D. C., & Burbules, N. C. (2000). *Postpositivism and educational research*. Lanham, MD: Rowman & Littlefield.

Stokes, D. E. (1997). *Pasteur's' quadrant: Basic science and technological innovation*. Washington, DC: The Brookings Institute.

第 17 章

『教育の過程』から『教育という文化』へ：
ジェローム・ブルーナーの教育への貢献の知的経歴

ナンシー・C・ルッケハウス（南カリフォルニア大学），
パトリシア・M・グリーンフィールド（カリフォルニア大学ロサンゼルス校）

　「私は自分が教育に関わるようになるとは思いもしなかった。この最も強力な制度――学校教育――を考慮しないなら，どのように認知発達について話すことができるのだろうか？」（ブルーナー〈Bruner〉との対話，2000 年 10 月）。
　この引用文は，個人と社会，認知と文化の間の結びつきを表している。教育思想のこの 2 つの柱は，ブルーナーの学部生と大学院生の教育に初期の根源を持っている。ブルーナーの教育界への初期の進出は，主に認知心理学，特に認知発達を基盤としていた。そのうち彼の教育の考えは，次第に文化心理学と人類学に基づくようになった。ブルーナーの人間の条件のこれらの柱の統合を忘れないで，私たちは個人から文化，心理学から人類学へと徐々に重点を移してみよう。心理学と人類学間のこのダイナミズムが本章の枠組みを提供する。私たちは，まず素材のソースと見方を紹介したあとで，年代順に素材を組み立てる。

情報源と視点

　ナンシー・ルッケハウス（Nancy Lutkehaus）の情報源は，ブルーナーの著作であり，最も重視したのは彼の知的自伝『心を求めて（In Search of Mind）』(1983a) と，彼女が 1996 年 10 月にニューヨーク市で彼に行ったインタビューである[1]。ルッケハウスは，人類学の歴史を書いた視覚人類学者だが，故ティ

ム・アスチ（Tim Asch）――小学校の社会科カリキュラムの視覚教材「人間――学習の過程（Man: A Course of Study）」（MACOS; Lutkehaus, 2002）でブルーナーと仕事をした民族誌映画製作者――によってブルーナーに紹介された。彼女はまた，MACOS カリキュラムの開発とブルーナーの心理学的人類学に及ぼした影響についての本の仕事をしていた（Lutkehaus, 2002）。

　パトリシア・グリーンフィールド（Patricia Greenfield）は，発達文化心理学者だったが，教育に関する 4 冊の主な著作，『教育の過程（The Process of Education）』（1960），『指導理論に向けて（Toward a Theory of Instruction）』（1966），『教育の適切性（The Relevance of Education）』（1971），『教育という文化（The Culture of Education）』（1996）を分析して，ブルーナーの教育理論家としての進歩の跡を追った。彼女はブルーナーとの共通の旅を進めた（私信，2000 年 10 月）。それは，1960 年代初期のラドクリフでの学部生を振り出しに，1960 年代の初期から中期までのハーバード大学の大学院，1960 年代後半と 1970 年代初期の認知研究におけるハーバード大学センターの博士研究員時代まで続いたのである。進行している関係の一環である，2000 年 9 月の電話会話と 2000 年 10 月のブルーナーのマンハッタンロフトでの直接会話は，鍵となる方向づけの助けとなった。

ブルーナーの経歴としての心理学と人類学

　ブルーナーは，1930 年代半ば，デューク大学の心理学の学部生だった。そこにいる間，彼は「雌ネズミの性行動に及ぼす胸腺抽出物の効果」についての論文を発表した。ハーバード大学の心理学の大学院研究の彼の助言者は，心理学者ゴードン・オールポート（Gordon Allport）であった。ブルーナーは自伝の中で，オールポートは「私の思考のスタイルに深くは影響をしなかった」（Bruner, 1983a, p. 36）と書いているが，研究歴の後半で，彼は自伝的対話へのオールポートの熱烈な関心を結局は共有した。

　それは，ジェローム・ブルーナー（Jerome Bruner）の知的ルーツのさらに明白な心理学的側面である。だがそのうえ，ほとんど「基礎となる」人類学的

側面もある。自伝の中で，ブルーナーは文化相対主義についてのマリノウスキー (Malinowski) を読み，マーガレット・ミード (Margaret Mead) の講演を聞いたことに言及している (Bruner, 1983a, p. 26)。彼にはまたルームメートにレオナルド・ブルーム (Leonard Broom) がいた。彼は人類学者だった[(2)]。ブルーナーは1937年の夏,「フィールドに」彼を訪ねている。そのときブルームは，白人の隣人との接触から生まれたチェロキーのダンスの形態の変化を研究していた。ブルーナーは「人類学者がやったことと私がやってきたこと［ネズミの実験によって学習の心理学を研究すること］の間にどんな矛盾も決して生じない」と書いている。「私たち心理学者は（私は21歳だが），人類学者たちが見つけ出したものは何であれ，私たちが研究したのとまさに同じ基本的な過程によって説明されるに違いない。文化の形態の自立という考えは（ブルームの大きな好みの1つだが），私の心理学者の意識に決して浸透することはない」(Bruner, 1983a, p. 29)。

　私が学生として足を踏み入れた心理学の主流の世界は，感覚主義，経験主義，客観論，物理主義によって占められていた。だが私が学部生だったとき，私のヒーローとメンターはほとんどがその主流に逆らう人たちであった。私の心は彼らとともにあった。ゲシュタルト心理学，ジークムント・フロイト (Sigmund Freud)，文化人類学者たち……彼らは経験それ自体の社会的起源を唱えていた。私が知り経験したことは，その意味を身体と身体刺激の世界とほとんど関係しない文化の世界，シンボルと神話からとったものだ。(Bruner, 1983a, p. 59)

　ブルーナーがハーバード大学に，大学院生として学び，また戦後，今度は赴任したとき，文化とパーソナリティ理論はそこでは享受されていた。ブルーナーによれば「指導者」は，クライド・クラックホーン (Clyde Kluckhohn) であり，ブルーナーは彼を「ロマンチストであり，心を形成する文化の力をいつも信奉しているが，両者がどのように関連していたかについて単純な一般化を受け入れる知性が認められるかどうかはわからない」と記述している (1983a, p. 134)。マーガレット・ミードとルース・ベネディクト (Ruth Benedict) はし

ばしばキャンパスを訪問していた。ジョン・ホワイティング（John Whiting）は文化特性と仮定された基本的パーソナリティ特性[3]を関連づける研究に熱心だった。当時，人類学者たちがとらえたように，文化という考えは，ブルーナーには新しく説得的な考えだったのである（Bruner, 1983a, p. 178）。

　ブルーナーの人類学との接触は，1946年にハーバード大学の古い心理学部が2つに分かれたときいっそう密接になった。社会関係[4]の新しい学部を創立するために，より社会工学的な一部門が社会学と社会人類学に加わった。彼は心理学の古い学部と接触し，そこでいくつかのコースを教え続けたが，社会関係学部は，彼とジョージ・ミラー（George Miller）が1960年に認知研究センターを創設するまで，ブルーナーの新しい本拠になったのである。

　かくして，ブルーナーは心理学者としての彼の経歴の最初から，彼が言うように，「地図の2セット」である世界と人間の心理学について考え眺める2つのモデル（心理学からの地図，人類学からの地図）を操作していたのだった。これらの2つの地図は，すぐに教育に関する彼の研究に加えられた。だが最初，彼は教育実習の世界に関与させられるようになった。広範な社会の政治的出来事が，彼をこの世界に引き込んだのである。

『教育の過程』へとつながる出来事

ジェロルド・ザカリアスと戦後の科学カリキュラム

　第2次世界大戦の後遺症と合衆国とソ連の間の冷戦競争の雰囲気の中で，著名なMIT（マサチューセッツ工科大学）の物理学者ジェロルド・ザカリアス（Jerrold Zacharias）（オッペンハイマーらと原子爆弾の開発に携わった）は，自分の関心をアメリカの学童たちの知識格差と理科の指導に切り替えた。1956年，MITの学長と《高校の物理学を教えるための映画の支援（Movie Aids for Teaching Physics in High Schools）》[5]というタイトルの短編映画を作るためにアメリカ国立科学財団に提示された，見たところ控えめな提案で，ザカリアスは，自分とMITの同僚である物理学者フランシス・フリードマン（Francis

Friedman) によって進められた，物理科学研究委員会 (PSSC) として知られるようになるものの設立に着手した (Goldstein, 1992, p. 152)⁽⁶⁾。

1年後，1957年10月4日のソ連による人工衛星の打ち上げに対応して，アイゼンハワーは，大統領科学諮問委員会を設置した。ザカリアスはメンバーの1人だった。翌月，アイゼンハワーは科学技術の議長に特別補佐官の職を設け，その席にMITの学長のジェームズ・キリアン (James Killian) を指名した。1958年の演説で，アイゼンハワーは，アメリカ国立科学財団 (NSF) の科学教育予算を5倍に増やすと述べた。原子力の研究から，学童たちの研究と彼らがどのように理科を学ぶかについての研究へと自分の焦点を移して，1958年に再びザカリアスは，教育サービス法人 (ESI) という私的な非営利団体を創設した。その目的は，教育研究と開発を遂行することであった。基金はNSFからだけでなく，フォード財団とアルフレッド・P・スローン財団からも獲得した。

新しい物理学のカリキュラムに対するザカリアスの提案の重要な要素は，現役の物理学者たちが映画と教科書，問題集，質問カード，それに伴う回答カード，教育の専門家たちの普通の役割を省くことを開発するものである。指導装置としての映画の成否は，ザカリアスの考えでは，実験の装置全体が実際に適切であるかどうかに大きく左右される。彼は言う，「非常に忠実なレコードプレーヤーのように，機械の他にも，アーティストが演じる優れた作曲家の手による作品を持っていなければならない。部屋はよくなければならないし，うるさすぎてもだめだ。そうすれば人々は聞きたくなるのだ」(Goldstein, 1992, p. 152 と Bruner, 1983a, p. 179 の引用)⁽⁷⁾。科学者はアーティストに相当し，実験は彼らが演奏するよい作品，非常に忠実なレコードプレーヤーはつまり非常に良質の映画に相当するので，ザカリアスは伝統的な教育映画産業よりもテレビと映画界の監督に目を向けたのである。

ブルーナーは——彼によるとこのプロジェクトは肌に合ったということだが——友人のザカリアスとフリードマンが，人々が「聞きたくなる」ようにするよう支援してやるのだ。もちろん物理学者たちは，ブルーナーの認知発達についての研究，特にヴィゴツキー (Vygotsky) とピアジェ (Piaget) の業績についての彼の最近の研究が学習の心理学に専門知識を提供することを期待してい

た。ブルーナーは1958年，昼休みの会話から始まったこの誘因と挑戦が，ついには「教育という文化」についての生涯の目標になっていくとは気づかなかった。もちろん，その考えはずっとあとで生じたのである。

当時，ザカリアスは，物理科学研究委員会の目標が純粋に技術的目標であるのと同様に文化的目標でもあることに気づいていた。

> 委員たちの心の中では，自分たちがやろうとしていることは，音楽や芸術，文学の理解を伸ばすことと似ていると考えていた。彼らが言うには，人は一般教養から何かを得ようとするなら，時間と労力を使って一般教養を学ばなければならないと共通して理解していたのだ。教養のある人々は，一般教養の価値と重要性を認めていたが，彼らは同じように科学をめったに認めなかった。一般教養の無知を決して容認しない人々は，それが科学になるとその広いぼんやりした寛容さが妥当だと考えたのである。委員は，子どもが学校で理科ができないことにぶつかった親が，「それでいいんだ——私も理科はわからなかったのだ」とみんながたいてい大目に見ることを観察していたのである。(Goldstein, 1992, p. 164)

ザカリアスと委員会の他のメンバーが，科学の評価を発展させたいというとき示唆したのは，「知ることと意見との区別をする力を生徒に発達させること，可能性の意味を理解すること，不確実性はあらゆる観察と測定に必ず伴うのだと認めること，ドグマの誤った確実性を拒否すること」であった（Goldstein, 1992, p. 164）。PSSCカリキュラムの目標は生徒たちを科学的推理のさまざまな形に親しませることであった。科学という事実は基本的には目標が到達できる手段として主に役立つのである。

このようにザカリアス，フリードマン，ブルーナーは，共通目標——考え方の学習を学ぶことによって，人々が学ぶのを助けること——を共有していた。ザカリアスは次のように言う。「私がそれ（PSSC）を喜んで引き受ける理由は，私がもっと物理学を，もっと物理学者を，もっと科学を望んでいるからではない。私は，そのとき，そしていまも，人々がこの世界で謙虚であるために，彼らが観察，エビデンス，信念の基礎について知ることを含む，ある種の知的訓

練をする必要があると考えるからである」(Goldstein, 1992, pp. 164-165)。

ウッズホール会議とブルーナーの『教育の過程』

　1959年に10日間の会議が，国立科学アカデミーの後援により，マサチューセッツのウッズホールで開催された。そこには，かなりたくさんの分野から34人の学者と教師が，新たに開始した科学カリキュラム計画で学習されてきたものを検討するために集まった。その計画はPSSCが先駆者だった[8]。ウッズホール会議は，ブルーナー自身の報告によると，ロシアの人工衛星の打ち上げというアメリカに先立つ成功への反応であった。ロシアは，冷戦の宇宙競争の最初の試合に勝ったのである。そして，アメリカは理科と数学の遅れた教育のせいで負けたという分析が行われた。その点で，数学と理科の教育を向上させることが国家の優先事項であり，教育者たちはそれが最も重要だと考えたのである。この文脈からウッズホール会議が誕生したのである。
　この会議は，心理学者たちとリサーチ・サイエンティストたちを主に集めたものであった。彼らは「若い学生たちに理科の実体と方法の感覚を与えることに関与する基本的過程」について討論し，小学校と中学校の理科のカリキュラムの発展に対してリサーチ・サイエンスをもっと適用することについて意見を出し合うために集まったのであった (Bruner, 1960, p. vii)。会議で議論されるテーマには，認知過程，学習における制度と構造の役割，指導の支援，学習における直観的および分析的思考との関係，学習動機づけの刺激も含まれていた (Bruner, 1960)。
　ブルーナーは会議の一参加者だったのではなく，会議の成果を記録した報告を書くように依頼されていた。ウッズホール会議から『教育の過程』が生まれたのであり，それはまさにブルーナーによる集会の個人報告であった (Bruner, 1960)。最終的には，本は20言語に翻訳され，4年間に40万部以上が売れて，ブルーナーは教育改革の国際的人物として認められたのであった。例えば，イタリアでは，発行元のアーマンド・アーマンドはブルーナーをジョン・デューイ (John Dewey) の継承者と位置づけた。同書への反響に，驚かされるよりも勇気づけられて，ブルーナーはESIの研究者として，ザカリアスと理科カリ

キュラム改革者のグループへの関与を続ける決意をしたのだった。

『教育の過程』——構造主義者的方法

　学問的立場から言えば，『教育の過程』に書かれているのは，教育と認知発達の，非常に構造主義者的な説明である。その中心の疑問は，「数学であれ歴史であれ，教科の構造を強調すること——できるだけ早く学問分野の基本的考えの感覚を生徒に与えようとするやり方を強調することの意味は何であろうか？」であり，それは構造主義者の抱く疑問である (Bruner, 1960, p. 3)。

　構造主義がその当時の人類学と発達心理学の両方に君臨したことを述べることは興味深い。人類学では，主な構造主義者はクロード・レヴィ＝ストロース (Claude Levi-Strauss) であり，彼が自分に影響を与えたとブルーナーは言う。主題の構造の外観はレヴィ＝ストロースが描いた文化的環境の外観を反映している。だがその考えは，主題の外的構造ではない。学習の基底にある考えは主題の外部構造と学習者の内的認知構造が適合することである。そして後者は認知発達の事柄であるように見える。そこで，ブルーナーはこう書いている。「それぞれの発達段階で，子どもは世界をとらえ，自分でそれを説明する特有のやり方を持つ。特定の年齢の子どもに教科を教えるという課題は，子どものものをとらえるやり方についてのその教科の構造の1つの表象である」(Bruner, 1960, p. 33)。

　認知発達の内的構造は，認知発達のピアジェの理論に基づいている。実際，ピアジェは心理学の分野の主要な構造主義者だった (Piaget, 1970)。ブルーナーは『教育の過程』の中でピアジェの理論に数ページをあてた。彼は，学校レディネスの基礎として，構造化されたピアジェの認知発達の段階をとらえていた。そこで，ブルーナーの教育構造主義の2つの中心は，主題の外部構造と内的認知構造であった。

　だが，2つの間には相互作用の構造もある。教育の本質は，彼の見方では，教科の構造を把握することである。「教科の構造を把握することは，それに有意に関連している多くの他のものを認めるやり方でそれを理解することであ

る。要するに、構造を学ぶことは、物事がどのように関連しているかを学ぶことである」(Bruner, 1960, p. 7)。

学習の構造の役割と、それがどのように教育の中心になるかは、『教育の過程』の最優先のテーマであった。その中で、ブルーナーは知識との関係で構造の重要性を主張した。知識は、単なる遂行ではなく、理解である。理解は、知識のもっと一般的な構造における考えか事実の位置を把握することである。何かを理解するとき、私たちは広い概念的原理か理論の例としてそれを理解するのである。

認知発達の役割

この同じ時期に、ブルーナーは「認知科学の誕生」として知られるようになることに取り組まされた。1956年、彼はジャクリーヌ・グッドナウ (Jacqueline Goodnow) とジョージ・オースティン (George Austin) とともに『思考の研究 (A Study of Thinking)』を出版した。1960年、彼と同僚のジョージ・ミラー (Geroge Miller) はハーバード大学の認知研究センターの助成金を獲得した。1960年と1972年の間、ブルーナーがハーバードからオックフォードに移ったとき、彼は自分の時間を教育の過程の ESI の「実践」研究と認知研究センターの「理論的」研究に分けた。課程の2つの焦点は相互に関連していた。彼の認知発達理論は、例えば、『教育の過程』の有名な宣言の源は、どんな教科も、どの年齢のどの子どもに対しても「本物」の形で教えることができるというものである。

ブルーナーの認知発達の理論は、3つの表象モード――動作的、映像的、記号的――の順序づけられた発達を特徴とする (Bruner, 1965)。あとの形は先の形に依存している。だがそれらは発達段階ではない。意味を作り解読する先行したやり方がなくなったのではなく、大人は3つのシステム全部を柔軟に扱うのである。この見方では、年少の子どもたちは世界を表象する行為を使い、イメージがあとで加えられ、そして、最後に言語や数学の記号のような任意の記号システムが表象的範囲に加えられるのである。これがどんな教科もどんな

年齢にも教えられる理由と方法である。それが表象の発達的に適切なモードで子どもたちに概念を示す事柄である。

例えば，ブルーナーは，数学者のＺ・Ｐ・ダイネス（Z. P. Dienes）を，4人の8歳の子どもの集団に2次方程式を教えるために釣り合い秤とブロックを使って支援した（Bruner, 1966）[9]。この指導配列は，行為（釣り合い秤を釣り合わせる），イメージ（同じ四角を作るのにブロックを使う），記号（ブロックを釣り合い秤にかけたイメージを描くメモを開発する）の面白い混合を組み込んだ。それらの指導配列で，異なる表象システムの分離は，これらのシステムの統合ほどにははっきりしない。明らかなことは，もし動作的と映像的表象の助けがなければ，8歳児が記号を使用した方法では2次方程式を学習できなかったことである。

文化，認知発達，教育

1960～61年の時期に，ジェラルド・ザカリアスは3つの新しいプロジェクトを始めた。そのうちの2つにブルーナーが関わった[10]。文化，認知発達，教育に最も関係のあるのは，アフリカの理科と数学の教授のプロジェクトであった。ザカリアスのアフリカの教育プログラムについての運営委員会は，1961年に最初に集まったのだが，ブルーナーをただ1人の心理学者として加えていた。委員会は非常に影響力のある『古い文化における新しい数学 (The New Mathematics in an Old Culture)』という，コール（Cole）とゲイ（Gay）(1967) による，リベリアのキップランドの文化，認知発達，教育についての先駆的な書物を作成したのである。

アフリカへの取り組みから離れたあと，ブルーナーはセネガルのダカール大学でフォード財団から助成金を獲得した。研究所でシモーヌ・バレンティン（Simone Valantin）と研究をして，ブルーナーはセネガルに旅をし，ウォロフの学校児童を対象にピアジェの量の保存概念の発達についての試験的な研究を行った。彼の考えは，ピアジェの理論はピアジェが考えたよりずっと文化的制約を受けているというものだった。1963年に，ブルーナーは，この伝記記

事の著者の1人であるパトリシア・グリーンフィールドをセネガルに行かせて，彼女の博士論文のこれらの試験的観察を追跡調査する手配をした。グリーンフィールドにとっては，ブルーナーのテーマは追求するに魅力的なものであり，セネガルへの旅は生涯のよい機会だった。彼女は，フランス語圏の学校でフランス語による保存実験を行うことになった（最初はつい最近断ったフランス植民地政府によって準備された）。

彼女はダカールに着くと，このプランのいくつかの要素について質問を始めた。ハーバード大学のブルーナーの社会関係学部での人類学の素養があったので，彼女は，フランス人の教育心理学者たちがしていたように，子どもたちを，彼らの第2外国語であるフランス語でテストすることは不公平だと考えた。そこで彼女は，セネガルの主要言語でありダカールの共通語である，ウォロフ語の学習にとりかかった。そこで彼女は，博士論文研究の，文化，就学，認知発達を結びつける発見をした。すなわち，未開発の森林地帯の村では，学校に通わない多くの子どもたちがいたのである。

これは就学効果についての自然実験であった。そこで彼女は好機をつかんだのである。彼女の研究のデザインの鍵は，認知発達のテストに関する，同じ村出身の就学児童と未就学児童との比較であった。これらのテストには，ピアジェの量的保存のテストとウォーフ（Whorf）の分類テストの両方が含まれていた。就学児童と未就学児童の両方のすべての子どもたちが，ウォロフ語でテストされた。

グリーンフィールドの調査結果は，彼女自身と優れたメンターであるブルーナーの2人を驚かせた。ブルーナーはフィードルワークに関わってセネガルを訪れた。グリーンフィールドは，ダカールの首都とタイバ・ジャエの森の村の両方の子どもたちが，ケンブリッジ，マサチューセッツ（Bruner, 1965），あるいはスイスのジュネーブ（Piaget & Inhelder, 1962）の子どもたちと，認知発達の点で違いがないことを発見した。驚くような違いが，タイバ・ジャエの就学児童の未就学の弟妹にあった。就学しないと，認知発達は驚くほど異なるように見えた（Greenfield, 1966; Greenfield, Reich, & Oliver, 1966）。教育に関連した見解を言えば，ピアジェが述べた認知発達は「自然的」でも普遍的でもなかったのである。そうではなく，特定の文化環境，学校環境の中で進展する事柄の

ように見えたのである。

　これらの結果は，ブルーナーに，就学を文化的制度としてとらえさせる強力な経験となった（Bruner, 1966）。『教育の適切性』（Bruner, 1971）の第2章は1967年に最初に発行された共同論文（Greenfield & Bruner, 1967/1968/1971）であり，「文化と認知発達（Culture and Cognitive Development）」と題された。そこでは，セネガルの結果は，理論的観点から議論されている。

　論文に含まれていたのは，グリーンフィールドの最も衝撃的な発見の1つであった。この発見は偶発的なものであったが，ブルーナーの民族心理学や心の理論——これらの言葉は当時まだ知られていなかったが——への関与の始まりを示している。グリーンフィールドは，未就学児童たちが次の形の理由を問う質問（ウォロフ語の）には答えられないことに気がついた。「なぜあなたはXが事実だと考えるか？」，あるいは「なぜあなたはXが事実だと言うか？」。だが，もし彼女が正確に同じ質問を「なぜXは事実か？」の形ですると，子どもたちは彼女が期待していた道筋に沿って完全に意味のある方法で答えるのである。

　グリーンフィールドとブルーナーは，思考と思考対象の区別が意識されないと「思考」の質問に応答できないことがわかった。彼らはそれを，ヨーロッパ流の思考で基本になっている心理学的自己と客観的自己の二元論を欠いた，自己や世界の個人という一元論的世界観を重視した世界観や文化的論理としてとらえた（Greenfield & Bruner, 1967/1968/1971）。彼らはまた，思考（理論上）と思考対象（社会の）とを物理的に分ける表象のモードとしてのリテラシーは，自分自身の思考について話す能力を急速に変化させるものと結論した。

　グリーンフィールドとブルーナーはそれゆえに，認知発達のコースを変えるだけでなく素朴な心理学や心の理論に検印を押す，教育（とリテラシー）の力について書いている（Greenfield & Bruner, 1967/1968/1971）。かくして，文化的制度としての教育の力と素朴心理学の両方が1971年の『教育の適切性』で1つの形となって登場した。それらはブルーナーの教育についての最近の本『教育という文化』に新しく変容して再び現れた（Bruner, 1996）。

　その民族教育学の本の中で，自分の生徒がどうやって考えているかについての教師の関心は，指導の鍵となる要素であると述べている。子どもたちがどう

やって考えるかを記述する1つの側面はメタ認知——子どもの自分の思考についての思考——である。アン・ブラウン（Ann Brown）の先駆的研究に基づいて，ブルーナーは，大きな教育的価値とは，心の目を思考と記憶の方略に変える子どもの能力に寄与することだと考えた。グリーンフィールドとブルーナーが『教育の適切性』の中で書いたのは，メタ認知方略はそれ自体がリテラシーのような教育と外的表象によって持ち込まれた文化的創生だということである（しかし，2冊の間に25年の隔たりがあるため忘れられた）。

　この結論は，ブルーナーが『教育の適切性』で探究した，個人の認知発達と文化的創生との統合を作り上げた。そこで彼は心の文脈自由の概念と文脈依存の概念の葛藤について述べている。

　　私は，両方の理論が必要ではないかと考える……文脈自由の見方の力は心の普遍的構造を求める。その弱点は直感的反文化論である……発達の文脈依存の見方の最大の弱点は，それらが個人差と文化差をあまりに重視しすぎたり，成長の普遍性を見落とすことである。もちろん，その力は人間の苦境の性質と，どのようにこの苦境が文化によって影響されているかに依存するのである。(Bruner, 1971, pp. 153-154)

人間，学習のコース（MACOS）

　1960年代に，ブルーナーは，「MACOS」として知られるようになる，「人間，学習のコース」と呼ばれる小学校レベルの社会科カリキュラムの開発に取り組むようにもなった。この計画は，まったく別のやり方で人類学と教育を関連づけた。ジェローム・ブルーナーの指導的な助言で，カリキュラムはその中心に比較人類学の教材を使用し，当時の何人かの主要な人類学者たちを参加させた。ロバート・アダムズ（Robert Adams），アセン・バリクシ（Asen Balikci），アーベン・デボア（Irven DeVore），リチャード・リー（Richard Lee），ローナ・マーシャル（Lorna Marshall），エリサ・ミランダ（Elsa Miranda），ダグラス・オリバー（Douglass Oliver），それに映画製作者のジョン・マーシャル

(John Marshall), ティモシー・アッシュ (Timothy Asch) などであった。

MACOS の歴史とブルーナーのカリキュラムへの関与

　アフリカの仕事と同時に，ブルーナーはザカリアスの第2の計画である小学校教育プログラムに関わるようになった。そのプログラムは，小学校の理科の研究（ESS）として始まり，社会科カリキュラムのプログラムによってMACOSへとのちに発展した。それは最大で最も影響力のある——しかも最も議論を呼んだ——教育サービス法人（ESI）によってこれまで開発されてきたカリキュラム計画の1つになっていった[11]。

　ザカリアスの小学校理科についての関心は，子どもが高校の年齢までに探索と試行を学ばないと，彼らはそうすることを想像もできなくなるという，教師たちとPSSCの開発者たちによる発見に起因した。理科の実験と論理への焦点化は，ずっと前から始める必要があったのだ。彼らが小学校レベルで開発したプログラムが何であれ，ザカリアスは，「本当の理科の特質を保持しなければならない。プログラムは実験と発見に基づかなければならない。することによって学ぶのだ」(Goldstein, 1992, p. 200) と主張した。

　ブルーナーは，ESIの教育研究グループを担当していたのだが，子どもに聞くことによって，どのESIの教材が最も効果的かを判断しようとしていた。彼はまた，教師たちが初期のユニットで仕事をするのを観察して何時間も過ごした。MACOSの最初の指導者である人類学者のダグラス・オリバーが1964年に辞めると，ブルーナーは研究指導者としてあとを継いだ（Dow, 1991, p. 71）[12]。

MACOS カリキュラムと教授法の原則

　MACOSのカリキュラムは次の基本問題を中心に作り上げられた。「人間の人間らしさとは何か？」。それは，本質的に，進化の過程であり，鮭，セグロカモメ，放し飼いのヒヒの群れ，ネツリック・エスキモーの，社会行動についての比較検討に基づいた人類学である。ブルーナーによれば，3つの基本問題

がカリキュラムを通して繰り返される。さらに「人間の人間らしさとは何か？」に加えて、また問題がある。「彼らはその方法をどうやって獲得したか？」、そして「彼らはどうやってさらにそうしたのか？」である。そこで、過程は人間の進化の調査であり、特に、人間の適応としての文化の進化である。カリキュラムは人間になる5つの大きな力を区別し焦点化する。すなわち、道具の作成、言語、社会組織、延ばされた子ども時代、世界を説明しようとする衝動である (Bruner, 1966, p. 87)。小学校カリキュラムの歴史の伝統的主題よりも、人類学と他の行動科学の焦点化へのカリキュラム開発者たちの関心は、ある歴史の細部を生徒たちに与えるよりも一般原理の理解を生徒たちに与えられることである。ブルーナーにとってはまた、10歳児にも理解できるほどやさしい形で一連の知識を提示することへの挑戦であった。

ブルーナーは、すべてを「原始的」か「奇妙」なものに見せないようにするときに、社会生活の現象を熟知から救済する必要性として、社会科における最も永続的な問題を区別した (1966, p. 92)。それを受けて、カリキュラムは、ブルーナーが『教育の過程』の中ですでに解明し記述した観察に基づいて4つの有用な技法を発展させた。

1. **対比の使用**：MACOSカリキュラムは対比の4つの主なソースに基づいている。すなわち、人間対高等霊長類、人間対先史時代の人間、現代の技術社会対いわゆる原始社会、大人対子どもである。これらの対比は、概念カテゴリーを作るうえで大切である。それらは、認知についての最初の本『思考の研究』の適用として見ることができる (Bruner, Goodnow, & Austin, 1956)。その本は、思考を二元対比に基づくカテゴリーの認知的創造と同等と見ている。だが、対比の究極の目的は、連続性と類似性を理解することである。最初対比のように見えることは、抽象の別のレベルで、連続性として、結局理解される。

2. **情報に基づいた推測，仮説作成，推測的手続きのシミュレーションと利用**：ここで、思考の科学モードの導入が開発された。そして映画は、推測と仮説作成の基礎として使用できる情報を提示する大事な道具である。

3. **参加**：ゲーム，ロールプレイ，現実のモデルの想像によって刺激すること。ある意味では，ゲームは，数学モデル，作りものだが，しばしば現実の力強い表象のようだと，ブルーナーは言っている。そして参加は人にすることによって学ぶという経験をさせる。それは，認知発達の彼の理論の適用，特定の領域を表象する映像的で記号的モードの基礎としての動作的表象の使用として見ることができる。
4. **思考の自己意識の刺激**：情報を獲得し使用する技術を習得することによって学ぶこと。この原理は，セネガルの就学児童と未就学児童を比較して発見されたように，もっと一般的に教育で生み出される思考についての自己意識の強化として見られるのである。

MACOS カリキュラムの映画利用

　ザカリアスの PSSC カリキュラムの指導に従って，4つのすべての技法は，映画利用にひどく頼ったのだ。まず，フィルムは子どもたちの関心を引きつけ，人類学の授業との違いを際立たせた。人類学者アーベン・デボアとアセン・バリクシと協力して，1960 年代の初めに，映画監督ケビン・スミス（Kevin Smith）の ESI 映画スタジオは，東アフリカヒヒの群れとカナダのペリー湾のネツリック・エスキモーの1年以上の生活を追跡した先駆的映画研究を開始した。映画は，映像的実際の記号的思考に基づいて，表象の映像的モードを活性化する方法としても理解された。同時に，ブルーナーはまた，認知研究センターで続けられた研究に基づく認知発達の一連のフィルムを作成した発行者ジョン・ウィリー（John Wiley）と契約をした。ブルーナーは，有名な臨床心理学者ロロ・メイ（Rollo May）の娘アレグラ・メイ（Allegra May）を映画製作者として雇用した。

　だが，ブルーナーはあまりに頻繁な映画利用は子どもを受け身にするのではないかと心配した。ブルーナーは「物事を表面的に受け入れるのではなく，質問するためにはどのように映画を使えばいいのか？」を熟考した。問題についてじっくり考えて，彼は友人で同僚の言語学者ローマン・ヤコブソン（Roman Jakobson）に相談し，映画の中でどのように質問するかを尋ねた。

ヤコブソンは「映画作成の従来の技法，当たり前にとられているシーケンスを見なさい。おそらくそれが，視聴者が心を目覚めさせるように変えることができるものだ。もう1度ロブ＝グリエ（Robbe-Grillet）の《去年マリエンバートで（Last Year at Marienbad）》を見なさい。それは問題だらけです」と答えた（Bruner, 1983a, p. 192）。

そしてそれが，ブルーナーがやったことだった。映画を見たあとで，彼は映画を無声のままにしておこうと決めた。音はあるが，それは風であるか，春の氷の亀裂であるか，エスキモーのネツリックの語り部の笑い声や活発な話である。

彼は質問し，あるいは謎をかけるつもりで，エスキモー，ブッシュマン，ヒヒの足跡で構成されたフィルムの4分間のループの短い連続映画の創作を提案した。例えば，1つのループは次の質問を提起する。「なぜエスキモーはコケを集めるか，そしてそれを何に使うのか？」。これはそこで，どのようにコケが使われるかを説明する教材によって跡づけられる。ブルーナーは得体の知れないフランス映画のあとで，これらの映画を「マリエンバートの悩ます人」と呼んだ。いくつかの実験のあとで，完全な活動の連続を叙述したナレーションのない映画を編集する方法が，視聴者が初めから終わりまで何人かの参加者たちを含む複雑な出来事をたどるのに十分な情報を与えるように開発された。その方法は，自分が見たことに関する質問に視聴者の興味を喚起したのである[13]。アメリカの子どもたちの，どのように世界が働くかの予想を損なうシーケンスがある。例えば，ネツリックの子どもは鳥のわなを作り，その中にカモメを捕らえ，それに石を投げて殺す。あとでブルーナーは次のことをあげている。「ボストンの学童たちが，子どものザカリーは汚いけだものかどうかについて激しく口論したとき，彼らの1人が『いいかい。彼は大人になってハンターになろうとしているんだ』と言った」（1983a, p. 193）。このコメントから，この子どもが以前にネツリックに関するフィルムか何かを見たことがあると推測できる。すなわち，このコメントは，特殊な環境の中のネツリックの生活の先行した観察と情報に基づいて子どもが引き出した論理的結論であろう。ブルーナーが，カリキュラムが子どもに発達することを期待したのはまさにこの類の思考でもあるのだ。

ヘッドスタート計画と 1960 年代

　教育の政治分野へ戻ってみよう。1960 年代はあらゆるものが変化した。私たちは，ブルーナーが顧問を務めた有名な貧困撲滅教育プログラムであるヘッドスタート計画にたどり着いた。ヘッドスタートの経験によって，ブルーナーは，最近自分は教育が社会的公平と関連した文化的ソースだと気づいたと言ったのである（私信，2000 年 10 月）。

　彼は，自分が教育を，ただカリキュラムとしてではなく，文化的側面として見ることができると気づき始めたのはそのときだったと述べている。ここでは，文化はもっと社会学的意味を持っている。ブルーナーの研究の初めのころ，それは力と関係していた。

　『教育の適切性』の序文の中で，ブルーナーは，教育のための「ベトナムにおける私たちの破壊と残酷な戦争」の妥当性を引き出している。

　　私たち自身の生き方は，都会のゲットー，貧困の文化，人種差別などがあるとはいえ，多様な生活の名のもとで私たちの社会は遂行することができるのだろうか！　私たちは子どもたちに及ぼす貧困と人種差別主義のすさまじい影響と，学校が私たちの社会の悪い力の道具になった範囲をあらためて見たのであった。ジョナサン・コゾル（Jonathan Kozol）の『死を急ぐ幼き魂（Death at an Early Age）』のような説得力のある本が現れ始めたのだ。(1971, p. x)

　ブルーナーは「貧困と子ども時代（Poverty and Childhood）」というタイトルの章で『教育の適切性』を完結させた。彼は，失敗の文化の導入に言及して，文化的用語で問題を表現した。この章の中で，彼は，貧困と人種差別の破壊的影響に対抗し，それを防ぐ介入に非常に関心を示している。それらの特徴の中で最も重要なのは，「子どもに何かをする親と世話人を励ます手段としての共同体の主導権の重要さ」をはっきり表明することだった（1971, p. 157）。

　この信念に沿って，彼は認知研究センターの協同開発の行動プロジェクト

を支援した。1971年，センターの2人のフェロー，エドワード・トロニック（Edward Tronick）とパトリシア・グリーンフィールド，第3のセンターフェローである小児科医のT・ベリー・ブラゼルトン（T. Berry Brazelton）と相談して，教育発達センター社（EDC）[14]のマリリン・クレイトン・フェルト（Marilyn Clayton Felt）の指導のもとに，ジャマイカ・プレインのブロムリー健康住宅計画の協同管理幼児ケアセンターのスタートを援助した。それはボストン地区の最初の幼児保育センターであった。

指導アドバイザーのトロニックとグリーンフィールドと一緒に，主に富裕な母親で構成されているコミュニティがセンターをスタートさせた。この母親たちを幼児の教師に養成する過程で，トロニックとグリーンフィールドは『幼児カリキュラム──幼児のケアと発達に対するブロムリー健康案内（*Infant Curriculum: The Bromley-Health Guide to the Care and Development of Infants*）』（1973）というタイトルの本を書いた。それは，認知研究センターのブルーナーによって指導されたプログラムの中心であった幼児研究を含んでいて，当時の最適な発達心理学に使用された。ブルーナーのこのプロジェクトへの支援については，その本の序文に述べられている。

このカリキュラムの背後にある原理への叙述で，ブルーナーのこの本の『教育の適切性』の貧困と児童期の章を締めくくっている。彼ら自身の文化的制度，学校を組織しているコミュニティを表しているカリキュラムのこのテーマは，教育についての彼の最後の本『教育という文化』に強調されている。例えば，『教育という文化』の初めに，ブルーナーは「教育は生活の文化的やり方の主な具現化であって，その単なる準備ではない」と書いている（Bruner, 1996, p. 13）。

人の終焉，学習の過程（MACOS）

1967年から，MACOSカリキュラムが，ボストンからカリフォルニアまで，海外ではオースラリアのような遠方の場所の教室で使用され始めた。だが1971年まで，フロリダ，メリーランド，アリゾナの保守的な親の間に逆風が

吹いた。親たちはMACOSに異議申し立てをし，それは小学校児童の指導には適切でないと言ったのである。

1975年までに，MACOSの問題は，下院の議場にまで届いた。フェニックスの保守的地域を代表したアリゾナの下院議員ジョン・B・コンランは下院の議場で，カリキュラムは「ネツリックの食人，不倫，獣姦，少女の殺害，殺人，近親相姦，夫婦交換，老人殺害，それに他の衝撃的な見逃された慣行の物語」を提供していると非難した（Dow, 1991, p. 200; Goldstein, 1992, p. 296）。コンランの目には，MACOSカリキュラムは，「アメリカ教育を乗っ取ろうとする連邦に支持された危険な計画」を結局は意味すると見えたのであろう（Dow, 1991, p. 211）。彼は，MACOSカリキュラムの内容から教育コミュニティの選択の自由の問題にまで議論を移して，国立科学財団（NSF）の承認されたカリキュラム計画を実行に先立ってすべて見直すという議案を提出した。

議会での議論の結果は，MACOSカリキュラムと理科と社会科のカリキュラム計画のいくつかのNSF支援の打ち切りは時期尚早であろうというものだった。のちにブルーナーは，ヨーロッパ，特にイギリス（彼はオックスフォードの教授だった）と，最近ではイタリア（レッジョ・エミリアで）の教育改革に力を注ぐことに専心したのである。

ナラティブと文化心理学

私たちはブルーナーの文化心理学と教育的思考，すなわちナラティブのごく最近の原理でこの自伝的小論を閉じることにする。教科の指導について自分の初期の見方をしっかりと保ったままで，彼は以下のように述べている。

　私はもっと一般的な問題を扱うために学校の「教科」とカリキュラムの問題を結局は避けたいのだ。一般的問題とは，子どもたち（実際には，人々一般）が世界の1つの型を創造することを助ける思考と感情の形態である。その型は，心理学的には，彼らは自力で1つの場所——個人の世界に出合うことができるものだ。私は，物語を作ること，ナラティブはそのために必要

であると信じている。

　人間が世界についての彼らの知識を組織し管理する2つの広い方法があるように見える。実際は構造であり，さらに言えば彼らの直接経験である。1つは物理的「物事」を扱うためにもっと特殊化されているように見える。もう1つは人々とその苦境を扱うために特殊化されたものである。これらは論理的―科学的思考とナラティブ思考として従来から知られている。それらの普遍性は，それらが人間のゲノムにルーツを持っているか，言語の本質として与えられていることを示している。(Bruner, 1996, p. 39)

　この概念化は，2つの認知文化を見事にとらえている。ブルーナーは，学校が論理的科学モードを重視していることをさらに明らかにした。この概念化は，教育における異文化の問題に広く当てはまる。例えば，最近，文化の架け橋と呼ばれるプロジェクトのコースで，グリーンフィールドたちは，ラテン系移民の子どもたちが，自分の家族との結びつきを肯定し確かめるために，どこにでも見られるナラティブを使うことを見出した。標準的指導の観点から見ると，教師はこれらの「物語」にどのように対処するかを知らないで，彼らは認め見返りを与える論理的―科学的やり方をよく支持して，それらの芽を摘もうとしていることがわかったのである。例えば，公立の幼稚園に入る前のクラスの観察の中で，卵を使った理科の授業を教えようとする教師が孵化しようとする卵を持ち上げて，料理して食べたときのことを思い出して卵を説明するように言った。子どもの1人が，自分が祖母と卵をどんなふうに料理したかを3回話そうとした。だが教師は，卵が割れたとき白身と黄身が出てくる様子を説明した子どもを支持して，この意見を取り上げなかったのである (Greenfield, Raeff, & Quiroz, 1996)。

　この出来事の2つの特徴である，子どもの家族中心の物語の強調と，教師による子どもの一見したところ非科学的な答えの無視や低い評価は，ラテン系の移民の教室でよくあることなのだ。子どもはナラティブなモードで応答するが，教師は論理科学的モードを期待する。論理的―科学的思考の価値は，「私たちの高度な技術的文化が非常に内潜的なので，学校カリキュラムへの包摂は当然だと見られている」とブルーナーは言う (Bruner, 1996, p. 41)。他のモー

ドが教師たちに見えないのは当然である。

　ブルーナーはこの出来事とその分析に最も関連しているもう1点に気がついた。「世界に精通しているという感情，自分自身を自己記述する方法を知ることは，現代世界の移住の膨大な増加によって確かに容易にはならない」(Bruner, 1996, p. 42)。グリーンフィールドたちがそうであることを見出したように，これは物語が学校によって体系的に低く評価されているときに特に当てはまるのである。ラテン系移民の子どもの物語について，教師たちは普通「私はそれに耐えられない」などと言う。文化の架け橋教員養成プロジェクトの主な対応は，教師が教育過程においてこれらの物語を再評価し，使用してきたことである。彼らは，これらの子どもたちが家族や家族の活動と関係づけて自分たちを同定するように強く動機づけさせる書いたせりふを与えて，書くときに評価し使用する。彼らは思考のナラティブモードと論理的—科学的モード間に橋を意識的に構築して，理科でもそのようにする。例えば，湿地帯の野外旅行のあとで，文化の架け橋の教師は，子どもが家族の動植物（例えば，ハチドリが空中にじっとしているのを眺めること）との経験についてのナラティブと関連する科学的事実（例えば，ハチドリの羽根が非常にすばやく羽ばたく）のを結びつけることを助けるのである (Greenfield & Rothstein-Fisch, 1999)。

　つまり，ブルーナーの思考のナラティブモードの教育の本への取り込みは，多くの移民と科学的論理よりもナラティブモードに特権を与える文化出身の他のマイノリティの子どもに学校の世界に精通していると感じさせる，重要な理論的論拠を与えたのである。

　法律学者アンソニー・アムステルダム（Anthony Amsterdam）との共著である，最も新しい本『法の精神（*Minding the Law*）』(2000) で，彼の知的関心の広さと，人間の認知と社会的行動におけるナラティブの役割の理論的洞察の広い適用性をもう1度証明して，ブルーナーは私たちの法体系が働く方法に対するナラティブの重要性を示したのである。鍵となる最高裁判所の意見の分析によって，ブルーナーとアムステルダムは，アメリカ文化の中心の神話構造に深く根ざした心理学的要請とともに，ナラティブとレトリックの戦術がどのように，民族，家族法，死刑についての法廷の決定を形成してきたかを説明している。そうすることにおいて，彼らは，内潜的に，時には明示的に，思考と対話

のナラティブモードの巧みな使用が、成功を収めた弁護士と最高裁の判事の教育の基本であったことも示しているのである。

教育と文化心理学の関連性

『教育という文化』の序文の中で、ブルーナーは、自分が教育の問題と文化心理学の創造において大きな役割を果たすように見える疑問を理解するようになることとどのくらい密接に関連しているかを過去に遡って示した。「意味を作り折り合いをつけることについて、自己と主体感覚の構築について、記号的スキルの獲得について、特に、すべての精神活動の文化的『位置づけ』についての疑問」である (Bruner, 1996, p. x)。最も大切なことは、教育は、「人間の精神活動が、それが頭の中で進行しているときでも、単独でも支援なしに行われているのでもないことを」前提としているのである (Bruner, 1996, p. x)。

ブルーナーが述べたように、1950年代後半と1960年代では、私たちが述べてきたカリキュラム改革が進んでいたとき、教育への関心は、学校で子どもたちが学習している環境や文化的文脈に関わっていた彼や他の改革者たちからはほとんど払われなかった。生徒たちは苦しみや文化の問題全体ではやすらかな一種の「教育的真空」の中に住んでいると考えられていた。ブルーナーは、「貧困の発見」と1960年代の公民権運動が、彼に貧困、人種差別、精神生活と子どもの成長の疎外の影響に気づかせたと書いているが、MACOSを取り巻く議論それ自体は、子どもたちが教えられたことは、大きな社会的・政治的・文化的文脈の部分でもあるという兆候を指示しなければならなかった。

議論が起こる前にさえ、MACOSはブルーナーを励まし、実験室の外へ連れ出し、学習と教育に関しては実際の世界の観察をさせた。彼は、全体はESIによって、詳細はMACOSによって開発されたカリキュラムを使う教師と生徒を観察し始めた。このように、彼は、知識が構築され伝えられる心内モードも、学習が行われている文化環境も、観察し始めた。

同時に、彼のアフリカ旅行とその研究は、彼を西洋思考の考え方から抜け出させ、認知発達の多様な比較文化の見方を発展させた。最も重要なことは、当

然のことながら学校教育は認知発達における承認されたパートナーだということである。学校教育が不可能だったアフリカでは，心を発達させる文化機関として，そのきわめて重大な役割が明らかになった。

　ブルーナーが教育への心理文化的アプローチの案内として描写したいくつかの教義は，MACOS カリキュラムやその実習のもとにある原理にルーツを持つ。これらの教義は，アフリカの学校で子どもを観察する機会と，最終的には学校教育が外国の影響下にあった文化の中で子どもがどのように考えたかを学ぶ機会によっても浮き彫りにされたのである。他の教義は，母親と幼児の関係における協同の意味と文化の創造に関するブルーナーのオックスフォードの研究に基づいているようだ。それでも，他の教義はヴィゴツキーを反映している。ブルーナーが彼を 1960 年代早期にアメリカの読者に紹介したのである (Vygotsky, 1962)。結局，他の教義は，アン・ブラウンとジョゼフ・カンピオーネ (Joseph Campione) によってオークランドに設けられた教室における彼の観察と，イタリアのレッジョ・エミリアの進歩主義教育の公立学校を観察した彼の経験に大きく影響された。

　教育への心理文化的アプローチの指標となる信条は次の通りである。

1. **透視画法の信条**：どんな事実や出会いも，それが構成されているものに関する参照の見方や枠組みと関連している。
2. **制約信条**：どんな文化においても，人間に接しやすくする意味の形態は，2 つのやり方で制約されている。すなわち，人間の精神機能の性質と，人間の心に接しやすくする記号的システム（つまり，言語）の性質によって (Bruner, 1996, pp. 15-19)。
3. **相互作用的信条**：あらゆる人間のやりとりのように，知識とスキルを伝えることは，相互作用の下位共同体を包括している。
4. **外在化信条**：ブルーナーが参照したように，結合プロジェクトや「作品」を外在化する利点。
5. **ナラティブ信条**：子どもを助ける思考と感情のモードは，心理学的に子どもが自分自身のためにある場所を想像することができる，世界の見方を創造する。これは実際，子どもに人間らしい人間とは何かを教えるた

めの MACOS カリキュラムの主な目的である。ブルーナーは，物語作成とナラティブがそのために必要だと考えた。MACOS カリキュラムの重要な観点は，他の文化の神話と伝説を見ることと，自分たちの文化の神話とナラティブの概念を理解することである。

教育心理学へのブルーナーの遺産

　教育心理学へのジェローム・ブルーナーの遺産は2つの要素からなる。1つは教育と教育心理学への認知的アプローチを使った北米の心理学者の1人であることだ。彼は，教科の構造，学習者の表象スキル，両者間の適合性の重要性に注目をした（Bruner, 1960, 1966）。彼はまた，合衆国の教育社会にピアジェを紹介した（Bruner, 1960）。だがのちに，教育における認知的思考を環境の役割まで広げたピアジェの批判をした（Bruner, Oliver, & Greenfield, 1966）。ブルーナーを通して，認知変革は合衆国内と世界中の教育的思考に影響を与えたのである。

　2つ目は，ジェローム・ブルーナーが社会文化的事業として教育に関心を寄せたことだ。彼は 1960 年代にこの事業を始めた。そのとき彼はレフ・ヴィゴツキー（Lev Vigotskey）の 1962 年に発行された『思考と言語（*Thought and Language*）』の最初の英訳の序文を書いた。ヴィゴツキーはそれ以来，教育心理学のモットーになった。そして彼の発達理論はピアジェのそれと同等に扱われている。教育の社会文化的目的は，ブルーナーの 1960 年代の比較文化データの使用（Greenfield & Bruner, 1967）により，MACOS カリキュラムの発展における彼の役割である，1970 年代の教育発展における貧困の役割についての彼の分析（Bruner, 1971）にまで広がった。最終的に，1996 年の『教育という文化』の出版で，ジェローム・ブルーナーは，教育心理学を文化心理学のかなめとしてしっかり根づかせたのである。このことは教育心理学にポストモダンの多文化世界の教育心理学の問題に取り組む中核的位置を与えたのである。

原 注

(1) ブルーナーは，科学の一般的理解を促進するために，アルフレッド・P・スローン財団がスポンサーになり，科学者による執筆シリーズ本の一部として『心を求めて──自伝的エッセイ（In Search of Mind: Essays in Autobiography）』を執筆した。
(2) ブルーナーは次のように言っている。ブルームは彼に，非常に「世紀末」的なフロイトの家族観の偏狭な文化的に制約された性質を知らせたのだと（Bruner, 1983a, p. 134）。
(3) 1940年代にブルーナーは，ハーバード大学の人類学者たちはもちろん，「文化とパーソナリティ」グループの人類学者たちと頻繁に交流した。例えば，ベティ・フリーダン（Betty Friedan），ダニエル・ホロビッツ（Daniel Horowitz）の伝記の中に，マーガレット・ミードとグレゴリー・ベイトソン（Gregory Bateson）とブルーナーは1942年12月のノーサムプトンのトポロジー学会の会議に出席したと書いてある。フリーダンは，そのときカリフォルニア大学バークレー校の心理学の大学院生だったが，彼女のメンターであるエドワード・トールマン（Edward Tolman）と出席したのだった（Horowitz, 1998, p. 100）。1940年代，ブルーナーは，ナバル研究の主席であるアドミラル・ソルバーグ（Admiral Solberg）によって集められた学際的チームであるナバル研究委員のミードと再び仕事をした（Bruner, 1983a, p. 63）。
(4) 新しい社会関係学部のメンバーには，タルコット・パーソンズ（Talcott Parsons），ゴードン・オールポート，クライド・クラックホーン，ピティリム・ソローキン（Pitirim Sorokin），ヘンリー・マレー（Henry Murray）がいた。
(5) MITの学長のために書かれ，アメリカ国立科学財団に提出されたザカリアスのメモは，「高校の物理学の指導を向上させる努力の中で，私は多くの短編映画を準備する実験を提案したい」と述べている。「1つの教科を提示するために，例えば物理学では，私たちは20分のフィルム90本を制作し，教科書，問題集，質問カード，回答カードをそろえることが提案された」（Goldstein, 1992, p. 152）。
(6) 物理科学研究委員会（PSSC）の物理学カリキュラムの発展の物語は，国立科学財団（NSF）──それはカリキュラムの開発に資金を出した──の役割を含むのだ。それはまた，作動している典型的な「先輩」ネットワークをまた実証した。関与した個人には，MITやハーバード大学の学者とワシントンDCの公務員が含まれていた。彼らは第2次世界大戦のころの社団法人の初期の時代からお互いを知っていた。NSFと同様，いくつかの場合には，そこにいる公務員たちはMITの学者であった。あるいは，彼らは大統領の科学アドバイザーと相談した。アドバイザーはMITの研究者たちであった。しかしながら，カリキュラムの開発の終わりまでには，およそ60名の物理学者，高校教師，作家，編集者，映画製作者たちがこのプロジェクトに参加していた。
(7) 提案された映画を制作する過程で，ザカリアスたちは，内容を伝える難しさと同じよう

に科学をする興奮を映画にする難しさを多く学んだ。ゴールドスタイン（Goldstein）の物理学者にフィルムを面白く見えるようにすることの難しさに関する討論を参照（1992, p. 152）。

(8) 1962年の終わりまで，合衆国の中学校教育は，物理科学研究委員会（PSSC），生物科学カリキュラム研究（BSCS），化学連盟研究プロジェクト（CBA），化学教育教材研究（CHEMS），地球科学カリキュラム・プロジェクト（ESCP），学校数学研究グループ（SMS），学校数学に関するイリノイ大学委員会（UICSM）によって作成された新しいカリキュラムを含んでいた。これらすべてが，高校の理科と数学教育の向上を目指すゆるぎないNSF後援のプログラムであった。NSFの助成は別にして，これらのプログラムが共有したのは，最高レベルを集めた，学校の教師たちや他の教育者たちが新しい教材の準備に一緒に働く，専門的科学者たちと数学者たちの利用であった（Goldstein, 1992, p. 185）。

(9) S・アンダーソン（S. Anderson），E・ダックワース（E. Duckworth），J・R・ホーンズビー（J. R. Hornsby）もこの研究に参加した。

(10) 第3のプロジェクトは新しい大学物理科学コースの開発であった。

(11) そこで，社会科学カリキュラムのプログラムは，物理科学研究委員会の知的後継者になった。NSF，スローン財団，ビクトリア財団からの援助があり，フランシス・フリードマンとザカリアスが最初の提案書の署名者であった（Goldstein, 1992, p. 202）。

(12) オリバーの妻が1964年に亡くなったとき，彼はプロジェクトへの情熱を失った（Dow, 1991, p. 71）。

(13) そのような短いフィルムの初期の問題のあとで，映画編集者のクエンティン・ブラウン（Quentin Brown）と人類学者のアセン・バリクシは短いループをあきらめて，やはりナレーションのない，《石のやなで釣りをする（Fish at Stone Wire）》（1963）というタイトルの30分の長いフィルムにまとめた。子どもと大人の両方の映画へのプラスの反応に喜んで，ブラウンとバリクシは，全活動をナレーションのない連続のフィルムの制作に注ぎ続けた。鍵となるのは，視聴者が初めから終わりまで何人かの参加者を含む完全な出来事をたどれる十分な情報を示すように企画されている，全部の活動を示すことであった（Dow, 1991, p. 64）。

(14) 1965年教育サービス法人は，教育開発センター法人という名称の新しく拡張された社団法人を作るために教育創生機関と合併した（Goldstein, 1992, p. 262）。

文 献

Amsterdam, A., & Bruner J. S. (2000). *Minding the law*. Cambridge, MA: Harvard University Press.

Bruner, J. S. (1960). *The process of education*. Cambridge, MA: Harvard University Press.

Bruner, J. S. (1965). The growth of mind. *American Psychologist, 20,* 1007-1017.
Bruner, J. S. (1966). *Toward a theory of instruction.* Cambridge, MA: Harvard University Press.
Bruner, J. S. (1971). *The relevance of education.* Cambridge, MA: Harvard University Press.
Bruner, J. S. (1980). Foreward. In E. Tronick & P. M. Greenfield, *Infant curriculum: The Bromley-Heath guide to the care and development of infants in groups* (Rev. ed., p. viii). Santa Monica, CA: Goodyear. (Now distributed through Scott, Foresman.)
Bruner, J. S. (1983a) *In search of mind: Essays in autobiography.* New York: Harper & Row.
Bruner, J. S. (1983b). *Child's talk: Learning to use language.* New York: W. W. Norton.
Bruner, J. S. (1996). *The culture of education.* Cambridge, MA: Harvard University Press.
Bruner, J. S., Goodnow, J. J., & Austin, G. A. (1956). *A study of thinking.* New York: Wiley.
Bruner, J. S., Olver, R. R., & Greenfield, P. M. (1966). *Studies in cognitive growth.* New York: Wiley.
Cole, M., & Gay, J. (1967). *The new mathematics in an old culture: A study of learning among the Kpelle of Liberia.* New York: Holt, Rinehart & Winston.
Dow, P. (1991). *Schoolhouse politics: Lessons from the sputnik era.* Cambridge, MA: Harvard University Press.
Goldstein, J. S. (1992). *A different sort of time: The life of Jerrold R. Zacharias, scientist, engineer, educator.* Cambridge, MA: MIT Press.
Greenfield, P. M. (1966). Culture and conservation. In J. S. Bruner, R. R. Olver, P. M. Greenfield, et al. *Studies in cognitive growth* (pp. 225-256). New York: Wiley.
Greenfield, P. M., Reich, L. C., & Olver, R. R. (1966). On culture and equivalence: II. In J. S. Bruner, R. R. Olver, P. M. Greenfield, et al. *Studies in cognitive growth* (pp. 270-318). New York: Wiley.
Greenfield, P. M., & Bruner, J. S. (1967). Culture and cognitive growth. *International Journal of Psychology.* Revised version in D. Goslin (Ed.) (1968). *Handbook of socialization theory* (pp. 633-660). Chicago: Rand McNally.
Greenfield, P. M., & Bruner, J. S. (1971). Culture and cognitive growth. In J. S. Bruner (Ed.), *The relevance of education* (pp. 20-51). New York: Norton.
Greenfield, P. M., Raeff, C., & Quiroz, B. (1996). Cultural values in learning and education. In B. Williams (Ed.), *Closing the achievement gap: A vision for changing beliefs and practices* (pp. 37-55). Alexandria, VA: Association for Supervision and Curriculum Development.
Greenfield, P. M., & Rothstein-Fisch, C. (1999, Month). *Bridging cultures in education: Implicit knowledge through explicit training.* Paper presented at the Biennial Meeting of

the Society for Research in Child Development, Albuquerque, NM.

Horowitz, D. (1998). *Betty Friedan and the making of the Feminine Mystique: The American left, the cold war, and modern feminism*. Amherst, MA: University of Massachusetts Press.

Lutkehaus, N. (2000, November). *From image to narrative: Anthropology's role in the development of Jerome Bruner's cultural psychology*. Paper presented at the Annual Meetings of the American Anthropological Association, San Francisco, CA.

Lutkehaus, N. (2003). Man, a Course of Study: Situating Tim Asch's pedagogical assumptions about ethnographic film. In E. D. Lewis (Ed.), *Timothy Asch and Ethnographic film* (pp.__). New York and London: Routledge.

Piaget, J., & Inhelder, (1962). *Le developpement des quantitiés physiques chez l'enfant* [The child's development of physical quantity] (2nd ed.). Neuchatel, Switzerland: Delachaux & Niestle.

Piaget, J., (1970). *Structuralism*. New York: Harper & Row.

Tronick, E., & Greenfield, P. M. (1973). *Infant curriculum: The Bromley-Heath guide to the care of infants in groups*. New York: Media Projects. Second edition in paperback. Santa Monica, CA: Goodyear. Now distributed by Scott Foresman.

Vygotsky, L. (1962). *Thought and language*. Cambridge, MA: MIT Press.

第18章

アルバート・バンデューラの研究業績と教育心理学への貢献

バリー・J・ジマーマン（ニューヨーク市立大学大学院センター），
デイル・H・シャンク（ノースカロライナ大学グリーンズボロ校）

　1993年の6月，アルバート・バンデューラ（Albert Bandura）の同僚たちと教え子たちは，カリフォルニアの新緑のナパ渓谷に集い，バンデューラのために2日間の祭典を催して彼を驚かせた。数ヶ月にわたる密かな計画は彼の鋭い目を逃れていたのである。彼は筋書を隠したイベントに誘い出された。集会に出席した人々の多さには目を見張るものがあった。論文も出されず記念論文集の計画もなかったのだったが，その代わり，2日間，活発な非公式の議論，ブドウ園の贅沢なピクニック，楽しい祝いの夕食で過ごした。人々は，自分たちの尊敬するメンターであり，同僚であり，友人である彼を祝うために遠方からも近隣からもやってきたのである。彼は，教え子の1人から，叡智，謙虚さ，ユーモアの素晴らしいセンスの持ち主であるがゆえに「愉快な天才」と情愛を込めて描写されている。彼の妻ジニー（Ginny）と娘のメアリー（Mary），キャロル（Carol）も参加したこの親密な集まりで，バンデューラは彼の人生を豊かにしようとして出席した人々，参加できなかった人々に謝意を表した。本章では，アルバート・バンデューラの人生と人間生活を啓発し改良することへの貢献を再確認する。彼の理論と研究プログラムは多くの学問分野にさまざまな影響を与えた。教育心理学へのそれらの影響は本章で特別な関心を持って扱われる。

研究者として

　アルバート・バンデューラは、1925年12月4日に生まれた。出身地はカナダの北部アルバータの村マンデア。そこはエドモントンの東およそ50マイルの場所である。彼は北部アルバータの居住地の人を寄せつけない気候をユーモラスに描いている。その場所は北極の寒さが生じ北部の州へと途方もなく伸びていくところなのだと（Stokes, 1986a）。彼は末っ子で、ウクライナ出身の家族の6人きょうだいのたった1人の息子だった。面白いことに、バンデューラの名前は、ウクライナの60弦の楽器のことであり、それはアルバートのクラッシック音楽を愛好する人生を暗示するものだったのである。彼のユニークな初期の教育経験は、原則的に社会的で自己指向的なプロセスとしての学習のその後の見方に反映されている。彼の大学進学のための教育は8教室の学校で行われた。2人の高校教師とわずかな指導の方法を除くと、バンデューラと級友は年少時には自分自身で勉強のスキルを上達させるしかなかったのである。彼は適応的学習の自己指導を以下のように述べている。「生徒は自分自身の教育に責任がある。往々にして私たちのほうが荷重負担の教師たちより教科の深い把握を発展させていた」（Stokes, 1986a, p. 2）。この珍しい学習役割の逆転した見方は、いくつかの記憶に残る出来事をもたらした。例えば、彼の高校の数学授業のカリキュラム全体は1冊の教科書だけで構成されていた。それを1人の悩める教師が、小規模だが明るいクラスの生徒より先に習得しようとした。生徒たちは悪ふざけで教師の三角法の虎の巻を手に入れて、宿題を減らしてくれれば授業が再開できるように返してあげると交渉した。学習への道から遠く離れていたが、この貧弱な学習環境はいくつかの特別な恩恵をもたらした。バンデューラの級友の大部分はさまざまな大学で学位を追求し続けた。それはその農村では先例のないものであった。バンデューラは自分の初期の教育経験から大切な結論を引き出している。「たいていの教科書の内容は一時的にしか役に立たないが、自己指導の道具はずっと長い間役に立つのだ」（Stokes, 1986a, p. 2）。

　学校教育がバンデューラの教育経験のすべてではない。高校3年の夏に、

大学の授業料を稼ぐのに，毎年凍結や解凍の被害を受けるユーコン凍土帯のアラスカの高速道路の修理作業をした。道路の労働者のメンバーになって，彼は何人かの実に多彩な人々に会った。「債権者から逃れている人，保護観察官，飲み屋，それに扶助料請求者である」(Stokes, 1986, p. 2)――ほとんど疑問も持たずにまっとうに日々の労賃を求めている浮浪者たちだ。もちろん，この多種多様な作業員のさまざまな創意あふれる創造力はいくつかの驚くような形で示された。荒れて孤立した環境をアルコールで補おうとして，彼らはじゃがいもと砂糖からウォッカを蒸留する蒸留器を作った。あるときは，定住している数頭のハイイログマが蒸留器の作動する前日にやってきてアルコールの原料を平らげた。この混合物はオランダイチゴより美味しかったのである。これで蒸留しようとした人はがっかりさせられたが，熊たちははしゃいだのであった！この社会的学習経験のユーモアとペーソスは，バンデューラの人間特性の理解にぬぐい去れない印を残した。それは，現実のよりどころのないものの間にあっても，人間の主体性の価値に対する永続的な認識である。

　北部アルバータの厳しい天候から逃れようと，バンデューラは1946年バンクーバーのブリティッシュ・コロンビア大学に入学した。そこで温和な太平洋海岸気候と素晴らしい知的な環境を楽しんだのである。アルバートの心理学研究の道に進むことを決めたのは，計画的ではなく偶然の産物と言ったほうがいい。彼は早朝クラスに登録した数人の技術系と医進課程の学生たちと車に相乗りして通学していた。彼は早朝の時間枠を埋めようとして心理学コースの登録を判断したのである。彼はそのテーマに惹かれ，専攻として心理学の探究を決意したのであった。彼は心理学のボルコン賞を授与され，わずか3年で卒業した模範生だった。心理学分野への偶然の入学の影響は，のちになって彼の理論化に反映していく。独創的な論文「偶然の出会いと人生の軌跡の心理学 (The Psychology of Chance Encounters and Life Paths)」で彼は，個人の自発性がどのように人生がたどるコースを形作る偶然の事態に人を置くかを論じた (Bandura, 1982)。偶然を制御できないものととらえるのではなく，バンデューラは，「偶然」の機会を探究的な人生でどのように生じさせるかと，これらの機会を自己発達の点からどのように活用するかに焦点を当てた。

　バンデューラは卒業研究で，心理学の「里程標」を追究した。それによっ

て彼はアイオワ大学に所属するように勧められたのである。1950年代初期にアイオワ大学はケニス・スペンス (Kenneth Spence) とクルト・レビン (Kurt Lewin) のような最高の才能を有し、彼らは活発な知的環境を作り出していた。その環境はまた時折スペンスの血圧を上げる巧妙ないたずらが企まれる場所でもあった。ネズミを学部の掲示板にピンで止め「このネズミはトールマン (Tolman) の理論に従って走る」と説明書きがついていた (Hilgard, 1989, p. 4)。これを見たスペンスは汚い罵言を口走ってしまった。

スペンスとイェール大学のクラーク・ハル (Clark Hull) との間の親密な関係のおかげで、アイオワ大学の学生と教授陣はイェール大学の理論と研究を正確にたどることができた。1930年代、社会的学習理論は、ハルの知的リーダーシップとマーク・メイ (Mark May) の指導のもとでイェール大学の人間関係学部で生まれた。彼らはフロイト (Freud) によって議論された、依存性、攻撃性、同一視、意識形成、防衛機制などの、個人的発達と社会的発達の鍵となる領域の学習の説明を提供しようとした。研究所におけるハルの大切な協力者は、ジョン・ダラード (John Dollard)、ニール・ミラー (Neal Miller)、ロバート・シアーズ (Robert Sears) だった。彼らはフロイト派の概念をハル派の説明に言い換えようとした。例えば、同一視を研究するために、ミラーとダラードは社会的モデリングの一連の実験的研究を行った。それを彼らは『社会的学習と模倣 (Social Learning and Imitation)』(1941) という本で道具的学習の一形態として概念化した。バンデューラは退屈な試行錯誤学習にほとんど専念していたのであって、特にハル派の理論に引かれたのではない。彼は、主に社会的モデリングを通して、文化が社会的慣習と複雑なコンピテンスを伝達するのではないかと思っていた。

ミラーとダラードによって提起されたのとは異なったメカニズムによってであるが、バンデューラがアイオワの卒業研究を行っている間に、もう1つの偶然的な人生の出来事が偶然の出会いから生まれていたのである。彼は次のように説明している。

　　気を滅入らせる読書の課題を一休みしようと、大学院生が友人とゴルフ場に出かけた。彼らはたまたま魅力的な女性ゴルファーたちのあとでプレイし

ていた。やがて2組の2人連れは，1組の4人連れになり，連れの1人はついには院生ゴルファーの妻になった。(Bandura, 1982, p. 748)

アルバートがゴルフによってその読書課題の煩わしさを中断しようとしなかったり，わずかに異なる時期に到着していれば，ジニー・バーンズ（Ginny Varns）に決して会うことはなかっただろう。彼女は看護学校のティーチング・スタッフだったのである。結婚後，彼らはウィチタに移り，そこで，彼はガイダンスセンターで博士研究員のインターンシップを終え，彼女は産科病院のスーパーバイザーとして働いた。バンデューラは1952年に博士号を取得した。これにより，ちっぽけなモンデール高校から6年以内で博士号取得という学習の旅は終わりを告げたのである。

1953年，バンデューラはシアーズからスタンフォード大学の心理学部のインストラクターになるように勧められた。バンデューラはこの申し入れに非常に心を動かされたが，彼はすでに別の大学の仕事を引き受けていた。シアーズはバンデューラに別の大学を断るように強く説得した。彼はシアーズの勧めに強い恩義を感じていたのでやむなく受諾した。この決定は彼のキャリアに組み込まれた道であった。スタンフォード大学で，まばゆいサンフランシスコ湾地域の有名大学で，彼は優れた同僚と学生とともに研究する機会を持つことができた。

シアーズの研究の影響を受けて，バンデューラは彼が最初に指導した博士課程の院生リチャード・ウォルターズ（Richard Walters）と攻撃性の社会的・家族的決定因についての研究の体系的プログラムに取り組んだ。彼らは，多くの劣悪な条件が問題行動を引き起こしやすいことをただ示すのではなく，裕福な居住地域の非欠損家庭の少年の強い反社会的攻撃性を説明するという型破りな挑戦を選択したのである。

この研究はこれらの裕福な家庭のモデリングの影響の重要な役割を浮き彫りにした。彼らは『青年期の攻撃性（*Adolescent Agression*）』(Bandura & Walters, 1959)という本で自分たちの研究結果を報告した。「異常な攻撃性を持つ子どもの親は強い敵対態度のモデルになっている。親は家庭ではどんな攻撃性も許さないが，自分の息子にタフであり必要ならば身体を使って仲間との対立を終

わらせること求め，学校と対立する息子に味方する。子どもは自分の親の攻撃的敵対態度をモデルにする」(Hilgard, 1989, p. 11)。父親が社会的規制への攻撃的態度と懲罰的な形をモデルにしているのを見るという代理的影響は行為の攻撃スタイルを助長するのである。これらの結果は，親の罰は子どもの攻撃的衝動の表現を抑えるというフロイト・ハル派の仮説とは矛盾する。

　これらの結果からバンデューラは，ドリー (Dorrie) とシェイラ・ロス (Sheila Ross) とともに，古典的ボボ人形のパラダイムを使った社会的モデリングの研究プログラムを行うようになった (Bandura, Ross, & Ross, 1961, 1963)。当時フロイト派のカタルシスの理論に従って，モデルにされた攻撃性は観察者の攻撃衝動を吐き出させ攻撃的行動を減らすと広く信じられた。攻撃モデルを見た子どもはそのあとでボボ人形を攻撃する新たな形を示した。コントロール群の子どもはやったとしてもまれであった。この観察学習は観察者の強化がないときに生じる。バンデューラたちは，子どもたちがどんな反応もせず報酬も受け取らずに，反応や行動の複雑なパターンを代理的に容易に学ぶことができることも示した。この理論化の系統は，学習は直接の強化の結果だという当時流行っていた見方とは一致しない。この結果は道具的識別学習についてのミラーとダラード (1941) の概念とも異なる。バンデューラは獲得過程におけるモデリングの認知効果と模倣遂行過程における報酬の動機的効果を区別した。モデリングの研究は，ウォルターズとの 1963 年の『社会的学習とパーソナリティの発達 (Social Learning and Personality Development)』というタイトルの2冊目の本でレビューされた。彼らはモデリングを認知，感情，学習の行動形態を統制する広範で力強いプロセスとして述べている。彼らは社会的学習の説明を，同一視とカタルシスというフロイトの概念への理論的依存と，学習は直接的強化を必要とするというハルとスキナー派の仮説から解放したのである。

　1960 年代，バンデューラは子どもの自己調整能力の発達に関する第2の重要な研究に着手した。この研究は，人々は自己調整的で自己内省的な有機体であり，環境の影響にただ反応するものではないという主体的観点の発展を前もって示したものだった。バンデューラとキャロル・クーパーズ (Carol Kupers) (1964) は，子どもが自己報酬のモデルの高い遂行基準に適応することを示した。子どもはまた，外的報酬によるよりも自己報酬による遂行動機づ

けを持続するのがよいのである (Bandura & Perloff, 1967)。バンデューラとスタンフォードの同僚ウォルター・ミッシェル (Walter Mischel) は，長期間の報酬のために小さな即時の報酬を差し控えるモデルを観察した子どもは，延滞報酬の選択を増やすことを示した (Bandura & Mischel, 1965)。子どもの自己動機づけと自己調整の社会的起源についてのこれらの型破りな研究は，人格特性理論に実験的に確かめられる新しい選択肢を与えたのである。

　1960年代から1970年代の間にバンデューラは，学生と同僚たちと一緒に子どもの認知的・言語的発達における社会的モデリングの役割の研究を始めた。この理論的かつ実験的研究は，単純な反応の真似（つまり模倣）から実例に埋め込まれたルールと構造の抽象モデルまでのモデリングの記述の移行を助けたのである。彼は，子どもの抽象概念階層と言語規則は大人と仲間のモデルから代理的に獲得されると考えた。スタンフォードのもう1人の同僚フレッド・マクドナルド (Fred McDonald) と共同して，バンデューラはピアジェ (Piaget) の道徳推論課題を使って抽象モデルの最初の研究を行った (Bandura & McDonald, 1963)。ピアジェは，未熟な子どもの道徳的推論は行為の結果に着目している（壊されたコップの数のような）が，より成熟した子どもの推論は意図に着目している（コップはわざと壊されたか偶然にか）ことを見出したのである。ピアジェは道徳的推論の就学前児の欠陥を社会的学習経験よりも段階に関連した自己中心主義（つまり，一人称的見方）のせいだと考えた。バンデューラとマクドナルドは，道徳的物語に登場するキャラクターの目的が間違っていると判断されるモデルを見せることで，自分の過失の判断の際に年少の子どもが目的に注目することが多くなることを示した。子どもの攻撃性の新しい形態の獲得のように，子どもの道徳的推論は社会的学習の経験から大きく影響を受けている。

　バンデューラは，そこで抽象モデリングによる子どもの言語発達に注意を向けた。彼の指導学生マリー・ハリス (Marry Harris) と一緒に，彼らは子どもがルールを具体化しているさまざまなモデルの例から言語的ルールを引き出せることを見つけ出した (Bandura & Harris, 1966)。バンデューラのもう1人の指導学生テッド・ローゼンタール (Ted Rosenthal)，それに同僚のバリー・ジマーマン (Barry Zimmerman) とキャシー・ダーニング (Kathy Durning) (1970) は，子

どもの代理学習を研究した。それはモデルの質問の概念スタイル（例えば，原因と結果の質問をすること）についてであった。子どもはモデルの固有な行動のあまり正確でないコピーか模倣する概念学習の高いレベルを示した。この一連の研究は観察学習の厳正な転移テストを含んでいた。バンデューラが彼の著作『行動変容の原理（Principles of Behavior Modification）』（1969）で述べたように，この転移は，観察者は同じ刺激のモデルの反応を見ることは決してないのだが，モデルの処理に合わせて観察者が自分の行動スタイルを新しい事態に変えることを示した。モデルの例に内在するルールを引き出すことによって，観察者はこれまで見聞きしたことがあるものまで拡張された，新しいがルールの一貫した行動を作り出すことができる。モデリングは，モデルのブレインストーミングが観察者を型にはまらない思考へと導くときのように，思考の多様なやり方の抽象へと導くのである（Arem & Zimmerman, 1976; Harris & Evans, 1973; Harris & Fisher, 1973; Zimmerman & Dialessi, 1973）。

　抽象モデルは，モデリング現象の社会的学習の説明を単純な模倣反応という狭い概念の制約から自由にする。道徳判断，言語的ルール，質問の概念的スタイルの抽象モデリングのエビデンスは，子どもの発達段階説に変わるものを求めていた多くの追従者たちを引きつけた。この抽象モデリングの研究は，バンデューラの編著『心理学的モデリング—葛藤理論（Psychological Modeling-Conflicting Theories）』（Bandura, 1971）にレビューされている。バンデューラの概念発達における抽象モデリングの役割の分析は，発達の段階概念に取り組んでいた1970年代の認知的・言語的機能における成功した訓練研究の波を刺激した（Bandura, 1977; Rosenthal & Zimmerman, 1978; Zimmerman & Rosenthal, 1974）。

　代理学習の抽象過程をさらに理解するために，バンデューラはモデリング事象の観察者の記号コーディングの効果を調査した（Bandura & Jeffrey, 1973）。記号コーディングは運動行動の複雑なパターンの観察による獲得を大いに促進した。モデルによる観察者の学習の質は，明らかに観察者の認知的・言語的機能によって影響を受けるのである。バンデューラ（1986）は次のように学習者のこの記号能力の役割を述べている。「記号を操作し内省的思考をする能力によって，過去の経験を乗り越える新しい考えと新たな行為を生み出すことができる」（p. 1182）。電気通信技術の最近の革命的進歩によって，記号モデリング

は，思想，価値，行動スタイルの世界規模の広がりの中で最高の役割を演じている。場所と時間が違っても，学習者は環境をよく理解し変えるために代理経験を記号でエンコードできる。バンデューラはそれをこのように言う。「私たちが行動の基礎としている現実のイメージの大部分は，実際には代理経験に基づいている……私たちは茶の間に電気で持ち込まれたイメージの広く新しい世界を持っている」(Stokes, 1986a, p. 3)。記号モデリングによって，私たちは自分の生活の構造，意味，持続性を持つのである。

　1974年，バンデューラは思いがけない一通の手紙をアメリカ心理学会（APA）から受け取った。そこには会長職の候補にノミネートされたとあった。彼はアメリカ心理学会の管理手続きや方針にほとんど目を通していなかったので，おかしな珍事——選挙のリスクがほとんどないアンディ・ウォーホル (Andy Warholian) の15分の名声（誰もが15分間世界的に有名になります）としてその事態を見ていた。しかし，ある土曜日，彼は桑の木のてっぺんで繁茂した枝をそろえているとき，アメリカ心理学会本部から電話を受けた。管理職の秘書が彼に挨拶をして「あなたに決まりました！」と知らせたのだ。のちにバンデューラは会長の選出を次のようにユーモラスに記述している。「記録に残る木から役員会議室へのすばやい劇的下降」(Hilgard, 1989, p. 15) と。

　バンデューラの任期中，アメリカの心理学者たちは，ニクソン政権による養成資金の切り捨て，退役軍人の扶養家族に対する心理療法の担当者として心理学者を除く動き，強制された行動変容の扇情的な説明などの脅威にさらされていた。バンデューラはこれらの公共政策問題と取り組み，心理学振興学会（AAP）の創設を統括した。それは公共政策の提案と立法府の議案に働きかける心理学者の機関として役立ったのである。この社会運動団体は非常に影響力があると見られ，他の職業団体の1つのモデルとなった。ワシントン州出身の有力な上院議員ヘンリー・"スクープ"・ジャクソン (Henry "Scoop" Jackson) は，その働きの質に強く印象づけられ，上院議員委員会を支援し重要な社会的提案を持つ議案をそろえるようアメリカ心理学会に依頼した。同年，バンデューラはスタンフォード大学から心理学における社会科学の議長に与えられるデイビッド・スター・ジョーダン賞を授与された。彼は1976年から1977年の学年度の間にスタンフォードの心理学部の学部長を務めた。

同時に,バンデューラは自己評価基準の研究を,恐怖をなくすなどの他の自己調整過程にまで広げ始めた。彼と指導学生ブルーニ・リッター(Bruni Ritter),エド・ブランチャード(Ed Blanchard)は,動物恐怖と繰り返される悪夢を抱えている人たちに非常に効果のある指導習得方法を開発した(Bandura, Blanchard, & Ritter, 1969)。この参加モデリングのアプローチで,患者はコーピングモデルによって恐怖症を克服することを教えられ,遂行誘導の援助を段階別にされた。指導遂行に精通した参加モデリングは,恐怖症と一生つきまとう恐ろしい悪夢をすぐに治すのである(Bandure, Jeffery, & Wright, 1974)。フォローアップの評価で,研究協力者は自分の恐怖の治癒に感謝を表明するが,急速な変容経験はさらに深い個人的影響を説明する。それは,彼らが自分の生命をコントロールするいくつかの指標を実践する感覚を染み込ませる。もし行為によって望ましい結果に到達することを信じないなら,人は困難に直面したときに実行し,持続しようとする気持ちはほとんど持たない。その指導の習得アプローチは,デボウスキー(Debowski),ウッド(Wood),バンデューラ(2001)によって,インターネットを通して知識構築の能力を促進するまでに広げられた。

　バンデューラの自己調整と自己効力についての研究は,1977年の『社会的学習理論(*Social Learning Theory*)』としてまとめられた。その中で彼は,個人(認知的―感情的),行動,環境の決定因の複合的相互作用を含む3者関係組の相互因果関係によって,人間の学習と自己調整を分析した(図18-1参照)。バンデューラはこの3者関係の見方を次のように要約した。「人が考え,信じ,感じることはどのように行動するかに影響する。行為の自然な外的効果は,今度は,彼らの思考パターンと情動的反応を部分的に決定する」(1986, p. 25)。この相互の因果関係のモデルでは,人々は環境条件の作り手であり,またその結果でもある。この定式化は古典的認知アプローチの陥穽を避けた(Sampson, 1981)。その陥穽は相互の影響する行動と社会的環境要因が人間の思考に及ぼすことを軽視していたのである。

　1980年代,バンデューラは関心を新しい機能領域の自己効力信念の影響の研究へと次第に変えていった。指導学生デイル・シャンク(Dale Schunk)と一緒に,彼は子どもの数学的コンピテンスの習得における個人の目標設定に

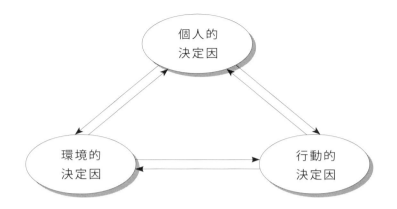

図 18−1　3 者の因果関係における決定因の 3 クラス間関係の図式
Social Foundations of Thought and Action: A Social Cognitive Theory 1986
(Copyright 1986 by Prentice-Hall) より，出版社の許可を得て修正

及ぼす自己調整効果を調べた。それは効果をとらえにくいものだったのだが（Bandura & Schunk, 1981），彼らは，近接の個人的目標を設定した生徒は，遠い目標だけ求めたり無目標であったりする生徒よりも高い自己効力，内発的関心，コンピテンスを発達させることを見出している。バンデューラは自分の研究プログラムを自己調整の信念体系の解明に切り替えた。すなわち，体系の起源，構造，機能，多岐にわたる効果，それにこの知識がどのように個人と社会の利益に役立つかについてである。彼は認知された効果を人間の動機づけと行為の基礎と見ている。

　目標設定と自己効力信念のような，この自己調整過程の研究によって，バンデューラはモデリング研究の初期の理論化と 1986 年の本，『思考と行動の社会的基礎——社会的認知理論（*Social Foundations of Thought and Action: A Social Cognitive Theory*）』の自己参照思考の後期の研究を統合した。同時にバンデューラは，彼の理論化と研究が学習を超えて広がったので，彼の理論的アプローチを社会的認知と改称した。この理論は動機づけと行動の調整への関心に次第に広がった。さらに，その命名は次第に誤解されるようになった。ミラーとダラードの欲動理論，ロッター（Rotter）（1966）の期待理論，ジェワーツ（Gewirtz）

(1971)の操作理論のような,異なる原理に基づいたいくつかの理論にまで適用された。この本の中で,バンデューラは人間の思考と行為の起源,動機づけ,感情,行為の参照過程の影響力の大きい役割についての社会的認知的な見方を示している。彼は,人間を,社会的環境力や内面的力に対してただ反応するのではなく,自己組織的,能動的,自己内省的,自己調整的であると見ていた。

1990年代,バンデューラは,高度に社会的に相互依存的であり,豊かに文脈化された人間発達の一連の研究にとりかかった。「自己の影響の能力は発達するが,それは生まれつきの力ではない。それらは,習得経験,モデリング,できるとかできないと信じ込むものによる」(Stokes, 1986a, p. 3)。ジマーマンとマルチネス=ポンズ(Martinez-Pons)による研究は,自分の学習活動とライティングを調整する効力感についての生徒の信念が学習目標設定と学力を正確に予測することを明らかにした(Zimmerman, Bandura, & Martinez-Pons, 1992; Zimmerman & Bandura, 1994)。出生地マンデアの影響がここに見られる! 認知された自己効力感をパスモデルに含めることで,前回の成績や標準化されたアチーブメントテストの結果を管理しながら,学生の学業成績の予測を30％以上向上させた。

バンデューラは自分の栄誉に寄りかかっている人ではない。1994年,彼は大規模な縦断的プロジェクトに,イタリアで,ローマ大学のカプララ(Caprara),バルバラネッリ(Barbaranelli),パストレッリ(Pastorelli)と共同で着手した。この多面的な縦断的プロジェクトは,子どもの発達の軌跡の形成における社会経済的,家族的,教育的,仲間,自己の影響の複合的な相互作用を調べている。研究のこのプログラムの結果は,子どもの社会的,感情的,道徳的,教育的,職業的発達における効力的行為主体のきわめて重要な役割を記録している。

自己効力の概念に対する強い国際的関心のせいで,バンデューラは,急速な社会変化の求めに応じた青年の個人的効力の信念の役割について,ヤコブ財団の主催のもとに研究者たちの会議の組織を依頼された。それは1993年11月,ドイツのライン河上流にある美しいマールバッハ城で開催された。こののどかな場所で,参加者たちは一日中,研究結果を共有し,意見を交換し,今後の研

究に必要なテーマを選定し，夜には気持ちよく飲み食いした。豪華な料理の品に加えて，バンデューラの叡智とウィットと人間性が会議を本当に忘れがたいものにした。会議の内容を収録した論文は，バンデューラが『変貌する社会の自己効力 (Self-efficacy in Changing Societies)』というタイトルで編集し，1995年にケンブリッジ出版から発行された。

　1997年，バンデューラは『自己効力——コントロールの練習 (Self-efficacy: The Exercise of Control)』と題した本を出版した。それは，この学説の理論的基礎と，教育，健康，臨床問題への対応（例えば，ストレス，抑うつ，薬物濫用），運動遂行，組織の機能，社会的組織と政治的組織の集合的効力へのこの知識の多様な適用について述べたものである。これらの機能のさまざまなすべての面で，認知された自己効力は，人々の思考スタイル，動機づけのレベル，情動的快適さ，遂行の達成を予測するのである。

バンデューラの人間の発達と教育に対する貢献

　バンデューラの研究プログラムの影響が心理学と教育における彼の大きな影響のわずかな部分だと知っても驚くにあたらない。彼自身の研究プログラムとは別に，彼は多くの同僚，学生と支持者たちとの研究の中で自己のモデリングやライティングによる大きな影響力を持っていた。彼の非常に大きな社会的影響は，彼自身の理論と社会的適用可能性の説明価値から生じている。その結果，バンデューラは心理学だけでなく教育の分野で最も多く引用された1人となった（例えば，Gorden et al. 1984）。後続の節では，彼の理論化と研究が教育の過程と子どもの心理学的発達についての私たちの理解に大きく寄与した方法の出所を明らかにする。

子どもの社会的発達を理解すること

　バンデューラが彼の独創的研究を始める前には，生徒の攻撃性についての教育者の考えには，行動は無意識が大きく作用する精神内部の産物であるという

フロイト派の見方が幅を利かせていた。遊び場とか学校での生徒の攻撃性は，弊害を最小限にとどめたやり方で解放を必要とする内在的衝動の反復的な表現と見られていた。この問題の指導を心理学者に頼る教師や社会的リーダーは多くの間違った助言を受けていた。1960年代初期には，テレビ番組と映画の筋は非常に暴力的であった。ネットワークの担当者や映画の製作者は，この傾向をカタルシスのフロイト派の理論を引用して社会的に有益だと擁護した。バンデューラのボボ人形の実験は，子どもの攻撃的傾向に及ぼすテレビ，映画の暴力の影響は無害ではないことを明らかにして，これらの主張に反論した。彼の先駆的研究は，この分野の研究を評価する審査員である合衆国の公衆衛生委員会にかなり影響を与えた (Comstock & Rubinstein, 1972)。そのレポートは，テレビで扱われた暴力とその効果の強度を統制する条件について逆の影響を認めたのである。

ボボ人形の研究はモデリングの効果の写真が心理学の入門書に収められて周知され，ほとんどすべての学生が心理学の入門コースに入ったのである。あるとき，この高い知名度がバンデューラの部屋をワシントンDCのホテルのスィートルームに格上げしたことがあった。受付係がボボ人形研究の父がその晩予約していることに気づいたのである。父であることには明らかに恩恵があったのだ！

バンデューラのモデリングの研究は，また，社会的モデリングがどのように攻撃性を減少させ，向社会的機能を促進し，行為の道徳基準の選択を促進するかを明らかにした。バンデューラと同僚は，共感，共有，利他行動のような行動の向社会的形態を，子どもにどのようにモデリングによって教えることができるかも示した (Bandura & Rosenthal, 1966; Haris, 1968; Rosenhan & White, 1967; Zimmerman & Brody, 1975)。1973年にバンデューラは『攻撃性──社会的学習の分析 (*Aggression: A Social Learning Analysis*)』を出版し，その中で社会的学習，本能，衝動理論を比較し，社会的な政策と学校の社会的環境の管理の提言を論じた。学校における多くの最近の暴力防止プログラムは，社会的モデリングと自己調整原理に基づいたものだ。

道徳的主体についての理論化の多くは，道徳行為を無視する道徳的根拠に焦点化してきた。バンデューラは生徒の道徳行為は自己調整能力に基づいている

と主張してきた。つまり，生徒は自分の行為とそれが生じる条件をモニターし，道徳基準と認知された状況との関係でそれを判断し，やってみた結果によって行為を調整する。彼らは自己価値が感じられることをするのである。彼らは，道徳基準を侵すやり方を，自己非難を生じるという理由から抑制する。しかしながら，自己非難を生じなければ，思いやりのある人々が一定の状況下で残酷な行為をすることがよく知られている。

　バンデューラは，有害な行為の道徳的自己制裁からの離脱を選択するという点で道徳的自己調整の機能停止を説明する。彼はテネシー州出身の大変信心深いヨーク軍曹の興味深い物語を述べている。第1次世界大戦で聖書の章や節を引用した人材採用担当者が，彼に戦うことがクリスチャンの義務であることを納得させるまでは，彼は軍隊に対する強烈な良心的反対者であった（Stokes, 1986b, p. 3）。ヨークはその大戦で最も多くの敵兵を殺害したアメリカの狙撃手となっていた。バンデューラは道徳離脱（道徳を無視すること，道徳からの逸脱）の8つのメカニズムを区別している。それは，道徳的正当化，責任の拡散と置き換え，言葉の浄化，都合のよい比較，最小化すること，無視，結果を曲解すること，人間性を奪うことと責任を犠牲者のせいにすることである。バンデューラは警告する。「人の基本的規範やパーソナリティを変える必要はなく，やらなければならないのは道徳のコントロールを離脱する条件を作り出すことだ」(Stokes, 1986b, p. 3）。

　バンデューラは二重の調整モデルを提案した。それは人々が冷酷な行動をしないようにする方法だけでなく，彼らが悩んでいる人や他人の生活を改善するための市民活動をする人々を支援するために，個人の犠牲を払って人道的に行動する方法を記述したものである。自己価値観を人間の信念と社会的義務に注ぐ人たちは，自分たちの行為によって大きな個人的犠牲を被るかもしれないのに不正あるいは非道徳であると見る社会的実践に反対するのである。自分の道徳基準に従って正しいことをすることによる失敗は自己価値の引き下げを招く。これらの強い確信の多くは模範的な社会的モデルである，キリスト，ガンジー，マーティン・ルーサー・キングのような直接的か象徴的な例示から生じるのである。自己制裁の強い役割に加えて，人々の自己行為の調整の自己効力信念は道徳行動に重要な役割を果たすのである。イタリアで行った研究で，バ

ンデューラ，バルバラネッリ，カプララ，パストレッリ（1996b）は，低い自己調整効力は，生徒の道徳基準を逸脱するレディネスを高めることを見出した。次の研究（Bandura, Caprara, Barbaranelli, Pastorelli, & Regalia, 2001）では，生徒の認知された学習効力と自己調整効力は，直接的に，また有害な行為に対する道徳的自己制裁への向社会的行動と固着を促進することによって，同時的にかつ経時的に逸脱を抑止した。予想されたように道徳的逸脱はいつでも大きな離脱につながるのである。面白いことに，共同，援助，共有，慰めのような向社会性は，仲間からの対人的選択だけでなく生徒の学力の高い予測値であった（Caprara, Barbaranelli, Pastorelli, Bandura, & Zimbardo, 2000）。教師と仲間たちは向社会的な子どもに引きつけられ，彼らにより大きな学習支援と指導を与える。このように向社会的な生徒は学習発達に役立つ社会的環境を積極的に作り出す。

　子どもの向社会的および反社会的機能についての教育者の見解は，バンデューラの研究と著作に大きく影響されてきた。モデリングの経験，自己効力，自己調整過程は，子どもの葛藤，フラストレーション，学習のストレス，失敗などのコーピングに大きく影響するという認識がいまでは広がっている。

子どもの認知発達を理解すること

　1960年代と1970年代の子どもの認知的と言語的発達についての教育者の考えは，段階説に大きく影響されていた。ピアジェ，コールバーグ（Kohlberg）とチョムスキー（Chomsky）はそれぞれ，子どもの発達について強い成熟の仮説を立て，段階移行の短期間を除いて，いわゆる段階関連能力を早めに教える努力をやめさせようとした。教育者の中には，推論が制約された前操作的レベルのため，就学前児に抽象的数学概念を教えることは賢明でないと信じる人がいた。他の教育者は，段階に関係した自己中心性のせいで，年少の子どもに高度な倫理的推論を教える努力は成功しないと信じていた。バンデューラたちは，これらの段階説は子どもの発達における社会文化的言語経験の役割に気づかず，可能性よりも制約にこだわっていると異議を申し立てた。「人間行動のほとんどの発達モデルは，児童期の経験がのちの発達のコースをほと

んど決定するという発達的前決定説を前提としている」というように（Stokes, 1986a, p. 2）。「段階理論は，せいぜい1つのレベルから他のレベルへと行動の変化をうながす曖昧な条件だけを特定してきたにすぎない」（Bandura & Walter, 1963, p. 25）。これらの問題に取り組んで，社会的学習の研究者は高次のコンピテンスの獲得を説明する多くの抽象的モデリング研究を行った（Zimmerman & Rosenthal, 1974）。とりわけ，彼らは以下の主張を問題にした。子どもは，（a）課題と場面の文脈を超えて同質の段階機能を示す。（b）ピアジェ派の概念，文法の規則，コールバーグやピアジェ派の道徳判断を早い段階では教えられない。

　とりわけ，マリー・ハリス，ロバート・リベール（Robert Libert），テッド・ローゼンタール，ジェームズ・シャーマン（James Sherman），グローバー・ホワイトハースト（Grover Whitehurst），バリー・ジマーマンは，さまざまな年齢の子どもに高い段階の機能を教えるために，抽象モデリングを使用した（Rosenthal & Zimmerman, 1978）。彼らは，子どもの機能の年齢に関係した移行は，社会的学習経験，目標と知識の階層，運動コンピテンスにおける変化によって影響されることを示した。彼らは教育者に次の注意をした。およそ2，7，12歳の子どもの機能の移行は，段階理論では強調されているが，言葉と運動の獲得，学校への入学，思春期の開始と関係した経験のような社会的学習経験と遂行によってよく予測できるのだ。生涯発達の後半について，バンデューラ（1982, 1998）は，発達段階の指標よりも教育歴，結婚，雇用のような，個人の人生軌跡における出来事の重要な役割を強調した。人生がたどる道は，個人が主体的役割を演じる多岐にわたる出来事の相互作用に影響されるのである。プレスリー（Pressley）とマコーミック（McCormick）（1995）は，彼らの注目された著書『高度な教育心理学（Advanced Educational Psychology）』で，バンデューラたちが段階理論を打破する中で果たした役割を実証している。

観察学習を理解すること

　観察学習についてのバンデューラたちの研究は，教員養成と生徒の発達の両方の実演による教授に考慮すべき指針を提供した。教えるという言葉の元

になる意味は「示す」であることを銘記する必要がある。教育者たちは古代ギリシャの時代から効果的教授に対するモデリングの大切さを認めていた (Rosenthal & Zimmerman, 1978)。ローマの政治家で哲学者のキケロ (Cicero) は雄弁術を学ぶ学生を雄弁モデルの指導下に置くことを勧めている。遠い昔から指導方法の最高に位置づけられた幸先のよさにもかかわらず，モデリングは，バンデューラのこの普及した学習の方法の理論化と研究の以前には科学的研究の対象にはほとんどならなかった。

観察学習のさまざまな面で，抽象モデリングを扱ったものは特に教育関連である (Bandura, 1977)。研究は，抽象が生じるには，ピアジェの保存問題のさまざまなタイプのような多様な課題と場面で，生徒が概念ルールの多くの実演を必要とすることをまず明らかにした。初心者の教師に使われる共通の指導技術は，生徒に1つの概念的手本をモデルとして見せることであるが，この手続きは抽象や移行を生じさせない。というのは課題に関係のない文脈的特徴が組織的には変わらないからである。社会的学習の研究者は，実演と関連した教師の説明が生徒の概念学習を有意に促進することも示した。抽象的モデリングはごく年少の子どもに機能的適応を求める。例えば，注意と記憶の限界から，就学前児には一連の拡張されたモデリングによる学習は難しい。でも，彼らは一連の課題を順序交代する選択的アプローチから観察学習できる (Rosenthal & Zimmerman, 1972)。

バンデューラの参加モデリングの研究は，複雑で難しい課題を教師が構成的下位目的に分解する必要があることを強調した。課題分析と連続的実演は，下位目的が新しいときに特に重要である。さらに，持続的な努力によって困難を次第に克服するようになるコーピングモデルは，最初から間違いなく遂行できるマスタリーモデルよりも大きな効果がある (Kitsantas, Zimmerman, & Cleary, 2000; Schunk & Hanson, 1985; Schunk, Hanson, & Cox, 1987)。コーピングモデリングは，認知された類似性を使って自己効力と達成の高いレベルを教え込む。同じように，物知りのクラスメートによるピアモデリングは教師の同じ活動のモデリングより高い効力と認知的コンピテンスを作り上げるのである (Schunk, 1987)。これらの仲間の相互作用をどのように，いつ，どこで構築するかが指導モデリングの社会的学習研究の重要な部分を形成するのである。

モデリングの知識を指導的実践に移すには，教師は有益な理論を必要とする。バンデューラはモデリングを制御する4つの下位目的を含む1つの理論を与えてくれた。4つの下位目的は，注意，象徴的表象，産出，動機づけである。注意過程は，生徒がモデルになる出来事の鍵となる要素に注目し抽出することである。象徴的表象過程は，生徒の象徴コードのモデルとなる情報の認知的構成とリハーサルに関係している。産出過程は，生徒の実行の表象的指示と修正調整である。動機づけ過程は，学んだことに基づいて実行しようとする誘因のさまざまなタイプのことである。この概念の定式化において，観察学習の不具合は，これらの下位目的の多少の破損までたどることができる。例えば，1人の生徒が実演の鍵となる特徴に注意しなかったせいで，モデリングによる複雑なコンピュータ・ソフトウェアを学ぶことに失敗している。あるいは，失敗は観察者がモデルの方略を分析しコード化することができないせいかもしれない。あるいは，おそらく失敗は知識を熟達した実行へ変換する難しさにあるのかもしれない。あるいは，結局，生徒が，大きな間違い犯す恐怖のような，学んだことを実行するために不十分な動機づけしか持たなかったせいかもしれない。この個別化された知識のタイプは，指導介入の役に立つ案内を提供するのである（Bandure, 1986; Zimmerman, 1977）。

自己調整を理解すること

　これまで教育者は，生徒が自分の学習を自己調整できないことを魅力的な活動に取り組むときの意志の不足のせいにしてきた。このことから，教師は生徒にもっと頑張って勉強し，テレビ，コンピュータ・ゲーム，電話のおしゃべりの誘惑に負けるなと指導した。これらの説教は効き目がなかっただけでなく，自己充実感を減退させただけだった。バンデューラ（1986）は，成功は意志力の強化によると信じている生徒は，特にしばしば「自制心」を自分たちに欠けている固定的特性と見る場合に，自己弱体化帰属をするのだと説明した。学習の失敗は，生徒に生まれつきの個人的欠陥のせいにし，その個人的欠陥がやる気をなくさせ，セルフ・ハンディキャッピングへとつながるのだ。

　意志の諸理論は，教師にはほとんど助言を与えない。バンデューラは次のよ

うに言う。「心と身体を別の存在だと見る二元論は、肉体から分離された精神状態の性質や非物質的な心と身体的出来事がどのようにお互いに関わるかについて多くを教えてくれない」(Bandura, 1986, p. 17)。対照的に、バンデューラの因果の3者のモデルは、個人、行動、環境の決定因間の複合的な相互作用を仮定する(図18-1)。思考と行為によって、人は機能のレベルと人生の出来事に自己調整コントロールができるのである。「社会的交流の相互依存の程度はいくぶん、人が使用しなくてはならない個人的リソースと、要請されたことを実行する程度によるのである。人が自分自身と他者に関係する影響を持ち込めばそれだけ、彼らが望む未来を実現する見込みが大きくなる」(Stokes, 1986a, p. 2)。教師は、生徒が自分の活動の影響と認知的機能、行動的機能に関する直接的環境の影響をモニターすることと、自分の実効性を増やすための自己管理方略と自己誘因を求めることを支援できるのである。

　バンデューラ (1986) は、教えている生徒に3つの最も重要な自己管理過程による人生の個人的、行動的、環境的側面の自己調整のやり方を勧めた。その管理過程は、自己観察、判断過程、個人の基準に基づいた自己反応作用である。自己観察は、数学問題の回答の程度を自己記録するように遂行の多様な側面をモニタリングすることだ。判断過程は、個人の基準、指示の遂行、個人価値、遂行決定因と対照して遂行を評価することである。自己反応は、これらの遂行評価に対する認知的、情動的、具体的な反応のことである。この自己反応は、自己修正、情動的、動機づけ的自己刺激を含んでいる。自己調整の不足は、生徒の学習活動を管理する問題が、不足したモニタリング、不適切な遂行評価、あるいは不十分な動機づけの自己刺激から生じるのかどうかを判断するためにこれらの3つの相互依存的過程に関して研究されてきた。

　バンデューラは自己判断基準の役割について次のように述べている。「人々が自分の生き方に方向を与えることから満足を引き出すのは、指導の内的ソースによってである」(Stokes, 1986a, p. 2)。しかしながら、これらの個人の基準は、バンデューラによれば、社会的起源を持つ。「人々が自分の動機づけと行為に影響を与える内的基準は、モデリングと意味のある他者による評価的反応によって獲得される」(Stokes, 1986a, p. 2)。

　自己調整の3つの下位目的を対象にした教育プログラムは、生徒の動機づ

け，方略，学力を向上させるのに非常に効果があった（Schunk & Zimmerman, 1994, 1998)。バンデューラは自己管理の能力の多岐にわたる恩恵を次のように述べている。「個人の工夫のこれら（自己調整）のタイプが，行動の自由を広げ，人々自身の状況を選択し，影響し，構成することによって，自分自身の人生コースの原因となるのである」（Stokes, 1986a, p. 2)。

自己効力信念を理解すること

　研究生活を始めた当初から，バンデューラは強化による人間の動機づけの説明を疑問視していた。彼は強化的操作を，反応を強化するのではなく行動パターンと遂行結果期待を構成する情報を与えるものと見ていた。「［結果］信念が実際と違うとき，それは当たり前なのだが，行動は反復される経験が実際の期待に浸透するまで実際の結果によってゆるやかにコントロールされている」（Bandura, 1977, p. 167)。個人の効力信念の自己調整的役割に関する彼の研究は，結果期待だけでは行動の誘導や動機づけは十分ではないことを明らかにした。人々は一定の遂行が望ましい結果を生じることを知っている。だが，彼らは成功させるものを持っていることを疑うので結果を向上させない。自己効力と結果期待はどちらも動機づけに影響を与えると考えられているが，彼は効力信念を優先させた。「人々が予想する結果のタイプは，彼らが所定の事態でいかにうまく遂行できるかの判断に大きく左右されるのである」（Bandura, 1986, p. 392)。彼は動機づけの期待価値理論が，もし効力信念を無視するなら，説明的で予測的力を捨てることになると主張した。

　バンデューラの自己効力概念の説明する力は，大部分がその3者の行動的，文脈的特性によっている。自己効力信念は，多数の特性や全体的自己概念よりも機能の固有領域の遂行能力に対する自己判断である。例えば，生徒は学習的自己概念ではなく，数学操作のある階層の能力の判断を求められる。生徒の自己効力信念は，国語，数学，理科のような学習領域でそれぞれ異なる。自己効力測度の文脈的連携は，1970年代の自己信念の研究で有力であった多くの特性の測度とは著しく異なるのである。

　生徒の学習機能における自己効力信念の予測力は幅広く検証されてきた

(Pajares & Miller, 1994; Schunk, 1984; 1998; Zimmerman, 1995, 2000)。学力についての自己効力文献のメタ分析（Multon, Brown, & Lent, 1991）は，さまざまな生徒のサンプル，実験デザイン，基準測度を通して，生徒の学力では 0.58 の効果量を示した。この効果量は，統計的検出力の指標に照らして大きいと考えられた。クオン（Kwon），パーク（Park），キム（Kim）(2001) による研究では，認知された自己効力は韓国の集団的文化における子どもの情動的幸福感と学力に同じように寄与している。他のメタ分析は，組織的機能，健康，運動パフォーマンスの認知された自己効力の予測性を裏づけている (Holden, 1991, Holden, Moncher, Schinke, & Barker, 1990; Stajkovic & Luthans, 1998)。

バンデューラは，子どもの認知された効力，教師の指導効力の信念，学校の共通の効力感が，どのように学力に寄与しているかを分析した。多くの教育者は，教師の自己効力信念の重要性を示す研究に特に関心を寄せていた。例えば，バンデューラは，高い指導効力を持つ教師が，低い効力の教師よりも，より多くの教室の時間を学習活動にあて，生徒の経験するつまずきをもっと指導し，生徒の達成をもっと頻繁にほめることに気がついた（Gibson & Dembo, 1984）。バンデューラ（1997）はそれを次のように表現した。「学習を指導する自分の能力を強く信じている教師は，生徒に習得経験をさせるが，指導効力を自己喪失している教師は，生徒の能力判断と認知的発達を損ないがちな教室環境を作る」(p. 241)。教師の認知された効力はまた，ストレス，バーンアウト，教育職に取り組む自分自身の弱さにも影響するのである。

バンデューラは人間の働きかけの概念を代理的および集団的働きかけにまで広げた。多くの活動で，人々は自分たちの人生に影響する社会的条件や制度的実践を直接コントロールしない。彼らは自分の幸せと安全を代理的働きかけによって進めようとする。認知された効力のこの社会的に媒介された形態において，人々は望ましい個人的結果を得るために影響を与える手段と専門性を持つ他者を獲得しようとする。相対的には，今日まで代理的働きかけにあてられた研究はごく少ないが，集団的働きかけの研究は重要な結果を生み出してきた。集団的効力では，焦点は，家族，コミュニティ，教育システム，産業組織，社会的制度と政治的制度のような社会的下位組織の認知された力に置かれている。社会的に位置づけられ，相互依存的に，人々は自分たちの組み合

わされた能力と希望についての共有された信念を作っている。バンデューラ (1997) は集団的自己効力の概念を,「達成の所与のレベルを生み出すために必要とされる行為の方向を組織し実行する共同の能力における『グループ』の共有された信念」と定義した (p. 477)。学校の場合では,バンデューラ (1997) は「スタッフの信念体系は,組織される文化も創造する。その文化は,そのメンバーの認知された効力を活性化したり低下させたりする効果を持つ」と言う (p. 248)。高い集団的効力感を持つ学校のスタッフは,「一緒に強い目的意識を持って仕事をするスタッフを獲得する力で優れており,教育的達成の障害を乗り越える力を信じている」リーダーを持つのである (p. 248)。

バンデューラ (1993) は,学校職員の集団的効力感が読書と数学の学力を予想するパス解析で重要な因果的役割を果たすことに気がついた。社会経済的背景と倫理的背景のように,全生徒の特徴は,学校レベルの達成からわずかな直接的影響を受けるが,生徒を動機づけ教育する教師の集団的効力感から大きな間接的影響を受けるのである。

自己効力測度は,生徒と教師の動機づけ関与と学力を理解するために教育場面で有効に使われてきた (Bandura, 1997; Pajares, 1996; Schunk, 1984; Zimmerman, 2000)。電子技術の進歩と人々をつなぐグローバリゼーションの広がりは,人々に個人の発達と国民生活をコントロールするいくつかの測度を実行する新たな機会を提供している。ウェブによるつながりは,遠隔学習,社会的「チャットルーム」,オンラインの図書館情報,ビジネスの交流を世界的規模に広げる機会を可能にした。これらの急速に展開する現実は,共同的効力に対する人間の認識を拡張したのである。

このように,日々の生活の管理は個人的,代理的,共同的働きかけの一体化を必要としている。人の生活状況を管理する個人の働きかけのこれらの多岐にわたる源は,学校の質を向上させるような,社会的変化を効果的に進めるうえで重要な役割も果たすのである (Fernandez-Ballesteros, Diez-Nicolos, Caprara, Barbaranelli, & Bandura, 2002)。

バンデューラの教育分野への寄与の評価

　バンデューラは21世紀初頭まで有力であり続けた数少ない巨大理論の1つを創造した。彼は，教育，スポーツ，健康，組織環境，医学，精神的健康，社会政治的側面などの，人間の機能の多様な領域に影響している過程に焦点を当て，ミニモデルに向かおうとする心理学と教育の一般的傾向に反抗した。バンデューラ理論がカバーする領域が広範にわたるのは，彼の多岐にわたる科学的関心と彼の理論の適用しやすさのせいである。社会的モデリング，自己の可能性への信念，自己調整は，人間の機能の文脈と領域を超えて広く浸透している。

学習者の性質

　彼の輝かしい経歴を通して，バンデューラは，フロイト派，ハル派，オペラント，特性因子，発達段階，古典的認知理論のような多くの著名な心理学的見方の論点を取り上げた。古典的認知理論は心理内葛藤，統制できない衝動，好ましくない環境，不変の個人的気質，あるいは，具体化された認知段階や構造に焦点化したものを指す。バンデューラ（1997）の見方では，これらの理論は人々の能力が人生の歩む道への貢献を過小評価しているという。つまり，人々は環境の産物であると同時に環境の産出者なのだ。彼は，カナダ心理学会の名誉会長としての演説の中で，精神病理学をひどく過大に見積もっている失敗の理論を強調して，心理学的な原理を課題にあげる。彼は，人々が自己に影響を及ぼすことと社会的サポートの実践によってどのようにして逆境を乗り越えることができるかを証明している。バンデューラの機能の相互関係の見方は，個人の変化と社会的変化の可能性について他の見方よりも楽天的であるだけではなく，前進的過程と反応的過程の両方を含むので領域により広がりがあるのだ。積極的な計画により，学習者は自分の人生のコースに影響を与える出来事の自己調整のコントロールを増加させられるのである。

　バンデューラは，人間の発達と機能における生物学的力の重要な役割を認

めているが，生物学的還元主義を否定している。彼の見方では，生物学的資質は人生を厳密に決定するのではなく，多様な発現を認める可能性なのだ。彼の研究は社会的経験と基本的生物学的システムに対する自己信念をコーピングする力を明らかにする。例えば，彼は，参加モデリングによって導かれた習得が恐怖症における認知された効力をもたらす事例をあげる。その恐怖症は，次にストレスに関係したホルモンの減少を予測するのである (Bandura, Taylor, Williams, Mefford, & Barchas, 1985)。バンデューラ (1997) は，「認知されたコーピングの無効力感は高められた生物学的ストレス反応に伴って生じるが，同じ脅威はコーピング効力の信念が強まるとストレスなしに処理される」(p. 266) と報告している。そのような結果は，生物学的可塑性はもちろん心理学的可塑性にも証拠を与える。個人の環境のように，人間の生物学的力は固有の個人的信念と行為によって活性化されるはずである (Bandura, 1999)。動機づけと活動を調整することによって，生徒は機能の神経生物学的基質を形成する経験をする。これらの主体的行為は，脳の発達を形成し，学習，記憶，人生の過程を通して機能する他の部位の基礎となる脳細胞の成長を促進するのである (Diamond, 1988; Kolb & Whishaw, 1998)。

学習過程の性格

研究生活の初めから，バンデューラは社会的に埋め込まれた出来事としての人間の学習と向き合っていた。出来事の中で，子どもは社会的トランザクション（人間関係の中のやりとり）とメディアソースによって，自分を取り巻く世界について学ぶのである。この社会的学習の多くは，教師や親に直接コントロールされるのではなく，むしろ兄弟，仲間，勉強仲間とマスメディア・ソースとの接触から行われるのである。バンデューラは，これらの経験の代理的ソースは，有害な結果の回避のように，発見学習に比べて多くの利点があると感じた。バンデューラは，ただ試行錯誤で運転やスキーのような危険なスキルを学ぼうとする学習者に，まず自分の健康保険の範囲をチェックするように，とユーモラスに警告してきた。彼の社会的学習の見方は，彼に先駆けたモデリングと模倣の定式化よりも，より広くより認知的である。

バンデューラの学習の概念は，認知的に反応して知識を獲得するよりも多くのことに言及している。それは，生涯を通じて学ぶ学習者の自己信念と自己調整能力の発達を含むからである。知識獲得の自己調整スキルは，技術変化の急激な速度と知識の加速した増加のせいで優位性を獲得してきた。しかしながら，これらのスキルは，学習者が困難，ストレッサー，競合する誘因に直面してもそれを使い続けないと，ほとんど役に立たない。生徒の自己効力信念は学力を高めるだけではなく，内発的興味をうながし，学習不安を減らす。一般の信念とは逆に，学習不安は認知された効力の結果であり，学習遂行の決定因ではない。認知された効力は，ただ生徒の認知的発達を展開させるだけでなく，その後のキャリア発達を方向づけ（Hackett, 1995），キャリア発達は人生の軌道をほとんど方向づけるのである。

このように，自己調整メカニズムは自己発達，適応，変化に関係した主体的な見方に埋め込まれている。バンデューラ（1999）は，人々の現象的，目的的人生における自覚の中心的役割を強調した。それは，能力について正しい判断をすること，さまざまな出来事と行為の可能な結果を予想すること，社会構造的な機会と制約を究明すること，行動を調整することの主体的な基盤を与えることである。主体的な意識は，単なる機能の知識を超えて実際にその主体的な意識を変えるまでになる。アイデンティティの感覚は，現象的で目的的意識にも根ざしている。人々が自分で創造するアイデンティティは，大部分がどのように人生を生き，どのように人生を検討するかから引き出される。例えば，「まぬけ」「麻薬中毒者」「運動オタク」のような生徒のアイデンティティは，学習の願望と成績に大きく影響するという例がある（Steinberg, Brown, & Dornbusch, 1996）。

指導の最適条件

生徒の学習を促進するために，バンデューラ（1986）は指導的習得アプローチを推奨している。それぞれの指導ステップは次の通りである。

多様な問題の解決に，いつどのように認知的方略を使うかの指導の実践

が，さまざまな機会に提供されている。対人指導のレベルは，コンピテンスが獲得されるにつれて次第に減少する。活動，誘因，個人の取り組みが，自己関与的動機づけと絶えざる向上を保障するやり方で，構築される。熟達が進むにつれて，個人の能力は拡張することが信じられている。自己指向習得経験は，そのとき，個人の効力感を高め一般化するように整えられる。影響のこれらのそれぞれの形は，探索学習の自己調整能力を形成し，それぞれの知的自己発達をある程度コントロールできる生徒の信念を強めるように構築される。(pp. 226-227)

　スタンフォード大学のコンピュータによる指導についてのパトリック・サップス (Patrick Suppes) の研究による知識を引用して，バンデューラとシャンクは，数学的スキルが著しく不足していた子どもに身近な目標のある自己指向の学習プログラムを考案した。これらの習得経験は数学への無関心と欠陥を数学の効力とコンピテンスの高さへと転換したのである。
　これらの原理を併合した指導プログラムは，算数，読み，書きのようなさまざまな教育課題における生徒の自己効力信念と学力を，他のプログラムよりも有意に促進した (Bandura, 1997)。自己指導教示を使った研究の豊富なシリーズの中で――それは学習障害の生徒を対象としたものが多いのだが――，シャンク (1989) は，指導セッション中と指導後の両方で，生徒の自己効力信念が次の学習成績の正確な予測因子となることを見出している。回帰分析は，効力信念が先行する遂行結果に加えて学習成績に唯一寄与することを明らかにした。

重要な学習の性質―指導の結果

　学習の際の個人に関連した過程の3者の相互作用をとらえようとして，バンデューラ (1986) は，自己効力信念，目的と願望，自己誘因のような，自己調整過程のマイクロ評価を提言した。彼は方法論の重要性を強調した。「どのように個人的要因が行為や事態に影響するかについての理解は，相互過程のマイクロ分析によって最も深まる。これは個人的決定因の測度を必要とする。そ

の測度は分析される機能の領域に特に合うように調整される」(p. 28)。バンデューラは，マイクロ分析が有効であるためには3つの三つ組の決定要因のすべてのトランザクション――特に社会構造的影響が，行動効果を生み出すために心理学的メカニズムを通してどのように働くか――をとらえなければならないと警告した（図18-1参照）。多くの構成主義者の説明は知的発達を文化的に禁止された文脈に位置するものとして描写している。だが，教師のモデルが生徒の効能の信念に影響を及ぼすような社会文化的影響が生じるメカニズムを特定することはできないと説明する多くの構成主義者は，知的発達を文化的とは関係のない文脈にあると考えており，その説明では，教師のモデリングが生徒の効力信念に影響するときのように，社会文化的影響が効果を生み出すメカニズムを明確にできないのである。人は社会システムの産物であると同時にその担い手でもあるので，研究者には，個人と社会システム――個人と他者とで作り上げた――の間の動的相互作用をとらえることができる方法論が必要なのである。

　バンデューラのアプローチは，個人的決定因の概念と評価を，伝統的特性の心理学的測度から文脈の領域関連測度に変えている。「包括的なテストから生まれた特性測度の研究は，説明と予測力を不幸にして犠牲にする利便性のある方法である」(Bandura, 1986, p. 28)。「ビッグ・ファイブ」の巨大特性（つまり，外向性，同調性，誠実性，神経症傾向，経験の開放）を含む特性定式化は，可変事態状況下の機能の一定領域の行動の変数を予測するためにあるのではない。特性測度を総計して予測を促進しようとする試みは，行動の自己報告ではなく別の場面の実際の行動に集中するときにあまり成功しない。特性は必然的に習慣行動のクラスターであり，パーソナリティの構造ではない。バンデューラのパーソナリティの構造とメカニズムの概念は自己システムにある。このシステムには，（とりわけ）人々の知識構造，スキル，自己効力信念，自己調整能力を含んでいる。それらは価値構造に根ざした目標と結果によって働くのである。広範な研究は，目標設定と自己効力信念のような動的決定因の測度が，学習遂行結果の正確な予測だけではなく，学習コンピテンスを育成する有益な指針を提供することを裏づけるのである (Bandura, 1997)。

　固有課題の測度の有効性によって，教師は指導目標を生徒の自己調整発達を

表 18-1
アルバート・バンデューラの履歴

年	出来事
1925	カナダ，アルバータ州マンデアで出生
1946	高校卒業
1949	ブリティッシュ・コロンビア大学卒業
1951	アイオワ大学大学院修士課程修了
1952	アイオワ大学大学院臨床心理学博士号取得
1953	スタンフォード大学インストラクター
1959	『青年期の攻撃性』出版
1963	『社会的学習とパーソナリティの発達』出版
1964	スタンフォード大学教授
	アメリカ心理学会フェロー
1969	『行動変容の原理』出版
	精神健康国立機関特別研究フェロー
	行動科学の研究センター・フェロー
1971	『心理学的モデリング──葛藤理論』出版
1972	アメリカ心理学会第12部門特別科学者賞
	グッゲンハイム・フェローシップ
1973	『攻撃性──社会的学習の分析』出版
	アメリカの男性科学者と女性科学者
	カリフォルニア心理学会特別科学達成賞
1974	アメリカ心理学会会長
	スタンフォード大学，心理社会科学教授デイビッド・スター・ジョーダン名誉教授
1976	スタンフォード大学心理学部長
1977	『社会的学習理論』出版
1978	アメリカの名士録掲載
1979	ブリティッシュ・コロンビア大学科学名誉教授
1980	西洋心理学会会長
	芸術と科学のアメリカ・アカデミー・フェロー
	攻撃性研究の国際学会特別貢献賞
	アメリカ心理学会特別科学貢献賞
1982	日本学術振興会フェローシップ
1983	レースブリッジ大学名誉学位
1985	ニューブランズウィック大学名誉学位
1986	『思考と行動の社会的基礎──社会的認知理論』出版
1987	ニューヨーク州立大学ストーニー・ブルック校名誉学位
1988	オーストラリア，ニュー・サウスウェールズ大学，サー・ウォルター・スコット特別客員教授
1989	アメリカ心理学会ウィリアム・ジェームズ賞
	国立科学アカデミー医学インスティテュート
1990	ウォータールー大学名誉学位
	ベルリン自由大学名誉学位
1992	サラマンカ大学名誉学位
1993	インディアナ大学人文学名誉教授
1994	ローマ大学名誉学位
1995	『変貌する社会の自己効力』出版
	ライデン大学名誉学位
	アルフレッド大学名誉学位
1997	『自己効力──コントロールの練習』出版
1998	カリフォルニア心理学会特別生涯貢献賞
	アメリカ心理学会E・L・ソーンダイク賞
1999	ペンシルベニア州立大学名誉学位
2000	カナダ心理学会名誉会長
2002	ニューヨーク市立大学名誉学位

含むまでに広げることができるようになった。「教師は,未発達な自己調整スキルを構築する方法で,教育の自己指向の異なるレベルの生徒に自分たちの指導を適応させるという課題に直面している」(Bandura, 1997, p. 227)。自己調整指導への焦点化は,教師が単なる知識の先を思い描かなければならないことを意味する。「生徒は自分のやることを知っているが,その知識を熟練した実行に移行できないのだ。たとえ彼らに知識の上手な転換ができても,困難な課題要求を満たすために必要な努力を払うことができないので,自力でやるときは不十分にしかできない」(Bandura, 1997, p. 227)。自身の指導計画で,生徒の自己効力信念,目標設定,方略使用,自己調整の他の形態を検討する教師は,生徒の学習知識を促進するだけでなく,生徒の生涯を通して自己方向づけする学習の能力も向上させるのである。

バンデューラの遺産

彼の研究と理論の範囲と力によって,バンデューラは心理学と教育学の分野で今日最も広く引用されている現代理論家の1人である。彼の授与された著名な賞を受けた研究者はわずかしかいない。彼の履歴として,9冊の編著作と230本の論文と共著がある。その多くは心理学と他のさまざまな専門分野の別の選集に転載されてきた。彼は,アメリカ心理学会,西洋心理学会の両方の委員長に選出され,カナダ心理学会の名誉会長に指名された。彼は,アメリカ心理学会特別科学貢献賞,アメリカ心理学会(社会)のウィリアム・ジェームズ賞を含むおびただしい賞を受賞した。彼は攻撃性研究の国際学会による特別貢献賞,行動医学学会の特別科学者賞,グッゲンハイム・フェローシップを与えられた。また芸術と科学のアメリカ・アカデミーと国立科学アカデミーの医学協会員に選出された。さらにアメリカおよび外国の大学から数多くの名誉学位を授与されている。

アル・バンデューラは,長く特別な研究歴(表18-1の業績の要約を参照)を持つ。教育心理学分野の貢献に対して,彼は1998年にE・L・ソーンダイク賞を受賞した。多くの称賛にもかかわらず,彼は,教師,研究者,メンターの

見事なモデルであり続けている。彼のスタンフォード大学での在職期間は50年に近づいているが，学生たちが生涯にわたって才能を最大に磨くための探究的見方と個人的リソースで，彼の指導下の学生を教え養成することに献身している。また他者にも自分自身で求めていたのと同じ高度な資質の学識を期待し，彼らにこれらの基準を実現する方法を教えている。研究から離れると，素敵なレストランで食事をし，山登りに出かけ，交響曲とオペラの音楽会を楽しみ，かぐわしいワインを試飲し，旅行を愉しんでいる。彼は，並はずれた経歴を通して研究してきたのと同一の主体的な原理によって人生を送る友人，同僚，学生たちから，慈しまれているのである。

文 献

Arem, C. A., & Zimmerman, B. J. (1976). Vicarious effects on the creative behavior of retarded and non-retarded children. *American Journal of Mental Deficiency, 81*, 289-296.

Bandura, A. (1969). *Principles of behavior modification*. New York: Holt, Rinehart, & Winston.

Bandura, A. (Ed.). (1971). *Psychological modeling: Conflicting theories*. Chicago: Aldine/Atherton.

Bandura, A (1973). *Aggression: A social learning analysis*. Englewood Cliffs, NJ: Prentice-Hall.

Bandura, A. (1977). *Social learning theory*. Englewood Cliffs, NJ: Prentice-Hall.

Bandura, A (1982). The psychology of chance encounters and life paths. *American Psychologist, 37*, 747-755.

Bandura, A (1986). *Social foundations of thought and action: A social cognitive theory*. Englewood Cliffs, NJ: Prentice-Hall.

Bandura, A (1993). Perceived self-efficacy in cognitive development and functioning. *Educational Psychologist, 28*, 117-148.

Bandura, A. (1995). The exercise of personal and collective efficacy in changing societies. In A Bandura (Ed.), *Self-efficacy in changing societies* (pp. 1-45). New York: Cambridge University Press.

Bandura, A. (1997). *Self-efficacy: The exercise of control*. New York: W. H. Freeman.

Bandura, A (1998). Exploration of fortuitous determinents of life paths. *Psychological Inquiry, 9*, 95-115.

Bandura, A. (1999). Social cognitive theory of personality. In L. Pervin & O. John (Eds.), *Handbook of personality* (2nd ed., pp. 154-196). New York: Guilford.

Bandura, A., Barbaranelli, C., Caprara, G. V., & Pastorelli, C. (1996a). Multifaceted impact of self-efficacy beliefs on academic functioning. *Child Development, 67*, 1206-1222.

Bandura, A., Barbaranelli, C., Caprara, G. V., & Pastorelli, C. (1996b). Mechanisms of moral disengagement in the exercise of moral agency. *Journal of Personality and Social Psychology, 71*, 364-374.

Bandura, A., Blanchard, E. B., & Ritter, B. (1969). Relative efficacy of desensitization and modeling approaches for inducing behavioral, affective, and attitudinal changes. *Journal of Personality and Social Psychology, 13*, 173-199.

Bandura, A., Caprara, G. V., Barbaranelli, C., Pastorelli, C., & Regalia, C. (2001). Sociocognitive self-regulatory mechanisms governing transgressive behavior. *Journal of Personality and Social Psychology, 80*, 125-135.

Bandura, A., & Harris, M. B. (1966). Modification of syntactic style. *Journal of Experimental Child Psychology, 4*, 341-352.

Bandura, A., & Jeffery, R. W. (1973). Role of symbolic coding and rehearsal processes in observational learning. *Journal of Personality and Social Psychology, 26*, 122-130.

Bandura, A., Jeffery, R. W., & Wright, C. L. (1974). Efficacy of participant modeling as a function of response induction aids. *Journal of Abnormal Psychology, 83*, 56-64.

Bandura, A., & Kupers, C. J. (1964). Transmission of patterns of self-reinforcement through modeling. *Journal of Abnormal and Social Psychology, 69*, 1-9.

Bandura, A., & McDonald, F. J. (1963). The influence of social reinforcement and the behavior of models in shaping children's moral judgments. *Journal of Abnormal and Social Psychology, 67*, 274-281.

Bandura, A., & Mischel, W. (1965). The influence of models in modifying delay of gratification patterns. *Journal of Personality and Social Psychology, 2*, 698-705.

Bandura, A., & Perloff, B. (1967). Relative efficacy of self-monitored and externally imposed reinforcement systems. *Journal of Personality and Social Psychology, 7*, 111-116.

Bandura, A., & Rosenthal, T. L. (1966). Vicarious classical conditioning as a functioning of arousal level. *Journal of Personality and Social Psychology, 3*, 54-62.

Bandura, A., Ross, D., & Ross, S. A. (1961). Transmission of aggression through imitation of aggressive models. *Journal of Abnormal and Social Psychology, 63*, 575-582.

Bandura, A., Ross, D., & Ross, S. A. (1963). Imitation of film-mediated aggressive models. *Journal of Abnormal and Social Psychology, 66*, 3-11.

Bandura, A., & Schunk, D. (1981). Cultivating competence, self-efficacy, and intrinsic interest through proximal self-motivation. *Journal of Personality and Social Psychology, 41*, 587-598.

Bandura, A., Taylor, C. B., Williams, S. L., Mefford, I. N., & Barchas, J. D. (1985). Catecholamine secretion as a function of perceived coping self-efficacy. *Journal of Consulting and Clinical Psychology, 53*, 406-414.

Bandura, A., & Walters, R. H. (1959). *Adolescent aggression*. New York: Ronald Press.

Bandura, A., & Walters, R. H. (1963). *Social learning and personality development*. New York: Holt, Rinehart, & Winston.

Caprara, G. V., Barbaranelli, C., Pastorelli, C., Bandura, A., & Zimbardo, P. (2000). Prosocial foundations of children's academic achievement. *Psychological Science, 11*, 302-306.

Comstock, G. A., & Rubinstein, E. A. (Eds.). (1972). *Television and social behavior: Television and adolescent aggressiveness* (Vol. 3). Washington, DC: Government Printing Office.

Debowski, S., Wood, R., & Bandura, A. (2001). Impact of guided exploration and enactive exploration of self-regulatory mechanisms, and information acquisition through electronic inquiry. *Journal of Applied Psychology, 86*, 1129-1141.

Diamond, M. C. (1988). *Enriching heredity*. New York: Free Press.

Fernandez-Ballesteros, R., Diez-Nicolos, J., Caprara, G. V., Barbaranelli, C., & Bandura, A. (2002). Determinants and structural relation of personal efficacy to collective efficacy. *Applied Psychology: An International Journal, 51*, 107-125.

Gewirtz, J. L. (1971). Conditional responding as a paradigm for observational, imitative learning, and vicarious-reinforcement. In H. W. Reese (Ed.), *Advances in child development and behavior* (Vol. 6, pp. 273-304). New York: Academic Press.

Gibson, S., & Dembo, M. H. (1984). Teacher efficacy: A construct validation. *Journal of Educational Psychology, 76*, 569-582.

Gorden, N. J., Nucci, L. P., West, C. K., Herr, W. A., Uguroglu, M. E., Vukosavich, P., & Tsar, S. (1984). Productivity and citations of educational research: Using educational psychology as the data base. *Educational Researcher, 13*, 14-20.

Hackett, G. (1995). Self-efficacy in career choice and development. In A Bandura (Ed.), *Self-efficacy in changing societies* (pp. 232-258). New York: Cambridge University

Press.

Harris, M. B. (1968). *Some determinants of sharing in children.* Unpublished doctoral dissertation, Stanford University, CA.

Harris, M. B., & Evans, R. C. (1973). Models and creativity. *Psychological Reports, 33,* 763-769.

Harris, M. B., & Fisher, J. L. (1973). Modeling and flexibility in problem solving. *Psychological Reports, 33,* 19-23.

Hilgard, E. (1989). *Presidents' oral history project interview of Albert Bandura, Ph.D. President 1974.* Unpublished manuscript, American Psychological Association.

Holden, G. (1991). The relationship of self-efficacy appraisals to subsequent health related outcomes: A meta-analysis. *Social Work in Health Care, 16,* 53-93.

Holden, G., Moncher, M. S., Schinke, S. P., & Barker, K. M. (1990). Self-efficacy of children and adolescents: A meta-analysis. *Psychological Reports, 66,* 1044-1046.

Kitsantas, A., Zimmerman, B. J., & Cleary, T. (2000). The role of observation and emulation in the development of athletic self-regulation. *Journal of Educational Psychology, 91,* 241-250.

Kolb, B., & Whishaw, I. Q. (1998). Brain plasticity and behavior. *Annual Review of Psychology, 49,* 43-64.

Kwon, U. E., Park, Y. S., & Kim, U. (2001). *Factors influencing academic achievement and life satisfaction among Korean adolescents: With specific focus on self-efficacy and social support.* Manuscript submitted for publication.

Miller, N., & Dollard, J. (1941). *Social learning and imitation.* New Haven, CT: Yale University Press.

Mischel, W. (1968). *Personality and assessment.* New York: Wiley.

Multon, K. D., Brown, S. D., & Lent, R. W. (1991). Relation of self-efficacy beliefs to academic outcomes: A meta-analytic investigation. *Journal of Counseling Psychology, 18,* 30-38.

Pajares, E (1996). Self-efficacy beliefs in academic settings. *Review of Educational Research, 66,* 543-578.

Pajares, E, & Miller, M. D. (1994). Role of self-efficacy and self-concept beliefs in mathematical problem solving: A path analysis. *Journal of Educational Psychology, 86,* 193-203.

Pressley, M., & McCormick, C. B. (1995). *Advanced educational psychology: For educators, researchers, and policymakers.* New York: HarperCollins.

Rosenhan, D., & White, G. M. (1967). *Journal of Personality and Social Psychology, 5,* 424-

431.

Rosenthal, T. L., & Zimmerman, B. J. (1972). Modeling by exemplification and instruction in training conservation. *Developmental Psychology, 6*, 392-401.

Rosenthal, T. L., & Zimmerman, B. J. (1978). *Social learning and cognition*. New York: Academic Press.

Rosenthal, T. L., Zimmerman, B. J., & Durning, K. (1970). Observationally-induced changes in children's interrogative classes. *Journal of Personality and Social Psychology, 16*, 631-688.

Rotter, J. (1966). Generalized expectancies for internal versus external control of reinforcement. *Psychological Monographs, 80*(1, Whole No. 609).

Sampson, E. E. (1981). Cognitive psychology and ideology. *American Psychologist, 36*, 730-743.

Schunk, D. H. (1984). The self-efficacy perspective on achievement behavior. *Educational Psychologist, 19*, 199-218.

Schunk, D. H. (1987). Peer models and children's behavior change. *Review of Educational Research, 57*, 149-174.

Schunk, D. H. (1989). Social cognitive theory and self-regulated learning. In B. J. Zimmerman & D. H. Schunk (Eds.), *Self-regulated learning and academic achievement: Theory, research, and practice* (pp. 83-110). New York: Springer Verlag.

Schunk, D. H. (1998). Teaching elementary students to self-regulate practice of mathematical skills with modeling. In D. H. Schunk & B. J. Zimmerman (Eds.), *Self-regulated learning: From teaching to self-reflective practice* (pp. 137-159). New York: Guilford.

Schunk, D. H., & Hanson, A. R., (1985). Peer models: Influence on children's self-efficacy and achievement. *Journal of Educational Psychology, 77*, 313-322.

Schunk, D. H., Hanson, A. R., & Cox, P. D. (1987). Peer model attributes and children's achievement behaviors. *Journal of Educational Psychology, 79*, 54-61.

Schunk, D. H., & Zimmerman, B. J. (Eds.). (1994). *Self-regulation of learning and performance: Issues and educational applications*. Hillsdale, NJ: Lawrence Erlbaum Associates.

Schunk, D. H., & Zimmerman, B. J. (Eds.). (1998). *Self-regulated learning: From teaching to self-reflective practice*. New York: Guilford.

Stajkovic, A. D., & Luthans, F. (1998). Self-efficacy and work-related performance: A meta-analysis. *Psychological Bulletin, 124*, 240-261.

Steinberg, L., Brown, B. B., & Dornbusch, S. M. (1996). *Beyond the classroom*. New York:

Simon & Schuster.
Stokes, D. (1986a, June 10). Chance can play key role in life psychologist says. *Campus Report*, 1-4.
Stokes, D. (1986b, June 11). It's no time to shun psychologists, Bandura says. *Campus Report*, 1-3.
Zimmerman, B. J. (1977). Modeling. In H. Hom & P. Robinson (Eds.), *Psychological processes in early education* (pp. 37-70). New York: Academic Press.
Zimmerman, B. J. (1995). Self-efficacy and educational development. In A. Bandura (Ed.), *Self-efficacy in changing societies* (pp. 202-231). New York: Cambridge University Press.
Zimmerman, B. J. (2000). Self-efficacy: An essential motive to learn. *Contemporary Educational Psychology, 25*, 82-91.
Zimmerman, B. J., & Bandura, A. (1994). Impact of self-regulatory influences on writing course attainment. *American Educational Research Journal, 31*, 845-862.
Zimmerman, B. J., Bandura, A., & Martinez-Pons, M. (1992). Self-motivation for academic attainment: The role of self-efficacy beliefs and personal goal setting. *American Educational Research Journal, 29*, 663-676.
Zimmerman, B. J., & Brody, G. H. (1975). Race and modeling influences on the interpersonal play patterns of boys. *Journal of Educational Psychology, 67*, 474-489.
Zimmerman, B. J., & Dialessi, F. (1973). Modeling influences on children's creative behavior. *Journal of Educational Psychology, 65*, 127-134.
Zimmerman, B. J., & Rosenthal, T. L. (1974). Observational learning of rule governed behavior by children. *Psychological Bulletin, 81*, 29-42.

第19章

アン・L・ブラウン：学習と教授の理論モデルの発展

アンヌマリー・サリバン・パリンクサー
（ミシガン大学）

　アン・L・ブラウン（Ann L. Brown）のような熟練した多作の研究者の研究を説明することは，いかなる条件下でも，難しいがやりがいのある仕事になろう。だが，このケースでは，アンの研究の紹介という課題は，本章の準備中の1999年6月4日，アンの56歳という早すぎる死でいっそう難しくなったのである。彼女の研究に没頭すると，個人的にも心理学と教育の分野においても，はかり知れない喪失感がいつもよみがえってくる。アンの教育および心理学研究と研究方法への貢献は，その数，生産性，影響力のどの点でも非凡なものであった。おそらくたいていの学者よりも，アンの研究は，旅として特徴づけられる。学習と教授の理論的モデルへの旅——教授，学習，カリキュラム，評価，教室と学校の社会的文脈についての広い知識を統合し適用する旅——学習者の能力の向上という目的にいつも焦点化する旅である。本章では，アンの旅のさまざまな行程を考察し，特に学習の分析が彼女の研究で担った役割を検討する。

　アンの人生の旅は，イギリスのポーツマスで1943年1月26日から始まった。彼女はキャスリン（Kathryn）とジョン・レスリー・テイラー（John Lesley Taylor）の真ん中のたった1人の娘であった。学習者としての彼女の経歴は注目すべきものであった。彼女は11プラス試験[訳注1]に失敗し，音読についてのかなりの学習障害を経験した。そして13歳まで流暢に読めなかった。それができたのは，アンの将来性を認め，そこから解放するために教えた1人の教師のおかげだった。学部教育で，彼女は歴史，文学，哲学を学んだ。学位取得

のあとで，アンは歴史の勉強を続けようと考えた。しかし，動物の自然な生育環境の中での学び方についてのテレビ番組に興味を引かれて，アンはロンドン大学の心理学部長と面接をした。教授はアンと18世紀文学への関心を共有していた。そこで彼らは詩について2時間議論を交わした。そのあとで，アンは心理学を学ぶ決意をした。彼女は行動主義学習理論に影響された心理学プログラムで学位を取り，1967年に「子どもにおける不安と複合的な学習遂行 (Anxiety and Complex Learning Performance in Children)」という論題で学位論文を完成させた。

合衆国で行われていた発達心理学の研究に魅せられて，アンはサセックス大学で得た最初の研究職を離れて，イリノイ大学アバーナ・シャンペーン校の心理学部客員助教授の職と児童研究センターの研究科学者としての職を得た。学界ではまれなことだが，有能さが認められていたことを示す異動で，彼女は不在中でもサセックス大学の在職期間が認められたのだ！

合衆国に到着するとすぐに1969年の児童発達研究学会総会に出席し，アンは，もっとも親密な友人で，協力者となり夫となったジョゼフ・C・カンピオーネ (Joseph C. Campione) に出会った。イリノイ大学に短期間在職したあとで，アンはコネティカット大学のジーマン (Zeaman) とハウス (House) との研究で博士研究員の資格を獲得した。1971年，彼女はイリノイ大学へ戻った。そこで彼女は，心理学部と児童研究センターで，最終的には読解研究センターで積極的に仕事をした。そのことで1975年にイリノイ大学のスタッフに迎えられた。1988年，アンとジョゼフはイリノイ大学を離れ，バークリーのカリフォルニア大学へ移った。そこでアンは認知と発達のエブリン・ロイス・コリーの学部長を勤めた。1996年から1998年にかけて，アンとジョゼフはハーバードの教育大学院に職を得て，そのあと1998年にバークレーへ戻った。アンにはリチャード (Richard) という一人息子がいた。彼は妻のメアリー (Mary) と，アンに人生の最上の喜びの1つである孫娘ソフィー (Sophie) を与えたのである。さてここで，研究プログラムの検討に戻ろう。それは，アンが豊富な研究歴の中で求め続けたメタ認知の研究方法が確立された基盤研究から始まるものである。

不十分なパフォーマンスにおける方略活動の役割

　アンの最初の研究は，人間の記憶に中心が置かれていた——特に能動記憶方略が人間の記憶を促進するときに果たす役割と記憶課題の発達上の違いである。アンの研究は，発達上の違いが，記憶術や方略の基本的使用以外のものの意図的使用を必要としない記憶課題には見られないことを明らかにした（以下を参照，DeLoache, Cassidy, & Brown, 1965）。だが，記憶術が効果的に使われるようなとき，年少の生徒は適切な方略をとるのに失敗するので劣った遂行しかできないことが課題であった（Brown, 1974, 1975）。

　媒介的欠陥と産物的欠陥の区別，とりわけフラーベル（Flavell）（1970）によって支持された区別は，アンの初期の研究と理論的な関連があった。子どもが適切な記憶術の媒介を利用することに失敗して記憶課題を不十分にしかできないとき欠陥は存続すると主張された。もし子どもが必要な方略を作り出すことを訓練されるなら，これが欠陥のきめ細かい分析ができるようにするのである。つまり，もし方略を作り出したにもかかわらず，遂行があまり変わらないと，欠陥は媒介的だと言われる（つまり，子どもは遂行を媒介するために方略を使わない）。だが，遂行は一度方略が作られて実際に適切に媒介されると，そのとき最初の欠陥は産物的欠陥と区別されるのである。アンたちは記憶課題の子どもの遂行を説明する際に，能力と方略活動の相対的寄与を見分ける理論的道具として訓練研究を使った。彼らの研究は，小学校年齢の生徒が産物的欠陥の説明を支持するために記憶術を効果的に使用するよう訓練されることを示唆している。しかし，子どもはこれらのスキルを新しい事態にめったに一般化することはない。

　なぜ子どもが最初にこれらの産物的欠陥を示すのか，また，なぜ新しい文脈の訓練されたスキルの一般化に失敗するのかについての説明を求めることへの興味から，実際は「メタ認知」と区別された疑問を提起している発達心理学者たちの共同体を育て，学習の知識とコントロールが子どもの学習において果たす役割について問うことにアンは参加し，実際に指導した。

　これらの研究は，年少の子どもと学習が遅れていると言われた子どもが，照

合し，プランニングし，自己テストし，問題解決の試みをモニタリングするメタ認知活動に取り組まないことを明らかにした。アンは，これらはまさしく学習の転移に対するコントロールプロセスの前提条件であると主張した。

また，アンたちは，自分が教えることは容易であり課題の範囲を超えて転移しやすいと考えた一般的なメタ認知スキルの指導を対象にした訓練研究を使った。彼らが選択した課題は，ストップ―テスト―勉強のルーティーンであり，特にリストを再生する生徒のレディネスの自己評価である。代表的な研究（Brown & Barclay, 1976）は，1セットの項目，特に順番を記憶する生徒（心理的障害だと判定された）の能力を事前テストする必要がある。セットは個別検査であり，練習試行で一貫して想起される項目の最大数の1.5倍を超えるように設計された。参加協力者たちは，それら全部を完全に再生できると自信が持てるまで項目を学習し続けるように指示された。子どもの劣った最初の遂行は，テスト準備をモニターする方法に自己テストを使うことに失敗したことと関連していると考えられた。

そこで子どもたちは3つの方略でグループに分けられ訓練された。すなわち，予想，リハーサル，ラベリングの戦略である。予想グループとリハーサルグループの両方で，子どもは，順番にそれぞれの項目を開いて名前をつけ，リストを渡すように訓練された。リストの残りの3回の強制的な開示では，予想グループの子どもはそれを開く前にそれぞれの項目に名前をつけるようにうながされた。リハーサルグループでは，「それらを識別するまで繰り返し，項目の名前を言う」ように指示された。ラベリング条件では，子どもは，順番に1つずつ名前をつけ，それぞれのリストを4回繰り返して，順番にリストの項目を開くように訓練された。初めの2つの方略は子どもに自己テストをさせるが，3つ目の方略はそうはさせず，コントロール条件の役に立つ。2つの方略訓練条件は，比較条件と比べて遂行を促進するように決められた。さらに，その結果の維持は――1年後でさえ――年長の生徒で明らかであった（精神年齢＝8歳）。

ブラウン，カンピオーネ，バークレー（Barclay）（1979）が行った研究では，自己テスト方略（報告済み）を続けていることが明らかになった生徒たちは1つの課題に取り組んだ。その課題では，生徒たちは短い物語を提示され，紹介

された自己テスト方略を考えないで物語にあるものは何でも覚えられるまでこれらの物語を繰り返し読みなさいと言われた。それから彼らは記憶しているだけの物語を再び話しなさいと言われた。この課題は，単純な会話体文章から主な考えを抜き出し再生する，教室の活動で求められている，ある類の学習課題をもっと表すように設計されていた。効果が続いているエビデンスを示した，訓練された生徒は，暦年齢（CA），知能指数（IQ），精神年齢（MA）の点で対応する1組の未訓練の生徒に加えられた。この調査の結果は，初めの方略訓練研究に参加してきた生徒が比較生徒よりも有意に優れた成績を収めた。この結果は，これらの生徒たちが課題をまたいで訓練された方略を実際に転移したエビデンスとして確認された。

　この研究の意義は，この時期の心理学的研究の大きな文脈に位置づけることによって最もよく評価される。認知革命で，学習者は，知識の受け身の受け手ではなく，積極的構成者としてとらえられるようになる。学習者は内省を付与されており，学習についての知識と感情，それをコントロールする能力—メタ認知の両方を持つと認識されている。学習に関する行動的見方と認知的見方の融合は，自己調整の目的で学習者を言語化された自己—指導に関与させる効力の問題に導いている。大部分の認知行動的変容は衝動コントロールのような学習的課題以外の文脈で研究されてきた（Meichenbaum, 1977 参照）。学習課題への言語化された自己指導の適用は，自己調整を促進することに対する有益な手順の性質についての新しい問題に引き合わせた。ブラウンたちは，より一般的な問題解決手順（自己テストのような）は，その手順が別々の課題を超えて一般化するからこそ，特定の記憶術の指導を超える優れた点を持つと考えた。この研究が比較的無意味な材料の再生の研究から関連した議論の再生までの移行を示すのも有意義である。結局，この研究は，アンの研究の次の集成である，文章理解の研究に移行した。

文章理解の基礎研究

　アンの文章理解の最初の研究の意欲を高めた問題は，文章理解の効果的方略

と学習者が理解方略を使う効果的条件を区別する基礎を準備した。最初の研究（例えば，Brown & Smiley, 1978）は，読者の物語再生に及ぼす思考の単位の構造的重要性の影響を測定するように設計されていた。この一連の研究の中で使われた方法は，会話を思考の単位に分割することを必要とし，その思考の単位はそこで構造的重要性を決めるように等級づけられた。大学生と学齢期の生徒（3年，5年，中学1年）は，これらの物語を読んで再生しなさいと言われた。年長の生徒は年少の生徒よりも思考の単位を多く再生したが，再生の一般的パターンは2つのレベルにわたって一貫しており，あまり重要でない単位は他の単位よりも頻繁に再生されず，最も重要な単位が最も頻繁に再生された。等級づけられたデータを評価すると，生徒は年齢の機能に応じて思考の重要性に敏感になっていく強い発達傾向がある。しかしながら，アンたちが，このタイプのメタ認知課題において，発達だけが果たす役割についての結論を引き出すことに警告を発したことは重要である。「子どもたちが，文章の大事な要素を指示できるようになる不思議な年齢があるということを私たちは信じない。これは明らかに子どもの現在の知識と刺激素材の複合性の密接な関係によるのである」(Brown & Smiley, 1978, p. 1087)。

　これらの観察のタイプは，アンを，遂行を予測し理解することにおける学習者，刺激（文章），基準課題の相互依存関係に関心を向けた先駆者にさせた。さらにアンたちは，学力を促進するための認知研究の潜在的価値に気づいた最初の認知研究者でもあった。具体的には，それは次の10年間の方略指導に導入されたこの性質の研究である。

　例えば，ブラウンとスマイリー（Smiley）(1978) の報告した一連の実験は，意図的学習が活動の研究の効果に果たす役割を検討するように設計された。ある研究では，大学生は取り扱い群にランダムに割り当てられた。そのグループは参加協力者たちが基準課題について知っていることに応じて変わる。1つのグループは物語の道徳を区別する目的で読みなさいと言われ，別のグループは物語についてできるだけ多く再生する目的で読みなさいと言われ，3番目のグループはあとで物語を再生するように頼まれることを知らせず読むように言われた。これらのグループに共通して再生される思考単位の比率に基づいて，ブラウンとスマイリーは，基準課題を知っている生徒たちが意図的学習をうまく

やり，遂行において意図的学習をする有効性に気がついたのである。面白いことに，この研究が年少の生徒（5年生）たちを協力者として再現されると，意図的条件にあった生徒たちは偶発的条件の子どもたちとは変わらないように見えた。さらに5年生からのデータの分析から，意図的条件にあることから得をした者は，学習を支援するための文字の重要性の自覚を使用したことが指示されたのである。いままで，学習者がある方略活動の遂行を促進するように設計されてきた研究は，うまくいっても結果は曖昧である。アンは次のように考えた。この相反する結果は，研究者たちが学習者のやっている活動にだけ注意するのではなく，学習者の学習の対象である主題の知識，方略自体の知識，それらの相互関係の知識にも注意する必要があることを示しているのだ。

　アンがジャンヌ・D・デイ（Jeanne D. Day）と取り組んだ文章要約化研究の企画と実行で，私たちは，発達的研究，メタ認知的研究，文章理解研究との融合を見ることができた。例えば，ブラウン，デイ，ジョーンズ（Jones）（1983）によって報告された研究の中で，彼らは，どの学年の生徒たちでも自分たちが物語をよく学習する機会を最初に与えられたとき，どのように要約化課題を実行するかを検討した。彼らは，方略プランニング（参加協力者の個々の成功を説明する）が年齢に応じて次第に生じてくることに気がついた。この違いは，さまざまな年齢の学習者たちが携わる活動の性質によってかなり媒介される。しかし，方略の発達と思考の比較的重要な知識との間に密接な相互依存性もある。「これらの要因全体の複雑な配置は生徒が経済的，効果的なやり方で文章との相互作用を計画し，モニターし，評価することができるようにする」（Brown, Day, & Jones, 1978, p. 978）。

　このときのアンの研究のもう1つの特筆すべき特徴は，人間の認知機能の窓としての，ある課題についての熟達者と初心者の違いの研究である。ブラウンとデイ（1983）は，キンツッチ（Kintsch）とバン・ダイク（van Dijk）（1978）によって提起された理論的モデルから，異なる年齢と遂行レベルを代表した学習者に対して作り出された要約についてのブラウンとデイ自身の非公式研究を加えて，文章要約化（文章を削除し，一般化し，統合する）のマクロルールを引き出した。エリクソン（Ericsson）とサイモン（Simon）（1980）は，言葉による報告が，認知処理，特に実際の課題における関与と同時に収集されたこれらの言

語化の理解を伝えることに非常に価値があったというケースを作った。ブラウンとデイ (1983) によって報告された研究は，要約する過程で集められた言語プロトコルがこれらのマクロルールの構造安定性を検討するためにどのように使われたかを説明した。熟達者（修辞学の大学院生）は，彼らが文章の要約を準備したときに決定したことについて話すように勧められ，ブラウンとデイによって区別されたマクロルールはこれらの熟達学生の処理でまったく明らかだというエビデンスを提供した。ブラウンとデイは，短期大学の学生たちによって作られた要約を検討して研究を一歩進め，課題の困難さは文章の要約化と同じく複雑であると考えた。彼らのデータより，短大の参加協力者の要約がブラウンとデイが調べた高校生の要約と違わないことが確認された。訓練学習は理論を確認するか反証することに果たす大切な役割を持つというアンの主張と一致して，研究の要約化プログラムは，要約化活動でさらに方略的になるための治療教育を必要とする年少の生徒と生徒に教える結果を測るように設計された研究を含んでいる。ブラウン，カンピオーネ，デイによって報告された研究 (1981) はまさにこの過程を説明している。

　アンが同僚，特にデイと行った要約化の研究は，多くの特徴を持っていた。その特徴は研究の設計と実行へとアンの方向性を性格づけている。それは理論によって情報が与えられ，理論の発展と精選を求めるために実行された。現在の用語の中に，「パスツールの象限」で行われた社会科学研究の優れたモデルとして，それは存在している (Stokes, 1997)。アンの文章からの学習についての研究は，次の10年間に展開されるプログラム――相互教授に関する研究プログラムに着手するまでもう1度の転換があった。

相互教授研究

　相互教授 (Brown & Palincsar, 1989; Palincsar & Brown, 1984; 1986; 1989) とは，教師と生徒が交互にテキストのセクションの討論を進める対話学習のことである。討論は1組の方略を囲んで編成された。つまり，予想すること，問題を作り出すこと，要約化すること，明確化することである。これらの対話の目的

は，意味を協同して創出することである。生徒は，文章が手近な話題の理解を進めるやり方を検討することと，生徒が文章を理解できないときに意味を構成し確かめることの両方の手段として，方略を使うように指導されている。教師が生徒にこれらの対話を最初に紹介するとき，教師はこれらの方略を使うモデルの熟達した読み手としてスキルを利用するのである。毎日の指導で生徒は，討論を指導する責任が増すと考えるように励まされる。一方で，教師の役割は，生徒にフィードバックを与え，必要に応じたサポートを与えることに踏み込むコーチの1人に変わるのである。

この研究の1つの特筆すべきことは，研究が実行される文脈を反映した移行である。このときまでの訓練研究は普通非常に短い介入を含んでいた（1日か2日以上の研究はほとんどなかったのである）。教授の形態は，本来は講義中心なので入念な記述を必要としない。そして介入は一般にマンツーマンなので，教室のたいていの学習や他の教育場面で一般に生じる社会的文脈を考慮する必要はない。

相互教授の先駆的研究は，個々の子どもにこれらの対話をさせる研究者と行われたが，それは教室文脈に持ち込まれた。そこでは，教師による小（n 8）から中（n 18）サイズのグループへの介入が20日間にわたって行われた。この移行でたくさんの問題が生じた。つまり，指導の質の検討，指導の質の関わり，学習者の性質，グループの構成，文章の必要性，指導の結果などである。アンが心理学者ではない教育者と仕事をしたのはこれが初めてであった。この共同作業は新たな問題を生んだ。例えば，私たちは，生徒が介入を経験している読書群の文脈だけでなく主題のコースの文脈においても介入が違いを生じるかどうかを尋ねた。そして私たちは学習が一般化されているというエビデンスを集めた。一般化は，社会科学と理科の授業の文脈の相互教授と比較の条件の両方において，生徒の理解評価を管理することと理解介入のどんな形でも経験していない生徒のパーセンタイル順位を比較することによって，確認されている。相互教授は生徒のよい結果を常に生じるが，その結果はひどく変動する。そこでこれは，グループの等質性が，仲間が追加モデルとして教師に加わるときに学習をどのように促進するか，これらの対話の足場づくりをする際に教師のスキルはどのように学習結果に影響するかを，私たちに検討させることにつ

ながる。

　相互教授の研究は，10年間の大半を占め世代と言ってもいいくらいである。第1世代は，読書指導のもっと伝統的な形と比較されたとき，この指導の介入の効果を評価するために設計され，小学校の上級生と中等学校生を対象とした研究で情報を与える文章だけで実行された。第2世代は一連の成分分析であり，それについて私たちは，モデリングや方略の明確な教授と比較されたとき相互教授の相対的価値について質問した。第2の成分分析研究は4つの方略を同時と順次に取り入れる効果を比較した。これらの研究はそれぞれ費用対効果の問題や多様な学習者の指導を調整する問題によっても促進された。調査結果は，直接的な指導やモデリングに対する対話的指導の付加価値を指摘し，4つの方略を同時に取り入れた生徒のほうが方略を順次に取り入れた生徒よりも早く基準遂行を達成したこと示唆をした。

　相互教授が設計された生徒は，読解スキルの発達の遅れのため治療読書指導の経歴を持つ理解困難な生徒だった。相互教授介入への彼らの反応は，読者としての彼らの活動が，意味の読解にあまり注意しようと努めずに流暢に読めるようになることだけに焦点化する範囲の貧弱なメタ認知意識を反映しているという主張を支持した。この主張をもっとよく検討するために，相互教授の第3世代は予防の形で1年生を対象に行われた（Plincsar & Brown, 1989; Palincsar, Brown, & Campione, 1993)。教室の教師は，生徒の小グループ（n 6）を教えた。そのメンバーは，言葉と理解評価をもとに一緒にされ，2条件――相互教授か言語発達活動――の1つにランダムにあてられた。生徒の圧倒的多数は通常まだ読めないので，指導は聞く理解の形で行われた。子どもたちがまとまりのない文章を読む相互教授の初期の世代とは対照的に，1年生の研究で使用されている文章は，生徒が徐々に知識を作り上げる動物の生存という単純な生物学的テーマを対象としている。例えば，隠蔽擬態や擬態による捕食動物からの自然な防御などである。生徒は文章を聞き，討論して，実験の文章からテーマを明らかにするためのサポートも受ける。評価には，再生と推論の測度も，評価に示される新しい問題の文章指導に情報を適用させる類比的推論をする能力の測度も含む。結果はいろいろなやり方で年長生徒の研究から得られたものを反映した。まとめると次のようになる。相互教授対話は，年少の子どもに文章の

理解のモニタリングと意味の構成をさせることに有効である。さらに，相互教授条件の生徒は，文章の類推情報を認知し，適用することを学ぶ。これらの進歩は，言葉の発達条件の生徒では見られない (Palincsar & Brown, 1989; Palincsar, Brown, & Campione, 1993)。

学習者たちの共同体を育成する

　アンの研究者としての経歴が文章理解と自己調整指導で締めくくられたとしても，彼女は教育の研究と実践に拭い去れない印を残したであろう。だが彼女の研究と実践はここで終わることはなかった。夫ジョゼフとの研究の最後の10年間に，カリフォルニア大学バークレー校で，彼女は「学習者たちの共同体を育成する (FCL)」という課題の新しいプログラムに着手した。それは，内容と形式の両面で驚くべき総合的品質を有していた。その内容は，共同研究者として従事する生徒が，生物学における内容知識の深い理解と領域固有の推論を追究する参加者の構造の多様な配置の使用を含んでいた。都市の学校の教育者たちと一緒に研究して，ブラウンとカンピオーネは，多様性が許容されているだけでなく，実際，成功のために統合されている文脈の授業を再概念化した。この研究は，「第1原理」が教育改革の技術と研究を導いたデザイン実験の形をとった。これらの論文は教育実践を進めるのに重要な価値を持ったのだが，学習理論を進展させるのにも大きな価値を持っているのである。「構成的教育学」と「社会的媒介学習」のような抽象的概念を具体化するさまざまな研究が存在した。

　FCL授業のデザインの最も中心となる理論的概念は次のものである。第1に，授業は複合的な発達の再近接領域から構成されていると考えられている (Vygotsky, 1978)。それによって，参加協力者はさまざまな速度でさまざまな経路を通って誘導される。第2に，教師や仲間は，思考，知識，他の道具で環境に「種をまこうとする」。それらはさまざまな方法で，子どもが関係している発達の最近接領域に応じて，子どもに充当されている。結局，クラスのメンバーが共同活動をし，取り組んだ活動の共通理解に至るときに，相互交渉の

進行中の過程が存在するのである。

　これらの理論的原理に加えて，FCL教室を理解するために，これらの教室の主な特徴も理解しなくてはならない。カリキュラムには，活動がFCL教室でどのように展開するかを理解する鍵となる特徴がある。カリキュラムはテーマ単位で編成されている。例えば，生物学テーマは相互依存と適応であり，環境科学テーマはバランス，競争，共同である。子どもは，質問をサポートするために広範囲の教材にアクセスした。例えば，文章，ビデオ，子どもが熟達したコンサルタントや他者にも対応し共通のデータベースを維持するコンピュータ環境などである。FCL授業のほとんどの活動は，相互教授かジグゾー方法 (Aronson, 1978) を使う共同学習の文脈の中で生じる。そこで子どもたちは学び，その後，他者に教える研究のテーマの役割をあてられる。だから，研究のテーマの別の側面に関連した熟達者になり，それから自分の熟達を仲間と共有するのである。

　ブラウンとカンピオーネは，コリンズ (Collins) (1992) がとらえたように，FCLの研究をデザイン実験として概念化した。アンは1992年の論文の中で，「自分の分野の設計科学者として，私は斬新な教育環境を運営しようとし，同時にこれらのイノベーションの実験研究をやろうとした」と書いた (Brown, 1992, p. 141)。カリキュラムと指導の性質とこの研究の性質は，アンと彼女の研究グループに，この文脈で使用される評価の性質をじっくりと検討し，評価実践の設計を推し進めさせた。評価実践は，生徒，教師，親，学校の管理者，それに研究団体への多目的の説明責任の役に立つのである。成績の従来の測度を使用することに加え，ブラウンとカンピオーネのチームはさまざまな活力のある測定を採用し (Campione & Brown, 1990)，主に臨床的面接を行った。その面接によって，面接者はカリキュラムの中核にある問題，それに転移を評価する機会を与える問題について生徒の推論を調べるものである。もちろん，これらの測定の結果，それにクラス討論の分析は，カリキュラムと指導のデザイン変更を知らせるために使われた。

　FCL研究の適格性は，授業と実験室研究の相互作用によって促進された。例えば，アンは，自分たち (例えば，Brown & Kane, 1988; Goswami & Brown, 1990) が，子どもが類推の発生にただ気がつくことから，問題解決にこれらの

類推を生産的に使うことへと進むにつれて、子どもが示した発達パターンの理解を豊かにしようとして子どもの類似推理と説明方略に関して行った実験室研究を使った。この実験室研究は、FCLチームが教室の活動と討論の研究に適用する認識に焦点を当てるのに役立った。教室の観察者たちはお互いに、仮説が比較的統制された環境で組織的に求められる実験室研究の設計を考え出した。例えば、アンは、何を理由に自分が説明の使用に発達的傾向があると考えるかを探求することに関心を持った。つまり、当初、子どもの理解の断絶から生じる「行き詰まり駆動」説明として彼女が言及したことに取り組むのである。このような説明のあとには、厄介な矛盾を解決しようとする試みの説明が続く。結局、説明は、研究対象の現象の理解を修正し、深める手段になった。自発的な教室の出来事から生じたこれらの体系的研究は、死ぬまでアンの研究課題の1つの分野を構成したのである。

学習者と学習過程の性質

　アンが心理学者としての準備期に有力だった学習理論は、行動主義が主であり、一般的であり、人種、年齢、内容、文脈とは関係のない学習の法則を生み出そうとしていた。学習は、普通、外的強化で統制された単純な結合の形成である個人の活動とみなされていた。拡張と結合によって、これらの単純な結合は、より複雑な行動を生み出すと考えられていた。アンの研究歴の過程で、大部分が彼女の研究の執筆によって知らされたのだが、学習と学習者の諸理論は、大きな変化を経験していた。

　認知革命の案内を務めた心理学者の先駆けとして、アンは学習の能動性、内省性、社会性を強調した。記憶の最も早期の研究から、アンは学習者の能動的役割に関心を持っていた。能動的役割は学習者の内省的である能力、自分の活動をコントロールする能力である。彼女は、生徒が自分自身の学習過程に批判的になると主張したが、この批判主義は、破壊的な個人の逸脱ではなく建設的で、習得に向けた自己指導であると戒めている (Brown, 1988)。

　さらに、彼女は、学習者の能力について結論を下す前に、指導の機会の性質について絶えず質問をした。例えば、類推によって推論する年少の子どもの能

力についての研究の中で，彼女は，もし，(a) 1 対の類推問題の経験と実践を与えられ，(b) 新しい問題の目標構造に注意を向け，(c) 1 対の問題間の類似を考えることを求められ，(d) 学んだことを他者に教えることを求められるなら，3 歳から 5 歳までの子どもは類推推理を示し転移することを明らかにした (Campione, Shapiro, & Brown, 1995)。この研究は，年少児は類推推理と転移に取り組むための認知的リソースを持たないという，当時よく知られていた見方と矛盾する。

アンは年少の子どもの能力に大きな関心を払っていたし，年少の学習者たちを「知的初心者」と見るようになっていた。知的初心者はある分野の背景的知識は持たないが，その知識をどうやって獲得するか，さまざまな分野でどうやって考え，推論するかを学習できるのである。しかし，彼女は就学前の子どもによって示された発達の速度が就学すると低下するようだという事実にも衝撃を受けていた (Gelman & Brown, 1986)。アンは，これは子どもが，何ができるかを明らかにしない学習課題でどんどんテストされているという事実によって，部分的には説明されると考えていた。さらに彼女は，自然な学習から，文脈から切り離された知識の意図的学習への移行が，学齢期の子どもの姿に果たしている役割かとも考えていた。この種の観察は，アンの指導の最適条件への鋭い関心を物語っている。そのことは以下で論じる。

指導の最適条件

アンの指導の最適条件の考え方に取り組むには，指導が設計されている目標を検討しなくてはならない。これまで，教育の目標は，基本的リテラシースキルを持つ大学院生を育てることであった。しかし，アンの研究歴において，目標はより高いレベルのリテラシーを強調し，主題内の主題と類推の深い理解を促進し，テクノロジーの活発な利用を含み，学習と職場の要求に応える市民的力を育成するように移行した。

批判的思考と内省の目標に到達するために，アンは，指導の価値のあることとして深い専門分野の内容の重要性に私たちの注意を向けた。彼女はブルーナー (Bruner) の「しなやかで美しく無限に生成的な」思考という教えを標榜

する引用が好きだった（Bruner, 1969, p. 121）。豊かな内容を手にして，アンは，これらの考えに取り組む生徒の能力を向上させるために，他の熟達者が果たした役割を鋭敏に認識していた。知識のある他者がいないと，生徒は理解の深いレベルに進めないし，間違った理解を直視して修正する見込みがないのである。このことは，ほとんど問題の専門家ではない教師（特に小学校で）に課せられる負担を認識させるので，アンは，電子媒体によるか自分で直接アクセスすることで，内容領域の専門性を補強する教室の専門知識を広げる代替方法に大変関心を持っていた。

彼女は，学校は子どもが学び方を学ぶ場所だと主張した。ピアジェ（Piaget）やヴィゴツキー（Vygotsky）理論の影響を受けて，彼女は——特に研究歴の後半では——社会的相互作用を特徴づける指導文脈を奨励した。彼女は，会話の文脈で，相互教授対話に置かれようとFCL研究グループに置かれようと，生徒は学習の責任を引き受け，教室に存在する集合的な知識資産に貢献し，恩恵を受けるとともに，学習について話すのが最もよい立場だと主張した。

転移の問題はアンの研究プログラムの中心であった。前述したように，アンは転移する能力の自然発生する発達の段階理論には同意せずに，転移を促進する，設計する指導を説いた。それでは，指導は転移をどのように促進するのだろうか？

アンとジョセフは，教室で転移を促進することに不可欠なのは，生徒がさまざまな固有領域の概念を理解するようになる機会と，新しく持続する学習を進めるのに役に立つもっと一般的な過程であると提言した。そのような理解によると，生徒が，これらの過程を意識的に話したり，これらを柔軟に使うことができるようになる。これらの原理は，指導はまず知識の豊かな領域を習得する課題である必要があることを意味している。アンがこれをとらえるために使用した話し言葉の表現は，文章やカリキュラムに関して「気にする」何かの価値があるに違いないということを示唆する。さらに，この豊かな領域の指導は，学習の新たな領域に入るときに思考を導く批判的思考と内省活動を生徒が獲得するように設計されている，モデリングを含むに違いない。最後に，認知の社会的性質についての彼女の信念と一致して，アンは，生徒に，他者に自分たちが学んでいる特性と制約，それに彼らがある学習活動に取り組んでいる理由を

他者に説明する多くの機会が与えられるべきだと主張した。

　アンは手続きが教育のイノベーションを伝えるのに不可欠であることに気がついていた。しかし彼女は、手続きの普及が指導の介入の表面的特徴だけを対象にした実践の実施へとつながり、また実際、イノベーションの理論的基礎とはほど遠い――あるいはまったく誤って伝える――ものであることを心配していた。そこで彼女は、教育者が指導の理論的前提と一致する指導の実行に関して情報を得たうえで決定することができるようにする、1セットの第1原理（Brown & Campione, 1996）によって導かれる指導を求めたのである。

重要な学習指導結果の性質

　指導研究の特性である大がかりなカリキュラムと教授法の種類に合わせて、ブラウンとカンピオーネのグループは学習指導結果を把握するために多くの厳密な測度を絶えず使った。例えば、相互教授研究では、理解の変化は対話の文脈で使われる生徒の文章理解の評価で測定されないで、対話と関係なく読まれている文章の理解で測定される。さらに、評価は転移測度を含んでいる。その測度で生徒は新しい問題を解くためにカリキュラムの情報を使用できるのである。

　アンは、子どもができることを決める年齢にふさわしい方法を見極めることに非常に優れていた。例えば、ブラウンとカンピオーネの研究の1つの構成要素は、力動的な評価の使用を含んでいた（Campione & Brown, 1987）。力動的な評価の過程で、生徒は課題を成功裏に完成させるサポートのレベルを上げることを教えられた。そのような技法は、子どもの熟達の現在のレベルの評価と子どもの能力の予測の両方で提供された指導サポートを生み出した。

　アンの類推推理への初期の関心は、彼女の研究歴を通して学習結果の評価の設計において明らかである。例えば、ブラウンとカンピオーネのFCL研究における従来の課題は、生物学的適応の研究に続いて、動物を固有な生息地に適合する計画に学習者を取り組ませたのであった。

アンの社会へのサービスの性質

　アンの贈り物は多く，またそれを惜しみなくふるまった。彼女は心理学の一流の理事会や委員会の活動に尽力した。国立教育アカデミーの会員に選出された最年少の学者であり，1997 年から亡くなるまでその委員長であった。彼女は，アメリカ教育研究学会（AERA）の委員長，アメリカ心理学会の第 7 部門の委員長を務めた。彼女は報告書の執筆と普及に絶えず力を尽くした。その報告書は，改革の努力を促進し，教育研究にこれまで以上の関心を集め，サポートをするものだった。近年の例としては全米研究評議会の報告書『どのように人は学ぶか——脳，心，経験，学校（How People Learn: Brain, Mind, Experience, and School)』がある（1999，ブランスフォード〈Bransford〉とコッキング〈Cocking〉の共編）。

　メタ認知の彼女の独創的な研究の評価では，双方向学習環境の設計の顕著な理論的で実践的な貢献，年少児の推論発達の私たちの理解への貢献，研究コミュニティで発揮したリーダーシップに対して，アンは 1991 年のアメリカ教育心理学会の教育研究の特別貢献賞に選ばれた。1996 年のアメリカ心理学会による心理学の応用への特別科学貢献賞がこれに続いた。それから，「……心理科学における顕著な業績。発達心理学，学習理論の分野と，理論的，実験的研究経歴における学習環境の設計，その教育への適用」の見事な結合に対して，彼女は，1997 年にアメリカ心理学協会の顕著な業績に対するジェームズ・マッキーン・キャッテル賞を受けた。

　アンは，アメリカ心理学協会，実験心理学者協会，スペンサー財団，児童発達研究協会，アメリカ心理学会のフェローであった。さらに彼女は教育学と心理学の多くの編集委員会でリーダーシップを発揮した。

　アンの主な才能は著述の力量であった。アンの著述の明快さには，彼女が心と頭脳の両方で書くという事実が反映されている。例えば，アンが描いた子どもは，彼女の単なる研究主題ではなかった。これらの子どもへの思いが夜に彼女の心を浸した——子どもたちが中等学校へ入学すると直面する恐れ，貧しい暮らしをしているこれらの子どもの将来の可能性に対する疑いである。アンが「教師に最新の発達理論が尋ねることは，非常にきつく当たることだ」と書い

たのは，彼女が，教師の仕事と彼らがこの仕事をするときの意欲的な社会的，政治的文脈に深い尊敬と感謝を抱いていたからである。アンは，研究の中の子どもとの会話に深い満足を覚えていて，これからのプレゼンテーションと著作を盛り上げようと物語を保管しながら，子どもの遂行について詳しく話すとき昂揚したのであった。

5年生のフロレンツァはアンを次のように見ていた。

　アン・ブラウン——彼女は非常に洗練された人です。彼女は多くのことについて多くを知っています。彼女がAERAの委員長であると聞いても誰も驚きはしないでしょう。彼女は私たちが何をしてもやったこと全部をうまく編成し，あとをたどります。彼女は子どもたちと多くの時間を過ごすのです。そう，私が気に入っているのはこれです。彼女は学校に来ると大人とではなく子どもたちと時間を過ごします。彼女は私たちが学んだことを確かめるために話を聞いてくれます。実は，彼女は本当に頼りになるのです。彼女は自分に自信が持てるようにしてくれます。自分を信じるようにしてくれることをよく知っているね。

アン・ブラウンの認知と指導の研究は，ローレン・レズニック（Lauren Resnick）が「認知心理学が結局指導の役に立つようになる」と提案することをうながした。アンの研究はどれほど有効だったのだろうか？　おそらく，研究者の視点から見ると，彼女の研究は学習理論を進化させた方法だった。またたぶん，彼女が尋ねた質問の性質もあるかもしれない——質問は，古くさいが非常に適切な用語を使用したもので，教師たちが毎日取り組んでいる「本当の」問題だったのである。

終わりに，ジェローム・ブルーナー（Jerome Bruner）（1960）は「鋭い推測，想像力のある仮説，仮の結論への勇気ある飛躍——これらは研究している思索家の最も高価なコインである」(p. 64) と言ったことを紹介しよう。アンはこれらのコインをふんだんに持っていた。私たちは，彼女がそれらを出資したのでみんな豊かになったのである。アンの56歳の死は明らかに彼女の人生に早すぎる終わりをもたらした。しかし，彼女の遺産は私たちの多くの研究の中に

生き続けるだろう。私たちは力強い道具を引き継いだ。その道具は彼女が学習者たちの能力を明らかにし広げてくれた考え，方法，課題に示されている。

訳 注

1——イギリスの小学校の最終年に行われるグラマースクールや中等学校に進学するための試験。進学時，生徒は11〜12歳となる。

文 献

Aronson, E. (1978). *The jigsaw classroom*. Beverly Hills, CA: Sage.

Brown, A. L. (1974). The role of strategic behavior in retardate memory. In N. R. Ellis (Ed.), *International review of research in mental retardation* (Vol. 7, pp. 55-111). New York: Academic Press.

Brown, A. L. (1975). The development of memory: Knowing, knowing about knowing, and knowing how to know. In H. W. Reese (Ed.), *Advances in child developmental and behavior* (Vol. 10, pp. 103-152). New York: Academic Press.

Brown, A. L. (1992). Design experiments: Theoretical and methodological challenges in creating complex interventions in classroom settings. *The Journal of the Learning Sciences, 2*(2), 141-178.

Brown, A. L., & Barclay, C. R. (1976). The effects of training specific mnemonics on the metanmemonic efficiency of retarded children. *Child Development, 47*, 71-80.

Brown, A. L., & Campione, J. C. (1996). Psychological theory and the design of innovative learning environments: On procedures, principles, and systems. In L. Schauble & R. Glaser (Eds.), *Innovations in Learning* (pp. 289-326). Hillsdale, NJ: Lawrence Erlbaum Associates.

Brown, A. L., Campione, J. C., & Barclay, C. R. (1979). Training self-checking routines for estimating test readiness: Generalization from list learning to prose recall. *Child Development, 50*, 501-512.

Brown, A. L., Campione, J. C., & Day, J. D. (1981). Learning to learn: On training students to learn from texts. *Educational Researcher, 10*(2), 14-21.

Brown, A. L. (1988). Motivation to learn and understand: On taking charge of one's own learning. *Cognition and Instruction, 5*(4), 311-322.

Brown, A. L., & Day, J. D. (1983). Macrorules for summarizing texts: The development of expertise. *Journal of Verbal Learning and Verbal Behavior, 22*(1), 1-14.

Brown, A. L., Day, J. D., & Jones, R. S. (1983). The development of plans for summarizing texts. *Child Development, 54*, 968-979.

Brown, A. L., & Kane, M. J. (1988). Preschool children can learn to transfer: Learning to learn and learning from example. *Cognitive Psychology, 20*, 493-523.

Brown, A. L., & Palincsar, A. S. (1989). Guided, cooperative learning and individual knowledge acquisition. In L. B. Resnick (Ed.), *Knowing, learning, and instruction: Essays in honor of Robert Glaser* (pp. 393-451). Hillsdale, NJ: Lawrence Erlbaum Associates.

Brown, A. L., & Smiley, S. S. (1978). The development of strategies for studying texts. *Child Development, 49*, 1076-1088.

Brown, A. L., Smiley, S. S., & Lawton, S. C. (1978). The effects of experience on the selection of suitable retrieval cues for studying texts. *Child Development, 49*, 829-835.

Bruner, J. (1960). *The process of education*. Cambridge, MA: Harvard University Press.

Bruner, J. (1969). *On knowing: Essays for the left hand*. Cambridge, MA: Harvard University Press.

Campione, J. C., & Brown, A. L. (1990). Guided learning and transfer: Implications for approaches to assessment. In N. Frederiksen, R. Glaser, A. Lesgold, & M. Shafto (Eds.), *Diagnostic monitoring of skill and knowledge acquisition* (pp. 141-172). Hillsdale, NJ: Lawrence Erlbaum Associates.

Campione, J. C., & Brown, A. L. (1987). Linking dynamic assessment with school achievement. In C. S. Lidz (Ed.), *Dynamic assessment* (pp. 82-115). New York: Guilford.

Campione, J. C., Shapiro, A. M., & Brown, A. L. (1995). Forms of transfer in a community oflearners: Flexible learning and understanding. In A. McKeough, J. Lupart, & A. Marini (Eds.), *Teaching for Transfer: Fostering generalization in learning* (pp. 35-68). Mahwah, NJ: Lawrence Erlbaum Associates.

Collins, A. (1992). Toward a design science of education. In E. Scanlon & T. O'Shea (Eds.), *New directions in educational technology*. New York: Springer-Verlag.

DeLoache, J. S., Cassidy, L., & Brown, A. L. (1985). Precursors of mnemonic strategies in very young children's memory. *Child Development, 56*(1), 125-137.

Ericsson, K. A., & Simon, H. A. (1980). Verbal reports as data. *Psychological Review, 87*, 215-251.

Flavell, J. (1970). Developmental studies of mediated memory. In H. W. Reese & L. P. Lipsett (Eds.), *Advances in Child Development and Behavior*, (vol. 5, pp. 181-211). New York: Academic Press.

Gelman, R., & Brown, A. L. (1986). Changing views of cognitive competence in the young. In N. J. Smelser & D. R. Gerstein (Eds.), *Behavioral and social science: Fifty years of discovery* (pp. 175-207). Washington, DC: National Academy Press.

Goswami, U., & Brown, A. L. (1990). Higher-order structure and relational reasoning: Contrasting analogical and thematic relations. *Cognition, 36*, 207-226.

Kintsch, W., & van Dijk, T. A. (1978). Toward a model of text comprehension and production. *Psychological Review, 85*, 363-394.

Meichenbaum, D. (1977). *Cognitive behavior modification: An integrated approach.* New York: Plenum.

Palincsar, A. S., & Brown, A. L. (1984). Reciprocal teaching of comprehension-fostering and monitoring activities. *Cognition and Instruction, 1*(2), 117-175.

Palincsar, A. S., & Brown, A. L. (1986). Interactive teaching to promote independent learning from text. *Reading Teacher, 39*(8), 771-777.

Palincsar, A. S., & Brown, A. L. (1989). Instruction for self-regulated reading. In L. Resnick & L. E. Klopfer (Eds.), *Cognitive research in subject matter learning* (pp. 19-39). Washington, DC: The Association for Supervision and Curriculum Development.

Palincsar, A. S., Brown, A. L., & Campione, J. C. (1993). First grade dialogues for knowledge acquisition and use. In E. A. Forman, N. Minnick, & C. A. Stone (Eds.), *Contexts for learning: Sociocultural dynamics in children's development* (pp. 43-57). New York: Oxford University Press.

Stokes, D. (1997). *Pasteur's quandrant: Basic scientific and technological innovation.* Washington, DC: Brookings Institution Press.

Vygotsky, L. (1978). Mind in society: The development of higher psychological processes. In M. Cole, V. John-Steiner, S. Scribner, & E. Souberman (Eds.), Cambridge, MA: Harvard University Press.

訳者あとがき

　本書は,「*Educational Psychology, A Century of Contributions, A Project of Division 15 (Educational Psychology) of the American Psychological Association*, Edited by Barry J. Zimmerman・Dale H. Schunk, Lawrence Erlbaum Associates, 2003.」の全訳である。教育心理学の歴史を19世紀後半の哲学的基礎から21世紀現在の研究到達点まで詳細に検討した内容である。先行する有力な歴史的論考としては「教育心理学史」(教育心理学ハンドブック; pp. 990-1004) (Hilgard, 1996; O'Donnel & Levin, 2001) が知られるが,そこには心理学の,方法論,研究内容と結果が年代的変化に沿って記述されている。この形式は精神分析,行動主義,ゲシュタルト心理学などと学派ごとに集約しながら解説するやり方で,我が国でもこれまでの心理学史で一般に踏襲されてきたものである。これによって,研究理論の内実と発展過程をたどることができる。だが時代的背景,担い手たる研究者の主体的努力や社会状況との葛藤までを知ることはできない。
　これに対して,本書の優れた独自性は以下の点にある。歴史的社会的背景を背負った研究者が自分の人生をどう生き抜いたか,選択した彼の研究は彼自身の生きる葛藤をどのように反映したものだったか。研究者が自己に直面する障壁(個人,社会,政権などの)と対峙しそれを超えようと懸命に奮闘する姿を描き出した点にある。そこには研究者たちへの温かいまなざしも読み取れる。この意味で本書は我が国の心理学,教育学などに関係する人たち,研究者たちに対して大きな励ましと勇気を与えるであろう。
　本書では,1890年から現在までを,創生期,隆盛期,現代の3時代に区分し解説,論評している。第1章で「創生期:1890年から1920年まで」が扱われ,合衆国への移民,科学と技術の急速な進歩,進歩主義運動,第1次世界大戦,ダーウィン主義などを解説している。

第8章は「隆盛期：1920年から1960年まで」が対象で、ここでは1920年代と1930年代の教育心理学が、合衆国の社会史、ヨーロッパの社会史、アメリカの心理学、ヨーロッパの心理学、1940年代の教育心理学が社会史、研究理論と実践、1950年代の教育心理学が、社会史、研究理論と実践のテーマごとに述べている。このような構成のもとでその年代を生きた研究者の生涯、研究業績、遺産が解説・検討してある。

第14章は、「現代の教育心理学：1960年から現在まで」が対象である。この時期の社会状況の複雑さと検討する内容の膨大さを次のように整理し記述された。「20世紀末の教育心理学」を「現代教育心理学を要約した本」と「Journal of Educational Psychology: 1997-98」によって解説し、「1960年代初期の教育心理学」を、現代教育心理学を要約した本であるクロンバックとクラウスメイヤーの教育心理学、それに「Journal of Educational Psychology: 1960-61」に基づいて解説した。最後に「最近の教育心理学の認知変容」として現代教育心理学が認知変容の観点から整理し、論評している。創生期、隆盛期に比較するとこの時期における研究数の膨大さと社会的状況の複雑さからもあって、個々の研究と社会状況との関連性の記述がほとんど見られなくなっている。

本書で取り上げられた研究者たちは、アメリカ心理学会教育心理学部門の諮問委員会が、ノミネートされた60人以上から、16人に絞り込んだ人たちである。対象になった16人は、日本でも周知の人たちが含まれている一方で、比較的疎遠な人たちもいる。その人たちをそれぞれに熟知した専門家が執筆担当した。こうしたやり方で日本でポピュラーな人たちの知られざる部分を含め、世界の教育心理学の発展に寄与した心理学者たちの伝記と研究業績についての情報が盛り込まれているのが本書である。

章を追ってそれぞれの研究者像の一端を見よう。

第2章　ウィリアム・ジェームズ

彼は、名著『心理学の原理』を筆頭にその膨大な研究業績からアメリカ心理学の父と称された。その思想は哲学、政治、社会学、宗教、神学、文学、哲学、法学にも深い影響を与えた。彼は愛情深い教育熱心な父のもとで経済的に

も恵まれて成長した。だが神経衰弱症と，弱視，消化器疾患，自殺想念を持つうつ病という慢性的病気の悩みを抱えていた。彼の生涯は旅の途中の温泉入浴中に，妻のアリスに抱かれて拡張型心筋症で亡くなるまで病気との闘いでもあった。

第3章　アルフレッド・ビネー

　彼の心理学と教育の分野への貢献は，皮肉なことに，その高い評判はビネー自身よりも天才の長期にわたる縦断的研究で著名なターマンの研究によるところが多い。
　ビネーの計量知能尺度の目的は，特別支援を必要とする子どもたちの可能性を活用するために，彼らの同定に有効な検査を発展させることであった。だが子どもたちの可能性を最大限引き伸ばすという観点はよく忘れ去られて，彼の尺度は，子どもたちを選び出すよりは取り除くために使われた面が強調されている。知的遅滞児の力の育成という光より，知的遅滞児同定という影の部分だけにスポットがあたった。知能尺度という木が遅滞児の支援という森を隠したのである。多くのビネーの優れた，また画期的な研究のほとんどが顧みられなくなった。

第4章　ジョン・デューイ

　彼は，コロンビア大学を1930年に退職するまで，アメリカの大学教授協会，アメリカの市民自由連合，新しい社会科学研究学校の創設を支援するために多くの問題に関わり社会的活動を続けた。
　当時世論は戦争やむなしの動きが強まり，全米で左翼的な教授たちの追放や，小学校や高校教員に対して強力な圧力がかけられた。1927年コロンビア大学総長は大学における学問の自由は終焉したと宣言した。同大学は「戦争行為への反対意見を扇動して本学に重大な損害を与えた」として2名の教授を解雇した。このときシカゴ大学からコロンビア大学に移っていたデューイは，歴史家ジェームズ・H・ロビンソンとともに戦争反対の声を上げ，これに抗議したのである。

第5章　E・L・ソーンダイク

　彼は，量的測定に高い価値を置いた。質的差異は，測定をまだ学んでいない人の量的差異にすぎないと考えた。

　現代の教育者や心理学者たちが，ソーンダイクの業績と遺産に対して違った見方を持っているのは興味深い。教育評論家たちは，人間には不適当な学習理論を発展させるために動物の結果を使った人物だと見ている。他方で，多くの心理学者たちは，彼を熱心で，非常に業績をあげた心理学者であり，さまざまな領域で多くの積極的で持続する貢献をしたと評価している。

　彼は「教育という仕事は人間の心と体を変えることだ。これらの変化をコントロールするために，私たちは変化をもたらす原因について知識が必要なのだ」と述べている。科学的方法を，教授法実践の中で活用するという彼の見方の価値は今日明らかである。

第6章　ルイス・M・ターマン

　彼は，知能に優先するのは遺伝であり，知的遅滞の人たちを隔離することなどを支援し，優秀児は遺伝的能力必要ないなどとしたゴダートと親交があった。教育歴，経験，考え方の点で，ターマンはゴダートとよく似ていた。彼はゴダートの研究を引用し，IQテストの低得点の者は不道徳的である可能性があると主張した。違いはターマンが最初スペクトルの両端に興味を持ち，のちに天才に興味を持つようになったことである。彼らが相互に理解し合い，ゴダートはターマンに1916年のビネーの研究の翻訳の本を進呈したことが知られている。

第7章　マリア・モンテッソーリ

　彼女は，ムッソリーニに非協力を貫き，独裁政権の意図には応じなかった。

　モンテッソーリは，教育心理学の独自の考えをベースにした幼児期教育の哲学で，国際的に認められていた。1910年までに，モンテッソーリは，母国イタリアにおいて重要で革新的教育者としての評判を得ており，ヨーロッパでは見事な評価を残し，スペインは大事な場所であった。1934年，注目を浴びようとした政府は，イタリアの世界児童大使としてモンテッソーリを任命しよう

としたが，彼女は，政府がモンテッソーリ国際協会会長として自分の独立を認めない限り，指名は受けられないと断った。ムッソリーニは立腹し，モンテッソーリ学校閉鎖命令を出し，彼女はイタリアを亡命した。

彼女のメッソドは，こうした政治的妨害と合衆国での批判の影響で影を潜めるが，1950年代から，学習面で幼児教育を志向する親たちによって合衆国で再発見され復活したのである。

第9章　レフ・S・ヴィゴツキー

あらゆる理論は理論家たちの生涯に発展していく。ヴィゴツキーの考えは，生涯の間に大きく変わった。初期の著作の中で，刺激—反応結合，反射，反応に大きく依拠したが，晩年の5，6年の彼の考えは文化—歴史的理論を発達させたまったく異なる研究方法を示した。そこから彼の生涯のさまざまな時期からの引用は，ややもすると間違った説明を与えることがある。彼は人間の発達に社会的，歴史的な力の原因となる役割を強調するマルキスト理論に非常に影響を受けた。残念なことに，彼が1934年に38歳で亡くなるまで，彼の考えは政治的見地から批判された。その結果，彼の多くの著作は，スターリンによって抑圧され，ヴィゴツキーの考えは，数十年にわたって西側では取り入れられなかったのである。

第10章　B・F・スキナー

スキナーは児童期から，機械の組み立てと文学に関心を持っていた。いくぶん自意識過剰で自信を持って学生時代を過ごした。英文学を専攻し，先生の激励で，スキナーは作家の人生を歩もうとしたがうまくいかなかった。「作家は人間の行動を正確に描くが，彼はだからといってそれを理解しているわけではない。私は人間の行動に興味を持ち続けているが，文学的方法は私を失望させた。科学へ戻ろう」。スキナーは，自分が客観的な著述に興味があることに気づいた。彼は，バートランド・ラッセルのワトソンへの関心から影響を受け，心理学の道をたどることになる。

第11章　ジャン・ピアジェ

　ピアジェの研究は，1960年代初期の認知的変革まで，合衆国ではほとんど関心を惹かなかった。1960年代後半まで，アメリカの学習理論は，認知発達にほとんどあるいはまったく役割を与えなかった。この理論は大学生と動物を対象に展開していたせいである。理論が教室指導の問題に適用されると，発達過程の役割はないことになり，発達差は雑音として扱われた。つまりアメリカの学習理論は，子どもの学習において発達過程を雑音指数として扱い，発達過程にはっきりした役割を与えなかったのである。

　ピアジェの，発達過程は子どもの学習を2つの強力な方法で制約していると主張とは相いれない理論だった。彼はアメリカで最初受容されなかったのである。

第12章　リー・J・クロンバック

　彼は，5歳児で知能指数200点を獲得し知的優秀児であった。1957年アメリカ心理学会会長講演で，臨床心理学者と実験心理学者間の理論と研究方法を分けて見せた。臨床心理学者は，主に，不安や知能のようなパーソナリティと能力の個人のさまざまな測度を開発し，これらの諸測度と人間の機能の相関を研究する。対照的に，実験心理学者は，主に，プログラム学習のような，学習の一定の方法の効果を検証する訓練研究を行う。これが共通方法に統合されたのが適正処遇交互作用（ATI）だと言う。彼は，異なる訓練方法（例えば，プログラム学習対教科書を読む指導）に応じて学習するにつれて，態度が変わる（例えば，高不安対低不安）生徒たちを研究することを提唱した。

第13章　ロバート・ミルズ・ガニェ

　彼は，軍隊と産業教育で集めた実験室ベースの学習原理を移行して，学校のカリキュラムと指導を開発する効果的方法を作り出した。指導デザインの専門家だった。ガニェは兵役を契機に軍隊と関わり，軍隊はさまざまな形態で彼の研究に影響した。航空心理学計画の経験は，知覚―運動課題の学習と訓練の転移についての持続した彼の関心になった。同様に，2つの空軍実験室でのおよそ10年の研究は，シミュレーターと他の訓練装置の研究につながった。戦争

中の空軍実験室のシミュレーターや他の訓練装置の彼の研究によって人間のパフォーマンスの初期の情報処理概念が作られたのである。この枠組みは，学習結果の分類の誘導，学習階層の概念，指導の出来事と学習条件の関連概念へとつながった。

第15章　ベンジャミン・S・ブルーム

　形成的評価を総括的評価と区別し，その概念と方法を確立したことと，絶対評価の基準として教育目標のタクソノミーの具体化で知られている。

　また幼児期教育プログラムであるヘッドスタートに寄与してもいる。

　彼は人間の特性の変化に及ぼす環境要因の力は，特性が安定するにつれて減少するとして「幼少期の環境の顕著な変化は，のちの時期の発達における環境の同様な顕著な変化よりも，知能に大きな変化を生じる」と主張し，また「就学前の時期と同様，学校の最初の数年は……学習パターンと一般的達成を発達させる……重要な時期」を示唆するものとして解釈して，データを用意して，大統領リンドン・ジョンソンの「偉大なる社会」の柱の1つである経済機会法（EOA）の構造と価値を論ずるアメリカ連邦議会で検証して見せたのである。

第16章　N・L・ゲイジ

　彼は，貧困と民族的差別を乗り越え研究者の道を進んだ。父は思想的にも環境的にも労働者階級の一員であり，両親ともわずかな教育しか受けていなかった。だが彼らは，知的に恵まれた家庭を用意し，ゲイジの兄はゲイジが大学へ行く資金を調達してくれた。ゲイジは，世界大恐慌の只中の1934年，高校を卒業した。優秀な生徒でありながら，家庭の経済事情で大学進学の計画を断念させられ，父親の壁紙貼りの家業に加わった。いくつかの困難を越えて，彼は，ミッドウェスタン大学の入学試験を受け，3年生のときにミネソタ大学に入学した。米国青少年局から学資援助研究プログラムを受け，最優秀で卒業した。ミネソタ大学を含め10大学もの，大学院通学の学資となる助手手当てに応募したが優れた成績にもかかわらず不採用になった。大学側では，彼はユダヤ人だったので，心理学の大学院に受け入れることは援助の無駄だと考え，た

とえ彼が博士号を取得しても，大恐慌の深刻さとユダヤ人差別の横行を見て，彼が仕事を見つけることはきわめて難しいと判断したに違いない。ドイツではユダヤ人差別が最も激しくなり始めたときであり，ゲイジは将来の見通しをも出時期を経験したのである。

第17章　ジェローム・ブルーナー

彼の著書『教育の過程』は，ウッズホール会議の彼の報告であった。

会議は，マサチューセッツのウッズホールで開催された。そこで，かなりたくさんの分野から34人の学者と教師が，新たに開始した科学カリキュラム計画で学習されてきたものを検討するために集まった。その会議は，ブルーナー自身の報告によると，ロシアの人工衛星の打ち上げのアメリカに先立つ成功への反応だったという。ロシアは，冷戦の宇宙競争の最初の試合に勝ったのである。アメリカは理科と数学教育の遅れのせいで負けたという分析が行われ，数学と理科の教育の向上が国家の優先事項であり，教育者たちにはそれが最も重要だと考えたのである。ブルーナーは会議の成果報告の執筆が依頼されていた。『教育の過程』は20言語に翻訳され，4年間に40万部以上が売れて，ブルーナーは教育改革の国際的人物として認められたのであった。

第18章　アルバート・バンデューラ

彼は文化的ハンディキャップの経験を活かし優れた研究者，指導者となった。彼は，1925年カナダの酷寒の地で生まれた。高校の数学授業のカリキュラム全体は1冊の教科書だけで構成されていた。だがこの貧弱な学習環境はむしろ特別な恩恵をもたらした。バンデューラは自分の初期の教育経験から「たいていの教科書の内容は一時的にしか役に立たないが，自己指向の道具はずっと長い間役に立つのだ」という大切な結論を引き出したのである。彼の教育経験にはユニークな肉体労働もあり，まっとうに日々の労賃を求めている労働者たちとの交流もあった。この社会的学習経験から感じたユーモアとペーソスは，バンデューラの人間特性の理解にぬぐい去れない印を残している。

1953年スタンフォード大学に赴任し，これが後年の観察学習，代理学習の著名な研究につながっていく。その研究には本書の編著者の1人，バリー・

ジマーマンも加わっていた。

第19章　アン・L・ブラウン

　彼女は，日本では文章理解の基礎研究，相互教授研究，それに学習者の共同体の形成の研究で具体的に知られている。
　以下は彼女の授業を受けた5年生の女子児童のアンの評価である。
　彼女は非常に洗練された人です。多くのことについて多くを知っています。アメリカ教育学会の委員長であると聞いても誰も驚きはしないでしょう。彼女は私たちが何をしてもやったこと全部をうまく編成し，あとをたどります。子どもたちと多くの時間を過ごすのです。そう，私が気に入っているのはこれです。彼女は学校に来ると大人とではなく子どもたちと時間を過ごします。私たちが学んだことを確かめるために話を聞いてくれます。本当に頼りになるのです。自分に自信が持てるようにしてくれます。
　彼女の活動は56歳の早すぎる死で幕を閉じた。

　筆者は，2005年春，自己調整学習研究の世界的権威となっていたバリー・ジマーマンのニューヨーク市立大学の研究室を訪問し，教室でセミナーに出席した。彼の運転で，セントラルパーク，ワールド・トレード・センター跡，ウォール街などの名所めぐりをさせてもらったことも懐かしい思い出となった。爾来10年余，彼の著書の翻訳を通して今日まで交流が続いてきた。近年のメールで，彼は健康問題で活動に支障をきたすようになり，大学をリタイヤしたと知らせてきた。それでも筆者が本書の翻訳に着手した旨を知らせたとき，「本書こそ自分が最も訳出を望むものだ」と返事が届いた。翻訳終了の知らせにはすかさず「コングラチュレーション」と喜びを表すメールが届いたのだった。
　訳出作業は1人で続けたが，手に負えない箇所を，南風原朝和先生（東京大学教授），牧野美知子先生（元国立富山工業高等専門学校英語非常勤講師），大場エリザベス先生（富山大学非常勤講師）に見ていただき，助言，修正をいただくことができた。お三人の卓越した英語力に感じ入るとともに，筆者の力量の向上へ精進の必要を感じさせられたものだった。

最後にボリュームの多い本書の出版をお引き受けくださった福村出版の宮下基幸さん，入念に校正の労をとられた小山光さんに心から深謝申し上げる。お二人の力添えがあって本書が誕生できたのである。

2018年2月

塚野　州一

人名索引

ア行

アープ，ジョージ・フレデリック（Arps, George Frederick）39
アズリン，ネイサン・H（Azrin, Nathan H.）321
アダムズ，ジェーン（Adams, Jane）126, 128
アンダーソン，ジョン・リチャード（Anderson, John Richard）459, 460, 476
イタール，ジャン＝マルク・ガスパール（Itard, Jean-Marc Gaspard）240, 241, 256
イネルデ，B（Inhelder, B.）366
ヴィゴツキー，レフ・S（Vygotsky, Lev S.）94, 115, 121, 134, 155, 267, 283-313, 448, 460, 466, 467, 550, 569, 570, 625
ウィットマー，ライトナー（Witmer, Lightner）39
ウィン，フィリップ（Winne, Philip）533
ウィンチ，W・H（Winch, W. H.）29
ウェクスラー，デイビッド（Wechsler, David）231, 234
ウェルズ，ゴードン（Wells, Gordon）302
ウェルトハイマー，M（Wertheimer, M.）207, 266
ウォーレス，アルフレッド・ラッセル（Wallace, Alfred Russel）315
ウォーレン，ハワード・C（Warren, Howard C.）16, 59, 60, 61
ウォルターズ，リチャード（Walters, Richard）579, 580
ウルフ，ディック（Wolf, Dick）495
エジソン，トーマス（Edison, Thomas）370, 524
エムリック，J・A（Emrick, J. A.）364, 372, 373
エリオット，リチャード（Elliott, Richard）526, 527
エリクソン，エリク（Erikson, Erik）257
オールポート，ゴードン（Allport, Gordon）89-91, 121, 547

カ行

ガードナー，ハワード（Gardner, Howard）96, 231, 234, 459, 460, 475
カール，ジャンヌ（Chall, Jeanne）473
ガスリー，E・R（Guthrie, E. R.）264, 265, 409
カトナ，G（Katona, G.）205
ガニェ，ロバート（Gagné, Robert）274, 275, 408-444, 475
ガリレイ，ガリレオ（Galilei, Galileo）315
カント（Kant）71, 123, 124, 126, 405
カンピオーネ，ジョゼフ・C（Campione, Joseph C.）459, 469, 569, 612, 614, 618, 621, 622, 626
キケロ（Cicero）592
キャッテル，ジェームズ・マッキーン（Cattell, James McKeen）16, 26, 27, 29, 32, 39, 44, 45, 56, 176, 177, 179, 181, 184, 198, 220,

642

人名索引

234, 256, 627
キャロル，ジョン（Carroll, John） 234, 439, 505, 527
キャンベル，ドナルド・T（Campbell, Donald T.） 403, 480, 531
キルパトリック，ウィリアム・ハード（Kilpatrick, William Heard） 31, 60, 61, 243, 257
ギルフォード，J・ポール（Guilford, J. Paul） 234, 271, 274, 459, 460
キンツッチ，W.（Kintsch, W.） 617
クーパーズ，キャロル（Kupers, Carol） 580
クーリー，チャールズ・ホートン（Cooley, Charles Horton） 89, 127
クラーク，ジョゼフ・ギルマン（Clark, Joseph Gilman） 56, 57
クラウスメイヤー（Klausmeier） 455-459
グラサー，ロバート（Glaser, Robert） 271, 459, 478, 529
グリーンフィールド，パトリシア（Greenfield, Patricia） 547, 556-558, 564, 566, 567
グレッサー，ゴールディン（Glesser, Goldine） 395
クロンバック，リー（Cronbach, Lee） 95, 275, 276, 389-407, 455-459, 479, 529, 530, 532
ゲイジ，N・L（Gage, N. L.） 522-545
ゲイツ，アーサー（Gates, Arthur） 164, 200, 268
ケーラー，W（Kohler, W.） 266
ゲゼル，アーノルド（Gesell, Arnold） 220, 221, 233
ケッセン，W（Kessen, W.） 346, 347
ケリー，トルーマン（Kelley, Truman） 222, 223, 231
ゲルマン，R（Gelman, R.） 363, 372, 373, 380

コール，マイケル（Cole, Michael） 288, 302, 307, 466, 467, 555
ゴールトン，フランシス（Galton, Francis） 30, 43, 44, 46, 50, 112
コールバーグ，ローレンス（Kohlberg, Lawrence） 459, 460, 477, 590, 591
コゾル，ジョナサン（Kozol, Jonathan） 563
ゴダード，チャールズ（Goddard, Charles） 46-50, 53, 62, 111
ゴデ，ポール（Godet, Paul） 349
コフカ，K（Koffka, K.） 266
コペルニクス，ニコラス（Copernicus, Nicholas） 315

サ行

サーストン，L・L（Thurstone, L. L.） 391, 395, 493
サイモン，ハーバート・A（Simon, Herbert A.） 155, 459, 460, 617
ザカリアス，ジェロルド（Zacharias, Jerrold） 549-552, 555, 559, 561
シアーズ，ロバート（Sears, Robert） 228, 578, 579
ジアンニ，ジーン（Gianini, Jean） 48
ジェームズ，ウィリアム（James, William） 16, 23-27, 29, 31, 39, 40, 56, 68-101, 122, 123, 126-128, 133, 135-139, 141-143, 155, 175, 176, 179, 181, 184, 218, 314, 316, 317, 338, 604
シェパード，J・L（Sheppard, J. L.） 381, 382
ジェワーツ，J・L（Gewirtz, J. L.） 585
ジェンセン，アーサー（Jensen, Arthur） 43, 234, 474, 475, 483
ジマーマン，バリー・J（Zimmerman, Barry J.） 97, 211, 363, 364, 376, 377, 459, 460, 464, 472, 581, 586, 591

643

シモン, テオドール (Simon, Théodore) 46, 104, 105, 108-111, 116, 266, 350
ジャド, チャールズ・ハバード (Judd, Charles Hubbard) 39-41, 207
シャルコー, ジャン=マルタン (Charcot, Jean-Martin) 103
シャンク, デイル・H (Schunk, Dale H.) 472, 533, 584, 601
シュテルン, ウィリアム (Stern, William) 49, 228
ジョンシック, ジェラルディン (Joncich, Geraldine) 37, 172, 196, 197, 200-202
シンクレア, H (Sinclair, H.) 366
スキナー, B・F (Skinner, B. F.) 76, 89, 155, 188, 189, 275, 314-343, 344, 409, 422, 423, 456, 459, 460, 463, 482, 526, 527, 580
スターンバーグ, ロバート (Sternberg, Robert) 147, 208, 231, 234, 266, 475
スタンレー, ジュリアン (Stanley, Julian) 235, 531
スノー, リチャード (Snow, Richard) 234, 389, 392, 399, 479, 533, 534
スピアマン, チャールズ (Spearman, Charles) 45, 50-52, 62, 191, 220, 272, 393, 395
スミス, P・L (Smith, P. L.) 435-439
セガン, エドワール (Seguin, Edouard) 61, 240, 241, 256
ソーンダイク, E・L (Thorndike, E. L.) 16, 26-33, 37-41, 50-52, 58, 62, 89, 93, 163-216, 220, 222, 233, 256, 260, 264, 265, 268, 271, 272, 314, 329, 338, 604

タ行

ダーウィン, チャールズ (Darwin, Charles) 20, 32, 43, 57, 70, 77, 131, 136, 138, 141-143, 174, 315, 316
ダーニング, キャシー (Durning, Kathy) 581
ターマン, ルイス・M (Terman, Louis M.) 48-50, 53, 62, 113, 117, 217-237, 390
タイラー, ラルフ (Tyler, Ralph) 269, 270, 273, 391, 401, 402, 423, 492-494, 496
ダラード, ジョン (Dollard, John) 578, 580, 585
デイ, ジャンヌ・D (Day, Jeanne D.) 617, 618
ティチェナー, エドワード (Tichener, Edward) 39, 41, 76
デカルト, ルネ (Descartes, Rene) 77, 316, 405
デシ, エドワード (Deci, Edward) 465, 472
デューイ, ジョン (Dewey, John) 16, 19, 22, 23, 26, 31, 33, 35-40, 58-62, 75, 77, 80, 81, 87, 89, 92, 93, 121-162, 243, 264, 273, 314, 316, 317, 320, 338, 393, 395, 440, 552
ドゥエック, キャロル (Dweck, Carol) 471, 472
トールマン, E・C (Tolman, E. C.) 205, 264, 265, 409, 578
トラバッソ, T (Trabasso, T.) 372
ドリスコル, マーシー・P (Driscoll, Marcy P.) 274, 413, 437
トロニック, エドワード (Tronick, Edward) 564

ナ行

ナーズワーシー, ナオミ (Norsworthy, Naomi) 31-33, 42, 60

人名索引

ハ行

パーカー，フランシス・W（Parker, Francis W.） 21, 22

バークレー，C・R（Barclay, C. R.） 614

パース，チャールズ・サンダース（Peirce, Charles Sanders） 74, 79, 80, 89, 126, 317

ハートレー，デイビッド（Hartley, David） 123

ハーロウ，ハリー（Harlow, Harry） 225, 231

ハイネリン，フィリップ・N（Hineline, Philip N.） 321, 339

バウム，ウィリアム・M（Baum, William H.） 321

バグレー，ウィリアム・C（Bagley, William C.） 225, 226

パタン，バン（Patten, Van） 439

パハレス，フランク（Pajares, Frank） 472

パブロフ，イワン（Pavlov, Ivan） 76, 285, 287, 316, 319-321, 409

バリクシ，アセン（Balikci, Asen） 558, 561

ハリス，ウィリアム・トリー（Harris, William Torrie） 22

バリスナー，ジャーン（Valsiner, Jaan） 288, 298, 307

パリンスカー，アンヌマリー（Palinscar, Annemarie） 459, 467, 476

ハル，クラーク・L（Hull, Clark L.） 189, 264, 265, 409, 578, 580, 598

バンデューラ，アルバート（Bandura, Albert） 376, 439, 460, 463, 464, 471, 472, 575-610

ハント，J・M（Hunt, J. M.） 468, 483

ハント，ジョゼフ・マクビッカー（Hunt, Joseph McVicker） 254, 256

ピアジェ，ジャン（Piaget, Jean） 104, 257, 266, 267, 283, 288, 301, 344-388, 418, 439, 455, 456, 468, 469, 477, 478, 482, 483, 550, 553, 555, 556, 570, 581, 590-592, 625

ビネー，アルフレッド（Binet, Alfred） 45-52, 60, 102-120, 217, 220, 228, 231, 234, 235, 266, 314, 338, 350, 390, 395

ヒューイ，エドマンド・バーク（Huey, Edmund Burke） 39, 48, 220

ヒューム，デイビッド（Hume, David） 123, 131

フィッシャー，R・A（Fisher, R. A.） 396

ブラウン，アン・L（Brown, Ann L.） 300, 459, 460, 465, 467, 469, 476, 558, 569, 611-631

フラナガン，ジョン（Flanagan, John） 271, 272, 274

フラベル，ジョン（Flavell, John） 468, 469, 483, 613

フリードマン，フランシス（Friedman, Francis） 549-551

ブルーナー，ジェローム（Bruner, Jerome） 155, 299, 466, 468, 546-574, 624, 628

ブルーム，ソフィー（Bloom, Sophie） 492, 514

ブルーム，ベンジャミン・S（Bloom, Benjamin S.） 438, 459, 472, 491-521, 548

フレクスナー，アダム（Flexner, Adam） 36

プレスリー，マイケル（Pressley, Michael） 451, 453, 454, 459, 469, 470, 476, 484, 591

フレベール，フリードリヒ（Froebel, Frederick） 21, 245, 247

フロイト，ジークムント（Freud, Sigmund） 23, 75, 78, 89, 257, 344, 346, 548, 578, 580, 588, 598

ブロンフェンブレンナー，U（Bronfenbrenner, U.） 287

ヘアスタイン，リチャード・J（Herrnstein,

Richard J.) 321
ペイビオ，A（Paivio, A.）463, 483
ベイリン，H（Beilin, H.）358, 374, 375
ヘウィン，ネリー（Hewins, Nellie）29
ベーコン，フランシス（Bacon, Francis）44, 316-319
ヘス，ロバート（Hess, Robert）468, 504, 505
ペスタロッチ，ヨハン・ハインリッヒ（Pestalozzi, Johann Heinrich）21, 245
ベネディクト，ルース（Benedict, Ruth）548
ヘルバルト，ヨハン・フリードリヒ（Herbart, Johann Fredrich）22, 23, 218
ヘルムホルツ，ヘルマン・フォン（Helmholz, Hermann von）56, 71
ボーア，ニールス（Bohr, Niels）524
ホール，G・スタンレー（Hall, G. Stanley）16, 29, 30, 39, 46, 48, 56-58, 62, 93, 126, 132, 135, 219, 220, 221, 256, 314, 338
ポストマン，レオ（Postman, Leo）462
ホリングワース，レタ・ステッター（Hollingworth, Leta Stetter）31, 32, 233

マ行

マイケンバウム，ドナルド（Meichenbaum, Donald）464, 465
マクドナルド，フレッド（McDonald, Fred）581
マコーミック，C・B（McCormick, C. B.）451, 591
マズロー，アブラハム（Maslow, Abraham）134
マッハ，エルンスト（Mach, Ernst）317
マホーニー，マイケル（Mahoney, Michael）464
マルチネス＝ポンズ，M（Martinez-Pons, M.）

586
マレー，ヘンリー・A（Murray, Henry A.）89, 277
ミード，ジョージ・ハーバート（Mead, George Herbert）89, 127, 128, 131, 156, 317
ミード，マーガレット（Mead, Margaret）548
ミッシェル，ウォルター（Mischel, Walter）581
ミラー，ニール（Miller, Neal）421, 578, 580, 585
メイ，マーク（May, Mark）578
メリル，M・D（Merrill, M. D.）435, 438
モル，ルイス（Moll, Luis）302
モンテサノ，ジュゼッペ（Montesano, Giusepe）240
モンテッソーリ，マリア（Montessori, Marie）59-61, 238-258

ヤ行

ヤーキーズ，ロバート・ミーンズ（Yerkes, Robert Means）16, 49, 52, 53, 221, 222, 233, 234
ユング，カール（Jung, Carl）75

ラ行

ラーガン，T・J（Ragan, T. J.）435-439
ライザー，ロバート（Reiser, Robert）413, 430
ライジェラス，C・M（Reigeluth, C. M.）435, 438
ライス，ジョゼフ・メイヤー（Rice, Joseph Mayer）54
ラッセル，バートランド（Russel, Bertrand）319, 346
ラナロ，P（Lanaro, P.）364

ラブ，ジーン（Lave, Jean）467
ランブッシュ，ナンシー・マコーミック（Rambusch, Nancy McCormick）244
リッチー，R・C（Richey, R. C.）434
リボー，テオデュール゠アルマンド（Ribot, Théodule-Armand）103
ルーロン，フィリップ（Rulon, Phillip）272
ルッケハウス，ナンシー（Lutkehaus, Nancy）546
ルリア，アレクサンドル・ロマノヴィチ（Luria, Alexander Romanovich）285, 286
レヴィ゠ストロース，クロード（Levi-Strauss, Claude）553
レオンチェフ，アレクセイ・N（Leont'ev, Alexei N.）286, 302
レッパー，マーク（Lepper, Mark）472
レビン，クルト（Lewin, Kurt）95, 157, 266, 578
レマーズ，H・H（Remmers, H. H.）273, 528, 540
レント，R（Lent, R.）439
ローゼンタール，テッド・L（Rosenthal, Ted L.）363, 364, 376, 377, 464, 483, 581, 591
ロジャーズ，カール（Rogers, Carl）134
ロス，シェイラ（Ross, Sheila）580
ロック，ジョン（Locke, John）76, 77, 123, 131
ロッター，ジュリアン（Rotter, Julian）472, 585

ワ行

ワーチ，ジム（Wertsh, Jim）288, 293, 302
ワガー，ウォルター・W（Wager, Walter W.）274, 413
ワトソン，ジョン（Watson, John）76, 89, 123

事項索引

あ行

アイデンティティ 73, 132, 306, 600
足場づくり 152, 289, 297, 299, 300, 302, 619
「熱い」戦争 273
アメリカ教育研究学会（AERA） 392, 530, 531, 541, 542, 627, 628
アメリカ国立科学財団（NSF） 402, 549, 550, 565
a テスト 20, 53, 198, 221, 229
暗記学習 205
異常心理学 45, 78, 346
依存性 149, 578, 617
一元論 78, 557
1次交互作用 400
一般化可能性理論 392, 395, 396, 404
一般的知能 50
一般的転移 207
遺伝か環境か 226, 227
遺伝的決定の産物 220
遺伝特性 44
因果 348, 594
因子分析 51, 52
因子理論 52
インストラクショナルサポート 435
インストラクショナルデザイン 410, 411, 413, 416, 430-437, 439, 440, 447
インストラクショナルデザインの原理 410, 411, 413-415

インストラクショナルな方策 429
インストラクショナル分析 431, 432
インストラクション 408, 410, 411, 413, 415, 418, 421, 423, 425-433, 435-440, 447-450, 456, 457, 463, 466, 478, 479
インストラクションの最適条件 435-436
インストラクションのデザイン 421-423, 428-431, 435
インストラクションのプランニング 410
インストラクションの累積理論 414
英才教育 234, 235
英才児研究 224
英才児理解 235
英才の教育問題 234
英才の認定 234
英才の分類 234
液体量の保存 357, 359, 381
延滞事後テスト 377, 379
延滞報酬 581
応用行動分析 325
音の弁別訓練 28
オペラント行動 320, 323, 325
オペラント条件づけ 89, 321, 450
オペラント反応 321

か行

外在化 291, 569
外在化信条 569
外的刺激 141, 142

648

事項索引

外的事象　425-427, 440
外的妥当性　403
外的報酬　580
概念学習　410, 419, 475, 582, 592
概念形成　267
科学的心理学者　542
学際的研究方法　96
学習階層　274, 410, 411, 415, 417, 418, 421, 423, 428, 429, 436, 438
学習者の特性　113, 114
学習セットの設定　417
学習の条件　275, 410, 411, 417, 424-425, 426, 440, 475
学習の法則　30, 164, 180, 188, 189, 200, 205, 623
学習目標設定　586
確率誤差　51
学力検査　168, 229
学力テスト　164, 222, 229, 234
家系　47, 225, 226, 233
カサ・デ・バンビーニ　60, 238, 242
過剰補償　287
数の保存　357, 359, 363, 364, 372-374, 381
仮説的演繹理論　320
課題分析　430, 431, 592
カタルシスの理論　580
学校心理学　78, 117, 232
過程―所産研究　537, 539
過程所産パラダイム　535, 538, 539
可能自己　94
感覚運動期　351
感覚運動反応　267
感覚教育　246
感覚訓練　59, 61, 251
感覚識別　44
眼球運動　373
環境主義者　511

カンザス黙読検査　53
観察学習効果　377
観察者　140, 142, 143, 254, 267, 382, 400, 402, 464, 580, 582, 593, 623
感情発達　135
記憶過程　93
記憶術　26, 613, 615
記憶の一般能力　28
記憶能力　26, 107, 114, 191
記号化　90, 368, 418
記号コーディング　582
記号的思考　561
記号論　193
記述概念　322, 334
基準パラダイム　539
期待理論　585
機能主義　25, 33, 77, 87, 96, 256, 264, 316, 338, 538
基本的パーソナリティ特性　549
客体的自己　79
客観的自己　557
吸収心　248-250
急進的経験主義　76-79
教育委員長　21, 22, 273
教育サービス法人（ESI）　550, 552, 554, 559, 561, 568
教育指数（EQ）　55
教育哲学　86, 129, 257
教育方法　129, 131, 239, 246, 248, 302, 337, 345, 398
教育理論　21, 27, 61, 129, 177, 248, 257, 547
教員養成学部　40, 164
強化スケジュール　321
強化と連鎖のスケジュール　422
教師の有能性　530, 531, 535
教授／学習　289, 290, 292, 293, 300-302, 306, 426, 537

649

恐怖症　584, 599
均衡化　348
具体的概念　419, 420, 424
具体的操作期　351-354, 358, 370
クラス包摂　354, 355, 367, 371, 378, 380
グランドセオリー　345, 352
訓練の転移　29, 164, 167, 182, 189, 257, 409, 415-418
経験的帰納理論　320
形式的操作期　351, 352
形式的操作段階　267
形式陶冶　164, 167, 184, 189, 190, 208
形式陶冶の原理　167, 184, 189, 190, 208
形式陶冶理論　166
「形成的」アプローチ　402
系統発生尺度　58
軽度の遅滞児　111
計量知能尺度　105, 108-110, 113, 117
劇遊び　362
ゲシュタルト理論家　266, 267
血圧　107, 578
権威主義的リーダー　266
現象主義　77, 91, 96
効果の法則　165, 183, 185, 187, 188, 205, 206, 264
効果量　596
後期行動主義　155
公共事業促進局（WPA）　262
航空心理学プログラム　529
攻撃的衝動　580
高次精神機能　267, 292, 298
高次認知機能　267
向社会的行動　376, 590
構成遊び　362
構成主義　60, 94, 115, 204, 206, 209, 366-370, 382, 410, 440, 477, 537-539, 602
構成妥当性　404

構成的教育学　621
構造主義　76, 155, 316, 319, 352, 553
後天性　225, 226
行動主義者運動　74, 188
行動の解釈　144, 323, 326
コーピングモデル　584, 592
国際教育到達度評価（学会）　540
国立教育研究所　533, 534
誤差分散　396, 397
個人差　43, 114, 116, 165, 169, 177, 178, 191-192, 225, 335, 394, 448, 450, 452, 454, 456, 472-475, 507, 558
個人心理学　103, 121
個人の基準　594
個体発生　292, 294, 344, 354
国家知能検査　198
個別知能検査　52

さ行

才能研究プロジェクトの開発（DTRP）　508
催眠術　79, 103, 104
3者の因果関係　585
産出過程　593
三層理論　475
三段論法の推論　350
シェイピング　422
自我理論　139
刺激受容　418
刺激と反応の近接性　265
刺激—反応理論　256
試行錯誤学習　264, 578
自己概念　94, 472, 506, 595
自己価値観　589
自己観察　594
自己管理過程　594
自己効力　94, 323, 471, 472, 584-587, 590,

592, 595-597
自己効力信念 584, 585, 589, 595, 596, 600-602, 604
自己効力測度 595, 597
自己実現 133-135, 148, 152, 527
自己実現化 134
自己指導教示 601
自己弱体化帰属 593
自己スキーマ 94
自己生成過程 253
自己調整効果 585
自己調整効力 590
自己調整の社会的起源 581
自己調整の信念体系 585
自己テスト方略 614, 615
自己の「鏡映」(省察) 理論 127
自己の構成概念 93, 94
自己判断基準 594
自己反応 594
自己反応作用 594
自己評価基準の研究 584
自己報酬 580
自然主義 74, 123, 131, 136, 145, 333, 339, 366-367, 370, 382-384
実験教育学 104, 105, 107, 108
実験群 29, 269, 270
実験心理学 45, 52, 59, 71, 72, 103, 104, 107, 110, 126, 133, 225, 241, 245, 246, 264, 276, 285, 398, 415, 436, 627
実験的行動分析 315, 319, 324, 328, 333, 336, 339
実証科学 94, 108, 339
質的研究者 277
質的研究方法 277
質問紙法 57
視点取得 344, 367, 371
児童学 288, 297, 298

自動強化 206
児童研究運動 47, 57, 218
指導効力 596
児童心理学 78, 103, 104, 245, 268, 346, 391, 469
児童中心運動 86
児童発達研究学会 612
自発的活動 247, 254
師範学校 17, 21, 22, 34, 37, 42, 48, 53, 221, 261
社会心理学 38, 78, 121, 391, 530, 540
社会的学習 60, 371, 375, 376, 464, 577, 578, 580-582, 584, 588, 591, 592, 599
社会的学習経験 577, 581, 591
社会の構成主義 94, 367
社会的一心理学的相互作用 277
社会的認知 92, 94, 585, 586
社会的媒介学習 621
社会文化的観点 448-450, 455, 457, 465
修正フィードバック 362, 371, 377-380, 384
従属変数 320
集団知能検査 164, 168, 222
縦断的研究 219, 223, 224, 227, 229, 234, 501
集団的自己効力の概念 597
集団的秩序の原理 255
習得学習 450, 497, 505-506, 508
重度の精神遅滞児 111
シェーピング 321
熟達したリーズナー 375-377
熟達者 299, 300, 617, 618, 622, 625
主体的自己 79
消去 332
状況的認知 146
象徴的表象過程 593
情動加入特性 (AEC) 507, 508
情動反応 134, 144

情動理論　121, 129
情報処理理論　371, 374, 411, 440, 475
初期経験　504
初期の内観心理学　155
職業興味インベントリー　223
初心者　299, 592, 617, 624
人格障害　103
進化論　20, 77, 126, 131, 132, 136, 316, 323, 333
進化論生物学　317
人事決定理論　399
人体計測実験室　44
心拍数　107
心拍リズム　107
進歩主義運動　19
進歩主義教育運動　33, 93, 269
進歩主義教育改革　264
進歩主義教育学会　35, 60
進歩主義教育実践　270
進歩主義教育者　60, 257, 264, 270
進歩主義教育者批判　130
進歩主義教育プログラム　270
信頼性の測度　361
信頼性理論　393
心理学実験室　43, 45, 56, 103, 174, 285
心理学振興学会（AAP）　583
心理学的可塑性　599
心理学的構成概念　399
心理学的自己　557
心理学的人類学　547
心理学のエドガー・ピアース教授　320
心理検査活動　45
心理測定課題項目　397
心理テスト　220, 221, 225, 272
遂行結果期待　595
遂行フィードバック　417
垂直学習転移　418

随伴性　321, 324, 328, 329, 332, 333, 337, 338
推理能力　191
「図―地」の認知　266
ストロング職業興味検査　173
正規分布曲線　30, 44, 231, 471, 474
生産的学習理論　426
精神科学　339
成人学習　164, 167, 192
精神生理学　103
精神的活動　107, 257
精神的な構成概念　93
精神年齢（MA）　48, 49, 111, 228, 614, 615
精神病理学　103, 104, 598
精神疲労　105-107, 192
精神分析学派　256
生態学的妥当性　287, 403
精緻化理論　438
生物学的可塑性　599
生物学的還元主義　599
制約信条　569
生理学的心理学　45, 103, 126
生理学的測度　107
折衷主義　96, 539
折半法　276
説明概念　275, 322, 323, 334, 356
セルフコントロール　59, 253, 267
漸次接近法　321
前操作期　351, 353, 355, 358, 363, 365, 370, 384
選択的注意　418
先天性　225, 226, 241, 246
全米研究評議会　627
相関心理学者　398
想起　264, 329, 418, 426, 452, 493, 614
早期入学　227
総合的教育理論　248

相互教授　466, 467, 534, 618-622, 625, 626
相互作用的アプローチ　398-401
相互作用的信条　569
相互作用パラダイム　399
操作理論　586
双生児の研究　166
創造的問題解決　205
即時強化子　321
測定　41, 42, 46, 50, 54, 55, 104, 105, 108, 110, 111, 113, 165, 182, 185, 195, 196, 201, 202, 209, 222, 241, 246, 276, 357, 364, 365, 390-395, 397, 416, 427

た行

ダーウィン主義　20, 25, 43, 47, 48
大学進学適性試験（SAT）　198, 528
態度測定　391, 528
代理学習　582
代理的影響　580
多元主義　78, 95, 96, 541
多元的原理　80
多元論　77, 87
多肢選択形式　53
多肢選択項目　53
多重知能論　475
タマニー派　19
ダレス会議　533-534
段階―学習仮説　351, 353-365
段階分類　358, 360, 361
段階モデル　344, 351-353
段階理論　267, 352, 468, 591, 625
短期記憶のリハーサル　418
知覚―運動課題　409, 415
知覚練習　371-373, 379, 380, 384
知識構築の能力　584
知的障害児　241

知的障害者教育学校　46
知的スキル　114, 207, 275, 370, 410, 417, 421, 424, 427, 429-431, 433, 437, 438
知的スキル階層　418, 419
知的遅滞　47, 108
知能検査　43, 49, 50, 52, 54, 164, 181, 182, 198, 222, 223, 226, 231, 232, 314, 350, 390, 397
知能指数（IQ）　49, 55, 111-113, 220, 223, 225, 226, 228, 232, 233, 456, 474, 483, 540, 615
知能テスト　17, 42, 47, 222, 226, 228, 229, 235
知能テストの開発　222, 228
注意過程　593
抽象概念階層　581
抽象モデル　581, 582
中程度の遅滞児　111
チュートリアル　369, 371, 380-382
長期記憶　418
超自然的自我　137
彫像ゲーム　116
直接経験　78, 566
直観教授　21
「冷たい」戦争　273
ティーチングマシン　274, 275, 319, 326, 328, 329, 334-337, 423, 456, 482
ティーチングマシン運動　329, 333, 335, 336
ティーチングマシン運動の哲学　336
定義概念　419, 420, 424
適性処遇交互作用（ATI）　276, 355, 356, 392, 399, 637
テスト運動　217, 225, 226, 228, 229
テスト項目間相関　394
テスト得点の一貫性　394
テストの信頼性概念　394
デューイの全体論　140

転移　28-30, 40, 167, 189, 190, 206, 207, 363-365, 377, 415-418, 427, 428, 582, 625
転移研究　26, 29
転移テスト　582
転導推理　351, 354, 371, 378
伝統的教科　37
伝統的定式化　395
伝統的量的方法　277
天賦の才　220
同一視　578, 580
統覚　23
動機づけ過程　593
動機づけの期待価値理論　595
道具的行動　320
道具的識別学習　580
道具的反応　321
統計的検出力の指標　596
統計的方法　52, 107, 164, 168, 181, 193, 199, 223, 272
統合的インストラクショナル理論　411
透視画法の信条　569
同時反応　321
統制群　29, 107, 269, 272, 361, 365
道徳性の研究　57
道徳的自己制裁　589, 590
道徳的推論能力　478
道徳発達　135
道徳離脱　589
動物心理学　167, 177, 187, 188
独語　267
特性論　51, 52
独立変数　320, 426
読解スキル　620
飛び級　217, 227

な行

内観　28, 74, 76, 81, 90, 92, 155, 175, 187
内観的研究　316
内観的報告　28
内言　267
内在化　291
内潜的過程　265
内的感情　142, 143
内的教具　254
内的事象　421, 425
内的妥当性　403
内的能力　136
長さの保存　357, 359, 364, 372
ナラティブ　565-568, 570
ナラティブ信条　569
二元論　76-78, 138, 139, 153, 285, 316, 336, 557, 594
二元論的見方　77
2シグマ問題　513
認知革命　454, 498, 615, 623
認知加入行動（CEB）　507, 508
認知研究センター　534, 549, 554, 561, 563, 564
認知された学習効力　590
認知指導実験　480, 481
認知測定　108, 481
認知地図　206, 265, 323
認知的構成概念　110
認知的情報処理理論　411
認知的成長　344
認知的変数　265
認知的見方　41, 615
認知的理論家　90
認知発達　104, 113, 135, 266, 267, 344-346, 348, 351-356, 358, 359, 362, 364-366, 368-370, 383, 384, 447, 464-469, 474, 477,

654

481, 546, 550, 553-558, 561, 568, 569, 590
認知発達研究　345, 346
認知発達の内的構造　553
認知方略　424, 438, 475, 476, 558
認知理論　121, 436, 461, 463, 470, 472, 475-478, 480, 482, 585, 598
年少の正常児　111
年長の正常児　111
能力心理学　23, 25, 27-30, 52, 61, 169, 191, 208
能力テスト　110

は行

配列　348, 424
パス解析　537, 597
パスツールの象限　523-525, 543, 618
発達加速現象　348
発達段階　241, 247, 248, 250, 296, 352, 354, 356, 508, 553, 554, 582, 591, 598
発達的制約　354, 362, 365, 370, 384
発達の最近接領域　115, 152, 289-295, 298-302, 305, 621
発達文化心理学者　547
場理論　266
反社会的攻撃性　579
反社会的行動　376
反射弓概念　33, 129, 138, 139, 320, 338
反射弓理論　155
反射的行動　320
判断過程　594
反応時間　28, 29, 44-46, 481
反応精度　417
反復発生の理論　57
反復練習の原理　417
ピアジェの構成主義　368
被暗示性　102, 104, 219

比較心理学　187, 316, 319
非随意的強化　321
ヒステリー　102, 103
人―場面の相互作用　401, 404
ヒューリスティック　514
標準化されたテスト　198, 234, 278, 484
標準得点　49
標準保存問題　369
敏感期　242, 248, 249, 251, 256, 257
貧困撲滅教育プログラム　563
ファイ・ベータ・カッパ　32, 526, 527
フィードバック　139, 338, 362, 369-371, 376-380, 384, 402, 416-418, 426, 433, 436, 450, 506-508, 513, 530, 619
不随意的行動　320
物理科学研究委員会（PSSC）　550-552, 559, 561
プライミング　332
プラグマティズム　74, 75, 77, 79-81, 90, 128, 129, 137, 264, 317, 542
プランニング　267, 410, 433, 477, 614, 617
プログラム学習　275, 276, 314, 326, 328, 329-333, 334, 335, 422, 423, 456, 479, 482
プロムプティング　332
文化相対主義　548
文化剝奪　497, 503, 504
文化―歴史的視点　292-295
文化―歴史的理論　285
文章要約化研究　617
文章理解研究　617
文脈的領域関連測度　602
文脈変数　537
分類法　494, 495, 497, 499-501, 510, 514, 537
平均への回帰　272
米国青少年局（NYA）　262, 526
βテスト　20, 198, 222

ヘッドスタート計画　563-564
ヘルバルト哲学　218
弁別刺激　321
弁別能力　419
防衛機制　578
包括的スキル　251
報酬と罰　185, 206, 248, 264, 470
報酬の動機的効果　580
放任主義的リーダー　266
方法論的パラダイム　541
補償教育　497, 503, 504
ポスト実証主義　525
保存　357-360, 363-365, 367-369, 371-373, 375, 376, 378, 379, 381, 382, 468, 469, 556
保存概念　351, 353, 355, 357-359, 362-365, 372, 378-380, 555
保存概念の学習　354, 356, 377
保存事後テスト　358, 364, 379
保存事前テスト　358, 360, 382
保存練習　358, 381, 382
ボボ人形　580, 588

ま行

マクロ遺伝的発達　292
マルキスト理論　267
３つの表象モード　554
民主的リーダー　266
無作為実験　530
メタ認知　469, 483, 558, 612-617, 620, 627
メタ分析　540, 596
燃えつき症候群　107
目的仕様　430
目標準拠テスト　430
目標設定　584-586, 602, 604
目標理論　471

目下の段階　354, 355, 358
モデリング　94, 393, 525, 541, 578-588, 590-594, 598, 599, 602, 620, 625
モデリングの認知効果　580
モノグラフ　60, 61, 180, 231, 480, 535
模倣　376, 578, 580, 582
問題解決　477, 494, 497-499
問題解決スキル　421, 437, 499, 510
問題箱　169, 178, 186, 188, 202
モンテッソーリ学会　245
モンテッソーリ主義　245, 256, 257

や行

唯心論的心理学者　89
有意味学習　205, 269
有意味学習対機械的学習　269
優秀児　219, 220, 224, 227-232, 234, 390
優生運動の信条　233
誘発刺激　321
要素呈示理論　438
要素理論　191
要素練習　417
欲動理論　585
予測変数　535

ら行

リーダーシップ　19, 219, 230, 478, 479, 578, 627
量的測定　165, 183, 201, 202
量的データ　108, 164, 169, 193, 194, 199, 201-202, 209
臨床観察　241, 245, 246, 252-254, 257
臨床心理学　78, 103, 276, 561
倫理教育　477
類推推理　624, 626

累積学習理論　418
「累積的」アプローチ　402
ルール学習　275, 278
ルール使用　420, 424
ルール提示　374-375
暦年齢（CA）　49, 228, 615
レスポンデント行動　320
レディネス　251, 252, 254, 269, 326, 353, 398, 421, 440, 456, 553, 590, 614
レディネスの法則　188
連合主義的思想　91
練習の法則　188, 264

論理実証主義　338

アルファベット

CAVD 知能検査　182, 198
EQ　⇒教育指数
IQ　⇒知能指数
MACOS　558, 559, 564, 565, 568
MACOS カリキュラム　547, 559-561, 564, 565, 569, 570
SAT　⇒大学進学適性試験
S-R 理論　265, 461

執筆者一覧

［本文掲載順，＊印は編者］

バァーノン・C・ホール（Vernon C. Hall）：Syracuse University
フランク・パハレス（Frank Pajares）：Emory University
リンダ・ジャービン（Linda Jarvin）：Yale University
ロバート・J・スターンバーグ（Robert J. Sternberg）：Yale University
エリック・ブレドー（Eric Bredo）：University of Virginia
リチャード・E・メイヤー（Richard E. Mayer）：University of California, Santa Barbara
ジョン・F・フェルドゥーセン（John F. Feldhusen）：Purdue University
ジェラルド・L・ガットエック（Gerald L. Gutek）：Loyola University, Chicago
J・ウィリアム・アッシャー（J. William Asher）：Purdue University
ジョナサン・タッジ（Jonathan Tudge）：University of North Carolina at Greensboro
シェリル・スクリムシャー（Sheryl Scrimsher）：University of North Carolina at Greensboro
エドワード・K・モリス（Edward K. Morris）：University of Kansas
C・J・ブレーナード（C. J. Brainerd）：University of Arizona
ハガイ・クーパーミンツ（Haggai Kupermintz）：University of Colorado at Boulder
ペギー・A・アートマー（Peggy A. Ertmer）：Purdue University
マーシー・P・ドリスコル（Marcy P. Driscoll）：Florida State University
ウォルター・W・ワガー（Walter W. Wager）：Florida State University
マイケル・プレスリー（Michael Pressley）：Michigan State University
アリシア・D・ロエイリグ（Alysia D. Roehrig）：University of Notre Dame
ローリン・W・アンダーソン（Lorin W. Anderson）：University of South Carolina
デイビッド・C・バーリナー（David C. Berliner）：Arizona State University
ナンシー・C・ルッケハウス（Nancy C. Lutkehaus）：University of Southern California
パトリシア・M・グリーンフィールド（Patricia M. Greenfield）：University of California, Los Angeles
＊バリー・J・ジマーマン（Barry J. Zimmerman）：City University of New York Graduate Center
＊デイル・H・シャンク（Dale H. Schunk）：University of North Carolina at Greensboro
アンヌマリー・サリバン・パリンクサー（Annemarie Sullivan Palincsar）：University of Michigan

訳者プロフィール

塚野州一（つかの・しゅういち）

富山大学名誉教授，心理学博士

新潟県生まれ。1970年東北大学大学院教育学研究科教育心理学専攻博士課程退学。富山大学教授，富山大学教育学部長・同大学院教育学研究科長，立正大学特任教授を歴任，2010年退職。
主著：『過去，現在，未来における自己の価値づけの変容過程とその規定要因の検討』（風間書房），編著『みるよむ生涯発達心理学』『みるよむ生涯臨床心理学』（以上，北大路書房），共訳『学童の成長と発達』（明治図書出版）・『新しい学習心理学』『自己調整学習の指導』（以上，北大路書房），編訳『自己調整学習の理論』『自己調整学習の実践』『自己調整学習と動機づけ』（以上，北大路書房），共監訳『自己調整学習ハンドブック』（北大路書房）

教育心理学者たちの世紀
―― ジェームズ，ヴィゴツキー，ブルーナー，バンデューラら
16人の偉大な業績とその影響

2018年6月1日　初版第1刷発行

編　者	バリー・J・ジマーマン
	デイル・H・シャンク
訳　者	塚　野　州　一
発行者	宮　下　基　幸
発行所	福村出版株式会社

〒113-0034　東京都文京区湯島 2-14-11
電話　03(5812)9702
FAX　03(5812)9705
https://www.fukumura.co.jp

印　刷	株式会社文化カラー印刷
製　本	本間製本株式会社

©Shuichi Tsukano 2018　Printed in Japan
ISBN978-4-571-22055-5 C3011

落丁・乱丁本はお取替えいたします
定価はカバーに表示してあります
本書の無断複製・転載・引用等を禁じます

福村出版◆好評図書

中村和夫 著
ヴィゴーツキーに学ぶ 子どもの想像と人格の発達
◎2,500円　ISBN978-4-571-23050-9　C3011

ヴィゴーツキーの想像の発達についての議論に焦点を合わせ，人格発達理論としてヴィゴーツキー理論を論証。

中村和夫 著
ヴィゴーツキー理論の神髄
●なぜ文化－歴史的理論なのか
◎2,200円　ISBN978-4-571-23052-3　C3011

ヴィゴーツキー理論の中心にある「人間の高次心理機能の言葉による被媒介性」という命題を明らかにする。

加藤義信 著
アンリ・ワロン その生涯と発達思想
●21世紀のいま「発達のグランドセオリー」を再考する
◎2,800円　ISBN978-4-571-23053-0　C3011

ワロンの魅力的な人物像と発達思想を解説し，現代発達心理学における〈ワロン的な見方〉の重要性を説く。

E. W. マコーミック 著／古川 聡 訳
認知分析療法(CAT)による自己変革のためのマインドフルネス
●あなたはなぜ「わな」や「ジレンマ」にはまってしまうのか？
◎4,500円　ISBN978-4-571-24058-4　C3011

後ろ向き志向の人生に苛まれる人が「自分を変える」ための「気づき」を視覚的に理解する認知分析療法の実践。

S. J. ミントン 著／古川 聡・福田幸男 訳
教育現場で役立つ心理学の基礎
●ミントン先生の教育心理学入門
◎3,200円　ISBN978-4-571-22053-1　C3011

教員や教職課程の学生向けに，心理学の基礎概念，いじめ・ストレス・特別な教育的支援等の問題への対処を解説。

古川 聡 編著
教育心理学をきわめる10のチカラ
◎2,300円　ISBN978-4-571-22050-0　C3011

教員になるにあたってどのようなチカラを身につける必要があるのか，実践力アップのためのポイントを明示。

山崎勝之 著
自尊感情革命
●なぜ，学校や社会は「自尊感情」がそんなに好きなのか？
◎1,500円　ISBN978-4-571-22054-8　C3011

人生を楽しくするのは自律的自尊感情の高まり次第。幸せな人生を送るための新しい自尊感情教育を解説。

◎価格は本体価格です。